AF552003

Berechtigungen in SAP S/4HANA® und SAP Fiori®

SAP PRESS ist eine gemeinschaftliche Initiative von SAP SE und der Rheinwerk Verlag GmbH. Unser Ziel ist es, Ihnen als Anwendern qualifiziertes SAP-Wissen zur Verfügung zu stellen. SAP PRESS vereint das Know-how der SAP und die verlegerische Kompetenz von Rheinwerk. Die Bücher bieten Ihnen Expertenwissen zu technischen wie auch zu betriebswirtschaftlichen SAP-Themen.

Damit Sie nach weiteren Titeln Ihres Interessengebiets nicht lange suchen müssen, haben wir eine kleine Auswahl zusammengestellt.

Maria Spöri, Jamsheed Bahser

Berechtigungen in SAP S/4HANA® und SAP Fiori®

Rheinwerk Publishing

Liebe Leserin, lieber Leser,

»So viel wie nötig, so wenig wie möglich.« Das ist das Credo, wenn es um die Vergabe von Berechtigungen geht. Schließlich soll auf der einen Seite ein optimaler und störungsfreier Workflow gewährleistet werden, bei maximaler Sicherheit auf der anderen Seite.

In diesem Buch zeigt das Autorenteam Maria Spöri, Jamsheed Bahser, Sascha Dietz und Clemens Krüger Ihnen, wie Sie bei der Migration von Berechtigungen aus SAP ERP nach SAP S/4HANA keine Altlasten übernehmen und wie Sie Berechtigungen für SAP-Fiori-Apps und die SAP-HANA-Datenbank einrichten und verwalten. Sie lernen, ein sinnvolles Berechtigungskonzept zu erstellen und profitieren von den vielen Best Practices und der jahrelangen Erfahrung des Autorenteams im Tages- und Projektbetrieb. In vielen anschaulichen Praxisübungen lernen Sie die einzelnen Prozesse schnell kennen.

Wir freuen uns stets über Lob, aber auch über kritische Anmerkungen, die uns helfen, unsere Bücher zu verbessern. Scheuen Sie sich nicht, sich bei mir zu melden. Ihr Feedback ist jederzeit willkommen.

Ihre Eva Wigger
Lektorat SAP PRESS

eva.wigger@rheinwerk-verlag.de
www.rheinwerk-verlag.de
Rheinwerk Verlag · Rheinwerkallee 4 · 53227 Bonn

Auf einen Blick

TEIL I Grundlagen und Zusammenhänge des SAP-Berechtigungswesens

1 Grundlagen 25

2 Technische Elemente der SAP-Berechtigungsverwaltung 53

3 Konzeption und Dokumentation von SAP-Berechtigungskonzepten 85

4 Organisatorische Herausforderungen im Benutzer- und Berechtigungsmanagement 117

5 Werkzeuge für das SAP-Benutzer- und Berechtigungsmanagement 143

TEIL II Praktische Berechtigungsverwaltung in SAP S/4HANA

6 Rollenpflege 181

7 Berechtigungen in SAP Fiori 259

8 Berechtigungen in SAP HANA 325

9 Fehlerbehebung und Traces 351

10 Benutzermanagement 389

11 Praxisübungen zum Customizing 445

12 Monitoring von kritischen Berechtigungen 489

13 Methodische Vorgehensweisen im Tages- und Projektbetrieb 519

Wir hoffen, dass Sie Freude an diesem Buch haben und sich Ihre Erwartungen erfüllen. Falls Sie Anregungen, Wünsche und Kommentare haben, lassen Sie es uns wissen: **service@rheinwerk-verlag.de**.

Informationen zu unserem Verlag und Kontaktmöglichkeiten finden Sie auf unserer Verlagswebsite **www.rheinwerk-verlag.de**. Dort können Sie sich auch umfassend über unser aktuelles Programm informieren und unsere Bücher und E-Books bestellen.

Autor*innen Maria Spöri, Jamsheed Bahser
Lektorat Eva Wigger, Eva Tripp
Copy-Editing Claudia Lötschert, Neuss
Typografie & Layout Vera Brauner
Satz III-Satz, Kiel
Herstellung Stefanie Meyer
Covergestaltung Lisa Kirsch
Coverbild iStock: 10900979976 © Grand warszawski
Druck Beltz Grafische Betriebe, Bad Langensalza

Dieses Buch wurde mit mineralölfreien Farben auf FSC-zertifiziertem Papier aus nachhaltiger Waldwirtschaft gedruckt. Hergestellt in Deutschland.

Bibliografische Information der Deutschen Nationalbibliothek:
Die Deutsche Nationalbibliothek verzeichnet diese Publikation in der Deutschen Nationalbibliografie; detaillierte bibliografische Daten sind im Internet über *http://dnb.dnb.de* abrufbar.

ISBN 978-3-8362-9334-1

1. Auflage 2023; 1., korrigierter Nachdruck 2025

Rheinwerk Verlag GmbH • Rheinwerkallee 4 • 53227 Bonn
service@rheinwerk-verlag.de

Inhalt

Einleitung 17

TEIL I Grundlagen und Zusammenhänge des SAP-Berechtigungswesens

1 Grundlagen 25

1.1 Was sind SAP-Berechtigungen? 25
1.2 Der Unterschied zwischen SAP-Berechtigungen und SAP-Sicherheit 27
1.3 Die historische Entwicklung von SAP-Berechtigungen 28
1.4 Berechtigungen in SAP ECC 29
1.5 Berechtigungen in SAP S/4HANA 31
1.5.1 Berechtigungen bei der Umstellung auf SAP S/4HANA 33
1.5.2 Systemkonvertierung 34
1.5.3 Neuimplementierung 36
1.5.4 Selektive Datenübernahme 37
1.6 Berechtigungen im Kontext der SAP-Bereitstellungsoptionen 37
1.6.1 Berechtigungen in Cloud-Lösungen 37
1.6.2 Bereitstellungsoptionen für SAP Fiori 42
1.7 Grundlagen der SAP-Fiori-Berechtigungen 43
1.7.1 SAP-Fiori-Architektur 44
1.7.2 Berechtigungsprüfung für SAP-Fiori-Apps 48
1.7.3 Berechtigungsprüfung beim Start der SAP-Fiori-Apps 50
1.8 Zusammenfassung 52

2 Technische Elemente der SAP-Berechtigungsverwaltung 53

2.1 Rollenverwaltung 53
2.1.1 Rollen 54
2.1.2 Profile 57
2.1.3 Menüobjekte 57
2.1.4 Berechtigungsobjekte 59

2.2 Benutzerverwaltung 62
2.2.1 Benutzerstammsatz 62
2.2.2 Benutzertypen 64
2.2.3 Single Sign-on 66

2.3 Customizing und Einstellungen 67
2.3.1 SAP-Vorschlagswerte 67
2.3.2 Ausschalten der Berechtigungsprüfungen 70
2.3.3 SAP-Standardtabellen zur Steuerung der Benutzer- und Berechtigungsverwaltung 72

2.4 Post-Upgrade-Tätigkeiten in der Transaktion SU25 72
2.4.1 Installation des Profilgenerators – Kundentabellen werden initial befüllt (Schritt 1) 73
2.4.2 Automatischer Abgleich mit SU22-Daten (Schritt 2a) 74
2.4.3 Modifikationsabgleich mit SU22-Daten (Schritt 2b) 75
2.4.4 Zu überprüfende Rollen (Schritt 2c) 76
2.4.5 Suche nach obsoleten Anwendungen (2d) 76

2.5 CDS-Views 77

2.6 Berechtigungstraces 80
2.6.1 Berechtigungstrace in der Transaktion STUSOBTRACE 80
2.6.2 Systemtrace in den Transaktionen ST01 oder STAUTHTRACE 81
2.6.3 Benutzertrace für Berechtigungsprüfungen in der Transaktion STUSERTRACE 82

2.7 Zusammenfassung 83

3 Konzeption und Dokumentation von SAP-Berechtigungskonzepten 85

3.1 Konzeptionelle Grundsatzfragen ... 85
3.1.1 Rollenkonzept gestalten ... 86
3.1.2 SAP Fiori Launchpad gestalten ... 97
3.2 Ein SAP-Berechtigungskonzept erstellen ... 105
3.3 SAP-Notfallbenutzerkonzept ... 109
3.4 Kritische Berechtigungen ... 113
3.5 Zusammenfassung ... 115

4 Organisatorische Herausforderungen im Benutzer- und Berechtigungsmanagement 117

4.1 Die Beteiligten ... 117
4.2 Prozesse im Berechtigungswesen ... 119
4.2.1 Rollenanlage und Rollenmodifikation ... 119
4.2.2 Benutzeranlage, Rollenzuweisung, Rollenentzug ... 120
4.2.3 Periodische Prüfung der Berechtigungen ... 122
4.2.4 Risikoanalyse der Berechtigungen ... 122
4.3 Aufgaben und Aktivitäten im Tagesbetrieb ... 123
4.4 Vorgehensweise im Projektbetrieb ... 125
4.4.1 Erstellung eines neues Berechtigungskonzepts im Rahmen der SAP-Einführung ... 126
4.4.2 Migration des Berechtigungskonzepts aus SAP ECC in SAP S/4HANA ... 129
4.4.3 Redesign eines Berechtigungskonzepts ... 133
4.5 Agile Projekte ... 135
4.6 Zusammenfassung ... 141

5 Werkzeuge für das SAP-Benutzer- und Berechtigungsmanagement 143

5.1 Einsatzbereiche von Berechtigungsverwaltungswerkzeugen 144

5.2 Anforderungen und Bewertungskriterien 145

5.3 Übersicht der Werkzeuge 146

5.3.1 apm Suite von Valantic 146
5.3.2 CheckAud von IBS Schreiber 147
5.3.3 Easy Content Solution von IBS Schreiber 149
5.3.4 mesaforte.Suite von wikima4 152
5.3.5 SAP Access Control 157
5.3.6 SAP Cloud Identity Access Governance 158
5.3.7 SAP Solution Manager 159
5.3.8 SAST-Suite von akquinet 160
5.3.9 SIVIS Enterprise Security von SIVIS 163
5.3.10 SUIM Solution Suite von SUIM 165
5.3.11 Xiting Authorization Management Suite von Xiting 168
5.3.12 Xiting Central Workflows von Xiting 171
5.3.13 Berechtigungsverwaltungswerkzeuge und ihre Funktionen auf einen Blick 172

5.4 Zusammenfassung 178

TEIL II Praktische Berechtigungsverwaltung in SAP S/4HANA

6 Rollenpflege 181

6.1 Eine Namenskonvention für Rollen festlegen 182

6.2 Einzel- und Sammelrollen anlegen und pflegen 186

6.2.1 Einzelrolle anlegen 186
6.2.2 Rolle ableiten 199
6.2.3 Sammelrolle anlegen 206
6.2.4 Rolle ändern 210
6.2.5 Rollen transportieren, herunterladen und hochladen 217
6.2.6 Rollenstatus prüfen und Profile generieren 223
6.2.7 Rollen löschen 225
6.2.8 Grundrolle anlegen 227
6.2.9 Customizing-Rollen anlegen 230

6.3 Massenänderungen in Rollen durchführen ... 232

6.3.1 Massenänderungen mit der Transaktion PFCGMASSVAL durchführen ... 233

6.3.2 Massenänderungen mit der Transaktion PFCG durchführen ... 236

6.3.3 Massenänderungen mit der Transaktion SECATT durchführen ... 238

6.4 Auswertungsmöglichkeiten und SAP-Tabellen für die Rollenpflege ... 247

6.4.1 Anwendungsfall 1: Eine Liste aller Rollen, die eine bestimmte Transaktion beinhalten, erzeugen ... 248

6.4.2 Anwendungsfall 2: Eine Liste aller Rollen, die ein bestimmtes Berechtigungsobjekt mit bestimmten Werten beinhalten, erzeugen ... 252

6.4.3 Anwendungsfall 3: Eine Liste der abgeleiteten Rollen von Masterrollen erzeugen ... 253

6.4.4 Anwendungsfall 4: Eine Liste mit den Berechtigungsobjekten und ihren Status in den Rollen erzeugen ... 254

6.4.5 Anwendungsfall 5: Rollenänderungen auswerten ... 256

6.5 Zusammenfassung ... 258

7 Berechtigungen in SAP Fiori 259

7.1 Übersicht der Aktivitäten für die Pflege der Fiori-Berechtigungen ... 260

7.2 Namenskonvention für SAP-Fiori-UI-Entitäten ... 264

7.3 Kachelkataloge anlegen und pflegen ... 270

7.4 Rolle aktivieren ... 277

7.5 Kachelgruppen anlegen und pflegen ... 280

7.6 Bereiche und Seiten für das SAP Fiori Launchpad anlegen und pflegen ... 284

7.7 Rolle testen ... 289

7.8 Fehlende Berechtigungen für OData-Services in die Rolle hinzufügen ... 291

7.9 Fiori-Kachel für SAP-GUI-Transaktion anlegen ... 292

7.10 Titel der SAP-Fiori-UI-Entitäten übersetzen ... 297

7.11 Schnelle Aktivierung von SAP Fiori ... 300
7.11.1 Schnelle Aktivierung von SAP Fiori im Sandboxsystem ... 300
7.11.2 Schnelle Aktivierung von SAP Fiori in der Produktivumgebung ... 308

7.12 Migration von Fiori-Kachelgruppen zu Bereichen und Seiten ... 312
7.12.1 Bereiche und Seiten aktivieren ... 313
7.12.2 Launchpad-Konfigurationsparameter für Bereiche setzen ... 313
7.12.3 Geschäftsrollen von Fiori-Kachelgruppen zu Bereichen und Seiten migrieren ... 314
7.12.4 Bereiche zum Standard-Layoutmodus machen ... 314

7.13 SAP Fiori Apps Reference Library ... 315

7.14 Auswertungsmöglichkeiten für die SAP-Fiori-Berechtigungen ... 319

7.15 Zusammenfassung ... 322

8 Berechtigungen in SAP HANA 325

8.1 Benutzer pflegen ... 325
8.1.1 Benutzertypen ... 326
8.1.2 Benutzerpflege mit SAP HANA Cockpit ... 328
8.1.3 Benutzergruppen ... 330

8.2 Standardbenutzer ... 332

8.3 Rollen erstellen und zuweisen ... 337
8.3.1 Berechtigungen ... 338
8.3.2 Rollen ... 344
8.3.3 Analyse von fehlenden Berechtigungen ... 348

8.4 Zusammenfassung ... 350

9 Fehlerbehebung und Traces 351

9.1 Die Transaktion SU53 ... 351

9.2 Traces in verschiedenen Szenarien anwenden ... 357
9.2.1 Berechtigungsfehler lösen mit der Transaktion STAUTHTRACE ... 357

9.2.2 Berechtigungsvorschlagswerte pflegen mit der Transaktion STUSOBTRACE ... 362
9.2.3 Berechtigungsfehler lösen mit der Transaktion STUSERTRACE ... 367
9.2.4 Überblick über die vorgestellten Traces ... 371

9.3 Fehlerbehebung für CDS-Views ... 371

9.4 Fehlerbehebung für SAP-Fiori-Berechtigungen ... 377
9.4.1 SAP-Fiori-App-Support-Tool ... 378
9.4.2 Typische Fehler in SAP Fiori ... 383

9.5 Zusammenfassung ... 388

10 Benutzermanagement 389

10.1 Benutzer im SAP-System anlegen und pflegen ... 389

10.2 Benutzer massenhaft mit LSMW anlegen ... 403

10.3 Benutzer in der zentralen Benutzerverwaltung (ZBV) pflegen ... 413

10.4 Rollen über das Organisationsmanagement zuweisen ... 415

10.5 Business-Benutzer anlegen und pflegen ... 421
10.5.1 Business-Benutzer mit HR-Integration anlegen und pflegen ... 422
10.5.2 Business-Benutzer ohne HR-Integration anlegen und pflegen ... 430

10.6 Hintergrundjobs für das Benutzermanagement ... 431
10.6.1 Report RHAUTUPD_NEW ... 431
10.6.2 Report PRGN_COMPRESS_TIMES ... 433
10.6.3 Report RSUSR_LOCK_USERS ... 433

10.7 SAP-Standardbenutzer ... 435
10.7.1 Benutzer SAP* ... 435
10.7.2 Benutzer DDIC ... 436
10.7.3 Benutzer SAPCPIC ... 436
10.7.4 Benutzer TMSADM ... 436

10.8 Auswertungsmöglichkeiten und SAP-Tabellen für das Benutzermanagement ... 438
10.8.1 Anwendungsfall 1: Sie benötigen eine Liste aller Dialogbenutzer, die Zugriff auf eine bestimmte Transaktion haben ... 439

10.8.2 Anwendungsfall 2: Sie möchten prüfen, ob zwei Benutzer die gleichen Berechtigungen haben 440
10.8.3 Anwendungsfall 3: Sie möchten sehen, welche Änderungen am Benutzerstammsatz vorgenommen wurden 441
10.8.4 Anwendungsfall 4: Sie möchten prüfen, ob oder wann Benutzer sich das letzte Mal am System angemeldet haben 443

10.9 Zusammenfassung 444

11 Praxisübungen zum Customizing 445

11.1 Arbeitsschritte im SU25-Abgleich 446
11.1.1 Pre-Upgrade: Praxisübung zu Report SU24_AUTO_REPAIR: Ergänze fehlende Modifikationsflags 447
11.1.2 Pre-Upgrade: Praxisübung zur Erstellung eines Backups 448
11.1.3 Pre-Upgrade: Praxisübung zur Prüfung von kundeneigenen Organisationsebenen 451
11.1.4 Post-Upgrade: Praxisübung zu SAP-Hinweis 440231 453
11.1.5 Post-Upgrade: Praxisübung zu Report SU2X_CHECK_CONSISTENCY 453
11.1.6 Post-Upgrade: Praxisübung zu Report SU24_AUTO_REPAIR 455
11.1.7 Post-Upgrade: Praxisübung zu Schritt 2a 456
11.1.8 Post-Upgrade: Praxisübung zu Transaktion SU25 Schritt 2b 458
11.1.9 Post-Upgrade: Praxisübung zu Report SU24_AUTO_REPAIR 460
11.1.10 Post-Upgrade: Praxisübung zu Transaktion SU25 Schritt 2c 461
11.1.11 Post-Upgrade: Praxisübung zu Transaktion SU25 Schritt 2d 463
11.1.12 Post-Upgrade: Transport der SU24-Daten und der Rollen in die Folgesysteme 465

11.2 Praxisübungen zur Anzeige und Pflege von Vorschlagswerten in der Transaktion SU24 465
11.2.1 Anzeige von SU24-Vorschlagsdaten 467
11.2.2 Berechtigungsobjekte mit dem Status »Verändert« 470

11.2.3 Änderung von Vorschlagswerten in der Transaktion SU24 472
11.2.4 Anlegen von Varianten in der Transaktion SU24 475

11.3 Berechtigungen für die Geschäftspartner-Pflege einrichten 479
11.3.1 Praxisübung zur Einrichtung von Berechtigungsgruppen für die Anzeige/Pflege in Transaktion BP 480
11.3.2 Praxisübung zur Einrichtung von Feldgruppen für die Geschäftspartner-Pflege 485

11.4 Zusammenfassung 486

12 Monitoring von kritischen Berechtigungen 489

12.1 Kritische Berechtigungen definieren 489

12.2 Prüfregeln anlegen 502

12.3 Prüfung ausführen 506

12.4 SAP-Security-Audit-Log konfigurieren 509

12.5 Zusammenfassung 516

13 Methodische Vorgehensweisen im Tages- und Projektbetrieb 519

13.1 Den Betrieb eines SAP-Berechtigungskonzepts übernehmen 519

13.2 SAP-Systeme auf die Revision vorbereiten 532
13.2.1 Standardbenutzer prüfen 532
13.2.2 Benutzer mit kritischen Profilen identifizieren 532
13.2.3 Die Anzahl der Benutzer mit kritischen Berechtigungen identifizieren und reduzieren 534
13.2.4 Die korrekte Umsetzung der Passwortrichtlinien im System prüfen 535
13.2.5 Die Konfiguration des SAP-Security-Audit-Log prüfen 539
13.2.6 Die Dokumentation der Prozesse im Benutzer- und Berechtigungsmanagement aktualisieren 539

13.3 IAM-Prozesse optimieren 540

13.4 Ein neues SoD-Regelwerk einführen und Konflikte eliminieren 543

13.4.1 Den SoD-Bericht in verständlicher Form darstellen 547
13.4.2 Den Zyklus der Bearbeitung der SoD-Konflikte organisieren 548
13.4.3 Kennzahlen zur Fortschrittsmessung bestimmen 548
13.4.4 Sicherstellen, dass die Einzelrollen und Sammelrollen keine SoD-Konflikte beinhalten 549
13.4.5 Prüfen, ob die Rollen, die die meisten SoD-Konflikte verursachen, richtig definiert und gepflegt sind 549
13.4.6 Die Risikoeinstufung der SoD-Konflikte prüfen 549
13.4.7 Die SoD-Regeln korrigieren 550
13.4.8 Die Rollenzuweisung an die Benutzer anpassen 550
13.4.9 Überwachung der SoD-Konflikte in den Tagesbetrieb überführen 550

13.5 Ein Berechtigungsproblem lösen 551

13.5.1 Das Fehlerprotokoll aus der Transaktion SU53 herunterladen 551
13.5.2 Das Fehlerprotokoll aus dem Fiori-App-Support-Tool herunterladen 552
13.5.3 Den Berechtigungstrace ausführen 553
13.5.4 Eine fehlende Berechtigung erteilen 555

13.6 Vergabe der Transaktionen SE16 und SM30 vermeiden 556

13.6.1 Eine Parametertransaktion für die Transaktion SE16 anlegen 556
13.6.2 Eine Parametertransaktion für die Transaktion SM30 anlegen 558

13.7 ST03N-Daten verwenden 561

13.7.1 ST03N-Profile prüfen und ändern 561
13.7.2 ST03N-Daten auswerten 563

13.8 Zusammenfassung 564

Glossar 567
Das Autorenteam 573
Index 575

Einleitung

In der digitalen Geschäftswelt sind SAP-Systeme weit verbreitet und spielen eine entscheidende Rolle bei der Verwaltung geschäftskritischer Prozesse. Die korrekte Vergabe und Verwaltung von Berechtigungen innerhalb dieser Systeme ist von entscheidender Bedeutung, um die Sicherheit und Integrität sensibler Unternehmensdaten zu gewährleisten. Dieses Buch bietet eine umfassende Einführung in die Grundlagen des Berechtigungsmanagements in SAP S/4HANA und deckt eine Vielzahl von Themen ab, die für ein erfolgreiches Berechtigungsmanagement von zentraler Bedeutung sind.

Themen dieses Buchs

Die einzelnen Kapitel dieses Buchs wurden sorgfältig zusammengestellt, um Ihnen einen strukturierten und praxisorientierten Einstieg in das SAP-Berechtigungsmanagement zu ermöglichen. Ausgehend von den grundlegenden Konzepten und technischen Elementen der SAP-Berechtigungsverwaltung werden Sie schrittweise an komplexere Themen herangeführt, wie z. B. die Gestaltung und Dokumentation von Berechtigungskonzepten, organisatorische Herausforderungen bei der Benutzer- und Berechtigungsverwaltung sowie Werkzeuge für die SAP-Benutzer- und Berechtigungsverwaltung.

Sie lernen Rollen zu pflegen, Berechtigungen in SAP Fiori und der HANA-Datenbank zu verwalten, Tracing durchzuführen und eine effiziente Benutzerverwaltung zu betreiben. Darüber hinaus lernen Sie die Customizing- und Einstellungsmöglichkeiten des SAP-Berechtigungsmanagements kennen und erfahren, wie Sie kritische Berechtigungen überwachen und methodische Vorgehensweisen im täglichen Betrieb und in Projekten anwenden können.

Das Buch zeichnet sich durch seinen praxisorientierten Ansatz aus. Neben fundierten theoretischen Erläuterungen enthält es zahlreiche Beispiele, Best Practices und Tipps, die Ihnen helfen, das Gelernte in realen Szenarien anzuwenden.

Zielgruppen

An wen sich dieses Buch richtet

Ganz gleich, ob Sie neu in das SAP-Berechtigungsmanagement einsteigen oder Ihre vorhandenen Kenntnisse vertiefen möchten, dieses Buch soll Ihnen ein zuverlässiger Begleiter auf Ihrem Weg sein. Halten Sie es als Nachschlagewerk im Tages- und Projektgeschäft stets griffbereit und bauen

Sie die Kompetenzen auf, die Sie benötigen, um Rollen zu erstellen, zu pflegen, nach SAP S/4HANA zu migrieren und die Sicherheit in Ihrem Unternehmen zu gewährleisten.

Hinweise zur Lektüre

Sie können die Kapitel der Reihe nach lesen oder Sie beschäftigen sich mit einzelnen Kapiteln zu den Themen, die Sie gerade interessieren. Unabhängig davon, wie Sie dieses Buch lesen, hoffen wir, dass es Ihnen nützlich sein wird. Wenn SAP-Berechtigungen für Sie neu sind, empfehlen wir Ihnen, zuerst Kapitel 1, »Grundlagen«, sowie Kapitel 2, »Technische Elemente der SAP-Berechtigungsverwaltung«, zu lesen.

Wir raten Ihnen außerdem, Kapitel 6 über die Rollenpflege zu lesen und sich mit der Konstruktion von Rollen vertraut zu machen. Kapitel 3, »Konzeption und Dokumentation von SAP-Berechtigungskonzepten«, sollten Sie vor Kapitel 7, »Berechtigungen in SAP Fiori«, lesen. Dort bauen wir auf dem Wissen über die Konstruktion von Rollen und die Rollenpflege aus den vorherigen Kapiteln auf.

Aufbau dieses Buchs

Dieses Buch ist in zwei Teile und 13 Kapitel gegliedert, in denen die verschiedenen Aspekte von Berechtigungen in SAP S/4HANA und SAP Fiori behandelt werden.

Teil I enthält die theoretischen Grundlagen der Benutzer- und Berechtigungsverwaltung. Dieser Teil richtet sich sowohl an Personen, die neu in das Thema SAP-Berechtigungen einsteigen, als auch an Personen, die selbst keine Berechtigungen im SAP-System verwalten, aber für ihre Arbeit ein Verständnis des Themas benötigen (z. B. SAP-Projektleitung, SAP Application Owner und IT-Audit).

Teil II ist ausschließlich praxisorientiert und enthält Schritt-für-Schritt-Anleitungen mit Screenshots. Dieser Teil ist vor allem für diejenigen interessant, die direkt im System arbeiten (z. B. SAP-Berechtigungsadministration und Consulting). Wenn Sie diesen Teil lesen, empfehlen wir Ihnen, ein Test- oder Demosystem zur Hand zu haben, damit Sie die Übungen direkt durchführen können.

Sehen wir uns die einzelnen Kapitel kurz an:

Grundlagen

In **Kapitel 1**, »Grundlagen«, erklären wir, warum ein SAP-Berechtigungskonzept benötigt wird, wie sich SAP-Berechtigungen über die Jahre entwickelt haben und welche Besonderheiten SAP-Berechtigungen in SAP S/4HANA im Vergleich zu SAP ECC haben. Außerdem wird erläutert, welchen Einfluss die SAP-Architektur auf SAP-Berechtigungen hat und welche Ansätze Sie für die Migration der SAP-Berechtigungen aus SAP ECC in SAP S/4HANA verfolgen können.

Technische Elemente

Kapitel 2, »Technische Elemente der SAP-Berechtigungsverwaltung«, knüpft an Kapitel 1 an und beschreibt die grundlegenden technischen Elemente der SAP-Berechtigungsverwaltung wie Rollen, Profile, Berechtigungsobjekte, Benutzerstamm, SU24-Vorschlagswerte sowie wesentliche Customizing-Einstellungen und Berechtigungstraces.

Konzeption und Dokumentation

In **Kapitel 3**, »Konzeption und Dokumentation von SAP-Berechtigungskonzepten«, erfahren Sie, welche konzeptionellen Fragen beantwortet werden müssen, bevor ein SAP-Berechtigungskonzept entsteht sowie welche Ansätze es für das Rollenkonzept in der Praxis gibt. Außerdem ist Thema, welchen Einfluss das neue Designs des SAP Fiori Launchpad auf das SAP-Berechtigungskonzept hat, wie ein SAP-Berechtigungskonzept dokumentiert werden soll, was unter kritischen SAP-Berechtigungen verstanden wird und wie sie für das Unternehmen definiert werden können. Auch der Zweck eines Notfallbenutzerkonzepts wird erläutert.

Organisatorische Herausforderungen

Die Zusammenarbeit in vielen Berechtigungsprojekten wird insbesondere dadurch erschwert, dass es kein gemeinsames Verständnis von SAP-Berechtigungen und den Verantwortlichkeiten im SAP-Berechtigungswesen gibt. Wie die organisatorischen Herausforderungen im SAP-Berechtigungswesen gemeistert werden können, wird in **Kapitel 4**, »Organisatorische Herausforderungen im Benutzer- und Berechtigungsmanagement«, beschrieben.

Werkzeuge

In **Kapitel 5**, »Werkzeuge für das SAP-Benutzer- und Berechtigungsmanagement«, geht es um die Berechtigungswerkzeuge und deren Bedeutung für die SAP-Berechtigungsverwaltung. Je nach Umfang und Aufwand der Berechtigungsadministration kann der Einsatz dieser Werkzeuge sinnvoll sein. Dieses Kapitel bietet eine Hilfestellung bei der Auswahl von Berechtigungswerkzeugen für Ihre Organisation.

Rollenpflege

Kapitel 6, »Rollenpflege«, behandelt den gesamten Prozess der Rollenpflege in einem SAP-System – von der Namenskonvention bis zur Ableitung und Massenänderung. Das Kapitel wendet sich praxisbezogen den täglichen Aufgaben der Berechtigungsadministration zu.

SAP-Fiori-Berechtigungen

In **Kapitel 7**, »Berechtigungen in SAP Fiori«, werden die Berechtigungen von Benutzern für SAP-Fiori-Apps besprochen. Die Aktivitäten zur Pflege der Fiori-Berechtigungen werden in Abhängigkeit von der Systemarchitektur und -version vorgestellt. Es wird beschrieben, wie Sie Kachelkataloge, Kachelgruppen, Bereiche, Seiten und Abschnitte pflegen und zu Rollen hinzufügen können. Sie bekommen außerdem ein Beispiel für eine Namenskonvention für SAP-Fiori-UI-Entitäten.

SAP-HANA-Berechtigungen

In **Kapitel 8**, »Berechtigungen in SAP HANA«, erhalten Sie eine Einführung in die Berechtigungsgrundlagen der SAP-HANA-Datenbank. Wir stellen Ihnen die Standardbenutzer in HANA-Datenbanken und weitere Benutzertypen mit ihren Merkmalen vor und erläutern Ihnen die Pflege dieser Benutzertypen mit dem SAP HANA Cockpit. Sie lernen außerdem, wie Sie eine Rolle im SAP HANA Cockpit erstellen können.

Fehlerbehebung und Traces

Die Analyse und Lösung von Berechtigungsfehlern in SAP ist eine wichtige Aufgabe der Berechtigungsadministration im Tagesbetrieb und während der Projekttestphasen. In **Kapitel 9**, »Fehlerbehebung und Traces«, werden altbekannte Werkzeuge zur Analyse von Berechtigungsfehlern (wie die Transaktion SU53 und Berechtigungstraces) und Ansätze für die Lösung von Berechtigungsfehlern bei CDS-View-basierten Anwendungen und Fiori-Apps erläutert.

Benutzermanagement

In **Kapitel 10**, »Benutzermanagement«, werden grundlegende Elemente rund um das Benutzermanagement in einem SAP-System behandelt. Wir erklären u. a., wie Sie Benutzer in einem SAP-System anlegen und pflegen, welche Möglichkeiten es für die Rollenzuweisung und die Auswertung von Benutzern gibt und wie Sie das Konzept der Business-Benutzer einführen können.

Customizing

In **Kapitel 11**, »Praxisübungen zum Customizing«, erhalten Sie Schritt-für-Schritt-Anleitungen für die Bedienung der Transaktionen SU24, SU25 und SUPO sowie für die Customizing-Einstellungen für die Berechtigungssteuerung der Transaktion BP (Geschäftspartner bearbeiten).

Monitoring von kritischen Berechtigungen

Sobald die kritischen SAP-Berechtigungen für ein Unternehmen definiert und beschrieben sind, stellt sich die Frage, wie das Monitoring erfolgen soll und wie es vermieden werden kann, dass unberechtigte Benutzer kritische Berechtigungen im SAP-System zugewiesen bekommen. Im SAP-Standard gibt es Funktionen für die Prüfung und das Monitoring von kritischen Berechtigungen, die in **Kapitel 12**, »Monitoring von kritischen Berechtigungen«, vorgestellt werden.

Tages- und Projektbetrieb

In **Kapitel 13**, »Methodische Vorgehensweisen im Tages- und Projektbetrieb«, diskutieren wir praktische Beispiele aus Projekten und aus dem Tagesbetrieb im SAP-Berechtigungswesen und geben Ihnen Checklisten und Schritt-für-Schritt-Anleitungen an die Hand.

Informationskästen

In diesem Buch verwenden wir Informationskästen, um Sie auf bestimmte Dinge gesondert hinzuweisen:

In Kästen, die mit Hinweissymbol gekennzeichnet sind, finden Sie Informationen zu weiterführenden Themen oder wichtigen Inhalten, die Sie sich merken sollten.

Mit diesem Symbol sind Tipps aus der Berufspraxis markiert, die praktische Empfehlungen geben und Ihnen die Arbeit erleichtern können.

Die durch dieses Symbol kenntlich gemachten Beispiele weisen auf Szenarien aus der Praxis hin und veranschaulichen die dargestellten Funktionen.

Hinweise zum Sprachgebrauch

Wir haben in diesem Buch auf die Verwendung einer gendergerechten Sprache geachtet und, wo möglich, neutrale Formen verwendet. Gegendert werden allerdings nur solche Begriffe, die sich auf reale Personen beziehen, keine Begriffe wie Rollenbezeichnungen oder der technische Benutzer.

Das Buch beruht auf SAP-S/4HANA- Releasestand 2021 (On-Premise).

Danksagung

An dieser Stelle möchten wir uns für Ihr Interesse an SAP-Berechtigungen und an diesem Buch bedanken. Wir hoffen, dass Ihnen dieses Buch bei der Bewältigung Ihrer Herausforderungen im Zusammenhang mit SAP-Berechtigungen behilflich sein wird.

Wir möchten uns bei unseren ehemaligen und gegenwärtigen Kolleg*innen und Kunden bedanken. Durch die Zusammenarbeit mit ihnen in zahlreichen Projekten haben wir im Laufe der Jahre das Wissen gesammelt, das wir in diesem Buch weitergeben.

Wir möchten uns auch bei unseren Familien und unserem Freundeskreis bedanken, die es über Monate toleriert haben, dass wir unsere Abende, Wochenenden und Urlaube mit dem Schreiben dieses Buchs verbracht haben.

Herzlichen Dank an Eva Tripp, Eva Wigger und Janina Schweitzer von SAP PRESS. Wir danken auch allen anderen Mitgliedern des Rheinwerk-Verlagsteams für ihre Unterstützung und die produktive Zusammenarbeit.

Maria Spöri und **Jamsheed Bahser**

Juli 2023

TEIL I

Grundlagen und Zusammenhänge des SAP-Berechtigungswesens

Kapitel 1
Grundlagen

In diesem Kapitel lernen Sie eine Reihe von technischen Grundlagen kennen, die für die Arbeit der Berechtigungsadministration in SAP S/4HANA wichtig sind: Zielsetzung und Funktionsweise von SAP-Berechtigungen, Architektur und technischen Komponenten der SAP-Fiori-Apps sowie die Bereitstellungsoptionen von SAP S/4HANA.

Dieses Kapitel vermittelt Ihnen einen Überblick über die Berechtigungen in SAP S/4HANA und SAP Fiori. In Abschnitt 1.1 lernen Sie die SAP-Berechtigungen und ihre Zielsetzung kennen. In Abschnitt 1.2 erklären wir, warum SAP-Berechtigungen und SAP-Sicherheit nicht dasselbe sind. In Abschnitt 1.3 machen wir Sie mit der Entwicklung von SAP-Berechtigungen seit den früheren SAP-ERP-Releases bekannt. In Abschnitt 1.4 erklären wir die Funktionsweise der Berechtigungen in SAP NetWeaver bzw. SAP ECC.

In Abschnitt 1.5, »Berechtigungen in SAP S/4HANA«, erfahren Sie, welche wesentlichen Unterschiede es zwischen den Berechtigungen in SAP ECC (SAP ERP Central Component) und den Berechtigungen in SAP S/4HANA gibt. Außerdem beschreiben wir die drei Wege, die von SAP ECC zu SAP S/4HANA führen. Sie lernen auch, wie Sie die Berechtigungen bei der Umstellung überführen können.

In Abschnitt 1.6 lernen Sie, welchen Einfluss die Bereitstellung des SAP-Systems (Cloud oder On-Premise) auf das Berechtigungskonzept hat. In Abschnitt 1.7 erklären wir Ihnen die Architektur und das Zusammenwirken der Fiori-Komponenten. Außerdem erfahren Sie, wie die Berechtigungsprüfung bei der Ausführung von SAP-Fiori-Apps funktioniert.

1.1 Was sind SAP-Berechtigungen?

SAP-Berechtigungen ermöglichen eine Kontrolle der Zugriffe auf Applikationsebene im SAP-System. Das SAP-Berechtigungskonzept schützt Transaktionen, Programme und Dienste in SAP-Systemen vor unberechtigten Zugriffen.

Auf der Basis eines sogenannten *Berechtigungskonzepts* vergibt die Benutzeradministration Berechtigungen an Benutzer. Die Berechtigungen legen fest, welche Aktionen die Mitglieder der Fachabteilungen auf einem SAP-System ausführen können, nachdem sie sich eingeloggt und beim System authentifiziert haben.

Ziele des SAP-Berechtigungskonzepts

Das SAP-Berechtigungskonzept hat drei zentrale Ziele:

- Der *Schutz sensitiver Firmendaten* wird auf Basis von Gesetzen, Vereinbarungen und Regelungen gewahrt.
- Eine vorteilhafte *Kosten-Nutzen-Beziehung* wird sichergestellt. Perfekte Sicherheit kann nur durch eine umfassende Kontrolle der Berechtigungsvergabe gewährleistet werden. Diese Vorteile der Sicherheit müssen jedoch in Relation zu den damit verbundenen Aufwendungen und Kosten gesehen werden. In manchen Fällen ist es günstiger, den Verlust auszugleichen, als die Daten mit großem Aufwand zu schützen.
- Ein reibungsloser Ablauf der *Geschäftsprozesse* ist gewährleistet. Geschäftsprozesse, die Berechtigungen erfordern, dürfen nicht so gesteuert werden, dass bei fast jedem Transaktionsaufruf ein Fehler auftritt.

Anwendung der Transaktionen mit Berechtigungen steuern

Außerdem können Sie mit dem Berechtigungskonzept dafür sorgen, dass die Prozesse in einem SAP-System anforderungsgemäß ablaufen. Die Berechtigungsadministration kann z. B. die Auswahl der Belegarten einschränken, damit die Benutzer nur die für sie vorgesehenen Belegarten auswählen können.

Transaktion ME51N

Ein Beispiel dafür ist Transaktion ME51N (Bestellanforderung anlegen). Mit dem Berechtigungsobjekt M_BANF_BSA (Belegart in Bestellanforderung) und dem Feld BSART (Einkaufsbelegart) können Sie bestimmen, welche Arten von Bestellanforderungen Benutzer mit der Transaktion ME51N anlegen können.

Die Benutzerfreundlichkeit von Anwendungen kann durch Berechtigungen verbessert werden. Eine Einschränkung der Berechtigungen hat zur Folge, dass den Benutzern in Auswahllisten nur die Optionen angezeigt werden, zu denen sie aufgrund ihrer Rolle berechtigt sind. Auf diese Weise werden die Auswahllisten übersichtlicher. Ein Beispiel dafür ist das Feld **GP-Rolle** in der Transaktion BP (Geschäftspartner bearbeiten), in dem Benutzer beim Anlegen eines Geschäftspartners die GP-Rolle aus einer Liste mit mehreren Optionen auswählen müssen.

Einfluss der Berechtigungen auf die Benutzeroberfläche

Mit der Einführung der Benutzeroberfläche *SAP Fiori* haben SAP-Berechtigungen an Bedeutung gewonnen. Mittels Rollen und ihnen zugewiesenen Fiori-Entitäten wird das SAP Fiori Launchpad, der Einstiegspunkt für Endanwender*innen ins System, konfiguriert. (Mehr darüber erfahren Sie in Abschnitt 1.7, »Grundlagen der SAP-Fiori-Berechtigungen«).

Rollen

Das zentrale Objekt im SAP-Berechtigungskonzept sind *Rollen*. Transaktionen, Fiori-Apps und Berechtigungsobjekte werden in den Rollen gebündelt und den Benutzern im Berechtigungsvergabe-Prozess zugewiesen (siehe Abbildung 1.1).

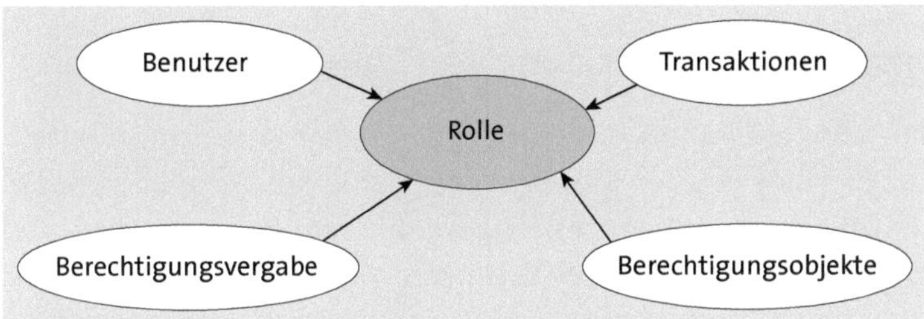

Abbildung 1.1 Rollen als das zentrale Objekt des SAP-Berechtigungskonzepts

1.2 Der Unterschied zwischen SAP-Berechtigungen und SAP-Sicherheit

SAP-Berechtigungen versus SAP-Sicherheit

Der Begriff *SAP-Berechtigungen* wird oft als Synonym des Begriffs *SAP-Sicherheit* (*SAP Security*) verwendet. Die Begriffe sind jedoch nicht bedeutungsgleich. Eine Person mit SAP-Berechtigungsexpertise kann sich zwar auch mit SAP-Sicherheit beschäftigen und umgekehrt. Je nach der Größe der Organisation kann eine Abteilung sowohl für SAP-Sicherheit als auch für SAP-Berechtigungen zuständig sein; es ist jedoch auch möglich, dass diese Zuständigkeiten auf unterschiedliche Abteilungen verteilt werden.

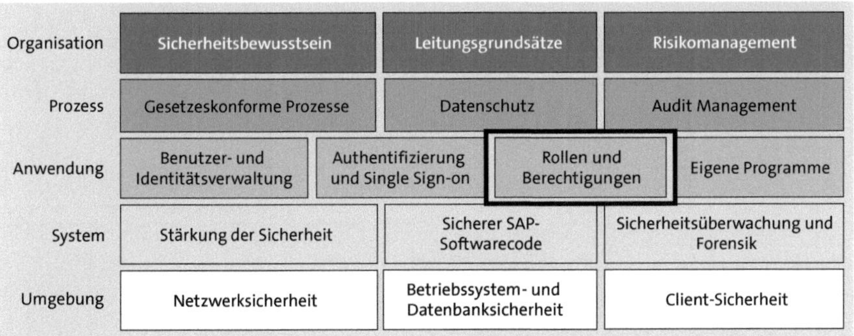

Abbildung 1.2 SAP Secure Operations Map (Quelle: SAP, »The Secure Operations Map. Highlights and Best Practices for Securing SAP Solutions«)

Komponenten der SAP-Sicherheit

Das Thema SAP-Sicherheit ist sehr komplex und vielfältig. SAP strukturiert die bewährten Sicherheitspraktiken in 16 Themengebiete auf fünf Ebenen: Organisation, Prozess, Anwendung, System und Umgebung (siehe Abbildung 1.2).

Somit sind Rollen und Berechtigungen ein Teilbereich der SAP-Sicherheit.

In diesem Buch können Sie vor allem in Kapitel 12, »Monitoring von kritischen Berechtigungen« und in Abschnitt 13.2, »SAP-Systeme auf die Revision vorbereiten«, die für die SAP-Sicherheit relevanten Themen finden.

1.3 Die historische Entwicklung von SAP-Berechtigungen

Profile im SAP-System

Im Laufe der Jahre haben SAP-Berechtigungen einige Änderungen erfahren. In den frühen Releases von SAP-Systemen gab es keine Rollen, sondern nur *Profile*. Profile wurden Benutzern zugewiesen, um sie zur Nutzung des SAP-Systems zu berechtigen. Um es Benutzern zu ermöglichen, beispielsweise eine Bestellanforderung oder eine Bestellung anzulegen, musste die SAP-Berechtigungsadministration alle Berechtigungsobjekte identifizieren, die notwendig waren, um diese Prozesse auszuführen. Die Pflege der Berechtigungsprofile war sehr aufwendig, weil es mehr als 3.000 Berechtigungsobjekte in einem SAP-System gab. Der Prozess wurde mit dem »Trial-and-Error«-Prinzip durchgeführt.

Einführung der Rollen

Mit der Einführung der Rollen wurde die Pflege der Berechtigungen enorm vereinfacht. Die Berechtigungsadministration fügt dem Rollenmenü Transaktionen hinzu. Die Berechtigungsobjekte für diese Transaktionen werden automatisch mit einem *Profilgenerator* der Rolle hinzugefügt. Ein Profil kann als ein Container, der Berechtigungen enthält, definiert werden. Eine Rolle ist ein Container mit drei wesentlichen charakteristischen Bestandteilen: Menü, Berechtigungen und Benutzerzuweisung (siehe Abbildung 1.3).

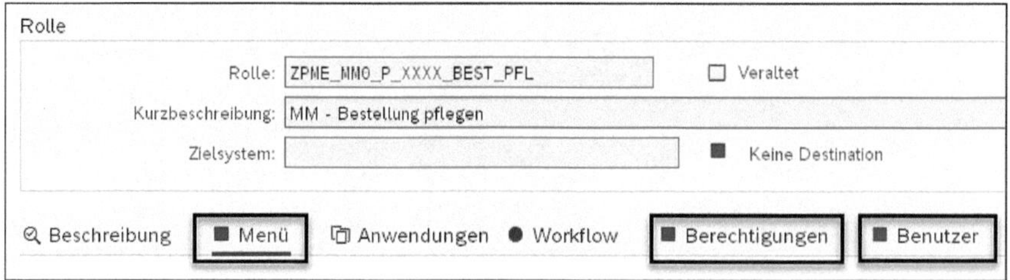

Abbildung 1.3 Eine Rolle in der Transaktion PFCG

Diese historische Tatsache erklärt, warum die Transaktion für die Pflege der Rollen »PFCG« oder »Profilgenerator« heißt. Die Rollen wurden eingeführt, um die Pflege der Profile zu vereinfachen. Das erklärt auch, warum heute beim Anlegen jeder Einzelrolle im SAP-System das Profil generiert werden muss, da die Rolle sonst nicht funktioniert.

Rolle = Aktivitätsgruppe

Am Anfang wurde der Begriff *Rolle* nicht verwendet. Rollen wurden *Aktivitätsgruppen* genannt. SAP führte Rollen mit dem Release 4.6B ein. Das Kürzel AGR für Aktivitätsgruppe findet sich jedoch noch immer in den Tabellennamen und Tabellenkurzbeschreibungen, die Informationen über Rollen enthalten, z. B. Tabelle AGR_1251 (Berechtigungsdaten zur Aktivitätsgruppe).

Anzahl der Profile pro Benutzer

In früheren Releases gab es eine technische Beschränkung für die Anzahl der Profile, die einer Benutzer-ID im SAP-System zugewiesen werden konnten. Auch die Anzahl der Berechtigungen pro Profil war beschränkt. Die maximale Anzahl der Profile pro Benutzer war abhängig vom Release: entweder 300 oder 312.

Seit der SAP-Basisversion 7.50 sind diese Einschränkungen aufgehoben. Das heißt, diese Restriktionen gibt es in SAP S/4HANA nicht mehr. Die SAP-Berechtigungskonzepte in SAP ECC, die nach SAP S/4HANA migriert werden sollen, wurden jedoch möglicherweise zu einem Zeitpunkt erstellt und gepflegt, als diese Einschränkungen noch bestanden. Mehr Information zu diesem Thema finden Sie in SAP-Hinweis 410993 (Maximale Anzahl für Profile und Berechtigungen).

[«]

Maximale Anzahl für Profile und Berechtigungen

In SAP-Hinweis 2293683 (FAQ Klassische Benutzer- und Berechtigungsverwaltung) gibt SAP die folgende Empfehlung:

»Es wird dennoch dringlichst empfohlen, Berechtigungskonzepte bezüglich der Anzahl zugewiesener Rollen und deren Profile möglichst klein zu halten, um Performance-Probleme beim Speichern, beim Transport, beim Benutzerstammabgleich und im Benutzerinformationssystem zu vermeiden.

Sowohl die Anzahl zugewiesener Profile als auch die Anzahl von Einzelwerten je Berechtigung haben einen erheblichen Einfluss auf den Umfang der Änderungsbelege. Bedenken Sie auch diesen Aspekt bei der Gestaltung des Berechtigungskonzepts.«

1.4 Berechtigungen in SAP ECC

Definition der Berechtigungsprüfung

Hinter jeder Transaktion in einem SAP-System steht ein Programm. Mit dem ABAP-Befehl AUTHORITY-CHECK im Quellcode des Programms wird beim Start und bei der Ausführung jeder Transaktion geprüft, ob die Benutzer über die erforderlichen Berechtigungen verfügen und ob diese Berechtigungen entsprechend ausgeprägt sind.

Der Befehl AUTHORITY-CHECK sucht in den im Benutzerstammsatz angegebenen Berechtigungsprofilen nach Berechtigungen für die im Befehl AUTHORITY-CHECK angegebenen Berechtigungen. Stimmt eine der gefundenen Berechtigungen mit einem der angegebenen Werte überein, ist die Prüfung erfolgreich. Ein Beispiel für einen AUTHORITY-CHECK-Befehl für die Transaktion FB01 ist in Abbildung 1.4 zu sehen.

```
AUTHORITY-CHECK OBJECT 'F_BKPF_GSB'
  ID 'ACTVT' FIELD '01'
  ID 'GSBER' FIELD bseg-gsber.
```

Abbildung 1.4 Beispiel des AUTHORITY-CHECK-Befehls für die Transaktion FB01

Berechtigungsprüfungen für die SAP-Standardtransaktionen und -anwendungen werden von SAP definiert und ausgeliefert. Berechtigungsprüfungen für Eigenentwicklungen müssen von der Entwicklung in die eigenen Programme eingefügt werden.

Tabellen mit Berechtigungsvorschlagswerten

Die geprüften Berechtigungsobjekte pro Transaktion werden in den Tabellen USOBT (Relation Transaktion → Ber.objekt) und USOBX (Checktabelle zu Tab. USOBT) geliefert. Die Inhalte dieser Tabellen werden in die Kundentabellen USOBT_C (Relation Transaktion → Ber.objekt (Kunde)) und USOBX_C (Checktabelle zu Tabelle USOBT_C) nach der Systeminstallation übertragen und in der Transaktion SU24 weitergepflegt (siehe Abschnitt 2.3.1, »SAP-Vorschlagswerte«).

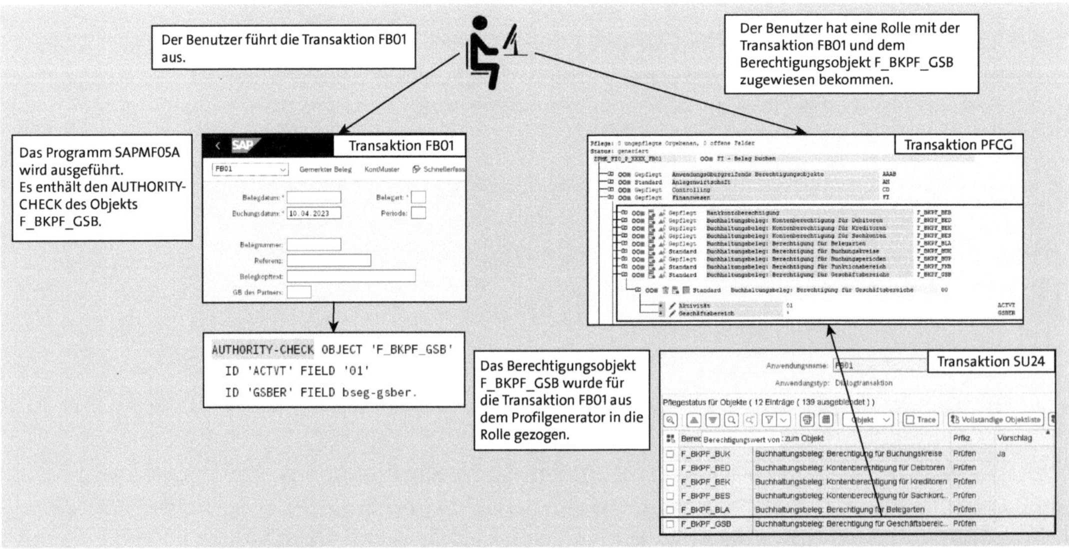

Abbildung 1.5 Berechtigungsprüfung bei der Ausführung einer Transaktion in SAP ECC

Beim Anlegen einer Rolle mit Transaktionen im Menü werden die Vorschlagsdaten aus Transaktion SU24 für die Transaktionen aus den Kundentabellen USOBT_C und USOBX_C in das Profil der Rolle gezogen. Die Berechtigungsadministration pflegt die offenen Felder (beispielsweise die Organisationsebenen) in der Rolle und generiert das Profil der Rolle (siehe Abbildung 1.5). In Abschnitt 6.2.1, »Einzelrolle anlegen«, erhalten Sie eine Anleitung zur Anlage einer Einzelrolle.

Anlegen einer Rolle in der Transaktion PFCG

1.5 Berechtigungen in SAP S/4HANA

Bevor wir erklären, wie Sie mit Berechtigungen in SAP S/4HANA umgehen, ist es wichtig zu verstehen, was die Unterschiede zwischen SAP ECC und SAP S/4HANA sind.

SAP S/4HANA hat die zentralen Lösungen aus SAP ECC übernommen und in eine HANA-Datenbank mit einem vereinfachten Datenmodell überführt. Diese Lösungen wurden überarbeitet, um die Vorteile von SAP HANA zu nutzen. Neben der Einführung der Benutzeroberfläche SAP Fiori wurden weitere Vereinfachungen und Verbesserungen vorgenommen. Dennoch ist ein Großteil der *IMG-Konfiguration* (Implementation Guide ist das Werkzeug zur Anpassung des SAP-Systems an die Anforderungen eines Unternehmens) unverändert geblieben.

Obsolete Lösungen

Im Laufe der Jahre hat SAP unterschiedliche Lösungen für dieselben oder sich überschneidende Anforderungen entwickelt oder erworben. SAP hat die Gelegenheit genutzt, um das Lösungsportfolio zu rationalisieren und zu vereinfachen. Dies bedeutet, dass einige Lösungen ganz aufgegeben werden oder dass einige Lösungen ohne weitere Investitionen oder Weiterentwicklungen bestehen bleiben. In der Regel handelt es sich dabei um Lösungen, die in SAP ECC eine geringe Akzeptanz hatten. Beispielsweise wurde das Kreditmanagement (FI-AR-CR) eingestellt, stattdessen müssen Kunden das FSCM-Kreditmanagement verwenden.

Eingebettete Lösungen

Manche Lösungen können in SAP S/4HANA eingebettet eingesetzt werden, z. B. SAP Extended Warehouse Management (EWM) oder SAP Transportation Management (TM). Eine Standardintegration zwischen SAP S/4HANA und Cloud-Lösungen (wie SAP Ariba) wurde bereitgestellt. Viele Teile der Branchenlösungen und viele SAP-Add-ons sind Teil des Standardkerns geworden.

Neue Technologien

Die Lösungen wurden mit neueren Technologien modernisiert, wie RESTful APIs, OData und Core Data Services (CDS). Dies erleichtert die Einführung von Open-Source-Technologien, z. B. Internet of Things, Blockchain,

Big Data und maschinelles Lernen. SAP S/4HANA kann mit der SAP Business Technology Platform (SAP BTP) erweitert werden, die die Übernahme neuer ABAP-Ansätze und Open-Source-Technologien ermöglicht.

Unterschiede zwischen SAP ECC und SAP S/4HANA

Zusammenfassend lässt sich sagen, dass SAP S/4HANA zwar ein anderes Produkt als SAP ECC ist, aber im Kern die gleichen Lösungen beinhaltet, die verbessert wurden, um die neuesten Innovationen technisch voll auszuschöpfen.

SAP S/4HANA Simplification Items

Die Unterschiede zwischen SAP ECC und SAP S/4HANA sind in den S/4HANA Simplification Items dokumentiert, die hier zu finden sind: *https://launchpad.support.sap.com/#/sic/*.

Sowohl SAP S/4HANA als auch SAP ECC nutzen *SAP NetWeaver* als Applikationsschicht. Deswegen funktionieren die in Abschnitt 1.4, »Berechtigungen in SAP ECC«, beschriebenen Mechanismen in SAP S/4HANA weiterhin. Die Neuerungen von SAP S/4HANA, die sich auf die Arbeit der Benutzer- und Berechtigungsadministration auswirken können, sind folgende:

- **Benutzeroberfläche SAP Fiori**
  Neben der SAP GUI wird in SAP S/4HANA SAP Fiori als Benutzeroberfläche mit dem Einstieg SAP Fiori Launchpad verwendet. Das bedeutet, dass Benutzer zusätzliche Berechtigungen für Fiori-Entitäten benötigen (siehe Abschnitt 1.7, »Grundlagen der SAP-Fiori-Berechtigungen«, und Kapitel 7, »Berechtigungen in SAP Fiori«).
- **Datenbank SAP HANA**
  Die SAP-HANA-Datenbank verfügt über ein eigenes Berechtigungskonzept, weil SAP HANA nicht nur eine Datenbank, sondern auch eine Applikation ist. Entwickler*innen, die in ABAP arbeiten, könnten auch in der Datenbank programmieren.

  Folglich hat nicht nur die Administration den Zugang zur Datenbank, sondern auch andere Benutzer, weshalb ein Berechtigungs- und Sicherheitskonzept für SAP HANA benötigt wird. Viele Organisationen nutzen SAP jedoch nur als Datenbank und führen keine Eigenentwicklungen durch (siehe Kapitel 8, »Berechtigungen in SAP HANA«).
- **Obsolete und neue Transaktionen**
  Manche SAP-ECC-Transaktionen existieren in SAP S/4HANA nicht mehr. Sie wurden entweder durch SAP-Fiori-Apps oder durch neue Transaktionen ersetzt. Manche Transaktionen wurden auch zusammengeführt.

Deswegen müssen die Rollen bei der Migration des Berechtigungskonzepts in SAP S/4HANA überarbeitet werden.

Es gibt neue Transaktionen, Funktionen und SAP-Fiori-Apps in SAP S/4HANA, die neue Berechtigungsobjekte benötigen.

- **Berechtigungen für Geschäftspartner**
  Aufgrund des Geschäftspartnerkonzepts von SAP S/4HANA ist das Berechtigungskonzept für Kreditoren und Debitoren von SAP ECC nicht mehr gültig. In jedem SAP-S/4HANA-Implementierungsprojekt spielt das Thema »Geschäftspartner«, einschließlich der Berechtigungen, deshalb eine zentrale Rolle. In Abschnitt 11.3, «Berechtigungen für die Geschäftspartner-Pflege einrichten», finden Sie eine Schritt-für-Schritt-Anleitung für die differenzierte Vergabe von Berechtigungen für den Geschäftspartner.
- **Business-Benutzer**
  Das Business-Benutzer-Konzept ist für die Verwendung mancher SAP-Fiori-Apps obligatorisch. Dieses Konzept hat einen erheblichen Einfluss auf das Benutzermanagement in SAP S/4HANA (siehe Abschnitt 10.5, »Business-Benutzer anlegen und pflegen«).
- **CDS-Views**
  Mit SAP S/4HANA wurde das ABAP-Repository um *Core Data Services* (CDS-Views) erweitert. Die ABAP Core Data Services (CDS) haben ein eigenes Berechtigungskonzept, das auf einer *Data Control Language* (DCL) basiert. Das Berechtigungskonzept von ABAP CDS verwendet das zugrunde liegende Datenmodell, um die Berechtigungen von Benutzern zu prüfen (siehe Abschnitt 2.5, »CDS-Views«).

1.5.1 Berechtigungen bei der Umstellung auf SAP S/4HANA

Drei Wege zu SAP S/4HANA

Es gibt drei technische Wege bei der Umstellung von ERP ECC 6.0 zu SAP S/4HANA:

- **Systemkonvertierung**
  Die Systemkonvertierung (*Brownfield-Ansatz*) wird von ca. 50 % der Kunden gewählt. Ein bestehendes ERP-System wird auf SAP S/4HANA umgestellt.
- **Neuimplementierung**
  Bei der Neuimplementierung (*Greenfield-Ansatz*) wird das System komplett neu aufgezogen. Dieser Ansatz wird von ca. 45 % der Kunden genutzt.

- **Selektive Datenübernahme**
  Für die selektive Datenübernahme (auch bekannt als hybrider Ansatz) gibt es Tools und Services von *SAP Data Management and Landscape Transformation* (DMLT).

  Die Kunden können mit diesen Tools und Services Konfigurationen und Daten selektiv aus dem/den alten ERP-System(en) in eine neue SAP-S/4HANA-Instanz übertragen. Dabei können mehrere ERP-Lösungen zusammengeführt werden. Dieser Ansatz wird von ca. 5 % der Kunden verwendet, die tendenziell über große SAP-Landschaften verfügen.

1.5.2 Systemkonvertierung

Brownfield-Ansatz

Bei der Systemkonvertierung (Brownfield-Ansatz) können Kunden ihr bestehendes SAP-ECC-System auf SAP S/4HANA umstellen und dabei ihre Prozesse beibehalten. Zuerst wird das Produktivsystem in eine Sandbox kopiert und eine vollständige Konvertierung durchgeführt. Ein Großteil der bestehenden Konfiguration funktioniert danach unverändert. Einige Kunden entscheiden sich für eine technische Systemkonvertierung mit minimalen Änderungen. Nach dem technischen Go-live können von SAP S/4HANA ermöglichte Verbesserungen in einem separaten Projekt implementiert werden.

Das Projektteam führt eine *Fit-to-Standard-Analyse* durch, um alle neuen Funktionen zu validieren und zu bestätigen, dass alle Geschäftsanforderungen erfüllt werden können. Einige neue Anforderungen werden von SAP S/4HANA Simplification Items vorangetrieben. Die meisten Vereinfachungselemente sind rein technischer Natur und erfordern keine Fit-to-Standard-Analyse. Regressionstests prüfen, ob unveränderte Prozesse weiterhin funktionieren. Anschließend wird das Entwicklungssystem konvertiert. Der Konvertierungsprozess wird optimiert, bis der Kunde bereit ist, das Produktivsystem zu konvertieren.

Ablauf der Systemkonvertierung

Die Konvertierung besteht aus einer Datenbankmigration auf SAP HANA, einem Software-Update (wie ein Upgrade) und anschließend einer automatisierten Umstellung auf das neue Datenmodell. Nach der anfänglichen Datenmodellkonvertierung muss die Finanzanwendung konfiguriert werden, und es wird eine zweite Datenmodellkonvertierung durchgeführt.

Rollenmigration

Bei der Systemkonvertierung werden Berechtigungsrollen meistens aus dem SAP-ECC-System übernommen. Die Voraussetzung für diese sogenannte *Rollenmigration* ist, dass das bestehende Rollenkonzept nah am Standard gebaut, wartbar und gut gepflegt ist sowie den Bedürfnissen der Organisation entspricht. Darüber hinaus ist es vorteilhaft, wenn die Transaktionen im Menü der Rollen und nicht direkt im Berechtigungsobjekt S_TCODE eingetragen sind. Sind die Transaktionen im Menü der Rollen gepflegt, kann die Berechtigungsadministration mithilfe von SAP-Standardtools die obsoleten Transaktionen in den Rollen identifizieren, um sie aus den Rollen zu entfernen und durch neue Transaktionen bzw. mit Fiori-Apps zu ersetzen.

Rollenredesign als Vorbereitungsmaßnahme

Wenn das Rollenkonzept den Voraussetzungen für die Rollenmigration nicht entspricht, führen viele Organisationen ein *Rollenredesignprojekt* als Vorbereitungsmaßnahme für die Umstellung auf SAP S/4HANA durch. Das heißt, neue Rollen werden im SAP-ECC-System angelegt und eingeführt und anschließend in das SAP-S/4HANA-System übernommen und minimal angepasst.

Die Rollenmigration weist folgende Vorteile auf:

- Der Aufwand für das Change-Management in der Organisation wird minimiert.
- Eine Implementierung der neuen Rollen von Grund auf ist nicht erforderlich.

Der Umfang und der Aufwand für die Rollenmigration hängen stark davon ab, ob das SAP Fiori Launchpad als einziger Einstiegspunkt für Personen eingeführt wird, die in den Fachabteilungen mit dem SAP-System arbeiten. In diesem Fall müssen die Menüs aller Endanwender*innen-Rollen in SAP-Fiori-Kachelkataloge überführt und die Fiori-Oberfläche muss entweder mit Kachelgruppen oder mit Bereichen und Seiten strukturiert werden.

Arbeitspakete für die Rollenmigration

Die Arbeitspakete für die Rollenmigration sind die folgenden:

- Der SU25-Abgleich wird in Abschnitt 11.1., »Arbeitsschritte im SU25-Abgleich«, durchgeführt.
- In der Tabelle TSTC wird geprüft, ob Transaktionen existieren.
- Die Tabelle ABLM_BLACKLIST wird geprüft.
- Die Simplification List wird geprüft.
- Fiori Rapid Activation wird im Sandboxsystem durchgeführt.
- Der Test von Fiori-Apps wird im Sandboxsystem durchgeführt.
- Fiori Rapid Activation wird im Entwicklungssystem durchgeführt.
- Fehlende Transaktionen werden als Fiori-Apps im Entwicklungssystem angelegt.
- Eigene technische Kataloge werden im Entwicklungssystem angelegt.
- Eigene Business-Kataloge, Gruppen bzw. Bereiche und Seiten werden im Entwicklungssystem angelegt und in die Masterrollen hinzugefügt.

1.5.3 Neuimplementierung

Greenfield-Ansatz

Es kann einige Unterschiede zwischen der Neuimplementierung (*Greenfield-Ansatz*) und der ursprünglichen Implementierung geben:

- Bei der Neuimplementierung müssen Kunden Daten von der alten Lösung zu SAP S/4HANA migrieren. Hierfür kann das SAP S/4HANA Migration Cockpit verwendet werden.
- Bei der Neuimplementierung können Kunden Erweiterungen und Schnittstellen aus der alten ECC-Lösung wiederverwenden.

Eine Rolle für die Migration

Das SAP S/4HANA Migration Cockpit ist eine SAP-Fiori-App. Das heißt, Sie müssen eine Rolle mit Fiori-Berechtigungen für das Migrationsteam anlegen. Dafür können Sie die SAP-Standardrolle SAP_BR_CONFIG_EXPERT_DATA_MIG – Konfigurationsexperte – Datenmigration – und den SAP-Standard-Business-Katalog SAP_CA_BC_MIG_DATA – Datenmigration – in Ihre eigene Namenskonvention kopieren.

Nutzungsstatistik

Bei der Neuimplementierung von SAP S/4HANA wird das Rollenkonzept meistens neu erstellt. Dabei kann die *Nutzungsstatistik* (ST03N-Daten) aus SAP ECC für die Konzeption der Rollen verwendet werden.

Vorlagen nutzen

SAP empfiehlt, die SAP-Standardrollen und SAP-Standard-Business-Kataloge als Vorlage für eigene Rollen und Business-Kataloge zu verwenden. Dadurch kann sichergestellt werden, dass die Navigationsfunktionen von SAP Fiori-Apps ermöglicht werden.

Die Drilldown-/Quernavigationsfunktion von SAP Fiori

Bei der Nutzung von SAP-Fiori-Apps können Sie, beginnend bei den Übersichts-Apps, je nach Anwendungsfall zu den Transaktionen navigieren. Starten Sie beispielsweise die SAP-Fiori-App **Kundenaufträge verwalten** (App-ID F3893) und navigieren Sie zur SAP-Fiori-App **Kundenauftrag ändern** (VA02).

Arbeitspakete für die Neuimplementierung von Rollen

Die Arbeitspakete, die für die Neuimplementierung von Rollen in SAP S/4HANA notwendig sind, sind die folgenden:

- Die Fiori Rapid Activation wird im Sandboxsystem durchgeführt.
- Der Test von Fiori-Apps wird im Sandboxsystem durchgeführt.
- Es werden eigene Kachelkataloge und Business-Rollen auf Basis von SAP-Standardrollen definiert.
- Die Fiori Rapid Activation wird im Entwicklungssystem durchgeführt.

- Fehlende Transaktionen werden als Fiori-Apps im Entwicklungssystem angelegt.
- Eigene technische Kataloge werden im Entwicklungssystem angelegt.
- Eigene Business-Kataloge, Gruppen bzw. Bereiche und Seiten und Rollen werden im Entwicklungssystem angelegt.

1.5.4 Selektive Datenübernahme

Hybride Ansätze

Es gibt zwei gängige Ansätze für die Zielsystemerstellung innerhalb der selektiven Datenübernahme: die Shell-Konvertierung und Mix-and-Match. Bei der Shell-Konvertierung wird eine Shell-Kopie eines Produktivsystems ohne Stamm- und Bewegungsdaten erstellt und diese auf SAP S/4HANA konvertiert. Der Umstellungsprozess ist ohne die Stamm- und Bewegungsdaten einfacher und schneller, und bestimmte Simplification Items können ohne Geschäftsdaten einfacher angepasst werden.

Mix-and-Match

Bei Mix-and-Match wird eine neue SAP-S/4HANA-Installation erstellt, dann werden Elemente der Konfiguration und des ABAP-Repository transportiert oder manuell übertragen. Beide Szenarien erfordern eine anschließende Datenmigration inklusive der Stammdaten, Salden und offenen Posten.

Shell-Konvertierung

Bei der Shell-Konvertierung sind die Arbeitspakete für die Rollenmigration dieselben wie bei der Systemkonvertierung (siehe Abschnitt 1.5.2, »Systemkonvertierung«). Beim Mix-and-Match müssen die Rollen zuerst in das SAP-S/4HANA-System transportiert werden. Wenn das SAP S/4HANA Migration Cockpit für die Datenmigration verwendet wird, muss dafür eine Rolle angelegt werden (siehe Abschnitt 1.5.3, »Neuimplementierung«).

1.6 Berechtigungen im Kontext der SAP-Bereitstellungsoptionen

Für die Berechtigungsadministration im SAP-System ist entscheidend, ob SAP S/4HANA als Cloud-Lösung oder On-Premise-Version betrieben wird. Auch die Bereitstellung des SAP Fiori Launchpad spielt eine wichtige Rolle.

1.6.1 Berechtigungen in Cloud-Lösungen

Bereitstellungsoptionen von SAP S/4HANA Cloud

Obwohl SAP S/4HANA mit Blick auf die Cloud entwickelt wurde, gibt es mehrere Bereitstellungsoptionen, einschließlich Cloud-, On-Premise- und Hybridumgebungen. Die derzeit verfügbaren Bereitstellungsoptionen für

SAP S/4HANA, die im weiteren Verlauf dieses Abschnitts aufgegriffen werden, sind:

- *SAP S/4HANA Cloud* bietet einen vollständigen Cloud-Ansatz, befindet sich auf dem Server des Anbieters und wird vollständig von SAP betrieben und gewartet.
- *SAP S/4HANA Cloud Extended Edition* hat dieselben Vorteile wie SAP S/4HANA Cloud, aber mit mehr Flexibilität und Kontrolle.
- *SAP S/4HANA Cloud Private Edition* bietet Cloud-Services, die nicht mit anderen Organisationen geteilt werden.
- SAP S/4HANA, On-Premise-Version (*SAP HANA Enterprise Cloud*), verwaltet von SAP, eine von SAP gehostete On-Premise-Lösung.
- *SAP S/4HANA Any-Premise*, On-Premise oder verwaltet von einem Drittanbieter.

SAP S/4HANA Cloud

SAP S/4HANA Cloud ist die SaaS-Option (*Software as a Service*) und hieß zuvor *SAP S/4HANA Cloud Essentials Edition*. Davor war es als *Multi-Tenant Edition* bekannt. SAP hostet und verwaltet die Cloud-Plattform und installiert Upgrades, die obligatorisch sind. Die Funktionen sind auf eine Teilmenge der ERP-Kernfunktionen beschränkt, wobei Branchensoftware und Betriebsfunktionen für 42 Länder verfügbar sind.

SAP S/4HANA Cloud ist auf neue Greenfield-Implementierungen beschränkt, daher ist diese Option für Organisationen, die eine direkte Migration von einer älteren SAP-Instanz durchführen, nicht geeignet.

SAP S/4HANA Cloud Extended Edition (EX)

SAP S/4HANA Cloud Extended Edition (EX), früher bekannt als Single-Tenant Edition, bietet zusätzliche Hosting-Optionen. Konfigurations- und Upgrade-Zeitpläne sind flexibler.

SAP S/4HANA EX basiert auf einem Single-Tenancy-Modell, sodass Kunden eine viel größere Kontrolle über verschiedene Aspekte ihrer SAP-Umgebung haben, einschließlich der Integration von Add-ons der Drittanbieter. Die Extended Edition bietet auch eine breitere Sammlung von Funktionen, sodass Kunden Zugriff auf die gesamte Bandbreite an Funktionen haben, die in der SAP-On-Premise-S/4HANA-ERP-Software zu finden sind. Wie SAP S/4HANA Cloud, ist die Extended Edition nur für Greenfield-Implementierungen geeignet.

SAP S/4HANA Cloud Private Edition

SAP S/4HANA Cloud Private Edition ist im Jahr 2021 erschienen. Diese Edition baut auf EX auf und ist flexibler. Kunden können Änderungen vornehmen und Upgrades in ihrem eigenen Tempo anwenden. Nutzer*innen der Private Edition können auch eine Systemkonvertierung oder selektive Datenübernahme aus einer bereits bestehenden SAP-Umgebung durchführen.

SAP S/4HANA Any-Premise auf SAP HANA Enterprise Cloud

SAP S/4HANA Any-Premise, verwaltet von SAP auf SAP HANA Enterprise Cloud, ist ein Infrastructure-as-a-Service-Angebot, das die Bereitstellung und Verwaltung einer vollständigen SAP-Landschaft vereinfacht.

Wie bei Any-Premise können Nutzer von SAP HANA Enterprise Cloud SAP S/4HANA auf ihrer eigenen Hardware in ihrem eigenen Rechenzentrum oder in einem von SAP betriebenen Rechenzentrum bereitstellen. Kunden können auch einen Hyperscaler-Cloud-Anbieter wie Google, Amazon oder Microsoft auswählen.

SAP übernimmt das standortunabhängige Management der Systemumgebung. Kunden profitieren von zusätzlicher Flexibilität bei SAP-Upgrades und maximaler Erweiterbarkeit.

SAP S/4HANA Any-Premise

SAP S/4HANA Any-Premise, das vom Kunden oder Drittanbietern verwaltet wird, ähnelt Any-Premise auf SAP HANA Enterprise Cloud. Bei dieser Option ist jedoch der Kunde für die Umgebungsverwaltung verantwortlich. Sie können dies selbst tun oder an Drittanbieter delegieren. Der Kunde kann seine SAP-Umgebung in seinem eigenen Rechenzentrum oder bei einem Cloud-Hyperscaler hosten.

In diesem Abschnitt geben wir eine kurze Übersicht über das Benutzer- und Berechtigungsmanagement in SAP S/4HANA Cloud. In diesem Buch wird die Benutzer- und Berechtigungsadministration ansonsten ausschließlich in SAP-S/4HANA-On-Premise-Systemen beschrieben.

Fiori-App »Maintain Business Users«

Die Personen, die SAP S/4HANA Cloud in ihrer täglichen Arbeit nutzen sowie die Benutzer- und Berechtigungsadministration greifen ausschließlich über das SAP Fiori Launchpad auf das System zu. Für die Benutzeradministration gibt es anstelle der Transaktion SU01 (Benutzerpflege) die SAP-Fiori-App **Maintain Business Users** (App-ID F1303) (siehe Abbildung 1.6). Diese App stellt folgende Funktionen zur Verfügung:

- Geschäftsbenutzerdaten bearbeiten
- Geschäftsrollen einem Benutzer zuweisen und bestehende Zuordnungen entfernen
- Benutzerrollenzuweisungen aktualisieren
- Benutzer sperren und entsperren
- Benutzerliste herunterladen
- Sprache der Benutzeroberfläche für Geschäftsbenutzer festlegen

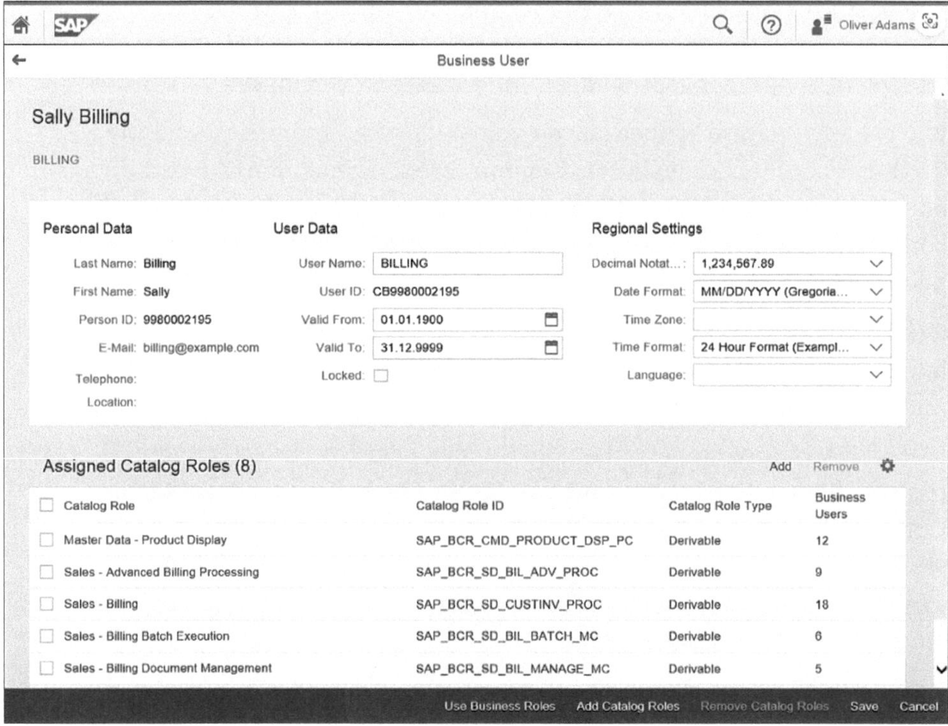

Abbildung 1.6 Fiori-App »Maintain Business Users«

Fiori-App »Maintain Business Roles«

SAP liefert eine Anzahl von Standardgeschäftsrollen, die Geschäftsbenutzern zugeordnet werden können. Sie können auch eigene Geschäftsrollen anlegen. Dafür verwenden Sie die Fiori-App **Maintain Business Roles** (App-ID F1492) (siehe Abbildung 1.7). Diese Fiori-App unterstützt die folgenden Funktionen:

- Geschäftsrollen von Grund auf neu erstellen
- Geschäftsrollen aus einer von SAP gelieferten Vorlage erstellen
- Geschäftsrollen aus dem Testsystem herunterladen und anschließend per XML-Datei in das Produktivsystem hochladen
- einem Geschäftsbenutzer eine oder mehrere Geschäftsrollen zuweisen
- Geschäftsrollen kopieren
- Geschäftsrollen löschen

Einschränkung der Berechtigungen in Rollen

Geschäftsrollen in SAP S/4HANA Cloud können ausschließlich auf Basis von SAP-Fiori-Kachelkatalogen erstellt werden. Ähnlich wie in PFCG-Rollen in SAP-On-Premise-Systemen können Berechtigungen in SAP-Cloud-Systemen eingeschränkt werden. Dafür pflegen Sie die Restriktionen für den Anzeige- und Pflegezugang (siehe Abbildung 1.8).

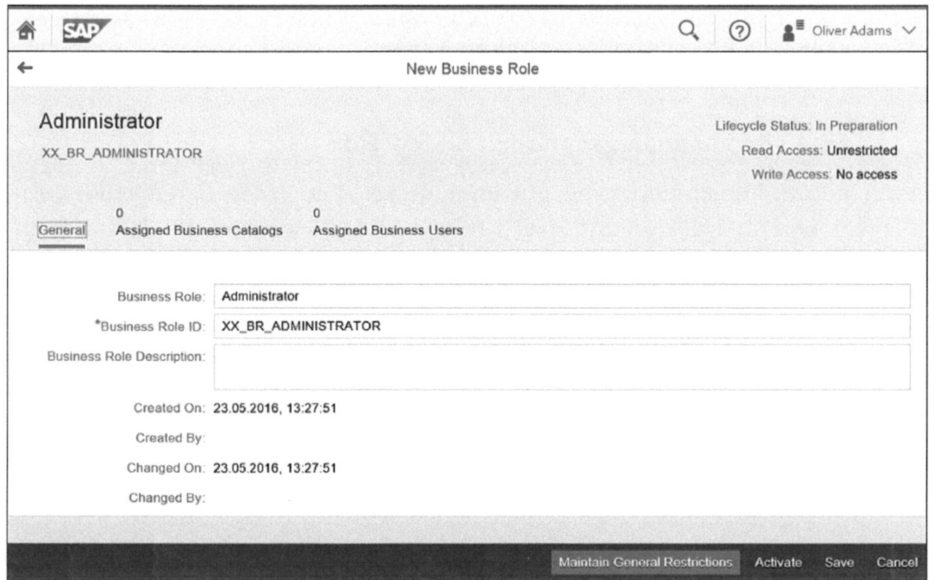

Abbildung 1.7 Fiori-App »Maintain Business Roles« (F1492)

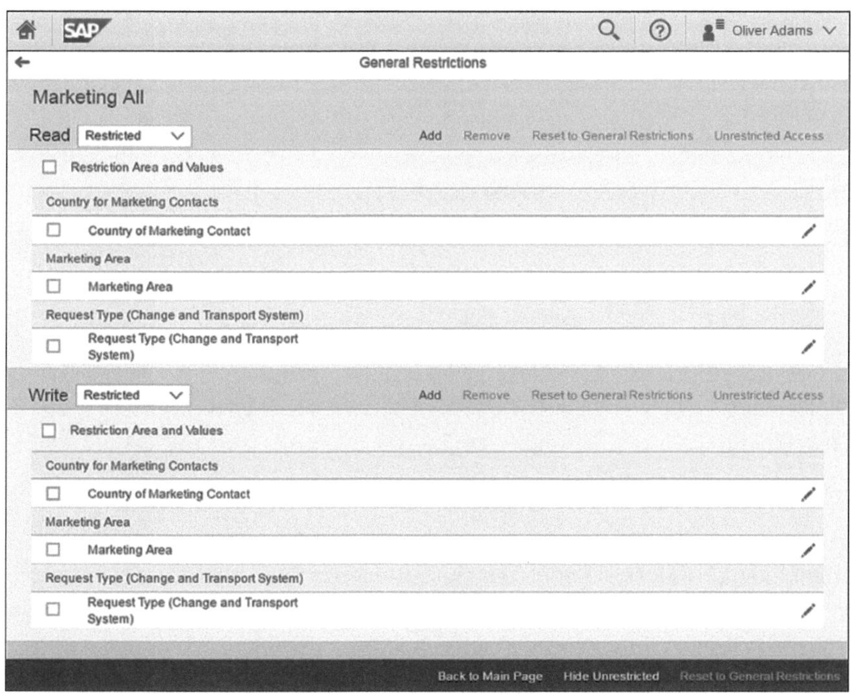

Abbildung 1.8 Fiori-App »Maintain Business Roles«: Pflegen der Restriktionen in einer Geschäftsrolle

Die vorne beschriebenen Fiori-Apps sind in der Standard-Administratorrolle SAP_BR_ADMINISTRATOR enthalten.

1.6.2 Bereitstellungsoptionen für SAP Fiori

Bei der Implementierung von SAP S/4HANA gibt es drei Bereitstellungsoptionen für SAP Fiori: SAP S/4HANA Cloud, SAP Fiori für SAP S/4HANA eingebettet und SAP Fiori für SAP S/4HANA in einem Stand-Alone-FES (Hub-Deployment) (siehe Abbildung 1.9). SAP S/4HANA Cloud wird mit dem integrierten SAP Fiori Launchpad geliefert.

Bereitstellungsoptionen für SAP Fiori

Bei der Implementierung von SAP S/4HANA, On-Premise-Version haben Sie wiederum zwei Möglichkeiten für den Einsatz des SAP Fiori Launchpad:

- Die von SAP empfohlene Bereitstellungsoption für SAP Fiori ist der eingebettete *SAP-Fiori-Frontend-Server* (FES).
- Alternativ kann ein SAP-S/4HANA-System mit einem dedizierten Stand-Alone-FES, dem sogenannten *Hub-Deployment*, für bestimmte Anwendungsfälle eine Option sein.

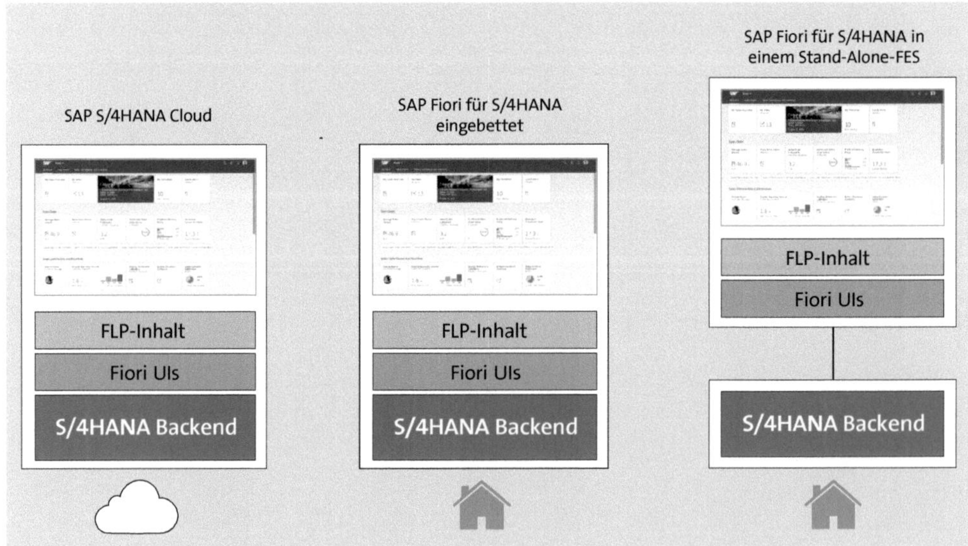

Abbildung 1.9 SAP-Fiori-Bereitstellungsoptionen in SAP S/4HANA

Für die Berechtigungsadministration bedeutet die Stand-Alone-FES-Option, dass die PFCG-Rollen für Fiori-Apps in zwei Systemen angelegt und den Benutzern zugewiesen werden müssen (siehe Kapitel 7, »Berechtigungen in SAP Fiori«).

1.7 Grundlagen der SAP-Fiori-Berechtigungen

Entstehung der SAP-Fiori-Benutzeroberfläche

SAP Graphical User Interface (SAP GUI) war die Standardbenutzeroberfläche in SAP R/3 und SAP ECC, die immer weniger Benutzerakzeptanz fand. SAP hat verstanden, wie wichtig eine gute Benutzererfahrung ist, um die Bedürfnisse der Endanwender*innen zu erfüllen. Das Ziel der neuen Benutzeroberfläche SAP Fiori war es, Geschäftsanwendungen bereit für die Digitalisierung und die Cloud-Integration zu machen, um zukünftigen Anforderungen gerecht zu werden.

Ziele bei der Einfühung von SAP Fiori

Darüber hinaus sollten Geschäftsanwendungen einfach, intuitiv, personalisiert und auf die tatsächliche Arbeitsweise der Fachabteilungen abgestimmt sein. Die Entwicklung von Anwendungen sollte auf einer stabilen Technologie basieren, die Web- und offene Standards sowie In-Memory-Computing verwendet. Weitere Ziele waren die Verbesserung der Benutzerproduktivität durch Vereinfachung und Automatisierung der täglichen Aufgaben auf allen Geräten und die Reduzierung der Schulungs- und Supportkosten durch einfache rollenbasierte Homepages, die die Einarbeitung beschleunigen und Benutzerfehler minimieren.

Einführung von SAP-Fiori

Mit der im Jahr 2013 eingeführten Benutzeroberflächentechnologie *SAP Fiori* ermöglicht SAP einen rollenbasierten Zugriff auf Anwendungen von unterschiedlichen Endgeräten wie Smartphones, Tablets und PCs. SAP Fiori ähnelt Apps, die Menschen aus ihrem privaten Alltag gewohnt sind. Die SAP-Fiori-Oberfläche kann außerdem individuell angepasst werden. Mit SAP Fiori wurde eine Verlagerung von monolithischen Lösungen hin zu aktivitätsbasierten Apps realisiert (siehe Abbildung 1.10).

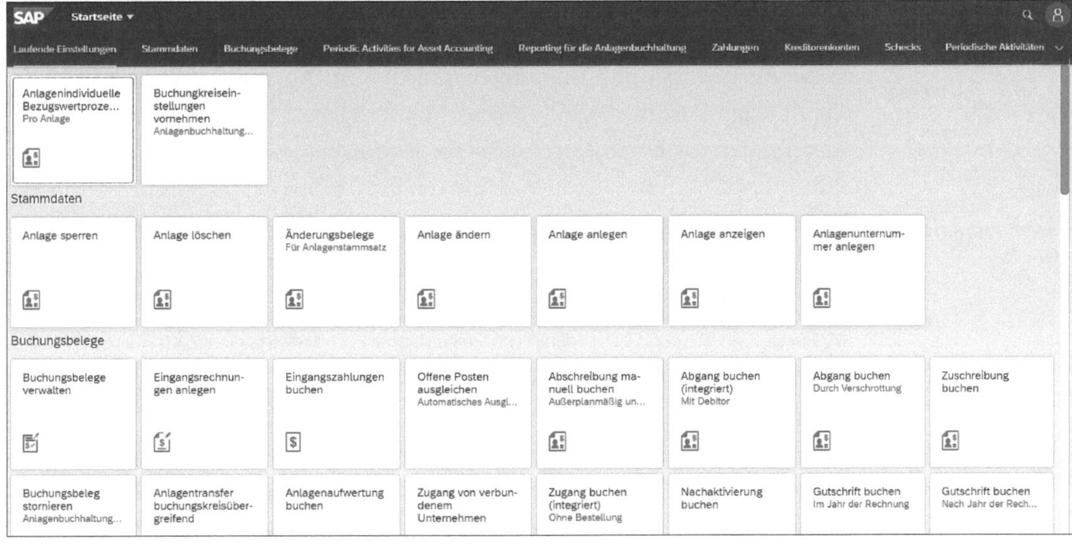

Abbildung 1.10 Beispiel der Benutzeroberfläche von SAP Fiori

SAP Fiori wurde auch schon in SAP ECC als Benutzeroberfläche verwendet. Mit dem Umstieg auf SAP S/4HANA setzt sich SAP Fiori als SAP-Standardbenutzeroberfläche allmählich durch.

Designprinzipien von SAP Fiori

Das SAP-Fiori-Designkonzept basiert auf fünf Kernprinzipien:

- **Rollenbasiert**
  Für Anwender*innen sind über ihre Homepage nur für ihre Rolle und Position definierte Apps zugänglich.
- **Anpassungsfähig**
  SAP Fiori passt sich automatisch an die verschiedenen Nutzungsszenarien an. Es lässt sich z. B. auf mobilen Endgeräten ebenso wie auf PCs nutzen und ist für alle Betriebssysteme und Browser geeignet.
- **Einfach**
  Das Design erleichtert die Konzentration auf die wichtigsten Aufgaben, Funktionen und Aktivitäten, weil nicht benötigte Elemente ausgeblendet werden.
- **Kohärent**
  SAP Fiori kann für alle Unternehmensanwendungen eingesetzt werden.
- **Ansprechend**
  Das intuitive, benutzerfreundliche Designkonzept verbessert die Arbeitsabläufe bei der Nutzung der Software und trägt so zur Motivation und damit zur Produktivitätssteigerung bei.

1.7.1 SAP-Fiori-Architektur

SAP-Fiori-Architektur und technische Elemente

Bevor wir uns der Funktionsweise von Berechtigungen für SAP-Fiori-Apps zuwenden, werfen wir einen Blick auf die Architektur und die technischen Elemente, die bei der Nutzung von SAP-Fiori-Apps zusammenwirken. In Abbildung 1.11 ist die SAP-Fiori-Architektur dargestellt. Abhängig vom Fiori-App-Typ kommen unterschiedliche technische Komponenten zum Einsatz, die wir in den folgenden Absätzen beschreiben.

Funktionsweise der Fiori-Apps in Kürze

Um SAP-Fiori-Apps ausführen zu können, muss die Laufzeitumgebung des Clients (z. B. der Browser) HTML5 unterstützen. SAP-Fiori-Apps werden wie folgt verarbeitet: Zuerst lädt der Client die UIs für die SAP-Fiori-Apps, dann nutzt die App während der Ausführung Daten aus dem Backend-System.

Typen von Fiori-Apps

Es gibt verschiedene Typen von Apps, die im SAP Fiori Launchpad gestartet werden können. Jeder Typ unterscheidet sich nicht nur durch seine Verwendung, sondern auch durch seine Architektur und Konfiguration. SAP-Legacy-Apps sind Web-Dynpro-Anwendungen und GUI für HTML-Anwendungen. Sie sind nicht mobilfähig, bieten aber ein SAP-Fiori-Look-and-Feel. SAPUI5 ist die Technologie für die meisten SAP-Fiori-Apps.

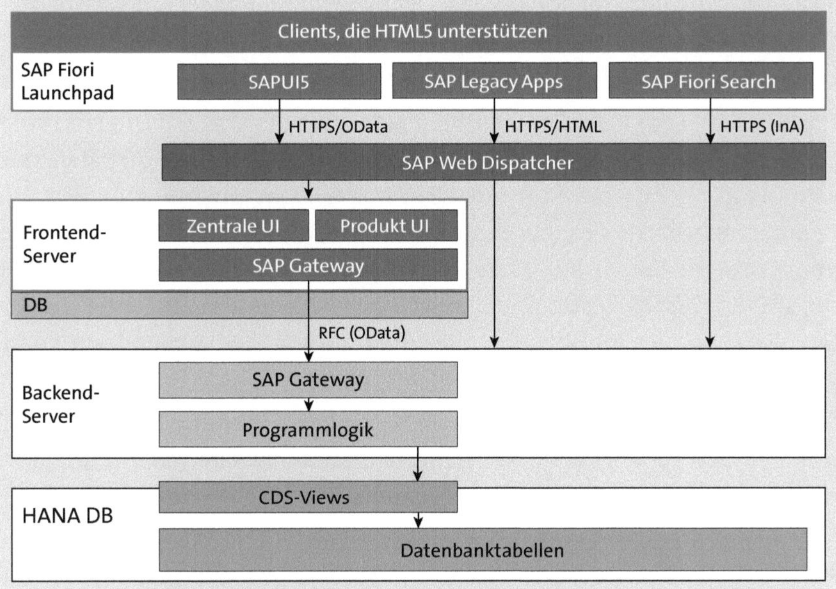

Abbildung 1.11 Übersicht über die Architektur von SAP Fiori

SAPUI5

Als technische Basis für Fiori dient *SAPUI5* (SAP User Interface 5). Dabei handelt es sich um ein von OpenUI5 abgeleitetes Framework, bestehend aus HTML5, JavaScript, XML und CSS. SAPUI5 eignet sich zur Erstellung von Webanwendungen im SAP- und Non-SAP-Umfeld. Bei solchen Webanwendungen sind die Benutzeroberfläche und die Datenbank klar voneinander getrennt.

Eine Besonderheit ist die plattformübergreifende Kompatibilität von SAPUI5, da es sich um eine browserbasierte Technologie handelt. Damit lassen sich nicht nur Anwendungen für Desktops erstellen, sondern auch responsive Anwendungen für Smartphones oder Tablets.

Typen von SAP-Fiori-Apps, die mit SAPUI5 erstellt wurden

Je nach Anwendungsfall gibt es verschiedene Typen von SAPUI5-Apps:

- *Transaktions-Apps* bieten Zugriff auf Aufgaben wie Ändern, Erstellen oder ganze Prozesse mit geführter Navigation.
- *Analytische Apps* bieten einen visuellen Überblick über ein komplexes Thema zu Überwachungs- oder Nachverfolgungszwecken.
- *Objektseiten* (ehemals Factsheets) bieten einen Überblick über wesentliche Informationen zu einem Objekt und eine kontextbezogene Navigation zwischen verwandten Objekten.

SAP Fiori Search ist Teil des SAP Fiori Launchpad und bietet eine kontextbezogene Suchfunktion, die über alle Apps und Business-Objekte, wie Materialstamm, Kunden oder Bestellungen, hinweg sucht.

SAP Fiori Launchpad

Das *SAP Fiori Launchpad* ist technisch gesehen auch eine SAPUI5-Fiori-App. Es wird mit der zentralen UI-Komponente (SAP_UI) installiert, daher sind seine Funktionen vom Softwarepaket dieser Komponente abhängig. Die Benutzeroberfläche des SAP Fiori Launchpad wird über HTTP oder HTTPS vom Frontend-Server aufgerufen. Das SAP Fiori Launchpad ist eine Shell, die SAP-Fiori-Apps hostet und den Apps verschiedene Dienste wie Navigation, Personalisierung, eingebetteten Support und eine Anwendungskonfiguration bereitstellt.

SAP Web Dispatcher

Die SAP-Fiori-Apps senden Anfragen an mehrere Systeme, abhängig vom App-Typ und der angeschlossenen Systemlandschaft. Zwischen dem Client und dem SAP-System wird der sogenannte *SAP Web Dispatcher* installiert. Der SAP Web Dispatcher fungiert als einziger Einstiegspunkt für alle HTTPS-Anfragen. Abhängig von den Anfragen, die die App sendet, wählt der SAP Web Dispatcher den geeigneten Anwendungsserver aus.

SAP-Frontend-Server

Der *SAP-Frontend-Server* enthält die Infrastrukturkomponenten, um eine SAP-Fiori-App-spezifische Benutzeroberfläche für den Client zu generieren und mit den Backend-Systemen zu kommunizieren. Die UI-Komponenten und das Gateway basieren auf SAP NetWeaver. In der Regel werden beide auf demselben Server installiert.

Zentrale UI-Komponente

Die zentrale UI-Komponente ist ein Framework, das die gemeinsame Infrastruktur für alle SAP-Fiori-Apps bereitstellt: Das SAP Fiori Launchpad ist die Basis aller SAP-Fiori-UIs und stellt grundlegende Funktionen für SAP-Fiori-Apps, wie Anmeldung, Oberflächengröße, Navigation zwischen Apps und rollenbasierten Kachelkatalogen, bereit.

SAP Gateway

SAP Gateway übernimmt die Kommunikation zwischen dem Client und dem Backend. Es verwendet OData-Services, um Backend-Daten und -Funktionen bereitzustellen, und verarbeitet HTTPS-Anfragen für OData-Services.

OData-Services

Das SAP Gateway dient zur Einrichtung und Aktivierung von *OData-Services*. Die OData-Services sind eine obligatorische Komponente für den Betrieb von SAP-Fiori-Apps: Sie rufen die Geschäftsdaten zur Verwendung in den SAP-Fiori-Apps aus dem Backend-System ab. Die SAP-Fiori-Apps verwenden OData, um Daten aus dem Backend anzuzeigen und Daten im Backend zu verarbeiten.

[«]

OData-Protokoll

OData ist ein von Microsoft definiertes, HTTP-basiertes Protokoll für den Datenaustausch zwischen verschiedenen Softwaresystemen. Es ist ein offener Webstandard, der für *APIs* (Application Programming Interfaces oder Programmierschnittstellen) diverser Anwendungen genutzt wird und plattform-, technologie- sowie programmiersprachenunabhängig ist.

Weil OData im SAP-Backend-Server zum Einsatz kommt, können Fiori-Apps später Daten aus anderen Anwendungen der SAP-Systeme und aus Drittanwendungen beziehen.

SAP-Fiori-SAPUI5-Apps arbeiten mit Geschäftsdaten, die vom jeweiligen Backend-Server von SAP S/4HANA stammen. Die Geschäftsdaten werden über das OData-Protokoll übertragen. Der OData-Service ist in den meisten Fällen Teil des ABAP Stacks von SAP S/4HANA (Backend-Server). Diese OData-Services werden über eine Trusted-RFC-ABAP-Verbindung auf dem Frontend-Server registriert.

SAP Fiori Search

SAP Fiori Search funktioniert anders. Die Suchoberfläche wird über HTTP/HTTPS von der zentralen UI-Komponente auf dem Frontend-Server aufgerufen, da sie Teil des SAP Fiori Launchpad ist. Aber die Daten kommen über das InA-Protokoll direkt von der Enterprise Search Engine auf dem S/4HANA-Backend-Server.

SAP-Legacy-Apps wie Web Dynpro oder GUI für HTML-Apps benötigen eine HTTP/HTTPS-Verbindung direkt zum Backend-Server.

SAP-Backend-Server

Auf dem *SAP-Backend-Server* werden die Produkte installiert, die die Geschäftslogik und die Backend-Daten, einschließlich Benutzer, Rollen und Berechtigungen, bereitstellen. Der Backend-Server basiert auf SAP NetWeaver. Über OData-Services ist es möglich, Daten aus CDS-Views oder ABAP-Programmen bereitzustellen und diese Daten in einer Anwendung zu verwenden und zu verarbeiten.

Datenbank für den Frontend-Server

In Abbildung 1.11 ist ein Fiori-Hub-Deployment dargestellt. In diesem Fall kann der Frontend-Server auf jeder Datenbank installiert werden. Bei einer eingebetteten Bereitstellung, die von SAP für SAP S/4HANA empfohlen wird, werden Backend- und Frontend-Komponenten auf einem Server, der auf einer HANA-Datenbank läuft, installiert.

1.7.2 Berechtigungsprüfung für SAP-Fiori-Apps

Fiori-Entitäten und Fiori-Berechtigungen

Um SAP-Fiori-Apps verwenden zu können, benötigen die Benutzer App-spezifische Entitäten und Berechtigungen für die SAP-Fiori-Benutzeroberfläche (UI). Diese Arten von Entitäten weisen Sie den Benutzern über PFCG-Rollen zu.

Das SAP Fiori Launchpad ist der Zugangspunkt zu den Apps auf mobilen Geräten und auf Desktop-PCs. Die verschiedenen Arten von SAP-Fiori-UI-Entitäten werden in den folgenden Absätzen vorgestellt.

Die SAP-Fiori-Benutzeroberfläche

Die SAP-Fiori-Benutzeroberfläche wird von den SAP-Fiori-UI-Entitäten bestimmt, die definieren, welche SAP-Fiori-Apps dem Benutzer angezeigt werden. Die SAP-Fiori-Apps sind über Kataloge und Gruppen oder Bereiche und Seiten organisiert.

Die SAP-Fiori-Berechtigungen

SAP-Fiori-Berechtigungen sind erforderlich, um das SAP Fiori Launchpad zu verwenden, SAP-Fiori-Apps zu starten und die Programmlogik und Daten der Apps zu verwenden. Die Apps, die Benutzern angezeigt werden, sind mithilfe der SAP-Fiori-UI-Entitäten Kataloge, technische Kataloge sowie Business-Kataloge und Zielzuordnungen organisiert, die in den folgenden drei Absätzen beschrieben werden.

Kataloge

Bei einem *Katalog* handelt es sich um eine Zusammensetzung von Apps, die Sie Ihren Benutzern zur Verfügung stellen und für die Sie die Benutzer berechtigen möchten. Benutzer können den Katalog durchsuchen, Apps aus dem Katalog auswählen und sie zur Einstiegsseite ihres SAP Fiori Launchpad hinzufügen.

Technische und Business-Kataloge

SAP liefert technische Kataloge aus, die Apps nach Anwendungsbereich sortiert enthalten, z. B. Finanzen oder Materialwirtschaft. Darüber hinaus liefert SAP Business-Kataloge, Gruppen und Bereiche und Seiten als Mustersammlung von Apps aus, die für eine Geschäftsrolle relevant sind.

[»]

Technische und Business-Kataloge

Jeder Anwendungsbereich verfügt über technische Kataloge mit allen Zielzuordnungen und Kacheln. Business-Kataloge enthalten eine Teilmenge der Kacheln und Zielzuordnungen aus technischen Katalogen für spezifische Prozesse. Der Business-Katalog ist als Referenz zum technischen Katalog aufgebaut. Wenn das ursprüngliche Element im technischen Katalog aktualisiert wird, wird es auch im Business-Katalog aktualisiert.

Weisen Sie den PFCG-Rollen daher keine technischen Kataloge zu. Wenn Sie Ihren eigenen Business-Katalog erstellen müssen, können Sie den Business-Katalog von SAP kopieren oder Ihren eigenen Katalog erstellen, indem Sie auf den technischen Katalog referenzieren.

Zielzuordnungen

Zielzuordnungen (Target Mappings) verweisen auf die tatsächlichen Navigationsziele. Um Apps entweder über eine Kachel oder über die Navigation zu starten, benötigen Benutzer eine Zielzuordnung. Wir empfehlen Ihnen, die Kacheln und die entsprechenden Zielzuordnungen demselben Katalog hinzuzufügen.

[«]

Apps ohne Kacheln

Nur die Apps, auf die direkt auf der Einstiegsseite des SAP Fiori Launchpad zugegriffen werden kann, haben eine App-Launcher-Kachel. Objektseiten haben beispielsweise keine App-Launcher-Kachel. Sie werden über die Navigation aus anderen Apps oder über die SAP Fiori Search gestartet.

Gruppen oder Bereiche und Seiten

Gruppen oder *Bereiche* und *Seiten* (Spaces and Pages) bestimmen die Einstiegsseite des SAP Fiori Launchpad. Die Apps in der Gruppe/im Bereich sind eine Teilmenge von Apps, die einem oder mehreren Katalogen zugeordnet sind.

Welche Kacheln auf der Einstiegsseite eines Benutzers angezeigt werden, hängt von den Katalogen und Gruppen/Bereichen und Seiten ab, die den Rollen des Benutzers zugeordnet sind. Enthält eine Gruppe Apps, die dem Benutzer nicht durch Kataloge zugeordnet sind, wird die App nicht auf der Einstiegsseite des Benutzers angezeigt. Darüber hinaus kann der Benutzer, sofern konfiguriert, die Einstiegsseite personalisieren, indem er Apps zu vorab bereitgestellten oder selbst definierten Gruppen hinzufügt oder daraus entfernt.

PFCG-Rollen (Frontend-Server)

PFCG-Rollen auf dem Frontend-Server werden verwendet, um die Fiori-Entitäten und Berechtigungen den Benutzern zuzuordnen. Über PFCG-Rollen können Sie den Benutzern die Apps im Katalog zur Verfügung stellen, indem Sie die Kataloge zum Rollenmenü hinzufügen. Durch das Hinzufügen von Gruppen oder Bereichen definieren Sie die Einstiegsseite des SAP Fiori Launchpad.

Zum Starten der Apps benötigen Benutzer die Startberechtigungen des Modellanbieters der aktivierten OData-Services. Das System ermittelt die OData-Services für einen Katalog und nimmt automatisch die Startberechtigungen auf, wenn der Katalog dem Rollenmenü hinzugefügt wird. Falls Berechtigungen für einige OData-Services fehlen, können Sie die OData-Services direkt zum PFCG-Rollenmenü hinzufügen, um diese Berechtigungen den Benutzern zuzuweisen. Informationen zu den OData-Services, die die SAP-Fiori-Apps verwenden, finden Sie in der SAP-Fiori-App-Dokumentation in der SAP Fiori Apps Reference Library (siehe Abschnitt 7.13, »SAP Fiori Apps Reference Library«).

PFCG-Rollen (Backend-Server)

Über *PFCG-Rollen auf dem Backend-Server* müssen Sie Benutzer für OData-Services berechtigen. Auf dem Backend-Server sind die OData-Services implementiert, die die SAP-Fiori-Apps verwenden. Daher müssen Benutzer die Startberechtigung für den Datenanbieter des OData-Service und alle Business-Berechtigungen für den Zugriff auf die in der App angezeigten Geschäftsdaten haben. Die OData-Services tragen die von SAP vorgeschlagenen Berechtigungsvorschlagswerte für die Business-Berechtigungen.

Der Katalog wird dem Rollenmenü im Backend-Server hinzugefügt, um die im Katalog enthaltenen OData-Services automatisch zu ermitteln. Wenn Sie den Katalog ändern, können Sie damit die Aktualisierung von Berechtigungen sicherstellen. Falls Berechtigungen für einige OData-Services fehlen, können Sie die OData-Services direkt zum PFCG-Rollenmenü hinzufügen, um den Benutzern diese Berechtigungen zuzuweisen. Damit werden der Rolle die Startberechtigungen und die Berechtigungsvorschlagswerte für die Business-Berechtigungen der Anwendungen hinzugefügt (siehe Abbildung 1.12). Über die Pflege der Fiori-Entitäten und PFCG-Rollen für SAP-Fiori-Apps erfahren Sie mehr in Kapitel 7, »Berechtigungen in SAP Fiori«.

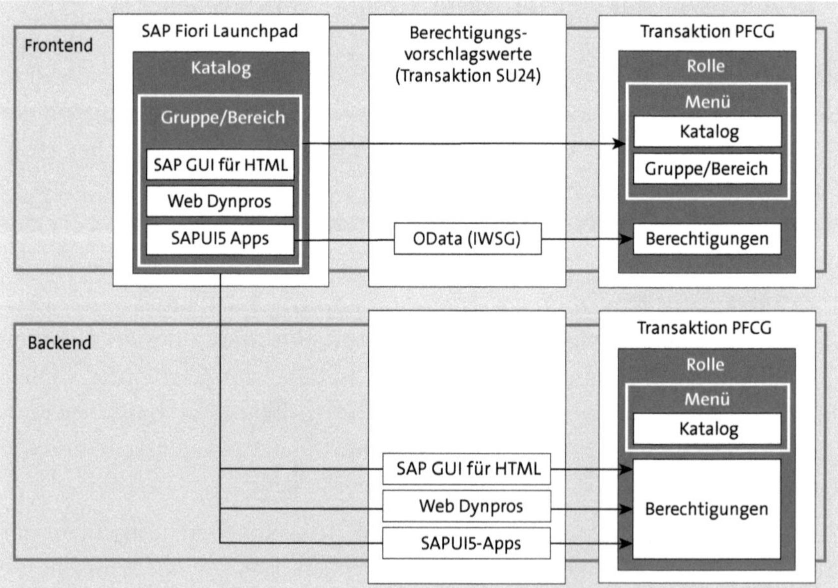

Abbildung 1.12 Zusammenwirken der Fiori-Entitäten und der technischen Elemente der SAP-Fiori-Apps

1.7.3 Berechtigungsprüfung beim Start der SAP-Fiori-Apps

Ablauf der Berechtigungsprüfung für SAP-Fiori-Apps

Wird das SAP Fiori Launchpad gestartet, zeigt das Launchpad die App-Kacheln an, die den Benutzern über die Kataloge zugewiesen wurden und die in Gruppen oder Bereiche und Seiten organisiert sind. Ein Launchpadspezifischer OData-Service kann die dem Benutzer zugewiesenen Kataloge und Gruppen auflösen, indem er die entsprechenden Einträge im PFCG-Rollenmenü der PFCG-Rollen, die dem Benutzer auf dem Frontend-Server zugewiesen sind, sammelt.

Um eine SAP-Fiori-App zu starten, wählen die Benutzer eine Kachel aus. Die Kachel löst die technische SAP-Fiori-App-Implementierung auf, die mithilfe einer Zielzuordnung gestartet werden soll.

Wenn der Browser eines Benutzers eine SAP-Fiori-App lädt, ruft die App ihre dynamischen Daten vom HTTP-Endpunkt des App-spezifischen OData-Service auf dem Frontend-Server ab. SAP Gateway übersetzt die HTTP-Anforderung in einen vertrauenswürdigen RFC-Aufruf an die SAP-Gateway-Aktivierung des Backend-Servers, der dann die Daten durch Aufrufen der relevanten Programmlogik abruft.

Die Benutzer benötigen die Berechtigungen für den App-spezifischen OData-Service, d. h. die Startberechtigungen für den Service auf dem Frontend-Server und auf dem Backend-Server und die von der Programmlogik geforderten Business-Berechtigungen (siehe Abbildung 1.13).

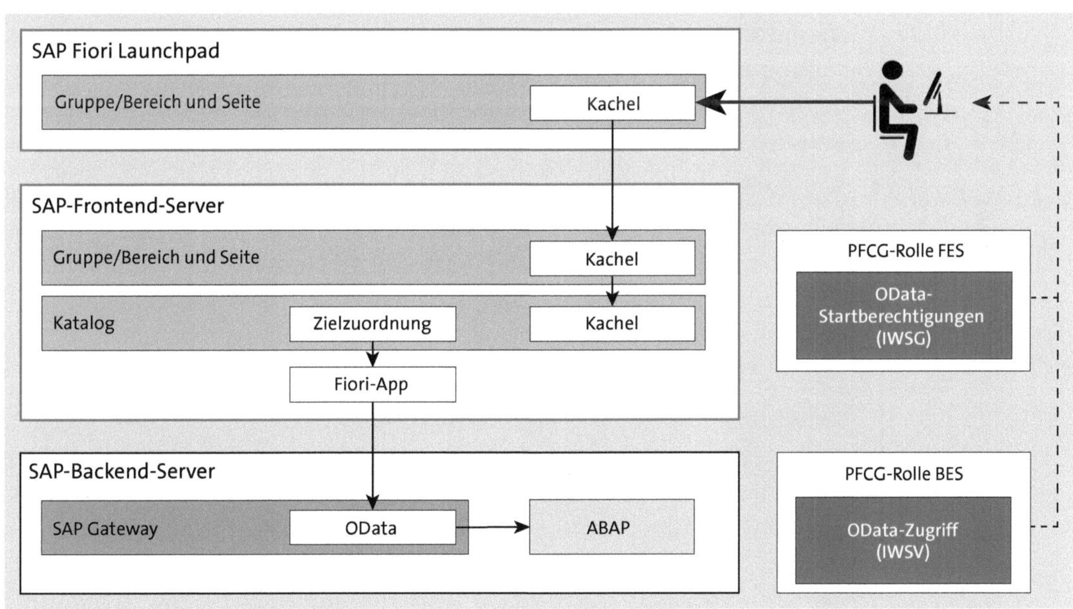

Abbildung 1.13 Berechtigungsprüfung beim Start der SAP-Fiori-Apps

Allgemeine Berechtigungen für das SAP Fiori Launchpad

Neben den App-spezifischen Berechtigungen benötigen die Benutzer auch bestimmte allgemeine Berechtigungen auf dem Frontend- und dem Backend-Server. Diese Berechtigungen sind erforderlich, um das SAP Fiori Launchpad zu starten und die für SAP Fiori erforderlichen OData-Services aufzulösen. Ein Beispiel für eine Grundrolle für die eingebettete Bereitstellung von SAP Fiori finden Sie in Abschnitt 6.2.8, »Grundrolle anlegen«.

Weisen Sie auf dem Frontend-Server einmalig Folgendes zu:

- **Launchpad-Berechtigungen**
  Die Benutzer benötigen Launchpad-Berechtigungen, um das SAP Fiori Launchpad auszuführen; die Administration benötigt zusätzliche Berechtigungen. SAP liefert Vorlagerollen für den Zugriff auf das SAP Fiori Launchpad aus: Z_FIORI_FOUNDATION_USER – Fiori Foundation User Role und Z_FIORI_FOUNDATION_ADMIN – Fiori Foundation Admin Role.
- **RFC-Backend-Konnektivitätsberechtigungen**
  RFC-Backend-Konnektivitätsberechtigungen sind erforderlich, um über eine vertrauenswürdige RFC-Verbindung auf jeden Backend-Server zuzugreifen. Berechtigen Sie die Benutzer daher für die Berechtigungsobjekte S_RFC und S_RFCACL.

1.8 Zusammenfassung

In diesem Kapitel haben Sie gelernt, wofür SAP-Berechtigungen benötigt werden und dass SAP-Berechtigungen Teil der SAP-Sicherheit, aber nicht dasselbe sind. Sie wissen nun, warum Sie bei jeder Rollenänderung die Berechtigungsprofile innerhalb der Rolle neu generieren müssen und was es mit dem Begriff *Aktivitätsgruppe* auf sich hat.

Falls Ihre Organisation eine Umstellung auf SAP S/4HANA plant oder bereits durchführt, kennen Sie jetzt die drei Umstellungsoptionen und können zu den bevorstehenden Arbeitspaketen Auskunft geben. Ebenso kennen Sie die Hauptunterschiede zwischen den Berechtigungen in SAP ECC und SAP S/4HANA.

Sie wissen nun, welche Bereitstellungsoptionen es für SAP S/4HANA gibt und welchen Einfluss sie auf die Berechtigungsadministration haben. Außerdem haben Sie eine Vorstellung der Benutzer- und Berechtigungspflege in SAP S/4HANA Cloud erlangt. Sie haben einen Überblick über die Fiori-Architektur, die Fiori-Bereitstellungsoptionen, die Funktionsweise der SAP-Fiori-Apps sowie die Berechtigungsprüfung bei der Ausführung der SAP-Fiori-Apps bekommen.

Kapitel 2
Technische Elemente der SAP-Berechtigungsverwaltung

Die technischen Elemente der Berechtigungsverwaltung bleiben in SAP S/4HANA im Vergleich zu SAP ECC im Wesentlichen unverändert. Neu sind die Fiori-Entitäten und die CDS-Views. Dieses Kapitel nimmt sowohl die klassischen als auch die neuen Elemente in den Blick.

Im SAP-Berechtigungswesen gibt es technische Elemente, die Ihnen im Tages- und Projektbetrieb immer wieder begegnen werden. Auch in diesem Buch werden diese im Kontext von verschiedenen Themen häufig erwähnt. Daher werden in diesem Abschnitt, an Kapitel 1, »Grundlagen«, anknüpfend, die grundlegenden technischen Elemente der SAP-Berechtigungsverwaltung aufgeführt und erklärt.

In Abschnitt 2.1 werden Rollenarten, Berechtigungsprofile, Menüobjekte und Berechtigungsobjekte erklärt. In Abschnitt 2.2 erfahren Sie mehr über die Komponenten des Benutzerstammsatzes, Benutzertypen und ihre Verwendung sowie über die Funktionsweise des Single Sign-on.

In Abschnitt 2.3 stellen wir die wichtigsten Customizing-Einstellungen für die Benutzer- und Berechtigungsverwaltung vor. In Abschnitt 2.4 erhalten Sie eine Beschreibung der einzelnen Schritte in der Transaktion SU25. In Abschnitt 2.5 lernen Sie CDS-Views kennen. In Abschnitt 2.6 werden unterschiedliche Berechtigungstraces beschrieben.

2.1 Rollenverwaltung

Bedeutung der Rollen

Rollen sind ein zentrales Element im SAP-Berechtigungskonzept (siehe Abschnitt 1.1, »Was sind SAP-Berechtigungen?«). Um SAP-Transaktionen auszuführen und Geschäftsobjekte abzurufen, benötigen Benutzer passende Berechtigungen. Die Berechtigungen sind in Rollen zusammengefasst. Die Benutzeradministration weist die entsprechenden Rollen unter der Verwendung des Benutzerstammsatzes zu, sodass die Benutzer die für ihre Aufgaben passenden Transaktionen und Applikationen verwenden können (siehe Abbildung 2.1).

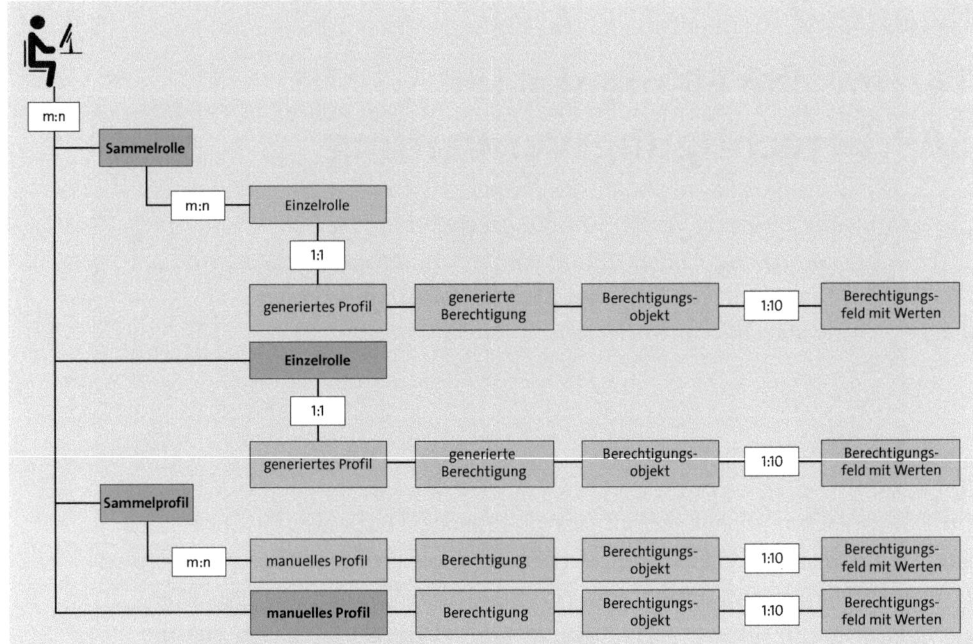

Abbildung 2.1 Berechtigungselemente in SAP

In den folgenden Abschnitten beschreiben wir die einzelnen Berechtigungselemente, die in Abbildung 2.1 dargestellt sind. Wie Sie Einzel- und Sammelrollen erstellen, lesen Sie in Abschnitt 6.2, »Einzel- und Sammelrollen anlegen und pflegen«.

2.1.1 Rollen

Rollen werden in der Transaktion PFCG (Profilgenerator) angelegt. Beim Anlegen einer Rolle kann zwischen Einzelrollen und Sammelrollen ausgewählt werden.

Einzelrollen

Eine *Einzelrolle* wird gemäß einer Namenskonvention angelegt (siehe Abschnitt 6.1, »Eine Namenskonvention für Rollen festlegen«) und setzt sich aus den folgenden Bestandteilen zusammen (siehe Abbildung 2.2):

❶ der Beschreibung der Rolle

❷ dem Menü

❸ den Berechtigungen

❹ der Benutzerzuweisung

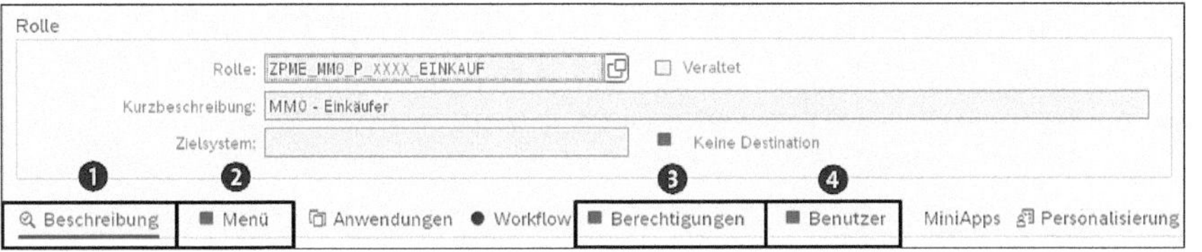

Abbildung 2.2 Beispiel für eine Einzelrolle

Sammelrollen

Eine *Sammelrolle* setzt sich aus mehreren Einzelrollen zusammen. Sammelrollen (siehe auch Abschnitt 6.2.3, »Sammelrolle anlegen«) werden für die bessere Strukturierung der Einzelrollen verwendet.

In Sammelrollen selbst können keine Anpassungen an den Berechtigungen durchgeführt werden. Solche Änderungen können nur in Einzelrollen vorgenommen werden. Den Benutzern werden die Einzelrollen innerhalb der Sammelrollen zugewiesen. Diese Art der Rollenzuweisung heißt *indirekte Rollenzuweisung* (siehe Abbildung 2.3).

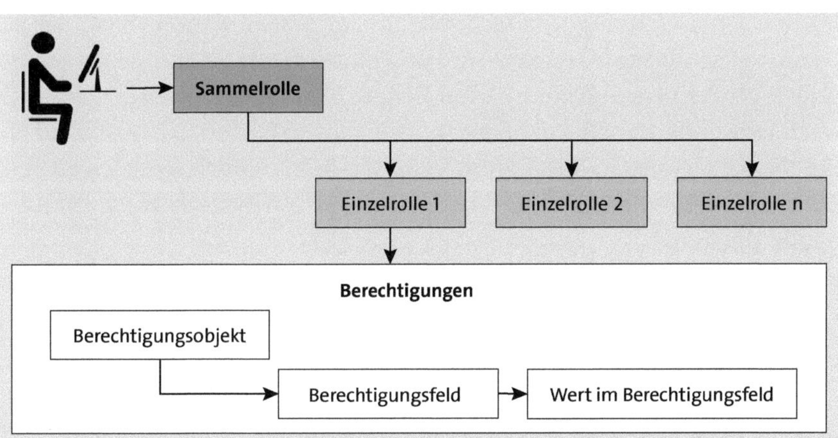

Abbildung 2.3 Indirekte Rollenzuweisung bei Sammelrollen

Masterrollen und abgeleitete Rollen

Außerdem wird zwischen Masterrollen (auch Referenzrollen oder Mutterrollen genannt) und abgeleiteten Rollen unterschieden.

Masterrollen sind die Einzelrollen, die Anwendungen enthalten und die für Nutzer mit der gleichen Jobfunktion vom Grundprinzip her gleich sind. Sie müssen sich aber in einer oder mehreren Feldausprägungen der Organisationsfelder unterscheiden, z. B. im Personalbereich oder Buchungskreis. Die Masterrolle liefert dann die Vorlage für alle abgeleiteten Rollen, in die wiederum die Organisationsebenen hinterlegt werden.

Masterrollen werden als normale Einzelrollen in der Transaktion PFCG angelegt, und technisch gesehen werden sie erst dann zu Masterrollen, wenn eine abgeleitete Rolle mit der Referenz zu dieser Rolle angelegt wird (siehe Abbildung 2.4).

Abbildung 2.4 Beispiel für eine abgeleitete Rolle

Änderungen an Masterrollen

Wenn Sie Änderungen an einer Masterrolle vornehmen, werden diese über eine *Vererbung* in alle abgeleiteten Rollen übertragen. Alle abgeleiteten Rollen werden gleichzeitig überschrieben. Lediglich in den Feldern, die als Organisationsebenen definiert sind und nur in den jeweiligen abgeleiteten Rollen gepflegt werden können, herrscht eine Ausnahme. Viele Organisationen verwenden Masterrollen und abgeleitete Rollen, um den Aufwand für die Pflege des Rollenkonzepts im SAP-System zu reduzieren (siehe Abbildung 2.5). Mehr Informationen zu Ableitungen finden Sie in Abschnitt 6.2.2, »Rolle ableiten«.

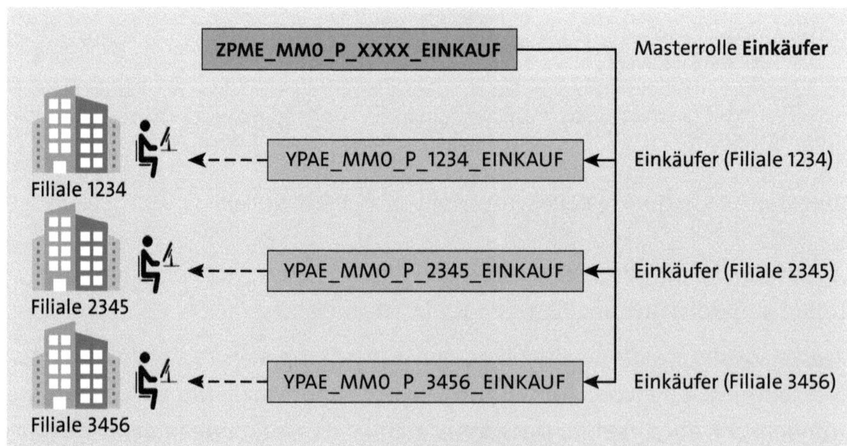

Abbildung 2.5 Masterrollen und abgeleitete Rollen

Namen der Masterrollen

Wir empfehlen, ein Merkmal für die Masterrollen in der Namenskonvention zu definieren. Im Beispiel in Abbildung 2.4 fängt der Name der Masterrolle mit Z an, der Name der abgeleiteten Rolle fängt mit Y an.

Darüber hinaus werden die Organisationsebenen in den Masterrollen mit sogenannten *Dummy-Werten*, wie beispielweise $ oder @, ausgeprägt. Die Masterrollen sollten keinen Benutzern zugewiesen werden. Sollten sie den Benutzern aus Versehen zugewiesen werden, funktionieren sie auf Grund der Dummy-Werte in den Organisationsebenen nicht.

2.1.2 Profile

Profile der Rollen und Sammelprofile

Profile sind die Objekte, die die Berechtigungsdaten tatsächlich speichern. Rollen sind wiederum Container, die die Profile enthalten. Beim Anlegen der Einzelrollen wird für jede Rolle ein Profil generiert. Ohne die generierten Profile funktionieren die Rollen nicht. Somit gibt es im System für jede Einzelrolle ein Profil.

Darüber hinaus gibt es sogenannte *Sammelprofile*. Die bekanntesten Sammelprofile sind die Profile SAP_ALL und SAP_NEW. Außerdem liefert SAP eine Vielzahl anderer Sammelprofile, die im Tages- und Projektbetrieb seltener Verwendung finden.

Profil SAP_ALL

Das Profil SAP_ALL enthält alle vorhandenen Berechtigungen im SAP-System außer dem Berechtigungsobjekt S_RFCACL (Berechtigungsprüfung für RFC-Benutzer). In SAP ECC kann man mit dem Profil SAP_ALL alle Berechtigungen im System zuweisen. In SAP S/4HANA brauchen Benutzer zusätzliche Berechtigungen für Fiori-Entitäten und das Berechtigungsobjekt S_RFCACL, um auf das SAP Fiori Launchpad und auf Fiori-Apps zugreifen zu können.

Profil SAP_NEW

Das Profil SAP_NEW ist ein Sammelprofil zur Überbrückung der Release-Unterschiede bei neuen oder geänderten Berechtigungsprüfungen für bestehende Funktionen. Dieses Sammelprofil enthält sehr umfangreiche Berechtigungen, da die Organisationsebenen beispielsweise mit der vollen Berechtigung (*) ausgeprägt sind.

2.1.3 Menüobjekte

Ordner im Menü der Rolle

Die Registerkarte **Menü** wird hauptsächlich zum Erstellen der Rolle auf Transaktions- und Applikationsebene verwendet. Dies ist der erste Schritt, um die Rolle mit Berechtigungen auszustatten, die es Benutzern ermöglichen, eine oder mehrere Aufgaben im System zu erledigen. Darüber hinaus können dem Menü Ordner hinzugefügt werden. Mit deren Hilfe können Transaktionen angeordnet werden. Dies bestimmt, wie die Transaktionen auf dem Startbildschirm der Benutzer angezeigt werden, wenn Sie sich in SAP GUI anmelden (siehe Abbildung 2.6).

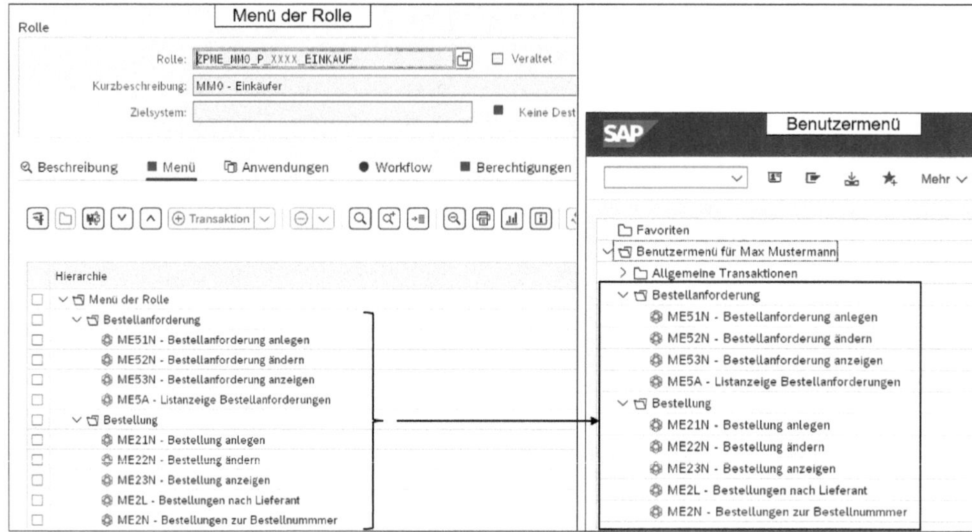

Abbildung 2.6 Beispiel für ein Benutzer-Menü

Wenn das SAP Fiori Launchpad zum Einstiegspunkt ins SAP-System für Endanwender*innen wird, besteht keine administrative Notwendigkeit, Ordner in Rollenmenüs zu pflegen. Bei manchen Organisationen werden die Transaktionen auch nicht mehr im Menü der Rollen der Benutzer hinzugefügt.

Transaktionen

Im Menü der Einzelrollen in SAP S/4HANA werden hauptsächlich Fiori-Entitäten und Transaktionen hinzugefügt. *Transaktionen* sind Programme, die innerhalb eines SAP-Systems durch Benutzer oder automatisierte Abläufe aufgerufen werden. Es handelt sich dabei um den funktionalen Bestandteil eines SAP-Systems, über den Daten in der SAP-Datenbank verändert werden. Jede SAP-Transaktion hat einen Transaktionscode. Dieser besteht aus Buchstaben und/oder Zahlen, die die Benutzer in das Befehlsfeld eingeben, um die Transaktion aufzurufen. Diese Transaktionscodes werden im Menü der Rollen hinzugefügt, damit Benutzer, die diese Rollen zugewiesen bekommen, sie in SAP GUI aufrufen können (siehe Abbildung 2.6).

Fiori-Entitäten

Dem Menü der Rolle können folgende *Fiori-Entitäten* zugewiesen werden:

- Launchpad-Kataloge
- Launchpad-Gruppen
- Launchpad-Spaces (Bereiche)

In Abschnitt 1.7.2., »Berechtigungsprüfung für Fiori-Apps«, werden diese Fiori-Entitäten beschrieben.

Andere Menü-Objekte

Neben den Transaktionen und Fiori-Entitäten gibt es weitere verschiedene Objekte, die dem Menü der Rolle in Transaktion PFCG hinzugefügt werden können, wie z. B. Web-Dynpro-Anwendungen, URLs, Berechtigungsvorschlagswerte für RFC-Funktionsbausteine und OData-Services.

2.1.4 Berechtigungsobjekte

Zweck von Berechtigungsobjekten

Berechtigungsobjekte ermöglichen komplexe Tests der Berechtigungen für mehrere Bedingungen. Ein Berechtigungsobjekt fasst bis zu zehn UND-verknüpfte Felder zusammen. Berechtigungen ermöglichen es Benutzern, Aktionen innerhalb des Systems auszuführen. Für eine erfolgreiche Berechtigungsprüfung müssen alle zur Ausführung der Aktion erforderlichen Berechtigungsobjekte und -werte entsprechend in der Rolle eingetragen sein.

Klassen und Feldwerte

Die Berechtigungsobjekte sind zur Verständlichkeit in Klassen eingeteilt. Eine Klasse ist eine logische Zusammenfassung von Berechtigungsobjekten und entspricht z. B. einem Anwendungsbereich (Finanzbuchhaltung, Personalwesen usw.). Die Feldwerte in Berechtigungsobjekten sind mit den im ABAP Dictionary hinterlegten Datenelementen verbunden.

Beispiel für die Funktionsweise von Berechtigungsobjekten

Um die Funktionsweise der *Berechtigungsobjekte* zu verstehen, schauen wir uns ein Beispiel der Berechtigungsobjekte, die für die Ausführung der Transaktion MM01 (Material anlegen) notwendig sind, an. Wenn wir die Transaktion MM01 im Menü der Rolle hinzufügen, werden die im Kontext der Transaktion MM01 in der Transaktion SU24 gepflegten Berechtigungsobjekte und -werte automatisch in die Rolle hinzugefügt (siehe Abbildung 2.7).

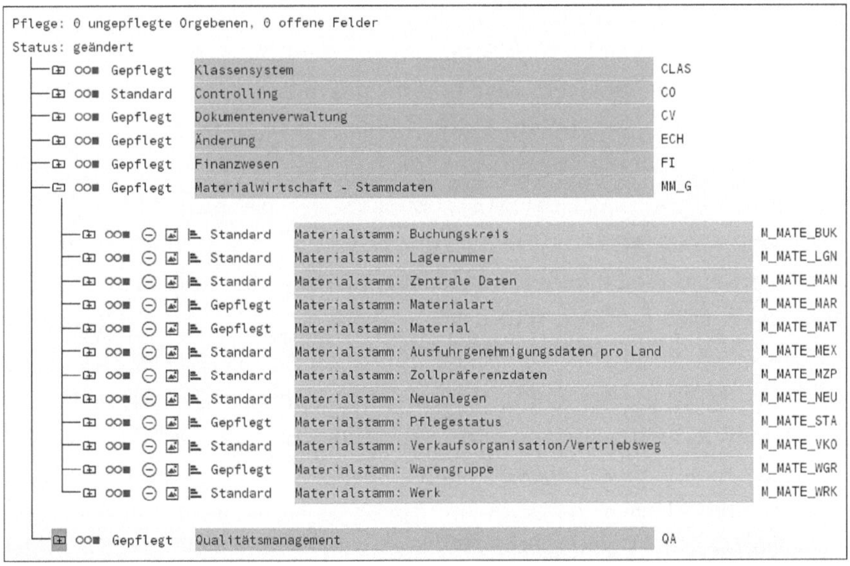

```
Pflege: 0 ungepflegte Orgebenen, 0 offene Felder
Status: geändert
 ├─ Gepflegt   Klassensystem                                CLAS
 ├─ Standard   Controlling                                  CO
 ├─ Gepflegt   Dokumentenverwaltung                         CV
 ├─ Gepflegt   Änderung                                     ECH
 ├─ Gepflegt   Finanzwesen                                  FI
 ├─ Gepflegt   Materialwirtschaft - Stammdaten              MM_G
 │   ├─ Standard   Materialstamm: Buchungskreis                           M_MATE_BUK
 │   ├─ Standard   Materialstamm: Lagernummer                             M_MATE_LGN
 │   ├─ Standard   Materialstamm: Zentrale Daten                          M_MATE_MAN
 │   ├─ Gepflegt   Materialstamm: Materialart                             M_MATE_MAR
 │   ├─ Gepflegt   Materialstamm: Material                                M_MATE_MAT
 │   ├─ Standard   Materialstamm: Ausfuhrgenehmigungsdaten pro Land       M_MATE_MEX
 │   ├─ Standard   Materialstamm: Zollpräferenzdaten                      M_MATE_MZP
 │   ├─ Standard   Materialstamm: Neuanlegen                              M_MATE_NEU
 │   ├─ Gepflegt   Materialstamm: Pflegestatus                            M_MATE_STA
 │   ├─ Standard   Materialstamm: Verkaufsorganisation/Vertriebsweg       M_MATE_VKO
 │   ├─ Gepflegt   Materialstamm: Warengruppe                             M_MATE_WGR
 │   └─ Standard   Materialstamm: Werk                                    M_MATE_WRK
 └─ Gepflegt   Qualitätsmanagement                          QA
```

Abbildung 2.7 Beispiel für Berechtigungsobjekte für die Transaktion MM01 in der Rolle in Transaktion PFCG

Schauen wir uns drei Berechtigungsobjekte (M_MATE_BUK, M_MATE_MAT und M_MATE_STA) der Klasse MM_G – Materialwirtschaft – Stammdaten – an (siehe Abbildung 2.8).

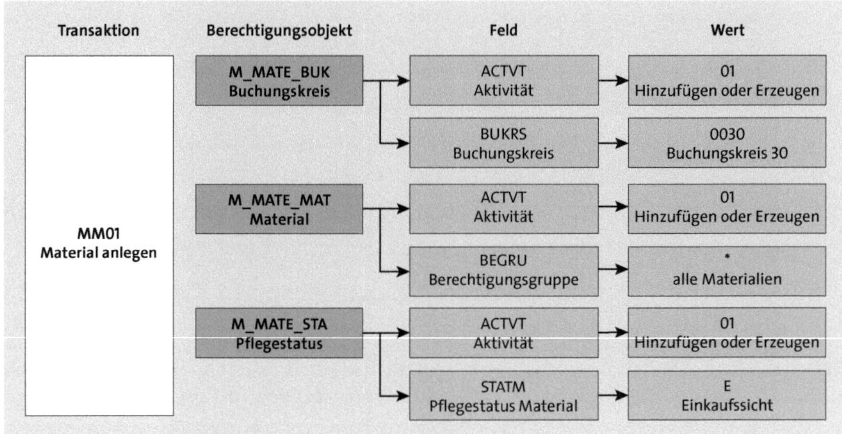

Abbildung 2.8 Beispiel für Berechtigungsobjekte der Klasse MM_G für die Transaktion MM01

Berechtigungsobjekt M_MATE_BUK

Das Berechtigungsobjekt M_MATE_BUK (Materialstamm: Buchungskreis) enthält zwei Felder: **ACTVT** (Aktivität) und **BUKRS** (Buchungskreis). In unserem Beispiel ist der Wert des Felds **ACTVT** »01« (Hinzufügen oder Erzeugen) und der Wert des Felds **BUKRS** »0030« (Buchungskreis 0030). Das bedeutet, dass diese Berechtigung die Anlage des Materialstamms für Buchungskreis 0030 ermöglicht. Der Wert 01 (Hinzufügen oder Erzeugen) wurde automatisch in die Rolle gezogen, weil er der Funktion der Transaktion MM01 (Material anlegen) entspricht. **BUKRS** (Buchungskreis) ist eine Organisationsebene, die in der Rolle gepflegt wird.

Berechtigungsobjekt M_MATE_MAT

Das Berechtigungsobjekt M_MATE_MAT (Materialstamm: Material) enthält zwei Felder: **ACTVT** (Aktivität) und **BEGRU** (Berechtigungsgruppe). In unserem Beispiel ist der Wert im Feld **ACTVT** »01« (Hinzufügen oder Erzeugen) und der Wert im Feld **BEGRU** ist »*«. Der Wert »*« bedeutet, dass für alle Berechtigungsgruppen ein Materialstamm angelegt werden kann.

Feld »Berechtigungsgruppe«

Das Feld **BEGRU** (Berechtigungsgruppe) ist in mehreren Geschäftsobjekten vorhanden, z. B. im Geschäftspartner und in Stücklisten in SAP. Das Feld dient der feinen Steuerung von Berechtigungen für Objekte. Die Nutzung des Felds **BEGRU** ist optional. Allerdings wird das Objekt mit diesem Feld, unabhängig davon, ob das Feld **BEGRU** im aufgerufenen Objekt (z. B. Materialstamm) ausgefüllt ist, bei der Ausführung der Transaktionen geprüft. Deswegen muss das Berechtigungsobjekt M_MATE_MAT ausgeprägt sein, damit die Benutzer die Transaktion MM01 ausführen können.

Berechtigungsobjekt M_MATE_STA

Berechtigungsobjekt M_MATE_STA (Materialstamm: Pflegestatus) enthält zwei Felder: **ACTVT** (Aktivität) und **STATM** (Pflegestatus Materialstammsatz). In unserem Beispiel ist der Wert für das Feld **ACTVT** »01« (Hinzufügen oder Erzeugen), und der Wert für **STATM** ist »E«. Das Feld **STATM** entspricht den sogenannten *Sichten* im Materialstamm. Der Wert »E« entspricht der Einkaufssicht. Das bedeutet, dass Benutzer mit dieser Berechtigung eine Einkaufssicht im Materialstamm anlegen können (siehe Abbildung 2.9).

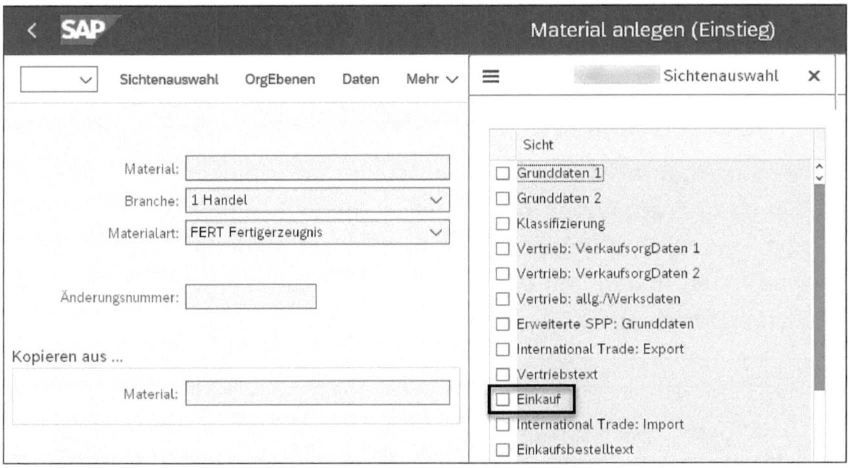

Abbildung 2.9 Transaktion MM01: Sichten im Materialstamm

Berechtigungen werden summiert

Die Berechtigungen, die den Benutzern mit mehreren Rollen zugewiesen sind, werden im *Benutzerprofil* zusammengefasst.

Nehmen wir unser Beispiel mit der Transaktion MM01. Stellen wir uns vor, dass ein Benutzer in einer Rolle die folgende Ausprägung der Berechtigungsobjekte hat:

- M_MATE_BUK, **ACTVT** = »01, 02, 03«; **BUKRS** = »0030« (Buchungskreis)
- M_MATE_STA, **ACTVT** = »01, 02, 03« **STATM** = »E« (Einkauf)

In einer anderen Rolle hat der Benutzer die folgende Ausprägung dieser Berechtigungsobjekte:

- M_MATE_BUK, **ACTVT** = »01, 02, 03«; **BUKRS** = »0040« (Buchungskreis)
- M_MATE_STA, **ACTVT** = »01, 02, 03«; **STATM** = »E« (Einkauf), V (Vertrieb)

Die Berechtigungen summieren sich nun, das bedeutet, dass der Benutzer die Berechtigung hat, sowohl die Vertriebssicht für den Buchungskreis 0040 als auch für den Buchungskreis 0030 anzulegen und zu pflegen.

2.2 Benutzerverwaltung

Mit der *Benutzerverwaltung* legt die Benutzeradministration für alle Anwender*innen einen Benutzerstammsatz an, damit diese sich am SAP-System anmelden können. Über den Benutzerstammsatz ordnet die Benutzeradministration die für die Funktion des Benutzers vorgesehenen Rollen im SAP-System zu. So wird festgelegt, welche Aktivitäten im Benutzermenü bzw. welche Fiori-Apps auf dem SAP Fiori Launchpad enthalten sind und mit welchen Berechtigungen der Benutzer ausgestattet ist.

2.2.1 Benutzerstammsatz

Komponenten des Benutzerstammsatzes

Der *Benutzerstammsatz* enthält alle Details von Benutzern wie Adressdaten, Funktion, Benutzergruppe, zugewiesene Berechtigungen, Benutzerlizenztyp und weitere Daten, die Sie in den in Abbildung 2.10 markierten Registerkarten finden. Mit der Transaktion SU01 oder SU01D können Sie die Details einsehen.

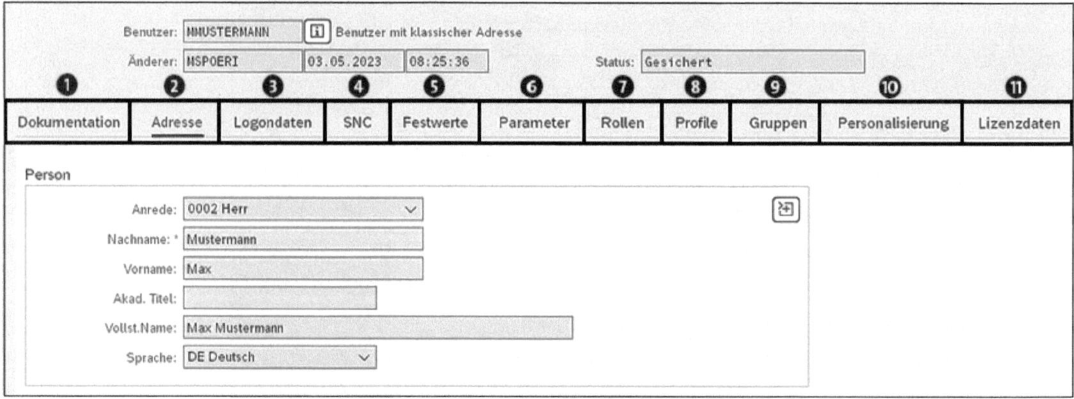

Abbildung 2.10 Beispiel für einen Benutzerstammsatz in der Transaktion SU01D

Die einzelnen Komponenten des Benutzerstammsatzes sind:

❶ **Dokumentation**
Auf dieser Registerkarte kann die Benutzeradministration manuell Einträge erfassen.

❷ **Adresse**
Diese Registerkarte enthält alle Adressdaten des Benutzers, wie persönliche Daten, Kommunikationsdaten und die Firmenadresse.

❸ **Logondaten**
Hier werden der Benutzertyp, der Gültigkeitszeitraum und die Kostenstelle gespeichert.

❹ **SNC**
SNC bedeutet *Secure Network Communications*. SNC ist eine Softwareschicht in der SAP-Systemarchitektur, die eine Schnittstelle zu einem externen Sicherheitsprodukt bereitstellt.

❺ **Festwerte**
Diese Registerkarte enthält das Default-Startmenü, den Default-Drucker, die Anmeldesprache, die Dezimaldarstellung, die Datumsdarstellung und anderes.

❻ **Parameter**
Diese Registerkarte enthält die Standardparameter, die dem Benutzer zugewiesen sind.

❼ **Rollen**
Diese Registerkarte enthält die Rollen, die dem Benutzer zugewiesen sind.

❽ **Profile**
Diese Registerkarte enthält sowohl Profile der zugewiesenen Rollen als auch dem Benutzer direkt zugewiesene Profile (z. B. Profil SAP_ALL).

❾ **Gruppen**
Auf dieser Registerkarte können dem Benutzer eine oder mehrere Gruppen zugeordnet werden. Die Einteilung von Benutzern in Benutzergruppen auf der Registerkarte **Gruppen** dient vor allem zur Gruppierung von Benutzern für die Massenpflege mit der Transaktion SU10.

❿ **Personalisierung**
Auf dieser Registerkarte wird die Personalisierung des Benutzers gespeichert.

⓫ **Lizenzdaten**
Auf dieser Registerkarte wird der vertragliche Benutzertyp gespeichert.

Die Pflege des Benutzerstamms wird in Abschnitt 10.1, »Benutzer im SAP-System anlegen und pflegen«, im Detail beschrieben.

Die ZBV für die Benutzerverwaltung nutzen

Die Benutzerstammsätze sind mandantenabhängig. Daher müssen Sie für jeden Mandanten im SAP-System eigene Benutzerstammsätze pflegen. Um die system- und mandantenübergreifende Benutzerverwaltung zu vereinfachen, können Sie die *Zentrale Benutzerverwaltung* (ZBV) einsetzen. Die Pflege der zentral verwalteten Benutzer weicht leicht von der Benutzerverwaltung ohne ZBV ab (siehe Abschnitt 10.3, »Benutzer in der zentralen Benutzerverwaltung (ZBV) pflegen«).

Sie können die Benutzerstammsätze nicht transportieren. Stattdessen können Sie diese mit dem Mandantenkopierer kopieren, oder Sie verwenden die Zentrale Benutzerverwaltung und verteilen damit die Benutzerstammsätze des Zentralsystems an die Tochtersysteme.

2.2.2 Benutzertypen

Zweck von unterschiedlichen Benutzertypen

Benutzer im SAP-System werden für unterschiedliche Zwecke angelegt. Daher gibt es unterschiedliche Typen von Benutzern. Dies ist erforderlich, um unterschiedliche Sicherheitsrichtlinien für diese unterschiedlichen Benutzertypen festzulegen. Beispielsweise kann Ihre Richtlinie festlegen, dass Anwender*innen (Dialogbenutzer*innen), die ihre Aufgaben interaktiv ausführen, ihre Kennwörter regelmäßig ändern müssen, während technische Benutzer, die Jobs im Hintergrund ausführen (Systembenutzer), dies nicht tun müssen.

Der Benutzertyp wird bei der Anlage des Benutzerstammsatzes ausgewählt (siehe Abbildung 2.11). Technisch gesehen ist es möglich, den Benutzertyp eines existierenden Benutzers zu ändern. Allerdings verbieten die SAP-Sicherheitsrichtlinien von vielen Organisationen dies meist.

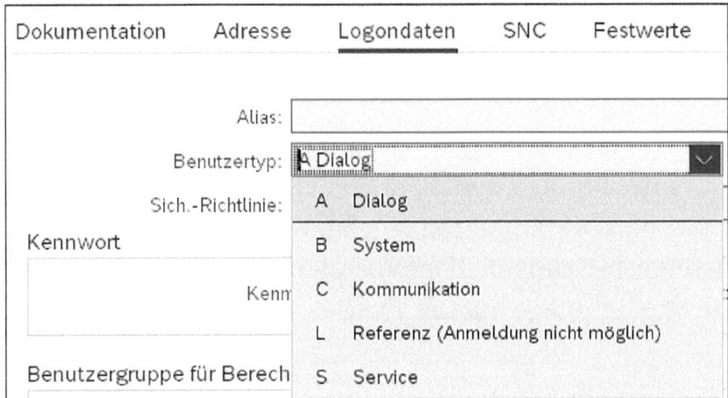

Abbildung 2.11 Transaktion SU01: Auswählen des Benutzertyps

Verschiedene Benutzertypen

Es gibt fünf Benutzertypen in SAP-Systemen, die in den folgenden Abschnitten vorgestellt werden.

Der Dialogbenutzer (A Dialog)

Ein normaler *Dialogbenutzer* wird von einer Person für alle Anmeldearten verwendet. Bei der Dialoganmeldung erfolgt die Prüfung auf abgelaufene/initiale Passwörter mit der Möglichkeit zur eigenen Passwortänderung. Mehrfache Dialoganmeldungen werden überprüft und gegebenenfalls protokolliert.

Der Systembenutzer (B System)

Verwenden Sie den *Systembenutzertyp* für systeminterne (Hintergrundverarbeitung) und systembedingte Vorgänge (Application Link Enabling (ALE), Workflow, Transport Management System (TMS), ZBV). Eine Dialoganmeldung (mittels SAP GUI) ist nicht möglich.

Ein Benutzer dieses Typs ist von den allgemeinen Einstellungen zur Gültigkeitsdauer eines Passworts ausgeschlossen. Das Passwort kann nur durch die Benutzeradministration über die Transaktion SU01 geändert werden. Eine Mehrfachanmeldung ist zulässig.

Der Kommunikationsbenutzer (C Kommunikation)

Der *Kommunikationsbenutzer* wird für die dialogfreie Kommunikation mit den Systemen verwendet. Eine Dialoganmeldung (mittels SAP GUI) ist nicht möglich.

Ein Benutzer dieses Typs unterliegt prinzipiell den allgemeinen Einstellungen zur Gültigkeitsdauer eines Passworts und ist (wie ein Dialogbenutzer) in der Lage, sein Passwort zu ändern. Hierbei müssen die Dialoge zur Passwortänderung vom Aufrufer zur Verfügung gestellt werden.

Der Servicebenutzer (S Service)

Ein Benutzer vom Typ **Service** ist ein Dialogbenutzer, der einem anonymen, größeren Nutzerkreis zur Verfügung steht. In der Regel sollten nur stark eingeschränkte Berechtigungen vergeben werden.

Servicebenutzer werden z. B. für anonyme Systemzugänge über einen öffentlichen Webservice verwendet. Nach einer individuellen Authentifizierung kann eine mit einem Servicebenutzer begonnene anonyme Sitzung als personenbezogene Sitzung unter einem Dialogbenutzer weitergeführt werden.

Bei der Anmeldung erfolgt keine Prüfung auf abgelaufene/initiale Passwörter. Nur die Benutzeradministration kann das Passwort ändern. Eine Mehrfachanmeldung ist zulässig. Aus diesen Gründen wird dieser Benutzertyp oft für Testbenutzer in Testsystemen verwendet.

Nicht alle Funktionen können mit Servicebenutzern getestet werden

Sie sollen beachten, dass (wie bei den Dialogbenutzern) nicht alle Funktionen mit Servicebenutzern getestet werden können. Beispielsweise kann der Zugriff auf GOS-Anhänge (Generic Object Services) mit Servicebenutzern nicht getestet werden.

Der Referenzbenutzer (L Referenz)

Ein *Referenzbenutzer* ist wie der Servicebenutzer ein allgemeiner, nicht personenbezogener Benutzer. Mit einem Referenzbenutzer kann man sich nicht anmelden. Der Referenzbenutzer dient nur der zusätzlichen Vergabe von Berechtigungen. Auf der Registerkarte **Rollen** können Sie für Dialogbenutzer einen Referenzbenutzer für zusätzliche Rechte angeben.

Eine Übersicht der Eigenschaften der verschiedenen Benutzertypen sehen Sie in Tabelle 2.1.

Eigenschaft/ Benutzertyp	Dialog	Kommu-nikation	System	Service	Referenz
Dialoganmel-dung (SAP GUI)	X	–	–	X	–
Passwort-änderung	X	X	–	–	–

Tabelle 2.1 Eigenschaften verschiedener Benutzertypen

Außer den Referenzbenutzern sind alle anderen Benutzertypen generell in der Lage, sich per RFC an einem System anzumelden oder Hintergrundjobs auszuführen.

2.2.3 Single Sign-on

Definition von »Single Sign-on«

Mit einem sogenannten *Single Sign-on* (SSO) können sich Benutzer bei mehreren Anwendungen mit nur einem einzigen Passwort anmelden, da die Authentifizierung mithilfe eines digitalen Tokens funktioniert. Nach einer einmaligen Identifikation haben die Benutzer Zugriff auf alle Dienste ihrer Organisation, für die sie zuvor berechtigt wurden. Auf diese Weise müssen sich die Anwender*innen nur noch ein einziges Passwort statt viele für unterschiedliche Anwendungen merken, sodass der Aufwand für vergessene Passwörter und entsprechendes Zurücksetzen der Passwörter minimiert wird.

Single Sign-on auf SAP Logon

Die Verwendung von Single Sign-on auf SAP Logon geschieht in mehreren Schritten: Zuerst muss das Profil der Zentralinstanz angepasst werden. Anschließend muss im SAP Logon ein Eintrag ausgewählt und die Secure Network Communication eingeschaltet werden. Zum Schluss muss in das Feld **SNC-Name** auf der Registerkarte **SNC** im Benutzerstammsatz (siehe Abbildung 2.10 in Abschnitt 2.2.1, »Benutzerstammsatz«) »p:< DN-Name des AS ABAP>« eingetragen werden.

Anbieter für Single Sign-on

Für Single Sign-on stehen zahlreiche Lösungen und Anbieter zur Verfügung, wobei die folgenden am weitesten verbreitet sind:

- Security Assertion Markup Language (SAML)
- Identity Provider, Microsoft Active Directory Federation Services (ADFS)
- Security Token Service (STS)

Jede dieser Komponenten hat einen anderen Fokus, sodass Organisationen aus einer Reihe möglicher Lösungsansätze auswählen und diese an die eigenen Anforderungen anpassen können.

2.3 Customizing und Einstellungen

Die wichtigsten Einstellungen im Customizing

Es gibt diverse Einstellungen für die Benutzer- und Berechtigungsverwaltung, die einen Einfluss auf das Berechtigungs- und Benutzermanagement haben und im SAP-System vorgenommen werden müssen oder können. Wir werden die einzelnen Einstellungen im Customizing in den entsprechenden Abschnitten in den folgenden Kapiteln dieses Buchs besprechen.

In diesem Abschnitt beschreiben wir die wichtigsten Einstellungen: die Pflege der Berechtigungsvorschlagwerte, das Ausschalten der Berechtigungsprüfungen und die Pflege der SAP-Standardtabellen zur Steuerung der Benutzer- und Berechtigungsverwaltung.

2.3.1 SAP-Vorschlagswerte

In Abschnitt 1.4, »Berechtigungen in SAP ECC« wurde bereits kurz erklärt, wie die Berechtigungsprüfungen im SAP-System funktionieren und woher die Berechtigungsvorschlagswerte kommen, die in den Profilgenerator gezogen werden.

In diesem Abschnitt erklären wir die Funktionsweise der Transaktionen SU25 und SU24 im Detail. In Abschnitt 11.1, »Arbeitsschritte im SU25-Abgleich«, und in Abschnitt 11.2, »Praxisübungen zur Anzeige und Pflege von Vorschlagswerten in der Transaktion SU24«, finden Sie Anleitungen zur Durchführung des SU25-Abgleichs sowie zur Pflege von Vorschlagswerten in der Transaktion SU24.

Arbeitsschritte für die Berechtigungsprüfung

In Abbildung 2.12 und im Folgenden sind die einzelnen Arbeitsschritte der Einrichtung einer Berechtigungsprüfung dargestellt.

❶ **ABAP Workbench**
Bei der Entwicklung der neuen Apps und Transaktionen in SAP definiert die Entwicklung mit dem AUTHORITY-CHECK-Befehl, welche Berechtigungsobjekte beim Aufruf dieser Apps oder Transaktionen geprüft werden.

❷ **Transaktion SU22**
Mit der Transaktion SU22 ordnet die Entwicklung den Transaktionen und Apps die Berechtigungsobjekte zu und bearbeitet die Berechtigungsvorschlagswerte der Berechtigungsobjekte.

❸ Transaktion SU25
Nach der Installation des Systems übernimmt die Berechtigungsadministration über die Transaktion SU25 die Berechtigungsvorschlagswerte aus den SAP-Tabellen (USOBX und USOBT) in die Kundentabellen (USOBX_C und USOBT_C).

❹ Transaktion SU24
Bei der Rollenpflege und dem Rollentest stellt die Berechtigungsadministration fest, dass die Berechtigungsvorschlagswerte für manche Transaktionen oder Applikationen fehlen oder dass manche Berechtigungsprüfungen ausgeschaltet werden sollen. Dies pflegt die Berechtigungsadministration in der Transaktion SU24 (Pflege von Berechtigungsvorschlagswerten).

❺ Transaktion PFCG
Beim Anlegen einer Rolle fügt die Berechtigungsadministration die Transaktionen und Apps dem Menü der Rolle hinzu. Die entsprechenden Berechtigungsobjekte für die Transaktionen und Apps werden aus den kundeneigenen Tabellen (USOBX_C und USOBT_C) in das Profil der Rolle gezogen. Die Berechtigungsadministration pflegt die offenen Felder in der Rolle und generiert das Profil.

❻ SAP Fiori Launchpad/SAP GUI
Die Endanwender*innen, deren Benutzern die Rolle zugewiesen ist, rufen die Transaktionen oder Apps auf, zu denen sie den Zugriff aus der Rolle bekommen haben. Dabei werden die Berechtigungsprüfungen durchgeführt, die im Programm in ❶ von der Entwicklung definiert wurden.

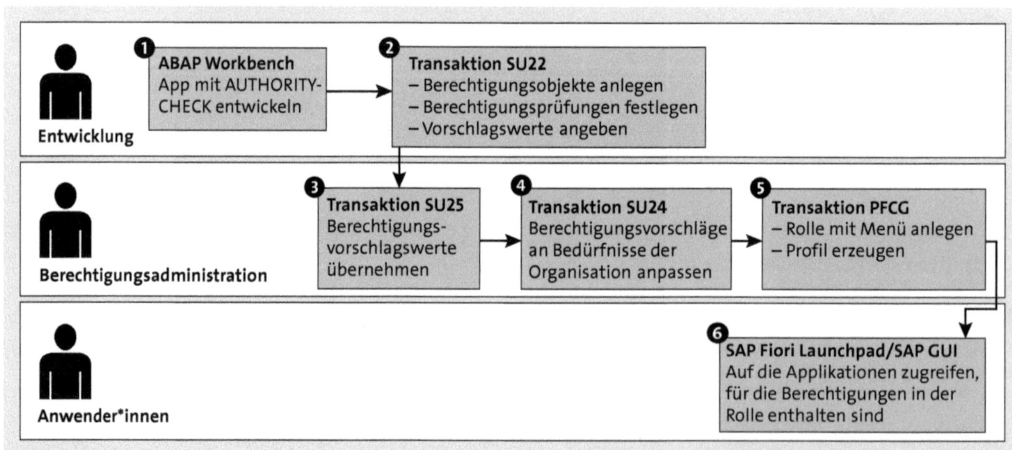

Abbildung 2.12 Ablauf der Tätigkeiten für die Berechtigungsprüfung

Berechtigungsvorschlagswerte für den Profilgenerator

Vorschlagswerte für Berechtigungen werden von SAP in Form der Tabellen USOBX und USOBT ausgeliefert. Mit den Inhalten dieser Tabellen werden die Kundentabellen USOBX_C und USOBT_C initial gefüllt. Das ist die Voraussetzung für die richtige Funktion des Profilgenerators (Transaktion PFCG) bei der Anlage der Rollen.

Nach jedem Upgrade müssen die aktualisierten Daten aus den SAP-Tabellen in die Kundentabellen übernommen werden (siehe Abbildung 2.13).

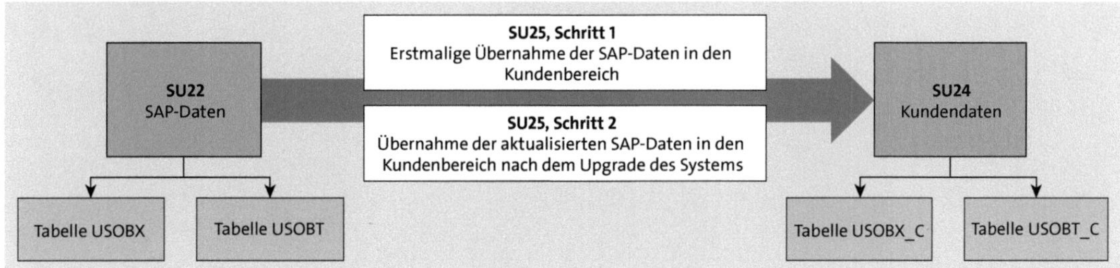

Abbildung 2.13 Übernehmen der SAP-Vorschlagswerte in die Kundentabellen

Tabellen USOBX, USOBT, USOBX_C, USOBT_C

Die Tabellen USOBT und USOBT_C definieren pro Transaktion und App Berechtigungsobjekte und Vorschlagswerte in den Feldern der Berechtigungsobjekte. Die Tabellen USOBX und USOBX_C enthalten Prüfkennzeichen für Berechtigungsobjekte. Nur die Berechtigungsprüfungen, die mit dem Kennzeichen Prüfen mit Vorschlag »Ja« versehen werden, gelangen als Vorschlagswerte in die Rolle.

Prüfkennzeichen in der Transaktion SU24

In Tabelle 2.2 sehen Sie die möglichen Prüfkennzeichen in den Transaktionen SU25 und SU24 und den Tabellen USOBX und USOBX_C.

Prüfkennzeichen	Vorschlagsstatus	Erläuterung
Prüfen	Ja	Das Objekt wird zusammen mit den gepflegten Feldwerten automatisch vom Profilgenerator aufgenommen.
Prüfen	Ja, ohne Werte	Das Objekt wird vom Profilgenerator automatisch aufgenommen. Sämtliche Berechtigungsfelder müssen von der Berechtigungsadministration mit kundenspezifischen Werten gepflegt werden.
Prüfen	Ja, inaktiver Vorschlag	Objekte mit diesem Prüfkennzeichen dürfen sowohl mit als auch ohne Feldwerte ausgeliefert werden. In der Rollenpflege bleibt ein inaktiver Vorschlag unberücksichtigt.

Tabelle 2.2 Prüfkennzeichen in der Transaktion SU24

Prüfkennzeichen	Vorschlagsstatus	Erläuterung
Prüfen	Nein	Diesen Status erhalten alle Objekte, die zur Ausführung von Funktionen innerhalb der App nicht benötigt werden, weshalb kein Berechtigungsvorschlag in die Rollen aufgenommen wird.
Nicht prüfen	Nein	Dieses Prüfkennzeichen wird gesetzt, wenn die eigene App eine externe Funktion erfolgreich ausführen soll, ohne für die erforderlichen Objekte Berechtigungsvorschläge erzeugen zu müssen.

Tabelle 2.2 Prüfkennzeichen in der Transaktion SU24 (Forts.)

In Abbildung 2.14 sehen Sie ein Beispiel der Prüfkennzeichen für die Transaktion PFCG in der Transaktion SU24.

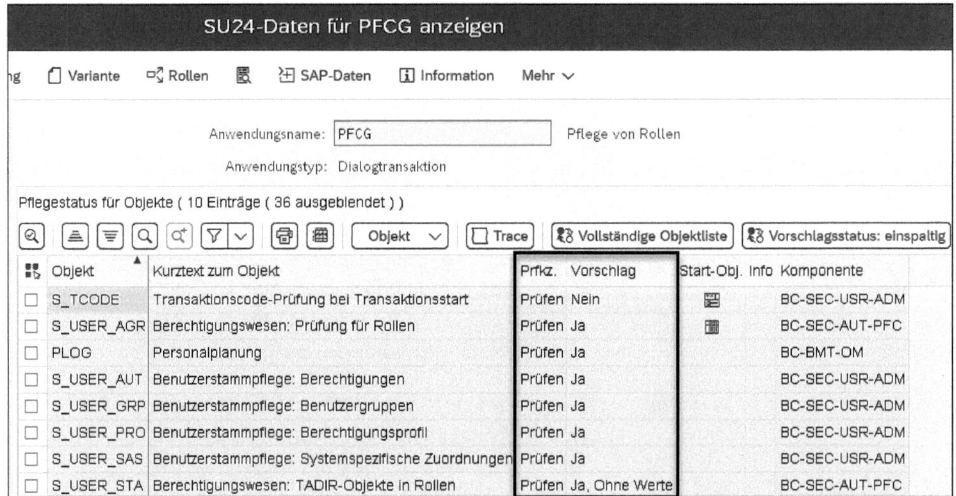

Abbildung 2.14 Beispiel für Prüfkennzeichen in den SU24-Daten für die Transaktion PFCG

2.3.2 Ausschalten der Berechtigungsprüfungen

Sie haben die Möglichkeit, den Umfang der Berechtigungsprüfungen über die Transaktion SU24 zu reduzieren. Beim Ausführen der Transaktionen im SAP-System wird häufig eine große Zahl von Berechtigungsobjekten geprüft, da im Hintergrund andere Transaktionen aufgerufen werden. Für eine erfolgreiche Prüfung müssen Benutzer über die entsprechenden Berechtigungen verfügen. Dadurch erhalten manche Benutzer mehr Berechtigungen als unmittelbar nötig. Außerdem bedeutet dies einen erhöhten Pflegeaufwand. Erwägen Sie zur Erleichterung der Verwaltungsaufgaben mit dem Profilgenerator, den Umfang der Berechtigungsprüfungen zu reduzieren.

Notwendigkeit einer Programmänderung

Für das Unterbinden von Berechtigungsprüfungen sind keine Programmänderungen erforderlich, da die Prüfungen über die Prüfkennzeichen gesteuert werden. Andersherum funktioniert es leider nicht: Sie können über die Transaktion SU24 und die Prüfkennzeichen keine zusätzlichen Berechtigungsprüfungen nachträglich für Transaktionen und Apps implementieren. Dafür ist eine Programmänderung notwendig.

[«]

Berechtigungsobjekte, die nicht von einer Prüfung ausgenommen werden können

Berechtigungsobjekte aus den Bereichen Basis (S_*) und Personalwirtschaft (P_*, PLOG) können Sie nicht von einer Prüfung ausnehmen.

Bei Parameter- oder Variantentransaktionen können Sie Berechtigungsobjekte nicht direkt, sondern nur über die Berechtigungsobjekte der eigentlichen Transaktion von einer Prüfung ausnehmen.

Risiko des Ausschaltens der Berechtigungsprüfung

Überlegen Sie genau, welche Berechtigungsprüfungen Sie unterdrücken möchten. Wenn Sie Berechtigungsprüfungen unterdrücken, gestatten Sie den Benutzern, Aufgaben durchzuführen, für die sie nicht ausdrücklich berechtigt sind.

[«]

Deaktivierte Berechtigungsprüfungen suchen

In Tabelle USOBX_C finden Sie Berechtigungsprüfungen, die im System durch die Pflege der Berechtigungsvorschlagswerte (Transaktion SU24) deaktiviert wurden. Suchen Sie dafür in der Tabelle USOBX_C über die Transaktion SE16 Einträge, bei denen das Feld OKFLAG auf »N« gesetzt ist.

Globales Ausschalten der Berechtigungsobjekte

Sie können Berechtigungsprüfungen für einzelne Berechtigungsobjekte über die Transaktion AUTH_SWITCH_OBJECTS global unterdrücken. Falls Sie diese Option verwenden, führt das System für die angegebenen Objekte keinerlei Berechtigungsprüfungen durch. Bei Verwendung des Profilgenerators verringert die Option den Aufwand für die Berechtigungspflege. Der Profilgenerator trägt für deaktivierte Berechtigungsobjekte keine Berechtigungsdaten in die Profile ein. Außerdem müssen Sie die Berechtigungsdaten im Anschluss an ein Upgrade für Transaktionen, deren entsprechende Berechtigungsobjekte Sie global deaktiviert hatten, nicht nachbearbeiten.

Berechtigungsobjekte, die global nicht ausgeschaltet werden können

Berechtigungsprüfungen von Berechtigungsobjekten, die zu Komponenten der Basis oder der Human Resources (HR) gehören, können Sie nicht global ausschalten.

2.3.3 SAP-Standardtabellen zur Steuerung der Benutzer- und Berechtigungsverwaltung

Tabellen PRGN_CUST, SSM_CUST, USR_CUST

Die in Tabelle 2.3 aufgeführten SAP-Standardtabellen sind Customizing-Tabellen, die zentral für die Steuerung des Benutzer- und Berechtigungsmanagements verwendet werden.

Tabelle	Beschreibung
PRGN_CUST	Customizing-Einstellungen zum Berechtigungswesen
SSM_CUST	Einstellung von Werten für den Session Manager/Profilgenerator
USR_CUST	Customizing-Einstellungen zu Benutzern /Berechtigungswesen

Tabelle 2.3 Customizing-Tabellen für die Steuerung des Benutzer- und Berechtigungsmanagements

2.4 Post-Upgrade-Tätigkeiten in der Transaktion SU25

Ein neues Release bringt neue technische Funktionen sowie neue Berechtigungsobjekte und -werte mit sich. Damit die neuen Berechtigungen nicht nur in Ihrem System verfügbar, sondern auch im Kontext Ihrer Anwendungen und in Ihren Rollen integriert werden, ist es erforderlich, die Post-Upgrade-Tätigkeiten in der Transaktion SU25 durchzuführen. In diesem Abschnitt erhalten Sie eine Beschreibung der Tätigkeiten in der Transaktion SU25 unter dem Knoten **Nachbearbeiten der Einstellungen nach Upgrade auf ein höheres Release**.

In Abschnitt 11.1, »Arbeitsschritte im SU25-Abgleich«, finden Sie eine detaillierte Aufführung aller Aktivitäten, einschließlich einer bildbasierten Schritt-für-Schritt-Hilfestellung zur Durchführung der Aktivitäten.

Die Ansicht der Transaktion SU25 und die darin relevanten Schritte für die Post-Upgrade-Tätigkeiten sehen Sie in Abbildung 2.15 unter dem Knoten **Nachbearbeiten der Einstellungen nach Upgrade auf ein höheres Release**. Im rechten Bereich sehen Sie den Zeitstempel der letzten Ausführung sowie den Benutzer, der die Ausführung vorgenommen hat.

Information zu dieser Transaktion   Expertenmodus für Schritt 2   Mehr

Durchzuführende Aktionen	Datum	Uhrzeit	Benutzer
Installation des Profilgenerators			
Kundentabellen wurden initial befüllt (1)	26.10.2022	22:46:18	
Nachbearbeiten der Einstellungen nach Upgrade auf ein höheres Release			
Automatischer Abgleich mit SU22-Daten (2a)	19.03.2023	08:59:23	
Modifikationsabgleich mit SU22-Daten (2b)	16.04.2023	22:35:37	
Suche nach obsoleten Anwendungen (2d)	16.04.2023	22:40:48	
Aktualisierung der Anwendungsgruppen im Rollenmenü			
Zu überprüfende Rollen (2c)	30.04.2023	12:21:24	
Transportanschluß			
Transport der Kundentabellen (3)	05.01.2023	15:12:51	
Anpassung der Berechtigungsprüfungen(optional)			
Web Dynpro Startberechtigungsprüfung aktivieren (S_START)	10.03.2023	00:05:46	
F4-Hilfe bezogene SU24-Daten zurücksetzen			
Prüfkennzeichen in Anwendungen (SU24)			
Berechtigungsobjekte global ausschalten			
Transaktionsstartberechtigungsprüfung (SE97)			
Abgleich schaltbarer Berechtigungsprüfungen (SACF)			
Abgleich generischer Erlaubnislisten (SLDW)			
Manuelle Anpassung ausgewählter Rollen			
Erzeugen von Rollen aus manuell erstellten Profilen	03.03.2023	00:01:06	
Standardrolle SAP_NEW oder SAP_NEW_F4 generieren			
Standardrolle SAP_APP generieren	16.04.2023	21:38:03	
Allgemeine Wartung für Vorschlagswerte			
SU22-Registrierung von Anwendungen			
Konsistenzprüfung für Vorschlagswerte	05.01.2023	15:05:17	

Abbildung 2.15 Startansicht der Transaktion SU25

2.4.1 Installation des Profilgenerators – Kundentabellen werden initial befüllt (Schritt 1)

Die Installation des Profilgenerators ist ausschließlich und einmalig bei der Neuinstallation eines Systems durchzuführen. Nach einem Releasewechsel sollten Sie diesen Schritt nicht mehr ausführen. Bei den Tabellen USOBX und USOBT handelt es sich um die relevanten SAP-Tabellen, die die Datengrundlage für die Transaktion SU22 bilden. Die SAP-Tabellen für die Transaktion SU24 sind die Tabellen USOBX_C und USOBT_C (_C steht für Customer).

Initial sind die Transaktion SU24 und somit die Tabellen USOBX_C und USOBT_C leer. Mit Schritt 1 werden die Vorschlagswerte und Prüfkennzeichen aus den Tabellen USOBX und USOBT in die Tabellen USOBX_C und USOBT_C kopiert. Dieser Vorgang ist in Abbildung 2.16 dargestellt.

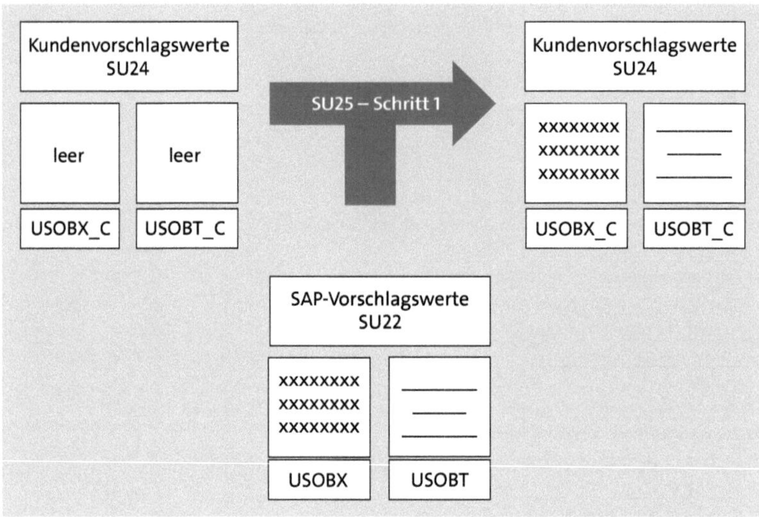

Abbildung 2.16 Transaktion SU25: der technische Ablauf in Schritt 1

Im Laufe der Zeit passen Sie Ihre SU24-Vorschlagswerte gemäß Ihren Anforderungen an und behalten diese bei. Mit erneuter Durchführung von Schritt 1 würden Sie Ihre SU24-Daten mit den SU22-Daten überschreiben. Ihre bis dahin angepassten SU24-Vorschlagswerte würden dann verloren gehen.

Reports SU2X_CHECK_CONSISTENCY und SU24_AUTO_REPAIR

Sie beginnen die Post-Upgrade-Aktivitäten mit der Konsistenzprüfung der SU24-Daten mit dem Report SU2X_CHECK_CONSISTENCY (eine Praxisübung hierzu finden Sie in Abschnitt 11.1.5) und der anschließenden Bereinigung von Inkonsistenzen mit dem Report SU24_AUTO_REPAIR (eine Praxisübung hierzu finden Sie in Abschnitt 11.1.6).

2.4.2 Automatischer Abgleich mit SU22-Daten (Schritt 2a)

Nicht veränderte Anwendungen in der Transaktion SU24

Anwendungen, die von Kunden in der Transaktion SU24 bisher nicht angepasst wurden, werden in diesem Schritt automatisch mit den SU22-Daten abgeglichen und aktualisiert. In Abbildung 2.17 sehen Sie eine Darstellung dieses Vorgangs. Die Transaktion ABC wurde vom Kunden bisher in der Transaktion SU24 nicht verändert.

Im alten Release wurden im Kontext der Transaktion ABC die Berechtigungsobjekte 1 und 2, einschließlich der Berechtigungsfelder 1 und 2, mit den Berechtigungswerten 1 und 2 geprüft und vorgeschlagen. Im neuen Release kommen nach dem automatischen Abgleich in Schritt 2a noch ein Berechtigungswert in Berechtigungsobjekt 1 sowie ein drittes Berechtigungsobjekt automatisch hinzu. Eine detaillierte Anleitung zum automatischen Abgleich der SU22-Daten finden Sie in Abschnitt 11.1.7, »Post-Upgrade: Praxisübung zu Schritt 2a«.

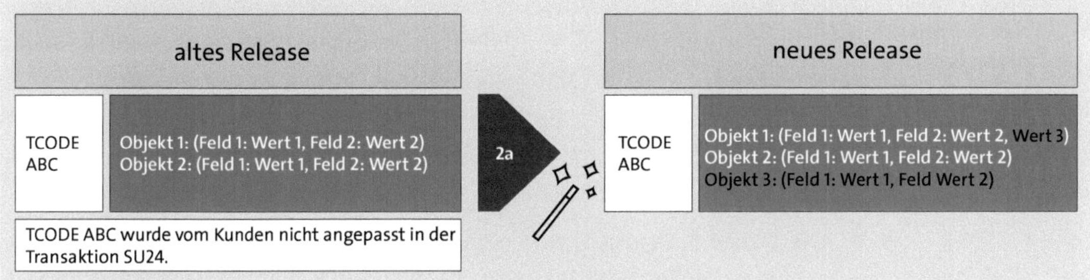

Abbildung 2.17 Transaktion SU25: automatischer Abgleich der SU24-Vorschlagswerte

2.4.3 Modifikationsabgleich mit SU22-Daten (Schritt 2b)

Veränderte Anwendungen in der Transaktion SU24

Im Laufe der Zeit nehmen Sie im Rahmen Ihrer Berechtigungsverwaltung Veränderungen der SU24-Vorschlagswerte im alten Release vor. Die Veränderung kann im Hinzufügen und Entfernen von Berechtigungsobjekten bestehen oder in der Anpassung der Prüfkennzeichen sowie in der Bearbeitung der Berechtigungswerte.

Das hat zur Folge, dass die veränderten Anwendungen aus Schritt 1 nicht mehr automatisch abgeglichen werden, sondern manuell in Schritt 2b abgeglichen werden müssen (siehe Abbildung 2.18). Für jede dieser Transaktionen gleichen Sie Ihre SU24-Vorschlagswerte mit den SAP-Vorschlagswerten ab und entscheiden, ob Sie Ihre Daten beibehalten oder die von SAP übernehmen möchten.

In Abschnitt 11.1.8, »Post-Upgrade: Praxisübung zu Transaktion SU25 Schritt 2b«, finden Sie eine detaillierte Anleitung für den Modifikationsabgleich der SU22-Daten.

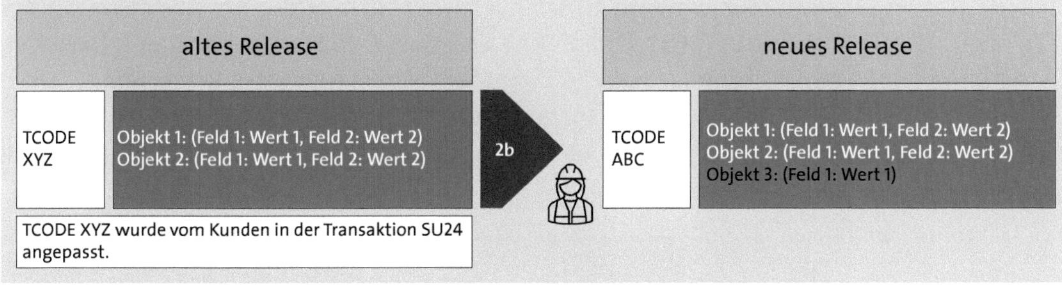

Abbildung 2.18 Transaktion SU25: manueller Abgleich der SU24-Vorschlagswerte

2.4.4 Zu überprüfende Rollen (Schritt 2c)

Umgang mit betroffenen Rollen

In diesem Schritt werden die Rollen, deren Menüanwendungen von den Änderungen der SU24-Vorschlagswerte betroffen sind, abgemischt, sodass die aktualisierten Werte in die Rollen gelangen. Nach einem Klick auf **Zu überprüfende Rollen (2c)** erhalten Sie zunächst einen Hinweistext. Anschließend werden die betroffenen Rollen aufgeführt, die Sie dann nacheinander prüfen und abmischen können. Wie bei Rollen üblich, sind die Anpassungen mandantenspezifisch. Beachten Sie außerdem:

- Die Dauer bis zur Anzeige der Ergebnisliste hängt von der Gesamtzahl der im aktuellen Mandanten existierenden Rollen ab. Bei mehreren Tausend zu untersuchenden Rollen ist mit Laufzeiten im Minutenbereich zu rechnen.
- Die Navigation von der Ergebnisliste in die Berechtigungsdaten erfolgt entweder durch einfachen Klick auf den gewünschten Rollennamen oder per Doppelklick auf eine beliebige andere Stelle derselben Zeile.
- Schritt 2c berücksichtigt nur Rollen im aktuellen Mandanten. Falls Sie Rollenentwicklung in mehreren Mandanten betreiben, müssen Sie den Schritt in jedem dieser Mandanten ausführen.

In Abschnitt 11.1.10, »Post-Upgrade: Praxisübung zu Transaktion SU25 Schritt 2c«, finden Sie eine detaillierte Anleitung zu Schritt 2c.

2.4.5 Suche nach obsoleten Anwendungen (2d)

Berücksichtigung von neuen Transaktionen

Es kommt vor, dass Transaktionen im SAP-System gelöscht oder durch andere Transaktionen ersetzt werden. In **Suche nach obsoleten Anwendungen (2d)** erhalten Sie nach der Ausführung eine Liste von Rollen, die obsolete Transaktionen im Rollenmenü enthalten. Eine Transaktion kann obsolet sein, wenn sie nicht mehr existiert bzw. veraltet ist und nicht mehr verwendet wird. Es kann aber auch sein, dass SAP eine Sperre für diese Anwendungen gesetzt hat oder der Status dieser Anwendungen in der Transaktion SU22 veraltet ist. Es passiert auch häufig, dass eine Transaktion durch eine oder mehrere Transaktionen ersetzt wird. Dieser Schritt ist in Abstimmung mit den Prozess- bzw. Rollenverantwortlichen auf Anwenderseite durchzuführen. In Abschnitt 11.1.10 finden Sie eine Praxisübung zu diesem Schritt.

Backup der SU24-Daten

Beachten Sie bitte, dass Sie, bevor Sie die SU25-Upgrade-Aktivitäten durchführen, den aktuellen Stand Ihrer Transaktion SU24 als Backup sichern. Das

Backup erstellen Sie mithilfe von Schritt 3 in der Transaktion SU25. Nach der Ausführung von Schritt 3 halten Sie den aktuellen Stand der Tabellen USOBX_C und USOBT_C in einem Transportauftrag fest. Der freigegebene Transportauftrag dient Ihnen als Backup und kann im Bedarfsfall von der SAP-Basisadministration wieder ins Entwicklungssystem importiert werden.

2.5 CDS-Views

Seit der Verfügbarkeit der SAP-HANA-Plattform hat sich bei SAP ein Paradigmenwechsel in der Entwicklung von Geschäftsanwendungen vollzogen. Die Faustregel lautet: Entwickeln Sie so viel wie möglich in der Datenbank, um die beste Leistung zu erzielen.

Core Data Services

Um die Vorteile von SAP HANA für die Anwendungsentwicklung zu nutzen, hat SAP eine neue Datenmodellierungsinfrastruktur eingeführt, die als *Core Data Services* (CDS) bekannt ist.

Mit CDS werden Datenmodelle in der Datenbank und nicht auf dem Anwendungsserver definiert und genutzt. CDS bietet auch Funktionen, die über die herkömmlichen Datenmodellierungstools hinausgehen, einschließlich der Unterstützung für die konzeptionelle Modellierung und Beziehungsdefinitionen, integrierte Funktionen und Erweiterungen. CDS-Views sind eine Infrastruktur zum Definieren und Nutzen von semantisch umfangreichen Datenmodellen in SAP HANA.

Bei CDS-Views wird zwischen *SAP-HANA-CDS-Views* und *ABAP-CDS-Views* unterschieden.

SAP-HANA-CDS-Views

SAP-HANA-CDS-Views werden auf SAP-HANA-Datenbankebene definiert. Sie werden in *DDL*-Dateien (*Data Definition Language*) erstellt und verwaltet, die in *SAP HANA XS* (*HANA Extended Application Services*) gespeichert sind. Die Views verwenden Native SQL als Programmiersprache. HANA-CDS-Views zielen darauf ab, die Entwicklung nativer SAP-HANA-Anwendungen zu unterstützen. Sie nutzen Funktionen, die nur für SAP HANA verfügbar sind. Sie können nur mit einer HANA-Datenbank verwendet werden. Der Hauptfokus von HANA-CDS-Views liegt auf der Erstellung von Modellen direkt in der Datenbank.

ABAP-CDS-Views

ABAP-CDS-Views werden auf Anwendungsserverebene definiert. Sie werden in DDL-Dateien auf dem ABAP-Anwendungsserver erstellt und verwaltet. Sie befinden sich im ABAP Data Dictionary in der Transaktion SE11 und werden mit dem SAP-Transportsystem transportiert. ABAP-CDS-Views verwenden Open SQL als Programmiersprache. Ihr Ziel ist es, die Entwicklung von ABAP-Anwendungen zu unterstützen. Die Art der Datenbank spielt keine Rolle, es muss nicht unbedingt SAP HANA sein. Der Hauptfokus von ABAP-CDS-Views liegt auf der Erstellung von Views.

ABAP-CDS-Views wurden mit dem Release ABAP 7.40 SP08 eingeführt, damit die neue Technologie unabhängig von der Art der Datenbank auf einem SAP-System verwendet werden kann.

In Tabelle 2.4 sind die Hauptunterschiede zwischen ABAP-CDS-Views und SAP-HANA-CDS-Views dargestellt.

	ABAP-CDS-Views	SAP-HANA-CDS-Views
Residenz	Applikationsserver	SAP HANA XS
Datenbank	alle Datenbanken	Nur SAP HANA DB
Programmiersprache	Open SQL	Native SQL
Ziel	ABAP-Anwendungen	Native HANA-Anwendungen
Hauptfokus	Views erstellen	Modelle erstellen

Tabelle 2.4 Hauptunterschiede zwischen ABAP-CDS-Views und SAP-HANA-CDS-Views

Vorteile von CDS-Views

CDS-Views sind eine Kerntechnologie von SAP S/4HANA und erweitern die Möglichkeiten der Datenmodellierung. Aus der Nutzung von CDS-Views ergeben sich für Organisationen folgende Vorteile:

- **Performance-Steigerung**
  Da die Rechenoperationen in einem CDS-View auf die HANA-Datenbank verschoben werden, wird die Bearbeitungsstärke auf die In-Memory-Datenbank verlagert. Dies führt zu einer großen Performance-Steigerung.
- **Größere Datenmodellierungsmöglichkeiten**
  CDS-Views haben den Vorteil, dass sie programmierbar sind. Dies bedeutet, dass Sie viele unterschiedliche Möglichkeiten bei der Datenmodellierung bieten.
- **Zeitersparnis bei der Fiori-App-Entwicklung**
  CDS-Views können bei der Entwicklung neuer Fiori-Apps verwendet werden.

- **Datenmodellerweiterungen für SAP S/4HANA**
  Da es sich um virtuelle Objekte/Programmiermodelle handelt und somit das Datenmodell per Laufzeit erzeugt wird, können dem Datenmodell weitere Felder oder zusätzliche Information ohne größeren Aufwand hinzugefügt werden.

Das Berechtigungskonzept für CDS-Views

Für CDS-Views gibt es ein eigenes Berechtigungskonzept, das auf einer Datenkontrollsprache (*Data Control Language, DCL*) basiert. Das Berechtigungskonzept für CDS verwendet definierte Bedingungen und greift auf klassische Berechtigungen (PFCG-Rollen und Berechtigungsobjekte) zurück.

Unterschied zwischen ABAP- und CDS-Berechtigungen

Neben dem CDS-Berechtigungskonzept existiert noch das klassische Berechtigungskonzept von SAP NetWeaver Application Server für ABAP (siehe Abschnitt 1.4., »Berechtigungen in SAP ECC«). Das klassische Berechtigungskonzept basiert auf Berechtigungsobjekten. Die Berechtigung eines Benutzers erfolgt entweder implizit, z. B. beim Aufrufen einer Transaktion, oder explizit mit der Anweisung `AUTHORITY-CHECK`. Das CDS-Berechtigungskonzept basiert auf impliziten Berechtigungsprüfungen, die bei Zugriffsversuchen auf CDS-Entitäten durchgeführt werden.

CDS-Zugriffskontrollen

CDS-Zugriffskontrollen basieren auf CDS-Rollen, die in DCL definiert sind. Beim Zugriff auf CDS-Entitäten, die einer CDS-Rolle zugeordnet sind, werden zusätzliche Zugriffsbedingungen ausgewertet. Im Fall einer analytischen Abfrage (basierend auf einer CDS-Entität mit Zugriffskontrollen) bedeutet das, dass zur Laufzeit der Abfrage die berechtigten Werte der SQL-Anweisung mit einem logischen `UND` zur `WHERE`-Klausel hinzugefügt werden. Zugriffskontrollen werden nur ausgewertet, wenn ein Open-SQL-Zugriff auf die Entität besteht, für die die Zugriffskontrolle definiert ist (`grant select on` (siehe beispielhaft in Abbildung 2.19)).

Berechtigte Werte werden automatisch als Filterwerte angewendet. Bei fehlenden Berechtigungen erhält ein Benutzer daher keine Fehlermeldung wie »Keine Berechtigung ...«, sondern es werden keine oder weniger Daten in der Abfrage angezeigt.

```
@EndUserText.label: 'Auto assigned mapping role for I_ActualPlanJrnlEntryItemCube'
@MappingRole: true
define role I_ActualPlanJrnlEntryItemCube {
   grant select on I_ActualPlanJrnlEntryItemCube inherit I_ActualPlanJournalEntryItem;



//    where
//         ( Ledger )       = aspect pfcg_auth ( F_FAGL_LDR, GLRLDNR, actvt = '03' )
//      AND ( CompanyCode )  = aspect pfcg_auth ( F_BKPF_BUK, BUKRS  , ACTVT = '03' )
//      AND ( BusinessArea ) = aspect pfcg_auth ( F_BKPF_GSB, GSBER  , ACTVT = '03' )
//      AND ( Segment )      = aspect pfcg_auth ( F_FAGL_SEG, SEGMENT, ACTVT = '03' )
//      AND ( Ledger, CompanyCode, PlanningCategory, ControllingArea ) = aspect pfcg_auth ( K_ACDOCP_P, GLRLDNR, BUKRS, CATEGORY_P, KOKRS, ACTVT = '03' );
}
```

Abbildung 2.19 Beispiel für eine Zugriffskontrolle für CDS-View

Berechtigungsprüfung für SAP-Standard-CDS-Views

SAP liefert Standard-CDS-Views, die in Transaktionen und Fiori-Apps verwendet werden. Ob eine Transaktion oder Fiori-App CDS-Views und entsprechende Berechtigungsprüfungen verwendet, können Sie mithilfe eines Berechtigungstrace ermitteln (siehe Abschnitt 9.2.1, »Berechtigungsfehler lösen mit der Transaktion STAUTHTRACE«, und Abschnitt 9.3, »Fehlerbehebung für CDS-Views«).

Berechtigungsprüfung für kundeneigene CDS-Views

Wenn die Entwicklung kundeneigene Apps mit CDS-Views anlegt, muss sie die Berechtigungsprüfung für die Daten, gemäß den Anforderungen der Organisation, mit SAP-Standard- oder kundeneigenen Berechtigungsobjekten implementieren. Bei der Definition der Anforderungen an die Berechtigungsprüfung und ihrer Umsetzung empfehlen wir eine Zusammenarbeit von Entwicklung und Berechtigungsadministration.

2.6 Berechtigungstraces

Zweck von Berechtigungstraces

Mit dem System- oder Berechtigungstrace können Sie Berechtigungsprüfungen und deren Werte aufzeichnen. Diese Funktion unterstützt Sie beim Pflegen von Berechtigungsvorschlagswerten in der Transaktionen SU24 und bei der Pflege von Berechtigungsdaten in den Rollen in der Transaktion PFCG.

Die im SAP-System vorhandenen Traces werden in den folgenden drei Abschnitten vorgestellt.

2.6.1 Berechtigungstrace in der Transaktion STUSOBTRACE

Transaktion STUSOBTRACE

Mit der Transaktion STUSOBTRACE können Sie das Berechtigungstrace im SAP-System auswerten. Hierbei handelt es sich um ein Trace, das über einen längeren Zeitraum in mehreren Mandanten und benutzerunabhängig Berechtigungsdaten sammelt und in einer Datenbank (Tabelle USOB_AUTHVALTRC) ablegt. Sobald das Trace während der Ausführung eines Programms auf eine Berechtigungsprüfung stößt, die im Zusammenhang mit der aktuellen Anwendung bislang nicht erfasst war, legt es einen entsprechenden Eintrag in der Trace-Datenbanktabelle an. Testen Sie die Anwendung möglichst vollständig, um aussagekräftige Trace-Daten zu erhalten (siehe Abbildung 2.20).

Dieses Berechtigungstrace wird von SAP während der Entwicklung zur Ermittlung der in Transaktion SU22 verwendeten Berechtigungsvorschlagswerte für Transaktionen, RFC-Bausteine und Services benutzt.

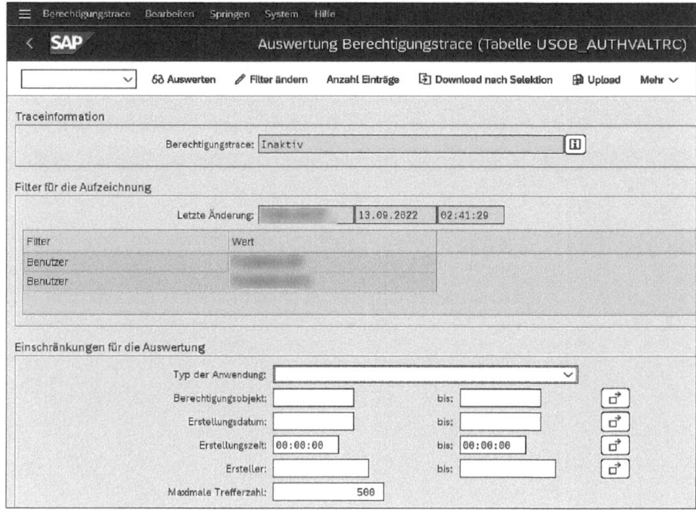

Abbildung 2.20 Berechtigungstrace in der Transaktion STUSOBTRACE

2.6.2 Systemtrace in den Transaktionen ST01 oder STAUTHTRACE

In den Transaktionen ST01 und STAUTHTRACE können Sie ein Kurzzeit-Trace, das Berechtigungsdaten mandantenabhängig und nur auf dem aktuellen Anwendungsserver sammelt, ausführen.

Transaktion STAUTHTRACE

In Transaktion STAUTHTRACE können Sie die Auswertung direkt filtern und eine bessere Auswertungsdarstellung erhalten. Über die einzelnen Buttons können Sie das Trace direkt ein- oder ausschalten und das Ergebnis des Trace anzeigen (siehe Abbildung 2.21).

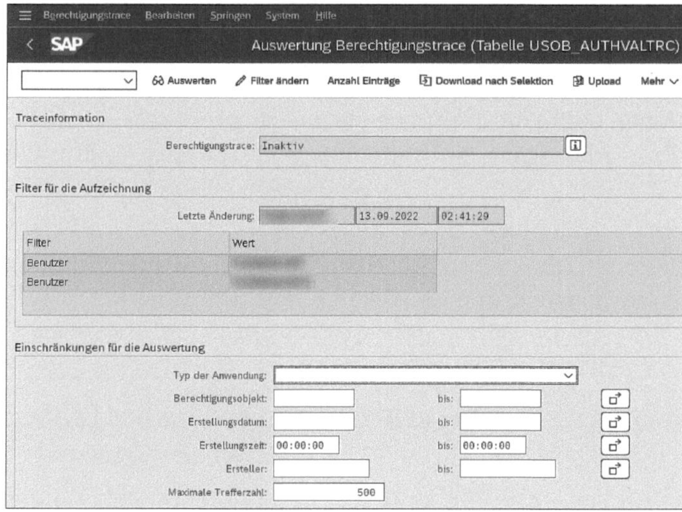

Abbildung 2.21 Systemtrace in der Transaktion STAUTHTRACE

Die Transaktion STAUTHTRACE wird in der Praxis am häufigsten von der Berechtigungsadministration zur Lösung von Berechtigungsfehlern verwendet.

Transaktion ST01

Zusätzlich können Sie das *Systemtrace* über die Transaktion ST01 aufrufen. Hierbei gibt es die Möglichkeit, einzelne Filter für die Prüfungen einzustellen (siehe Abbildung 2.22).

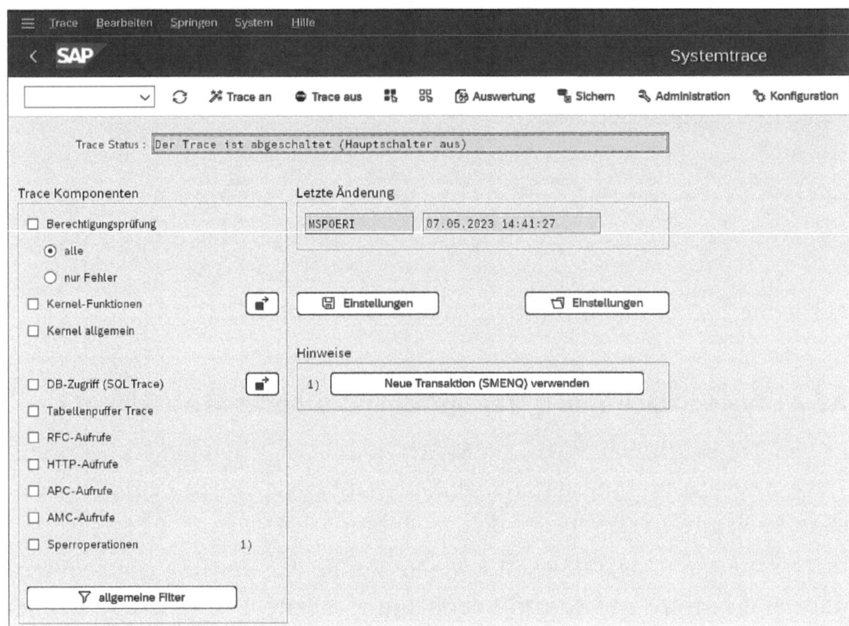

Abbildung 2.22 Systemtrace in der Transaktion ST01

2.6.3 Benutzertrace für Berechtigungsprüfungen in der Transaktion STUSERTRACE

Transaktion STUSERTRACE

In der Transaktion STUSERTRACE können Sie ein Langzeit-Trace, das mandanten- und benutzerbezogene Berechtigungsdaten sammelt und in der Datenbank ablegt, ausführen. Im Grunde genommen ist das das Berechtigungstrace in der Transaktion STUSOBTRACE, das nach einzelnen Benutzern filtert. Sie können die Transaktion STUSERTRACE aufrufen und den Filter auf einen einzelnen Benutzer einstellen (siehe Abbildung 2.23).

Ähnlich wie beim Berechtigungstrace aus Abschnitt 2.6.1, »Berechtigungstrace in der Transaktion STUSOBTRACE«, muss der Profilparameter `auth/auth_user_trace` in der Transaktion RZ10 oder RZ11 entsprechend gesetzt werden, damit Sie die Transaktion STUSERTRACE verwenden können.

Die Anleitungen zur Trace-Ausführung finden Sie in Abschnitt 9.2, »Traces in verschiedenen Szenarien anwenden«.

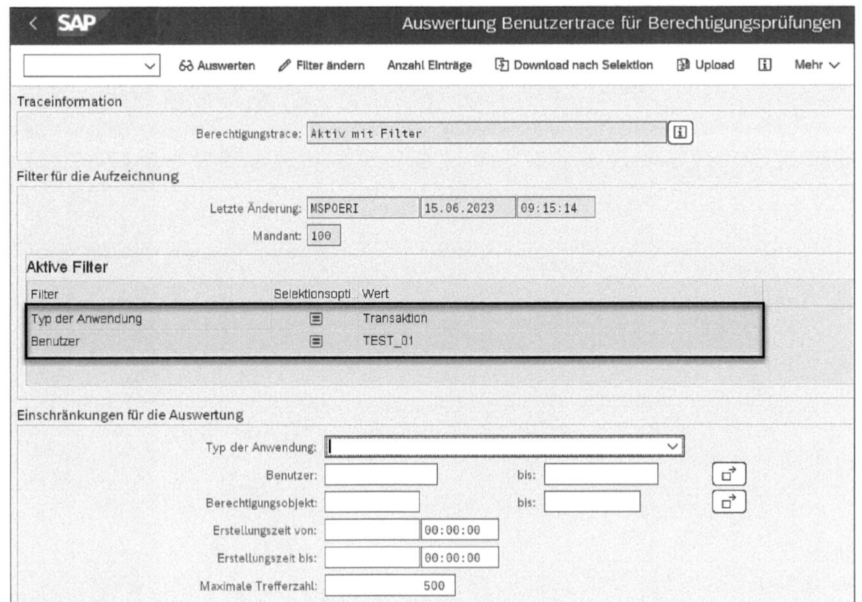

Abbildung 2.23 Benutzertrace für Berechtigungsprüfungen in der Transaktion STUSERTRACE

2.7 Zusammenfassung

In diesem Kapitel haben Sie einen tieferen Einblick in die Funktionsweisen der Berechtigungen in einem SAP-S/4HANA-System bekommen. Sie haben gelernt, aus welchen Komponenten eine PFCG-Rolle besteht, welche Rollenarten es gibt und wie sie zueinander stehen. Sie wissen nun, welche Menüobjekte es gibt und wie die Prüfung auf Berechtigungsobjekte und Feldwerte funktioniert.

Sie haben erfahren, aus welchen Komponenten der Benutzerstammsatz besteht, welche Benutzertypen es gibt und wie Single Sign-on für SAP Logon eingesetzt wird. Außerdem haben Sie gelernt, wie die Berechtigungsvorschlagswerte initial und nach dem System-Upgrade in der Transaktion SU25 in die Kundentabellen übernommen werden, wie Berechtigungsprüfungen für einzelne Transaktionen und Apps funktionieren und global ausgeschaltet werden können.

Sie wissen nun, welche Customizing-Tabellen es für die Benutzer- und Berechtigungsverwaltung und welche Transaktionen es für das Berechtigungstrace in einem SAP-System gibt. Darüber hinaus haben Sie in diesem Abschnitt die Arbeitsschritte, die zum SU25-Abgleich gehören, sowie die CDS-Views und die Berechtigungstraces kennengelernt.

Kapitel 3

Konzeption und Dokumentation von SAP-Berechtigungskonzepten

Die Entscheidungen, die beim initialen Design des Berechtigungskonzepts getroffen werden, haben einen großen Einfluss auf alle weiteren Phasen des Projekts von der Anlage der Rollen im System bis zum Support der Fachabteilungen im Betrieb.

In diesem Kapitel erfahren Sie, wie Sie das Design und die Dokumentation eines SAP-Berechtigungskonzepts gestalten. In Abschnitt 3.1, »Konzeptionelle Grundsatzfragen«, lernen Sie, wie Sie ein Rollenkonzept ausarbeiten können, welchen Einfluss das neue Design des SAP Fiori Launchpad auf das Rollenkonzept hat und wie Sie am besten das SAP Fiori Launchpad für Endanwender*innen gestalten sollten. Um sicherzustellen, dass die Grundsätze und Konventionen des SAP-Berechtigungskonzepts im System umgesetzt und weitergepflegt werden, ist es enorm wichtig, nicht nur durchdachte Entscheidungen zu treffen, sondern diese auch in einem Dokument namens »SAP-Berechtigungskonzept« zu dokumentieren.

In Abschnitt 3.2, »Ein SAP-Berechtigungskonzept erstellen«, wird erklärt, welche Themen in diesem Dokument beschrieben werden. In Abschnitt 3.3, »SAP-Notfallbenutzerkonzept«, wird dargestellt, wofür ein Notfallbenutzerkonzept verwendet wird, welchen Regeln eine Organisation folgen muss, um das Notfallbenutzerkonzept revisionssicher einzusetzen, und wie der Notfallbenutzerprozess mit und ohne ein spezielles Tool ablaufen kann. In Abschnitt 3.4, »Kritische Berechtigungen«, gehen wir darauf ein, welche Kategorien von kritischen Berechtigungen in einem SAP-System existieren.

3.1 Konzeptionelle Grundsatzfragen

Ziel eines Berechtigungskonzepts ist es, alle Fachabteilungen regelkonform mit den für ihre Funktionen in der Organisation notwendigen Berechtigungen im SAP-System zu versorgen. Damit ein SAP-Berechtigungskonzept effizient und kostengünstig ist, müssen die Berechtigungen so umfangreich wie nötig und so klein wie möglich gehalten werden. Theoretisch wäre es möglich, allen Mitarbeitenden alle Berechtigungen im System zu erteilen. Für den Schutz des Systems ist es jedoch sicherer, passgenaue Berechtigungen entsprechend den Aufgaben der Mitarbeitenden zu verteilen. Durch die rollenspezifische Vergabe der Berechtigungen erhalten Mitarbeitende den eingeschränkten Zugriff auf das System, der für ihre Aufgaben notwendig ist.

3.1.1 Rollenkonzept gestalten

Rollen als zentrales Element des SAP-Berechtigungskonzepts

Rollen sind ein zentrales Element im SAP-Berechtigungskonzept. Sie fassen Berechtigungen zusammen, die den Benutzern im System zugewiesen werden. Dazu verfügt das SAP-System über verschiedene Arten von Rollen. Es ist wichtig, festzulegen, welche Rollenarten benutzt werden und wie sie strukturiert und definiert werden. Die Bezeichnungen und der Inhalt der Rollen – Transaktionen und Fiori-Apps – müssen von den Fachabteilungen für ihre Rollen definiert werden. Deshalb müssen Sie sicherstellen, dass die Fachabteilungen und die IT-Abteilung für die unterschiedlichen Rollenarten mit derselben Terminologie operieren.

Rollenarten und ihre Definition

In Tabelle 3.1 sehen Sie die Definitionen der Rollenarten, die üblicherweise von Organisationen in Berechtigungskonzepten generell für IT-Systeme und unter anderem für SAP-Systeme verwendet werden.

<table>
<tr><th colspan="2">Rollenart</th><th>Beschreibung</th><th>System</th></tr>
<tr><td colspan="2">Geschäftsrolle/
Business Role/
Jobprofil</td><td>Eine Kombination von technischen Rollen in einer oder mehreren IT-Apps, die notwendig sind, um die Aufgaben eines Arbeitsplatzes zu erfüllen.</td><td>IAM (Identity and Access Management)</td></tr>
<tr><td colspan="2">Technische Rolle</td><td>Eine technische Rolle fasst eine Menge von Einzelrechten einer Software zusammen. Technische Rollen werden verwendet, um Einzelrechte nicht für jeden Nutzer einzeln festlegen zu müssen. Statt vielen Benutzern dieselben einzelnen Rechte direkt zuzuweisen, wird eine Rolle definiert, die die zuzuweisenden Rechte enthält.</td><td>IT-Systeme, darunter das SAP-System</td></tr>
<tr><td colspan="2">PFCG-Rolle/
SAP-Berechtigungsrolle</td><td>Eine technische Rolle in einem SAP-System, die mittels Profilgenerator (Transaktion PFCG) erstellt wird.</td><td>SAP-System</td></tr>
<tr><td>PFCG-Rollen</td><td>Einzelrollen</td><td>Einzelrollen fassen unter Berücksichtigung der Funktionstrennung die notwendigen Transaktionen und Fiori-Apps zusammen. Aus der Rolle wird mittels des Profilgenerators das entsprechende Berechtigungsprofil generiert.</td><td>SAP-System</td></tr>
</table>

Tabelle 3.1 Rollenarten und ihre Definitionen

Rollenart		Beschreibung	System
PFCG-Rollen (Forts.)	Masterrollen (Referenzrollen)	Masterrollen sind Einzelrollen, die für viele Benutzer gleiche Informationen enthalten, sich aber in einer oder mehreren Feldausprägungen unterscheiden, z. B. im Buchungskreis oder Werk. Sie liefern die Vorlage für die abgeleiteten Rollen, in denen die Unterscheidungsmerkmale hinterlegt werden.	
	Abgeleitete Rollen	Rollen, die die Benutzer auf Basis der Masterrollen und unter Berücksichtigung der organisatorischen Zuordnung (z. B. Buchungskreis, Werk) berechtigen.	
	Sammelrollen	Sammelrollen werden für die bessere Strukturierung der Einzelrollen verwendet. Einer Sammelrolle können eine oder mehrere Einzelrollen zugeordnet werden.	

Tabelle 3.1 Rollenarten und ihre Definitionen (Forts.)

Geschäftsrollen (Business Roles)

Bei der Definition der Rollen empfehlen wir, von den Geschäftsrollen, die auch als *Business Roles* oder *Jobprofile* bezeichnet werden, auszugehen. So können Sie die technischen Rollen innerhalb der Geschäftsrollen den Fachanwender*innen einfacher zuordnen. Geschäftsrollen sollen die Namen der Arbeitsplätze (z. B. »Buchhalter«, »Sachbearbeiter im Verkauf«, »Einkaufsmanager«), wie in der Organisation üblicherweise verwendet, tragen. Sie fassen die Rechte in einem oder mehreren Systemen, die für die Erfüllung der Aufgaben des jeweiligen Arbeitsplatzes notwendig sind, zusammen (siehe Abbildung 3.1).

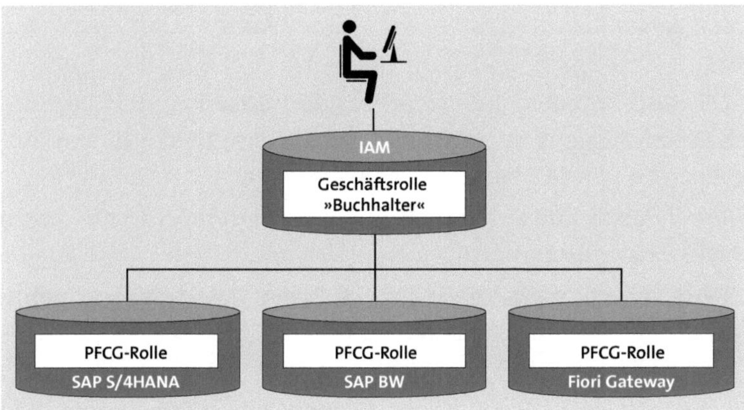

Abbildung 3.1 Geschäftsrolle für SAP-Systeme

Kategorien der Geschäftsrollen

Fachabteilungen sollen die notwendigen Berechtigungen je Arbeitsplatz definieren. In manchen Organisationen lassen sich Geschäftsrollen abteilungsübergreifend kategorisieren. Dazu gehören z. B. Anzeigerollen, Rollen für Sachbearbeitende, Rollen für Expertinnen und Experten beziehungsweise Key-User und Rollen für den Support beziehungsweise die Modulbetreuung (siehe Abbildung 3.2). Abhängig von der Komplexität der Organisation kann es weitere Rollenkategorien geben.

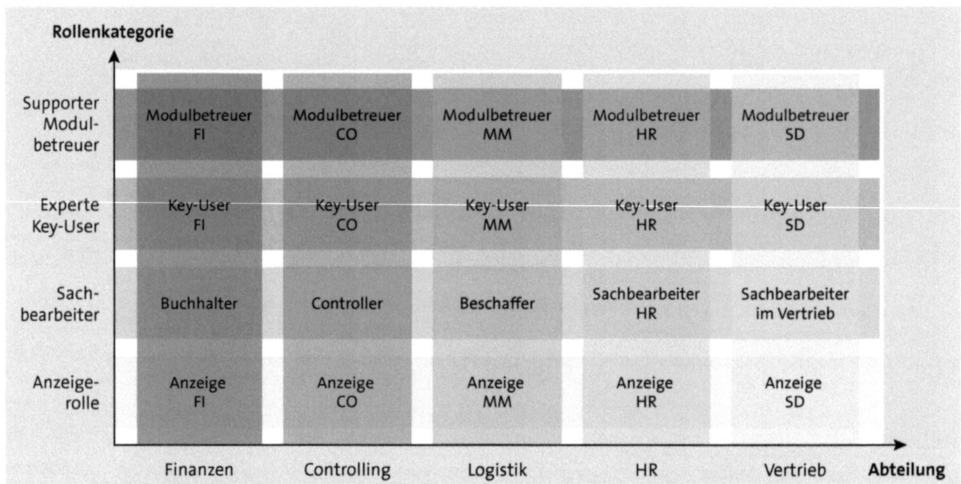

Abbildung 3.2 Geschäftsrollenkategorien für die Fachabteilungen

Supportrollen-konzept

Neben den Geschäftsrollen für Fachabteilungen soll es in jedem SAP-System Rollen für die folgenden Benutzerkategorien geben:

- **Administrator**
  Der Administrator hat die umfangreichsten Berechtigungen im SAP-System. Aufgrund der Aufgabenvielfalt und Funktionstrennung muss zwischen den folgenden drei Arten von Administratoren unterschieden werden:
  - Der *SAP-Basis-Administrator* ist für die Administration und Pflege des technischen Systems verantwortlich und meistens die direkte Ansprechperson von SAP bei technischen Problemen.
  - Der *Berechtigungsadministrator* ist für die Pflege von Berechtigungen im SAP-System zuständig.
  - Der Benutzeradministrator ist für die Pflege von Benutzerstammsätzen im SAP-System zuständig.
- **Entwickler**
  Der Entwickler ist für die Erstellung von kundeneigenen Programmen und zusätzlichen Transaktionen zuständig. Entwickler haben vor allem Berech-

tigungen in der Development-Workbench sowie weitreichende Berechtigungen in den Modulen, die sie auf der technischen Seite unterstützen.

- **Modulbetreuer**
  Der Modulbetreuer ist dafür zuständig, dass das zugeordnete Modul sowohl den gesetzlichen Anforderungen als auch den internen Anforderungen entspricht. Der Modulbetreuer ist außerdem für die Customizing-Einstellungen verantwortlich. Rollen für diese Benutzerkategorie wurden bereits im Geschäftsrollenmodell in Abbildung 3.2 aufgeführt. Die Modulbetreuung benötigt jedoch weitere Rollen in Entwicklungs- und Testsystemen, damit sie Customizing und Tests durchführen kann. Somit taucht die Modulbetreuung auch in Abbildung 3.3 bei den Supportrollen auf.

Anlegen der Supportrollen

Das Rollenkonzept für die Rollen Administrator, Entwickler und Modulbetreuer wird oft *Supportrollenkonzept* genannt. Die Supportrollen sollen in einem neuen SAP-System als Erstes erstellt werden, damit die eingangs bereits erwähnten Kategorien von Benutzern nicht mit dem kritischen Profil SAP_ALL arbeiten müssen. Der Inhalt der Supportrollen ist in der Regel nicht organisationsspezifisch. Deswegen verwenden die meisten SAP-Beratungsunternehmen Standardrollen, die sie in das SAP-System hochladen können. Die Supportrollen können ansonsten als Kopie der jeweiligen SAP-Standardrollen angelegt werden. Bei der Migration aus SAP ECC auf SAP S/4HANA können die Supportrollen aus dem SAP-ECC-System übernommen und mit den neuen Transaktionen und Fiori-Apps ergänzt werden. In Abbildung 3.3 wird ein Supportrollenkonzept schematisch dargestellt.

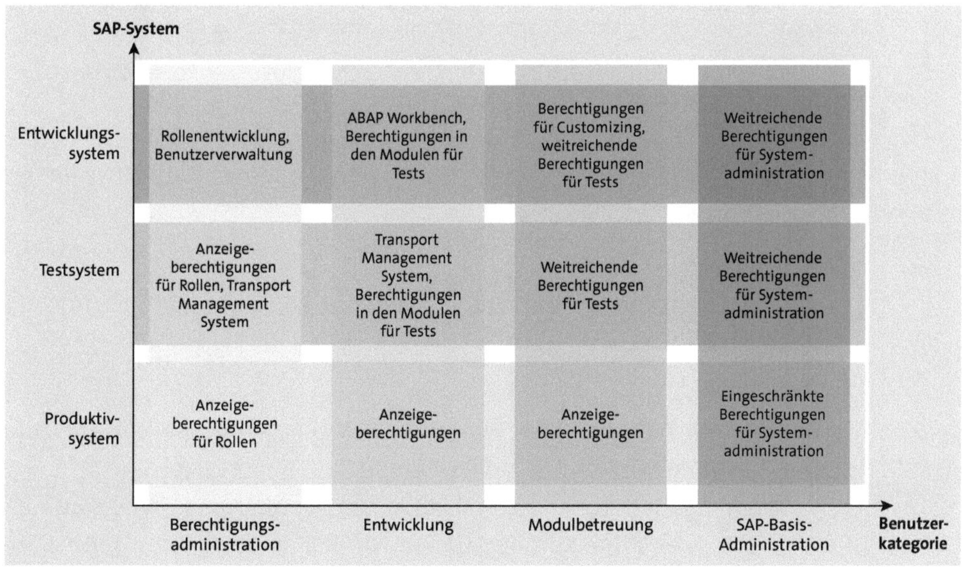

Abbildung 3.3 Supportrollenkonzept

Wie die technischen Rollen für die Erfüllung der Anforderungen der Fachabteilungen strukturiert werden, wird in der Regel von der IT-Abteilung beziehungsweise im IT-Projekt entschieden. Hier gibt es mehrere Optionen. Wir beschreiben die drei Optionen, die am häufigsten verwendet werden (siehe Abbildung 3.4).

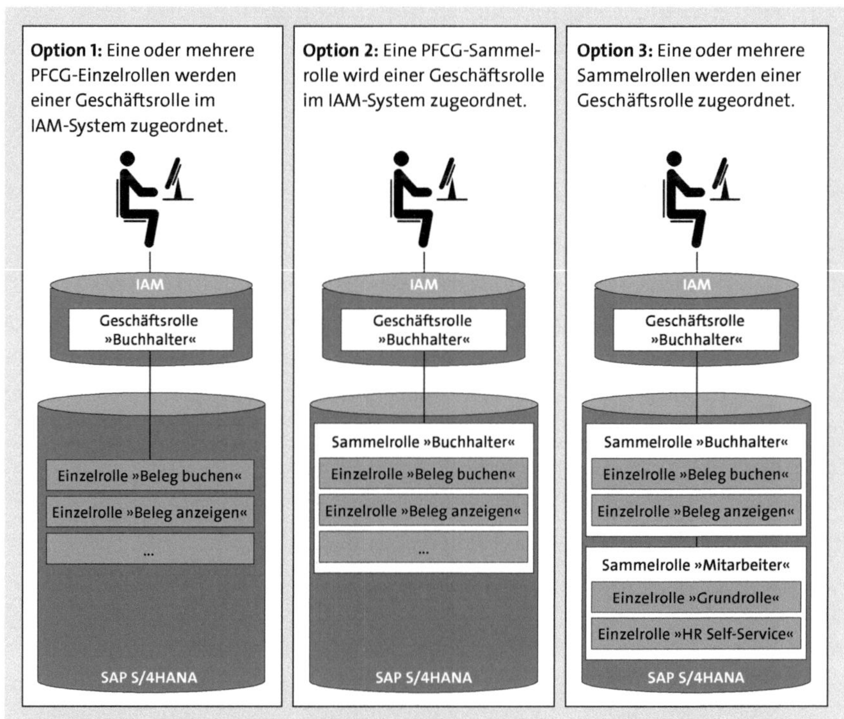

Abbildung 3.4 Optionen der Zuweisung der technischen SAP-Rollen zu den Geschäftsrollen in einem IAM-System

Option 1: PFCG-Einzelrollen zu Geschäftrollen

Ordnen Sie eine oder mehrere PFCG-Einzelrollen einer Geschäftsrolle im IAM-System zu:

- **Vorteil**
  - Es entsteht kein Aufwand für die Erstellung der Sammelrollen im SAP-System.
- **Nachteile**
  - Die Informationen über den Geschäftsrolleninhalt sind nur im IAM-System vorhanden, im SAP-System nicht.
  - Wenn das *SoD-Tool* (Segregation of Duties) nur Einzel- und Sammelrollen, aber keine Kombinationen von Rollen überprüfen kann, können Schwierigkeiten bei der SoD-Prüfung der Rollen entstehen.

Ordnen Sie eine PFCG-Sammelrolle einer Geschäftsrolle im IAM-System zu:

Option 2: eine PFCG-Sammelrolle zu einer Geschäftsrolle

- **Vorteile**
  - Die Informationen über den Geschäftsrolleninhalt sind im IAM-System sowie im SAP-System vorhanden.
  - Die SoD-Prüfung der Sammelrollen stellt die Ergebnisse der SoD-Prüfung der Geschäftsrollen sicher.
- **Nachteil**
  - Es entsteht ein höherer Aufwand durch die Erstellung der Sammelrollen im SAP-System.

Ordnen Sie eine oder mehrere Sammelrollen einer Geschäftsrolle zu:

Option 3: Sammelrollen zu einer Geschäftsrolle

- **Vorteil**
  - Wenn Sie den Inhalt mehrerer Sammelrollen zusammenfassen möchten, müssen Sie keine neue Sammelrolle erstellen. Sie können stattdessen mehrere Sammelrollen in einer Geschäftsrolle zusammenfassen. Dadurch reduzieren Sie die Anzahl der Sammelrollen im System.
- **Nachteile**
  - Die Erstellung der Sammelrollen im SAP-System erzeugt einen größeren Aufwand.
  - Die Informationen über den Geschäftsrolleninhalt sind nur im IAM-System vorhanden, im SAP-System nicht.
  - Wenn das SoD-Tool nur Einzel- und Sammelrollen, aber keine Kombinationen von Rollen überprüfen kann, können Schwierigkeiten bei der SoD-Prüfung der Rollen entstehen.

Welche Option die beste für Ihre Organisation ist, hängt davon ab, ob Sie ein IAM-System und ein SoD-Tool verwenden, sowie von deren Funktionsweisen. Für Organisationen ohne IAM-Tool empfehlen wir, PFCG-Einzelrollen in PFCG-Sammelrollen zusammenzufassen. Damit wird sichergestellt, dass das Geschäftsrollenkonzept nicht nur in einem Excel-File existiert, sondern im SAP-System implementiert und aufrechterhalten wird. In den meisten Fällen weist die Option 2 die meisten Vorteile auf.

Für die Gestaltung der PFCG-Einzelrollen gibt es drei häufig verwendete Optionen:

Option 1: eine PFCG-Einzelrolle pro Sammelrolle

Fassen Sie alle Transaktionen, die einer Geschäftsrolle zugeordnet sind, in einer Einzelrolle zusammen und fügen Sie diese zusammen mit der Grundrolle in die Sammelrolle hinzu. In unserem Beispiel wird die Einzelrolle **Buchhalter** in die Geschäftsrolle **Buchhalter** hinzugefügt, die Einzelrolle

Key-User Buchhaltung in die Geschäftsrolle **Key-User Buchhaltung** usw. (siehe Abbildung 3.5):

- **Vorteile**
  - Es gibt weniger Einzelrollen für die initiale Anlage und die nachfolgende Pflege.
  - Beim Hinzufügen beziehungsweise Entfernen der Transaktionen und Fiori-Apps aus der Geschäftsrolle ist sofort klar, welche Einzelrolle geändert werden muss.
  - Die Launchpad-Bereiche können pro Geschäftsrolle gestaltet werden.
- **Nachteile**
  - Dieselben Transaktionen und Fiori-Apps werden in mehrere Rollen hinzugefügt, was zusätzlichen Pflegeaufwand bei den Rollenänderungen bedeutet.
  - Es wird schwierig, die Einzelrollen frei von SoD-Konflikten anzulegen.

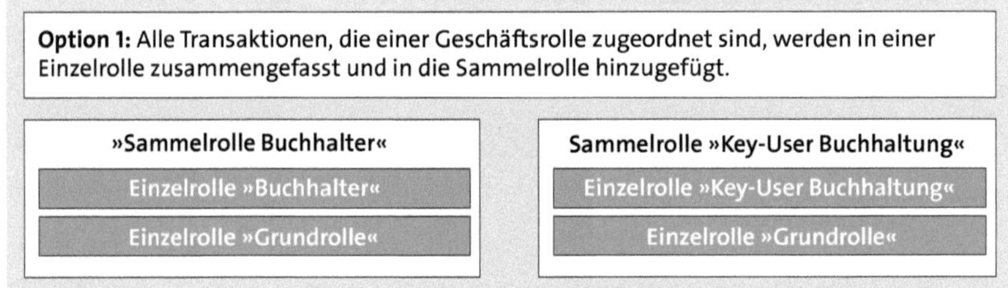

Abbildung 3.5 Eine PFCG-Einzelrolle pro Sammelrolle

Option 2: PFCG-Einzelrollen für Rollenkategorien

Erstellen Sie pro Rollenkategorie (Anzeige, Sachbearbeiter, Key-User usw. (siehe Abbildung 3.2)) eine zusätzliche PFCG-Einzelrolle. In unserem Beispiel besteht die Sammelrolle **Key-User Buchhaltung** aus den Einzelrollen **Anzeige Buchhaltung**, **Pflege Buchhaltung**, **Key-User Rechte Buchhaltung** und der Grundrolle (siehe Abbildung 3.6):

- **Vorteile**
  - Transaktionen und Fiori-Apps werden in eine Einzelrolle pro Abteilung hinzugefügt. Das reduziert den Pflegeaufwand bei den Rollenänderungen.
  - Die Launchpad-Bereiche, die pro Einzelrolle angelegt werden, werden für jede Sammelrolle, in die die Einzelrolle hinzugefügt wird, wiederverwendet.
- **Nachteile**
  - Es entsteht eine höhere Anzahl von Einzelrollen als bei der Option 1.

- Bei Änderungen an Geschäftsrollen muss die Einzelrolle, die geändert werden muss, identifiziert werden. Dabei werden alle Geschäftsrollen geändert, die diese Einzelrolle beinhalten.
- Launchpad-Bereiche können nicht pro Geschäftsrolle gestaltet werden.

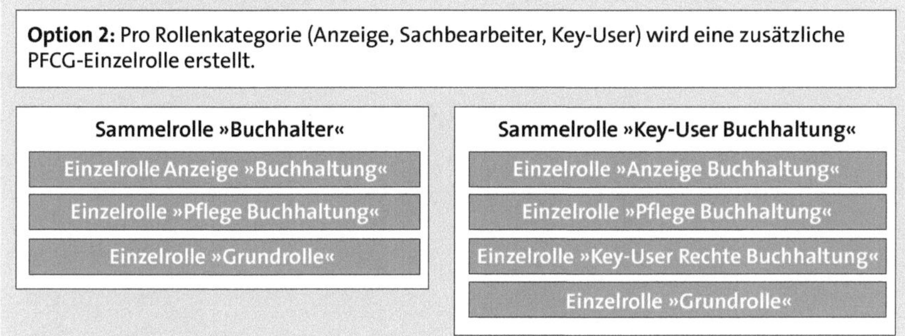

Abbildung 3.6 PFCG-Einzelrollen für Rollenkategorien

Option 3: Einzelrollen für einzelne Prozesse, zusammengefasst in Sammelrollen

Legen Sie Einzelrollen für jeden Prozess, wie z. B. Beleg anzeigen, Beleg buchen, Beleg stornieren, an und fassen Sie sie in Sammelrollen zusammen (siehe Abbildung 3.7). Diese Option wird beispielweise verwendet, wenn ein Beratungsunternehmen ein Standardrollenkonzept für den Kunden als Grundlage verwendet:

- **Vorteile**
  - Die Einzelrollen sind von SoD-Konflikten frei.
  - Jede Transaktion und jede Fiori-App wird nur in einer Rolle verwendet, was den Pflegeaufwand für das Rollenkonzept reduziert.

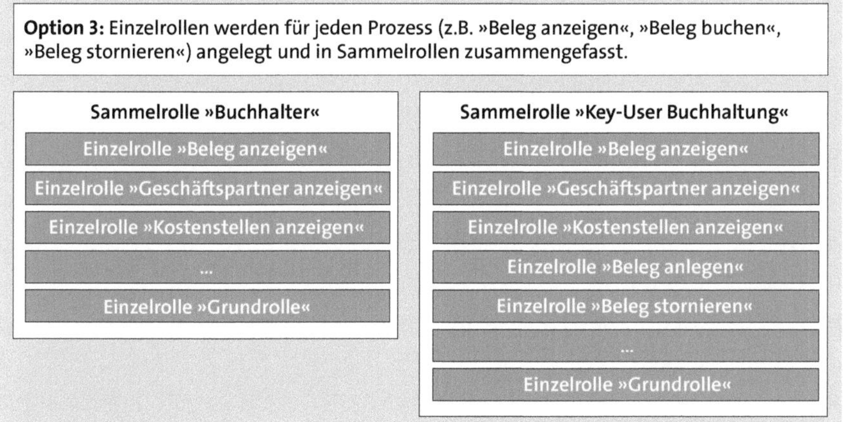

Abbildung 3.7 Einzelrollen für einzelne Prozesse, zusammengefasst in Sammelrollen

- **Nachteile**
  - Es entsteht eine sehr hohe Anzahl an Einzelrollen, was einen hohen Aufwand für die initiale Anlage und die nachfolgende Pflege bedeutet.
  - Bei Änderungen an Geschäftsrollen muss die Einzelrolle, die geändert werden muss, identifiziert werden. Dabei werden alle Geschäftsrollen geändert, die diese Einzelrolle beinhalten.
  - Es wird schwierig, das SAP Fiori Launchpad für Endanwender*innen sinnvoll zu gestalten, weil die Launchpad-Bereiche sowie Fiori-Kachelgruppen pro Einzelrolle angelegt werden müssen. Ihnen können keine Sammelrollen zugewiesen werden.

Option 1 und Option 2 weisen sowohl Vorteile als auch Nachteile auf. Option 3 hat den großen Nachteil, dass sie keine sinnvolle Gestaltung des SAP Fiori Launchpad zulässt. Welche Option für Ihre Organisation am besten passt, hängt von den Anforderungen Ihrer Organisation an das Berechtigungskonzept ab.

Detaillierungsgrad des Rollenkonzepts

Die Berechtigungsrichtlinien der Organisation sollen generelle Prinzipien für die Zugriffsverwaltung (Need-to-know-Prinzip oder den Leitzsatz, die Berechtigungen »so weit wie möglich und so eng wie nötig« zu vergeben) beinhalten. Diese Prinzipien beeinflussen die Zuordnung der Transaktionen und Fiori-Apps zu den Einzelrollen, die Zuordnung der Einzelrollen zu den Sammelrollen sowie die organisatorischen Einschränkungen der Rollen.

Beschreibungen der Geschäftsrollen

Als ersten Schritt für die Definition der Rollen sollen die Abteilungen Geschäftsrollen definieren und beschreiben. Die Beschreibungen der Geschäftsrollen sind ein wichtiger Teil der Anforderungsspezifikation für das Berechtigungskonzept und werden der Berechtigungsadministration vorgelegt, damit die Rollen die Anforderungen der Organisation erfüllen. Außerdem hilft die Beschreibung der Geschäftsrollen, den Benutzern die richtigen Rollen im Projekt sowie später im Betrieb zuzuordnen.

Eine gute Beschreibung der Geschäftsrolle soll die folgenden Fragen beantworten:

- Welche Stammdaten können mit dieser Rolle angezeigt, geändert und angelegt werden?
- Welche Dokumente können mit dieser Rolle angezeigt, geändert und erstellt werden?
- Welche Prozesse und Prozessschritte können mit dieser Rolle ausgeführt werden?

- Optional: Welche Daten/Dokumente können mit dieser Rolle nicht angezeigt, geändert und erstellt werden? Welche Prozesse und Prozessschritte können mit dieser Rolle nicht ausgeführt werden?
- Für welchen Benutzerkreis ist die Rolle vorgesehen (z. B. Shared Service, Finanzabteilung usw.)?
- Optional: Welche Gruppe von Benutzern darf diese Rolle nicht haben (Die Rolle **Administrator** darf den Fachabteilungen beispielsweise nicht zugewiesen werden.)?

Rollenkonzept in Microsoft Excel

Für die Definition des Rolleninhalts hat sich der Ansatz mit einer Matrix in Excel bewährt. In den Spalten listen Sie alle Transaktionen auf, die zum Umfang des Berechtigungskonzepts gehören. In der nächsten Spalte listen Sie die entsprechenden Einzelrollen auf, die Transaktionen beinhalten sollen. In der Zeile oben listen Sie die Abteilungen und dazugehörigen Geschäftsrollen auf. Wenn eine Transaktion und die Einzelrolle, die diese Transaktion beinhaltet, in die Geschäftsrolle hinzugefügt werden muss, setzen Sie ein Kreuz an der Kreuzung der entsprechenden Spalte und Zeile (siehe Abbildung 3.8) (Diese Excel-Vorlage finden Sie im Download-Material unter *https://www.sap-press.de/5643*).

	A	B	C	D	E	F	G	H	I	J	K	L	M	N
1	Rollenkonzept			Abteilung:	Finanzabteilung					Logistik				
2				Geschäftsrollen	CFO	Group Controller	Werkscontroller	Finanzleiter	Buchhalter	Logistikleiter	Disponent	Lagerleiter	Lagermitarbeiter	Produktionsplaner
3				Ableitung	Gruppe	Gruppe	Buchungskreis	Buchungskreis	Buchungskreis	Werk	Werk	Werk	Werk	Werk
4	Transaktionscode	Transaktionsname	Einzelrolle	Bezeichnung der Einzelrolle										
5	AB01	Anlagenbewegung erfassen	ZT:FI:AM:XXXX:AST_ADMIN	FI - Anlagenbuchhaltung			x	x	x					
6	ABAA	Ausserplanmässige Abschreibung	ZT:FI:AM:XXXX:AST_ADMIN	FI - Anlagenbuchhaltung			x	x	x					
7	ABAVN	Abgang durch Verschrottung	ZT:FI:AM:XXXX:AST_ADMIN	FI - Anlagenbuchhaltung			x	x	x					
8	ABUMN	Umbuchung buchungskreisintern	ZT:FI:AM:XXXX:AST_ADMIN	FI - Anlagenbuchhaltung			x	x	x					
9	ABZU	Zuschreibung	ZT:FI:AM:XXXX:AST_ADMIN	FI - Anlagenbuchhaltung			x	x	x					
10	AFAB	Abschreibung buchen	ZT:FI:AM:XXXX:AST_ADMIN	FI - Anlagenbuchhaltung			x	x	x					

Abbildung 3.8 Beispiel für ein Rollenkonzept in Excel

Organisatorische Einschränkungen der Rollen

Die organisatorischen Einschränkungen sind betriebswirtschaftliche Strukturen, die bei der Einschränkung von Rollen berücksichtigt werden können. Im Folgenden werden diese beschrieben:

- **Buchungskreis**
  kleinste organisatorische Einheit des externen Rechnungswesens, für die eine in sich abgeschlossene Buchhaltung abgebildet werden kann.

Dies beinhaltet sowohl die Bilanz als auch Gewinn- und Verlustrechnungen.

- **Profitcenter**
organisatorische Einheit im Rechnungswesen, die das Unternehmen zum Zweck der internen Steuerung gliedert. Für ein Profitcenter können Ergebnisse ausgewiesen werden, die nach dem Umsatz- und/oder nach dem Gesamtkostenverfahren ermittelt werden.
- **Kostenrechnungskreis**
organisatorische Einheit innerhalb des Unternehmens, für die eine vollständige, in sich geschlossene Kostenrechnung geführt werden kann. Kostenrechnungskreise können buchungskreisübergreifend ausgelegt sein.
- **Kostenstellen**
organisatorische Einheiten innerhalb des Kostenrechnungskreises, die einen eindeutig abgegrenzten Kostenentstehungsort darstellen.
- **Werk**
organisatorische Einheit der Logistik, die das Unternehmen aus der Sicht der Produktion, Beschaffung, Instandhaltung und Disposition gliedert.
- **Einkaufsorganisation**
organisatorische Einheit der Logistik, die das Unternehmen nach den Gesichtspunkten des Einkaufs gliedert.
- **Einkäufergruppen**
Schlüssel eines Einkäufers beziehungsweise einer Gruppe von Einkäufern, die für bestimmte Einkaufstätigkeiten zuständig sind (z. B. Beschaffung Büromaterial).
- **Verkaufsorganisation**
organisatorische Einheit der Logistik, die das Unternehmen nach den Erfordernissen des Vertriebs gliedert.
- **Personalbereich**
organisatorische Einheit, die einen nach personaladministrativen, zeitwirtschaftlichen und abrechnungsorganisatorischen Gesichtspunkten abgegrenzten Unternehmensbereich darstellt.
- **Mitarbeitergruppe**
organisatorische Einheit, für die personalbezogene Regelungen festgelegt werden können (z. B. aktive Mitarbeiter, pensionierte Mitarbeiter).
- **Mitarbeiterkreis**
organisatorische Einheit innerhalb einer Mitarbeitergruppe, für die personalbezogene Regelungen festgelegt werden können.

Führende Organisationsebene für die Ableitung der Rollen

Bei der Ableitung der Rollen muss eine führende Organisationsebene ausgewählt werden. Diese bestimmt alle anderen Organisationswerte in den Rollen. Die führende Organisationsebene hängt von der Abteilung beziehungsweise der Funktion ab. Für die Buchhaltung werden Rollen beispielsweise meist über Buchungskreise abgeleitet, für Logistik und Produktion über Werke.

Organisationsebenen in den Rollen

Im SAP-System gibt es Felder in Berechtigungsobjekten, die als Organisationsebenen standardmäßig definiert sind. Sie können zusätzliche Felder, z. B. das Feld **Kostenstelle**, als kundeneigene Organisationsebenen definieren. Diese Felder sollen so früh wie möglich bei der Konzeption der Berechtigungen identifiziert und im SAP-Berechtigungskonzept dokumentiert werden.

3.1.2 SAP Fiori Launchpad gestalten

»Fiori only«-Konzept

Zuerst müssen Sie festlegen, ob die Mitarbeitenden der Fachabteilungen ausschließlich über das SAP Fiori Launchpad auf das SAP-System zugreifen werden oder ob sie Zugang zu den SAP-GUI-Transaktionen bekommen sollen. Die Empfehlung von SAP ist, die Mitarbeitenden ausschließlich für das SAP Fiori Launchpad zu berechtigen. Nichtdestotrotz gibt es Organisationen, die bei der Einführung von SAP S/4HANA Mitarbeitende auch für SAP-GUI-Transaktionen berechtigen. Diese Entscheidung liegt nicht bei der Berechtigungsadministration, hat aber einen großen Einfluss auf Ihre Aufgaben in Bezug auf das Rollenkonzept.

Rollen mit SAP-GUI-Transaktionen und Fiori-Apps

Wenn Geschäftsrollen SAP-GUI-Transaktionen sowie Fiori-Apps beinhalten müssen, stellt sich die Frage, ob separate Einzelrollen mit SAP-GUI-Transaktionen und mit Fiori-Apps angelegt werden sollen. Wir empfehlen, keine separaten Rollen mit SAP-GUI-Transaktionen und mit Fiori-Apps anzulegen. Stattdessen können Sie SAP-GUI-Transaktionen sowie SAP-Fiori-Entitäten dem Menü der gleichen Einzelrollen hinzufügen. Somit verdoppelt sich die Anzahl der Einzelrollen nicht, und der Pflegeaufwand für die Rollen wird reduziert. Für Fiori-Apps, die dieselben Funktionen wie SAP-GUI-Transaktionen ausführen lassen, brauchen Benutzer größtenteils dieselben Berechtigungsobjekte. Separate Rollen würden bedeuten, dass diese Berechtigungsobjekte bei der Rollenanlage sowie Rollenpflege zwei Mal ausgeprägt werden müssten.

Neues Design vom SAP Fiori Launchpad mit Bereichen und Seiten

Mit Release SAP S/4HANA 2020 wurde das SAP Fiori Launchpad in Bereiche und Seiten (Spaces and Pages) umgestaltet. Durch die Bereiche und Seiten können die Mitarbeitenden der Fachabteilungen den Inhalt des Launchpad einfacher und strukturierter nutzen. Vor allem unerfahrene Mitarbeitende können sich mit einem guten Standardlayout von Bereichen und Seiten schnell einen Überblick über die wichtigsten Apps verschaffen, die für ihren Arbeitskontext relevant sind.

PFCG-Rollen bestimmen das SAP Fiori Launchpad

Die Gestaltung des Benutzerinterface gehört normalerweise nicht zu den Aufgaben der Berechtigungsadministration. Aber im Fall des SAP Fiori Launchpad hängt das Benutzerinterface direkt von den PFCG-Rollen ab. Deswegen geben wir in diesem Abschnitt auch Best-Practices-Empfehlungen für das Design des SAP Fiori Launchpad mit Bereichen und Seiten.

Aufbau des SAP Fiori Launchpad mit Bereichen und Seiten

Die Übersicht in Abbildung 3.9 beschreibt den Aufbau beziehungsweise die einzelnen Komponenten des SAP Fiori Launchpad: ❶ Bereiche, ❷ Seiten, ❸ Abschnitte, ❹ Kacheln.

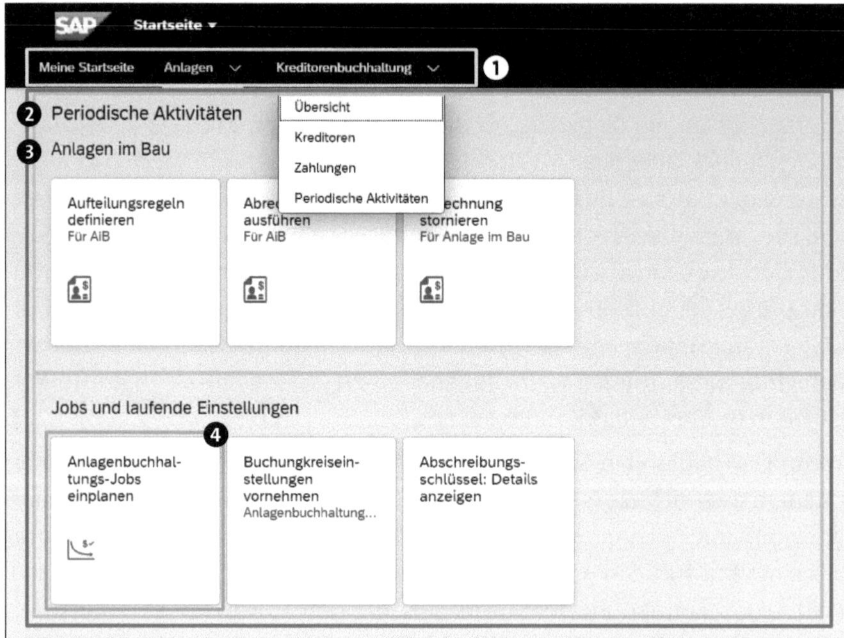

Abbildung 3.9 Übersicht der Komponenten des SAP Fiori Launchpad

Im Folgenden werden wir die einzelnen Komponenten des SAP Fiori Launchpad beschreiben.

Bereich

Navigationselemente

Ein *Bereich* wird in der obersten Ebene der Navigation als Navigationselement dargestellt (❶ in Abbildung 3.10). Dem Bereich können mehrere Seiten zugewiesen sein, was zu mehreren Einträgen in der Navigation der obersten Ebene führt ❷.

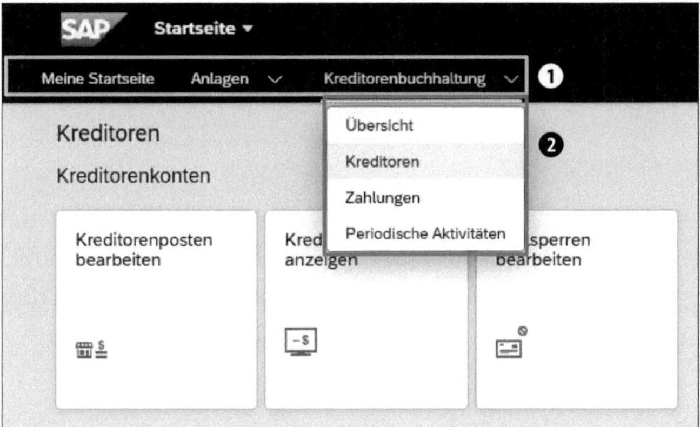

Abbildung 3.10 Beispiel für Bereiche auf dem SAP Fiori Launchpad

Die Reihenfolge der Bereiche auf dem SAP Fiori Launchpad der Benutzer ist entweder von technischen Namen oder von Bezeichnungen der Bereiche abhängig (siehe Abschnitt 7.6, »Bereiche und Seiten für das SAP Fiori Launchpad anlegen und pflegen«). Bereiche und deren Inhalt werden den Benutzern über die Rollenzuweisung zugeordnet (siehe Abbildung 3.11).

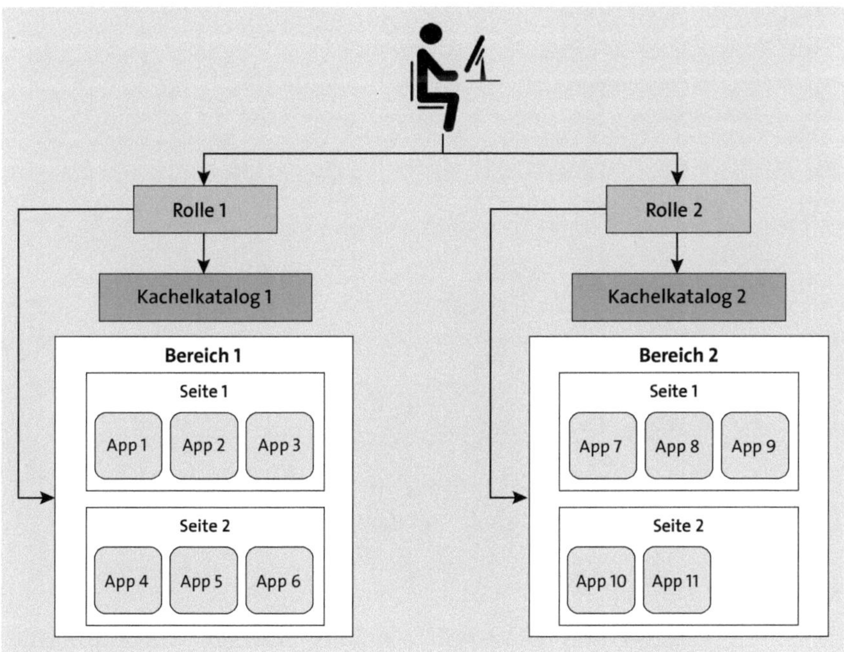

Abbildung 3.11 Zuordnung der Bereiche und Seiten zu den Benutzern

Eine Berechtigungsrolle kann einen oder mehrere Bereiche beinhalten. Für eine bessere Übersichtlichkeit wird empfohlen, einen Katalog und einen Bereich pro Rolle zu verwenden.

Seite

Eine *Seite* ist Teil eines Bereichs; ein Bereich kann eine oder mehrere Seiten beinhalten. Mehrere Seiten erlauben den Mitarbeitenden der Fachabteilungen, den Bereich in mehrere in sich geschlossene Arbeitskontexte zu strukturieren. Eine Seite besteht aus Abschnitten, mit denen der Inhalt weiter strukturiert wird. Seiten sollten Seitentitel tragen, die die Aufgaben zusammenfassen, die auf der Seite ausgeführt werden können. Im Beispiel in Abbildung 3.12 sehen Sie die Seite **Buchungsbelege**, die zum Bereich **Hauptbuch** gehört; der Abschnitt **Buchungen** fasst die Fiori-Apps zusammen, in denen Mitarbeitende Buchungen ausführen können; der Abschnitt **Analyse** enthält Fiori-Apps, die Analysen ausführen lassen.

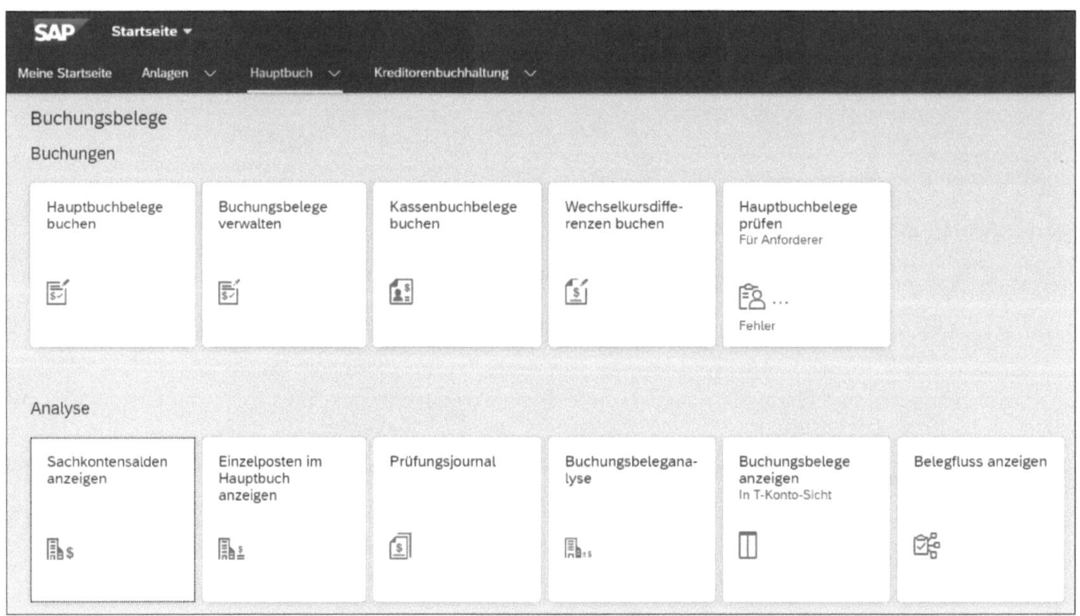

Abbildung 3.12 Beispiel für eine Seite auf dem SAP Fiori Launchpad

Abschnitte

Abschnitte fassen zusammengehörige Inhalte (Kacheln von Apps) einer Seite zusammen (siehe Abbildung 3.13).

Im Folgenden führen wir die Empfehlungen von SAP zur Strukturierung von Rollen, Bereichen und Seiten auf dem SAP Fiori Launchpad basierend auf allgemeinem Benutzerverhalten, aus.

Abbildung 3.13 Beispiel eines Abschnitts auf dem SAP Fiori Launchpad

Sinnvolle Auswahl von Apps pro Seite

Bereiche und Seiten sollten kein alternatives Navigationsmenü darstellen, das alle zur Verfügung stehenden Apps enthält. Denken Sie daran, dass die Mitarbeitenden der Fachabteilungen alle für sie verfügbaren Inhalte über das Icon (**Suche**), das Menü **Meine Apps** und den App Finder leicht finden können (siehe Abbildung 3.14).

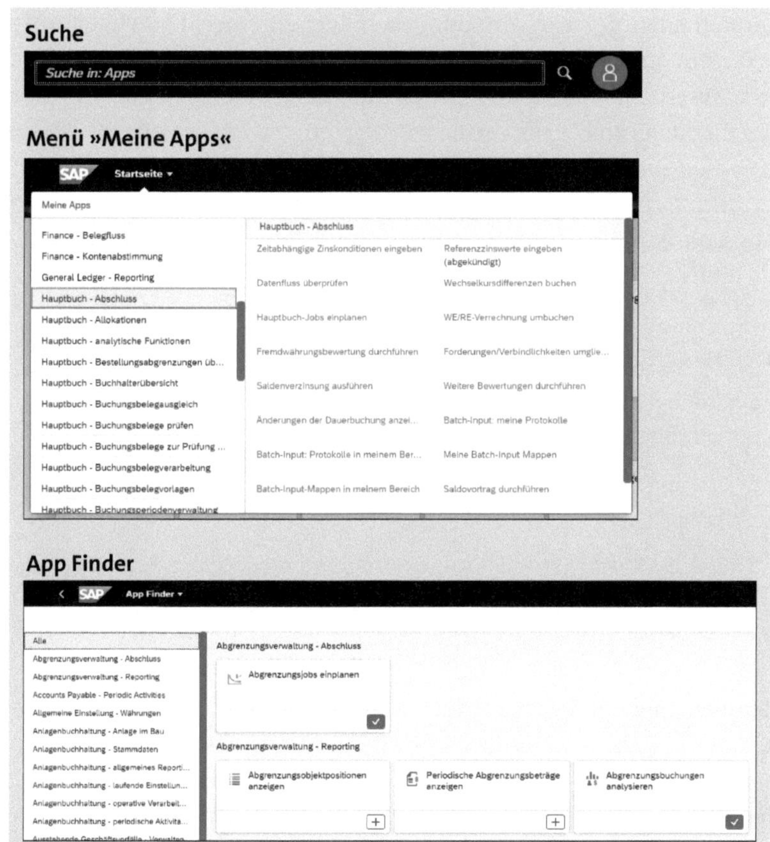

Abbildung 3.14 Alle Zugriffsmöglichkeiten auf Fiori-Apps, die den Mitarbeitenden zur Verfügung stehen

App Finder

Als weitere Option in einem On-Premise-System kann den Mitarbeitenden auch im App Finder Zugriff auf das klassische SAP-Menü und das Benutzermenü gewährt werden. Sie sollten Bereiche und Seiten definieren, die Mitarbeitenden einen einfachen Zugriff auf die wichtigsten und für ihre Funktion erforderlichen Apps ermöglichen.

Der Zugriff auf zusätzliche Inhalte ist besonders nützlich für erfahrene Anwender*innen, die möglicherweise Zugriff auf zusätzliche Apps haben, um außergewöhnliche Geschäftssituationen zu bearbeiten.

Verwendung derselben App auf mehreren Seiten

Einzelne Apps können bei Bedarf mehr als einmal in einem Bereich auf verschiedenen Seiten hinzugefügt werden. Ziel ist es, dass die Mitarbeitenden der Fachabteilungen die für denselben Arbeitskontext relevanten Aufgaben auf einer Seite erledigen können, ohne auf andere Seiten navigieren zu müssen. Viele Geschäftsrollen müssen z. B. My Inbox verwenden, um Einträge zu genehmigen oder abzulehnen. Es ist empfehlenswert, die App **My Inbox** auf der ersten Seite jeder dieser Geschäftsrollen einzufügen.

Limitierte Anzahl der Rollen und Bereiche pro Benutzer

Die Mitarbeitenden der Fachabteilungen brauchen eine Möglichkeit, ihre Inhalte effizient zu durchsuchen. Der Ansatz der Bereiche ist so konzipiert, dass jeder Mitarbeitende für jede ihrer oder seiner Rollen einen Bereich erhält, der ihr oder ihm Zugriff auf die wichtigsten Anwendungen gibt, die sie oder er für die Arbeit in dieser Rolle benötigt. Eine große Anzahl von Rollen führt insgesamt zu einer großen Anzahl von Bereichen mit entsprechend vielen Apps, die schwer zu durchsuchen sein werden. Aus Anwender*innensicht sind eine bis fünf Rollen ideal.

Best Practices für die Strukturierung von Bereichen und Seiten

Beachten Sie bei der Strukturierung von Bereichen und Seiten die folgenden Empfehlungen:

- 1 Bereich pro Rolle
- 1–5 Seiten pro Bereich
- 2–5 Abschnitte pro Seite
- 3–8 Apps pro Abschnitt, aber idealerweise nicht mehr als 25 Apps für die ganze Seite

Ansatz für den Test der Bereiche und Seiten

Testen Sie aus einer benutzerzentrierten Sicht. Das heißt, Sie erstellen Testbenutzer, die nachahmen, wie Ihre Lösung für Mitarbeitende in der realen Welt bereitgestellt wird. Sie können z. B. einen Testbenutzer mit der Rolle **Einkäufer** erstellen, der auch auf einige Mitarbeiterdienste zugreifen muss. Auch wenn Sie möglicherweise nicht die Kapazität haben, dies für jede Geschäftsrolle zu tun, sollten Sie diese Vorgehensweise zumindest für Ihre wichtigsten Geschäftsrollen in Betracht ziehen. Das gilt vor allem für Rollen, bei denen eine hohe Anwenderakzeptanz für das Erreichen strategischer Ziele entscheidend ist.

Die Titel auf dem SAP Fiori Launchpad sollen den Mitarbeitenden der Fachabteilungen bei der Suche helfen. Sie sollten daher folgenden Grundsätzen folgen:

Grundsätze für die Titel von Bereichen, Seiten und Abschnitten

- **Titel sollten intuitiv und verständlich sein**
- Die Mitarbeitenden erwarten, dass sie ihre eigenen Begriffe auf den Seiten finden.
  - Verwenden Sie spezifische Geschäftsbegriffe als Titel und vermeiden Sie generische SAP-Begriffe.
  - Vermeiden Sie Abkürzungen, die Wissen oder Fachwissen voraussetzen.
  - Vermeiden Sie Sonderzeichen wie »&/#@_«, die falsch interpretiert oder missverstanden werden können.
  - Verwenden Sie Pluralformen statt Singular, wenn sich die Arbeit auf mehrere Entitäten erstreckt.
- **Titel sollten mit den Titeln auf anderen Seiten übereinstimmen**
  Die Mitarbeitenden suchen nach Mustern. Die Strukturierung von Homepages nach ähnlichen und konsistenten Kategorien auf allen Homepages hilft ihnen, diese Muster zu erkennen.
- **Titel sollten Aufgaben widerspiegeln**
  Die Mitarbeitenden öffnen die Homepage, um Apps zu finden und ihre Aufgaben zu erfüllen. Titel auf Homepages sollten daher Aufgaben widerspiegeln.
- **Titel müssen sich unterscheiden**
  Innerhalb eines Bereichs müssen Bereichstitel ❶ (siehe beispielhaft in Abbildung 3.15), Seitentitel ❷ und Abschnitte ❸ unterschiedlich sein.

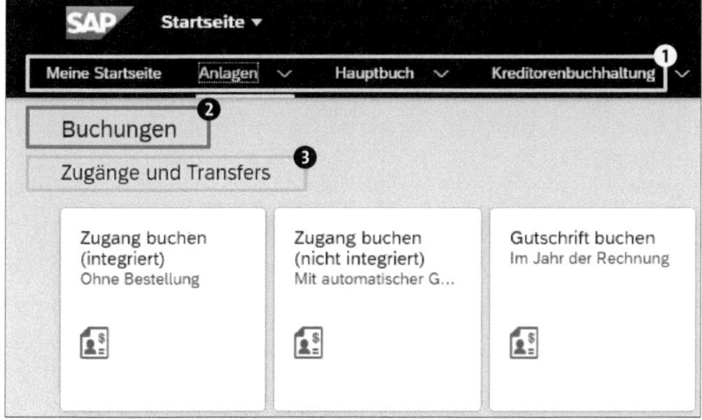

Abbildung 3.15 Beispiel für Titel von Bereichen, Seiten und Abschnitten auf dem SAP Fiori Launchpad

Verwenden Sie nicht denselben Titel für den Bereich und die Seite, da die Seitentitel unter dem Bereichstitel angezeigt werden. Verwenden Sie nicht denselben Titel für eine Seite und einen Abschnitt auf der Seite, da der Seitentitel oben auf der Seite wiederholt wird.

Titel der Seiten

Für die Titel der Seiten verwenden Sie einen Arbeitskontextbegriff, der die Aufgaben zusammenfasst, die auf der Seite ausgeführt werden können. Wiederholen Sie den Bereichstitel nicht als Seitentitel. Wenn die Mitarbeitenden der Fachabteilungen mehrere Rollen, Bereiche und Seiten zugewiesen bekommen, benötigen sie Kohärenz und Konsistenz, um den Wechsel von einer Rolle, einem Bereich oder einer Seite zu einer anderen zu erleichtern. Ein kohärenter und konsistenter Ansatz verbessert die Produktivität und vermeidet Missverständnisse, die Mitarbeitende verwirren könnten.

Eine Seite »Überblick«

Sie können für alle Rollen die erste Seite **Überblick** oder **Übersicht** nennen und dort die am häufigsten benutzen Apps pro Bereich platzieren. Mitarbeitende, die von einem Bereich zu einem anderen wechseln, werden lernen, auf die erste Seite zuzugreifen, um zu ihren am häufigsten benötigten Apps zu gelangen.

Standardtitel

Die Fachabteilungen (Finanzen, Logistik, HR usw.) können sich auf einen Satz Standardtitel für die Seiten und ihre Reihenfolge in den Bereichen einigen und diese in jedem Bereich nach Bedarf verwenden, z. B.:

1. Stammdaten
2. Planung
3. Operatives
4. Reports
5. Periodische Aktivitäten

Abschnitte

Für Abschnitte verwenden Sie einen Begriff, der die Aufgaben beschreibt, die in diesem Kontext ausgeführt werden können. Verwenden Sie **Übersicht** nicht als Abschnittstitel. Wiederholen Sie nicht den Seitentitel. Wenn es ähnliche Abschnitte in verschiedenen Bereichen gibt, verwenden Sie einen festen Namen, der beim Wechsel von einem Bereich zum anderen Einheitlichkeit schafft.

3.2 Ein SAP-Berechtigungskonzept erstellen

Inhalt des SAP-Berechtigungskonzepts

Die im vorherigen Abschnitt beschriebenen Grundsatzfragen zum Rollenkonzept und die Richtlinien für das SAP Fiori Launchpad müssen in einem SAP-Berechtigungskonzept dokumentiert werden. Es gibt weitere Themen, die in einem SAP-Berechtigungskonzept berücksichtigt werden sollten. In Tabelle 3.2 finden Sie einen Vorschlag für den Inhalt eines SAP-Berechtigungskonzepts mit den Beschreibungen und Verweisen auf die Abschnitte in diesem Buch, wo die Themen detailliert beschrieben werden.

Kapitel/Unterkapitel	Beschreibung
Ziel des Berechtigungskonzepts	Für ein Berechtigungskonzept muss ein klares Ziel definiert werden. Die regulatorischen Anforderungen, die das jeweilige SAP-System erfüllen muss, sollen hier aufgelistet werden.
Rahmenbedingungen, Ausgangslage, Abgrenzung	Sie sollten beschreiben, wie das SAP-Berechtigungskonzept entstanden ist, z. B. in einem SAP-Einführungsprojekt oder in einem Projekt für das Redesign des Berechtigungskonzepts. Als Abgrenzung sollen Sie die SAP-Systeme auflisten, für die das jeweilige Berechtigungskonzept gilt. Außerdem ist es manchmal sinnvoll, die Systeme beziehungsweise Prozesse zu erwähnen, die dem jeweiligen Berechtigungskonzept nicht unterliegen.
Relevante Governance	Verweisen Sie auf die Richtlinien Ihrer Organisation, denen das Berechtigungskonzept unterliegt.
Berechtigungsstrategie und Grundsätze	Führen Sie die Grundsätze des Berechtigungskonzepts auf, z. B. das »Need-to-know-Prinzip«.
Organisation und Verantwortlichkeiten im Berechtigungsmanagement	Klar definierte Verantwortlichkeiten gewährleisten die Wirksamkeit eines Berechtigungskonzepts. Beschreiben Sie die Rolle. Im besten Fall erwähnen Sie konkrete Abteilungen, die für bestimmte Aufgaben im Benutzer- und Berechtigungsmanagement verantwortlich sind.
Rollenkonzept	Beschreiben Sie, welche Rollen im Konzept benutzt werden, sowie ihre Relation zueinander. Information zum Rollenkonzept finden Sie in Abschnitt 3.1.1, »Rollenkonzept gestalten«

Tabelle 3.2 Inhalt des SAP-Berechtigungskonzepts

Kapitel/Unterkapitel	Beschreibung
Rollenarten	Beschreiben Sie die Rollenarten, die im Berechtigungskonzept verwendet werden. (Information zu Rollenarten finden Sie in Tabelle 3.1).
SAP-Module oder Prozessbereiche	Listen Sie SAP-Module beziehungsweise Prozessbereiche auf, die Sie für die Rollengruppierung benutzen. In der Regel spiegeln sich die SAP-Module beziehungsweise Prozessbereiche in den Rollennamen gemäß der jeweiligen Namenskonvention wider.
Namenskonventionen	Einheitliche Namenskonventionen sind sehr wichtig, weil die Namen vieler Objekte im System nach der Erstbenennung nicht mehr änderbar sind. Außerdem helfen Namenskonventionen, die Objekte im System einfacher zu finden und den Zugriff zu den Objekten zu steuern. Information zu den Namenskonventionen der Rollen finden Sie in Abschnitt 6.1, »Eine Namenskonvention für Rollen festlegen«, Information zu den Namenskonventionen der Fiori-Entitäten finden Sie in Abschnitt 7.2, »Namenskonvention für SAP-Fiori-UI-Entitäten«.
Organisationsdimensionen	Organisationsdimensionen für die Rollenableitung wurden in Abschnitt 3.1.1, »Rollenkonzept gestalten«, beschrieben. Wenn die Organisationsstruktur für die Rollenableitung kompliziert ist, lohnt es sich, die einzelnen Werte für die Ableitungen in einer Excel-Datei abzubilden und diese als Anhang dem Berechtigungskonzept hinzuzufügen.
Ausnahmeregelungen	Beschreiben Sie eigenentwickelte Berechtigungsobjekte, eigene Organisationsebenen, zusätzliche Berechtigungsabgrenzungen, wie z. B. Berechtigungsgruppen oder Feldgruppen für Geschäftspartner, Sonderrollen für Projektleiter, die den Zugriff auf Ihre Projekte im Projektsystem gewährleisten, und Ähnliches.
Benutzerverwaltung	Informationen zur Benutzerverwaltung finden Sie in Kapitel 10, »Benutzermanagement«.

Tabelle 3.2 Inhalt des SAP-Berechtigungskonzepts (Forts.)

Kapitel/Unterkapitel	Beschreibung
Benutzertypen	Beschreiben Sie, welche Benutzertypen in Ihrem System angelegt und wofür sie benutzt werden. Information über Benutzertypen in einem SAP-System finden Sie in Abschnitt 2.2.2, »Benutzertypen«.
Benutzerlebenszyklus (Eintritt, Veränderung, Austritt)	Information über den Benutzerlebenszyklus finden Sie in Abschnitt 4.2.2, »Benutzeranlage, Rollenzuweisung, Rollenentzug«.
Sonderbenutzer (z. B. DDIC, SAP* usw.)	Information über SAP-Standardbenutzer finden Sie in Abschnitt 10.7, »SAP-Standardbenutzer«.
Prozesse im Berechtigungs-management	Beschreiben Sie Prozessschritte, verantwortliche Stellen und Werkzeuge, die für die Prozesse im Berechtigungsmanagement angewendet werden.
Rollenänderung	Beschreiben Sie, wer Rollenänderungen veranlassen darf, wer diese genehmigt und ausführt und wie Rollenänderungen revisionssicher dokumentiert werden.
Benutzeranlage und Rollenzuweisung	Beschreiben Sie, wie neue Benutzer im SAP-System angelegt werden, wie Endanwender*innen Berechtigungen im System erhalten und wer für die Genehmigungen von Berechtigungen zuständig ist.
Notfallbenutzerkonzept	Es gibt bestimmte Berechtigungen, die kritisch und im Alltagsgeschäft nicht notwendig sind. Manchmal benötigen Supportmitarbeitende allerdings diese weitreichenden Berechtigungen. Dafür eignet sich ein sogenanntes *Notfallbenutzerkonzept*. Information über das Notfallbenutzerkonzept finden Sie in Abschnitt 3.3, »SAP-Notfallbenutzerkonzept«.
Systemeinstellungen	Beschreiben Sie Systemeinstellungen, die auf Benutzer- und Berechtigungsmanagement Einfluss haben, wie beispielweise SAP Security Audit Log und Profilparameter für die Passwortsicherheit.
SAP-Security-Audit-Log	Information über SAP-Security-Audit-Log finden Sie in Abschnitt 12.4 »SAP-Security-Audit-Log konfigurieren«.

Tabelle 3.2 Inhalt des SAP-Berechtigungskonzepts (Forts.)

Kapitel/Unterkapitel	Beschreibung
Passwörterregeln und Profilparameter	Beschreiben Sie die Passwörterregeln und listen Sie die Profilparameter für Passwörter und ihre Werte auf. Informationen über Passwörterregeln und den jeweiligen Profilparameter finden Sie in Abschnitt 13.2.4, »Die korrekte Umsetzung der Passwortrichtlinien im System prüfen«.
SAP-Sicherheit	Beschreiben Sie die Regeln und Maßnahmen, die den Schutz der SAP-Systeme gewährleisten (siehe Abschnitt 13.2, »SAP-Systeme auf die Revision vorbereiten«).
Kritische Berechtigungen	Beschreiben Sie Berechtigungen, die im SAP-System als kritisch gelten, die Risiken, die daraus entstehen, und die Benutzergruppen, die diese Berechtigungen haben dürfen, z. B. SAP-Basis-Administratoren. Informationen über kritische Berechtigungen finden Sie in Abschnitt 3.4, »Kritische Berechtigungen«.
Funktionstrennung	Beschreiben Sie das Regelwerk für die Funktionstrennung und die Risiken, die bei der Nicht-Einhaltung der Regeln im System entstehen. Sie können das SoD-Regelwerk in einer Excel-Datei abbilden und diese als Anhang dem Berechtigungskonzept hinzufügen. Information über Funktionstrennung finden Sie in Abschnitt 13.4, »Ein neues SoD-Regelwerk einführen und Konflikte eliminieren«.
Monitoring und Reporting	Beschreiben Sie die regelmäßigen Maßnahmen für die Gewährleistung der Einhaltung des Berechtigungskonzepts, z. B. Monitoring von kritischen Berechtigungen (siehe Kapitel 12, »Monitoring von kritischen Berechtigungen«).
Interne Kontrollen der Berechtigungen	Beschreiben Sie die Kontrollen für Berechtigungen, die eingesetzt werden. Ein Bespiel dafür ist die *Rezertifizierung der Berechtigungen* – ein Prozess, in dem die für die Rollengenehmigung zuständigen Stellen Listen von Benutzern und ihnen zugewiesenen Rollen bekommen und prüfen müssen, ob die Rollenzuweisung immer noch stimmt.

Tabelle 3.2 Inhalt des SAP-Berechtigungskonzepts (Forts.)

Anhänge zum SAP-Berechtigungskonzept

Das SAP-Berechtigungskonzept enthält in der Regel keine Details zum Inhalt jeder Rolle. Diese können als Anhang beispielsweise in Microsoft Excel an das Dokument angefügt werden (siehe Abbildung 3.8 in Abschnitt 3.1.1).

Außer dem Rollenkonzept kann ein SAP-Berechtigungskonzept die folgenden Anhänge beinhalten:

- Ableitungswerte
- SoD-Regelwerk
- Benutzerantragsformular
- Dokumentation des Notfallbenutzers
- Dokumentation der Systembenutzer

Beteiligte an einem SAP-Berechtigungskonzept

Beim Erstellen und Pflegen des SAP-Berechtigungskonzepts sollten Sie den Kreis der Personen berücksichtigen, die dieses Dokument lesen, prüfen und freigeben werden. Dieser Kreis schließt möglicherweise die folgenden Stellen ein:

- Die SAP-Berechtigungsadministration und die SAP-Benutzeradministration und externe SAP-Consultants folgen den Regeln aus dem SAP-Berechtigungskonzept und pflegen das Dokument weiter.
- Die Revision (intern und extern) prüft das SAP-Berechtigungskonzept und die Einhaltung der in diesem Dokument beschriebenen Prozesse und Regeln.
- Personen, die die Verantwortung für die SAP-Systeme oder *IKS* (internes Kontrollsystem) tragen, Information (oder Data) Security Officer geben das SAP-Berechtigungskonzept frei.

Änderungen am SAP-Berechtigungskonzept

Beim SAP-Berechtigungskonzept handelt es sich um ein lebendiges Dokument. Das bedeutet, dass jede Änderung im SAP-Berechtigungskonzept sowie in den Prozessen in diesem Dokument nachgehalten werden muss.

3.3 SAP-Notfallbenutzerkonzept

Zweck eines Notfallbenutzerkonzepts

Ein gut gepflegtes Notfallbenutzerkonzept ermöglicht die revisionssichere Vergabe von erweiterten Berechtigungen in Kombination mit der Sicherstellung des täglichen Betriebs in einer Organisation.

Funktionsweise eines Notfallbenutzerkonzepts in SAP

Ein Notfallbenutzerkonzept in SAP funktioniert über eine temporäre Vergabe von zusätzlichen Rechten an bestimmte Mitarbeitende. Nachdem die Aufgaben erledigt worden sind, werden die Rechte wieder entzogen. Die getätigten Aufgaben mit den erweiterten Berechtigungen werden protokolliert und müssen anschließend ausgewertet werden. Das SAP-Notfallbenutzerkonzept regelt die Beantragung, den Start und den Entzug der erweiterten Berechtigungen in Form von einem Notfallbenutzer beziehungsweise einer Notfallrolle.

Regeln für ein Notfallbenutzerkonzept in SAP

Ein Notfallbenutzer ist eine Benutzerkennung, der weitreichende Berechtigungen zugewiesen sind. Sie wird von Supportmitarbeitenden in Supportfällen, die in der Organisation als Notfall gelten, verwendet. Die folgenden Regeln sind zu beachten:

- Sie sollten einen Prozess definieren, nach dem die Vergabe von Sonderrechten erfolgt.
- Sie müssen festlegen, welche Mitarbeitenden Sonderrechte erhalten dürfen.
- Der Zeitraum, für den die Mitarbeitenden einen Notfallbenutzer beziehungsweise eine Notfallrolle beantragen können, muss limitiert sein.
- Für den Notfall muss mindestens eine Benutzerkennung eingerichtet sein, die nicht der Standardbenutzer SAP* ist. Sie muss außerdem notwendige, weitreichende Berechtigungen haben und mit einem komplexen Kennwort ausgestattet sein, das an einem sicheren Ort zugriffsgeschützt aufbewahrt wird. Der Zugriff auf das Kennwort muss im Vier-Augen-Prinzip erfolgen.
- Aktionen unter dem Notfallbenutzer werden dokumentiert, mindestens unter Angabe des Grunds, des Zeitraums, der darunter tätigen Personen und der Tätigkeiten, die mit dem Notfallbenutzer durchgeführt wurden.
- Alle Ereignisse aller Audit-Klassen werden für einen Notfallbenutzer über das *SAP Security Audit Log* protokolliert (siehe Abschnitt 12.4, »SAP-Security-Audit-Log konfigurieren«).
- Nach der Notfallaktion wird das Kennwort des Notfallbenutzers geändert.
- Optional: Notfallszenarien sind definiert, und auf diese Notfallszenarien zugeschnittene Berechtigungen in Form von Rollen sind implementiert worden. Pro Notfallszenario existiert ein dedizierter Notfallbenutzer, der die für das Notfallszenario implementierten Rollen zugeordnet bekommen hat.

Implementieren des Notfallbenutzerkonzepts

Das SAP-Notfallbenutzerkonzept kann mit einem dafür geeigneten Werkzeug, z. B. SAP Access Control, implementiert werden. Wenn kein Werkzeug für das SAP-Notfallbenutzerkonzept implementiert ist, muss organisatorisch sichergestellt werden, dass die oben beschriebenen Regeln eingehalten werden.

Organisatorische Lösung für das SAP-Notfallbenutzerkonzept

In Abbildung 3.16 ist dargestellt, wie das SAP-Notfallbenutzerkonzept organisatorisch umgesetzt werden könnte. Wenn Supportmitarbeitende den Notfallbenutzer benötigen, bitten sie eine Kollegin oder einen Kollegen, eine E-Mail an die Passwortverwaltung zu schicken und diese zu bitten, das

Passwort des Notfallbenutzers an die Supportmitarbeitenden zu senden. Die Teilnahme der zweiten Person an diesem Prozess ist für das Vier-Augen-Prinzip notwendig. Die Passwortverwaltung besteht aus neutralen Personen, die das Passwort des Notfallbenutzers ändern und aufbewahren. Um sicherzustellen, dass diese Personen immer verfügbar sind, wird eine Gruppe von solchen Personen benötigt.

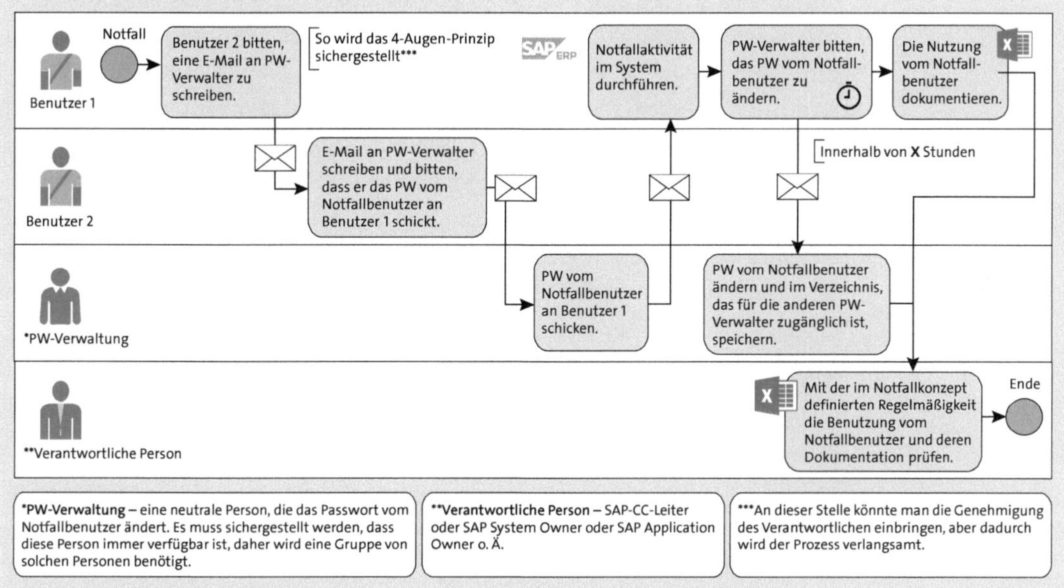

Abbildung 3.16 Organisatorische Lösung für das SAP-Notfallbenutzerkonzept

Optional: Genehmigung durch eine verantwortliche Person

Optional kann für die Verwendung des Notfallbenutzers eine Genehmigung von einer verantwortlichen Person notwendig sein, die auch per E-Mail angefordert wird. Die Passwortverwaltung schickt das Passwort des Notfallbenutzers den Supportmitarbeitenden per E-Mail. Die Supportmitarbeitenden melden sich am System mit dem Notfallbenutzer an und führen die Aufgaben durch. Nachdem die Supportmitarbeitenden mit den Aktivitäten im System fertig sind, bitten sie die Passwortverwaltung per E-Mail, das Passwort des Notfallbenutzers zurückzusetzen. Die Zeitperiode, innerhalb der das Zurücksetzen des Passworts des Notfallbenutzers erfolgen muss, ist normalerweise eingeschränkt.

Der Support muss die Nutzung des Notfallbenutzers in einer dafür bestimmten Datei unter Angabe des Grunds und des Zeitraums dokumentieren. Eine verantwortliche Person, z. B. diejenige, die Verantwortung für das SAP-System trägt, prüft regelmäßig im SAP Security Audit Log die Aktionen, die mit dem Notfallbenutzer im System durchgeführt wurden, und die Dokumentation der Nutzung des Notfallbenutzers in der Excel-Datei.

Warum funktioniert die organisatorische Lösung nicht?

Erfahrungsgemäß ist menschliches Versagen verantwortlich, wenn der organisatorisch umgesetzte Prozess nicht eingehalten wird: Entweder wird vergessen, die Dokumentation der Nutzung zu pflegen oder die E-Mail an die Passwortverwaltung zu schicken, oder die E-Mail an die Passwortverwaltung wird später als im Konzept vorgegeben verschickt.

Lösung für das SAP-Notfallbenutzerkonzept mit einem Tool

Deswegen ist es sehr empfehlenswert, das SAP-Notfallbenutzerkonzept mit einem geeigneten Softwarewerkzeug umzusetzen. Ein Beispiel einer automatisierten Lösung für das SAP-Notfallbenutzerkonzept sehen Sie in Abbildung 3.17. Als Vorbereitungsmaßnahme müssen die Akteurinnen und Akteure des Prozesses – das Supportteam, die Notfallbenutzer verwenden dürfen, und verantwortliche Personen, die die Nutzung des Notfallbenutzers kontrollieren – im Tool eingetragen werden. Die Supportmitarbeitenden fordern den Notfallbenutzerzugriff mit der Angabe des Grunds im Tool an. Optional kann an dieser Stelle ein Genehmigungsschritt eingebaut werden. Die Supportmitarbeitenden melden sich über das Tool am System mit dem Notfallbenutzer an und führen die Aktivitäten aus.

Nach einer bestimmten Zeitperiode wird der Notfallzugriff den Supportmitarbeitenden automatisch entzogen. Die verantwortliche Person wird vom Tool über die Nutzung des Notfallbenutzers automatisch benachrichtigt und kann die im System durchgeführten Aktivitäten im Protokoll im Tool kontrollieren. Optional kann eine andere verantwortliche Stelle die Verwendung der Notfallbenutzer periodisch im Tool überprüfen.

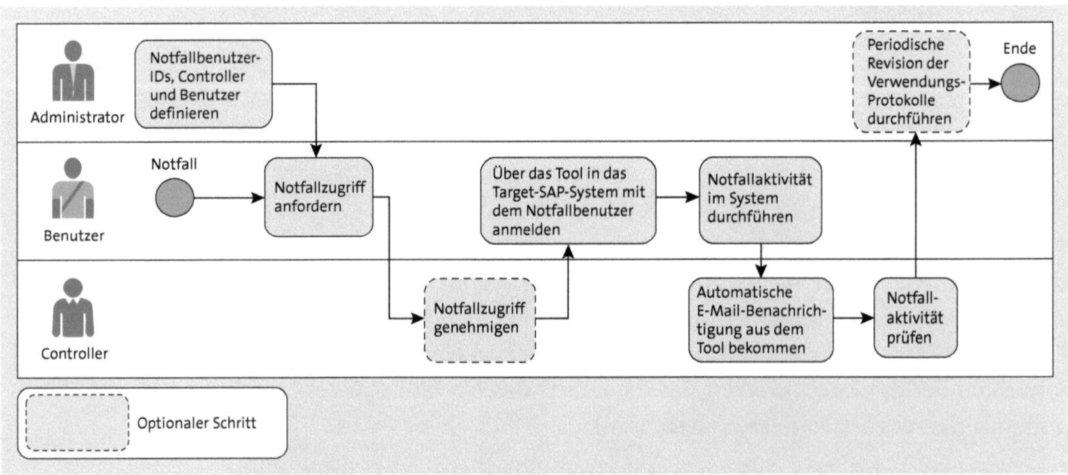

Abbildung 3.17 Automatisierte Lösung für das SAP-Notfallbenutzerkonzept

Bei der Auswahl des Werkzeugs für die Notfallbenutzerverwaltung sollten Sie auf das Folgende achten:

- Welche anderen Funktionen bietet die Software an?
- Wenn keine der anderen Funktionen notwendig sind, wird das Modul für die Notfallbenutzerverwaltung einzeln verkauft?
- Beachten Sie den Preis für die Software und für die Wartung.
- Beachten Sie die Kompatibilität zu der Software, die bei der Organisation schon installiert ist.
- Beachten Sie die Sprachen, in denen die Software angeboten wird.
- Achten Sie auf ein benutzerfreundliches Interface.

Die Anzahl der Notfälle im System reduzieren

Eine Organisation kann mit einem hohen administrativen Aufwand den Notfallbenutzerprozess revisionssicher ohne ein spezielles Tool betreiben. Wenn der Notfallbenutzerprozess sehr häufig verwendet wird, sollte die Implementierung einer speziellen automatisierten Anwendung in Betracht gezogen werden. Eine andere Lösung wäre, die Häufigkeit der Notfälle durch eine Analyse der Ursachen der Notfälle und die Verbesserung der Prozesse beziehungsweise der Stammdaten im System zu senken. Dadurch wird die Verwendung des Notfallbenutzers reduziert.

3.4 Kritische Berechtigungen

Welche Berechtigungen sind kritisch?

Die Berechtigungen, deren Vergaben Zugriffsrisiken verursachen, werden in der Regel als *kritische Berechtigungen* bezeichnet. Kritische Berechtigungen sind Berechtigungen, mit denen es möglich ist, sicherheitsrelevante Konfigurationen im SAP-System zu ändern oder Aktivitäten auszuführen, die aus rechtlicher oder betriebswirtschaftlicher Sicht als kritisch einzustufen sind. Dazu gehört auch der Zugriff auf sensible Daten, die z. B. personenbezogen sind. Kritische Berechtigungen an sich sind nur dann kritisch und stellen ein Risiko dar, wenn sie in die falschen Hände gelangen.

Kategorien der kritischen Berechtigungen

Kritische Berechtigungen in einem SAP-S/4HANA-System können in vier Gruppen zusammengefasst werden:

1. **Sensitive Berechtigungen**
   Berechtigungen mit dem Risiko der Verletzung legaler und/oder vertraglicher Regelungen oder mit dem Risiko des Know-how-Abflusses.

Beispiele: Sensitive Berechtigungen

Die folgenden Berechtigungen sind sensitiv:

- Zugriff auf HR-Stammdaten und HR-Reports
- Zugriff auf HR-Tabellen
- Anzeige von Einkaufspreisen

2. **Kritische fachliche Berechtigungen**
   Berechtigungen mit dem Risiko des ungerechtfertigten Mittelabflusses (rechnungslegungsrelevanter Abfluss von Geldmitteln, Erzeugnissen, Material, Sachanlagen oder Leistungen).

Beispiel: Kritische fachliche Berechtigungen

Die folgenden Berechtigungen sind fachlich kritisch:

- Anlegen oder Ändern von Buchungen auf Lieferantenkonten
- Pflege von Lieferantenstammdaten
- Übertragung von Zahlungsdaten an eine Bank

3. **Kritische Berechtigungskombinationen**
   Kritische Berechtigungskombinationen sind Berechtigungskombinationen, bei denen keine Funktionstrennung vorliegt (siehe auch Abschnitt 13.4, »Ein neues SoD-Regelwerk einführen und Konflikte eliminieren«).

Beispiel: Kritische Berechtigungskombinationen

Einige Berechtigungen sollten nicht in Kombination vergeben werden:

- Lieferantenrechnungen buchen und einen Zahllauf starten
- Anlage oder Pflege eines abrechnungsfähigen Personalstammsatzes und Durchführung der Personalabrechnung
- Bestellung anlegen und Rechnung buchen

4. **Kritische administrative Berechtigungen**
   Berechtigungen mit dem Risiko der erheblichen Störung des betrieblichen Ablaufs (siehe Definitionen der kritischen administrativen Berechtigungen in Abschnitt 12.1, »Kritische Berechtigungen definieren«).

Beispiel: Kritische administrative Berechtigungen

Die folgenden Elemente aus dem Bereich der Administration sind kritisch:

- Debugging, Änderungsbelege löschen
- Berechtigungsprüfungen abschalten
- Systemparameter pflegen

Kontrollieren der kritischen Berechtigungen

Diese Kategorisierung hilft Ihnen dabei, kritische Berechtigungen zu identifizieren und zu kategorisieren. Mitglieder der Fachabteilungen dürfen kritische fachliche und sensitive Berechtigungen entsprechend ihren Funktionen in der Organisation haben und dürfen kritische administrative Berechtigungen nicht erhalten. Die Administration darf wiederum kritische administrative Berechtigungen haben und darf kritische fachliche und sensitive Berechtigungen nicht erhalten. Wie Sie das Monitoring von kritischen Berechtigungen im System durchführen, wird in Kapitel 12, »Monitoring von kritischen Berechtigungen«, erklärt.

3.5 Zusammenfassung

In diesem Kapitel haben Sie, ausgehend von der Berechtigungsadministration, erfahren, welche Grundsatzfragen Sie zum Design eines Berechtigungskonzepts angehen sollten.

Sie haben erfahren, welche Optionen Sie für die Gestaltung der Geschäfts-, Sammel- und Einzelrollen in der Praxis haben und wie Sie das SAP Fiori Launchpad mit Bereichen und Seiten für Mitarbeitende der Fachabteilungen am besten gestalten können.

Sie wissen nun, welche Inhalte das Dokument »SAP-Berechtigungskonzept« beinhalten soll und wie Sie ein SAP-Notfallbenutzerkonzept mit und ohne ein spezielles Tool betreiben können sowie welche Arten von kritischen Berechtigungen in einem SAP-System existieren.

Kapitel 4

Organisatorische Herausforderungen im Benutzer- und Berechtigungsmanagement

Selbst Mitarbeitende der Berechtigungsadministration mit dreißigjähriger Erfahrung können ein SAP-Berechtigungskonzept nicht alleine erstellen und einführen. Stattdessen arbeiten mehrere Personen zusammen, um SAP-Berechtigungen zu definieren, zu erstellen, zu testen und einzuführen.

In diesem Kapitel lernen Sie, wie SAP-Berechtigungsspezialist*innen unter den organisatorischen Rahmenbedingungen ihres Arbeitsumfelds erfolgreich agieren können. In Abschnitt 4.1 stellen wir Ihnen die idealtypischen Akteure und Stellen einer Organisation vor, die ins Benutzer- und Berechtigungsmanagement involviert sind. In Abschnitt 4.2 besprechen wir die Hauptprozesse im Benutzer- und Berechtigungsmanagement.

In Abschnitt 4.3 erfahren Sie, welche täglichen und periodischen Aufgaben die SAP-Berechtigungsadministration erledigen muss und welche Best-Practices sie dabei einsetzen kann. In Abschnitt 4.4, lernen Sie unterschiedliche Projektarten im Benutzer- und Berechtigungsmanagement und ihre Phasen kennen. In Abschnitt 4.5, erklären wir sowohl die allgemeine Vorgehensweise in agilen Projekten als auch den Einsatz agiler Projektmethoden in Bezug auf SAP-Berechtigungen.

4.1 Die Beteiligten

Die Anzahl und Funktion der beteiligten Akteure und Stellen im Benutzer- und Berechtigungsmanagement sind von der Größe der Organisation und der Komplexität der internen und externen Anforderungen abhängig. Im Folgenden beschreiben wir die Akteure und Stellen, die innerhalb großer Organisationen typischerweise ins Benutzer- und Berechtigungsmanagement involviert sind.

Anwender*innen

Im Kontext des SAP-Benutzer- und Berechtigungsmanagements sind Anwender*innen natürliche Personen in der Organisation. Dabei handelt es sich um Dialogbenutzer, die sich über eine Benutzeroberfläche (SAP-GUI, SAP Fiori Launchpad) am SAP-System anmelden. Damit eine Person die ihr zugeordneten Aufgaben erledigen kann, benötigt sie eine Benutzer-ID. Die ID muss über die notwendigen Berechtigungen zur Erfüllung dieser Aufgaben in den betreffenden Systemen verfügen.

Linienführungskräfte

Die Linienführungskräfte entscheiden, welche Berechtigungsrollen ihre Mitarbeitenden benötigen. Um die notwendigen Berechtigungen für ihre Mitarbeitenden zu identifizieren, können sie weitere Rollen miteinbeziehen (beispielweise SAP-Key-User oder SAP-Expert*innen). Anlässlich der periodischen Prüfung der Berechtigungen bestätigen die Linienführungskräfte die Richtigkeit sowie die Notwendigkeit der zugeteilten Rollen ihrer Mitarbeitenden.

SAP-Key-User

SAP-Key-User in einer Abteilung bestimmen und erstellen in Zusammenarbeit mit den Linienführungskräften die Anträge für die zuzuteilenden Berechtigungen für Anwender*innen. Sie sind mit den Werkzeugen und Prozessen der Berechtigungsvergabe vertraut und sorgen für eine hohe Informationsqualität bei der Beantragung von Berechtigungen.

Rollenverantwortliche

Rollenverantwortliche sind für den Inhalt der Berechtigungsrollen verantwortlich. Sie definieren die Geschäftsrollen in ihrem Bereich, erstellen Änderungsanträge für Rollen und bekommen sowohl Änderungsanträge als auch Rollenanträge zur Prüfung und Genehmigung vorgelegt.

Zentrale und lokale Rollenverantwortliche

In großen Organisationen werden zentrale und lokale Rollenverantwortliche unterschieden. Zentrale Rollenverantwortliche sind für die Masterrollen in Ihrem Bereich zuständig. Lokale Rollenverantwortliche sind für die abgeleiteten Rollen in ihrer Organisationseinheit (z. B. Standort oder Business Unit) zuständig.

SAP-Expert*innen

Interne und externe SAP-Expert*innen unterstützen Rollenverantwortliche bei der Definition und dem Test der technischen Rollen für SAP-Systeme.

Berechtigungsadministration

Die Berechtigungsadministration erstellt und modifiziert Berechtigungsrollen gemäß den Anforderungen der Rollenverantwortlichen im System. Außerdem macht sie die Berechtigungsrollen im Werkzeug für die Rollenanträge (z. B. im IAM-System) verfügbar.

Benutzeradministration

Die Benutzeradministration erstellt und pflegt Benutzer-IDs im SAP-System. Wenn die Benutzerpflege mit einem Werkzeug automatisiert ist, entfällt diese Funktion.

SAP-Basis-Administration

Die SAP-Basis-Administration erstellt technische Benutzer-IDs und pflegt Profilparameter, die für das Benutzer- und Berechtigungsmanagement relevant sind.

Applikationsverantwortliche

Applikationsverantwortliche sind für den sicheren und stabilen Betrieb der SAP-Systeme zuständig. In Zusammenarbeit mit der Berechtigungsadministration und der SAP-Basis-Administration sorgen sie dafür, dass das Berechtigungskonzept und die Systemeinstellungen den internen und externen Sicherheitsanforderungen an die SAP-Systeme entsprechen.

IKS-Verantwortliche

Verantwortliche für das Interne Kontrollsystem (IKS-Verantwortliche) übernehmen die Verantwortung für das SoD-Regelwerk und definieren die internen Kontrollen im Berechtigungswesen.

Es ist in der Praxis eine große Herausforderung, Personen aus den Fachabteilungen zu finden, die Verantwortung im Benutzer- und Berechtigungsmanagement übernehmen. Sehr oft sind die Fachabteilungen der Meinung, dass die Berechtigungen ausschließlich in der Verantwortung der IT-Abteilung liegen.

4.2 Prozesse im Berechtigungswesen

Es gibt folgende Hauptprozesse im Benutzer- und Berechtigungsmanagement:

- Rollenanlage und Rollenmodifikation
- Benutzeranlage, Rollenzuweisung, Rollenentzug
- Periodische Prüfung der Berechtigungen (Rollenzertifizierung)
- Risikoanalyse der Berechtigungen
- Notfallbenutzerprozess

Eine Beschreibung des Notfallbenutzerprozesses erhalten Sie in Abschnitt 3.3, »SAP-Notfallbenutzerkonzept«.

4.2.1 Rollenanlage und Rollenmodifikation

Anlässe für die Rollenanlage und Rollenmodifikation

Die Rollenanlage beziehungsweise Rollenmodifikation kann unterschiedliche Anlässe haben:

- Beim Auftreten eines Berechtigungsfehlers wird festgestellt, dass eine neue Rolle beziehungsweise eine Rollenmodifikation notwendig ist.
- Die Einführung einer neuen Funktion oder eines neuen Prozesses im SAP-System macht neue Rollen oder eine Rollenmodifikation notwendig.
- Erkenntnisse aus der Revision veranlassen eine Rollenmodifikation.

Prozess der Rollenanlage und Rollenmodifikation

Unabhängig vom Anlass muss der Antrag zur Rollenanlage oder Rollenänderung revisionssicher dokumentiert werden, z. B. in einem *Ticketsystem* (ein IT-Ticketsystem ist eine Software zur Verfolgung von IT-Serviceanfragen, Ereignissen, Vorfällen und Warnungen, die Maßnahmen seitens der IT-Abteilung erfordern).

Die Rollenanlage oder Rollenmodifikation muss von der für sie zuständigen Stelle, in der Regel von den Rollenverantwortlichen, genehmigt werden. Die Berechtigungsadministration setzt den genehmigten Antrag um: Sie pflegt die Rollen im Entwicklungssystem, führt die Risikoanalyse der Rollen durch und transportiert die Rollen in das Testsystem. Die Person, die den Antrag gestellt hat, testet die Rollen und meldet das Ergebnis an die Berechtigungsadministration.

Ist der Test erfolgreich, transportiert die Berechtigungsadministration die Rollen in das Produktivsystem. Dieser Prozess ist in Abbildung 4.1 dargestellt. Die im Ticketsystem erfasste Dokumentation ist in zusammengefasster Form auch im Langtext der Rolle einzutragen, wie in Abschnitt 6.2.1, »Einzelrolle anlegen«, dargestellt.

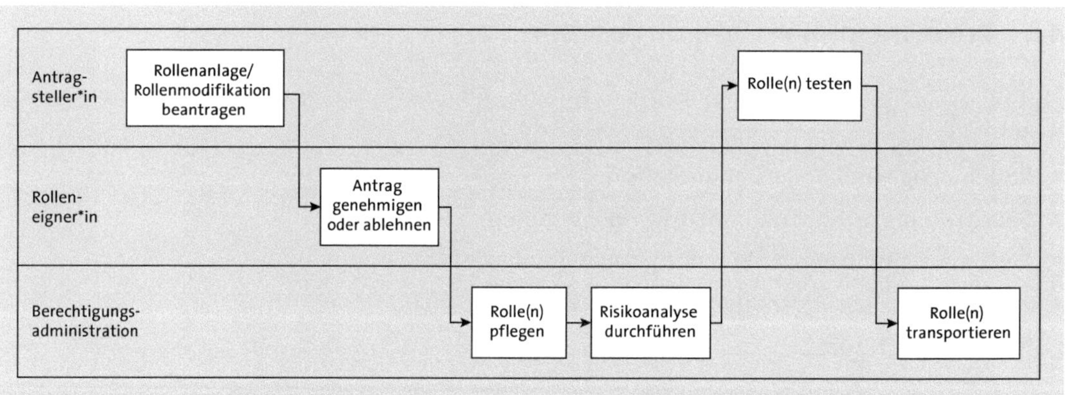

Abbildung 4.1 Prozess »Rollenanlage und Rollenmodifikation«

4.2.2 Benutzeranlage, Rollenzuweisung, Rollenentzug

Anlegen von neuen Benutzern

Die *Benutzeranlage* wird in der Regel durch Anstellung eines*einer neuen Mitarbeitenden veranlasst. Dieser Prozessschritt kann automatisiert werden, indem neue Benutzer-IDs aus dem HR-System über eine Schnittstelle in die SAP-Systeme verteilt werden.

Prozessschritte für den Rollenantrag

Rollenanträge werden in der Regel entweder von Anwender*innen selbst oder von einem SAP-Key-User für die Anwender*innen erstellt. Der Rollenantrag unterliegt der Genehmigung. In der Regel muss der Rollenantrag für die Mitarbeitenden von ihren Führungskräften und von den Rollenverantwortlichen genehmigt werden. Je nach Unternehmensprozess ist die Genehmigung der Rollenverantwortlichen ausreichend.

Manche Organisationen haben einen zusätzlichen Genehmigungsschritt, wenn SoD-Konflikte auftreten. Der Prozess der Benutzeranlage und Rollenzuweisung ist in Abbildung 4.2 dargestellt. Näheres zu SoD-Regelwerken und Konflikten finden Sie in Abschnitt 13.4, »Ein neues SoD-Regelwerk einführen und Konflikte eliminieren«.

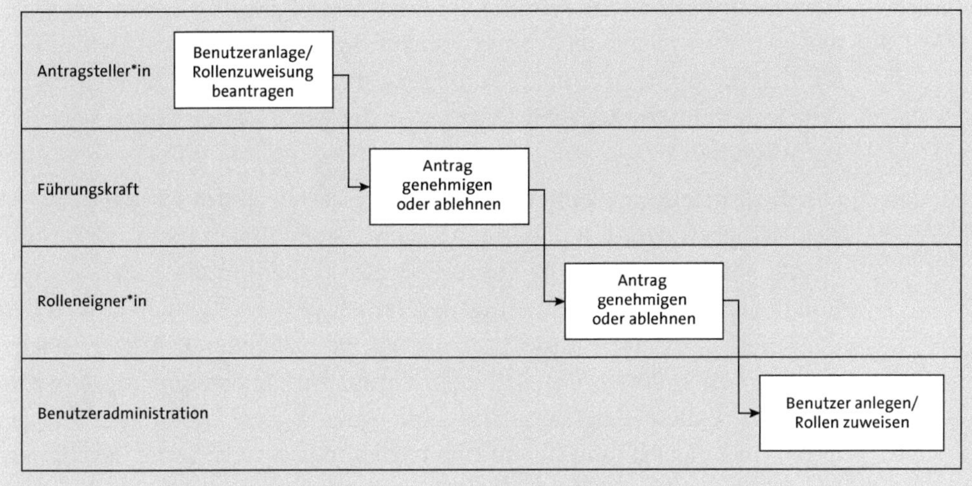

Abbildung 4.2 Prozess »Benutzeranlage und Rollenzuweisung«

Rollen zuweisen ohne Genehmigung

Um den Prozess der Rollenzuweisung zu beschleunigen, können bestimmte Rollen (z. B. Grundrollen) für bestimmte Abteilungen ohne Genehmigung erteilt werden, soweit das Berechtigungskonzept dies zulässt.

Prozess für den Rollenentzug

Treten Mitarbeitende aus, können alle Berechtigungen in allen IT-Apps über ein Ereignis aus dem HR-System automatisch entzogen werden. Wenn dieser Prozess nicht mittels einer Schnittstelle mit dem HR-System automatisiert ist, muss der Entzug aller Berechtigungen der austretenden Mitarbeitenden manuell veranlasst werden. Die Genehmigung der Rollenverantwortlichen ist in diesem Fall nicht notwendig. Der Rollenentzug wird entweder gar nicht oder durch die Führungskraft genehmigt.

Entziehen der Berechtigungen bei einem Wechsel

Bei einem Wechsel von Mitarbeitenden innerhalb der Organisation wird es schwieriger, sicherzustellen, dass die Berechtigungen, die nicht mehr notwendig sind, entzogen werden. Oft haben Mitarbeitende, die mehrfach die Abteilung oder die Funktion innerhalb der Organisation gewechselt haben (z. B. Auszubildende), eine Sammlung aller Berechtigungen dieser Abteilungen. In diesem Fall hilft eine periodische Prüfung der Berechtigungen, die wir im nächsten Abschnitt beschreiben.

4.2.3 Periodische Prüfung der Berechtigungen

Periodisch (z. B. jährlich) werden alle zugewiesenen Berechtigungsrollen der Endanwender*innen von den Führungskräften überprüft. Die nicht mehr notwendigen Berechtigungsrollen werden entzogen. Dieser Prozess kann manuell oder von einem Tool unterstützt erfolgen.

Die erste periodische Prüfung

Wenn eine periodische Prüfung der Berechtigungen zum ersten Mal erfolgen soll, muss zuerst der Prozess der Prüfung definiert werden. Dafür muss die zuständige Stelle (z. B. die Benutzeradministration) auf die Richtlinien, die die periodische Zugriffsprüfungen in der Organisation reglementieren, zurückgreifen.

Prozessschritte für die periodische Prüfung

Um die Prüfung zu veranlassen, erstellt die Benutzeradministration Listen der Dialogbenutzer mit den ihnen zugewiesenen Rollen und verteilt diese an die Führungskräfte. Die Führungskräfte prüfen, ob die zugewiesenen Rollen den Aufgaben der jeweiligen Mitarbeitenden entsprechen. Sie teilen der Berechtigungsadministration mit, welche Rollen den Benutzern entzogen werden müssen. Die Benutzeradministration entzieht die entsprechenden Rollen den Benutzern im System und dokumentiert die Ergebnisse der Prüfung für interne beziehungsweise externe Revisionen. Dieser Prozess ist in Abbildung 4.3 dargestellt.

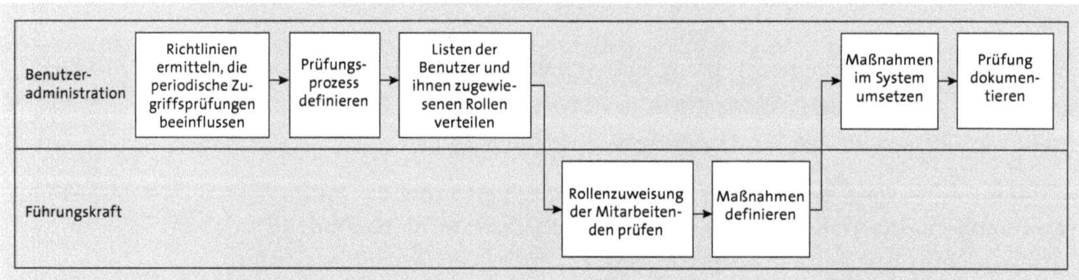

Abbildung 4.3 Prozess »Periodische Prüfung der Berechtigungen«

4.2.4 Risikoanalyse der Berechtigungen

Prozessschritte für die Risikoanalyse

Die *Risikoanalyse* der Berechtigungen sollte periodisch (z. B. monatlich) durchgeführt werden. Wenn es neue Risiken (z. B. SoD-Risiken) gibt, wird die Berechtigungsadministration diese abhängig von ihrer Schwere und Anzahl der betroffenen Benutzer priorisieren und ihre Ursachen ermitteln. Wenn Risiken mittels Rollenmodifikation beseitigt werden können, führt die Berechtigungsadministration in Zusammenarbeit mit den Rollenverantwortlichen die Rollenmodifikation durch.

Risiko eliminieren

Wenn Risiken mittels Rollenentzug eliminiert werden sollen, werden die Fachabteilungen (z. B. Führungskräfte und SAP-Key-User) angesprochen. Sie sollen die Rollenzuweisung, die die neuen Risiken verursacht, analysieren und, wenn möglich, die Rollen entfernen lassen. Wenn die Rollen nicht entfernt werden können, definieren IKS-Verantwortliche Maßnahmen in Form von internen Kontrollen zur Mitigation der Risiken. Diese Kontrollen werden von den Fachabteilungen in definierten Zeitabständen durchgeführt. Der in diesem Abschnitt besprochene Prozess ist in Abbildung 4.4 dargestellt.

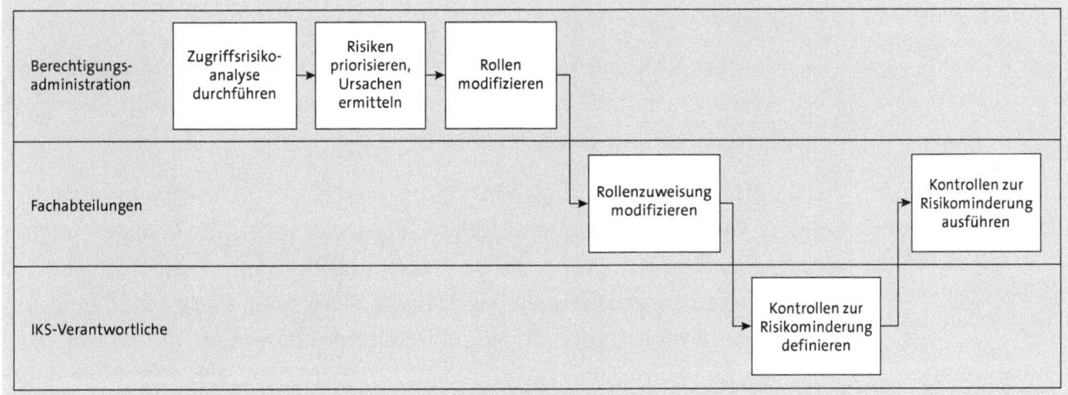

Abbildung 4.4 Prozess »Risikoanalyse der Berechtigungen«

In Abschnitt 13.4, »Ein neues SoD-Regelwerk einführen und Konflikte eliminieren«, erhalten Sie einen tieferen Einblick in das Thema SoD.

4.3 Aufgaben und Aktivitäten im Tagesbetrieb

Aufgaben der Benutzer- und Berechtigungs-administration

Der Tagesbetrieb der Benutzer- und Berechtigungsadministration besteht aus folgenden Aktivitäten und Aufgaben:

- Beratung der Fachstellen und Mitarbeitenden aus der IT-Abteilung zu SAP-Berechtigungen
- Lösung der Berechtigungsprobleme der Anwender*innen
- Anlage der Benutzerkennungen und Rollenzuweisung
- Implementierung der Änderungsanträge der Berechtigungen
- Aufrechterhaltung der Werkzeuge für Benutzer- und Berechtigungs-management
- Erstellung der Schulungsunterlagen und Durchführung der Schulungen zu SAP-Berechtigungen

- Periodische Aktivitäten:
  - Pflege der Dokumentation des SAP-Berechtigungskonzepts (siehe Details in Abschnitt 3.2, »Ein SAP-Berechtigungskonzept erstellen«)
  - Periodische Prüfung der Berechtigungen (siehe Abschnitt 4.2.3, »Periodische Prüfung der Berechtigungen«)
  - Monitoring von kritischen Berechtigungen (siehe Kapitel 12, »Monitoring von kritischen Berechtigungen«)
  - Risikoanalyse der Berechtigungen (siehe Abschnitt 4.2.4, »Risikoanalyse der Berechtigungen«, und Abschnitt 13.4, »Ein neues SoD-Regelwerk einführen und Konflikte eliminieren«)
  - Vorbereitung der SAP-Systeme auf IT-Audit und Beseitigung der Probleme, die beim IT-Audit ermittelt wurden (siehe Abschnitt 13.2, »SAP-Systeme auf die Revision vorbereiten«)

Gruppenmailbox für Berechtigungsfragen

Für die Erfüllung dieser Aufgaben können verschiedene Werkzeuge verwendet werden. Für die Beratung zu SAP-Berechtigungen kann eine *Gruppenmailbox* eingerichtet werden. Wenn die Benutzer- und Berechtigungsadministration aus mehreren Mitarbeitenden besteht (vor allem wenn diese Mitarbeitenden und ihre interne Kundschaft geografisch gestreut werden), hat sich die Verwendung einer Gruppenmailbox als Best-Practice bewiesen. Durch die Gruppenmailbox weiß die interne Kundschaft stets, wo sie ihre Fragen platzieren kann. Die Mitarbeitenden der Benutzer- und Berechtigungsadministration, die Zugriff auf die Gruppenmailbox haben, können alle E-Mails lesen und möglicherweise Antworten auf die wiederkehrenden Anfragen in den in der Vergangenheit gesendeten E-Mails finden.

Gruppenmailbox oder geteiltes Postfach in Microsoft Outlook

Geteilte Postfächer ermöglichen es einer bestimmten Personengruppe, E-Mails über einen öffentlichen E-Mail-Alias wie z. B. *sap-berechtigungen@firma .com* oder *IAM@firma.com* auf einfache Weise zu überwachen und zu senden. Wenn eine Person in der Gruppe auf eine Nachricht antwortet, wird als Absender der E-Mail das geteilte Postfach angegeben und nicht die einzelne Person. Darüber hinaus können Sie das geteilte Postfach als freigegebenen Teamkalender verwenden.

Werkzeuge für Rollenänderungen

Für die Änderungsanträge der Rollen und die Erfassung der Berechtigungsfehler werden in der Regel die Standardwerkzeuge der IT-Abteilung verwendet. Für die Beantragung, Genehmigung und Dokumentation der Rollenänderungen kann das *Business Role Management* (BRM) von SAP Access Control verwendet werden (mehr dazu finden Sie in Abschnitt 5.3.5, »SAP Access Control«).

Ticketsysteme

Häufig erfolgen Kommunikation und Dokumentation auch in klassischen *IT-Ticketsystemen*, wie z. B Jira oder Service Now. Für das Transportmanagement wird in vielen Organisationen das Modul Change Request Management (ChaRM) von SAP Solution Manager verwendet. Bei der Verwendung dieses Moduls werden die Transportanträge, die die Berechtigungsrollen beinhalten, auch über ChaRM transportiert.

Für die Anlage der Benutzerkennungen und für die Rollenzuweisung gibt es zahlreiche Werkzeuge auf dem Markt. Mehr zu diesem Thema finden Sie in Abschnitt 13.3, »IAM-Prozesse optimieren«.

Werkzeuge für periodische Aktivitäten

Für die periodischen Aktivitäten im Benutzer- und Berechtigungsmanagement gibt es sowohl spezielle Lösungen von SAP als auch von den anderen Softwareanbietern. Mehr dazu finden Sie in Kapitel 5, »Werkzeuge für das SAP-Benutzer- und Berechtigungsmanagement«.

4.4 Vorgehensweise im Projektbetrieb

Projektarten

Im Benutzer- und Berechtigungsmanagement können die folgenden *Projektarten* unterschieden werden:

- Erstellung eines neuen Berechtigungskonzepts im Rahmen der SAP-Einführung
- Aktualisierung des Berechtigungskonzepts infolge von Unternehmenskauf oder -verkauf
- Migration des Berechtigungskonzepts aus SAP ECC in SAP S/4HANA
- Redesign eines Berechtigungskonzepts
- Einführung eines neuen Werkzeugs für das Benutzer- und Berechtigungsmanagement

Typische Fehler in Projekten

In der Praxis haben wir oft zwei gegenüberliegende Ansätze beobachtet: Entweder werden Berechtigungen in einem Einführungs- oder Migrationsprojekt komplett vernachlässigt und am Ende des Projekts in Panik und mit großem Aufwand bearbeitet. Oder die Projektleitung, die bereits erkenntnisreiche Erfahrungen mit Berechtigungen gesammelt hat, hat Aktivitäten im Berechtigungsteilprojekt zu früh eingeplant und den Ressourcenbedarf für die Berechtigungen höher als notwendig eingeschätzt.

Das Berechtigungskonzept kann nicht vor den Geschäftsprozessen definiert werden. Deshalb können die Phasen des Berechtigungsteilprojekts nicht losgelöst von den Phasen des Gesamtprojekts ablaufen.

Planen des Testaufwands

Eine weitere Erkenntnis aus Projekten ist, dass der Aufwand für den Test der neuen Rollen (vor allem wenn der Test nicht mit einem Werkzeug automatisiert werden kann) nicht unterschätzt werden darf. Die Berechtigungsadministration kann lediglich den Funktionstest der Rollen ausführen (falls die Ressourcensituation es ermöglicht). Das heißt, sie kann lediglich testen, ob der Aufruf der Transaktion oder der Fiori-App mit einem Testbenutzer funktioniert. Falls an dieser Stelle ein Berechtigungsfehler auftritt, wird er von der Berechtigungsadministration beseitigt. Die Berechtigungsadministration ist nicht in der Lage, weiter ins Detail gehende und prozessspezifische Testaktivitäten in Transaktionen und Fiori-Apps auszuführen.

Es ist daher empfehlenswert, die Rollen vor dem Abnahmetest durch Endanwender*innen und SAP-Fachexpert*innen zu testen. Diese Testphase und die dafür notwendigen Ressourcen müssen bei der Planung der Realisierungsphase des Gesamtprojekts berücksichtigt werden.

4.4.1 Erstellung eines neues Berechtigungskonzepts im Rahmen der SAP-Einführung

Erstellen eines neues Berechtigungskonzepts als Teilprojekt

Konzeption, Umsetzung und Einführung eines neues SAP-Berechtigungskonzepts im Rahmen eines *SAP-Einführungsprojekts* sollten als ein separates Teilprojekt betrachtet und geplant werden, damit ...

- das Thema Berechtigungen in der offiziellen Projektorganisation und -kommunikation eine priorisierte Rolle erhält und nicht als ein Thema betrachtet wird, das beiläufig erledigt werden kann.
- die am Projekt beteiligten Personen die Zuständigkeit für Berechtigungen bei allen Akteuren sehen.
- die Aufgaben in diesem Bereich definiert und verteilt werden.
- die Aufgaben zeitgerecht gemäß dem Gesamtprojektplan erledigt werden.

Single Point of Contact

Zudem sollte das Berechtigungsteam als eine Querschnittsfunktion innerhalb der Projektorganisation verstanden werden, das von den Teams, idealerweise von einem zum Berechtigungskonzept geschulten SPOC (Single Point of Contact) aus den Teams, stets rechtzeitig mit den notwendigen qualitativ hochwertigen Informationen zur Erstellung der Rollen und zur Pflege der Berechtigungen versorgt wird.

Nicht selten wird das Berechtigungsteam als separate Serviceeinheit betrachtet, das erst bei Berechtigungsfehlern involviert wird, mit der technisch unspezifischen Anforderung, die Berechtigung für den Prozess X an die User A, B und C ad hoc zu vergeben. Dieser Ansatz ebnet den Weg für eine geminderte Rollenqualität und kann auch eine Frustration bei den Beteiligten auslösen. Eine Darstellung des Berechtigungsteams als Querschnittsfunktion sehen Sie in Abbildung 4.5.

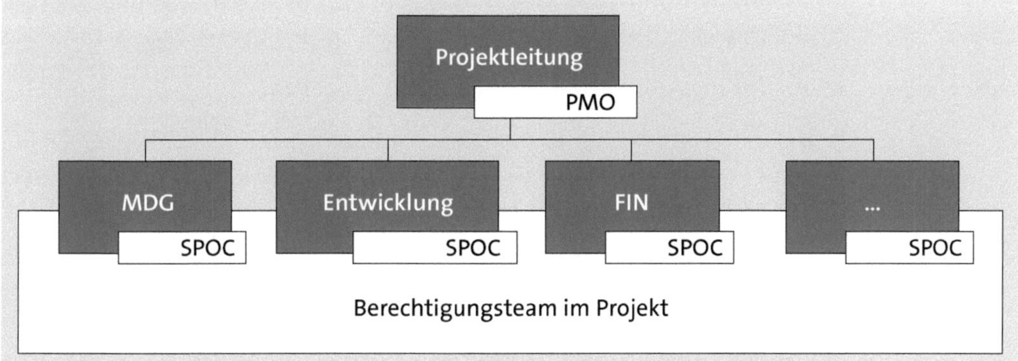

Abbildung 4.5 Querschnittsfunktion des Berechtigungsteams innerhalb eines Projekts

Die Projektaktivitäten für die Erstellung eines neuen Berechtigungskonzepts werden innerhalb der entsprechenden Projektphasen durchgeführt:

Vorbereitungsphase

Die *Vorbereitungsphase* umfasst die folgenden Aktivitäten:

- Für die Erarbeitung des Berechtigungskonzepts wird eine Arbeitsgruppe gebildet. Sie setzt sich in der Regel aus SAP-Key-Usern und Modul- bzw. Prozessverantwortlichen zusammen, die über hilfreiche Informationen zu Geschäftsrollen und Prozessen in ihren Bereichen verfügen. Um eine ganzheitliche Vorbereitung und spätere Konzeption zu ermöglichen, sollte auch eine Vertretung als Single Point of Contact aus den relevanten Teams mit Bezug zu den Anwenderprozessen im Produktivsystem teilnehmen.
- Die Voraussetzungen für die Berechtigungsvergabe werden geklärt. Gesetze (z. B. die Datenschutz-Grundverordnung (DSGVO)), branchenspezifische Anforderungen, Richtlinien und Regelungen (z. B. ein Datenschutzkonzept) Verträge und Vereinbarungen mit den Partnern (z. B. Kunden und Lieferanten) müssen berücksichtigt werden.
- Prozesse und Richtlinien im Berechtigungswesen sind definiert und kommuniziert (z. B. Verantwortlichkeit für Rolleninhalte und Rollenfreigabe in den Fachabteilungen, periodische Prüfungen im Berechtigungswesen, Notfallbenutzerkonzept etc.).
- Die Arbeitsgruppe ist geschult: Das Verständnis der technischen Grundlagen des SAP-Berechtigungskonzepts und der unternehmensspezifischen Berechtigungsregeln trägt zu einer reibungslosen SAP-Einführung bei.

- Die Mitwirkungspflichten werden dargestellt. Es ist wichtig zu zeigen, dass das Berechtigungsteam vollständig auf Informationen und Mitarbeit angewiesen ist und dass die Beteiligten das Berechtigungsteam im Hinblick auf das gemeinsame Ziel auf dem Laufenden halten und ihre Lieferobjekte liefern müssen.

Konzeptionsphase

In der *Konzeptionsphase* gibt es folgende Aufgaben:

- Die in den anderen Teilprojekten definierten Geschäftsprozesse und die prozessspezifischen Anforderungen an das Berechtigungskonzept werden analysiert.
- Die Stellen beziehungsweise Jobfunktionen in den Fachabteilungen werden in der Arbeitsgruppe beschrieben. Anhand dieser Beschreibungen werden die Geschäftsrollen festgelegt und erforderliche Anwendungen (Transaktionen, SAP-Fiori-Apps usw.) werden ihnen zugeordnet.
- Prozessspezifische Restriktionen werden identifiziert.
- Die initiale Version des SAP-Berechtigungskonzept-Dokuments wird erstellt.
- Die Rahmenbedingungen für die Rollenimplementierung werden festgelegt: Die Verantwortlichkeit für die Rollenanlage, die Funktionsprüfung, der Test der Rollen, ein detaillierter Zeitplan und der Bedarf an Ressourcen werden definiert.

Realisierungsphase

Während der *Realisierungsphase* fallen folgende Tätigkeiten an:

- Die während der Konzeptionsphase definierten Rollen werden im Entwicklungssystem angelegt. Die Funktionsprüfung und der Funktionstest der Rollen werden von Rollenentwickler*innen im Entwicklungssystem durchgeführt. Die Rollen werden in das Testsystem transportiert.
- Es ist empfehlenswert, dass SAP-Fachexpert*innen vor dem Abnahmetest einen Integrationstest der Rollen durchführen.
- Der Abnahmetest der Rollen wird in der Regel im Rahmen des Abnahmetests der Funktionen oder des ganzen SAP-Systems durchgeführt: Die Tester*innen aus den Fachabteilungen führen jede SAP-Funktion mit dem entsprechenden Testbenutzer durch. Die Testbenutzer werden für jede definierte Geschäftsrolle angelegt. Da der Fokus der Abnahmetests erfahrungsgemäß auf die Funktionsfähigkeit gesetzt wird, ist ein anschließender, zum Abnahmetest der Funktionen separater Abnahmetest der Berechtigungen ebenfalls ein möglicher Ansatz.
- Die Benutzeradministration, SAP-Key-User und zukünftige Anwender*innen werden geschult.

- Die Rollenzuordnung für die Benutzer im Produktivsystem wird definiert und vom Management offiziell freigegeben.

Die *Einführungphase* ist durch folgende Aktivitäten gekennzeichnet:

Einführungsphase

- Die Rollen werden aus dem Testsystem in das Produktivsystem transportiert.
- Die Benutzerstammdaten werden im Produktivsystem angelegt, die Rollen werden zugewiesen.
- Bevor und nach dem Go-live werden neue Anforderungen an das SAP-Berechtigungskonzept, die während der Konzeptions- und Realisierungsphase nicht bekannt waren oder erst später entstanden sind, umgesetzt. Danach werden sie getestet und in das Produktivsystem transportiert.
- Das SAP-Berechtigungskonzept-Dokument wird fertiggestellt und offiziell vom Management abgenommen.
- Nach dem Go-live wird im Rahmen des Hypercare Support für Berechtigungsfehler geleistet.

Die Projektphasen und ihr Inhalt sind in Abbildung 4.6 dargestellt.

Abbildung 4.6 Projektphasen der Erstellung eines neuen Berechtigungskonzepts im SAP-Einführungsprojekt

4.4.2 Migration des Berechtigungskonzepts aus SAP ECC in SAP S/4HANA

Bei der Migration des Berechtigungskonzepts aus SAP ECC in SAP S/4HANA hängt der Umfang des Teilprojekts »Berechtigungen« vom Umfang des gesamten Projekts ab. Hier kann man zwischen dem obligatorischen Aufwand und dem optionalen Aufwand unterscheiden.

Obligatorische und optionale Neuheiten in SAP S/4HANA

Die obligatorischen Änderungen im Rahmen der Migration auf SAP S/4HANA werden durch die folgenden Aspekte bedingt:

- Einige früher enthaltene Produkte sind nicht mehr im Kern enthalten.
- Einige alte Funktionen, Transaktionen und Berichte wurden außer Betrieb genommen, wie beispielsweise Transaktion XK02 (Ändern Kreditor (Zentral)).
- Einige Funktionen sind jetzt obligatorisch (z. B. Material-Ledger, Geschäftspartner).

Die folgenden Innovationen bringen einen optionalen Aufwand mit sich:

- Einige früher separate Produkte sind in den Kern eingebettet.
- Neue technologische Schicht – SAP-HANA-Datenbank
- Neue Benutzeroberfläche – SAP Fiori Launchpad
- Neue Funktionen

Einfluss des Projektumfangs auf die Migration

Wenn im Gesamtprojekt entschieden wurde, sich auf den minimalen obligatorischen Aufwand bei der Migration auf SAP S/4HANA zu beschränken, dann müssen die daraus resultierenden notwendigen Rollenanpassungen umgesetzt werden. Wenn im Gesamtprojekt entschieden wurde, beispielweise das SAP Fiori Launchpad als den einzigen Einstiegspunkt für Anwender*innen ins System zu nutzen, müssen Endanwenderrollen mit Fiori-Katalogen, Gruppen oder Bereichen und Seiten ausgestattet werden.

Migrieren der Berechtigungen

Ähnlich wie bei der Erstellung des neuen SAP-Berechtigungskonzepts, empfehlen wir, die Aktivitäten im Berechtigungswesen bei der Migration auf SAP S/4HANA als Teilprojekt des gesamten Projekts zu betrachten. Oft werden der Aufwand und die Komplexität für die Migration der Berechtigungen unterschätzt und erst am Ende des Migrationsprojekts wahrgenommen.

Die Projektaktivitäten für die Migration der Berechtigungen auf SAP S/4HANA werden innerhalb der entsprechenden Projektphasen durchgeführt:

Vorbereitungsphase

Die *Vorbereitungsphase* gliedert sich in folgende Schritte:

1. Eine Arbeitsgruppe für die Migration des Berechtigungskonzepts wird erstellt. Sie besteht in der Regel aus SAP-Key-Usern und Modul- oder Prozessverantwortlichen, die Informationen bezüglich der Geschäftsrollen und der Prozess- und Funktionsänderungen durch SAP S/4HANA in ihren Bereichen mitbringen. Auch hier sollte aus den relevanten Teams mit Bezug zu den Anwenderprozessen im Produktivsystem ein Vertreter

als Single Point of Contact (SPOC) mitwirken, damit eine ganzheitliche Vorbereitung sowie anschließende Konzeption möglich sind.

2. Das bestehende SAP-Berechtigungskonzept und die Prozesse im Benutzer- und Berechtigungswesen werden in Bezug auf Schwächen und Verbesserungspotenzial analysiert. Die Optimierungsmöglichkeiten werden dokumentiert.
3. Die Arbeitsgruppe wird geschult und ein einheitliches Verständnis wird geschaffen: Änderungen und Innovationen, die die Migration mit sich bringt (z. B. Geschäftspartnermodell und SAP Fiori Launchpad), werden erklärt.

Konzeptionsphase

Die *Konzeptionsphase* verläuft in dieser Reihenfolge:

1. Die Änderungen der Geschäftsprozesse, neue Funktionen und die prozessspezifischen Anforderungen an das Berechtigungskonzept werden analysiert.
2. Die Änderungen der bestehenden Rollen sowie die Anlage der neuen Geschäftsrollen und der technischen Rollen werden identifiziert und dokumentiert.
3. Das SAP-Berechtigungskonzept-Dokument wird aktualisiert.
4. Die Rahmenbedingungen für die Rollenimplementierung werden festgelegt: Die Verantwortlichkeit für die Implementierung, die Funktionsprüfung, der Test der Rollen sowie ein detaillierter Zeitplan und der Bedarf an Ressourcen werden definiert.

Realisierungsphase

Die *Realisierungsphase* wird in diesen Schritten durchgeführt:

1. Zunächst müssen die Aktivitäten in der Transaktion SU25 im konvertierten SAP-S/4HANA-System durchgeführt werden.
2. Die als obsolet identifizierten Transaktionen in den Rollen werden durch die neuen Transaktionen beziehungsweise durch Fiori-Apps in den Einzelrollen ersetzt.
3. Die in der Konzeptionsphase definierten neuen Rollen werden angelegt und getestet.
4. Falls vorhanden, werden die SoD-Regeln mit neuen Transaktionen oder Fiori-Apps ergänzt. Die SoD-Prüfung der Einzel- und Sammelrollen wird realisiert.
5. Es ist empfehlenswert, dass SAP-Fachexpert*innen vor dem Abnahmetest einen Integrationstest der Rollen durchführen.
6. Der Abnahmetest der Rollen wird durchgeführt, indem die Tester*innen aus den Fachabteilungen jede SAP-Funktion mit dem entsprechenden

Testbenutzer durchführen. Die Testbenutzer werden für jede definierte Geschäftsrolle angelegt.

7. Die Benutzeradministration, die SAP-Key-User und die Anwender*innen werden geschult.
8. Die Rollenzuordnung der neuen Geschäftsrollen für die Anwender*innen im Produktivsystem wird definiert und vom Management offiziell freigegeben.

Einführungsphase

Die *Einführungsphase* läuft so ab:

1. Die neuen Rollen und Rollenänderungen werden aus dem Testsystem in das Produktivsystem transportiert.
2. Die Benutzerstammdaten werden im Produktivsystem verifiziert, und die neuen Rollen werden zugewiesen.
3. Falls neue Anforderungen an das SAP-Berechtigungskonzept entstehen, die während der Konzeptions- und Realisierungsphase nicht bekannt waren, werden diese umgesetzt, getestet und in das Produktivsystem transportiert. Dies kann vor oder nach dem Go-live geschehen.
4. Die neue Version des SAP-Berechtigungskonzept-Dokuments wird fertiggestellt und offiziell vom Management abgenommen.
5. Nach dem Go-live wird im Rahmen eines Hypercare Support zur Lösung der auftretenden Berechtigungsfehler geleistet.

Die einzelnen Projektphasen und ihr Inhalt werden in Abbildung 4.7 dargestellt.

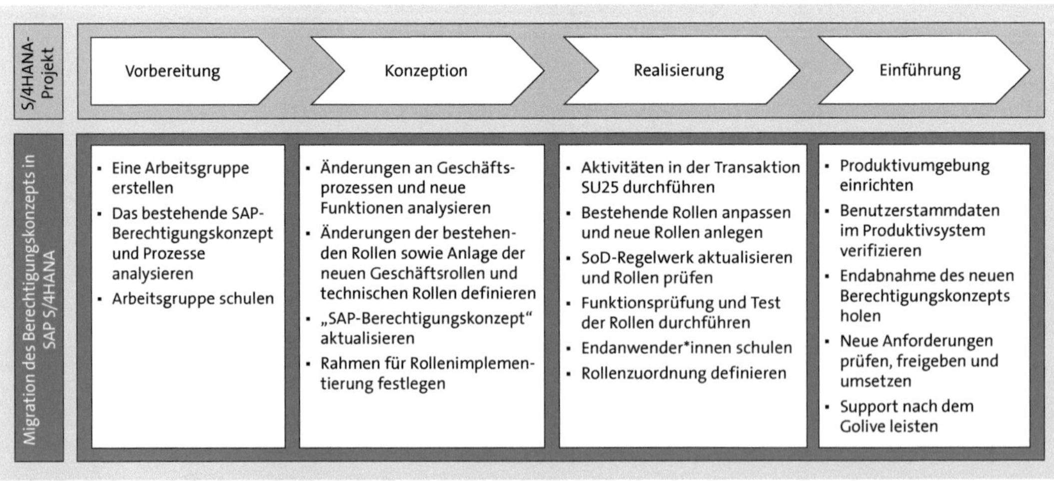

Abbildung 4.7 Projektphasen der Migration eines Berechtigungskonzepts in SAP S/4HANA

4.4.3 Redesign eines Berechtigungskonzepts

Was versteht man unter dem Redesign?

Unter »Redesign« versteht man die Neugestaltung oder die Überarbeitung des bestehenden SAP-Berechtigungskonzepts im laufenden SAP-System. Oft ist ein Projekt für das Redesign des SAP-Berechtigungskonzepts eine Vorbereitungsmaßnahme für die Migration aus SAP ECC auf SAP S/4HANA.

Vor dem Beginn des Redesign-Projekts ist es wichtig, die Ziele und den Umfang des Projekts klar zu definieren. Die Phasen im Redesign-Projekt ähneln weitestgehend den Phasen und Aktivitäten des Projekts für die neue Erstellung des Berechtigungskonzepts (siehe Abschnitt 4.4.1, »Erstellung eines neues Berechtigungskonzepts im Rahmen der SAP-Einführung«).

Phasen eines Redesigns

Die Aktivitäten innerhalb der Phasen eines Redesigns werden nachfolgend aufgeführt.

Die *Vorbereitungsphase* umfasst die folgenden Aktivitäten:

1. Eine Arbeitsgruppe für die Neukonzeption des Berechtigungskonzepts wird gebildet. Sie besteht in der Regel aus SAP-Key-Usern und Modul- beziehungsweise Prozessverantwortlichen, die über hilfreiche Informationen über Geschäftsrollen und Prozesse in ihren Bereichen verfügen. Damit eine ganzheitliche Vorbereitung sowie die anschließende Konzeption möglich sind, sollte aus den relevanten Teams mit Bezug zu den Anwenderprozessen im Produktivsystem ein Vertreter als Single Point of Contact mitwirken.
2. Die Voraussetzungen für die Berechtigungsvergabe werden geklärt. Gesetze (z. B. das Datenschutzgesetz) branchenspezifische Anforderungen, Richtlinien und Regelungen (z. B. ein Datenschutzkonzept) Verträge und Vereinbarungen mit den Partnern (z. B. Kunden und Lieferanten) müssen berücksichtigt werden.
3. Prozesse und Richtlinien im Berechtigungswesen werden auf ihre Aktualität überprüft, aktualisiert und kommuniziert (z. B. die Verantwortlichkeit für den Rolleninhalt und die Rollenfreigabe in den Fachabteilungen, periodische Prüfungen im Berechtigungswesen, ein Notfallbenutzerkonzept usw.).
4. Die Arbeitsgruppe wird geschult: Ein gleiches Verständnis für die technischen Grundsätze des SAP-Berechtigungskonzepts wird geschaffen.
5. Die Mitwirkungspflichten werden aufgezeigt. Es ist wichtig, aufzuzeigen, dass das Berechtigungsteam auf Informationen und Mitwirkungen vollständig angewiesen ist und die Beteiligten das Berechtigungsteam in Bezug auf das gemeinsame Ziel stets auf dem Laufenden halten und mit ihren Lieferobjekten versorgen sollen.

In der *Konzeptionsphase* bestehen folgende Aufgaben:

- Innerhalb der festgelegten Arbeitsgruppe werden die bestehenden Jobfunktionen in SAP überprüft und gegebenenfalls neu definiert.
- Der anwendungstechnische Umfang der Jobfunktionen wird innerhalb von Workshops definiert. Dabei dienen die ST03N-Daten als Grundlage.
- Die bestehenden prozessspezifischen Restriktionen werden überprüft und gegebenenfalls aktualisiert.
- Eine aktualisierte Version des SAP-Berechtigungskonzept-Dokuments wird erstellt.

Während der *Realisierungsphase* fallen folgende Tätigkeiten an:

- Die in der Konzeptionsphase definierten Rollen werden im Entwicklungssystem angelegt und unter Berücksichtigung der bestehenden Restriktionen ausgeprägt.
- Die Rollen werden aus dem Entwicklungssystem ins Testsystem transportiert.
- Die Kernprozesse werden mit ausgewählten Benutzern unter Einsatz der neuen Rollen im Testsystem getestet.
- Alle Prozesse werden anhand von Test Cases im Testsystem getestet.
- Ein Abnahmetest der Rollen und Berechtigungen erfolgt.
- Die Benutzeradministration, SAP-Key-User und zukünftige Anwender*innen werden geschult.
- Die Rollenzuordnung für die Benutzer im Produktivsystem wird definiert und vom Management offiziell freigegeben.

Die Projektphase der *Einführung* ist durch folgende Aktivitäten gekennzeichnet:

- Die Rollen werden aus dem Testsystem in das Produktivsystem transportiert.
- Das SAP-Berechtigungskonzept-Dokument wird fertiggestellt und offiziell vom Management abgenommen.
- Nach dem Go-live wird im Rahmen des Hypercare Support für Berechtigungsfehler geleistet.

Redesign vs. Neuerstellung eines Berechtigungskonzepts

Das Redesign-Projekt ist ein eigenes Projekt und nicht Teil des Einführungs- beziehungsweise Migrationsprojekts. Das bedeutet, dass der Projektplan unabhängig vom Gesamtprojektplan erstellt werden kann. Das gibt viel Flexibilität für die Projektplanung und das Ressourcenmanagement. Die neuen Rollen müssen beispielsweise nicht alle zum gleichen Zeitpunkt angelegt werden. Sie können stattdessen periodenweise angelegt, getestet und eingeführt werden. In Phase 1 werden beispielsweise die Rollen für die Finanzabteilung eingeführt, in Phase 2 die für das Controlling usw. Die Phasen können auch nach Business Units oder Ländern ausgerichtet werden.

Einführen eines neuen Werkzeugs für das Berechtigungsmanagement

Die Phasen und Aktivitäten für die Einführung eines neuen Werkzeugs sind stark von seinem Funktionsumfang abhängig, deshalb werden wir sie in diesem Abschnitt nicht im Detail besprechen. Die bekanntesten Werkzeuge werden in Kapitel 5, »Werkzeuge für das SAP-Benutzer- und Berechtigungsmanagement«, beschrieben.

In diesem Abschnitt haben wir die Phasen der sogenannten »klassischen Projekte« beschrieben. Immer mehr Organisationen führen das agile Projektmanagement ein. Wie ein Berechtigungsprojekt oder Teilprojekt agil gestaltet werden kann, wird im nächsten Abschnitt beschrieben.

4.5 Agile Projekte

Was den Einsatz agiler Methoden in SAP-Einführungsprojekten betrifft, gibt es unterschiedliche Meinungen. Wir werden diese aber nicht ausführen, sondern Information über agile Projektmethoden vermitteln, die die SAP-Berechtigungsadministration in einem agilen Projekt brauchen würde.

Was ist agiles Projektmanagement?

Agiles Projektmanagement ist ein iterativer Ansatz zur Planung und Steuerung von Projektprozessen. Es unterteilt Projektprozesse in kleinere Zyklen, die Sprints oder Iterationen genannt werden. Agiles Projektmanagement ermöglicht Projektteams in der Softwareentwicklung, schnell und kollaborativ an einem Projekt zu arbeiten. Gleichzeitig können sie sich an ändernde Anforderungen in der Entwicklung anpassen. Außerdem können sie schnell auf Feedback reagieren, sodass sie in jedem Sprint Änderungen vornehmen können.

In der agilen Softwareentwicklung bezieht sich eine Iteration auf einen einzelnen Entwicklungszyklus. Jede Iteration wird vom Projektteam überprüft und kritisiert. Erkenntnisse, die aus der Kritik einer Iteration gewonnen werden, werden verwendet, um zu bestimmen, was der nächste Schritt im Projekt sein sollte. Die agile Methode bietet den großen Vorteil, unmittelbar auf Probleme reagieren zu können, die im Laufe des Projekts auftreten. Eine notwendige Änderung an einem Projekt zum richtigen Zeitpunkt kann Ressourcen sparen und dazu beitragen, ein erfolgreiches Projekt pünktlich und innerhalb des Budgets zu liefern.

Scrum und SaFe – Methoden des agilen Projektmanagements

Beim agilen Projektmanagement handelt sich um eine Reihe bewährter Verfahren, die auf verschiedene Weise angewandt werden können. Zwei der gängigsten Methoden im SAP-Umfeld sind *Scrum* und Scaled Agile Framework for Enterprises (*SAFe*).

Scrum ist ein agiles Prozess-Framework, mit dem Teams schneller Software entwickeln können. Dieses Konzept sieht kleine Teams vor, in denen die Aufgaben in kleinere Bestandteile aufgeteilt werden, um das Benutzer-Feedback schnell in ein Produkt integrieren zu können.

Wie funktioniert Scrum?

Scrum funktioniert folgendermaßen:

- Projekte werden nach einzelnen Aufgaben aufgeschlüsselt und im Product Backlog priorisiert.
- Eine bestimmte Anzahl von Aufgaben wird ausgewählt, um sie alle in einem einzigen Sprint zu erledigen (in der Regel innerhalb von zwei, drei Wochen).
- Jede Aufgabe ist einem Teammitglied zugewiesen.
- Die Teammitglieder berichten täglich in kurzen Stand-up-Meetings (auch *Dailies* genannt) über ihre Fortschritte.

SaFe – ein Framework für die gesamte Organisation

Bei SaFe geht es darum, die Konzepte der Agilität auf die gesamte Organisation zu übertragen, nicht nur auf die Softwareentwicklung. SaFe besteht aus einer Reihe von Organisations- und Workflow-Mustern zur Implementierung von agilen Praktiken im gesamten Unternehmen. Das Framework ist eine Wissenssammlung mit strukturierten Leitlinien zu Rollen und Zuständigkeiten sowie zur Planung und Verwaltung von Aufgaben.

Begriffe im agilen Projektmanagement

Wer mit agilem Projektmanagement arbeiten möchte, kommt um einige Begriffe nicht herum. Deshalb erklären wir die wichtigsten:

- *Scrum* ist ein Framework für agiles Projektmanagement, das Teams dabei unterstützt, ihre Arbeit mithilfe einiger Werte, Prinzipien und Praktiken zu strukturieren und zu verwalten.
- Das *Scrum-Team* besteht aus einem Scrum Master, einem Product Owner und mehreren Developern. Innerhalb eines Scrum-Teams gibt es keine Teilteams oder Hierarchien.
- Der *Scrum Master* trägt die Verantwortung dafür, dass das Scrum-Team möglichst effektiv und ungestört arbeiten kann. Er achtet darauf, dass die Scrum-Regeln reibungslos für das Scrum-Team funktionieren und dass alle Beteiligten die Scrum-Theorie, also die Praktiken, Regeln und Werte, verstehen.
- Das *Development-Team* setzt sich aus Fachleuten zusammen, die im Verlauf eines Sprints gemeinsam an einem Teil eines Projekts oder Produkts

arbeiten. Es handelt sich um ein sich selbst organisierendes Team, das für sein Arbeitsergebnis verantwortlich ist.

- Der *Product Owner* ist für die Wertsteigerung des Produkts im Entwicklungsprozess zuständig und verantwortet das Product Backlog. In der Praxis ist diese Person diejenige, die die fachliche Sicht vertritt und als Ansprechperson für die Developer agiert.
- Ein *Product Backlog* ist eine priorisierte Liste von Aufgaben für das Development-Team.
- Eine *User Story* ist eine informelle, allgemeine Erklärung eines Software-Features, die aus der Sicht der Anwender*innen verfasst wurde. Der Zweck einer User Story ist es, zu formulieren, wie eine einzelne Aufgabe dem Kunden einen bestimmten Wert liefert.
- Ein *Epic* ist eine Aufgabe, die zu groß ist, um sie in einem Sprint zu erledigen. Epics können in User Stories unterteilt werden, die dann in das Product Backlog aufgenommen werden können.
- Unter *Definition of Done (DoD)* versteht man die Kriterien, unter denen ein Produkt als umgesetzt akzeptiert wird.
- *Sprints* sind Iterationen mit festgelegter Länge, in denen User Stories oder Product Backlog Items in potenziell auslieferbare Inkremente umgewandelt werden. Für jeden Sprint wird eine bestimmte Zeitspanne gewährt. Sie kann eine Woche bis einen Monat umfassen.
- Das *Sprint Planning* initiiert den Sprint, indem es die für den Sprint auszuführenden Arbeiten aufführt. Dieser resultierende Plan wird durch die gemeinschaftliche Arbeit des gesamten Scrum-Teams erstellt. Am Sprint Planning nehmen der Product Owner, der Scrum Master und die Developer des Scrum-Teams teil.

Vorteile des agilen Projektmanagements

Die Methodik bietet folgende Vorteile:

- **Höhere Freiheitsgrade** lassen die Developer an Modellen arbeiten, die ihre Stärken nutzen.
- **Effizienter Ressourceneinsatz** ermöglicht eine schnelle Bereitstellung mit minimaler Zeitverschwendung.
- **Größere Flexibilität** erlaubt den Developern, sich besser an erforderliche Änderungen anzupassen und diese vorzunehmen.
- **Schnelleres Erkennen von Problemen** ermöglicht schnellere Korrekturen und eine bessere Kontrolle von Projekten.
- **Verstärkte Zusammenarbeit mit den Fachabteilungen** führt zu Produkten, die die Bedürfnisse der Anwender*innen besser erfüllen.

Nachteile des agilen Projektmanagements

Agiles Projektmanagement hat auch einige potenzielle Nachteile:

- **Inkonsistente Ergebnisse**: Ein Projekt kann aus dem Ruder laufen, weil es zu Beginn eines Projekts weniger festgelegte Vorgehensweisen gibt.
- **Fortschritte sind schwer messbar**: Off-Track-Projekte führen zu weniger vorhersehbaren Ergebnissen.
- **Zeitbeschränkungen**: Agiles Management ist darauf angewiesen, Entscheidungen schnell zu treffen, daher ist es nicht für Organisationen geeignet, die lange Zeit brauchen, um Probleme zu analysieren.
- **Kommunikation kann herausfordernd sein**: Die Zusammenarbeit zwischen Teams oder Anwender*innen muss kontinuierlich stattfinden, um das bestmögliche Produkt herzustellen.

Für welche Projekte eignet sich das agile Projektmanagement?

Agiles Projektmanagement eignet sich für Projekte, die ...

- nur ein vages Bild der Anforderungen zeichnen können.
- ständigen Veränderungen ausgesetzt sind, auf die reagiert werden muss.
- ein komplexes Ziel verfolgen (z. B. weil das Endprodukt nicht ersichtlich ist).
- schnelle Ergebnisse liefern müssen (z. B. weil es der Markt verlangt).

Klassisches und agiles Projektmanagement

In Tabelle 4.1 finden Sie einen Vergleich des klassischen Projektmanagements mit agilem Projektmanagement.

Klassisches Projektmanagement	Agiles Projektmanagement
Der Umfang ist fest, Zeit und Aufwand sind variabel.	Zeit und Aufwand sind fest, der Umfang ist variabel.
Der Prozess ist linear (Wasserfall-Modell): Die Entwicklung verläuft von Phase zu Phase.	Der Prozess ist iterativ: Alle Phasen werden in einer Iteration durchlaufen.
Der Prozess ist fest.	Der Prozess wird fortlaufend verbessert.
Der Einfluss von Stakeholdern sinkt im Verlauf des Projekts.	Der Einfluss der Stakeholdern ist konstant im Projekt.
Die Anforderungen werden nur am Anfang erfasst (z. B. in einem Lastenheft).	Die Anforderungen werden kontinuierlich erfasst (z. B. durch Backlogs).

Tabelle 4.1 Gegenüberstellung klassisches vs. agiles Projektmanagement

Klassisches Projektmanagement	Agiles Projektmanagement
Die Ergebnisse werden nur am Ende des Projekts geliefert und bewertet.	Die Ergebnisse werden im Projektverlauf regelmäßig geliefert und bewertet.
Der Projektmanager managt und verantwortet das gesamte Projekt.	Das Team managt sich selbst und übernimmt zusammen die Verantwortung.
Kommunikation in langen Meetings und durch Dokumente	Kommunikation im kurzen, täglichen Meeting und wenig Dokumentation

Tabelle 4.1 Gegenüberstellung klassisches vs. agiles Projektmanagement (Forts.)

Agiles Projektmanagement und SAP-Berechtigungen

Wie SAP-Berechtigungsprojekte oder Teilprojekte mit agilen Methoden ausgeführt werden, hängt davon ab, in welchem Umfang agile Methoden in der Organisation eingeführt wurden. Im Folgenden beschreiben wir die drei häufigsten Situationen einer SAP-Berechtigungsadministration im Kontext von agilem Projektmanagement:

1. **Die gesamte Organisation arbeitet in einem agilen Framework.** SaFe wurde z. B. vollumfänglich eingeführt. Die SAP-Berechtigungsadministration wird Teil eines Scrum-Teams. Die Aufgaben aus dem Tagesbetrieb und aus den Projekten werden als User Stories erfasst und der SAP-Berechtigungsadministration zugewiesen. Die SAP-Berechtigungsadministration schätzt den Aufwand für die Berechtigungs-User-Stories ein. Sie muss die Sprints so planen, dass die ihr zugewiesenen User Stories innerhalb des Sprints erledigt werden können.
2. **Das SAP-Einführungsprojekt wird in einem agilen Framework geleitet.** In diesem Fall muss das Teilprojekt für Berechtigungen auch im agilen Verfahren durchgeführt werden. Die Teilprojektleitung sorgt dafür, dass die Berechtigungen für SAP-Prozesse oder SAP-Funktionen, die im SAP-Einführungsprojekt innerhalb von Iterationen und Sprints geliefert werden müssen, in die Definition of Done eingeschlossen werden (siehe Abbildung 4.8). Jedoch dürfen die allgemeinen Aufgaben, wie Erstellung und Pflege des Berechtigungskonzepts, Konfiguration des SoD-Regelwerks usw., nicht vernachlässigt werden. Diese Aufgaben müssen auch als User Stories im Product Backlog erfasst und in Sprints eingeplant werden.

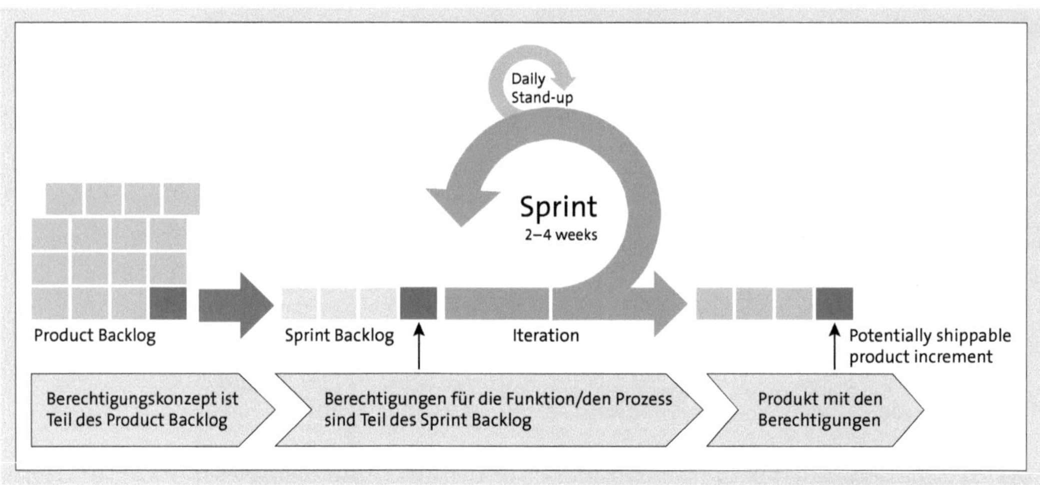

Abbildung 4.8 Integration von Berechtigungen in das Produkt in den agilen Projekten

3. **Die Projektleitung des Berechtigungsprojekts darf wählen, welche Methode im Projekt angewendet werden soll.** Dieser Fall tritt bei den Redesign-Projekten ein, wenn das Berechtigungsprojekt nicht Teil des gesamten SAP-Einführungsprojekts ist. Wie in Abschnitt 4.4.3, »Redesign eines Berechtigungskonzepts«, schon erwähnt wurde, kann die Projektleitung in Redesign-Projekten eine gewisse Flexibilität haben, was die Planung der Projektphasen angeht. Die Anwendung von agilen Projektmethoden hat Vorteile und Nachteile, die vorne beschrieben wurden.

Beispiel

Stellen wir uns die folgende Situation vor: Das aktuelle Berechtigungskonzept ist sehr breitgeschnitten, und es gibt keine Einschränkungen für Organisationsebenen zwischen Business Units. Das Zielkonzept sieht vor, dass Mitarbeitenden nur die Berechtigungen gegeben werden, die sie tatsächlich für ihre Arbeit brauchen, und nur für die Organisationsebenen der eigenen Business Units.

Angenommen, die Projektleitung hat die Einführung der neuen Rollen in Sprints geplant: Im ersten Sprint werden Mitarbeitende der Business Unit A neue Rollen bekommen, im zweiten Sprint werden Mitarbeitende der Business Units B neue Rollen bekommen usw. Der Vorteil dieser Projektplanung besteht darin, dass greifbare Ergebnisse nach jedem Sprint erzielt werden (z. B. die Einführung der neuen Rollen für eine bestimmte Anzahl von Mitarbeitenden). Ein weiterer Vorteil ist, dass die Mängel der Rollen, die während der Tests nicht aufgedeckt wurden, im produktiven Betrieb auftauchen und gelöst werden können, sodass die Rollen in jedem weiteren Sprint eine höhere Qualität aufweisen.

Auf der anderen Seite werden einige Business Units für eine gewisse Zeitspanne eingeschränkte Berechtigungen haben, während andere Business Units umfangreiche Berechtigungen haben. Das Gesamtprojektziel wird aber nicht erreicht, bis die letzte Business Unit die neuen Rollen zugewiesen bekommt.

4.6 Zusammenfassung

In diesem Kapitel haben Sie erfahren, welche Akteure und Stellen für das SAP-Benutzer- und Berechtigungsmanagement wichtig sind. Sie haben die Hauptprozesse und Aufgaben im Tagesbetrieb des SAP-Benutzer- und Berechtigungsmanagements kennengelernt. Welche Projektarten man im SAP-Benutzer- und Berechtigungsmanagement haben kann und wie sie mit den klassischen Projektmethoden ausgeführt werden können, wissen Sie nach diesem Kapitel ebenfalls. Sie kennen agile Projektmethoden und wissen, wie sie im SAP-Benutzer- und Berechtigungsmanagement angewendet werden können.

Kapitel 5

Werkzeuge für das SAP-Benutzer- und Berechtigungsmanagement

Erfahrungsgemäß hat fast jede Organisation ab einer gewissen Größe ein oder mehrere Werkzeuge für die Benutzer- und Berechtigungsverwaltung im Einsatz. Es gibt eine Vielzahl von Werkzeugen, die speziell für SAP entwickelt wurden und deren Einsatz den Aufwand für die Berechtigungsverwaltung erheblich verringern kann.

Berechtigungswerkzeuge ähneln den Werkzeugen, die Sie für andere Zwecke nutzen: Wenn Sie beispielweise einen Stuhl zusammenbauen müssen, reicht ein Schraubendreher aus. Wenn Sie zehn Stühle zusammenbauen müssen, würden Sie überlegen, einen Akkuschrauber auszuleihen. Wenn Sie aber jeden Tag von 08:00 bis 17:00 Uhr Möbel zusammenbauen, dann würden Sie dafür sicher professionelle Werkzeuge beschaffen. Wir können die SAP-Standardtransaktionen für die Rollen- und Benutzerpflege mit einem Schraubendreher, die Transaktionen SECATT und LSMW mit einem Akkuschrauber und die Werkzeuge, die in diesem Kapitel beschrieben werden, mit den professionellen Elektrowerkzeugen vergleichen.

Je mehr Aufwand die Berechtigungsadministration für die Anlage und Pflege der SAP-Berechtigungskonzepte betreiben muss, desto sinnvoller ist es, ein Werkzeug für das Berechtigungsmanagement zu beschaffen. Es gibt allerdings nicht immer einen direkten Zusammenhang zwischen dem Umfang des Berechtigungsmanagements (z. B. der Anzahl der Rollen oder der SAP-Systeme) und dem Aufwand durch die Berechtigungspflege für die Berechtigungsadministration. Oft sind die branchen- oder unternehmensspezifischen Anforderungen an die SAP-Berechtigungen der ausschlaggebende Einflussfaktor für die Höhe des Aufwands für die Berechtigungsadministration. Deswegen können wir keine Empfehlung geben (z. B. »Ab 1.000 Rollen sollten Sie ein Berechtigungswerkzeug beschaffen«). In diesem Kapitel haben wir Informationen zusammengestellt, die helfen können, ein Berechtigungswerkzeug für Ihre Organisation auszuwählen.

In Abschnitt 5.1 finden Sie die wichtigsten Funktionen der Berechtigungswerkzeuge nach Einsatzbereichen sortiert. In Abschnitt 5.2 haben wir eine mögliche Vorgehensweise für die Bewertung unterschiedlicher Werkzeuge dargestellt, außerdem erhalten Sie eine Vorlage in Excel. In Abschnitt 5.3 lernen Sie die gängigsten Berechtigungswerkzeuge und ihre Funktionen kennen.

5.1 Einsatzbereiche von Berechtigungsverwaltungswerkzeugen

Die Berechtigungsverwaltungswerkzeuge werden von Organisationen für hauptsächlich drei Zwecke eingesetzt:

- Effizienzsteigerung bei der Rollenpflege und Verwaltung
- Digitalisierung und Automatisierung der Prozesse im Benutzer- und Berechtigungsmanagement
- Risikominderung und Compliance

Effizienzsteigerung bei der Rollenpflege und -verwaltung

Zur Effizienzsteigerung tragen folgende Funktionen bei:

- Anlage der Rollen auf Basis einer Nutzungsstatistik
- Massenanlage und Massenänderung der Rollen, der Benutzeridentitäten und der Rollenzuweisungen
- automatisierte Rollenableitung anhand von vordefinierten Organisationssets
- automatisierte Generierung der Dokumentation der SAP-Berechtigungskonzepte
- Verifizierung der Rollenqualität bei der Rollenanlage und Rollenmodifikation
- automatisierte Lösung der Berechtigungsfehler bei Tests und im Betrieb
- Vorschläge für die Rollenänderungen bei der Migration auf SAP S/4HANA

Digitalisierung und Automatisierung der Prozesse

Zur Digitalisierung und Automatisierung der Prozesse im Benutzer- und Berechtigungsmanagement gehören die folgenden Funktionen:

- elektronischer Berechtigungsantrag mit Workflow
- Self-Service für den Rollenantrag
- Self-Service für den Passwort-Reset
- Bündelung von technischen Rollen für die Vereinfachung des Beantragungsprozesses in den Fachabteilungen (Geschäftsrollen)
- benutzerfreundliche Oberfläche
- Stellvertretung für genehmigende Personen
- Digitalisierung und Dokumentation der Anträge für die Rollenmodifikationen

Risikominderung und Compliance

Für die Risikominderung und Compliance sind die folgenden Funktionen von Bedeutung:

- SoD-Regelwerk (Segregation of Duties) und die Risikoanalyse
- systemübergreifende Risikoanalyse
- Risikoanalyse während der Rollenbeantragung
- Simulation von Änderungen an Benutzer- und Rollenzuweisungen, um Zugriffsrisiken zu vermeiden
- Stärkung der SAP-Sicherheit
- Monitoring der kritischen Berechtigungen in Echtzeit
- Zuweisung der risikomindernden Kontrollen und Integration mit dem IKS-System
- Notfallzugriffsverwaltung
- periodische Zugriffsprüfungen
- Berichterstellung
- Unterstützung für IT-Audits

5.2 Anforderungen und Bewertungskriterien

Es gibt auf dem Markt viele Berechtigungsverwaltungswerkzeuge von SAP und von Drittanbietern. Bei der Auswahl des passenden Werkzeugs sind die folgenden drei Fragen zu beantworten:

- Wird der Nutzen des Werkzeugs seine Kosten überwiegen?
- Wie gut kann man das neue Werkzeug mit den Werkzeugen, die schon im Einsatz sind, kombinieren?
- Welche Funktionen muss das Werkzeug enthalten?

Um ein Werkzeug zu bewerten, schlagen wir vor, eine Tabelle zu erstellen. Auf der linken Seite listen Sie alle Funktionen auf, die für Ihre Zwecke benötigt werden, in der Kopfzeile listen Sie alle Werkzeuge auf, die in Betracht kommen. Sie brauchen noch eine Spalte, um die Relevanz der Funktion für Ihre Organisation zu bewerten, beispielsweise, sehr hoch = 10, hoch = 8, mittel = 6, niedrig = 4, sehr niedrig = 2, keine = 0. Tragen Sie in die Spalte des Werkzeugs »1« ein, wenn das Werkzeug über die Funktion verfügt, und »0«, wenn das Werkzeug nicht über diese Funktion verfügt. Anschließend multiplizieren Sie die Kennzahl für die Relevanz mit 0 oder 1 für das Werkzeug und summieren die Ergebnisse für jedes Werkzeug (siehe beispielhaft in Abbildung 5.1). Den Preis des Werkzeugs können Sie als ein weiteres Kriterium hinzufügen.

Bereich	Funktionalität	Wichtigkeit	Tool 1	Tool 2	Tool 3
Effizienzsteigerung bei der Rollenpflege und Verwaltung	Anlage der Rollen auf Basis der Nutzungsstatistik	10	1	0	0
	Massenanlage und Massenänderung der Rollen, der Benutzer-Identitäten und der Rollenzuweisungen	10	0	0	1
	Automatisierte Rollenableitung anhand der vordefinierten Organisationssets	10	1	0	1
Digitalisierung und Automatisierung der Prozesse im Benutzer- und Berechtigungsmanagement	Elektronischer Berechtigungsantrag mit Workflow	10	1	1	1
	Geschäftsrollen - Bündelung von technischen Rollen für die Vereinfachung des Beantragungsprozesses in den Fachabteilungen	10	0	1	1
	Digitalisierung und Dokumentation der Anträge für die Rollenmodifikationen	8	1	1	0
Risikominderung und Compliance	SoD-Regelwerk (Segregation of Duties) und Risikoanalyse	10	1	1	1
	Systemübergreifende Risikoanalyse	4	0	1	0
	Risikoanalyse während der Rollenbeantragung	8	1	1	1
	Simulation von Änderungen an Benutzer- und Rollenzuweisungen, um Zugriffsrisiken zu vermeiden	6	0	1	0
BEWERTUNG			56	56	58

Abbildung 5.1 Bewertung der Berechtigungsverwaltungswerkzeuge

5.3 Übersicht der Werkzeuge

In diesem Abschnitt haben wir für Sie Informationen zu den gängigsten Berechtigungswerkzeugen zusammengestellt. In Abschnitt 5.3.13, »Berechtigungsverwaltungswerkzeuge und ihre Funktionen auf einen Blick«, finden Sie eine Tabelle der Werkzeuge und ihrer Funktionen, die Sie für die Bewertung verwenden können.

5.3.1 apm Suite von Valantic

apm Suite ist ein Produkt der Firma Valantic GmbH – eine Gruppe von IT-Dienstleistungs- und Beratungsunternehmen mit Hauptsitz in München.

Die apm Suite besteht aus acht Modulen, die alle zusammen oder wahlweise lizenziert werden können. Für das Berechtigungsmanagement werden fünf Module in *apm atlantis* zusammengefasst:

- apm atlantis – Berechtigungsmanagement
  - apm core
  - apm composer
  - apm transformer
  - apm requester
  - apm observer
- apm identifier – Benutzerverwaltung
- apm rescuer – Notfallbenutzermanagement
- apm restarter – Passwort-Self-Service

Das Modul *apm core* ermöglicht die Erstellung von Szenarien, Templates und Favoriten für die SAP-Rollengenerierung. Über den Berechtigungstrace wird ermittelt, welche SAP-Berechtigungen Benutzer und Abteilungen innerhalb der Organisation tatsächlich benötigen.

Das Modul *apm composer* unterstützt jegliche Art der SAP-Rollenerstellung (manuell, transaktionsbezogen oder per Berechtigungstrace). Kritische Berechtigungen in SAP können während der SAP-Rollengenerierung identifiziert werden.

apm composer

Das Modul *apm transformer* bietet verschiedene Möglichkeiten zur Anpassung und Korrektur von SAP-Rollen. Die Massen-Löschfunktion erlaubt eine Systembereinigung in SAP für nicht mehr benötigte Rollen.

apm transformer

Mithilfe des Moduls *apm requester* werden Anfragen zum Ändern, Löschen und Generieren von Rollen in SAP strukturiert und dokumentiert. Zuständigkeiten für die Rollen werden definiert, und die Bearbeitung wird nachweisbar über den gesamten Workflow kontrolliert und protokolliert.

apm requester

Das Modul *apm observer* ermöglicht die Analyse kritischer SAP-Rechte sowie die Ermittlung, Kontrolle und im Bedarfsfall die Beseitigung von kritischen Berechtigungen in SAP. Durch Simulationsmöglichkeiten lassen sich SAP-Sicherheitsrisiken bereits im Vorfeld erkennen und vermeiden.

apm observer

Das Modul *apm identifier* ist ein Add-on für den Benutzerantrag. Der apm identifier ist mit der apm Suite für transparentes Berechtigungsmanagement in SAP kombinierbar.

apm identifier

Das Modul *apm rescuer* ist ein Add-on für das Notfallbenutzermanagement. apm rescuer ermöglicht eine vollständige Auditierung der Verwendung von Notfallbenutzern mit weitreichenden Berechtigungen.

apm rescuer

Das Modul *apm restarter* ist ein Add-on für den Passwort-Self-Service. Mit dem apm restarter können SAP-Anwender*innen ihr Kennwort selbst zurücksetzen und eine Benutzersperre wegen Falschanmeldung aufheben.

apm restarter

5.3.2 CheckAud von IBS Schreiber

CheckAud ist ein Produkt der Firma IBS Schreiber GmbH – ein Softwarehersteller und Beratungsunternehmen mit Sitz in Hamburg, das auf SAP-Sicherheit spezialisiert ist.

Mit CheckAud können umfangreiche Prüfungen zu kritischen Berechtigungen und SoD-Konflikten sowie zu System-, Parameter- und Customizing-Einstellungen durchgeführt werden. CheckAud enthält vordefinierte Regelwerke, in denen die Prüfungen nach technischer und/oder nach Prozesssicht angeordnet sind. Es können beliebige eigene Berechtigungs-, Parameter- und Tabellenabfragen in die Regelwerke integriert werden.

Regelwerke in CheckAud

CheckAud prüft Berechtigungen mithilfe von vordefinierten, umfassenden und durch einen Wirtschaftsprüfer zertifizierten Regelwerken. Die Software enthält über 2.600 vordefinierte Analysen/Regeln zu den ERP- bzw. S/4HANA-Standardmodulen, zu Sondermodulen wie IS-U, FS-CD und FS-CML sowie zur Datenbank SAP HANA. Die Regeln sind vollständig inklusive der Berechtigungsobjekte, Transaktionen, Fiori-Apps und WebDynpro-Anwendungen ausgeprägt. Die Regelwerke können mit der *Easy Content Solution* in andere GRC-Tools übertragen werden. Zweimal pro Jahr werden die Regeln von der IBS Schreiber GmbH überarbeitet und an neue Release-Stände (z. B. neue SAP-S/4HANA-Releases) angepasst.

Die Regeln beinhalten ein ausführliches Risikomanagement, in dem die Risiken, Auswirkungen und die Zielsetzungen definiert sind. Die Risikoeinstufung kann auf Basis des internen Kontrollsystems (IKS) an jedes Unternehmen individuell angepasst werden. Zusätzlich gibt es ein Bewertungssystem auf der Basis von Eintrittswahrscheinlichkeiten und des Schadenspotenzials der Risiken.

Auswertungen in CheckAud

CheckAud zeigt alle Benutzer mit ihren zugewiesenen Berechtigungen und deren Herkunft an, sowohl in detaillierter Einzeldarstellung als auch in einem Dashboard. Ergänzend lassen sich Einzel- und Sammelrollen ermitteln, die die kritischen Berechtigungen vollständig oder nur teilweise enthalten. Die Auswertungen beinhalten eine automatische Release-Erkennung, sodass Regeln gleichzeitig z. B. für SAP ERP und SAP S/4HANA genutzt werden können.

Mit dem Reporting können Benutzer- und Rollenmatrizen, Prüfberichte sowie Detaillisten erzeugt werden, die die Herkunft der Rechte bis hinab auf die Berechtigungsobjekt- und Feldwertebene darstellen. Die Reports sind so aufgebaut, dass sowohl Prozessverantwortliche als auch Mitglieder der IT-Abteilung sie verstehen und alle für sie relevanten Informationen finden. Durch Did-Do-Analysen kann außerdem ermittelt werden, welche Benutzer Funktionen und Prozesse ausgeführt haben.

Einsatzbereich von CheckAud

CheckAud kann als Werkzeug für ein internes Kontrollsystem für SAP-Berechtigungen verwendet werden. Eine Funktion zur Rezertifizierung von Berechtigungen ist integriert. Externe Prüfer (z. B. Wirtschaftsprüfer) können CheckAud in einer speziellen Auditors-Edition nutzen.

Installation von CheckAud

CheckAud läuft auf Windows-Rechnern. Installationen in den SAP-Systemen sind nicht erforderlich. Die auszuwertenden Daten werden per RFC in einzelnen Snapshots ausgelesen. Über eine Automatisierung können auch Massenanalysen beliebig vieler SAP-Systemlandschaften durchgeführt werden. Durch die Nutzung von Snapshots sind Vergleiche verschiedener Berechtigungszustände möglich, womit Unterschiede in den jeweils vergebenen Berechtigungen aufgezeigt werden.

Funktionsweise von CheckAud

In Abbildung 5.2 ist die Funktionsweise von CheckAud dargestellt. Die für die Prüfung relevanten Tabellen werden per RFC aus den SAP-Systemen ausgelesen und als Snapshot in CheckAud verarbeitet.

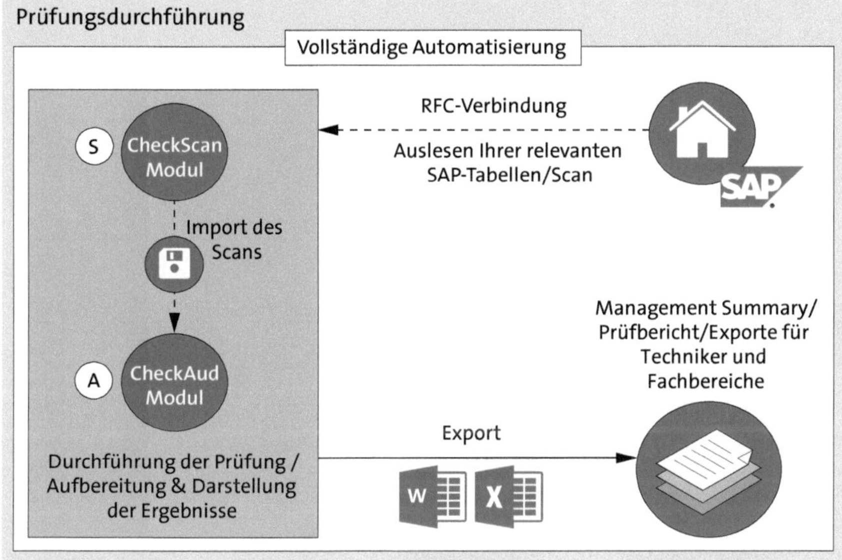

Abbildung 5.2 Funktionsweise von CheckAud (Quelle: IBS Schreiber)

5.3.3 Easy Content Solution von IBS Schreiber

Easy Content Solution ist ein weiteres Produkt der Firma IBS Schreiber GmbH. Die Software dient zur zentralen Pflege von Regelwerken für SAP-Berechtigungen. Die Regelwerke können in verschiedene Tools übertragen werden. Dies gewährleistet einheitliche Prüfroutinen und Ergebnisse, auch wenn in einer Unternehmung verschiedene Tools genutzt werden.

Tabelle 5.1 zeigt exemplarisch einige Tools, mit denen SAP-Berechtigungen geprüft bzw. überwacht werden können und von welchen Abteilungen sie im Regelfall im Unternehmen eingesetzt werden. Falls in diesen Tools unterschiedliche Regelwerke genutzt werden, so kann das zu unterschiedlichen Ergebnissen und einem hohen Arbeitsaufwand bei der Pflege der einzelnen Regelwerke führen.

		Fachbereiche	SAP-Administration	SAP-Projekt	Revision	Wirtschaftsprüfung
IDM-Tools	SAP ID Management	X	X			
	One Identity	X				
...						
GRC-/Projekt-Tools	SAP Access Control	X	X			
	SAP Identity and Access Governance		X			
	Pathlock SAST		X	X		
	Xiting XAMS		X	X		
	...					
Prüf-Tools	CheckAud	X	X		X	X
	SAP-Infosysteme				X	X
	...					

Tabelle 5.1 Nutzung von Regelwerken in Unternehmen

Regelwerke in Easy Content Solution

Easy Content Solution beinhaltet dieselben umfassenden Regelwerke wie CheckAud. Beide enthalten umfangreiche Regeln zu kritischen Berechtigungen und Funktionstrennungskonflikten (SoD).

Die Regeln beinhalten eine automatische Release-Erkennung, sodass dieselbe Regel (z. B. »Kreditor pflegen UND Rechnung buchen«) gleichzeitig beispielsweise für SAP ERP und SAP S/4HANA genutzt werden kann. Ein Easy-Content-Solution-Regelwerk ist grundsätzlich system- und releaseunabhängig. Vor der Übertragung eines Regelwerks in eine Ziellösung werden die berechtigungsrelevanten System- und Customizing-Einstellungen aus dem SAP-System ausgelesen, auf das das Regelwerk angewendet werden soll. Daraufhin werden die Regeln für den Export automatisch an die Spezifika des SAP-Systems (Berechtigungsgruppen, existierende Transaktionen, installierte SAP-Fiori-Apps usw.) angepasst. Somit kann dasselbe Regelwerk für verschiedenste Systeme mit unterschiedlichen Release-Ständen und unterschiedlichem Customizing genutzt werden. In Abbildung 5.3 sehen Sie die Funktionsweise von Easy Content Solution.

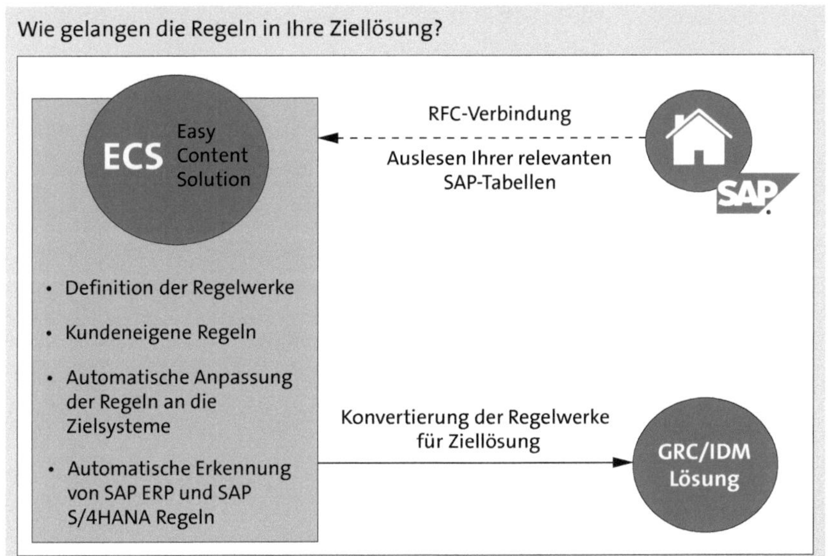

Abbildung 5.3 Funktionsweise von Easy Content Solution (Quelle: IBS Schreiber)

Zweimal pro Jahr werden die Regeln von der IBS Schreiber GmbH überarbeitet und an neue Release-Stände (z. B. neue SAP-S/4HANA-Releases) angepasst.

Einsatzbereiche von Easy Content Solution

Die Regelwerke können unternehmensspezifisch zusammengestellt und erweitert werden. Mit einer Exportfunktion werden sie dann im Format des jeweiligen Zielsystems übertragen, z. B. zu SAP Access Control, SAP Cloud Identity Access Governance (IAG), Pathlock SAST, Xiting XAMS, One Identity Manager usw.

Installation von Easy Content Solution

Easy Content Solution läuft auf Windows-Rechnern. Installationen in den SAP-Systemen sind nicht erforderlich.

5.3.4 mesaforte.Suite von wikima4

mesaforte.Suite ist ein Produkt der Firma wikima4 AG – ein Beratungsunternehmen und Softwarehersteller mit Sitz in Zug (Schweiz) und einer Tochtergesellschaft in Wien, das auf Data Access Governance und IT-Sicherheit spezialisiert ist.

Module von mesaforte.Suite

mesaforte.Suite von wikima4 erfüllt Governance-, Risk- und Compliance-(GRC-)Anforderungen, reduziert Applikationsrisiken und vereinfacht das Monitoring und Reporting mit 10 einzeln lizenzierbaren Modulen (siehe Abbildung 5.4).

mesaforte.Suite von wikima4 deckt zahlreiche Anwendungsfälle aus Compliance, Privacy und Security Monitoring, Audit, Benutzerberechtigungsdesign- und -verwaltung, Nutzungsanalyse, Lizenzoptimierung sowie aus dem agilen Zugriffsmanagement ab und unterstützt auch mit besonderen Features die Einführung von SAP S/4HANA:

- Compliance SoD
- Internal/External Security
- Analytics
- License Optimization
- Identity Management
- Role Designer & Tuner
- Auditor
- FireFighter/Agile Access Management
- S/4HANA
- GDPR (General Data Protection)

Auswertungen in mesaforte.Suite

Dashboards adressieren die unterschiedlichen Anforderungen und Lesegewohnheiten der verschiedenen Anwendergruppen, von aggregiert (für das Management) bis detailliert (für die Umsetzungsspezialist*innen).

Installation von mesaforte.Suite

Die Installation und Konfiguration von mesaforte.Suite erfolgt auf einem separaten Server als On-Premise-Version beim Kunden oder als Software as a Service (SaaS) im wikima4-Datacenter. mesaforte.Suite ist eine eigenständige GRC-Applikation außerhalb des SAP-Systems und kommuniziert über einen RFC-Benutzer mit den zu überwachenden SAP-Systemen. Die dafür nötigen Zugriffsrechte sind funktionsgenau definiert. mesaforte.Suite verbindet sich mit allen SAP-Anwendungen wie SAP ERP R/3, SAP S/4HANA sowie allen Paketen der SAP-Produktfamilie.

Funktionsübersicht von mesaforte.Suite

Vordefinierte Regel-, Prozess-, Reporting- und Konzept-Frames können nach der Installation genutzt werden. Die standardmäßig ausgelieferten Übersichten zu Transaktionsnutzung, Berechtigungsanalysen, Systemkonfigurationen oder SAP-S/4HANA-Mappings bringen zusätzlichen Nutzen. Weitere Informationen zu möglichen Anwendungsfällen oder zur Beantwortung von Fragen können Sie den umfassenden Benutzerhandbüchern und Schulungsunterlagen des Tools entnehmen. Der 7/24-Support von wikima4 unterstützt Sie darüber hinaus bei spezielleren Fragestellungen.

In Abbildung 5.4 sehen Sie eine Übersicht der Module von mesaforte.Suite, die in diesem Abschnitt beschrieben werden.

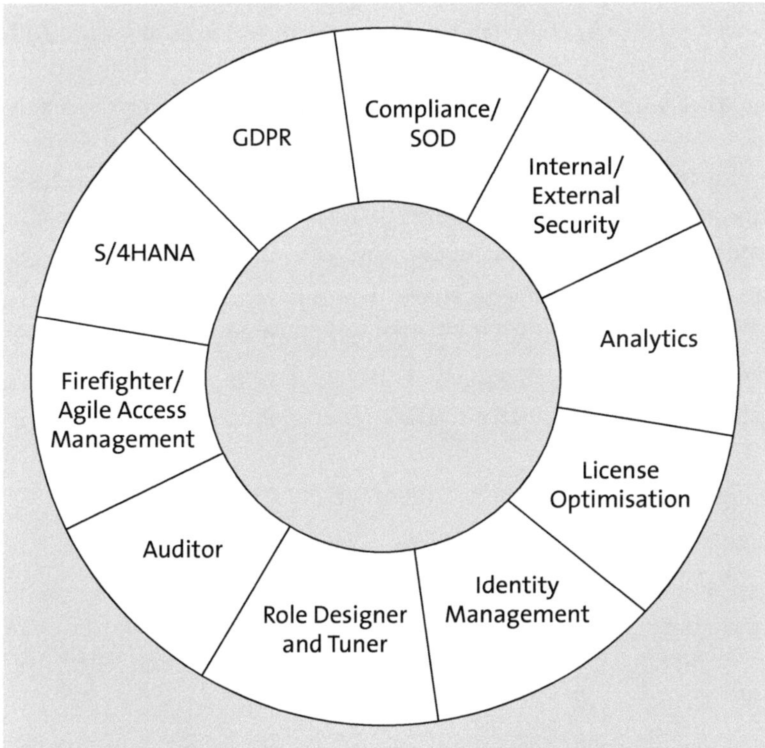

Abbildung 5.4 Module von mesaforte.Suite (Quelle: wikima4)

Compliance SOD von mesaforte.Suite

Das Modul *Compliance SOD* dient der Risikoanalyse und liefert ein umfassendes, vordefiniertes Regelwerk. Es unterstützt eine sogenannte *Real-Time Compliance* mit dem Ziel, Sicherheitsverletzungen zu verhindern, bevor sie auftreten. Änderungen an den Rollen und Rollenzuweisungen können simuliert werden, um neue Risiken zu identifizieren und zu verhindern, auch systemübergreifend. Für die Restrisiken können Maßnahmen zur Behebung und Minderung definiert und dokumentiert werden. Die mitigierten Risiken können aus den Auswertungen ausgeschlossen werden. Dem Management steht ein übersichtliches Dashboard mit Drilldown-Funktion auf Risikobereiche und involvierte SAP-Benutzer zur Verfügung.

Internal/External Security von mesaforte.Suite

Das Modul *Internal/External Security* unterstützt die Identifikation von generellen IT-Risiken und bietet einen vollständigen Überblick über das aktuelle Sicherheitsniveau der SAP-Infrastruktur in Echtzeit. Sämtliche Ebenen werden auf Basis von General IT Controls, SLA-Monitoring und Hacking-Schutz auf Schwachstellen analysiert und visualisiert. Auch hier steht ein übersichtliches Management-Dashboard zur Verfügung. Eine Nutzungswarnung bei kritischen Bereichen bietet zusätzlichen Schutz vor Hacking.

Analytics von mesaforte.Suite

Das Modul *Analytics* erzeugt Transparenz, indem es Daten über die Nutzung der SAP-Systeme aggregiert, um sie für verschiedene Zwecke zu bewerten. Dies wird im Bereich der tatsächlichen Bedrohungen (beispielsweise Rechnungsfreigabe und Stammdatenänderungen) und zur Systembereinigung (Rollen und Rollenzuordnung) eingesetzt. Ein weiterer Anwendungsfall ist der Einsatz der bereitgestellten Nutzungsdaten für eine anstehende Neukonzeption des in die Jahre gekommenen Berechtigungskonzepts. Diese Nutzungsdaten umfassen:

- tatsächlich genutzte Transaktionen (Nutzungsart und Nutzungsumfang) und Reports
- in Rollen tatsächlich genutzte Transaktionen, benutzerbezogen und global
- Nutzungsgrad von Rollen, benutzerbezogen und global
- genutzte obsolete Transaktionen
- Übersicht der Transaktionen in Einzel-, Sammel- und Business-Rollen
- Übersicht bei Rollenwechsel (alte Rollen und Transaktionen versus neue Rollen und Transaktionen inklusive Organisationswerte und Nutzungsanzahl)

License Optimisation von mesaforte.Suite

Das Modul *License Optimisation* unterstützt das effiziente Asset-Management und hilft dabei, den SAP-Lizenzbestand, basierend auf der tatsächlichen Nutzung, zu optimieren und den Prozess der SAP-Systemvermessung zu beschleunigen. Zusätzlich können rollenbasierte SAP-Lizenztypen als Zuweisung für eine klare interne Verrechnung genutzt werden.

Identity Management von mesaforte.Suite

Das Modul *Identity Management* ermöglicht eine automatisierte Rollenverwaltung. Rollen können aus mehreren Systemen mit nur einem einheitlichen Rollen-Repository verwaltet, dokumentiert, gestaltet, auf Zugriffsrisiken hin analysiert, genehmigt und dann generiert werden. Dies ermöglicht standardisierte Verfahren, um sicherzustellen, dass Definition, Entwicklung, Tests und Bearbeitung von Rollen unternehmensweit konsistent ablaufen. Dazu stellt es die folgenden Funktionen zur Verfügung:

- *Zugriffsmanagement*: automatische Zugriffskontrolle auf SAP- und Nicht-SAP-Systeme
- *Rollen- und Berechtigungsmanagement*: Umsetzen des Enterprise-Rollenkonzepts in der Business-Sprache, Provisionierung von Accounts, Rollen und Berechtigungen
- *Risikoanalyse*: Entdecken und Lösen von SoD-Risiken und kritischen Zugriffsverletzungen
- *Privilegien-Monitoring und Genehmigungs-Workflows*: kontrolliertes Management von personenbezogenen Daten und Berechtigungen über Genehmigungs-Workflows
- *Zertifizieren von Autorisierungen*: Überprüfung der Gültigkeit von Berechtigungen
- *Verwaltung der Systembenutzer*: Protokollierung, Auditing und Reporting von Daten- und Berechtigungsänderungen

Role Designer and Tuner von mesaforte.Suite

Das Modul *Role Designer and Tuner* automatisiert Massenarbeiten im Bereich des Rollendesigns, der Rollenerstellung und -pflege, die von SAP-Systemen nicht zur Verfügung gestellt werden oder deren Lösungen oft als zu aufwendig empfunden werden:

- strukturiertes und nachhaltiges Entwickeln von Rollendesigns auf Basis der bisherigen Transaktionsnutzungsmuster
- Erstellung, Implementation und Katalogisierung von Rollen-Templates
- Ableitung von Masterrollen gemäß Organisationsmodell
- Rollen-Prozess-Zuordnung
- Rollenverwaltung sowie Neuerstellung von Rollen
- Rollen-Mapping für neue Benutzer mittels Lookup und effiziente Rollenzuweisung
- Massen- und Einzellöschung von nicht mehr benötigten Rollen
- Massen- oder Einzelkorrektur von Transaktionen oder Attributen in bestehenden Rollen
- Aggregation von Einzel- zu Sammelrollen
- Umbenennen und Hinzufügen von Organisationselementen
- Dokumentation von Rollen (Kurztext/Beschreibung)

Auditor von mesaforte.Suite

Das Modul *Auditor* ermöglicht interne Audits der SAP-Sicherheits-, Privacy- und Compliance-relevanten Aspekte inklusive Dokumentation und automatisierter Reporterstellung sowie Roadmap zur Bereinigung der Audit-Erkenntnisse. Dabei werden System- und Dokumentenprüfungen berücksichtigt und eine periodische Verifizierung der Freigabeentscheidungen unterstützt. Zudem beinhaltet das Modul die auf den Kunden angepassten Rahmenwerke für Konzepte und Prozesse.

FireFighter/ Agile Access Management von mesaforte.Suite

Das Modul *FireFighter/Agile Access Management* ermöglicht die schnelle und auditsichere Zuweisung und Nutzung für temporär erhöhte Berechtigungen der Fachabteilungen und der IT sowie die auditsichere Systemöffnung und automatische Schließung. Zusätzlich verwaltet es das Notfallbenutzerkonzept und bietet die folgenden Funktionen:

- Definition agiler Zugriffsrechte
- Kalibrierung temporärer Zusatzrollen
- Workflow-gestützte Zuweisung von temporären Rollen
- Audit von Benutzerprotokollen
- App-basierte Genehmigungs-Workflows
- Dashboard-Nutzungsübersicht

Für das Modul FireFighter/Agile Access Management werden die Erweiterungen *Forensic* und *SE16 Debugging* angeboten. Mit diesen Erweiterungen lässt sich bestimmen, welche Werte wann von wem geändert wurden. Vorgefertigte Audit-Reports ermöglichen zusätzlich eine effiziente Prüfung von Tätigkeiten, die Verfolgung von Lösungsschritten bei Problemstellungen sowie die automatische Dokumentation zur Mitigation bei kritischen Vorgängen. Aktivitäten mit SE16 Debugging werden nicht im Security Audit Log von SAP protokolliert, sondern sind lediglich in einem Report von SAP ersichtlich. Die Überprüfung solcher kritischen Änderungen wird also nur von SAP-Spezialist*innen erkannt. Mit SE16 Debugging stellt mesaforte.Suite einen Audit Log zur Verfügung, um diese Änderungen zu überwachen.

S/4Hana von mesaforte.Suite

Das Modul *S/4Hana* unterstützt die SAP-S/4HANA-Projekte durch Mapping der genutzten Transaktionen von SAP ERP zu SAP S/4HANA. Zusätzlich werden auf die Anforderung passende Fiori-Apps aufgezeigt.

GDPR von mesaforte.Suite

Das Modul *GDPR* (*General Data Protection Regulation*) hilft dabei, schützenswerte Daten zu identifizieren und die Datenschutzmaßnahmen gemäß der Datenschutz-Grundverordnung (DSGVO) zu definieren und umzusetzen.

5.3.5 SAP Access Control

SAP Access Control ist Teil der SAP-GRC-Suite. SAP Access Control besteht aus fünf Funktionen, die von SAP früher als Module vermarktet wurden:

- Access Risk Analysis (ARA)
- User Access Management (UAM)
- Business Role Management (BRM)
- Emergency Access Management (EAM)
- Regular Reviews

Risikoanalyse mit SAP Access Control

Für die Risikoanalyse liefert SAP ein umfassendes, vordefiniertes Regelwerk. SAP Access Control unterstützt die Real-Time Compliance mit dem Ziel, Sicherheitsverletzungen zu verhindern, bevor sie auftreten. Änderungen an den Rollen und Rollenzuweisungen können simuliert werden, um neue Risiken zu identifizieren und zu verhindern. SAP Access Control ermöglicht eine systemübergreifende Analyse für Geschäftsanwendungen in Echtzeit oder im Offlinemodus. Für die Restrisiken können Maßnahmen zur Behebung und Minderung in SAP Access Control definiert und dokumentiert werden. Die mitigierten Risiken können aus den Auswertungen ausgeschlossen werden.

Zugriffsanforderungen mit SAP Access Control

SAP Access Control bietet ein standardisiertes und zentrales Framework zur Anforderung von Benutzerzugriffen sowie zur Prüfung und Verwaltung dieser Anforderungen. Dafür bietet es folgende Funktionen:

- Self-Service
- automatisierte Zugriffsanforderungen
- Workflow-gesteuerte Genehmigungsprozesse
- eingebettete Risikoanalysesimulationen
- automatisierte Rollendefinitionen und -zuordnungen für Geschäftsanwendungen

Business Role Management mit SAP Access Control

Das Business Role Management beruht auf einer konfigurierbaren Methodik für die Rollendefinition und -pflege. Über die Rollenverwaltung können Rollen aus mehreren Systemen mit nur einem einheitlichen Rollen-Repository verwaltet werden. Die Rollen können dokumentiert, gestaltet, auf Zugriffsrisiken hin analysiert, genehmigt und dann generiert werden. Dies ermöglicht standardisierte Verfahren, um sicherzustellen, dass Definitionen, Entwicklung, Tests und Bearbeitung von Rollen unternehmensweit konsistent ablaufen.

Emergency Access Management mit SAP Access Control

SAP Access Control stellt ein zentrales Verfahren zur Einrichtung, Verwaltung und zur Auswertung des Emergency Access Management (EAM) zur Verfügung. Die zentrale Zuweisung von Benutzern zu *FireFightern* (Notfallbenutzer-IDs), die Nutzung von FireFightern und die Prozessierung der Protokolle können im Reporting nachverfolgt und belegt werden.

Überprüfung der Zugriffszuweisungen mit SAP Access Control

SAP Access Control unterstützt die regelmäßige Überprüfung der Zugriffszuweisungen für die kontinuierliche Compliance. SAP Access Control leitet automatisch Prüfungsanforderungen an festgelegte Personen aus Management und Prüfung in einem vordefinierten Workflow weiter.

SAP Access Control kann als Add-on im SAP-S/4HANA-System installiert werden. Die Administration verwendet in der Regel SAP Business Client als Benutzeroberfläche, wobei für Endanwender*innen Fiori-Apps für GRC-Funktionen zur Verfügung gestellt werden können.

SAP Access Control kann mit den folgenden SAP-Apps integriert werden:

- SAP S/4HANA, On-Premise-Version
- SAP SuccessFactors
- SAP HANA
- SAP SuccessFactors Employee Central Payroll
- SAP Process Control
- SAP Cloud Identity Access Governance

5.3.6 SAP Cloud Identity Access Governance

Benutzermanagement in der Cloud

SAP Cloud Identity Access Governance ist das in der Cloud verfügbare Pendant zu SAP Access Control. Die Prozesse des Benutzer- und Berechtigungsmanagements werden in die Cloud verlegt, um speziell Cloud-Systeme aber auch On-Premise-Systeme von SAP zu verwalten.

Die Lösung bietet folgende Cloud-Services:

- **Access Analysis Service**
  Dieser Service ermöglicht die Optimierung des Benutzerzugriffs mit Echtzeit-Visualisierungen.
- **Role Design Service**
  Dieser Service ermöglicht das Erstellen, Optimieren und Pflegen von Geschäftsrollen.
- **Access Request Service**
  Dieser Service ermöglicht das Erstellen von Self-Service-Zugriffsanforderungen auf Geschäftsanwendungen und HR-ereignisgesteuerte Identitätslebenszyklen.

- **Access Certification Service**
  Dieser Service hilft, den Benutzerzugriff mit überprüfbaren Workflows zu zertifizieren.
- **Privileged Access Management Service**
  Dieser Service ermöglicht die Verwaltung von Workflow-gesteuerten Notfallzugriffsprozessen.

SAP Cloud Identity Access Governance bietet eine sofort einsatzbereite Integration mit den Cloud-Anwendungen von SAP, wie SAP Ariba, SAP SuccessFactors, SAP S/4HANA Cloud, SAP Analytics Cloud und anderen Cloud-Lösungen.

5.3.7 SAP Solution Manager

Die Funktion Konfigurationsvalidierung

Wenn Sie für Berechtigungswerkzeuge über kein oder ein sehr überschaubares Budget verfügen und den *SAP Solution Manager* im Einsatz haben, können Sie die Funktion *Configuration Validation*, oder auf Deutsch *Konfigurationsvalidierung*, für die Prüfung des Benutzerzugriffs anwenden.

Bei der Konfigurationsvalidierung handelt es sich um eine Vorlage für die Mindestsicherheitsanforderungen an die SAP-Systeme. Diese wird in der Regel von der SAP-Basisadministration eingesetzt, um beispielsweise die wichtigsten Systemparameterwerte in der gesamten SAP-Systemlandschaft zu überprüfen.

Wenn Sie Zugriff auf den SAP Solution Manager erhalten, können Sie in der Transaktion CCDB (Configuration and Change Database) das Customizing des Speichers `AUTH_COMB_CHECK_USER` vornehmen und die Prüfregeln für Benutzerzugriffe manuell oder mit einem Upload aus einer Excel-Datei anlegen. Der Speicher `AUTH_PROFILE_USER` ist für die Prüfung der kritischen Profile gedacht.

Darstellung der Auswertung

Anschließend müssen Sie für jede kritische Berechtigung eine Auswertung anlegen und die Zielsysteme definieren. Für die Darstellung der Auswertungen können Sie in SAP Solution Manager Dashboards verwenden, die Sie mit der Fiori-App **Konfiguration Dashboard Builder** anlegen können. Ein Beispiel eines Dashboards für die Prüfung der Benutzerzugriffe mit der Konfigurationsvalidierung sehen Sie in Abbildung 5.5.

SAP-Hinweis für die Konfigurationsvalidierung

Informationen über die Konfigurationsvalidierung finden Sie in SAP-Hinweis 2253549 (The SAP Security Baseline Template).

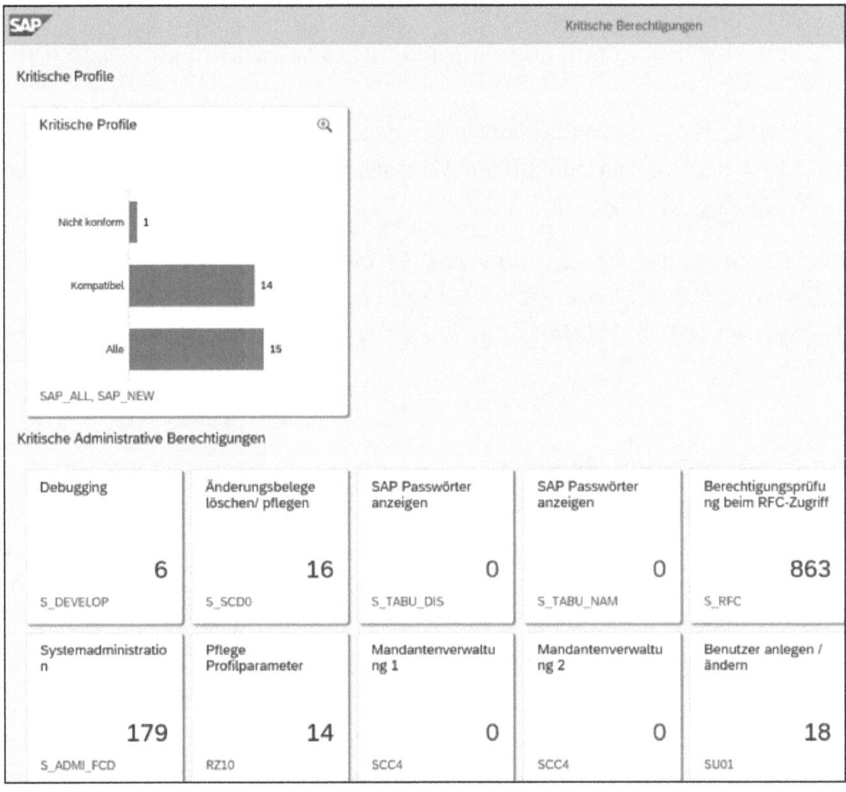

Abbildung 5.5 Dashboard für die Prüfung der Benutzerzugriffe mit der Konfigurationsvalidierung in SAP Solution Manager

5.3.8 SAST-Suite von akquinet

System Audit und Security Toolkit (SAST) ist ein Produkt der Firma akquinet GmbH, ein international tätiger IT-Dienstleister mit Hauptsitz in Hamburg.

Die SAST-Suite besteht aus drei großen Modulpaketen (siehe Abbildung 5.6):

- Platform Security
- Identity and User Access Management
- Security Intelligence

SAST-Modulpaket Platform Security

Das Modulpaket *Platform Security* enthält drei Module: SAST System Security Validation, SAST Interface Management und SAST Code Vulnerability Analysis.

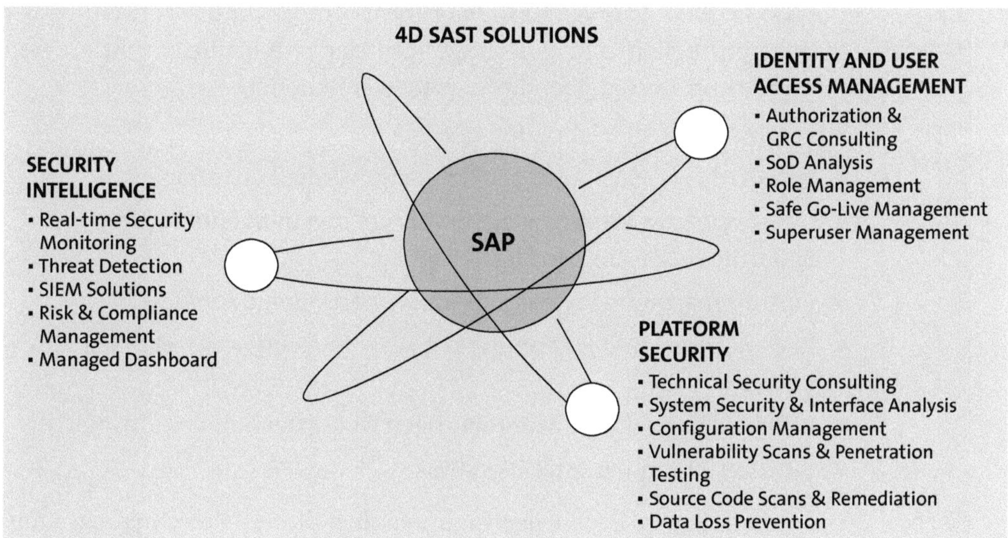

Abbildung 5.6 Module von SAST (Quelle: akquinet, *https://sast-solutions.de/*)

SAST System Security Validation

Das Modul *SAST System Security Validation* bietet einen vollständigen Überblick über das aktuelle Sicherheitsniveau der SAP-Infrastruktur in Echtzeit. Sämtliche Ebenen werden auf Schwachstellen, einschließlich der Betriebssysteme, Datenbanken, Netzwerkkonfigurationen sowie kritische OSS-Notes analysiert. Die eigenentwickelten ABAP-Programme können mithilfe eines einfachen String-Pattern-Matches auf Coding-Schwachstellen untersucht werden.

SAST Interface Management

Das Modul *SAST Interface Management* liefert systemübergreifende Auswertungen für SAP-ERP- und SAP-S/4HANA-Umgebungen, eine Analyse von ein- und ausgehenden RFC-, http- und Datenbankverbindungen, Vertrauensbeziehungen sowie System-Traces und die Generierung passender RFC-Rollen auf Knopfdruck.

SAST Code Vulnerability Analysis

Das Modul *SAST Code Vulnerability Analysis* bietet sowohl eine kontinuierliche Prüfung von Eigenentwicklungen als auch eine Analyse von Add-ons der Drittanbieter an.

SAST Identity and User Access Management

Das Modulpaket *Identity and User Access Management* enthält sieben Module: SAST Authorization Management, SAST User Access Management, SAST Role Management, SAST Superuser Management, SAST Safe Go-live Management, SAST Self-adjusting Authorizations, SAST Password Self-Service.

SAST Authorization Management

Das Modul *SAST Authorization Management* liefert vordefinierte Regelwerke für SoD-Konflikte und kritische Zugriffe und ermöglicht die Prüfung der Rollen und Rollenzuordnungen zu den Benutzern in Echtzeit.

SAST User Access Management

Das Modul *SAST User Access Management* ermöglicht die Verwaltung der Identitäten, Rollen und Berechtigungen der SAP-Benutzer sowie deren Kontrolle und verfügt über die folgenden Funktionen:

- automatisierte Berechtigungsanträge
- automatisierte SoD-Analysen und Benutzermassenanträge
- Genehmigungs-Workflow out of the box und individuell auf die Bedürfnisse der Kunden zugeschnitten
- vollautomatisierte Provisionierung von SAP-Benutzern
- Risikoprüfung und Erkennung kritischer Berechtigungsvergaben in Echtzeit
- Erfüllung gesetzlicher Anforderungen an die Dokumentationspflicht
- direkt in SAP integrierter Workflow

SAST Role Management

Das Modul *SAST Role Management* unterstützt die SAP-Berechtigungsadministration bei der Ermittlung notwendiger Berechtigungen, der Erstellung neuer Rollen und auch bei der laufenden Verwaltung des Berechtigungskonzepts. Die neuen Rollen können auf den vordefinierten Rollen-Templates der SAST-Suite aufgebaut werden oder auf Basis der automatisierten Analyse der Transaktionsnutzung der Endanwender*innen.

SAST Superuser Management

Das Modul *SAST Superuser Management* bildet den gesamten Notfallbenutzerprozess ab, prüft alle privilegierten Zugriffe in Echtzeit und dokumentiert sämtliche Aktivitäten revisionssicher.

SAST Safe Go-live Management

Das Modul *SAST Safe Go-live Management* ermöglicht es Endanwender*innen, denen nach der Umstellung auf das neue Berechtigungskonzept Berechtigungen fehlen, eine »Fallback-Funktion« zu aktivieren und dadurch die alten Berechtigungen zurückzubekommen.

SAST Self-adjusting Authorizations

Mit dem Modul *SAST Self-adjusting Authorizations* verbleiben nur die Transaktionen in einer Rolle, die für die Erledigung eines Geschäftsprozesses auch wirklich erforderlich sind, nicht genutzte Transaktionen werden gesperrt. Dadurch werden sowohl vermeidbare Funktionstrennungsrisiken und der Ressourcenaufwand in der Administration reduziert als auch die Kosten für SAP-Lizenzen gespart.

SAST Password Self-Service

Mit dem Modul *SAST Password Self-Service* können Endanwender*innen ihre Passwörter selbst über das Intranet zurücksetzen.

SAST-Modulpaket Security Intelligence

Das Modulpaket *Security Intelligence* enthält vier Module: SAST Risk and Compliance Management, SAST Security Radar, SAST Download Management und SAST Management Dashboard.

Mit dem Modul *SAST Risk and Compliance Management* können kundenspezifische Security- und Compliance-Policies hinterlegt werden. Dadurch wird festgelegt, was wie durch wen und wann geprüft werden soll. Alle identifizierten Risiken, ob aus den technischen Systemkontrollen oder den Berechtigungs- und SoD-Auswertungen, können per Klick zur weiteren Bearbeitung übernommen werden.

SAST Risk and Compliance Management

Das Modul *SAST Security Radar* bietet die folgenden Funktionen:

SAST Security Radar

- Überwachung der Systemkonfiguration, von Benutzerberechtigungen und Sicherheits- und Änderungsprotokollen
- Pseudonymisierung von Benutzerdaten zur Einhaltung der EU-DSGVO und der Vorgaben aus dem Bundesdatenschutzgesetz

Das Modul *SAST Download Management* überwacht und protokolliert automatisch alle getätigten Downloads aus den SAP-ERP- und SAP-S/4HANA-Systemen.

SAST Download Management

Das Modul *SAST Management Dashboard* ermittelt auf Knopfdruck einen aktuellen Status der vordefinierten Risikokennzahlen und zeigt die Ursachen für Sicherheitslücken.

SAST Management Dashboard

Die SAST-Suite wird als Add-on in SAP-Systemen installiert und mit der SAP-GUI-Benutzeroberfläche und dem SAP Fiori Launchpad bedient.

Installation der SAST-Suite

5.3.9 SIVIS Enterprise Security von SIVIS

Die Software *SIVIS Enterprise Security* ist ein Produkt der SIVIS GmbH, ein Softwarelösungs- und Beratungsunternehmen mit Sitz in Karlsruhe.

SIVIS Enterprise Security ermöglicht die Verwaltung von Identitäten in der gesamten SAP- und Microsoft-IT-Umgebung mit den Schwerpunkten Identitätsmanagement, Risikomanagement, Compliance- und Berechtigungsmanagement. Die Software SIVIS Enterprise Security besteht aus vier Modulen, deren Funktionen wir in den folgenden Abschnitten beschreiben.

Das Modul *SIVIS Identity und Access Management* verwaltet und dokumentiert zentral alle SAP-Systemzugänge und Berechtigungen der Benutzer und ermöglicht die Verwaltung des Benutzerzugriffs in der gesamten Organisation mit automatisierten Identity-Lifecycle-Prozessen, wie automatisierte On-, Off- und Crossboarding-Abläufe, automatisierte Provisionierung und Deprovisionierung.

SIVIS Identity und Access Management

Das Modul *SIVIS Compliance und Governance* analysiert die im Kundensystem eingestellten Berechtigungen auf Schwächen, Risiken und Verstöße gegen Gesetze und gesetzesähnliche Vorschriften. Das Modul ermöglicht die folgenden Funktionen:

SIVIS Compliance und Governance

- Dokumentation der organisatorischen Abläufe
- Protokollierung aller personenbezogenen Aktionen
- automatisierte Authentifizierungs-, Autorisierungs- und Reautorisierungs-Workflows
- über 500 vorgefertigte Auditabfragen
- Übersicht über Benutzeridentitäten, -rechte und -zugriffe in allen IT-Umgebungen
- interaktive Dashboards
- automatisierte Compliance-Kontrollläufe zur Eliminierung der Compliance-Risiken
- Einhaltung des SAP-Notfallbenutzerkonzepts

SIVIS Rollen und Berechtigungen

Das Modul *SIVIS Rollen und Berechtigungen* verfügt über folgende Funktionen:

- 1.000 erprobte Rollenvorlagen
- Rollenbau und Rollenverwaltung
- Fallback-Funktion: Nutzung alter Berechtigungen, falls nach dem Go-live Berechtigungen in den neuen Rollen fehlen
- Dokumentation der Änderungshistorie der Rollen für Revisionszwecke
- automatische Lösungsvorschläge für Berechtigungsprobleme
- Massenänderungen der Berechtigungen

SIVIS License und Asset Management

Das Modul *SIVIS License und Asset Management* bietet die folgenden Funktionen:

- zentrales Lizenzmanagement
- dynamische Berichtsfunktionen zur Nachverfolgung der Zuweisung und des Verbrauchs der Lizenzen
- Lizenzen in Lizenzpools priorisieren, zur Vermeidung von Doppellizenzen und zur Vermeidung von Überschneidungen verschiedener Lizenztypen
- rollenbasierte Lizenzzuweisung

Es ist möglich, unterschiedliche Module und Modulpakete der SIVIS-Enterprise-Security-Software zu kaufen.

Installation von SIVIS

Die SIVIS-Suite ist ein Add-on für SAP-Systeme. Die Software wird in der SAP-spezifischen Programmiersprache ABAP entwickelt. Daher kann sie in jedes SAP-System transportiert und nativ in der SAP-GUI-Umgebung verwendet werden.

Die Software SIVIS Enterprise Security ist für die folgenden Anwendungsfälle am besten geeignet:

Anwendungsfälle von SIVIS

- zentrale Verwaltung von Benutzern
- automatische Bereinigung des Berechtigungskonzepts
- Einführung von vordefinierten Rollen und SoD-Regeln
- Verwaltung von Berechtigungskonflikten in Echtzeit
- Notfallbenutzermanagement
- revisionssichere Dokumentation
- SAP-Lizenzoptimierung
- Einführung eines User-Self-Service für Berechtigungsanträge

Einstieg in SIVIS und Dokumentation

Die Transaktion /SIVIS/MAIN führt zum zentralen SIVIS-Portal in der SAP GUI. Die Dokumentation zu diesem Werkzeug wird digital im HTML-Format ausgeliefert und ist auch über die SAP GUI aufrufbar.

5.3.10 SUIM Solution Suite von SUIM

Die *SUIM Solution Suite* beinhaltet die Produktpalette der Firma SUIM GmbH, ein Beratungsunternehmen und Softwarehersteller mit Sitz in Corseaux (Schweiz).

Die Anwendungen von SUIM sind in sechs Tätigkeitsbereiche unterteilt:

- Authorizations Management
- Governance, Risk and Compliance
- Application Monitoring
- Identity Management
- Service Management
- Landscape Optimization

Die folgenden Anwendungen sind für die Berechtigungsverwaltung relevant:

- Access Manager (AM)
- Access Manager for Support Organisations (AMSO)
- Emergency Handler (EH)
- Authorizations Assistant (AA)
- Table Access Enforcer (TAE)
- Fiori App Recommendator (FAR)
- Compliance Enforcer (CE)

- Business Role Validator (BRV)
- Application Tracer (AT)
- Security Analyzer (SAN)
- Identity Manager (IM)
- License Manager (LM)
- S_RFC Optimizer

SUIM Access Manager

Der *SUIM Access Manager* (*AM*) ist ein zentrales Berechtigungsverwaltungssystem. Damit werden komplexe Berechtigungen übersichtlich, entsprechend den Vorgaben der Organisation in Echtzeit generiert und verwaltet. Mit AM können Berechtigungen für Endanwender*innen bestellt (Self-Service oder delegiert) und provisioniert werden.

SUIM Access Manager for Support Organizations

Der *SUIM Access Manager for Support Organizations* (*AMSO*) ist in seiner Funktion dem AM ähnlich. Der Hauptunterschied liegt im zentralen Management von Support-, Projekt- und technischen Berechtigungen über die gesamte Systemlandschaft mit einer individuellen Vergabe der Berechtigungen an die Benutzer.

AM und AMSO verwalten außer SAP-Rollen und -Profilen noch weitere Arten von On-Premise- und Cloud-Berechtigungselementen, wie Business-Warehouse-(BW-)Analyseberechtigungen, HANA-Berechtigungen, SAP-Portal-Gruppen und Active-Directory-Gruppen. Darüber hinaus können Azure-Gruppen-, SAP-BTP-, Cloud-Analytics- und SAP-SuccessFactors-Berechtigungen integriert verwaltet werden.

SUIM Emergency Handler

Der *SUIM Emergency Handler* (*EH*) weist Benutzern für einen begrenzten Zeitraum erweiterte Berechtigungen zu. Während dieses Zeitraums werden alle Benutzeraktionen zu Revisionszwecken aufgezeichnet. Der EH bietet auch die Möglichkeit, Kontrollscans unter Verwendung des Rule-Sets des SUIM Compliance Enforcer (CE) durchzuführen, um unbefugte Aktionen zu identifizieren, nachdem ein Notfall behandelt wurde. Behandelte Notfälle können im Nachgang durch die interne Revision geprüft und abgenommen werden.

SUIM Authorization Assistant

Der *SUIM Authorization Assistant* (*AA*) hilft, Berechtigungsfehler von Endanwender*innen automatisch oder Workflow-basiert zu lösen. Wenn einem Benutzer Berechtigungen fehlen, verläuft der Prozess folgendermaßen: Steht die Berechtigung nicht auf der Blacklist, können die Berechtigungen für diesen Benutzer automatisch erweitert werden, oder die Berechtigungsadministration wird mit einem Workflow benachrichtigt, um die Anforderung zur Rollenerweiterung zu genehmigen oder abzulehnen. Wenn die erforderliche Berechtigung bereits innerhalb des Rollenkonzepts vorhanden ist, kann ein Rollenantrag zur Genehmigung gesendet werden.

SUIM Fiori App Recommendator

Der *SUIM Fiori App Recommendator* (*FAR*) unterstützt die Transition einer bestehenden ERP-Landschaft auf ein SAP-S/4HANA-System oder das Upgrade von SAP-S/4HANA-Systemen. Mit jeder neuen Version von SAP S/4HANA werden zahlreiche Transaktionen neu durch Fiori-Apps ergänzt oder teilweise ersetzt. Auf Basis einer Analyse der bestehenden Rollen und der zu erwartenden Veränderung werden App-Vorschläge für Transaktionen geliefert und die dazugehörigen Frontend- und Backend-Rollen generiert. Ferner wird die Integration der Fiori-Apps in Kataloge und Gruppen unterstützt. Auch können die relevanten SAP-Notes direkt aus der App aufgerufen werden.

SUIM Table Access Enforcer

Der *SUIM Table Access Enforcer* (*TAE*) verwaltet den Zugang zu den SAP-Tabellen als Ersatz für die Nutzung der Transaktionen SE16 und SM30 im Fachbereich. Die Berechtigungsprüfung erfasst nicht nur, auf welche Tabelle Benutzer zugreifen können, sondern auch, welche Daten innerhalb dieser Tabelle eingesehen oder geändert werden dürfen, beispielsweise eine Einschränkung auf einen Buchungskreis.

SUIM Compliance Enforcer

Der *SUIM Compliance Enforcer* (*CE*) ermöglicht die Prüfung der gesamten SAP-Systemlandschaft von einem zentralen System aus. Die Ergebnisse werden zentral angezeigt und gespeichert. Bevor ein Berechtigungselement modifiziert wird, kann eine Simulation der potenziellen Risiken auf Benutzerebene und Rollenebene durchgeführt werden. Alle Berechtigungszuordnungen in der SAP-Systemlandschaft sowie unbefugte Rollenänderungen können überwacht werden. Der CE ermöglicht außerdem die Überprüfung von Systemparametern sowie die automatisierte Überwachung bei der Verwendung von Standardbenutzern wie SAP*, DDIC usw.

SUIM Business Role Validator

Der *SUIM Business Role Validator* (*BRV*) ist eine Anwendung, mit der die periodische Prüfung der vergebenen Berechtigungen automatisiert ausgelöst und von autorisierten Personen abgenommen werden kann.

SUIM Application Tracer

Der *SUIM Application Tracer* (*AT*) ermöglicht es, Daten über die Nutzung der SAP-Systeme abzurufen und zu speichern, um sie für verschiedene Zwecke zu bewerten:

- Wenn die Berechtigungsadministration beispielsweise eine Transaktion aus einer Rolle entfernen muss, kann sie sehen, wie stark diese Rollenänderung die Endanwender*innen in ihrem täglichen Geschäft beeinflussen wird.
- Die Berechtigungsadministration kann die Nutzungshäufigkeit einer Rolle oder einer Geschäftsrolle überprüfen.
- Der AT kann verwendet werden, um automatisch ein neues Rollenkonzept zu erstellen, abhängig von der Nutzung der Systeme in den letzten

Jahren, der organisatorischen Zuordnung der Endanwender*innen zu den Organisationseinheiten und ihren Jobs/Funktionen.

SUIM Activity Detector

Der *SUIM Activity Detector* (*AD*) ermöglicht es, alle Aktivitäten eines Benutzers auf verschiedenen SAP-Systemen für einen bestimmten Zeitraum anzuzeigen. Mit dem AD können mehrere Arten von Protokollen heruntergeladen und analysiert werden.

SUIM Security Analyzer

Der *SUIM Security Analyzer* (*SAN*) ermöglicht die zentrale Konfiguration und Überwachung verschiedener Aufgaben und bietet ein benutzerfreundliches Dashboard, das allen Mitarbeitenden einen Überblick über die Aufgaben gibt, die sie ausführen müssen.

SUIM Identity Manager

Der *SUIM Identity Manager* (*IM*) ist ein zentralisiertes Benutzerverwaltungssystem. Der IM deckt die folgenden Prozesse der Benutzerverwaltung ab:

- automatisierte oder manuelle Anlage der Identitäten anhand eines führenden Systems (z. B. SAP HCM oder SAP SuccessFactors, Workday usw.)
- Modifikationen der Identitäten auf On-Premise- und Cloud-Systemen (SAP BTP, SAP SuccessFactors usw.)
- Pflege von Eigenschaften einer Identität
- Identität sperren/entsperren
- Passwortverwaltung
- Benutzer- und Rollenanträge mit Workflows

SUIM License Manager

Der *SUIM License Manager* (*LM*) analysiert Benutzerrollen und Transaktionen, um einen vollständigen Überblick über die Kosten pro Benutzer zu erhalten. Der Lizenzmanager definiert einen optimalen Lizenztyp pro Benutzer anhand der zugeordneten oder ausgeführten Transaktionen des Benutzers, wodurch Organisationen unnötige Ausgaben reduzieren können.

SUIM S_RFC Optimizer

Der *SUIM S_RFC Optimizer* (*RFCS*) scannt die RFC-Funktionen und Funktionsgruppen, die während der Ausführung einer SAP-Transaktion oder eines SAP-Service verwendet werden, und fügt die erforderlichen Rollen ein. Der RFCS hilft, das Berechtigungsobjekt S_RFC bedarfsgerecht auszuprägen und *-Berechtigungen ohne Auswirkungen auf den Betrieb zu entfernen.

5.3.11 Xiting Authorization Management Suite von Xiting

Die *Xiting Authorization Management Suite* (*XAMS*) ist ein Produkt der Firma Xiting AG, ein hochspezialisierter SAP-Lösungsanbieter im Bereich SAP-Sicherheit und Berechtigungen mit Sitz in Schöfflisdorf (Schweiz).

XAMS-Module

XAMS besteht aus sieben Modulen, die alle zusammen oder wahlweise lizenziert werden können (siehe Abbildung 5.7):

- Role Designer
- ABAP Alchemist
- Role Replicator
- Role Builder
- Xiting Times
- Role Profiler
- Security Architect & SIEM Connector

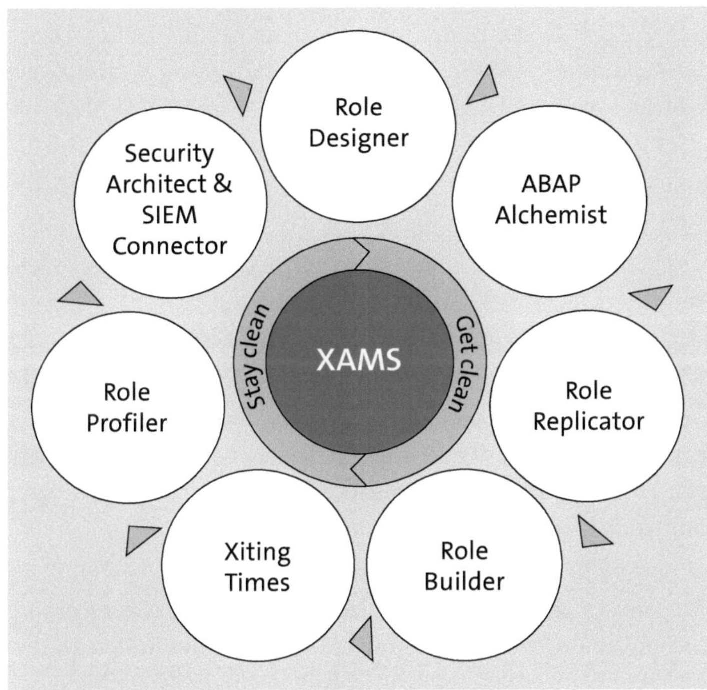

Abbildung 5.7 Module der XAMS (Quelle: Xiting)

XAMS Role Designer

Mit dem *XAMS Role Designer* werden die Nutzungsdaten der Anwender*innen ausgewertet. Auf Basis von Vorlagen werden für die wichtigsten Jobfunktionen eines ERP-Systems passende Berechtigungsrollen nach dem Need-to-know-Prinzip definiert und erstellt. Ziel ist es, alle Benutzer ausreichend und nicht zu umfangreich zu berechtigen. Während des Rollendesigns und noch vor der Anlage der Rollen auf dem Entwicklungssystem können die geplanten Rollen auf kritische Berechtigungen geprüft werden.

XAMS ABAP Alchemist

Der *XAMS ABAP Alchemist* kann die SAP-Berechtigungsadministration und die ABAP-Entwicklung bei der Optimierung des kundenspezifischen ABAP-Codes unterstützen und Empfehlungen für fehlende Berechtigungsprüfungen geben. Der API-Finder hilft SAP-Standardfunktionen zu finden, die in kundenspezifischem Code wiederverwendet werden können.

XAMS Role Replicator

Der *XAMS Role Replicator* kann für die Pflege von Organisationsfeldern und deren Replikation auf betroffene Rollen verwendet werden. Er verhindert auch, dass sich die Qualität der Rollen verschlechtert, indem er manuelle Rollenänderungen in der PFCG erkennt. Dieses Modul enthält außerdem mehrere Möglichkeiten für die Massenänderung der Rollen und Rollenzuweisung und die Massenanlage und Pflege der Fiori-Kachelkataloge.

XAMS Role Builder

Der *XAMS Role Builder* in Kombination mit dem Modul Xiting Times ermöglicht die *Produktive Testsimulation* (*PTS*). Mit dieser Technologie kann die Berechtigungsadministration neue Rollen in einer Produktionsumgebung testen, ohne die Endanwender*innen negativ zu beeinflussen.

Darüber hinaus erstellt der Role Builder auf der Grundlage von fehlgeschlagenen Berechtigungsprüfungen Delta-Rollen. Mithilfe einer Whitelist/Blacklist werden den Tester*innen automatisch Delta-Rollen zugewiesen, sodass sie ohne Unterbrechung weiter testen können.

XAMS Xiting Times

XAMS Xiting Times minimiert das Risiko von Zugriffsproblemen während des Go-live. Wenn Berechtigungsfehler auftreten, können Endanwender*innen über eine Transaktion im SAP-System in ihre alten Rollen zurückkehren und diese für einen vorübergehenden Zeitraum behalten. Darüber hinaus können mit Xiting Times auch Stellvertreterregelungen und Notfallbenutzerkonzepte abgebildet werden.

XAMS Role Profiler

Im *XAMS Role Profiler* können die Verifikation des Rollendesigns und die Qualitätsprüfung des implementierten Rollenkonzepts ausgeführt werden. Die umfangreichen Analyseberichte helfen, die Qualität der Rollen zu testen, und bieten Verbesserungsvorschläge. Dieses Modul kann als Teil eines Rollen-Redesign-Projekts oder im laufenden Betrieb eingesetzt werden.

XAMS Security Architect

Mithilfe des *XAMS Security Architect* ist es möglich, ein SAP-Sicherheitskonzept basierend auf Best Practices für die SAP-Systemumgebung einzeln pro System oder zentral im SAP Solution Manager zu generieren. Die Erstellung des Sicherheitskonzepts erfolgt entweder auf Basis der mitgelieferten Xiting-Best-Practices-Vorlage oder auf einer firmeneigenen Vorlage, die per Upload-Funktion in den Security Architect integriert werden kann.

Anwendungsfälle von XAMS

Die gängigsten Anwendungsfälle für die XAMS-Module sind die folgenden:

- Rollen-Redesign
- Migration des Berechtigungskonzepts auf SAP S/4HANA

- SAP-Fiori-Administration
- Qualitätskontrolle von kundeneigenem ABAP-Code
- SU24-Optimierung
- automatisierte Rollentests
- Pflege der Organisationsstrukturen im Rollenkonzept
- Massenverarbeitung von Benutzern, Rollen und Berechtigungen
- Minimierung von Risiken beim Go-live von neuen Berechtigungen
- Verbesserung der Rollenqualität
- Kontrolle von kritischen Berechtigungen und Berechtigungs-kombinationen (SoD)
- SAP-Sicherheitsüberwachung
- Berechtigungsoptimierung der RFC-Schnittstellen
- DSGVO-Compliance
- revisionskonformes Notfallbenutzermanagement

Installation und Bedienung von XAMS

XAMS wird als Add-on in SAP-Systemen, inklusive der ZBV (Zentrale Benutzerverwaltung), falls vorhanden, installiert und mit der SAP-GUI-Benutzeroberfläche bedient.

Die Bedienung von XAMS

XAMS wird mit der Haupttransaktion /XITING/ALL (Xiting All) gestartet. Ausgehend von dieser Transaktion können alle im System installierten XAMS-Module gestartet werden. Die Module und ihre Funktionen sind in Form eines Menübaums dargestellt. Für jedes Modul finden Sie im Menübaum eine ausführliche Dokumentation als PDF. Die Dokumentationen sind in deutscher sowie in englischer Sprache in der jeweiligen Anmeldesprache verfügbar.

5.3.12 Xiting Central Workflows von Xiting

Mit ihrem neuen Produkt *Xiting Central Workflows* (*XCW*) bietet die Xiting AG standardisierte Workflows für die wichtigsten Anwendungsszenarien in der Benutzerverwaltung von SAP-ABAP-Systemen.

XCW enthält die folgenden Funktionen:

- automatisierte Benutzeranlage aus einem SAP-HR-System
- individuell anpassbare Workflows und Genehmigungsverfahren
- mehrstufiges Eskalationsverfahren
- Passwort-Self-Service

- revisionskonforme und dokumentierte Benutzeranlage sowie Rollenzuordnung
- kritische Berechtigungs- und SoD-Prüfung in Zusammenspiel mit XAMS
- SAP-Fiori- sowie SAP-GUI-Benutzeroberfläche
- Dashboards
- Rolleneigentümerkonzept
- verschiedene Implementierungsmöglichkeiten

5.3.13 Berechtigungsverwaltungswerkzeuge und ihre Funktionen auf einen Blick

In diesem Abschnitt werden die Funktionen der vorgestellten Berechtigungsverwaltungswerkzeuge in Form einer Matrix dargestellt (siehe Tabelle 5.2).

Funktion	apm Suite	CheckAud	Easy Content Solution (ECS)	mesaforte.Suite	SAP Access Control (AC)	SAP Cloud Identity Access Governance	SAP Solution Manager	SAST	SIVIS	SUIM Solution Suite	XAMS	XCW
Effizienzsteigerung bei der Rollenpflege und Verwaltung												
Anlage der Rollen auf Basis der Nutzungsstatistik	X			X				X	X	X	X	
Anlage der Rollen auf Basis der gelieferten Templates				X				X	X		X	
Massenanlage und Massenänderung der Rollen	X			X					X	X	X	

Tabelle 5.2 Funktionen der Berechtigungsverwaltungswerkzeuge

Funktion	apm Suite	CheckAud	Easy Content Solution (ECS)	mesaforte.Suite	SAP Access Control (AC)	SAP Cloud Identity Access Governance	SAP Solution Manager	SAST	SIVIS	SUIM Solution Suite	XAMS	XCW
Massenanlage der Benutzeridentitäten und Rollenzuweisungen				X				X	X	X	X	
Automatisierte Rollenableitung anhand vordefinierter Organisationssets				X	X	X			X	X	X	
Automatisierte Generierung der Dokumentation der SAP-Berechtigungskonzepte				X					X	X	X	
Verifizierung der Rollenqualität bei der Rollenanlage und -modifikation	X			X	X	X			X	X	X	
Automatisierte Lösung von Berechtigungsfehlern bei Tests und im Betrieb				X				X	X	X	X	
Vorschläge für Rollenänderungen bei der Migration auf SAP S/4HANA				X					X	X	X	

Tabelle 5.2 Funktionen der Berechtigungsverwaltungswerkzeuge (Forts.)

Funktion	apm Suite	CheckAud	Easy Content Solution (ECS)	mesaforte.Suite	SAP Access Control (AC)	SAP Cloud Identity Access Governance	SAP Solution Manager	SAST	SIVIS	SUIM Solution Suite	XAMS	XCW
Bereinigung der Rollen von nicht genutzten Transaktionen				X				X	X	X		
Massenpflege der Fiori-Entitäten				X							X	
Automatisierte Pflege der Berechtigungsvorschlagswerte in SU24				X					X		X	
Digitalisierung und Automatisierung der Prozesse im Benutzer- und Berechtigungsmanagement												
Elektronischer Berechtigungsantrag mit Workflow	X			X	X	X		X	X	X		X
Integration mit dem HR-System				X	X	X			X	X		X
Self-Service für Rollenanträge				X	X	X		X	X	X		X
Self-Service für den Passwort-Reset	X			X	X	X		X	X	X		X
Geschäftsrollen				X	X	X			X	X	X	
Benutzerfreundliche Oberfläche				X	X	X		X	X	X		
Stellvertretung für genehmigende Personen				X	X	X			X	X		

Tabelle 5.2 Funktionen der Berechtigungsverwaltungswerkzeuge (Forts.)

Funktion	apm Suite	CheckAud	Easy Content Solution (ECS)	mesaforte.Suite	SAP Access Control (AC)	SAP Cloud Identity Access Governance	SAP Solution Manager	SAST	SIVIS	SUIM Solution Suite	XAMS	XCW
Verwaltung der Identitäten in Cloud-Apps				X		X			X	X		
Zentrales Monitoring von Benutzern und Gruppen in den Cloud-Apps						X				X		
Digitalisierung und Dokumentation von Anträgen für die Rollenmodifikation	X			X	X	X						
Risikominderung und Compliance												
SoD-Regelwerk und Risikoanalyse	X	X	X	X	X	X	X	X	X	X	X	
Eigenes SoD-Regelwerk anlegen		X	X	X	X	X	X		X	X		
Systemübergreifende Risikoanalyse				X	X	X			X	X		
Risikoanalyse während der Rollenbeantragung				X	X	X			X	X		X
Simulation von Änderungen der Rollen, um Zugriffsrisiken zu vermeiden				X	X	X		X	X	X	X	

Tabelle 5.2 Funktionen der Berechtigungsverwaltungswerkzeuge (Forts.)

Funktion	apm Suite	CheckAud	Easy Content Solution (ECS)	mesaforte.Suite	SAP Access Control (AC)	SAP Cloud Identity Access Governance	SAP Solution Manager	SAST	SIVIS	SUIM Solution Suite	XAMS	XCW
Simulation von Änderungen der Rollenzuweisungen, um Zugriffsrisiken zu vermeiden				X	X	X		X	X	X		X
Stärkung der SAP-Sicherheit		X		X			X	X	X		X	
Monitoring von kritischen Berechtigungen in Echtzeit				X	X	X	X	X	X	X		
Zuweisung risikomindernder Kontrollen		X	X	X	X	X			X	X		
Notfallzugriffsverwaltung	X			X	X	X		X	X	X	X	
Periodische Zugriffsprüfungen		X		X	X	X			X	X		
Berichterstellung		X		X	X	X			X		X	
Verbesserung der Berechtigungsprüfung für eigene Entwicklungen				X				X	X	X	X	
Verbesserung der Sicherheit der RFC-Schnittstellen		X		X				X	X	X	X	

Tabelle 5.2 Funktionen der Berechtigungsverwaltungswerkzeuge (Forts.)

Funktion	apm Suite	CheckAud	Easy Content Solution (ECS)	mesaforte.Suite	SAP Access Control (AC)	SAP Cloud Identity Access Governance	SAP Solution Manager	SAST	SIVIS	SUIM Solution Suite	XAMS	XCW
Unterstützung für DSGVO-Konformität		X		X					X		X	
Unterstützung für IT-Audits		X		X					X	X		
Integration mit dem IKS-System				X	X	X		X		X		
Zusätzliche Funktionen												
Risikomanagement für SAP-Systeme		X	X	X				X	X	X		
Nutzungsstatistiken		X		X					X	X	X	
Lizenzoptimierungen				X					X	X		
Prüfung der SAP-Systemparameter		X		X			X	X	X	X		
Überwachung der Downloads aus SAP-Systemen				X				X	X			
Verwaltung des Zugriffs auf SAP-Tabellen				X						X		

Tabelle 5.2 Funktionen der Berechtigungsverwaltungswerkzeuge (Forts.)

Weiterentwicklung der Werkzeuge

Die oben beschriebenen Funktionen der Berechtigungsverwaltungswerkzeuge entsprechen dem Stand während der Erstellung dieses Buchs (Juni

2023). In der Regel werden die Werkzeuge ständig weiterentwickelt. Um Informationen über die aktuell verfügbaren Funktionen der Werkzeuge zu erhalten, kontaktieren Sie bitte die Hersteller.

5.4 Zusammenfassung

In diesem Kapitel haben Sie die wichtigsten Einsatzbereiche und Funktionen der Berechtigungswerkzeuge von SAP und von verschiedenen Drittanbietern kennengelernt. Sie können nun die Matrix aus Abschnitt 5.2, »Anforderungen und Bewertungskriterien«, zur Bewertung der für Ihre Organisation infrage kommenden Werkzeuge verwenden.

TEIL II

Praktische Berechtigungsverwaltung in SAP S/4HANA

Kapitel 6
Rollenpflege

Die Rollenpflege ist das zentrale Element im SAP-Berechtigungswesen. Daher ist es von fundamentaler Bedeutung, die Zusammenhänge zu kennen und die richtigen Techniken im Anwendungsfall zu beherrschen.

Nachdem wir in Kapitel 1, »Grundlagen«, und in Kapitel 2, »Technische Elemente der SAP-Berechtigungsverwaltung«, die technischen Elemente der SAP-Berechtigungsverwaltung auf theoretischer Ebene erklärt haben, erhalten Sie in diesem Kapitel einfache Hilfestellungen und Anleitungen zu den grundlegenden Aktionen der Rollenpflege im SAP-System. Um systematisch und nachvollziehbar Berechtigungen verwalten zu können, bedarf es einer wohlüberlegten Namenskonvention, die die wesentlichen Einflussfaktoren, wie beispielsweise die Systemebene, eine vorgesehene Anwendergruppe usw., abdeckt.

Ein Beispiel für eine Namenskonvention wird in Abschnitt 6.1, vorgestellt. Der Abschnitt 6.2.1, Abschnitt 6.2.2, Abschnitt 6.2.3 und Abschnitt 6.2.4 bieten jeweils eine Schritt-für-Schritt-Anleitung zur Anlage von Einzel- und Sammelrollen sowie zur Erstellung von Ableitungen. Im Abschnitt 6.2.5, »Rollen transportieren, herunterladen und hochladen«, Abschnitt 6.2.6, »Rollenstatus prüfen und Profile generieren«, und in Abschnitt 6.2.7, »Rollen löschen«, erfahren Sie, wie Sie weitere Aktivitäten im Laufe des Rollenlebenszyklus ausführen können. Welche Anwendungen bei der Anlage einer Grundrolle enthalten sein sollten und worauf Sie bei der Anlage einer Customizing-Rolle achten müssen, erläutern wir in Abschnitt 6.2.8, »Grundrolle anlegen«, und Abschnitt 6.2.9, »Customizing-Rollen anlegen«. Das effiziente Durchführen von Massenänderungen in Rollen verschafft Erleichterung im Projekt- und Tagesbetrieb. In Abschnitt 6.3, »Massenänderungen in Rollen durchführen«, können Sie nachlesen, wie Sie Massenänderungen tätigen und für welche Anwendungsfälle sie geeignet sind. Sowohl Beispiele für die Auswertungen verschiedener Anwendungsfälle als auch die wichtigsten SAP-Tabellen mit Rollendaten finden Sie in Abschnitt 6.4, »Auswertungsmöglichkeiten und SAP-Tabellen für die Rollenpflege«.

6.1 Eine Namenskonvention für Rollen festlegen

Bevor mit der Anlage der Rollen in der Transaktion PFCG begonnen wird, ist es zwingend erforderlich, eine Namenskonvention festzulegen und diese auch schriftlich zu fixieren. Über die Namenskonvention lassen sich inhaltliche sowie technische Eigenschaften der Rolle zusammenfassend abbilden. Das vereinfacht sowohl die Arbeit für die Berechtigungsadministration als auch die Zusammenarbeit mit Prozess- oder Rollenverantwortlichen, die die Zuordnung einer Rolle möglicherweise genehmigen müssen.

Einschränkungen bei der Namenskonvention

Beachten Sie bei der Definition der Namenskonvention die folgenden Einschränkungen:

- Der Rollenname kann maximal 30 Zeichen umfassen.
- Der Rollenname darf nicht mit »SAP« beginnen.
- Die folgenden Zeichen dürfen verwendet werden:
  - Ziffern: 0 bis 9
  - Lateinische Buchstaben: A bis Z
  - Sonderzeichen: ( ) + , - . : ; < > = ?

Beispiel für einen Rollennamen

In Abbildung 6.1 sehen Sie die Beispielrolle **ZPSE_MM0_P_1000_LAGERLEITUNG** in der Startmaske der Transaktion PFCG.

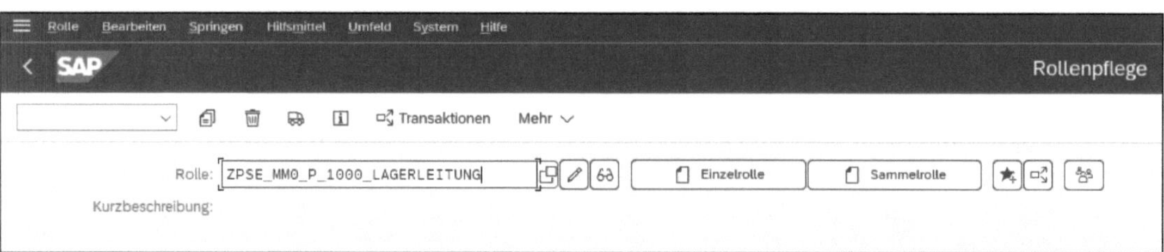

Abbildung 6.1 Ansicht des Rollennamens in der Transaktion PFCG

Beispiel einer Namenskonvention für die Rollennamen

Tabelle 6.1 bildet eine schriftlich fixierte Namenskonvention für technische Rollennamen ab. Sie können die Tabelle als Grundlage beim Entwerfen einer eigenen Namenskonvention verwenden.

In der ersten Spalte der Tabelle sehen Sie ein Beispiel für einen Rollennamen: **ZPSE_MM0_P_1000_LAGERLEITUNG**. In der zweiten Spalte steht, welche Stelle des Rollennamens gemeint ist. In der dritten Spalte werden die möglichen Zeichen für die entsprechende Stelle genannt, in der vierten Spalte finden Sie die Erklärung der jeweiligen Zeichen.

Rollenname	Stelle	Zeichen	Erklärung
ZPSE_MM0_P_1000_ LAGERLEITUNG	1	Z	Kundennamensraum
ZPSE_MM0_P_1000_ LAGERLEITUNG	2	P = Produktion; D = Development; Q = Quality	Systemebene
ZPSE_MM0_P_1000_ LAGERLEITUNG	3	S = Einzelrolle (Single); C = Sammelrolle (Composite); M = Masterrolle; V = Werterolle (Value)	Rollentyp
ZPSE_MM0_P_1000_ LAGERLEITUNG	4	E = Endbenutzer; I = IT-Support; T = Technische Benutzer; R = Referenzbenutzer	Anwendergruppe
ZPSE_MM0_P_1000_ LAGERLEITUNG	5	_	Fixiertes Zeichen
ZPSE_MM0_P_1000_ LAGERLEITUNG	6–8	CO0, FI0, MM0, SRM ...	Differenzierung des SAP-Moduls/Prozessbereichs
ZPSE_MM0_P_1000_ LAGERLEITUNG	9	_	Fixiertes Zeichen
ZPSE_MM0_P_1000_ LAGERLEITUNG	10	A = alle; E = keine (Empty); C = Buchungskreis (Company code); S = Verkaufsorganisation (Sales organization); P = Werk (Plant); K = Kostenrechnungskreis...	Orgebene

Tabelle 6.1 Beispiel einer Namenskonvention für Rollennamen

Rollenname	Stelle	Zeichen	Erklärung
ZPSE_MM0_P_1000_ LAGERLEITUNG	11	-	Fixiertes Zeichen
ZPSE_MM0_P_1000_ LAGERLEITUNG	12–15	<BUKRS> <VKORG> <WERKS> <KOKRS> ...	Organisationswerte
ZPSE_MM0_P_1000_ LAGERLEITUNG	16	_	Fixiertes Zeichen
ZPSE_MM0_P_1000_ LAGERLEITUNG	17–30		Freitext zur Verdeutlichung der Rollenfunktion

Tabelle 6.1 Beispiel einer Namenskonvention für Rollennamen (Forts.)

An der ersten Stelle des Rollennamens empfehlen wir, ein Zeichen einzubringen, das die eigenen Objekte im SAP-System kennzeichnet. Bei den meisten SAP-Kunden ist es der Buchstabe »Z«. An der ersten Stelle können Sie außerdem den Buchstaben abhängig vom Rollentyp variieren, wie z. B. »Z« für Masterrollen, »D« für abgeleitete Rollen, »X« für Sammelrollen. In unserem Beispiel wird der Rollentyp an der dritten Stelle spezifiziert. Die zweite Stelle in unserem Beispiel bezieht sich auf das System, für das die Rolle vorgesehen ist. Rollen in prüfrelevanten Systemen, wie beispielsweise Produktivsysteme, müssen höhere Schutzanforderungen erfüllen. Die dritte Zeichenstelle gibt Auskunft über den Rollentyp: S = Einzelrolle (Single), C = Sammelrolle (Composite), M = Masterrolle, V = Werterolle (Value). Anhand der fünften Zeichenstelle kann eingegrenzt werden, für welche Benutzergruppe die Rolle vorgesehen ist: E = Endbenutzer, I = IT-Support, (z. B. SAP-Basisadministration, Berechtigungsadministration), T = Technische Benutzer, R = Referenzbenutzer. In der sechsten bis achten Stelle ist der Modul-/Prozessbereich festzuhalten. Wir empfehlen Ihnen, die allgemein bekannten Standardbezeichnungen der SAP-Module zu verwenden. Das trägt zur besseren Orientierung der neuen Mitarbeitenden sowie der externen Beratung bei. Bei zweistelligen Modul-/Prozessbereichen ist die achte Stelle mit einer »0« auszufüllen, wie beispielsweise bei MM in der oben aufgeführten Beispielrolle. In der zehnten Stelle geben Sie die führende Orgebene an, nach der die Rolle abzuleiten ist. Sofern alle Orgebenen eine Vollberechtigung erhalten, ist ein »A« anzugeben. Das Fehlen von Orgebenen kennzeichnen Sie mit »E«. In der zwölften bis zur fünfzehnten Stelle tragen Sie die Ausprägung der führenden Organisationsebene ein. Mit der Rolle **ZPSE_MMO_P_1000_LAGERLEITUNG** wird die Lagerleitung nur für das Werk 1000 berechtigt. Ab der siebzehnten bis einschließlich zur 30. Stelle besteht die Möglichkeit, die Rollenfunktion anhand von Freitext zu verdeutlichen.

Beispiel für eine Namenskonvention für Kurzbeschreibungen

Sie können sich überlegen, ob Sie die Kurzbeschreibungen der Rollen ebenfalls einer Namenskonvention unterziehen. Die Endanwender*innen sehen in der Regel die Kurzbeschreibungen der Rollen nicht. Die Berechtigungsadministration kann sie zum Zwecke der Rollenkategorisierung und Auswertung, beispielweise über Transaktion SUIM, verwenden. In Tabelle 6.2 sehen Sie ein Beispiel einer Namenskonvention für die Kurzbeschreibungen der Rollen.

In der ersten Spalte der Tabelle sehen Sie ein Beispiel für eine Rollenkurzbeschreibung: »MMO – Lagerleitung«. In der zweiten Spalte werden die Stellen der Rollenkurzbeschreibung genannt. In der dritten Spalte sind die möglichen Zeichen für die entsprechenden Stellen gelistet. In der vierten Spalte finden Sie die Erklärung der jeweiligen Zeichen.

Rollenkurzbeschreibung (Beispiel)	Stelle	Zeichen	Erklärung
MMO – Lagerleitung	1–3	MMO, FIO, COO, SRM ...	Differenzierung des SAP-Moduls/Prozessbereichs
MMO – Lagerleitung	4–6	–	Leerzeichen, Bindestrich, Leerzeichen
MMO – Lagerleitung	7–80		Freitext (Rollenbeschreibung)

Tabelle 6.2 Beispiel einer Namenskonvention für Rollenkurzbeschreibung

An der ersten Stelle der Rollenkurzbeschreibung empfehlen wir, das SAP-Modul zu spezifizieren. Dabei sollten Sie auch hier die allgemein bekannten Standardbezeichnungen der SAP-Module verwenden. Wenn die SAP-Modulbezeichnung aus zwei Buchstaben besteht, wird an der dritten Stelle eine »O« als Platzhalter eingetragen. Um die SAP-Modulbezeichnung und die Rollenbeschreibung voneinander zu trennen, verwenden Sie die Zeichenfolge: Leerzeichen Bindestrich Leerzeichen. Die Länge der Rollenkurzbeschreibung ist auf 80 Zeichen beschränkt. An den Stellen 7–80 steht der freie Text, der den Rolleninhalt beschreibt.

Zugehörigkeit der Rollen kennzeichnen

Falls in einem SAP-System mehrere Berechtigungskonzepte gleichzeitig betrieben werden (z. B. Berechtigungskonzepte, die von unterschiedlichen Abteilungen erstellt werden, oder ein altes und ein neues Berechtigungskonzept bei den Redesignprojekten) ist es sinnvoll, in den Rollenkurzbeschreibungen – z. B. am Anfang vor der Modulbezeichnung – zu spezifizieren, zu welchem Berechtigungskonzept die Rolle gehört.

6.2 Einzel- und Sammelrollen anlegen und pflegen

In Abschnitt 2.1.1, »Rollen«, erhalten Sie eine theoretische Einführung zu Einzel- und Sammelrollen. In den folgenden Abschnitten erhalten Sie praktische Schritt-für-Schritt-Anleitungen zur Pflege von Einzel- und Sammelrollen, zur Ableitung der Einzelrollen, der korrekten Durchführung der Rollenänderungen, dem Transportieren der Rollen mit dem SAP-Transportmanagementsystem, dem Herunterladen und Hochladen der Rollen, dem Prüfen der Rollenprofile sowie der Massengenerierung der Rollenprofile nach dem Transport und Löschen von obsoleten Rollen. Am Ende dieses Abschnitts geben wir Ihnen außerdem eine Best-Practices-Anleitung zur Erstellung der Grundrolle und der Customizing-Rollen.

6.2.1 Einzelrolle anlegen

Als Grundlage für die Anlage der Einzelrollen dient in der Regel ein Rollenkonzept, das in einer oder mehreren Excel-Dateien spezifiziert wurde (siehe Abbildung 3.8: Beispiel eines Rollenkonzepts in Excel in Kapitel 3).

Rollennamen eingeben

Die Anlage einer Einzelrolle erfolgt über die Transaktion PFCG. Als Erstes geben Sie den Rollennamen ein und klicken dann auf den Button **Einzelrolle**. In unserem Beispiel in Abbildung 6.2 sehen Sie in der Startmaske der Transaktion PFCG den Namen der Einzelrolle **ZPME_FIO_X_XXXX_DEBIBUCHHALTER** im Feld **Rolle**.

Abbildung 6.2 Anlage einer Einzelrolle in der Transaktion PFCG

Kurzbeschreibung und Langtext

Geben Sie in der darauffolgenden Ansicht die **Kurzbeschreibung** und den **Langtext** ein (siehe Abbildung 6.3).

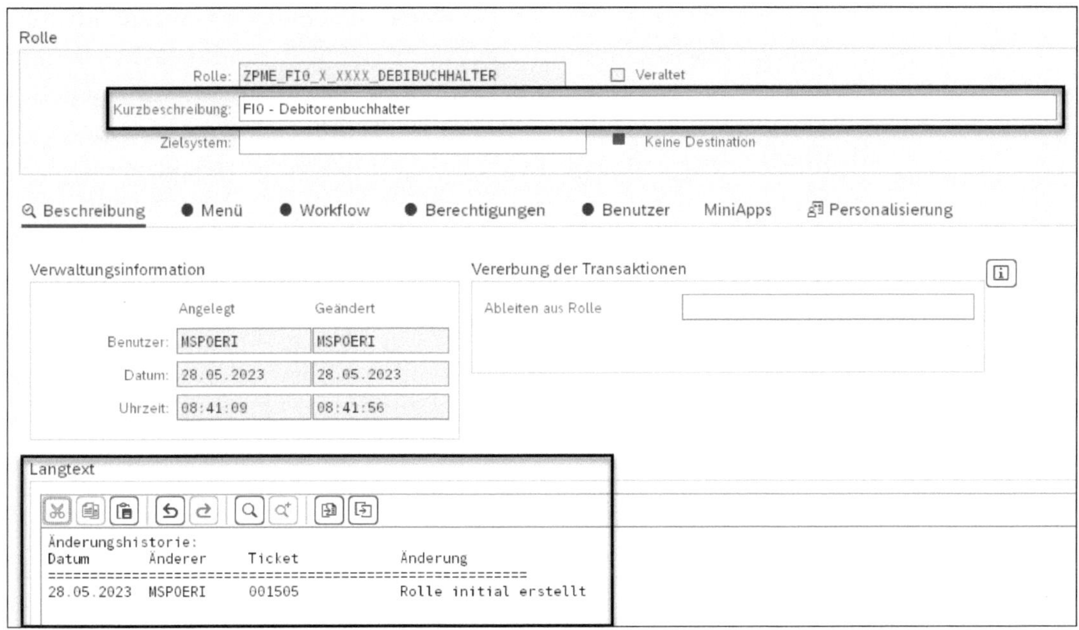

Abbildung 6.3 Kurzbeschreibung und Langtext einer Rolle in der Transaktion PFCG

6

Langtext einer Rolle

In Listing 6.1 sehen Sie eine Textvorlage, die Sie im Langtext verwenden können.

```
Änderungshistorie:
Datum         Änderer    Ticket    Änderung
=============================================================
30.04.2022    JBAHSER    001505    Rolle initial erstellt
```

Listing 6.1 Der Langtext einer Einzelrolle

Falls die Rolle kritische Berechtigungen oder in Verbindung mit einer weiteren Rolle kritische Berechtigungskombinationen (SoD-Konflikte) aufweist, empfehlen wir Ihnen, diese ebenfalls im Langtext vor der Änderungshistorie festzuhalten.

Dokumentation der Rollenänderungen

Außerdem empfehlen wir Ihnen, jede Änderung der Masterrollen sowie der Sammelrollen im Langtext zusammen mit dem Grund der Änderung (z. B. der Ticketnummer, dem Änderungsantrag oder der User Story) festzuhalten. Wenn Sie beispielsweise in einem Projekt mehrere Rollenänderungen am Tag vornehmen, werden Sie nach ein paar Wochen nicht mehr in der Lage sein, zu einer bestimmten Änderung eine Auskunft zu geben, falls es notwendig wäre. Es ist auch hilfreich, Rollenänderungen zu dokumentieren, wenn mehrere Personen parallel an einem Rollenkonzept arbeiten. Wenn im Zuge einer sogenannten *Rollenbereinigung* von kritischen Berechtigungen oder SoD-Konflikten bestimmte Berechtigungen aus den Rollen entfernt werden, kann es vorkommen, dass die Endanwender*innen die entfernten Berechtigungen vermissen. Um zu vermeiden, dass dieselben Berechtigungen entfernt und wieder hinzugefügt werden müssen, ist es sinnvoll, die Rollenänderungen zusammen mit dem Grund der Änderung zu dokumentieren. Sie sollten die Gewohnheit entwickeln, jede Rollenänderung, die Sie vornehmen, mit dem Grund im Langtext der Rolle zu dokumentieren, dann sind Sie auf der sicheren Seite.

Massenpflege der Langtexte der Rollen

Mit dem über die Transaktion SE38 oder SA38 ausführbaren Report `PFCG_MASS_ADDTEXT` haben Sie im SAP-Standard die Möglichkeit, einen Langtext massenhaft in den ausgewählten Rollen hinzuzufügen.

Transaktionen hinzufügen

Auf der Registerkarte **Menü** können Sie Anwendungen hinzufügen. Klicken Sie dazu auf den Button **Transaktion**, sofern Sie Transaktionen hinzufügen möchten (siehe Abbildung 6.4). Für weitere Menüanwendungen klicken Sie auf den Button (**Knoten einfügen**) und wählen den entsprechenden Anwendungstyp aus. Fügen Sie im ersten Beispiel die Transaktion BP hinzu und klicken Sie dann auf den Button **Transaktionen zuordnen** (siehe Abbildung 6.5).

Abbildung 6.4 Eine Transaktion in das Rollenmenü einer Einzelrolle hinzufügen

In Abbildung 6.5 sehen Sie auch, dass Sie in den Zeilen darunter noch weitere Transaktionen mit dem Icon (**Einfügen aus der Zwischenablage**)

beispielsweise aus einer Excel-Datei hinzufügen können. Nach dem Klick auf **Transaktionen zuordnen** klicken Sie auf **Sichern**.

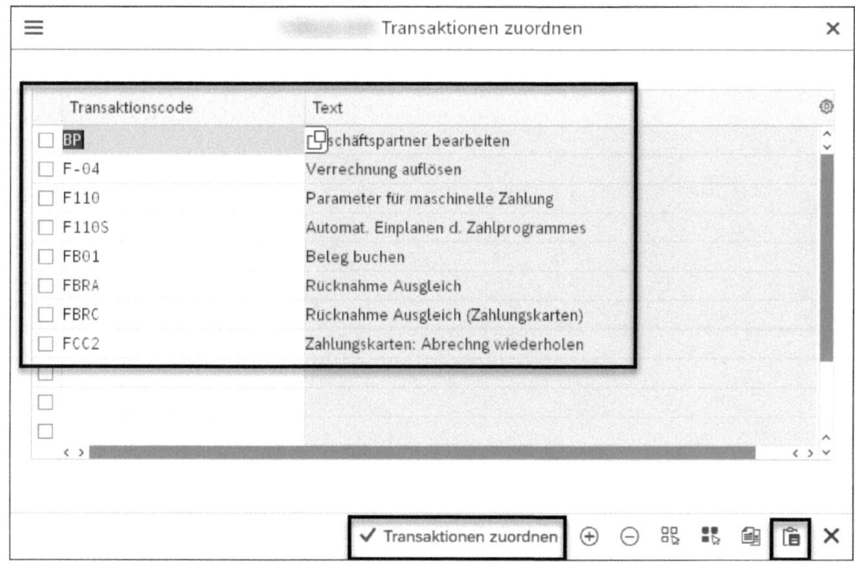

Abbildung 6.5 Transaktionen zu einer Einzelrolle zuordnen

Profilnamen und Profiltext generieren

Wenn Sie auf die Registerkarte **Berechtigungen** wechseln, finden Sie das Icon  (**Profilnamen vorschlagen**), mit dem Sie einen Profilnamen sowie den Profiltext automatisch generieren können (siehe Abbildung 6.6). Alternativ können Sie auch manuell einen Profilnamen sowie einen Profiltext einpflegen.

[«]

Profilgenerierung

Die SID (System-ID) unseres Testsystems lautet S4H. Dadurch, dass die erste und dritte Stelle der SID für den Profilnamen herangezogen werden, lautet der automatisch generierte Profilname unserer Beispielrolle in Abbildung 6.7 folglich **T-SH611081**. Bei 611081 handelt es sich um eine fortlaufende Nummer, die in der Tabelle AGR_NUM_2 einsehbar ist. Wenn die erste und dritte Stelle der SID im Entwicklungs- und/oder Test- und/oder Produktivsystem identisch sind, kann es zu Profilkollisionen kommen wie beispielsweise bei den SID ED1 (Entwicklungssystem), EQ1 (Testsystem) und EP1 (Produktivsystem). Eine Profilkollision vermeiden Sie im Falle von SID mit identischen Zeichen an erster und dritter Stelle durch einen manuellen Eintrag des Profilnamens oder durch das manuelle Hochsetzen der laufenden Nummern in der Tabelle AGR_NUM_2.

Abbildung 6.6 Den Profilnamen einer Einzelrolle generieren

Das Ergebnis der automatischen Profilgenerierung ist in Abbildung 6.7 dargestellt. Der generierte Profilname lautet **T-SH611081** und der generierte Profiltext lautet **Profil zur Rolle ZPME_FI0_X_XXXX_DEBIBUCHHALTER**.

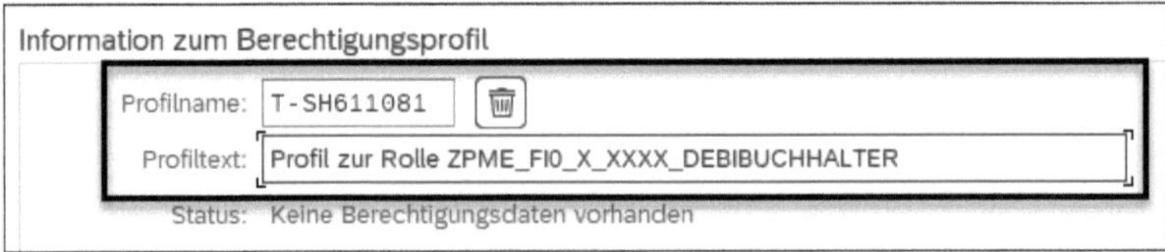

Abbildung 6.7 Profilname und Profiltext einer Einzelrolle

Berechtigungen ausprägen

Nachdem der Profilname generiert wurde, prägen Sie die Berechtigungen aus. Klicken Sie hierzu entweder auf **Berechtigungsdaten ändern** oder auf **Expertenmodus zur Profilgenerierung** (siehe Abbildung 6.8). Bei der initialen Anlage einer Einzelrolle gibt es keinen Unterschied zwischen diesen zwei Optionen.

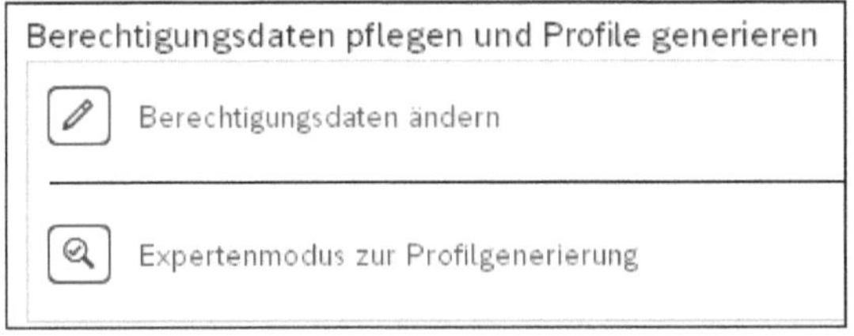

Abbildung 6.8 Zwei Optionen zur Profilgenerierung

Organisationsebenen pflegen

Es gelangen alle Berechtigungsobjekte, einschließlich der Vorschlagswerte, in die Rolle, die im Kontext der Transaktionen im Rollenmenü in der Transaktion SU24 gepflegt sind (siehe Details zur Transaktion SU24 in Abschnitt 11.2, »Praxisübungen zur Anzeige und Pflege von Vorschlagswerten in der Transaktion SU24«). Falls ein oder mehrere Berechtigungsobjekte, die in die Rolle hinzugefügt wurden, Organisationsfelder beinhalten, sehen Sie als Nächstes ein Pop-up-Fenster für die Pflege der Organisationsebenen. In unserem Beispiel legen wir eine Masterrolle an, daher tragen wir sogenannte *Dummy-Werte* (in unserem Beispiel »$«) anstelle der Organisationsebenen ein (siehe Abbildung 6.9). Falls Sie eine Rolle (z. B. für einen Test) anlegen und die Organisationsebenen nicht einschränken wollen, klicken Sie auf den Button **Gesamtberechtigung**. Dadurch werden alle Organisationsebenen mit einem Stern (*) versehen.

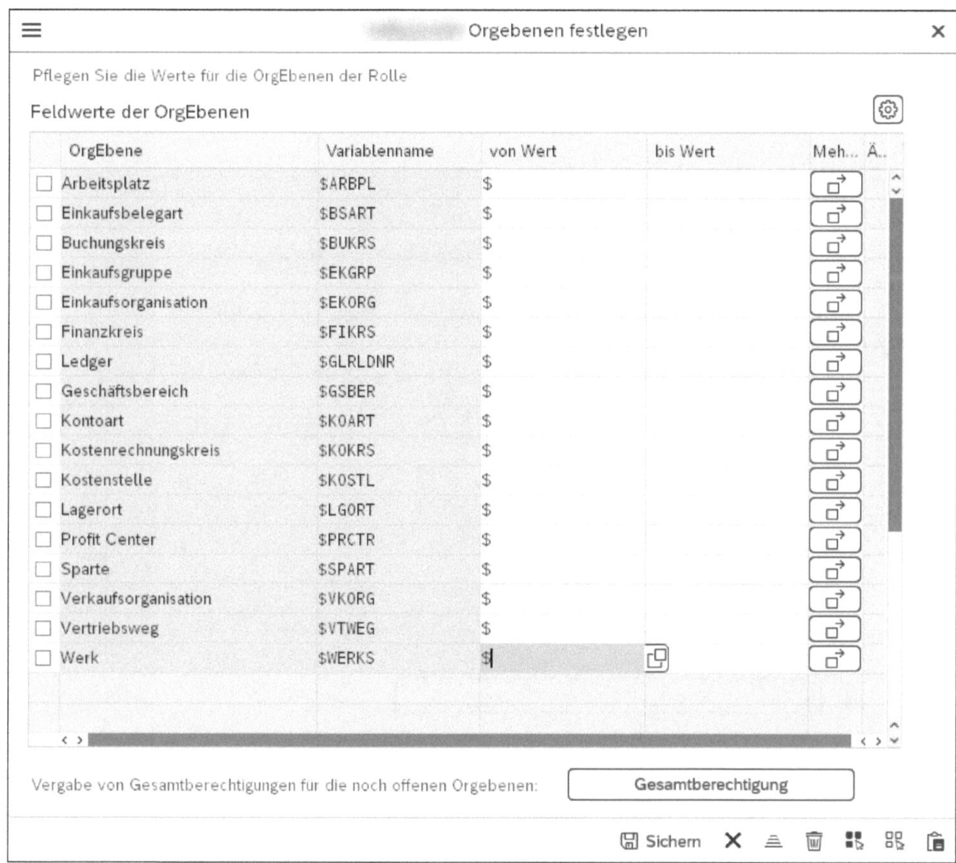

Abbildung 6.9 Organisationsebenen in einer Masterrolle pflegen

Nachdem Sie die Organisationsebenen gepflegt und gesichert haben, gelangen Sie zur Pflege der Berechtigungsobjekte (siehe Abbildung 6.10).

Einstellungen in der Transaktion PFCG pflegen

Um eine ähnliche Sicht wie in Abbildung 6.10 zu bekommen, müssen Sie einige Einstellungen in der Transaktion PFCG pflegen. Dafür klicken Sie in der Menüleiste auf den Button **Hilfsmittel • Einstellungen**. Deaktivieren Sie die Option **ALV-Tree verwenden** und aktivieren Sie die Option **Technische Bezeichnungen einblenden** (siehe Abbildung 6.11).

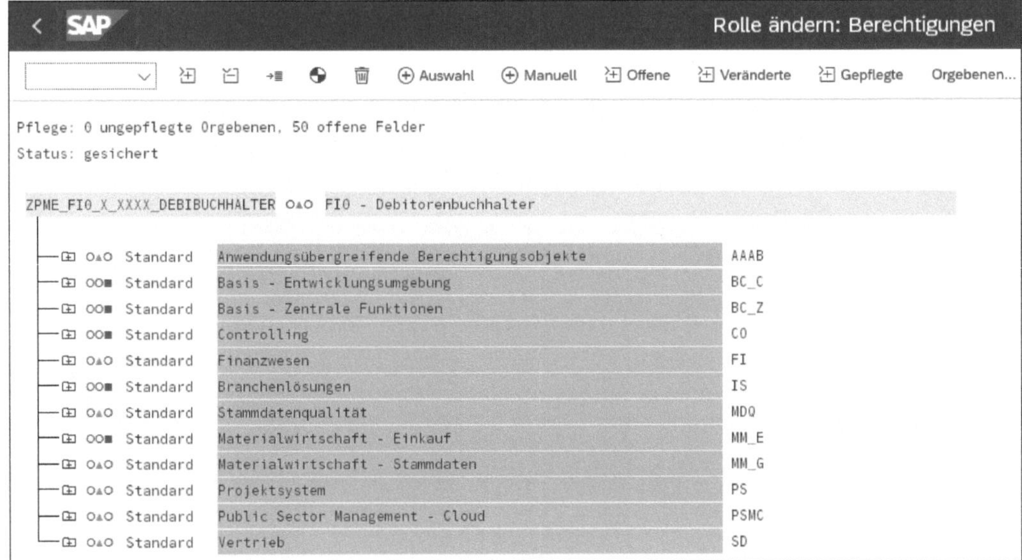

Abbildung 6.10 Berechtigungen in der Transaktion PFCG pflegen

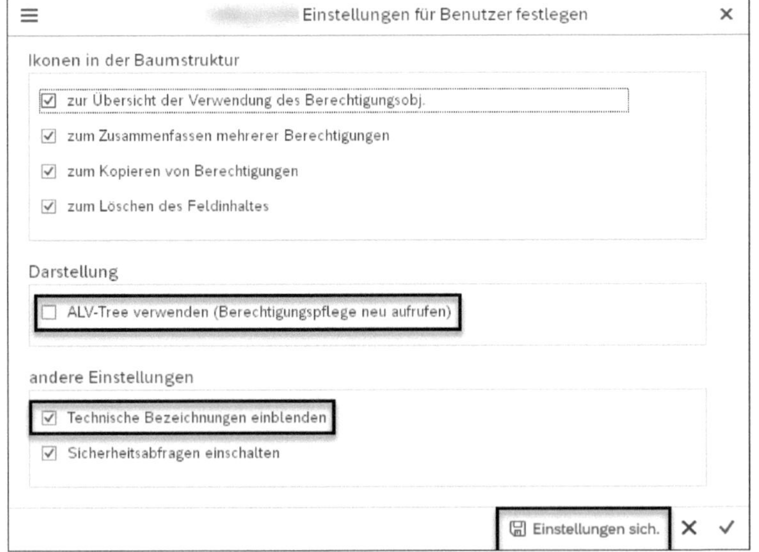

Abbildung 6.11 Einstellungen in der Transaktion PFCG

ALV-Modus in der Transaktion PFCG

Der neue ALV-Modus kann für manche Anwendungsfälle, wie beispielsweise die Massenpflege der Feldwerte (siehe Abschnitt 6.3.2, »Massenänderungen mit der Transaktion PFCG durchführen«), nützlich sein. Für die manuelle Anlage und Pflege der Einzelrollen empfehlen wir, diesen Modus abzuschalten. Sichern Sie die Einstellungen, damit sie beim nächsten Aufrufen der Transaktion PFCG wirken.

Das visuelle Design von SAP GUI

Bei der Erstellung der Screenshots für dieses Buch haben wir das **Quartz Theme** mit aktivierten **SAP-Fiori-Funktionen** verwendet (siehe Abbildung 6.12).

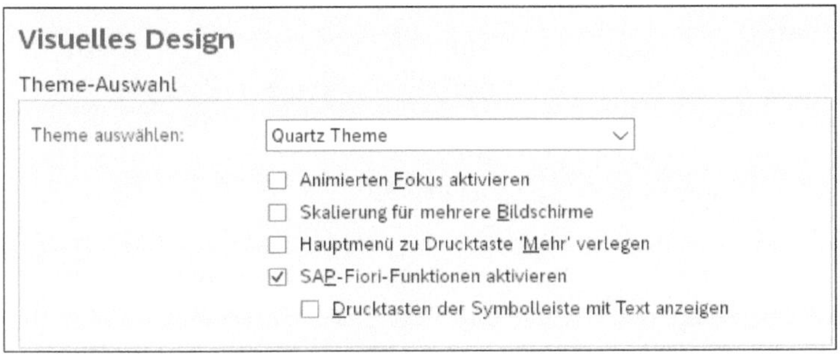

Visuelles Design
Theme-Auswahl
Theme auswählen: Quartz Theme
☐ Animierten Fokus aktivieren
☐ Skalierung für mehrere Bildschirme
☐ Hauptmenü zu Drucktaste 'Mehr' verlegen
☑ SAP-Fiori-Funktionen aktivieren
☐ Drucktasten der Symbolleiste mit Text anzeigen

Abbildung 6.12 Das visuelle Design für SAP GUI in diesem Buch

Das visuelle Design von SAP GUI ändern

Falls Sie das visuelle Design in Ihrem System ändern möchten, gehen Sie folgendermaßen vor: Klicken Sie in der Menüleiste auf den Button **Mehr • SAP GUI – Einstellungen + Aktionen • Optionen...** (siehe Abbildung 6.13).

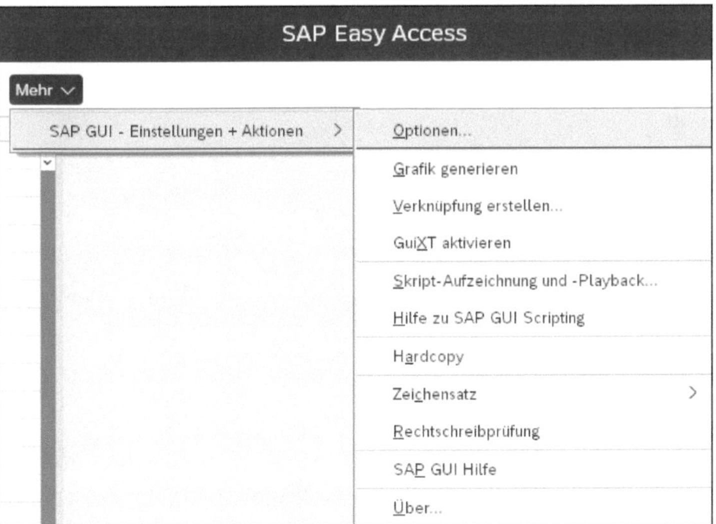

Abbildung 6.13 Das visuelle Design von SAP GUI ändern

Hier können Sie ein anderes Theme, z. B. **SAP Signature Theme**, auswählen (siehe Abbildung 6.14).

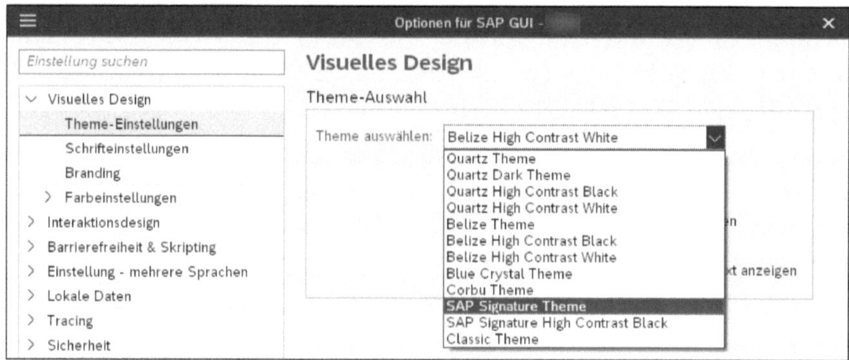

Abbildung 6.14 Ein Theme für SAP GUI auswählen

Transaktion PFCG mit SAP Signature Theme

Das neue visuelle Design wird erst beim erneuten Anmelden am SAP-System sichtbar. Die Pflege der Berechtigungen in der Transaktion PFCG mit dem **SAP Signature Theme** sieht dann wie in Abbildung 6.15 aus.

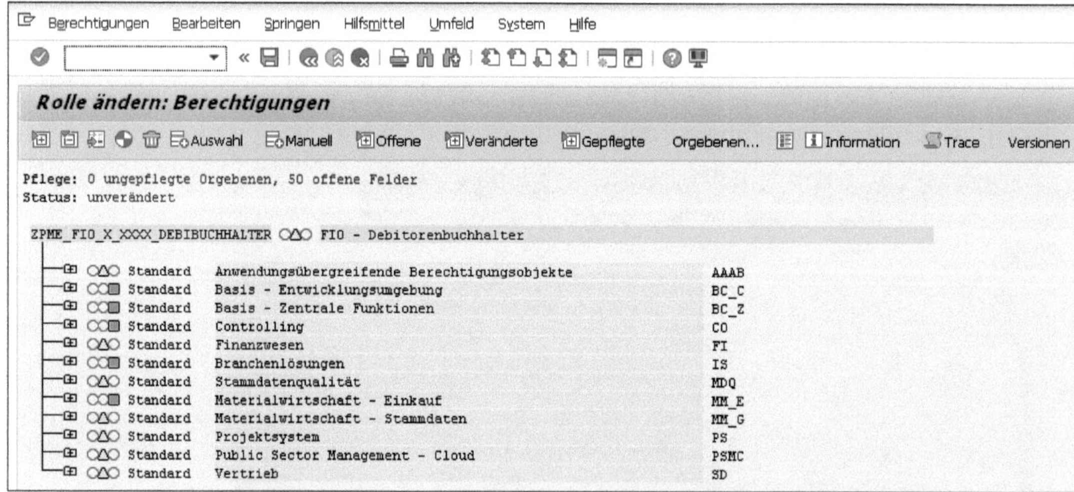

Abbildung 6.15 Berechtigungen in der Transaktion PFCG mit dem SAP Signature Theme pflegen

Wir haben das visuelle Design von SAP GUI an dieser Stelle thematisiert, weil wir, wie viele Berechtigungsadministrator*innen auch, das herkömmliche visuelle Design (**SAP Signature Theme**) bei der Pflege der Rollen bevorzugen.

Wenn Sie das **SAP Signature Theme** eingestellt haben und das visuelle Design ändern möchten, klicken Sie das Icon (**Lok. Layout anpassen**) an.

Umgang mit offenen Berechtigungsfeldern

Die kleinen gelben Dreiecke O▲O (**Werte fehlen**) deuten auf offene Berechtigungsfelder hin. Die kleinen roten Kreisen ●OO (**Variablen fehlen**) deuten auf offene Organisationsebenen hin. Allerdings haben wir in unserer Beispielrolle alle Organisationsebenen am Anfang gepflegt.

Die gelben Berechtigungsfelder prägen Sie gemäß des Minimalprinzips aus. Das bedeutet, Sie gehen bei der Berechtigungsvergabe restriktiv vor und vergeben nur Berechtigungen, die mindestens und definitiv in dieser Rolle benötigt werden. Falls Sie spezifische Informationen zu Prozessen und Zuständigkeiten benötigen, holen Sie diese bei den Fachbereichen ein. Falls trotz Abstimmung mit den Fachbereichen beispielsweise nicht klar ist, ob im Berechtigungsfeld **ACTVT** eines Berechtigungsobjekts auch die Werte **01** (Anlegen) oder **02** (Ändern) hinzugefügt werden sollen, empfehlen wir eine restriktive Vorgehensweise, wonach zunächst nur der Wert **03** (Anzeigen) ausgeprägt wird. Testbasiert können dann weitere Werte hinzugefügt werden. In Abbildung 6.16 sehen Sie, dass das Feld **ACTVT** (Aktivität) des Berechtigungsobjekts B_BUPA_ATT bereits mit den Werten **01, 02, 03** ausgeprägt ist. Diese Werte wurden aus der Transaktion SU24 übernommen.

Abbildung 6.16 Ein Ausschnitt der Berechtigungsobjekte in der Einzelrolle in expandierter Form

Pflege der Berechtigungswerte über die Transaktion SU24

Falls Sie die Berechtigungstests nur mit **ACTVT** = **03** starten möchten, müssen Sie die Berechtigungswerte in der Transaktion SU24 im Kontext der Transaktion BP entsprechend anpassen. In Abschnitt 11.2, »Praxisübungen zur Anzeige und Pflege von Vorschlagswerten in der Transaktion SU24«, erfahren Sie, wie Sie die Vorschlagswerte für den Profilgenerator pflegen können.

Eine Entfernung der Werte 01, 02 und 03 aus dem Berechtigungsfeld **ACTVT** in der SU24 bewirkt auch, dass das Berechtigungsfeld **ACTVT** in unserer neu erstellten Rolle **ZPME_FIO_X_XXXX_DEBIBUCHHALTER** im Berechtigungsobjekt **B_BUPA_ATT** leer ist, wenn wir erneut über den **Expertenmodus** zur Profilgenerierung einsteigen. Jetzt können Sie gemäß unserer restriktiven Vorgehensweise nur den Wert 03 im Berechtigungsfeld **ACTVT** im Berechtigungsobjekt **B_BUPA_ATT** ausprägen und die Ausprägung der restlichen Berechtigungsobjekte fortsetzen.

Status der Berechtigungsobjekte in der Rolle

Wir haben die Berechtigungsobjekte der Gruppe **AAAB** (**Anwendungsübergreifende Berechtigungsobjekte**) in unserer Beispielrolle gepflegt. Anhand dieser Objekte erklären wir die unterschiedlichen Status der Berechtigungsobjekte (siehe Abbildung 6.17).

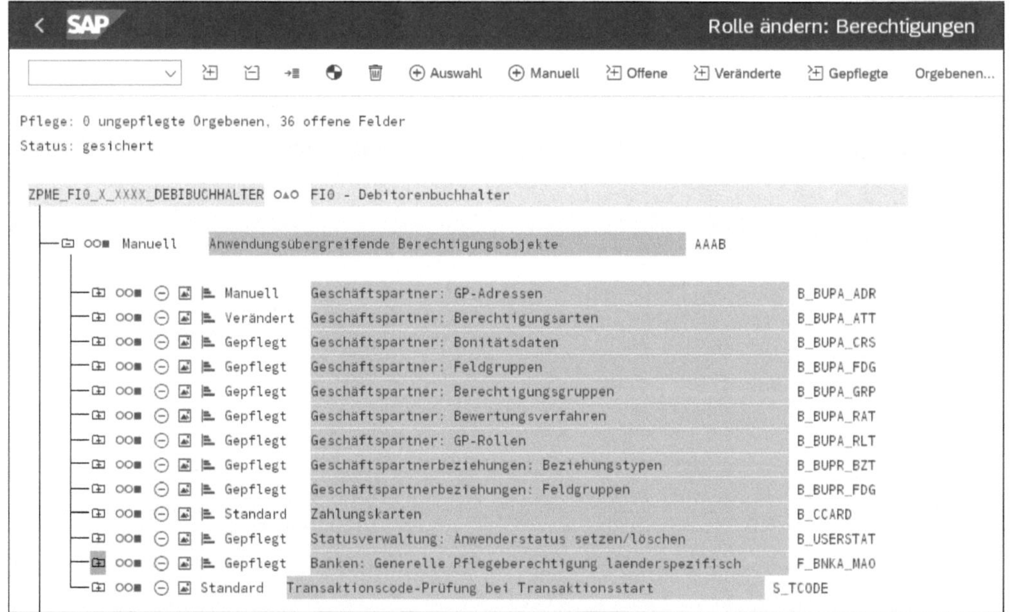

Abbildung 6.17 Status der Berechtigungsobjekte in der Transaktion PFCG

- *Standard*: Der Status **Standard** bedeutet, dass die Feldwerte im Berechtigungsobjekt unverändert aus der Transaktion SU24 übernommen wurden. Dies ist der optimale Zustand der Berechtigungsobjekte. Beispiel in Abbildung 6.17: das Objekt **B_CCARD**.
- *Gepflegt*: Der Status **Gepflegt** bedeutet, dass ein oder mehrere Felder im Berechtigungsobjekt in der Transaktion SU24 keinen Vorschlagswert hinterlegt haben und dieser anschließend in der Transaktion PFCG manuell eingetragen wurde. Beispiel in Abbildung 6.17: das Objekt **B_BUPA_CRS**.

- *Verändert*: Der Status **Verändert** bedeutet, dass ein vorgeschlagener Feldwert manuell in der Transaktion PFCG verändert wurde. Beispiel in Abbildung 6.17: das Objekt **B_BUPA_ATT**.
- *Manuell*: Der Status **Manuell** bedeutet, dass das Berechtigungsobjekt in der Transaktion PFCG über den Button **Manuell** eingefügt wurde. Dies ist der ungünstigste Zustand. Beispiel in Abbildung 6.17: das Objekt **B_BUPA_ADR**.

Status der Gruppe der Berechtigungsobjekte in der Rolle

Die Gruppen der Berechtigungsobjekte haben auch einen Status, der dem schlechtesten Status der in der Gruppe enthaltenen Objekte entspricht. In unserem Beispiel hat die Gruppe **AAAB** (**Anwendungsübergreifende Berechtigungsobjekte**) den Status **Manuell**.

Wenn Sie auf das Icon (**Verwendungsnachweis**) neben einem Berechtigungsobjekt mit dem Status **Standard**, **Gepflegt** oder **Verändert** klicken, sehen Sie, für welche Transaktion beziehungsweise App dieses Berechtigungsobjekt gebraucht wird und welche Werte aus der Transaktion SU24 übernommen wurden (siehe das Berechtigungsobjekt **B_BUPA_ATT** in Abbildung 6.18).

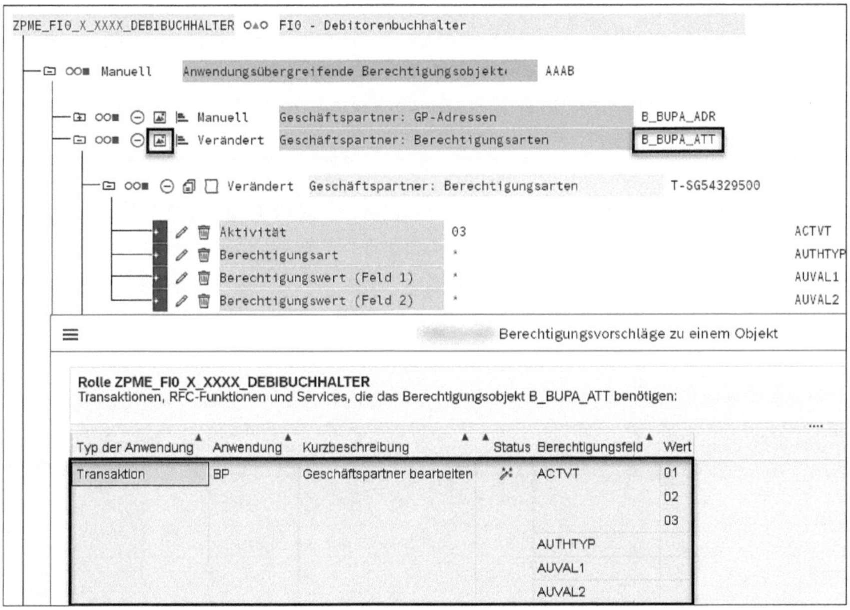

Abbildung 6.18 Verwendungsnachweis für ein Berechtigungsobjekt in der Transaktion PFCG aufrufen

Warum ist der Status »Manuell« ungünstig?

Bei den Berechtigungsobjekten mit dem Status **Manuell** ist der Verwendungsnachweis leer, und es lässt sich nicht nachvollziehen, für welche

Transaktion oder App dieses Berechtigungsobjekt in die Rolle hinzugefügt wurde. Wenn eine Transaktion, z. B. die Transaktion BP aus unserer Beispielrolle, entfernt wird, wird nach der Aktualisierung des Berechtigungsprofils auch das Berechtigungsobjekt **B_BUPA_ATT** automatisch aus der Rolle entfernt. Die manuell hinzugefügten Berechtigungsobjekte, z. B. das Objekt **B_BUPA_ADR** (siehe Abbildung 6.17), können nur manuell aus der Rolle entfernt werden. Daher ist es nicht empfehlenswert, die Berechtigungsobjekte manuell in Rollen hinzuzufügen.

Die Rolle während der Pflege speichern

Um bei möglichen Unterbrechungen die Ausprägung der Berechtigungsobjekte nicht von vorne zu beginnen, empfehlen wir, das Berechtigungsprofil über den Button **Sichern** zu speichern. Während der Berechtigungspflege sehen Sie oben den aktuellen Status der Berechtigungsfelder (siehe Abbildung 6.19).

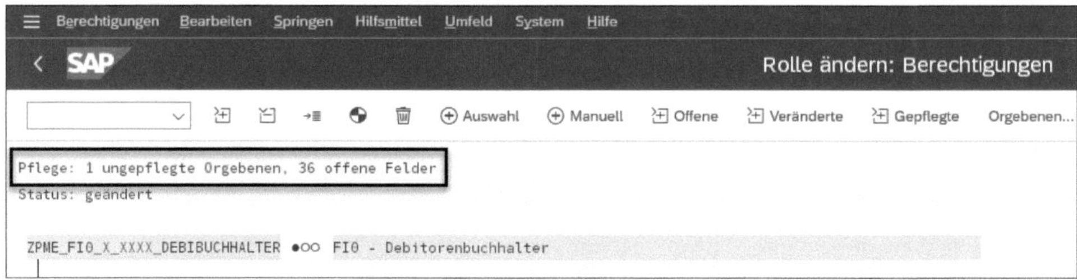

Abbildung 6.19 Status der Berechtigungsfelder während der Pflege einer Rolle in der Transaktion PFCG

Alle offenen Felder auf einmal mit »*« versehen

Wenn Sie beispielsweise eine Rolle für einen Test anlegen und die Berechtigungen nicht einschränken wollen, können Sie sich den Aufwand für die Rollenpflege sparen, indem Sie auf das Icon (**Werte fehlen**) zwischen dem Rollennamen und der Rollenkurzbeschreibung klicken (siehe Abbildung 6.20). Dadurch werden alle ungepflegten Felder außer der Orgebenen mit einem Stern (*) versehen, was einer Gesamtberechtigung entspricht.

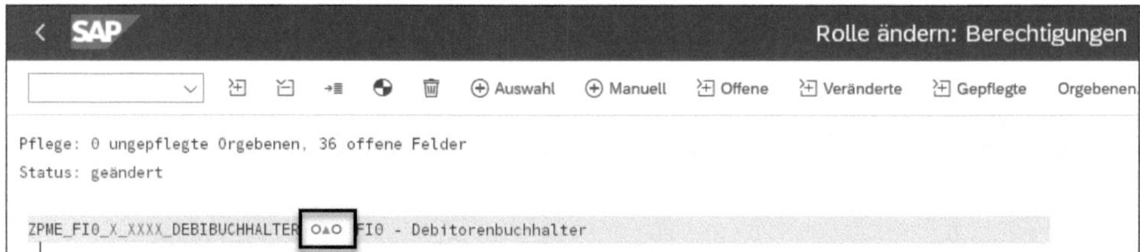

Abbildung 6.20 Alle offene Berechtigungsfelder in der Transaktion PFCG mit »*« versehen

Profil der Rolle generieren

Wenn alle Berechtigungsobjekte in der Rolle den Stand (**Alles gepflegt**) haben, können Sie das Profil der Rolle mit dem Button (**Gene-**

rieren) generieren. Dieser Schritt ist sehr wichtig, weil die Rolle ohne ein generiertes Profil nicht funktioniert.

Einzelrolle kopieren

Einzelrollen werden auch oft als Kopie einer anderen, z. B. einer SAP-Vorlagerolle, angelegt. Um eine Rolle zu kopieren, rufen Sie diese Rolle in der Transaktion PFCG auf und klicken auf den Button (**Rolle kopieren**). Tragen Sie einen Rollennamen gemäß Ihrer Namenskonvention ein und wählen Sie **Alles kopieren** oder **Selektiv kopieren** aus (siehe Abbildung 6.21). Wenn Sie **Alles kopieren** auswählen, werden auch Benutzerzuordnungen kopiert, daher empfehlen wir Ihnen, **Selektiv kopieren** auszuwählen.

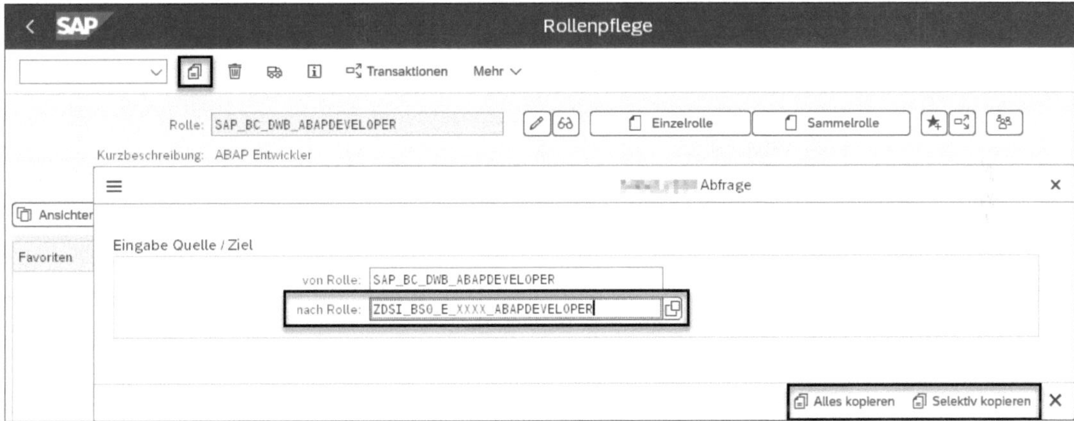

Abbildung 6.21 Eine Rolle in der Transaktion PFCG kopieren

Nachdem die neue Rolle angelegt wurde, öffnen Sie diese im Änderungsmodus in der Transaktion PFCG. Pflegen Sie die Kurzbeschreibung der Rolle gemäß Ihrer Namenskonvention. Vergeben Sie den Langtext und steigen Sie in die Berechtigungspflege ein. Wie bei der Neuanlage einer Einzelrolle müssen Sie das Profil der Rolle mit dem Button (**Profilnamen vorschlagen**) anlegen, anschließend die Berechtigungen pflegen und das Profil der Rolle mit dem Icon (**Generieren**) generieren.

6.2.2 Rolle ableiten

Interne sowie externe Anforderungen können es erforderlich machen, dass Mitarbeitende im SAP-System zwar inhaltlich die gleiche Funktion einnehmen, jedoch für unterschiedliche organisatorische Zuständigkeitsbereiche aktiv sind, wie beispielsweise Standorte. Um dies im SAP-Standard abbilden zu können, wird das Ableitungskonzept genutzt (siehe auch Abschnitt 2.1.1 »Rollen«).

Ableitungswerte in einer Excel-Datei pflegen

Bevor Sie die abgeleiteten Rollen im System anlegen, empfehlen wir Ihnen, die in Ihrem Konzept vorgesehenen Ableitungen mit den jeweiligen Werten in einer Excel-Datei zu erfassen (siehe Abbildung 6.22).

Orgebene	Beschreibung	Ableitung 1 Gesellschaft A	Ableitung 2 Gesellschaft B	Ableitung 3 Gesellschaft C	Ableitung 4 Gesellschaft D	Ableitung 5 Gesellschaft E
$BUKRS	Buchungskreis	1000	2000	3000	4000	5000
$BUNIT	Konsolidierungseinheit	1000	2000	3000	4000	5000
$BWKEY	Bewertungskreis	1000	2000	3000	4000	5000
$EKGRP	Einkaufsgruppe	*	*	*	*	*
$EKORG	Einkaufsorganisation	1000	2000	3000	4000	5000
$ERKRS	Ergebnisbereich	1000	2000	3000	4000	5000
$FIKRS	Finanzkreis	1000	2000	3000	4000	5000
$GSBER	Geschäftsbereich	1000	2000	3000	4000	5000
$KKBER	Kreditkontrollbereich	1000	2000	3000	4000	5000
$KOART	Kontoart	*	*	*	*	*
$KOKRS	Kostenrechnungskreis	1000	1000	1000	1000	1000
$KOSTL	Kostenstelle	10*	20*	30*	40*	50*
$LGNUM	Lagernummer/Lagerkomplex	1010	2010	3010	4010	5010

Abbildung 6.22 Beispiel einer Excel-Datei mit den Werten für die Rollenableitung

Relevante Orgebenen ermitteln

Welche Organisationsebenen für Ihr Rollenkonzept relevant sind, können Sie aus der Tabelle **AGR_1252** ermitteln. Sobald Sie alle Masterrollen angelegt haben, laden Sie die Tabelle **AGR_1252** für die Masterrollen herunter (siehe Abbildung 6.23). Die eindeutigen Werte in der Spalte »Orgebene« können Sie mithilfe der Excel-Funktion »Duplikate entfernen« ermitteln.

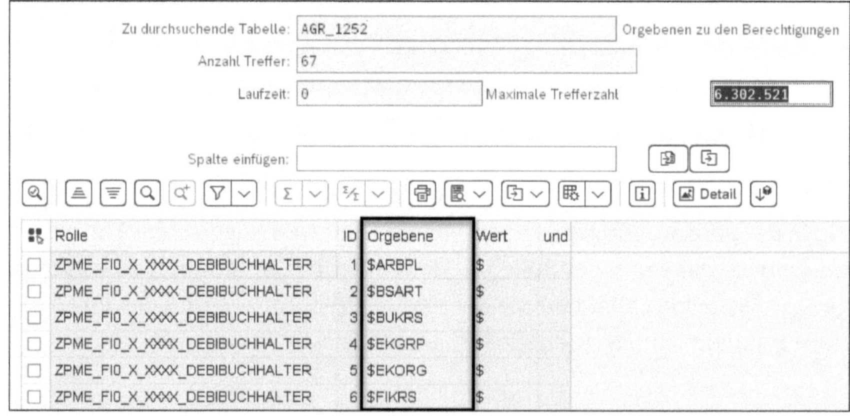

Abbildung 6.23 Relevante Organisationsebenen für die Rollenableitung mit der Tabelle AGR_1252 ermitteln

Beschreibungen der Orgebenen herunterladen

Die Beschreibungen der Organisationsebenen können Sie aus der Transaktion SUPO herunterladen, indem Sie die Tabelle mit der rechten Maustaste anklicken und **Tabellenkalkulation** auswählen (siehe Abbildung 6.24). Alternativ können Sie die Organisationsebenen in der Transaktion SE16 oder SE16N aus der Tabelle USVAR (**Mögliche Berechtigungsfelder als Variablen**) herunterladen.

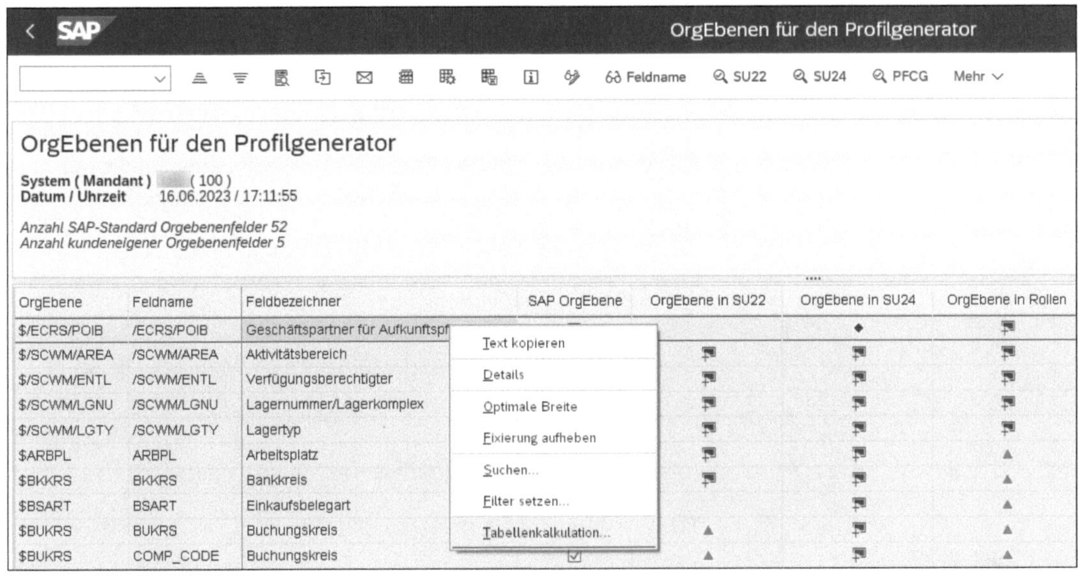

Abbildung 6.24 Transaktion SUPO: Alle Orgebenen mit den Beschreibungen herunterladen

Werte für die Rollenableitung im Customizing finden

Die Werte für die Ableitungen sollen Sie von der Fachberatung beziehungsweise der Modulbetreuung bekommen. Allerdings können Sie die Werte selbst aus den Customizing-Tabellen kopieren oder herunterladen. In Tabelle 6.3 sehen Sie die Quellen für die am häufigsten benutzen Organisationsebenen.

Orgebene	Beschreibung	Tabelle/Transaktion
$BUKRS	Buchungskreis	Tabelle T001 – Buchungskreise
$BWKEY	Bewertungskreis	Tabelle T001K – Bewertungskreis
$EKGRP	Einkaufsgruppe	Tabelle T024 – Einkaufsgruppen
$EKORG	Einkaufsorganisation	Tabelle V_T024E_ASSIGN – Einkaufsorganisation → Buchungskreis zuordnen
$ERKRS	Ergebnisbereich	Transaktion SPRO: **SAP Referenz-IMG • Unternehmensstruktur • Zuordnung • Controlling • Kostenrechnungskreis – Ergebnisbereich zuordnen**
$FIKRS	Finanzkreis	Tabelle V_T001_FM – Zuordnung Buchungskreis-Finanzkreis

Tabelle 6.3 Tabellen und Transaktionen mit Organisationsebenen

Orgebene	Beschreibung	Tabelle/Transaktion
$GSBER	Geschäftsbereich	Tabelle TFIN020 – Zuordnung Geschäftsbereiche zu Buchungskreisen
$KKBER	Kreditkontrollbereich	Tabelle T001CM – Erlaubte Kreditkontrollbereiche pro Buchungskreis
$KOKRS	Kostenrechnungskreis	Tabelle V_TKA01_ER – Zuordnung Erg.bereich zu Kokrs
$LGNUM	Lagernummer/ Lagerkomplex	Tabelle V_T320 – Lagerort MM-IM ↔ Lagernummer LE-WM
$LGORT	Lagerort	Tabelle T001L – Lagerorte
$LGTYP	Lagertyp	Tabelle T301 – LVS Lagertypen
$PLVAR	Planvariante	Transaktion OOPV – Planvarianten
$PRCTR	Profitcenter	Tabelle CEPC_BUKRS – Buchungskreiszuordnung von Profitcentern
$RCOMP	Gesellschaft	Tabelle V_001_Y – Zuordnung Buchungskreis → Gesellschaft
$SPART	Sparte	Tabelle V_TVKOS_ASSIGN – Zuordnung Verkaufsorganisation – Sparte
$VKBUR	Verkaufsbüro	Tabelle V_TVKBZ_ASSIGN – Zuordnung Verkaufsbüro – Vertriebsbereich
$VKGRP	Verkäufergruppe	V_TVBVK_ASSIGN – Zuordnung Verkaufsbüro – Verkäufergruppen
$VKORG	Verkaufsorganisation	Tabelle V_TVKO_ASSIGN – Zuordnung Verkaufsorganisation – Buchungskreis
$VSTEL	Versandstelle	Transaktion SPRO: **SAP Referenz-IMG • Unternehmensstruktur • Zuordnung • Logistics Execution • Versandstelle – Werk zuordnen**
$VTWEG	Vertriebsweg	V_TVKOV_ASSIGN – Zuordnung Verkaufsorganisation – Vertriebsweg
$WERKS	Werk	V_T001K_ASSIGN – Zuordnung Werk – Buchungskreis

Tabelle 6.3 Tabellen und Transaktionen mit Organisationsebenen (Forts.)

[«]

Customizing versus Stammdaten

Beim Kopieren und Verifizieren der Ableitungswerte achten Sie unbedingt darauf, in welchem System Sie die aktuell gültigen Werte finden können. Nicht alle Werte sind im Customizing im Entwicklungssystem definiert und wurden in das Test- und Produktivsystem mit den Transporten übertragen, wie beispielweise Buchungskreise. Profitcenter gehören beispielsweise zu den Stammdaten und werden direkt im System angelegt.

Der Name unserer Masterrolle lautet **ZPME_FIO_X_XXXX_DEBIBUCHHALTER**. Die Masterrolle umfasst alle Transaktionen und Fiori-Apps, die von der Funktion des Debitorenbuchhalters in einer Organisation auszuführen sind.

Eine buchungskreisspezifische Ableitung anlegen

Im nächsten Schritt erstellen wir eine abgeleitete Rolle für einen bestimmten Buchungskreis. Die Ableitung enthält die gleichen Anwendungen (Transaktionen, Fiori-Kachelkatalog, Launchpad-Bereich) wie die Masterrolle. Ihre organisatorischen Zugriffsbereiche sind spezifisch eingeschränkt auf den gewünschten Buchungskreis. Wählen Sie einen Namen für Ihre Ableitung gemäß der Namenskonvention. In unserem Beispiel lautet der technische Name der Ableitung **ZPSE_FIO_C_1000_DEBIBUCHHALTER**. Sie erstellen die Ableitung ebenso wie die Masterrolle in der Transaktion PFCG durch den Klick auf **Einzelrolle**. Pflegen Sie im nächsten Schritt das Feld **Ableiten aus Rolle**, das bei Masterrollen stets leer bleibt. Tragen Sie hier die Masterrolle ein, die Sie in Abschnitt 6.2.1, »Einzelrolle anlegen«, angelegt haben. Diese Rolle dient Ihnen als Vorlage für die Ableitung.

In Abbildung 6.25 sehen Sie die Ableitung **ZPME_FIO_C_1000_DEBIBUCHHALTER** sowie die dazugehörige Masterrolle **ZPME_FIO_X_XXXX_DEBIBUCHHALTER**, die im Feld **Ableiten aus Rolle** festgehalten ist.

Abbildung 6.25 Eintragen der Masterrolle in die abzuleitende Rolle

Organisationsebenen ausprägen

Tragen Sie die Kurzbeschreibung der Rolle ein, speichern Sie die Rolle und klicken Sie anschließend auf der Registerkarte **Berechtigungen** auf den Button **Berechtigungsdaten ändern**. Sie gelangen zur Pflege der Orgebenen (siehe Abbildung 6.26).

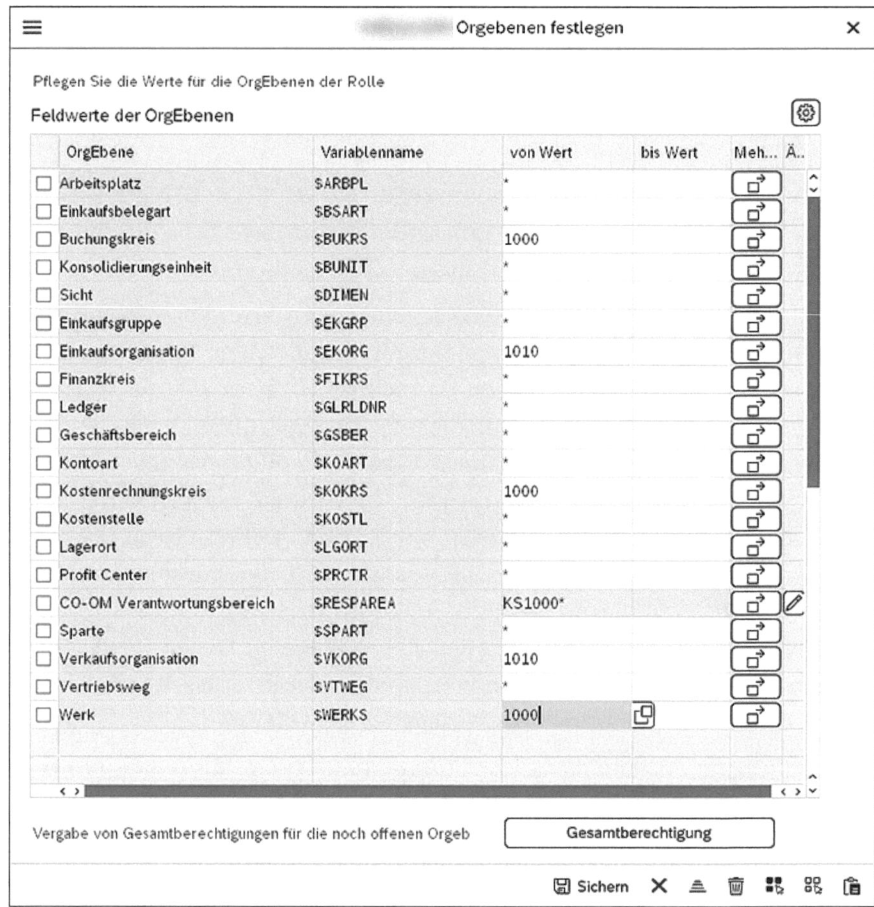

Abbildung 6.26 Organisationsebenen in der abgeleiteten Rolle ausprägen

Hier sehen Sie die Orgebenen, die durch die Anwendungen innerhalb der Rolle hervorgerufen werden. Diese Orgebenen möchten Sie in Ihrer Ableitung anforderungsgemäß für einen bestimmten Buchungskreis abgrenzen. Damit der Debitorenbuchhalter in Deutschland auch nur für Deutschland beispielsweise die Transaktion FB01 (Beleg buchen) ausführen kann, wird der Buchungskreis auf 1000 eingegrenzt. Nachdem Sie alle Organisationsebenen gepflegt haben, verlassen Sie das Fenster mit dem Button **Sichern**.

Ihre Ableitung wird wie unsere Ableitung **ZPSE_FIO_C_1000_DEBIBUCHHALTER** noch offene Berechtigungsfelder aufweisen, die durch die kleinen gelben Dreiecke O▲O (**Werte fehlen**) erkennbar sind.

Offene Berechtigungsfelder füllen

Um die offenen Berechtigungsfelder zu füllen und sicherzustellen, dass die Ableitung über die gleichen Berechtigungen verfügt wie die Masterrolle, wählen Sie in der Menüleiste **Mehr** die Option **Daten übernehmen** aus (siehe Abbildung 6.27).

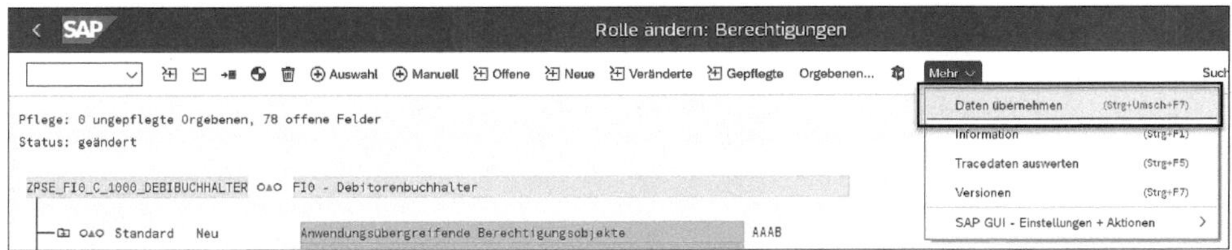

Abbildung 6.27 Daten aus der Masterrolle übernehmen

Bestätigen Sie die daraufhin erscheinende Informationsmeldung, die Sie in Abbildung 6.28 sehen, mit einem Klick auf das grüne Häkchen.

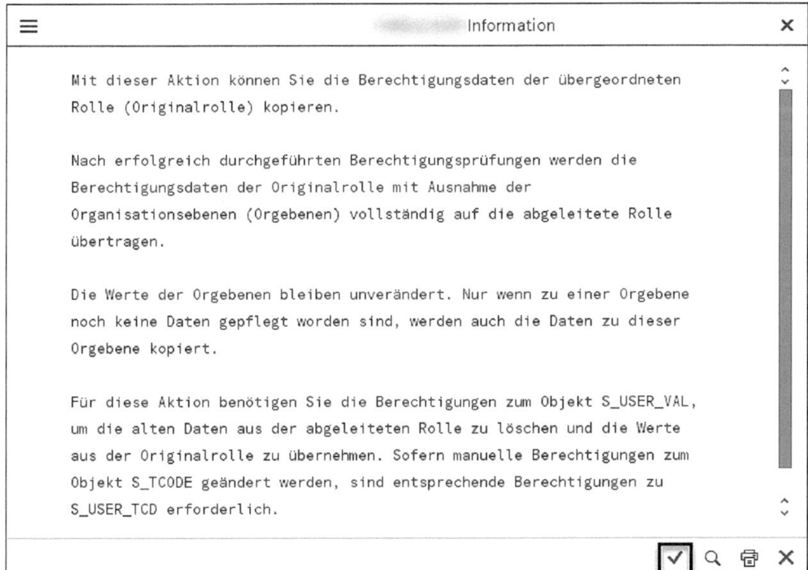

Abbildung 6.28 Hinweistext bei der Übernahme der Daten aus der Masterrolle

Im Ergebnis sehen Sie in Abbildung 6.29, dass die initial offenen Berechtigungsfelder vollständig ausgeprägt sind. Diese tragen die identischen Werte wie die Masterrolle.

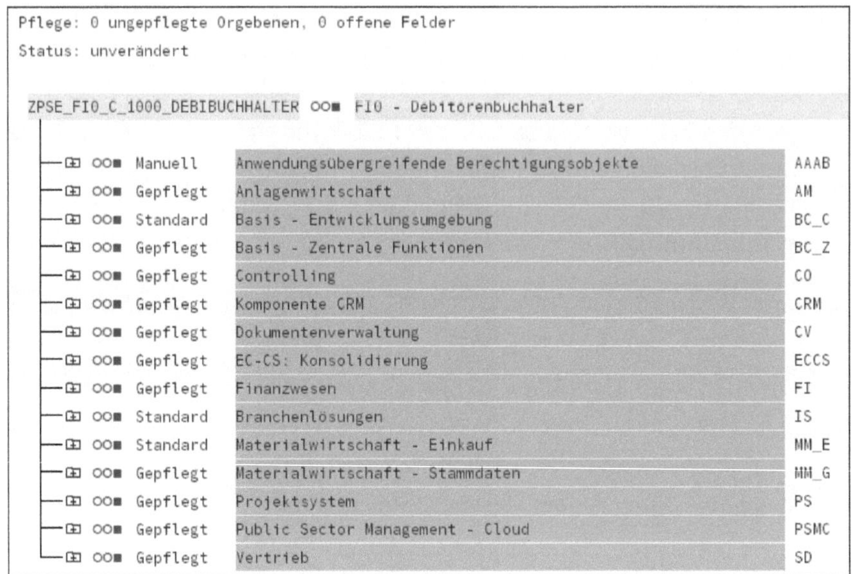

Abbildung 6.29 Die Ableitung nach Übernahme der Berechtigungsdaten aus der Masterrolle

Generieren Sie das Profil der abgeleiteten Rollen mit dem Icon (**Generieren**).

6.2.3 Sammelrolle anlegen

Die Sammelrolle wird ebenfalls in der Transaktion PFCG angelegt. Auch hier ist zunächst der Rollenname einzugeben. Wählen Sie gemäß der Namenskonvention aus Abschnitt 6.1, »Eine Namenskonvention für Rollen festlegen«, einen Namen für Ihre Sammelrolle und geben Sie diesen in der Transaktion PFCG im Feld **Rolle** ein. Klicken Sie anschließend auf den Button **Sammelrolle**. In unserem Beispiel in Abbildung 6.30 sehen Sie in der Startmaske der Transaktion PFCG den Namen der Sammelrolle **ZPCE_FI0_C_1000_DEBIBUCHHALTER**.

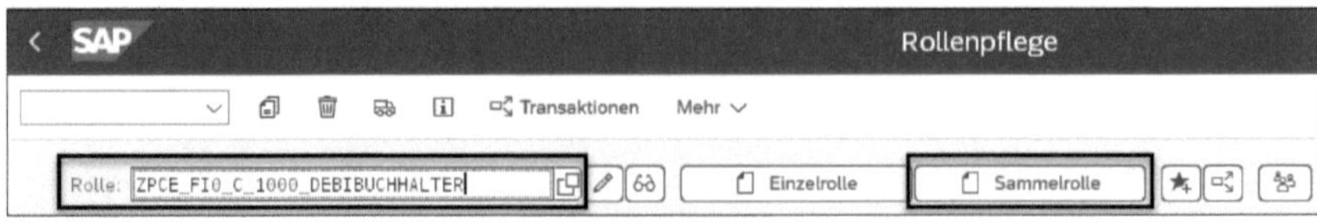

Abbildung 6.30 Sammelrolle in der Transaktion PFCG anlegen

Kurzbeschreibung und Langtext einer Sammelrolle

Gehen Sie im Feld **Kurzbeschreibung** sowie in der Textfläche für den **Langtext** wie bei der Einzelrolle in Abschnitt 6.2.1, »Einzelrolle anlegen«, vor. Ein Beispiel finden Sie in Abbildung 6.31.

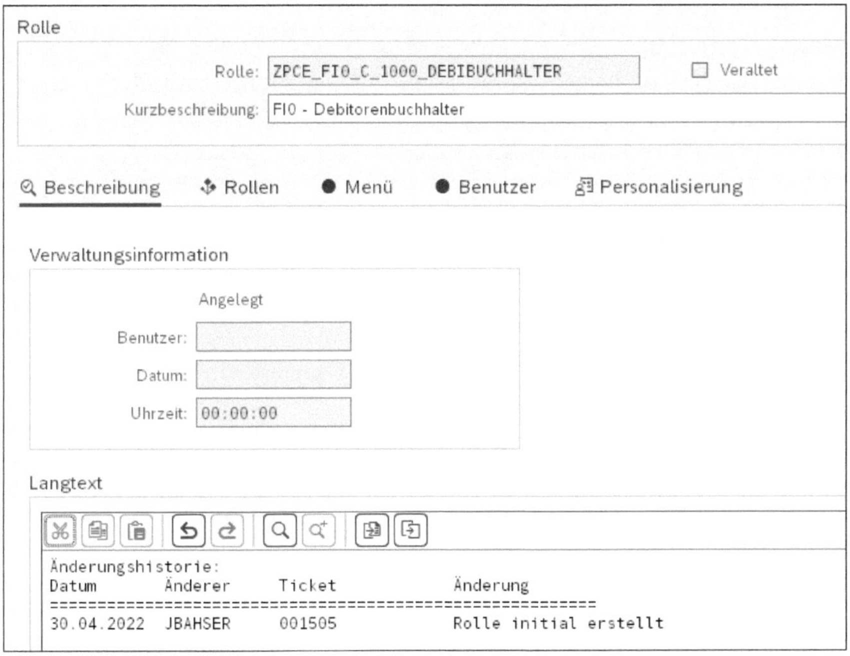

Rolle

Rolle: ZPCE_FI0_C_1000_DEBIBUCHHALTER ☐ Veraltet

Kurzbeschreibung: FI0 - Debitorenbuchhalter

Beschreibung | Rollen | Menü | Benutzer | Personalisierung

Verwaltungsinformation

Angelegt

Benutzer:

Datum:

Uhrzeit: 00:00:00

Langtext

```
Änderungshistorie:
Datum       Änderer     Ticket          Änderung
========================================================
30.04.2022  JBAHSER     001505          Rolle initial erstellt
```

Abbildung 6.31 Kurzbeschreibung und Langtext einer Sammelrolle in der Transaktion PFCG

In einer Sammelrolle werden keine Transaktionen hinzugefügt, sondern Einzelrollen. Klicken Sie zum Hinzufügen der Einzelrollen in eine Sammelrolle auf die Registerkarte **Rollen** und tragen Sie die Namen der hinzuzufügenden Einzelrollen ein. Klicken Sie anschließend auf **Sichern**. Abbildung 6.32 zeigt die Registerkarte **Rollen** der Sammelrolle **ZPCE_FI0_C_1000_DEBIBUCHHALTER**.

Abbildung 6.32 Rolleninhalt einer Sammelrolle

Menü in eine Sammelrolle einlesen

Damit Sie auch innerhalb der Sammelrolle einen Überblick über die Menüanwendungen der in der Sammelrolle befindlichen Einzelrollen haben, können Sie das Menü einlesen. Klicken Sie hierzu in der Registerkarte **Menü** auf den Button **Menü einlesen** (siehe Abbildung 6.33).

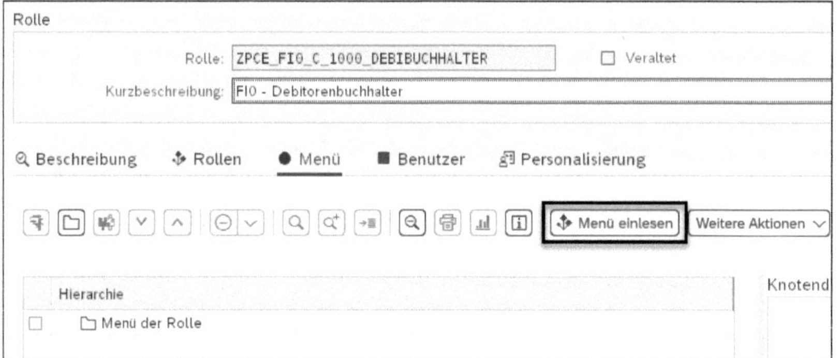

Abbildung 6.33 Menü in die Sammelrolle einlesen

Nach dem erfolgreichen Einlesen des Menüs sehen Sie in der Registerkarte **Menü** die Einzelrollen sowie die darin enthaltenen Menüanwendungen. Das Ergebnis des erfolgreichen Einlesens sehen Sie in Abbildung 6.34.

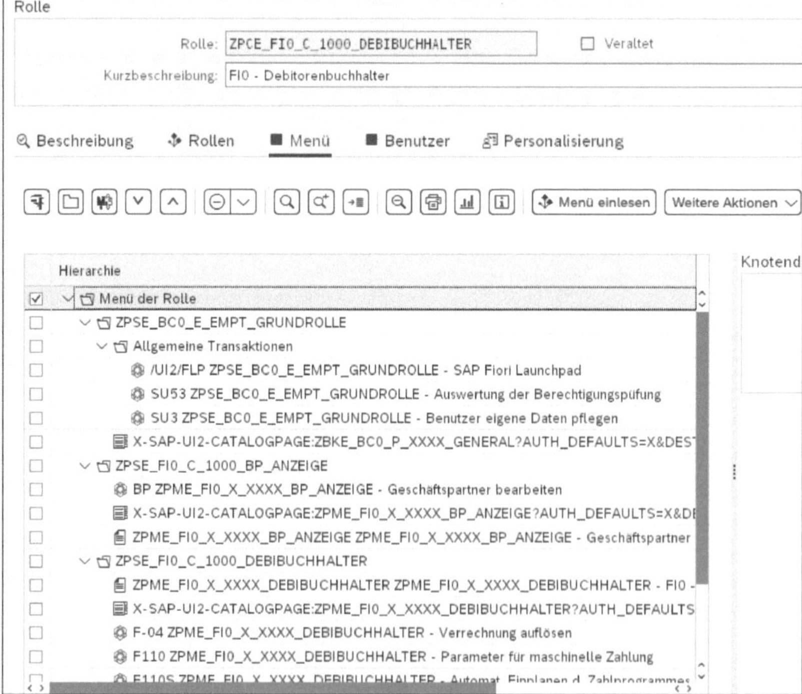

Abbildung 6.34 Menü der Einzelrollen innerhalb der Sammelrolle

Menü einer Sammelrolle nach der Änderung einer Einzelrolle einlesen

Nach einer Anpassung der Rollenmenüs in den Einzelrollen können Sie den Button **Menü einlesen** erneut anwählen und das Menü neu einlesen, um die einzelrollenbasierte Struktur beizubehalten.

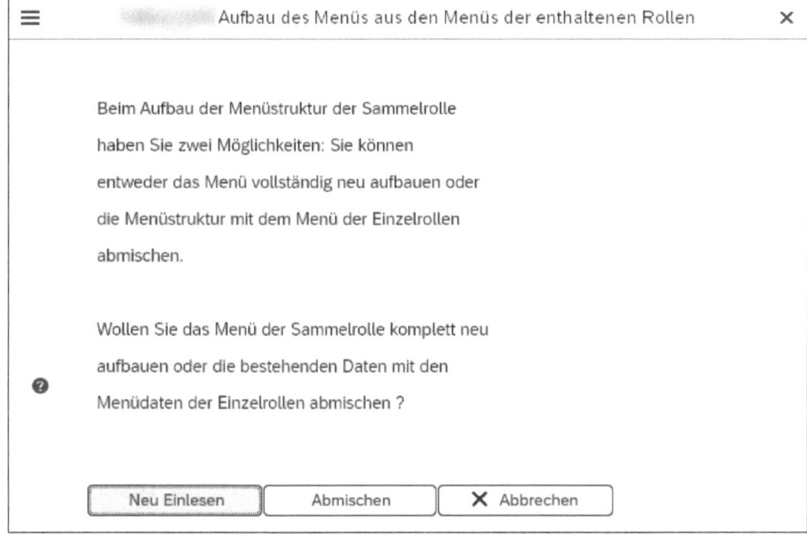

Abbildung 6.35 Das Menüs neu in die Sammelrolle einlesen

Das Dialogfenster nach dem erneuten Auswählen des Buttons **Menü einlesen** sehen Sie in Abbildung 6.35. Die Einzelrolle **ZPSE_FI0_C_1000_DEBIBUCHHALTER** wurde um die Transaktion **F-03** (Ausgleichen Sachkonto) erweitert. Nach dem Einlesen des Menüs mit der Option **Neu Einlesen** aktualisiert sich ebenfalls das Menü in der Sammelrolle, wie in Abbildung 6.36 dargestellt.

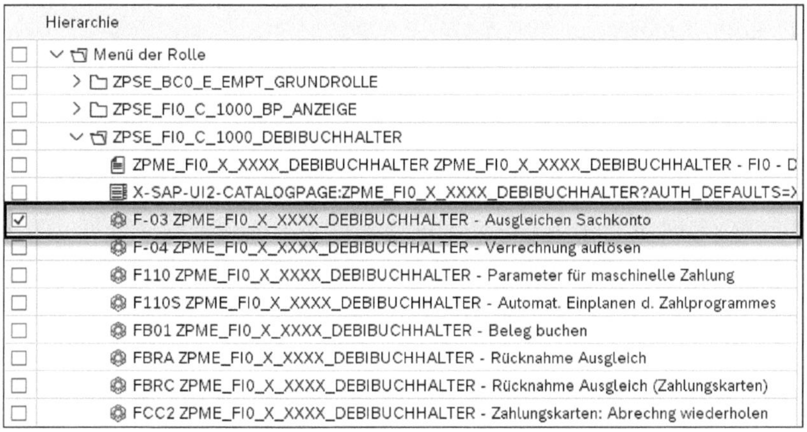

Hierarchie
Menü der Rolle
ZPSE_BC0_E_EMPT_GRUNDROLLE
ZPSE_FI0_C_1000_BP_ANZEIGE
ZPSE_FI0_C_1000_DEBIBUCHHALTER
ZPME_FI0_X_XXXX_DEBIBUCHHALTER ZPME_FI0_X_XXXX_DEBIBUCHHALTER - FI0 - D
X-SAP-UI2-CATALOGPAGE:ZPME_FI0_X_XXXX_DEBIBUCHHALTER?AUTH_DEFAULTS=>
F-03 ZPME_FI0_X_XXXX_DEBIBUCHHALTER - Ausgleichen Sachkonto
F-04 ZPME_FI0_X_XXXX_DEBIBUCHHALTER - Verrechnung auflösen
F110 ZPME_FI0_X_XXXX_DEBIBUCHHALTER - Parameter für maschinelle Zahlung
F110S ZPME_FI0_X_XXXX_DEBIBUCHHALTER - Automat. Einplanen d. Zahlprogrammes
FB01 ZPME_FI0_X_XXXX_DEBIBUCHHALTER - Beleg buchen
FBRA ZPME_FI0_X_XXXX_DEBIBUCHHALTER - Rücknahme Ausgleich
FBRC ZPME_FI0_X_XXXX_DEBIBUCHHALTER - Rücknahme Ausgleich (Zahlungskarten)
FCC2 ZPME_FI0_X_XXXX_DEBIBUCHHALTER - Zahlungskarten: Abrechng wiederholen

Abbildung 6.36 Das neu eingelesene Menü nach der Wahl der Option »Neu Einlesen«

Bei der Wahl der Option **Abmischen** in Abbildung 6.35 erscheint der zusätzliche Ordner **Neu hinzugekommene Menüpunkte** in der Registerkarte **Menü** der Sammelrolle. Diesen Ordner sehen Sie in Abbildung 6.37.

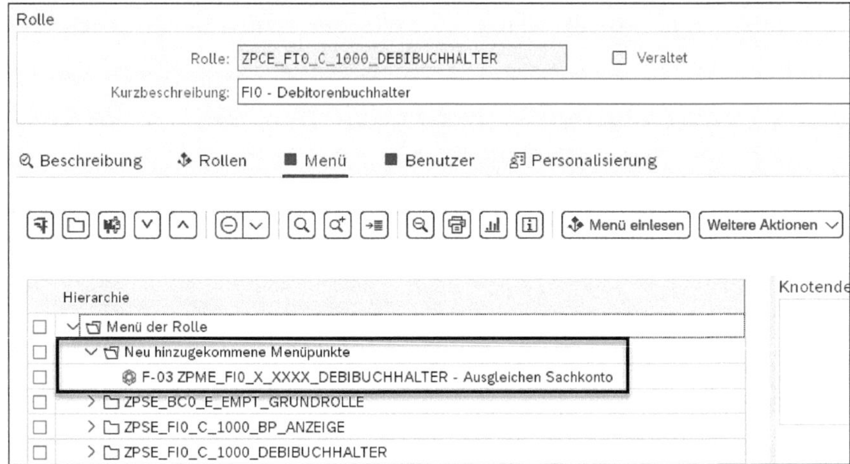

Abbildung 6.37 Das neu eingelesene Menü einer Sammelrolle nach der Wahl der Option »Abmischen«

Sammelrollen massenhaft anpassen

Der über die Transaktion SE38 oder SA38 ausführbare Report PFCG_MASS_COLL_ASSIGN bietet Ihnen die Möglichkeit, Einzelrollen massenhaft zu Sammelrollen hinzuzufügen beziehungsweise mit vorheriger Simulation zu entfernen.

6.2.4 Rolle ändern

Transaktion(en) in die Rolle hinzufügen

Angenommen, Sie müssen eine Transaktion in die Rolle hinzufügen, dann rufen Sie die Rolle in der Transaktion PFCG auf. Auf der Registerkarte **Menü** klicken Sie auf den Button **Transaktion**. Tragen Sie den Transaktionscode ein (siehe Abbildung 6.38) und klicken Sie auf den Button **Transaktionen zuordnen**.

Speichern Sie die Rolle mit dem Button **Sichern**. Die Farbe der Registerkarte **Berechtigungen** wechselt zu Rot (siehe Abbildung 6.39).

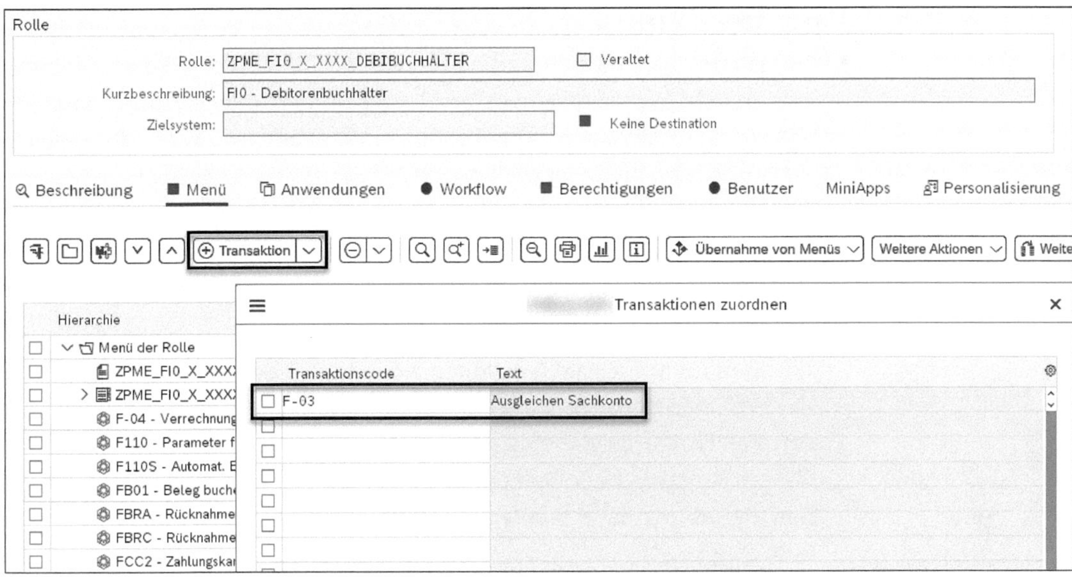

Abbildung 6.38 Eine Transaktion in das Menü der Einzelrolle hinzufügen

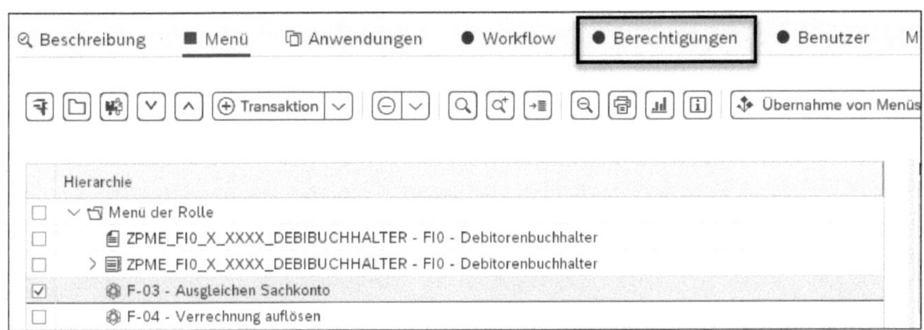

Abbildung 6.39 Die Registerkarte »Berechtigungen« nach dem Hinzufügen der Transaktion in das Rollenmenü und dem Speichern der Rolle

Drei Optionen für die Profilgenerierung

Auf der Registerkarte **Berechtigungen** klicken Sie auf das Icon **Expertenmodus zur Profilgenerierung**. Im Anschluss sehen Sie ein Pop-up-Fenster mit drei Optionen (sieheAbbildung 6.40).

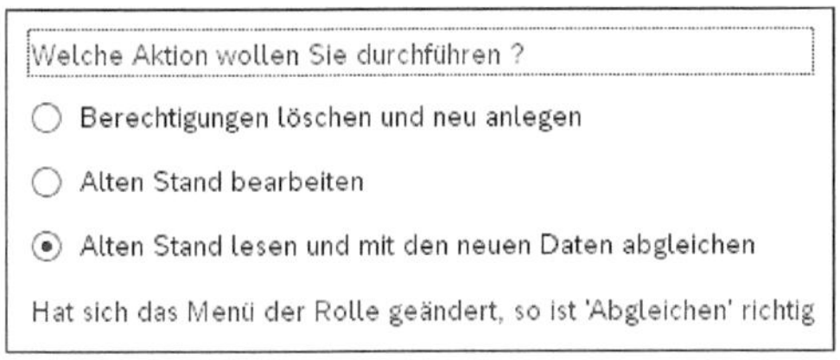

Welche Aktion wollen Sie durchführen ?

- ○ Berechtigungen löschen und neu anlegen
- ○ Alten Stand bearbeiten
- ◉ Alten Stand lesen und mit den neuen Daten abgleichen

Hat sich das Menü der Rolle geändert, so ist 'Abgleichen' richtig

Abbildung 6.40 Optionen im Expertenmodus zur Profilgenerierung in der Transaktion PFCG

Diese Optionen haben die folgende Bedeutung:

- **Berechtigungen löschen und neu anlegen**: Alle Berechtigungen werden neu erstellt. Werte, die zuvor gepflegt, geändert oder manuell eingegeben wurden, gehen verloren. Lediglich die gepflegten Werte für Organisationsebenen bleiben erhalten.
- **Alten Stand bearbeiten**: Die zuletzt gespeicherten Berechtigungsdaten der Rolle werden angezeigt. Dies ist nicht sinnvoll, wenn Transaktionen im Rollenmenü geändert wurden.
- **Alten Stand lesen und mit den neuen Daten abgleichen**: Wenn Sie Transaktionen im Rollenmenü geändert haben, ist diese Option vorselektiert. Der Profilgenerator vergleicht die vorhandenen Berechtigungsdaten mit den Berechtigungsvorschlagswerten für das Rollenmenü. Kommen bei diesem Vorgang neue Berechtigungen hinzu, erhalten diese den Status **Neu**. Bereits vorhandene Berechtigungen erhalten den Status **Alt** (siehe Abbildung 6.41).

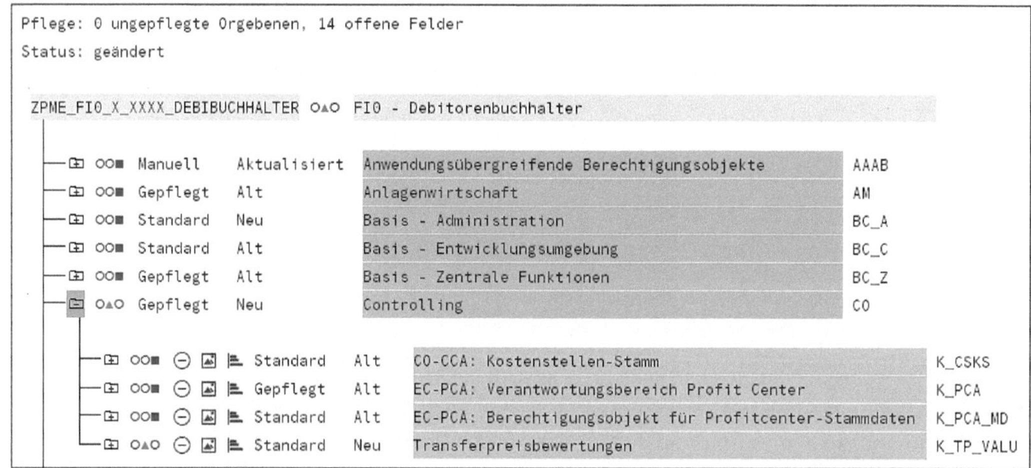

Abbildung 6.41 Berechtigungen nach dem Hinzufügen einer neuen Transaktion in das Rollenmenü in der Transaktion PFCG pflegen

Berechtigungen nach dem Hinzufügen einer Transaktion pflegen

Pflegen Sie die offenen Felder in den Berechtigungsobjekten, die mit dem Symbol (**Werte fehlen**) versehen sind, wie in Abschnitt 6.2.1, »Einzelrolle anlegen«, beschrieben. Wenn neue Organisationsebenen mit neuen Transaktionen in die Rolle hinzugefügt wurden, werden die Berechtigungsobjekte mit den neuen Organisationsfeldern mit dem Symbol (**Variablen fehlen**) gekennzeichnet. In diesem Fall klicken Sie auf den Button **Orgebenen** und pflegen die neuen Organisationsebenen. Nachdem Sie die Organisationsebenen mit dem Button **Sichern** gespeichert haben, werden die Organisationsebenen in den einzelnen Berechtigungsobjekten gepflegt.

Pflegen Sie niemals ein Orgebenenfeld direkt in einem Berechtigungsobjekt!

Die individuelle Pflege eines Orgebenenfelds direkt in einem Berechtigungsobjekt hat folgende Konsequenzen:

- Die Wertepflege über das Dialogfenster **Orgebenen** verändert den Wert nicht mehr.
- Bei der Anpassung abgeleiteter Rollen wird der Berechtigungswert überschrieben.

Abgeleitete Rollen aus der Masterrolle aktualisieren

Nachdem Sie die Organisationsebenen und die anderen offenen Felder gepflegt haben, müssen Sie das Profil der Rolle generieren. Wenn die Rolle eine Masterrolle ist, klicken Sie auf das Icon (**Abgeleitete Rollen generieren**). Im Anschluss sehen Sie ein Informationsfenster wie in Abbildung 6.42. Klicken Sie auf das Icon (**Weiter**).

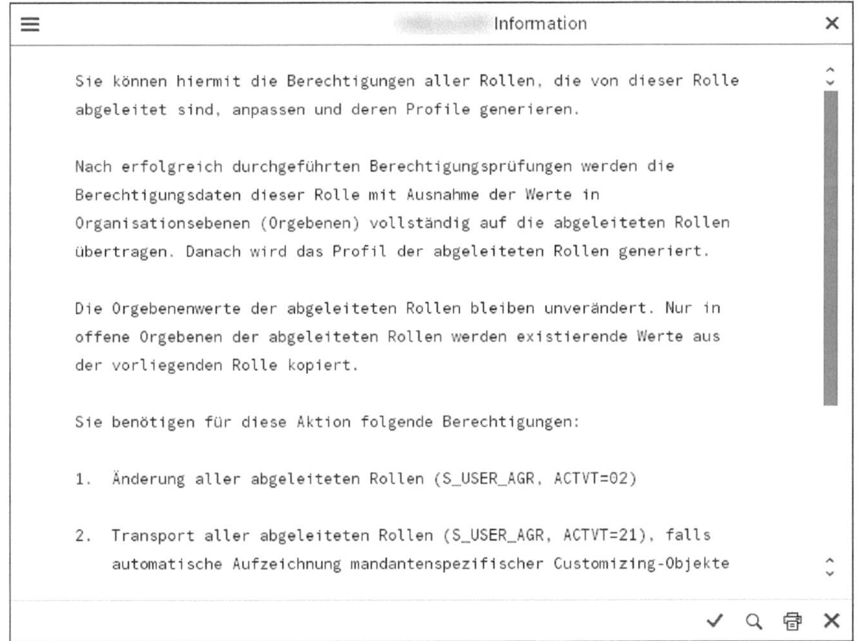

Abbildung 6.42 Informationsfenster bei der Generierung der abgeleiteten Rollen

In dem Fall, dass mit neuen Anwendungen neue Orgebenen in die Rolle hinzugefügt wurden, müssen Sie die richtigen Werte für die Orgebenen in den Einzelrollen pflegen.

Transaktionen aus der Rolle entfernen

Wenn Sie eine oder mehrere Transaktionen aus dem Menü der Rolle entfernen müssen, können Sie diese mit dem Icon (**Suchen im Rollenmenü**)

suchen und mit dem Icon ⊖ (**Knoten löschen**) löschen. Falls die Transaktionscodes im Menü der Rolle nicht ersichtlich sind, wählen Sie das Icon 🔍 (**Technische Namen einschalten**)(siehe Abbildung 6.43).

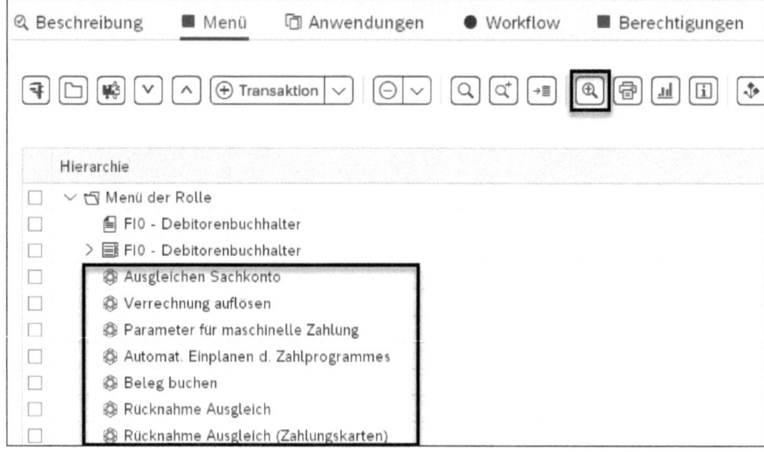

Abbildung 6.43 Ansicht der Transaktionscodes im Rollenmenü einschalten

Ein neues Berechtigungsobjekt in die Rolle hinzufügen

Wenn Sie ein fehlendes Berechtigungsobjekt entdecken, das Sie in die Rolle hinzufügen müssen, sollten Sie dieses Berechtigungsobjekt über die Vorschlagswerte für die jeweilige Anwendung in der Transaktion SU24 hinzufügen (siehe Abschnitt 11.2, »Praxisübungen zur Anzeige und Pflege von Vorschlagswerten in der Transaktion SU24«). Nach der Pflege der Vorschlagswerte öffnen Sie die Rolle in der Transaktion PFCG im Änderungsmodus und wählen **Expertenmodus zur Profilgenerierung** aus. Das neue Berechtigungsobjekt wird automatisch in die Rolle mit dem Status **Neu** hinzugefügt und kann bei Bedarf gepflegt werden.

Ein Berechtigungsobjekt aus der Rolle entfernen

Wenn Sie ein Berechtigungsobjekt aus einer Rolle entfernen müssen, sollten Sie mit dem Icon (**Verwendungsnachweis**) prüfen, für welche Anwendungen dieses Berechtigungsobjekt gebraucht wird, und entscheiden, ob das Berechtigungsobjekt zusammen mit der entsprechenden Anwendung aus der Rolle entfernt werden soll. Wenn die Anwendung in der Rolle enthalten bleiben soll, aber das Berechtigungsobjekt trotzdem entfernt werden muss, sollten Sie die Vorschlagswerte für die Anwendung in der Transaktion SU24 anpassen und anschließend das Profil der Rolle aktualisieren, wie bei einem hinzugefügten Berechtigungsobjekt.

Ein manuell hinzugefügtes Objekt entfernen

Falls das Berechtigungsobjekt manuell in die Rolle hinzugefügt wurde, können Sie es folgendermaßen entfernen: Inaktivieren Sie das Berechtigungsobjekt mit dem Icon ⊖ (**Inaktivieren**) und löschen Sie es mit dem Icon (**Löschen**) (siehe Abbildung 6.44). Generieren Sie anschließend mit dem Icon (**Generieren**) das Profil der Rolle.

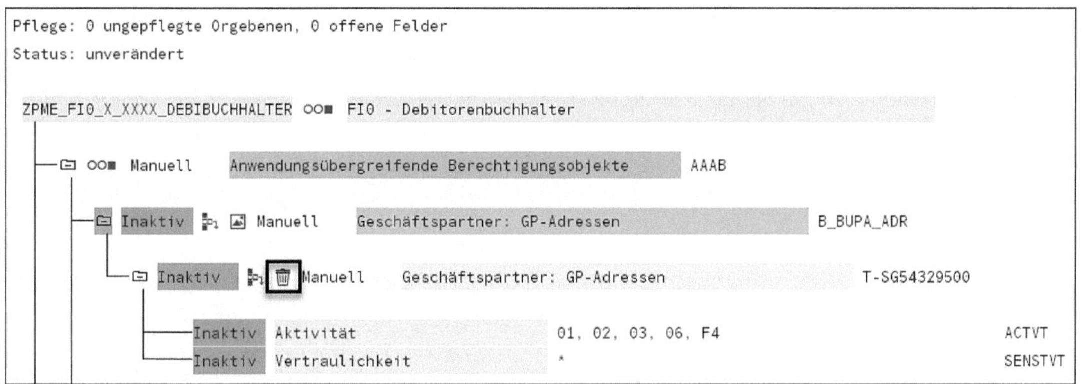

Abbildung 6.44 Ein inaktiviertes Berechtigungsobjekt aus der Rolle löschen

Rollenänderungen dokumentieren

Dokumentieren Sie die vorgenommenen Rollenänderungen in der Änderungshistorie im Langtext der Rolle (siehe beispielhaft Abbildung 6.45).

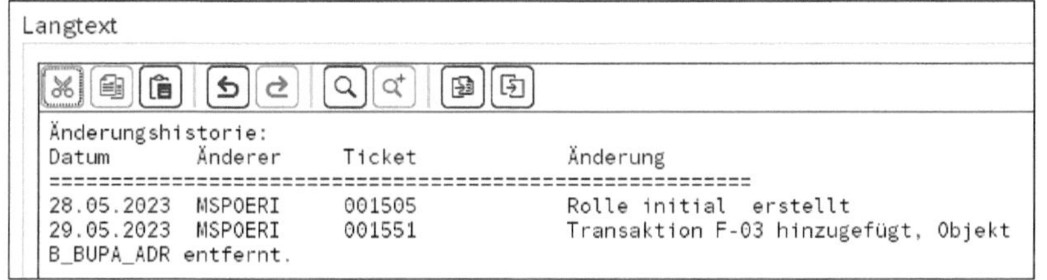

Abbildung 6.45 Änderung der Rolle im Langtext dokumentieren

Vererbungsbeziehung der abgeleiteten Rolle auflösen

Es kommt sehr selten vor, dass eine abgeleitete Rolle von der Masterrolle abgetrennt werden muss. Um diese Aktion durchzuführen, öffnen Sie die abgeleitete Rolle in der Transaktion PFCG im Änderungsmodus und klicken auf den Button **Vererbungsbeziehung auflösen** (siehe Abbildung 6.46).

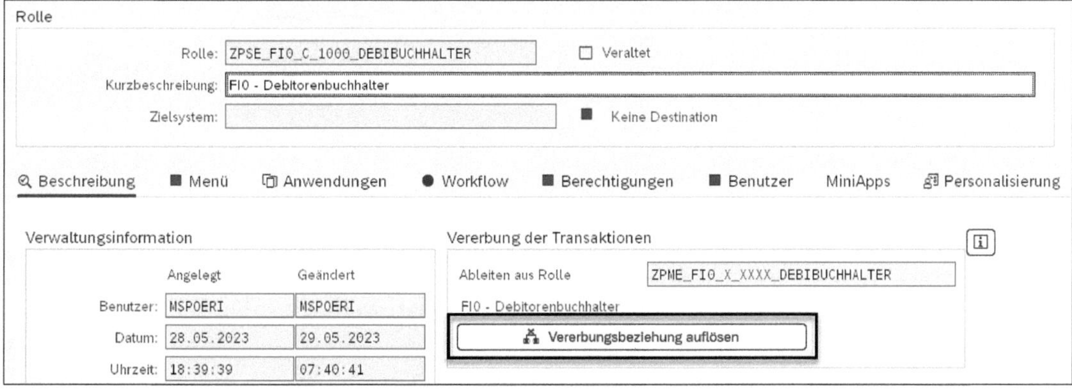

Abbildung 6.46 Abgeleitete Rolle von der Masterrolle in der Transaktion PFCG abtrennen

Diese Aktion ist unumkehrbar: Sie können die aufgelöste Beziehung zwischen der Masterrolle und der abgeleiteten Rolle nicht wiederherstellen.

Originalsprache der Rolle

Wenn Sie eine Rolle in Transaktion PFCG anlegen, achten Sie darauf, welche Sprache Sie beim Anmelden am System ausgewählt haben, weil diese Sprache als Originalsprache der Rolle übernommen wird. Wir haben unsere Beispielrolle **ZPME_FI0_X_XXXX_DEBIBUCHHALTER – FI0 – Debitorenbuchhalter** mit der Originalsprache Deutsch angelegt. Beim Anmelden auf Englisch sind die Felder **Kurzbeschreibung** und **Langtext** leer, und unten erscheint die Systemmeldung »There are no texts in language EN. Texts for the role exist in language DE. Use transaction SE63 to translate missing texts«. Die gleiche Meldung auf Deutsch lautet: »Rollentextpflege nur bei Anmeldung in der Originalsprache EN möglich. Texte zur Rolle existieren in der Sprache EN. Nutzen Sie die Transaktion SE63 zur Übersetzung fehlender Texte«.

[»]

Ändern der Originalsprache der Rollen mit dem Report Z_ROLE_SET_MASTERLANG

Im SAP-Standard gibt es keine Möglichkeit, die Originalsprache der Rollen zu ändern. Allerdings können Sie den Report Z_ROLE_SET_MASTERLANG aus dem SAP-Hinweis 854311 (SE63: Übersetzung von Rollentexten scheitert) anlegen und damit die Originalsprache der Rollen ändern.

Übersetzung der Rollenkurzbeschreibung in Transaktion SE63

Falls Sie die Rollentexte in mehreren Sprachen pflegen müssen, verwenden Sie die Transaktion SE63 (Übersetzungseditor) für die Übersetzung, wie in der Systemmeldung empfohlen.

In der Transaktion SE63 klicken Sie auf den Button **Kurztexte**. Im nächsten Fenster klappen Sie **A5 Oberflächentexte** auf und wählen den Eintrag **ACGR Rollen** mit einem Doppelklick aus (siehe Abbildung 6.47).

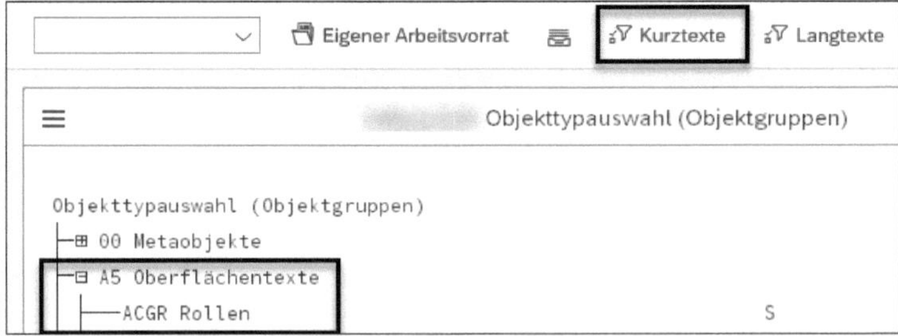

Abbildung 6.47 Transaktion SE63: Übersetzung der Kurzbeschreibung der Rolle

Tragen Sie den Rollennamen im Feld **Objektname** ein, wählen Sie die **Quellsprache** und die **Zielsprache** aus und klicken Sie auf den Button **Bearbeiten** (siehe Abbildung 6.48).

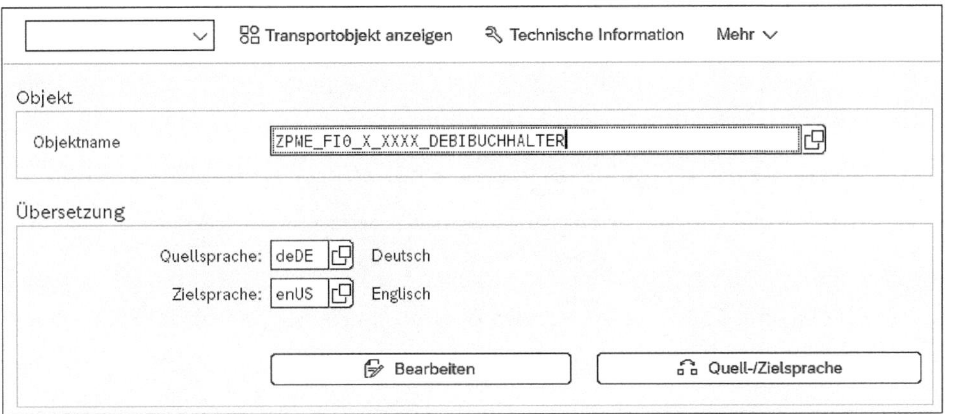

Abbildung 6.48 Transaktion SE63: Auswählen der Rolle, der Quellsprache und der Zielsprache

Im nächsten Fenster tragen Sie die Kurzbeschreibung der Rolle in der Zielsprache ein (siehe Abbildung 6.49) und speichern die Übersetzung mit dem Button **Sichern**.

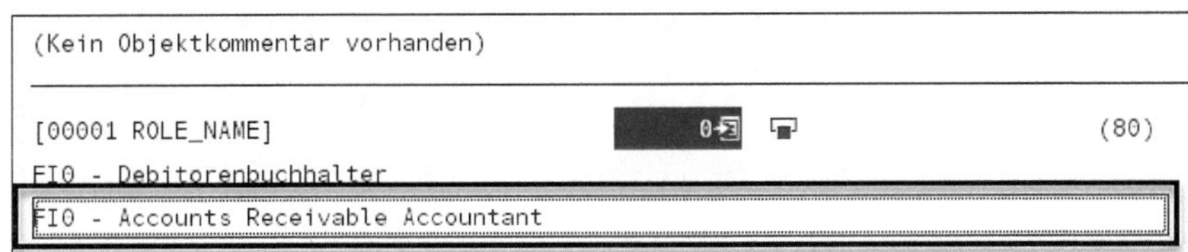

Abbildung 6.49 Transaktion SE63: Pflege der Kurzbeschreibung der Rolle in der Zielsprache

Massenänderung für die Übersetzung der Rollentexte

Wenn Sie die Kurzbeschreibungen mehrerer Rollen übersetzen müssen, verwenden Sie eine der Funktionen für Massenänderungen: eCATT (siehe Abschnitt 6.3.3, »Massenänderungen mit der Transaktion SECATT durchführen«) oder LSMW (siehe Abschnitt 10.2, »Benutzer massenhaft mit LSMW anlegen«).

6.2.5 Rollen transportieren, herunterladen und hochladen

Rollen werden in einem Entwicklungssystem angelegt und gepflegt und in ein Testsystem/Qualitätssystem transportiert. Nach einem erfolgreichen Test werden Sie mit dem *SAP-Transportmanagementsystem* (TMS) in ein Produktivsystem transportiert.

Eine Rolle in den Transportauftrag hinzufügen

Um eine Rolle zu transportieren, müssen Sie diese in einen *Customizing-Transportauftrag* hinzufügen. Dafür rufen Sie die Transaktion PFCG auf, tragen den Rollennamen in das Feld **Rolle** ein und klicken auf das Icon (**Rolle transportieren**)(siehe Abbildung 6.50).

Abbildung 6.50 Rolle in einen Transportauftrag in der Transaktion PFCG hinzufügen

Im nächsten Fenster müssen Sie die Bestandteile der Rolle auswählen, die Sie transportieren möchten (siehe Abbildung 6.51). In unserem Beispiel möchten wir eine Sammelrolle transportieren, deswegen erscheint hier die Option **Einzelrollen in Sammelrollen**. Wenn wir zusätzlich die Option **Generierte Profile der Einzelrollen** auswählen, werden die Einzelrollen, die in der Sammelrolle enthalten sind, in den Transportauftrag hinzugefügt.

Abbildung 6.51 Optionen für den Transport der Rolle

Einen Transportauftrag für die Rolle anlegen

Klicken Sie auf den Button **Ausführen**. Im nächsten Fenster können Sie entweder einen bestehenden Transportauftrag auswählen oder einen neuen Transportauftrag mit dem Icon (**Auftrag anlegen**) anlegen (siehe Abbildung 6.52).

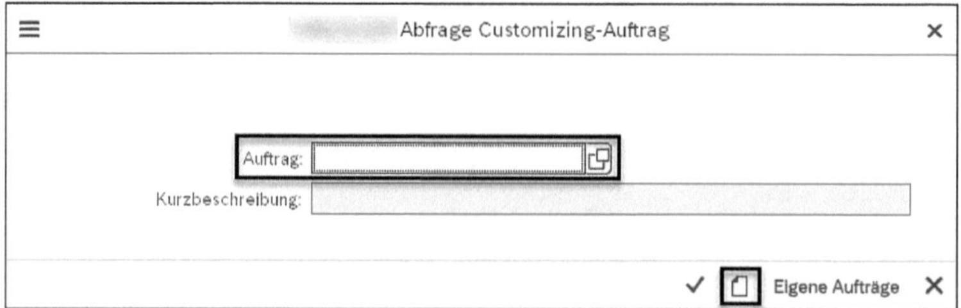

Abbildung 6.52 Einen Transportauftrag für die Rolle auswählen oder anlegen

Kurzbeschreibung im Transportauftrag

Wenn Sie einen neuen Transportauftrag anlegen, tragen Sie eine Kurzbeschreibung in das Feld **Kurzbeschr.** ein und wählen das Zielsystem aus, falls das Zielsystem nicht vorkonfiguriert ist (siehe Abbildung 6.53). Die Kurzbeschreibungen der Transportaufträge unterliegen in der Regel den Richtlinien der Organisation und müssen beispielweise eine Ticketnummer für die Revisionszwecke beinhalten. Außerdem ist es sinnvoll, in der Kurzbeschreibung des Transportauftrags zu vermerken, dass der Auftrag zum Bereich »Berechtigungen« gehört, sowie den Inhalt des Transportauftrags kurz zu beschreiben. In unserem Beispiel lautet die Kurzbeschreibung: **Berechtigungen: Ticket 001551. Rolle Debitorenbuchhalter** (siehe Abbildung 6.53).

Abbildung 6.53 Einen Transportauftrag für die Rolle anlegen

Klicken Sie auf das Icon (**Sichern**). Das System generiert nun die Auftragsnummer (siehe Abbildung 6.54). Bestätigen Sie mit dem Icon (**Weiter**).

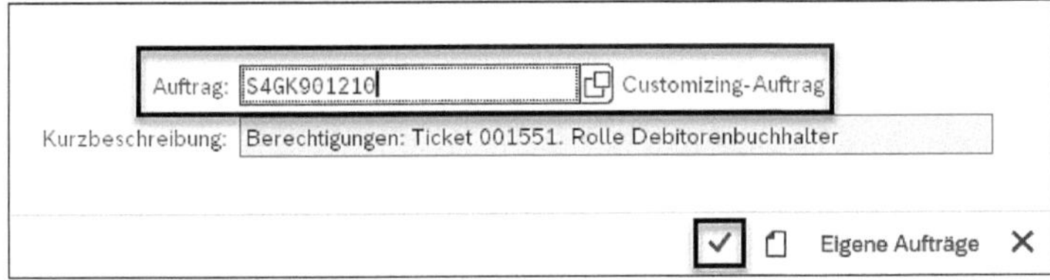

Abbildung 6.54 Der generierte Customizing-Auftrag mit der Rolle

Vorschau der Rollen im Transportauftrag

Im nächsten Fenster sehen Sie alle Rollen, die in den Transportauftrag hinzugefügt wurden (siehe Abbildung 6.55).

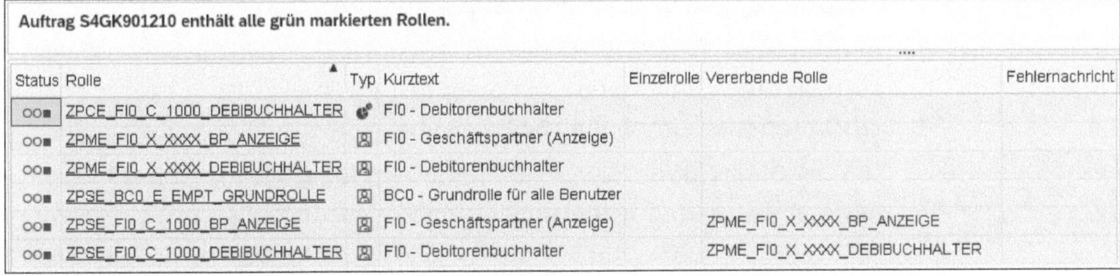

Auftrag S4GK901210 enthält alle grün markierten Rollen.

Status	Rolle	Typ	Kurztext	Einzelrolle	Vererbende Rolle	Fehlernachricht
	ZPCE_FI0_C_1000_DEBIBUCHHALTER		FI0 - Debitorenbuchhalter			
	ZPME_FI0_X_XXXX_BP_ANZEIGE		FI0 - Geschäftspartner (Anzeige)			
	ZPME_FI0_X_XXXX_DEBIBUCHHALTER		FI0 - Debitorenbuchhalter			
	ZPSE_BC0_E_EMPT_GRUNDROLLE		BC0 - Grundrolle für alle Benutzer			
	ZPSE_FI0_C_1000_BP_ANZEIGE		FI0 - Geschäftspartner (Anzeige)		ZPME_FI0_X_XXXX_BP_ANZEIGE	
	ZPSE_FI0_C_1000_DEBIBUCHHALTER		FI0 - Debitorenbuchhalter		ZPME_FI0_X_XXXX_DEBIBUCHHALTER	

Abbildung 6.55 Rollen in einem Transportauftrag

In unserem Beispiel wurden die Sammelrolle **ZPCE_FI0_C_1000_DEBIBUCHHALTER**, die Einzelrollen, die in dieser Rolle enthalten sind, und die Masterrollen, aus denen diese Einzelrollen abgeleitet wurden, in den Transportauftrag hinzugefügt.

Massentransport der Rollen

Wenn Sie mehrere Rollen transportieren möchten, kopieren Sie die Rollennamen in die Zwischenablage und rufen die Transaktion PFCG auf. In der Menüleiste wählen Sie **Hilfsmittel • Massentransport** aus. Klicken Sie auf das Icon (**Mehrfachselektion**) und fügen Sie die Rollennamen mit dem Icon (**Upload aus der Zwischenablage**) ein. Klicken Sie anschließend auf das Icon (**Übernehmen**)(siehe Abbildung 6.56).

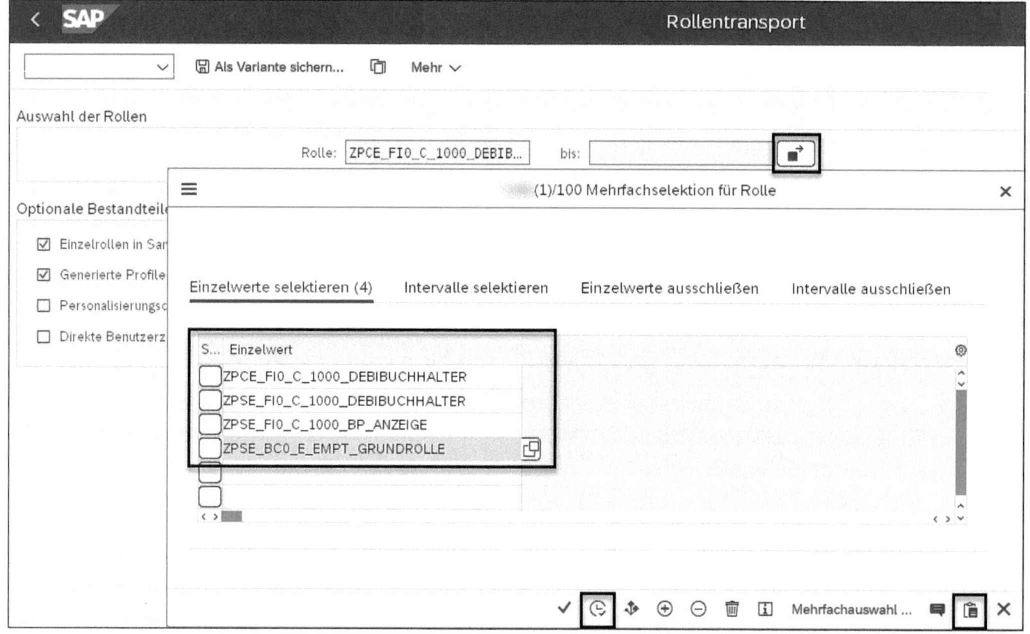

Abbildung 6.56 Massentransport der Rollen in der Transaktion PFCG

Wenn Sie auf den Button **Ausführen** klicken, sehen Sie ein Fenster mit der Transportnummer, ähnlich wie in Abbildung 6.54.

Transportauftrag in der Transaktion SE10

In der Transaktion SE10 (Transport Organizer) können Sie den Transportauftrag prüfen und weitere Aktionen (beispielsweise das Freigeben) damit ausführen (siehe Abbildung 6.57).

Weitere Aktivitäten mit dem Transportauftrag

In jeder Organisation, die SAP-Systeme betreibt, gibt es organisationsspezifische Prozesse und Anweisungen für die Handhabung der Transportaufträge, denen auch Transportaufträge für Berechtigungen unterliegen. Deshalb werden wir hier nicht auf weitere Aktivitäten für das Freigeben der Transportaufträge und deren Import in das produktive System eingehen.

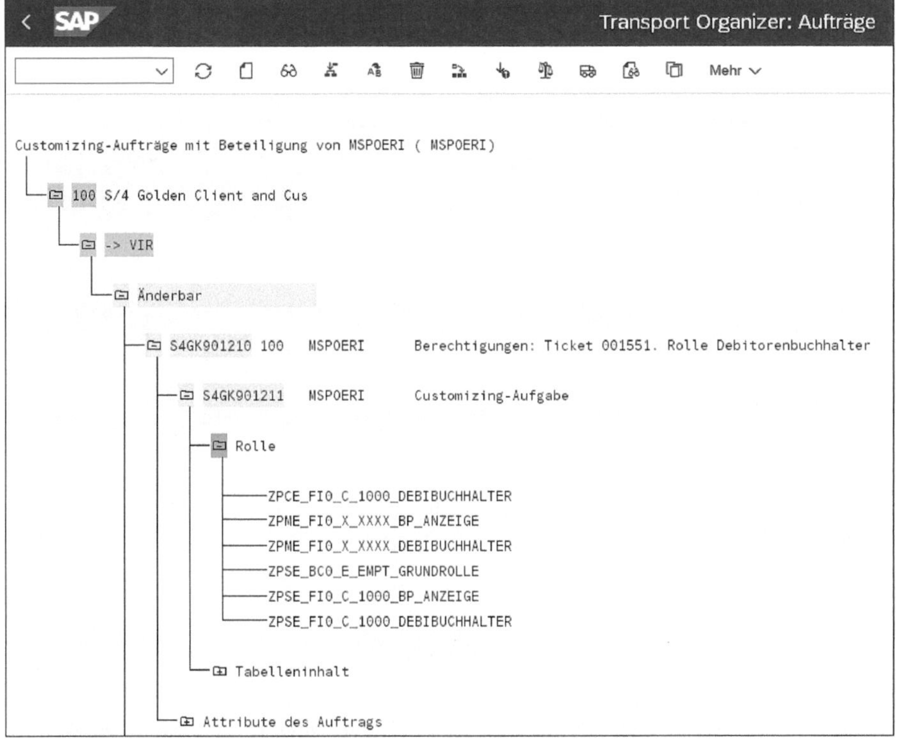

Abbildung 6.57 Transportauftrag mit Rollen in der Transaktion SE10

Hinweis 1723881 (Anwendung der mandantenspezifischen Customizing-Einstellung auf die Rollenpflege)

In SAP-Hinweis 1723881 wird beschrieben, wie Sie mit dem Schalter CLIENT_SET_FOR_ROLES in der Tabelle PRGN_CUST und mit der Transaktion SCC4 die Einstellungen für Änderungen und Transporte der Rollen anpassen können.

Sie können beispielsweise sicherstellen, dass jede Rolle im Entwicklungssystem nicht mehr als genau einmal in einem änderbaren Transportauftrag gleichzeitig vorhanden sein darf. Innerhalb desselben Transportauftrags darf eine Rolle bei mehreren Aufgaben zu unterschiedlichen Benutzern vorkommen. Diese Behandlung macht die gesamte Rollenadministration erheblich transparenter, da die Berechtigungsadministration sofort erkennen kann, welche Benutzer die gleichen Rollen bearbeiten.

Außerdem können Sie Rollenänderungen im Produktivsystem unterbinden.

Eine Rolle herunterladen

Weitere Möglichkeiten, Rollen aus einem System in das andere zu übertragen, sind die Funktionen **Download** und **Upload**. Um eine Rolle herunterzuladen, rufen Sie die Transaktion PFCG auf, tragen den Rollennamen in das Feld **Rolle** ein und selektieren in der Menüleiste **Rolle • Download** (siehe Abbildung 6.58).

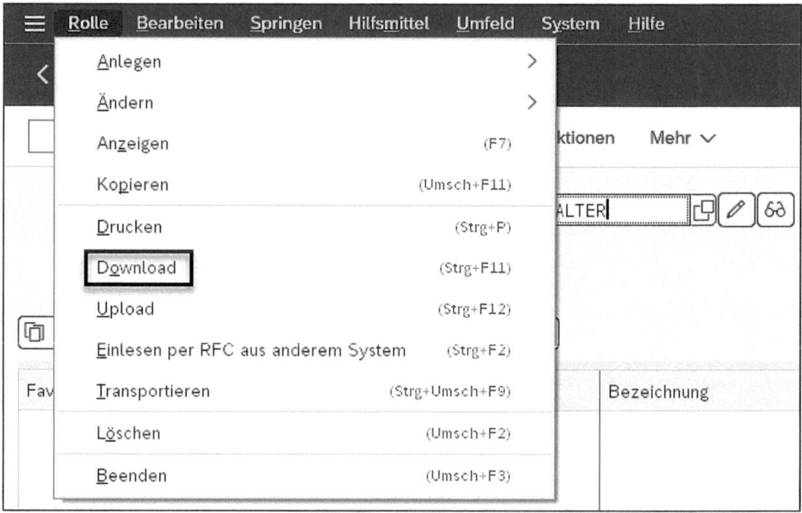

Abbildung 6.58 Eine Rolle in die Transaktion PFCG herunterladen

Als Nächstes erscheint ein Informationsfenster wie in Abbildung 6.59.

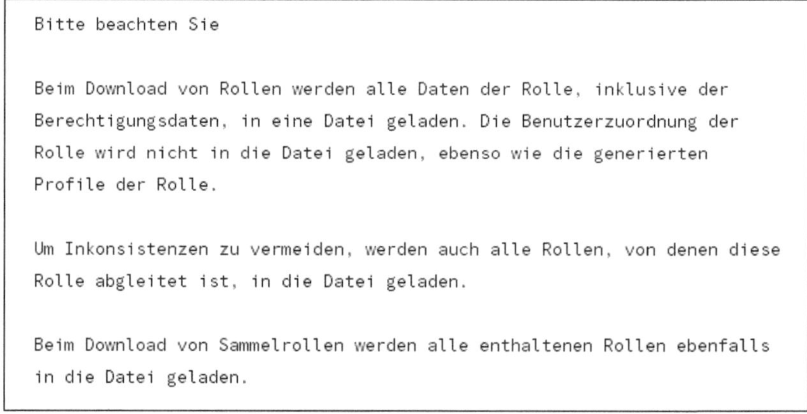

Bitte beachten Sie

Beim Download von Rollen werden alle Daten der Rolle, inklusive der Berechtigungsdaten, in eine Datei geladen. Die Benutzerzuordnung der Rolle wird nicht in die Datei geladen, ebenso wie die generierten Profile der Rolle.

Um Inkonsistenzen zu vermeiden, werden auch alle Rollen, von denen diese Rolle abgleitet ist, in die Datei geladen.

Beim Download von Sammelrollen werden alle enthaltenen Rollen ebenfalls in die Datei geladen.

Abbildung 6.59 Informationsfenster beim Herunterladen einer Rolle in der Transaktion PFCG

Eine Rolle hochladen

Klicken Sie auf das Icon ☑ (**Weiter**) und speichern Sie die Rolle als Datei in Ihrer Ablage. In einem anderen System rufen Sie die Transaktion PFCG auf und selektieren in der Menüleiste **Rolle • Upload**. Nach dem Hochladen der Rolle müssen Sie Ihr Profil generieren.

Um mehrere Rollen herunterzuladen, selektieren Sie in der Transaktion PFCG in der Menüleiste **Hilfsmittel • Massendownload**. Klicken Sie auf das Icon (**Mehrfachselektion**) und fügen Sie die Rollennamen ein. Übernehmen Sie die ausgewählten Rollen mit dem Icon (**Übernehmen**) und klicken Sie auf das Icon **Ausführen**,speichern Sie die Rollen als eine Datei in Ihrer Ablage. Das Hochladen mehrerer Rollen wird genauso wie das Hochladen einer einzelnen Rolle ausgeführt: In der Transaktion PFCG wählen Sie in der Menüleiste **Rolle • Upload**.

Mehrere Rollen herunter- und hochladen

6.2.6 Rollenstatus prüfen und Profile generieren

Statusübersicht der Rollen

Sowohl nach dem Transport als auch nach dem Hochladen der Rollen sollten Sie den Status der Rollen im Zielsystem prüfen. Dafür wählen Sie in der Transaktion PFCG in der Menüleiste **Hilfsmittel • Status-Übersicht**. Mit dem Icon (**Mehrfachselektion**) können Sie die Rollennamen einfügen, für die Sie die Auswertung durchführen möchten. Oder Sie können Rollennamen als sogenannte *Wild Cards* eintragen, beispielsweise alle Rollen, die mit den Buchstaben `ZPM` anfangen. Außerdem können Sie die Auswahl der Rollen mit **Nur Rollen mit Fehlern und Warnungen anzeigen** einschränken (siehe Abbildung 6.60).

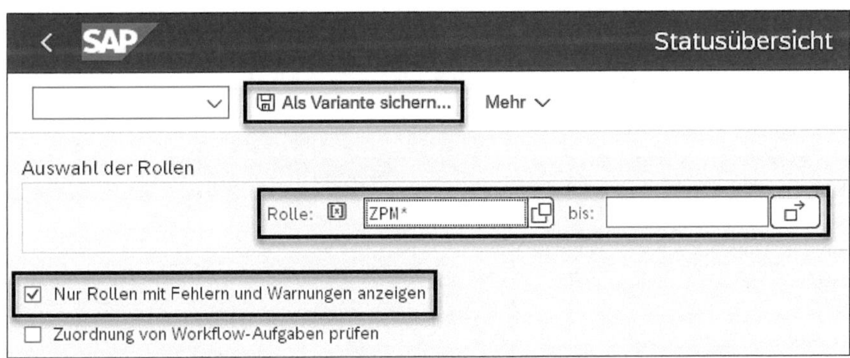

Abbildung 6.60 Rollen für die Statusübersicht in der Transaktion PFCG auswählen

Ihre Auswahl können Sie mit dem gleichnamigen Button **Als Variante sichern** speichern, damit Sie diese Variante später wiederverwenden können. Nach dem Ausführen der Auswertung sehen Sie ein Ergebnis ähnlich wie in Abbildung 6.61.

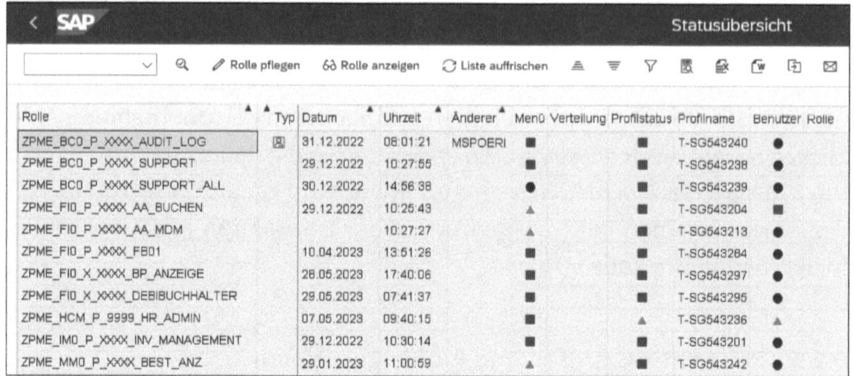

Rolle	Typ	Datum	Uhrzeit	Änderer	Menü	Verteilung	Profilstatus	Profilname	Benutzer	Rolle
ZPME_BC0_P_XXXX_AUDIT_LOG		31.12.2022	08:01:21	MSPOERI	■		■	T-SG543240	●	
ZPME_BC0_P_XXXX_SUPPORT		29.12.2022	10:27:55		■		■	T-SG543238	●	
ZPME_BC0_P_XXXX_SUPPORT_ALL		30.12.2022	14:56:38		●		■	T-SG543239	●	
ZPME_FI0_P_XXXX_AA_BUCHEN		29.12.2022	10:25:43		▲		■	T-SG543204	■	
ZPME_FI0_P_XXXX_AA_MDM			10:27:27		▲		■	T-SG543213	●	
ZPME_FI0_P_XXXX_FB01		10.04.2023	13:51:26		■		■	T-SG543284	●	
ZPME_FI0_X_XXXX_BP_ANZEIGE		28.05.2023	17:40:06		■		■	T-SG543297	●	
ZPME_FI0_X_XXXX_DEBIBUCHHALTER		29.05.2023	07:41:37		■		■	T-SG543295	●	
ZPME_HCM_P_9999_HR_ADMIN		07.05.2023	09:40:15		■		▲	T-SG543236	▲	
ZPME_IM0_P_XXXX_INV_MANAGEMENT		29.12.2022	10:30:14		■		■	T-SG543201	●	
ZPME_MM0_P_XXXX_BEST_ANZ		29.01.2023	11:00:59		▲		■	T-SG543242	●	

Abbildung 6.61 Ergebnis der Auswertung der Status der Rollen

Massengenerierung der Profile der Rollen

Wenn Sie mehrere Rollen mit nicht generierten Profilen haben, können Sie die Profile dieser Rollen massenhaft generieren. Dafür wählen Sie in der Transaktion PFCG in der Menüleiste **Hilfsmittel • Massengenerierung**. Diese Funktion können Sie auch mit der Transaktion SUPC (Profile zu Rollen) ausführen. Mit dem Icon [icon] (**Mehrfachselektion**) fügen Sie die Rollennamen ein. Sie können an dieser Stelle auch Wild Cards verwenden und alle Rollen, die beispielweise mit dem Buchstaben »Z« anfangen, auswählen. Wählen Sie die Rollen abhängig vom Profilstatus, beispielsweise **Rollen mit nicht aktuellen Profilen**, und wählen Sie **Automatisch generieren** (siehe Abbildung 6.62). Ihre Auswahl können mit **Als Variante sichern** speichern, damit Sie diese Variante später wiederverwenden können.

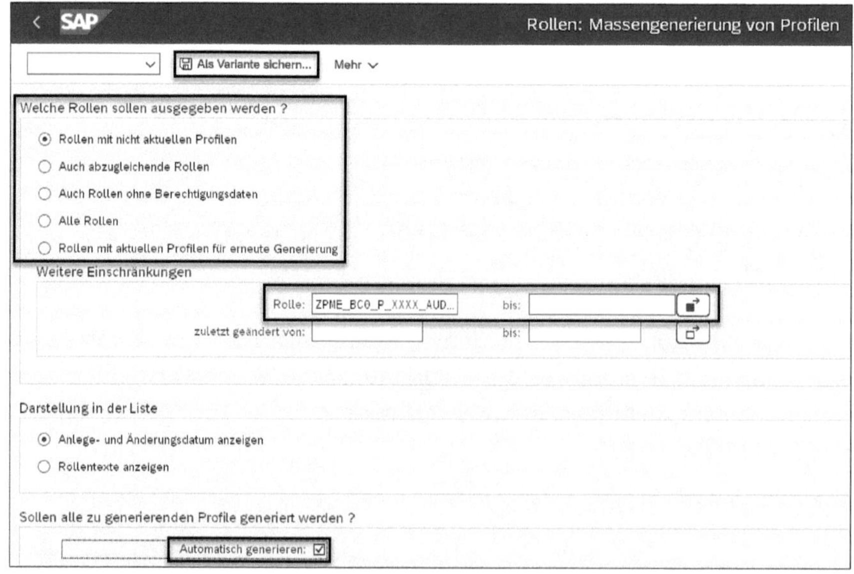

Abbildung 6.62 Profile der Rollen massenhaft generieren

Planen Sie die Massengenerierung von Profilen als Hintergrundjob ein

Um sicherzustellen, dass Profile aller im System verwendeten Rollen generiert sind, empfehlen wir die Massengenerierung von Profilen als einen periodischen (beispielsweise täglichen) Hintergrundjob für das Programm SAPPROFC_NEW in der Transaktion SM36 einzuplanen. Für den Job erstellen Sie eine Variante, die nur die Rollen des verwendeten Rollenkonzepts umfasst.

6.2.7 Rollen löschen

Voraussetzungen für das Löschen von Rollen

Wenn Sie eine oder mehrere Rollen löschen möchten, müssen Sie zuerst Folgendes sicherstellen:

- Die Rollen dürfen keine Benutzerzuordnung in der vollständigen Systemlinie (Entwicklungs-, Test-, Produktivsystem) haben.
- Die Rollen dürfen nicht in Sammelrollen enthalten sein.
- Die Rollen dürfen keine Ableitungen haben.
- Falls Sie in einem IAM-System SAP-Rollen den Geschäfts-/Businessrollen zugeordnet haben, stellen Sie sicher, dass die Rollen, die Sie löschen möchten, keiner Geschäfts-/Businessrolle zugeordnet sind.

Transportauftrag vor dem Löschen

Wenn Sie Rollen in einem Produktiv- beziehungsweise in einem Testsystem löschen möchten, müssen Sie die Rollen zuerst in einen Customizing-Transportauftrag im Entwicklungssystem hinzufügen (wie das geht, wird in Abschnitt 6.2.5, »Rollen transportieren, herunterladen und hochladen«, erklärt).

Eine Rolle löschen

Nachdem die Rollen in einem Transportauftrag erfasst wurden, rufen Sie die Transaktion PFCG auf. Um eine Rolle zu löschen, tragen Sie den Rollennamen in das Feld **Rolle** ein und klicken auf das Icon (**Rolle löschen**) (siehe Abbildung 6.63).

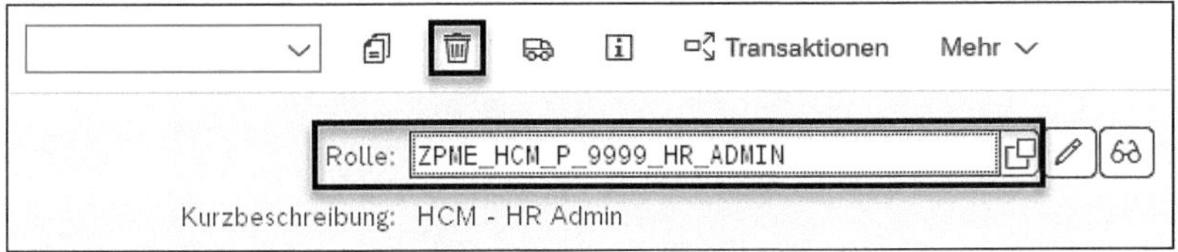

Abbildung 6.63 Eine Rolle in der Transaktion PFCG löschen

Im nächsten Fenster bestätigen Sie mit **Ja**. Anschließend sehen Sie ein Informationsfenster wie in Abbildung 6.64.

Bitte erfassen Sie die zur Rolle gehörigen Objekte zuerst in einem Transportauftrag, wenn Sie die Löschung transportieren wollen. Wenn Sie jetzt weitermachen, so können Sie die Löschung anschließend nur transportieren, wenn die Rolle schon in einem Transportauftrag erfaßt ist.

Abbildung 6.64 Informationsfenster beim Löschen einer Rolle

Klicken Sie auf das Icon ✓ (**Weiter**). Sie sehen eine Systemmeldung, die Sie darüber informiert, dass die Rolle gelöscht wurde.

Mehrere Rollen löschen

Um mehrere Rollen auf einmal zu löschen, rufen Sie die Transaktion PFCG auf. In der Menüleiste wählen Sie **Hilfsmittel • Massenlöschen von Rollen**. Klicken Sie auf das Icon (**Mehrfachselektion**) und fügen Sie die Rollennamen aus der Zwischenablage mit dem Icon (**Upload aus der Zwischenablage**) ein. Übernehmen Sie die Selektion mit dem Icon (siehe Abbildung 6.65).

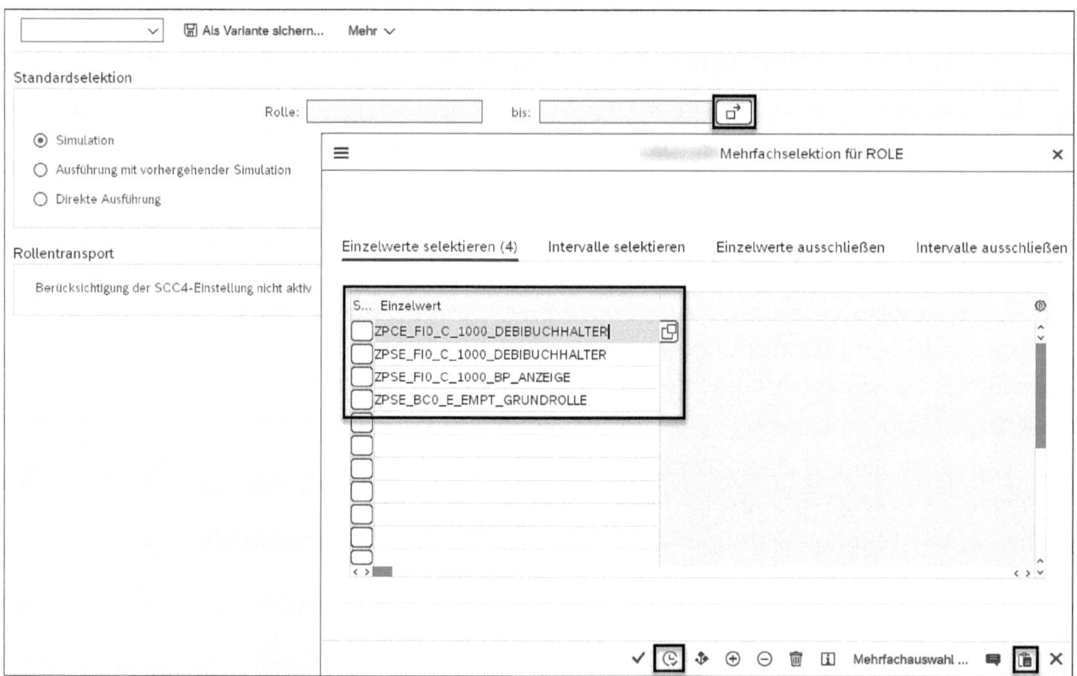

Abbildung 6.65 Rollen fürs Massenlöschen in der Transaktion PFCG auswählen

Anschließend haben Sie drei Optionen zur Auswahl: das Löschen der Rollen simulieren, die Rollen mit vorhergehender Simulation löschen oder sofort löschen.

6.2.8 Grundrolle anlegen

Unabhängig von der Funktion in SAP erhält jeder Benutzer eine *Grundrolle*. Diese Grundrolle enthält in der Summe unkritische Berechtigungen und deckt die grundlegenden sowie bereichsübergreifenden Funktionen ab. Legen Sie gemäß Ihrer Namenskonvention einen Namen für Ihre Grundrolle fest, die Sie dann, wie in Abschnitt 6.2.1, »Einzelrolle anlegen«, beschrieben, als Einzelrolle erstellen. In unserem Beispiel legen wir die Rolle **ZPSE_BC0_E_EMPT_GRUNDROLLE**, deren Rollenmenü Sie auszugsweise in Tabelle 6.4 sehen, an. Diese Rolle finden Sie auch im Downloadmaterial unter *https://www.sap-press.de/5643*.

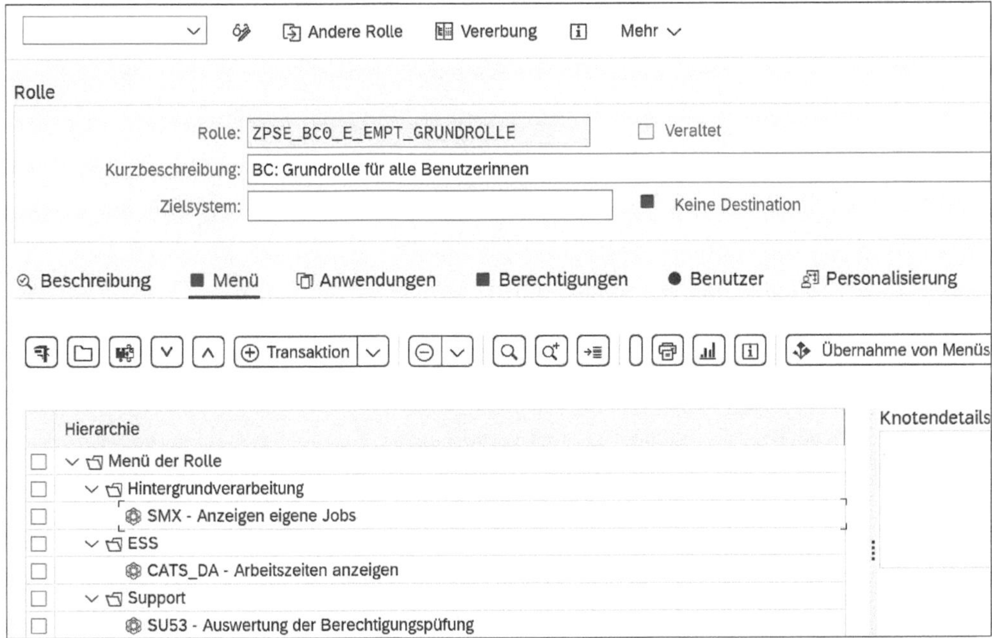

Abbildung 6.66 Das Rollenmenü einer Grundrolle

Anwendungen für die Grundrolle

Nachdem Sie die Grundrolle in der Transaktion PFCG angelegt haben, fügen Sie die Transaktionen aus Tabelle 6.4 hinzu. Nehmen Sie eine logische Gruppierung der Anwendungen vor, indem Sie entsprechende Menüordner erstellen (siehe Abbildung 6.66). Erweitern Sie den Umfang der Anwendungen um unkritische Eigenentwicklungen, die alle Dialogbenutzer bereichsübergreifend in Ihrer Organisation haben sollten.

Anwendung	Kurztext	Anwendungstyp
SBWP	SAP Business Workplace	Transaktion
/UI2/FLP	SAP Fiori Launchpad	Transaktion
NWBC	NWBC starten	Transaktion
OAOR	Business Document Service: Dokumente	Transaktion
SDV	Document Viewer	Transaktion
SEARCH_SAP_MENU	Suche im SAP-Menü	Transaktion
SESSION_MANAGER	Session-Manager-Menübaumanzeige	Transaktion
SH01	System-Status	Transaktion
SM50	Workprozess-Übersicht	Transaktion
SM51	Server-Liste	Transaktion
SMX	Anzeigen eigene Jobs	Transaktion
SO00	SAP Office Ausgang	Transaktion
SO01	SAP Office Eingang	Transaktion
SO02	SAP Office Ausgang	Transaktion
SO03	SAP Office Persönliche Ablage	Transaktion
SO05	SAP Office: Persönlicher Papierkorb	Transaktion
SO07	SAP Office Wiedervorlage	Transaktion
SP01	Ausgabesteuerung	Transaktion
SP02	Anzeigen von Spool-Aufträgen	Transaktion
SSC0	SAP-Terminkalender (Mitarbeitende)	Transaktion
SSC1	SAP-Terminkalender (eigener)	Transaktion

Tabelle 6.4 Die Anwendungen in der Grundrolle

Anwendung	Kurztext	Anwendungstyp
SU0	Eigene Benutzerfestwerte pflegen	Transaktion
SU01D	Benutzeranzeige	Transaktion
SU1	Eigene Benutzeradresse pflegen	Transaktion
SU2	Eigene Benutzerparameter pflegen	Transaktion
SU3	Benutzereigene Daten pflegen	Transaktion
SU50	Eigene Daten	Transaktion
SU51	Eigene Benutzeradresse pflegen	Transaktion
SU52	Eigene Benutzerparameter pflegen	Transaktion
SU53	Auswertung der Berechtigungsprüfung	Transaktion
SU56	Benutzerpuffer analysieren	Transaktion
RFCPING	RFC-Ping	Funktionsbaustein
/UI2/INTEROP 0001	Berechtigungsvorschlagswerte für Services	SAP Gateway Business Suite Enablement – Service
/UI2/PAGE_BUILDER_PERS 0001	Berechtigungsvorschlagswerte für Services	SAP Gateway Business Suite Enablement – Service
ZINTEROP_0001	Berechtigungsvorschlagswerte für Services	SAP Gateway: Service Groups Metadata
ZPAGE_BUILDER_PERS_0001	Berechtigungsvorschlagswerte für Services	SAP Gateway: Service Groups Metadata

Tabelle 6.4 Die Anwendungen in der Grundrolle (Forts.)

Fiori-Apps für die Grundrolle

Beim Einsatz des SAP Fiori Launchpad ist es sinnvoll, einen Fiori-Kachelkatalog für die Grundrolle anzulegen und in das Menü der Rolle hinzuzufügen. In der Tabelle 6.5 sehen Sie unseren Vorschlag für Fiori-Apps der Grundrolle.

Fiori-App-ID	Beschreibung	Kommentar
F4914	App-Support starten	Zielzuordnung ist ausreichend.
F1765	Benutzerstandard-parameter	Zugriff auf diese App ist für mehrere andere Fiori-Apps, vor allem im Finanzbereich, notwendig. Zielzuordnung ist ausreichend.
F1068	Abfrage-Browser – Views durchsuchen	Diese Fiori-Apps sind im SAP-Standardkatalog SAP_CA_BC_VDM enthalten und sind für die Kacheln, die auf CDS-Views basieren, notwendig.
F1035	Mehrdimensionaler Bericht	
FPM_BICS_OVP:FPM_BICS_OVP	Mehrdimensionaler WebDynpro-Bericht	

Tabelle 6.5 Fiori-Apps in der Grundrolle

6.2.9 Customizing-Rollen anlegen

Beispiel einer Customizing-Rolle

Das grundlegende unternehmensspezifische Customizing erfolgt im *SAP Implementation Guide (IMG)* in dediziert angelegten Projekten. Um Benutzern für den Zugriff zu diesen Projekten und somit für Customizing-Aktivitäten zu berechtigen, müssen spezielle Customizing-Rollen angelegt werden. In Abbildung 6.67 sehen Sie den Namen unserer Customizing-Rolle, die wir in diesem Abschnitt als Beispiel verwenden.

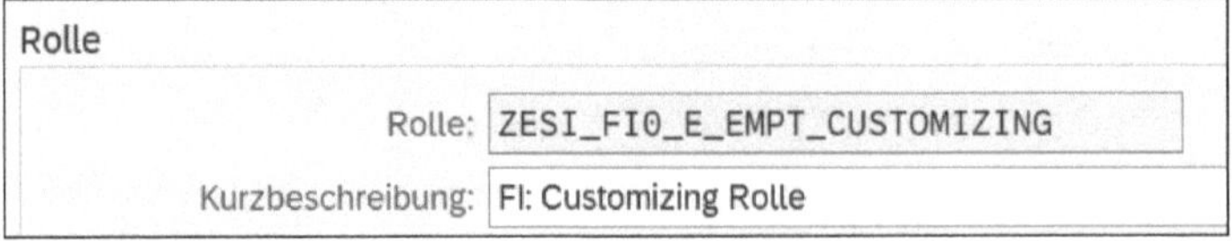

Abbildung 6.67 Der Name der Customizing-Rolle für den Bereich FI

Nachdem Sie die Customizing-Rolle in der Transaktion PFCG angelegt haben, wechseln Sie zur Registerkarte **Menü** und wählen im oberen Menübereich **Hilfsmittel** und im anschließend erscheinenden Untermenü **Customizing Berecht.** (siehe Abbildung 6.68).

Abbildung 6.68 Das Hinzufügen von Customizing-Berechtigungen in einer Einzelrolle

Festlegen von Customizing-Berechtigungen

Nach dem Klick auf **Customizing Berecht.** wählen Sie, welche Customizing-Aktivitäten berechtigt werden sollen. Dabei haben Sie die Wahl zwischen **IMG Projekt** und **Sicht eines IMG Projekts.** Falls noch kein anforderungsgemäßes IMG-Projekt existiert, gehen Sie so vor: Rufen Sie die Transaktion SPRO_ADMIN auf und klicken Sie auf das Icon (**Projekt anlegen**), um ein neues Projekt anzulegen. Die in Abbildung 6.69 dargestellte Eingabemaske erscheint, in der Sie den Projektnamen eingeben und mit dem grünen Häkchen bestätigen. Stimmen Sie sich bezüglich des Projektnamens mit der Entwicklung ab. Wir wählen in unserem Beispiel den Namen **ZFIO_CUST1**.

Abbildung 6.69 Der Name eines IMG-Projekts als Beispiel

Nach der Bestätigung des Projektnamens erscheint die Ansicht wie in Abbildung 6.70.

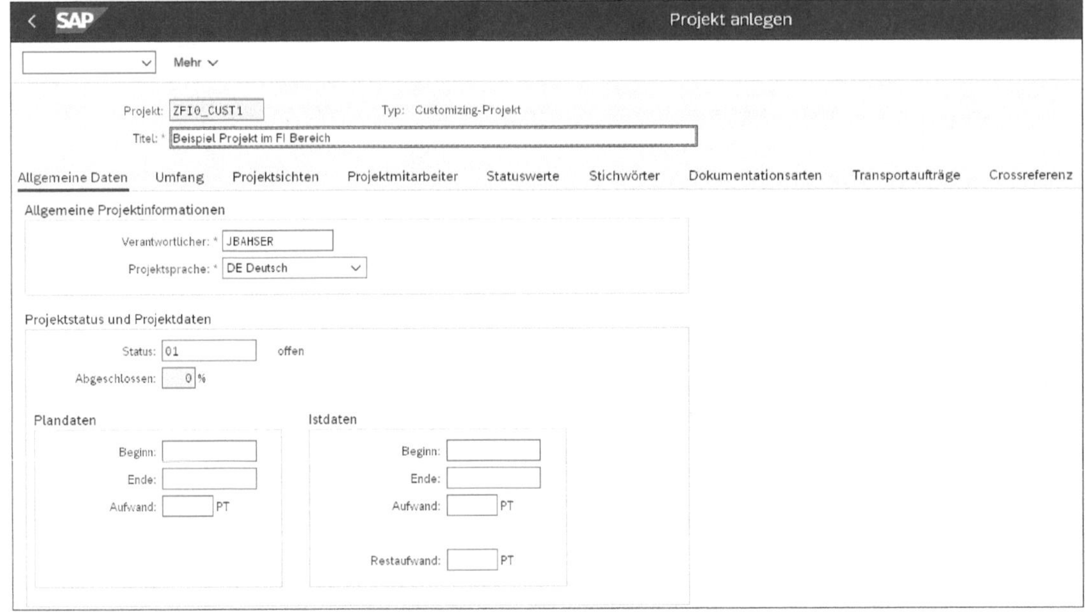

Abbildung 6.70 Stammdaten eines neuen Projekts

Projektrelevante Informationen anlegen

Hier sehen Sie im oberen Bereich den Projektnamen und den Titel, den Sie an dieser Stelle eingeben. Im mittleren Bildbereich sehen Sie die Registerkarten, in denen Sie projektrelevante Informationen eingeben und Definitionen vornehmen können. Zu diesen Registerkarten gehören: **Allgemeine Daten**, **Umfang**, **Projektsichten**, **Projektmitarbeiter**, **Statuswerte**, **Stichwörter**, **Dokumentationsarten**, **Transportaufträge** und **Crossreferenz**. Die verantwortliche Person, die Projektsprache sowie die Plandaten legen Sie beispielsweise in der Registerkarte **Allgemeine Daten** fest. Welche Bereiche das Projekt umfasst, definieren Sie in der Registerkarte **Umfang**. Nach Eingabe aller Informationen und Definitionen generieren Sie das Projekt über den Button **Projekt-IMG generieren** in der Registerkarte **Umfang**. Eine erneute Bearbeitung eines Projekts nehmen Sie über die Transaktion SPRO vor. Nach erfolgreicher Anlage und Generierung des Projekts können Sie das Projekt auch wie zu Beginn dieses Abschnitts beschrieben, in eine Einzelrolle hinzufügen.

6.3 Massenänderungen in Rollen durchführen

Im Tages- und Projektbetrieb kann es häufig vorkommen, dass sich Anforderungen ändern und Berechtigungswerte innerhalb der Rollen entsprechend angepasst werden müssen. Um den Aufwand für Rollenänderungen zu minimieren und das Risiko von Fehlern zu reduzieren, empfehlen wir, bei den Rollenänderungen auf die passende Funktion für Massenänderung zuzugreifen. Davon gibt es mehrere: Die Transaktion PFCGMASSVAL wird in Abschnitt 6.3.1, »Massenänderungen mit der Transaktion PFCGMASSVAL durchführen«, erklärt, die Möglichkeiten der Massenänderungen in der Transaktion PFCG werden in Abschnitt 6.3.2, »Massenänderungen mit der Transaktion PFCG durchführen«, dargestellt, das Werkzeug eCATT wird in Abschnitt 6.3.3, »Massenänderungen mit der Transaktion SECATT durchführen«, beschrieben. Außerdem können Sie die Transaktion LSMW für die Massenanlage und Massenänderung von Rollen verwenden. Eine Anleitung zur Transaktion LSMW finden Sie in Abschnitt 10.2, »Benutzer massenhaft mit LSMW anlegen«.

6.3.1 Massenänderungen mit der Transaktion PFCGMASSVAL durchführen

Mit der Transaktion PFCGMASSVAL bietet SAP die Möglichkeit, Massenänderungen für mehrere Rollen zeitgleich vorzunehmen.

Simulation in der Transaktion PFCGMASSVAL

Rufen Sie die Transaktion PFCGMASSVAL auf. Alternativ können Sie den Report `PFCG_MASS_VAL` in der Transaktion SE38 ausführen. Geben Sie im Feld **Rollen** die Namen der betroffenen Rollen ein, die Sie anpassen möchten. Im nächsten Abschnitt legen Sie den Ausführungsmodus fest. Sie können hier zunächst den Radiobutton **Simulation** aktivieren, um im Rahmen einer Simulation eine Übersicht der Änderungen zu erhalten. Als weiterer Ausführungsmodus stehen der Radiobutton **Ausführung mit vorhergehender Simulation** sowie der Radiobutton **Direkte Ausführung** zur Verfügung. Bei der Aktivierung von **Ausführung mit vorhergehender Simulation** bietet die aufbereitete Übersicht noch zusätzlich den Button **Ausführen**, um die Anpassung dann im Anschluss vornehmen zu können.

Im Abschnitt **Art der Feldänderungen** wählen Sie das für Sie Zutreffende aus. Je nach Auswahl werden im unteren Bereich des Bildschirms zusätzliche Eingabefelder angezeigt.

Sie können diese Transaktion für die folgenden Anwendungsfälle nutzen:

- **Organisationsebenen ändern**: Mit dieser Option können die Werte in definierten Orgebenen angepasst werden. Sofern die Werte der Orgebenen in den Berechtigungsobjekten individuell gepflegt wurden, können jene Werte mit dieser Option nicht geändert werden. Es gibt folgende Verarbeitungsmodi: **Hinzufügen**, **Ersetzen**, **Alles ersetzen** und **Löschen**. Diese Option wird am häufigsten benutzt, daher werden wir diese Art von Feldänderung in diesem Abschnitt mit einem Beispiel erklären.

- **Feldwerte von Berechtigungen zu einem Objekt ändern**: Die Berechtigungswerte zu einem spezifischen Berechtigungsobjekt können angepasst werden. Wenn Sie ein Berechtigungsobjekt eingeben und [↵] drücken, werden alle Berechtigungsfelder dieses Berechtigungsobjekts angezeigt, wie die Berechtigungsfelder des Berechtigungsobjekts **S_WFAR_OBJ** (ArchiveLink: Berechtigungen für den Zugriff auf Dokumente) in Abbildung 6.71.

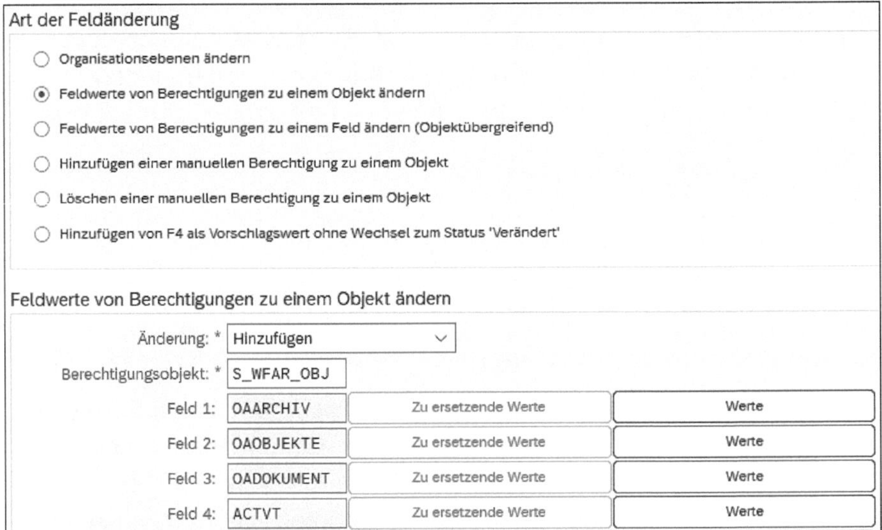

Abbildung 6.71 Transaktion PFCGMASSVAL: Feldwerte von Berechtigungen zu einem Objekt ändern

- **Feldwerte von Berechtigungen zu einem Feld ändern (Objektübergreifend)**: Mit der Aktivierung dieses Radiobuttons haben Sie die Möglichkeit, Berechtigungsfelder berechtigungsobjektübergreifend zu pflegen.
- **Hinzufügen einer manuellen Berechtigung zu einem Objekt**: Mit dieser Option fügen Sie ein Berechtigungsobjekt manuell hinzu. Nach Eingabe des Berechtigungsobjekts werden Ihnen die dazugehörigen Berechtigungsfelder angezeigt, die Sie an dieser Stelle ebenfalls pflegen können. Grundsätzlich sollten Sie die Berechtigungsobjekte in Rollen über die Transaktion SU24 hinzufügen. In Abschnitt 2.3.1, »SAP-Vorschlagswerte«, wird Ihnen die Transaktion SU24 theoretisch und in Abschnitt 11.2, »Praxisübungen zur Anzeige und Pflege von Vorschlagswerten in der Transaktion SU24«, praxisbezogen näher beschrieben.
- **Löschen einer manuellen Berechtigung zu einem Objekt**: Mit diesem Radiobutton können Sie Berechtigungsobjekte mit dem Status »Manuell« aus den Rollen entfernen.

- **Hinzufügen von F4 als Vorschlagswert ohne Wechsel zum Status »Verändert«**: F4 repräsentiert den Berechtigungswert »Anzeigen in Wertehilfen«, den Sie mit diesem Radiobutton in den ausgewählten Rollen zusätzlich aufnehmen können.

Zusätzlich zu den Feldänderungen können Sie die Option **Langtext ergänzen** aktivieren, um die Information über die durchgeführten Änderungen im Langtext der Rollen festzuhalten.

Einen Orgebenenwert in mehrere Rollen hinzufügen

Um das Hinzufügen eines Buchungskreises in mehrere Rollen besser darstellen zu können, ziehen wir ein Beispiel heran: Angenommen, die FI-Rollen mit Zugang zum Buchungskreis 1000 sollen um Buchungskreis 2000 erweitert werden. Geben Sie dafür in der Startmaske der Transaktion PFCG-MASSVAL die Namen der Einzelrollen, die Buchungskreis 1000 beinhalten, im Feld **Rollen** ein. Aktivieren Sie die Radiobuttons **Ausführung mit vorhergehender Simulation** und **Organisationsebenen ändern** im Bereich **Art der Feldänderung**. Wählen Sie im unteren Bereich **Organisationsebenen ändern** die Option **Hinzufügen** aus und tragen Sie im Feld **Organisationsebene** BUKRS ein. Klicken Sie auf **Werte** und tragen Sie hier 2000 ein. Das Ergebnis ist eine Eingabemaske (siehe Abbildung 6.72).

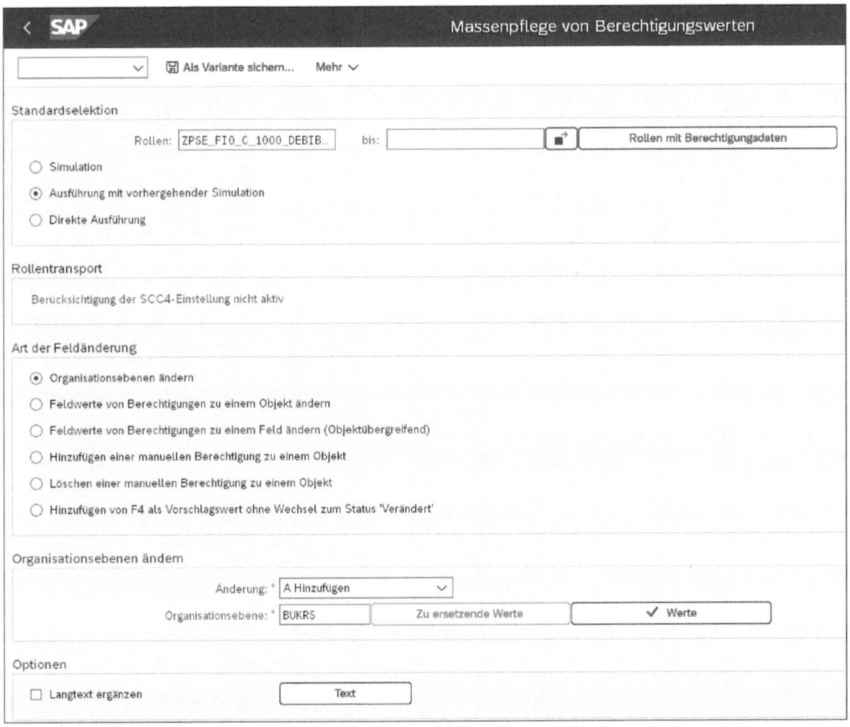

Abbildung 6.72 Transaktion PFCGMASSVAL: Organisationsebene BUKRS massenhaft ändern

Klicken Sie auf **Ausführen** oder drücken Sie alternativ die Taste F8. Sie bekommen die Rollen in der Spalte **Rolle** angezeigt (siehe Abbildung 6.73). Pro Rolle sehen Sie in den folgenden Spalten die Icons = sowie ⊕ in der Spalte **Wertevergleich** in Verbindung mit der Orgebene **$BUKRS** und dem Buchungskreis 1000 beziehungsweise dem Buchungskreis 2000 in der Spalte **von Wert**. Das Icon = bedeutet »bleibt gleich« und das Icon ⊕ »wird hinzugefügt«. Zusammenfassend bedeutet das, dass in den Rollen in der Orgebene »Buchungskreis« der Wert 2000 hinzugefügt wird.

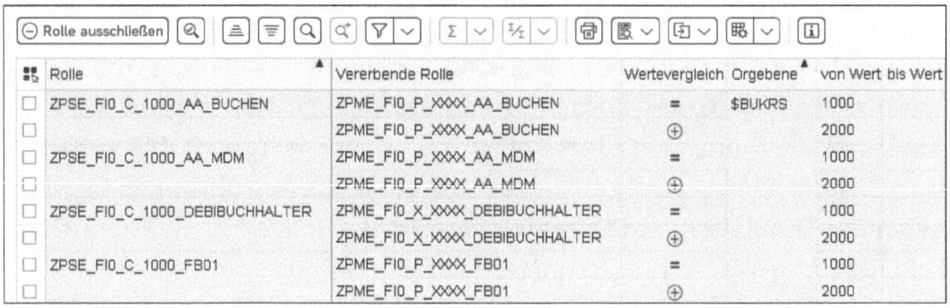

Rolle ausschließen

Rolle	Vererbende Rolle	Wertevergleich	Orgebene	von Wert	bis Wert
ZPSE_FI0_C_1000_AA_BUCHEN	ZPME_FI0_P_XXXX_AA_BUCHEN	=	$BUKRS	1000	
	ZPME_FI0_P_XXXX_AA_BUCHEN	⊕		2000	
ZPSE_FI0_C_1000_AA_MDM	ZPME_FI0_P_XXXX_AA_MDM	=		1000	
	ZPME_FI0_P_XXXX_AA_MDM	⊕		2000	
ZPSE_FI0_C_1000_DEBIBUCHHALTER	ZPME_FI0_X_XXXX_DEBIBUCHHALTER	=		1000	
	ZPME_FI0_X_XXXX_DEBIBUCHHALTER	⊕		2000	
ZPSE_FI0_C_1000_FB01	ZPME_FI0_P_XXXX_FB01	=		1000	
	ZPME_FI0_P_XXXX_FB01	⊕		2000	

Abbildung 6.73 Transaktion PFCGMASSVAL: Durchführen einer Simulation

Wenn Sie mit dem Ergebnis der Simulation zufrieden sind, klicken Sie auf den Button **Ausführen** im Menü. Sie erhalten die Meldung »Aktion durchgeführt«, und der Button **Profile generieren** wird angezeigt. Klicken Sie auf den Button **Profile generieren**, um die Profile der geänderten Rollen zu aktualisieren.

6.3.2 Massenänderungen mit der Transaktion PFCG durchführen

Option »ALV-Tree verwenden« aktivieren

In Abschnitt 6.2.1, »Einzelrolle anlegen«, haben wir erklärt, wie man die Option **ALV-Tree verwenden** bei der Pflege von Berechtigungen in der Transaktion PFCG abschaltet. Allerdings lässt es das Aktivieren dieser Option zu, Massenänderungen von Feldwerten in einer Rolle durchzuführen. Um diese Option zu aktivieren, wählen Sie auf der Registerkarte **Berechtigungen** in der Transaktion PFCG **Hilfsmittel • Einstellungen** aus.

Angenommen, Sie müssen eine Rolle mit Anzeigeberechtigungen für alle Module anlegen. Sie können dafür eine Rolle aus dem Profil SAP_ALL generieren und die Werte im Feld **ACTVT** (Aktivität) auf Anzeigeaktivitäten einschränken.

Rolle aus dem Profil SAP_ALL generieren

Wie in Abschnitt 6.2.1, »Einzelrolle anlegen«, beschrieben, legen Sie eine Einzelrolle mit dem Namen und der Kurzbeschreibung gemäß Ihrer Namenskonvention an. In unserem Beispiel heißt die Rolle **ZPSI_ALL_A_ALLE_ ANZEIGE – All – Anzeige alle Module**. Ohne das Menü der Rolle gepflegt zu haben, wechseln Sie zur Registerkarte **Berechtigungen**. Im Pop-up-Fenster können Sie **SAP_ALL** als Vorlage auswählen (siehe Abbildung 6.74).

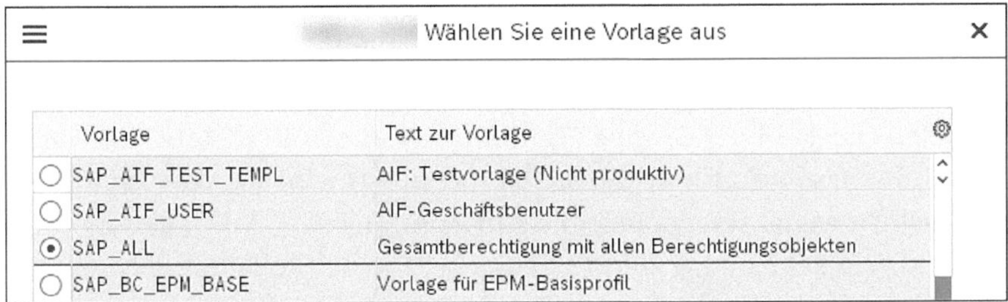

Abbildung 6.74 Transaktion PFCG: Auswählen von »SAP_ALL« als Vorlage

Alternativ können Sie in der Menüleiste **Bearbeiten • Einfügen Berecht.** die Option **Aus Profil** auswählen und das Profil **SAP_ALL** eintragen. Alle Berechtigungen werden in die Rolle hinzugefügt.

Massenänderung des Felds »ACTVT«

Anschließend pflegen Sie die **Orgebenen** und wählen **Gesamtberechtigung** aus. Um die Werte im Feld **ACTVT** massenhaft objektübergreifend zu ändern, klicken Sie auf das Icon (**Massenänderungen**). Tragen Sie beispielweise das Berechtigungsobjekt »M_BEST_WRK« (Werk in Bestellung) im Feld **Berechtigungsobjekt** und im Feld **Feldname** »ACTVT« ein, klicken Sie auf den Button **Werte definieren**. Wählen Sie die Werte, die zu den Anzeigeberechtigungen gehören: **03 (Anzeigen)**, **08 (Änderungsbelege anzeigen)**, **09 (Preisanzeige)**, **F4 (Anzeige in Wertehilfe)**. Setzen Sie ein Häkchen neben **Für alle Objekte mit dem ausgewählten Feld** und klicken Sie auf den Button **Ersetzen** (siehe Abbildung 6.75).

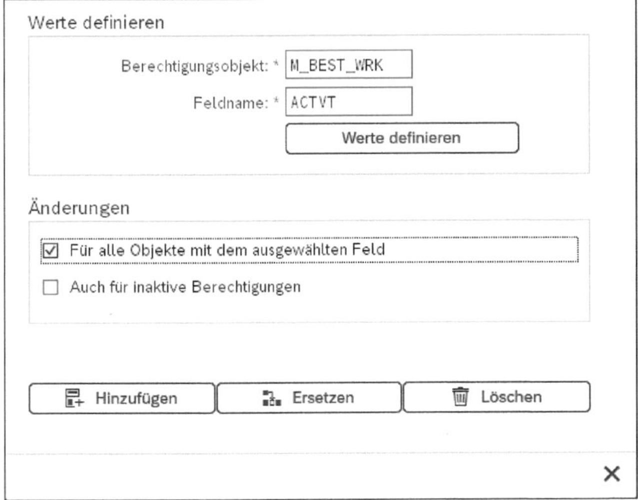

Abbildung 6.75 Transaktion PFCG: Massenänderung der Werte im Feld »ACTVT«

In den Berechtigungsobjekten, die mindestens einen der ausgewählten Werte für das Feld **ACTVT** zur Auswahl haben, wird das Feld **ACTVT** mit den ausgewählten Werten, die für diese Objekte verfügbar sind, gepflegt. In den Objekten, die keinen der ausgewählten Werte haben, bleibt das Feld **ACTVT** offen. Sie sollten diese Objekte am besten inaktivieren.

Anzeigeaktivitäten für Controlling-Objekte

In vielen Objekten der Gruppe **CO** (Controlling), z. B. **K_CCA** (CO-CCA: Allg. Berechtigungsobjekt für Kostenstellenrechnung), wird die Aktivität im Feld **CO_ACTION** (Aktionen der Berechtigungsprüfung CO-OM) eingetragen. Sie sollen dieses Feld analog zu dem Feld **ACTVT** in der Rolle mit den entsprechenden Anzeigeaktivitäten versehen (siehe Abbildung 6.76).

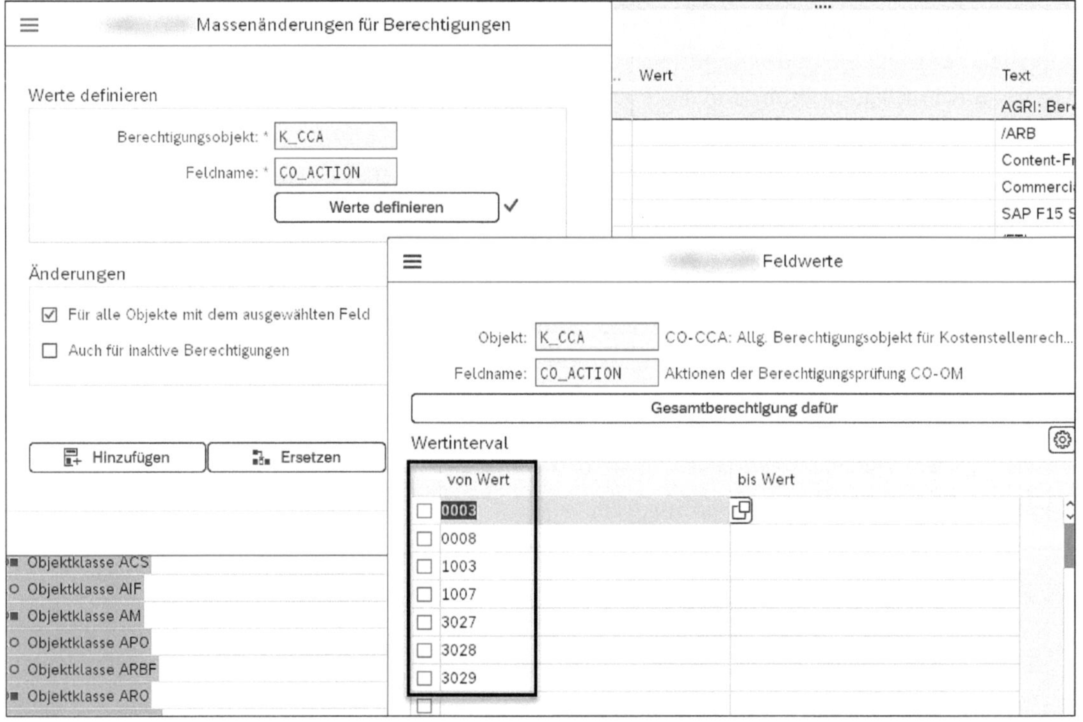

Abbildung 6.76 Transaktion PFCG: Massenänderung der Werte im Feld »CO_ACTION«

Anschließend generieren Sie das Profil der Rolle mit dem Icon (**Generieren**).

6.3.3 Massenänderungen mit der Transaktion SECATT durchführen

Was ist eCATT?

Mit der Transaktion SECATT wird *eCATT* (Extended Computer Aided Test Tool) ausgeführt. Dieses Werkzeug ist ursprünglich für das automatisierte Testen in SAP-Systemen gedacht. Damit lassen sich repetitive Aktivitäten im System ausführen, deswegen ist es für die Massenanlage und Massenänderung der Rollen geeignet. eCATT kann als Alternative zur *LSMW* (Legacy System Migration Workbench), die in Abschnitt 10.2, »Benutzer massenhaft mit LSMW anlegen«, erklärt wird, benutzt werden, wenn Systemeinstellungen und Richtlinien der Organisation es zulassen.

Voraussetzungen für eCATT

Zuerst stellen Sie sicher, dass die Voraussetzungen für die Nutzung des eCATT im Entwicklungssystem erfüllt sind. Prüfen Sie die Einstellung für den Mandanten über die Transaktion SCC4 oder die Tabelle T000 in der Transaktion SM30. eCATT muss erlaubt sein (siehe Abbildung 6.77).

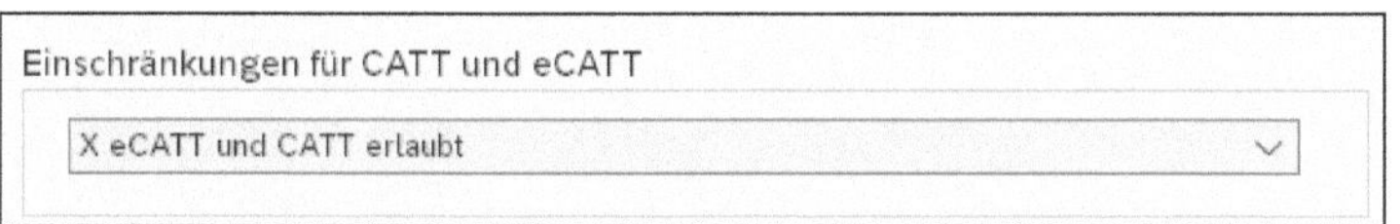

Abbildung 6.77 Transaktion SCC4: Einstellung für eCATT

RZ10/RZ11-Parameter für eCATT

Prüfen Sie in der Transaktion RZ11 beziehungsweise RZ10 ob die Zuordnungen der Parameter und Werte denen aus Tabelle 6.6 entsprechen.

Parameter	Wert
sapgui/user_scripting	True
sapgui/user_scripting_set_readonly	False
sapgui/user_scripting_disable_recording	False
sapgui/user_scripting_force_notification	False

Tabelle 6.6 Parameter in RZ11 für eCATT

Skripting in SAP GUI aktivieren

Aktivieren Sie **Skripting** in SAP GUI: Wählen Sie in der Menüleiste **Mehr • SAP GUI – Einstellungen + Aktionen • Optionen...** aus. Im Bereich **Skriptunterstützung** setzen Sie die Häkchen wie in Abbildung 6.78.

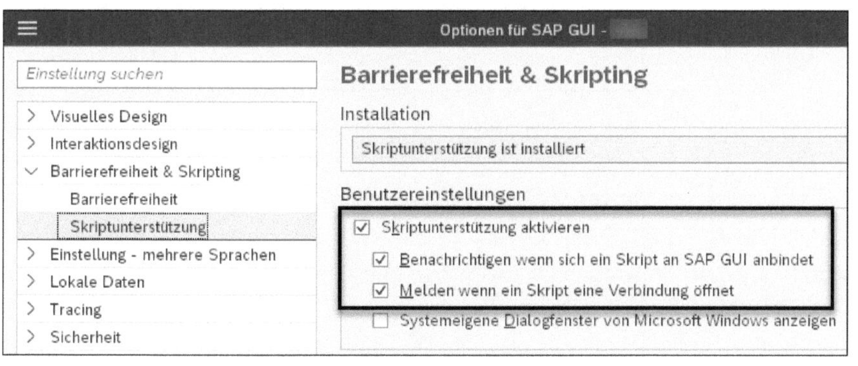

Abbildung 6.78 Das Skripting in SAP GUI aktivieren

Anwendungsfälle für eCATT

Nachdem alle Voraussetzungen erfüllt sind, starten Sie die Transaktion SECATT. Sie können eCATT für unterschiedliche Anwendungsfälle nutzen, wie beispielsweise Rollenanlage, Pflege der Rollenkurzbeschreibungen, Übersetzung der Rollenkurzbeschreibungen, Rollenableitung usw. In unserem Beispiel werden wir in der Transaktion SECATT eine Rolle für mehrere Buchungskreise ableiten.

Skript für Rollenableitung erstellen

Im ersten Schritt legen Sie ein Testskript an: Tragen Sie einen Namen, z. B. »Z_ABLEITUNG«, ein und klicken Sie auf das Icon (**Objekt anlegen**) (siehe Abbildung 6.79).

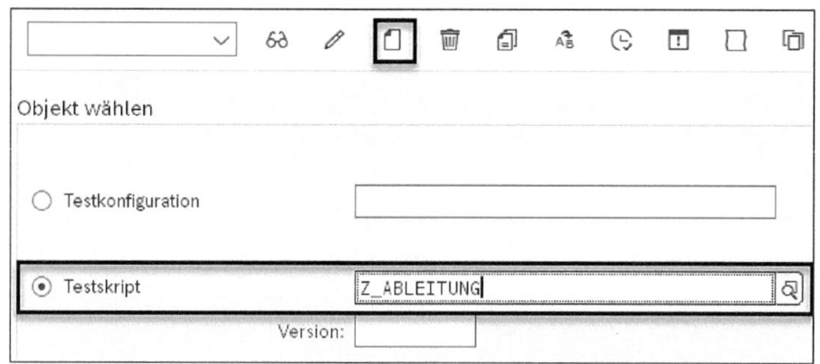

Abbildung 6.79 Transaktion SECATT: Testskript anlegen

Name und Komponente für ein Skript

Im nächsten Fenster tragen Sie den **Titel**, z. B. »Rollen ableiten«, und die **Anwendungskomponente** (für die Transaktion PFCG ist es »BC-SEC-AUT-PFC«) ein. Klicken Sie auf den Button **Muster** (siehe Abbildung 6.80).

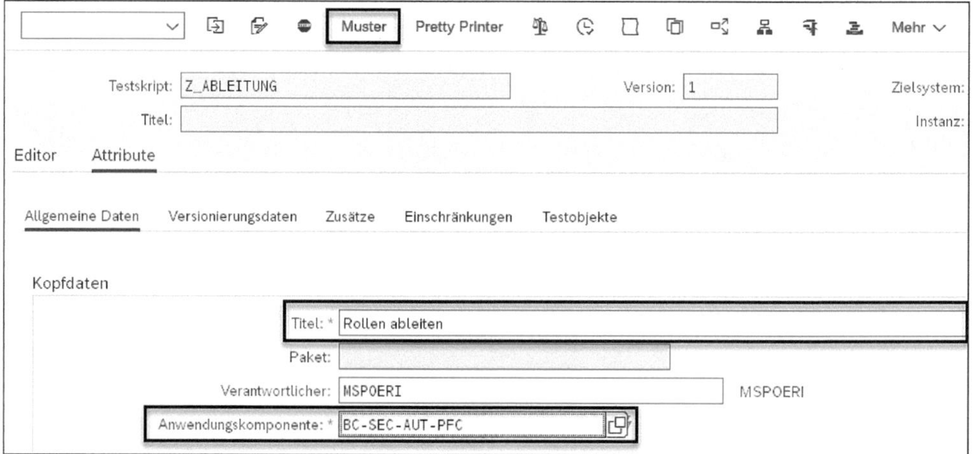

Abbildung 6.80 Transaktion SECATT: Titel und Anwendungskomponente für das Testskript eingeben

Muster für ein Skript definieren

Im Pop-up-Fenster selektieren Sie **UI UI-Ansteuerung** im Feld **Gruppe** und **TCD REC TCD (Record)** im Feld **Kommando**. Tragen Sie »PFCG« im Feld **Trans-**

aktion und z. B. »PFCG_1« im Feld **Schnittstelle** ein (siehe Abbildung 6.81). Bestätigen Sie Ihre Eingaben mit dem grünen Häkchen.

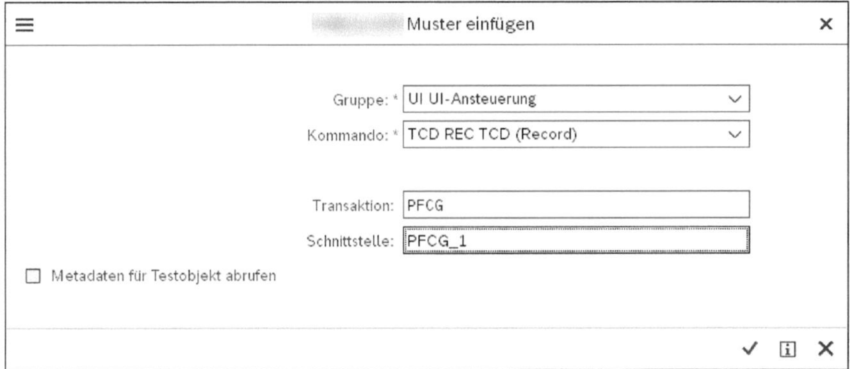

Abbildung 6.81 Transaktion SECATT: Muster definieren

Aufzeichnung in der Transaktion PFCG

Die Transaktion PFCG wird aufgerufen. Legen Sie die erste abgeleitete Rolle, wie in Abschnitt 6.2.2, »Rolle ableiten«, beschrieben, an. Während Sie die Rolle anlegen, wird ab und zu ein Fenster erscheinen (siehe Abbildung 6.82).

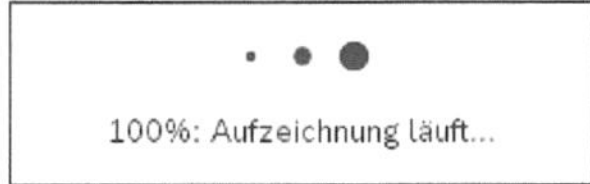

Abbildung 6.82 Transaktion SECATT: Pop-up-Fenster beim Skripting

Variablen definieren

Nachdem Sie die abgeleitete Rolle angelegt haben, gehen Sie mit dem Icon **<** (**Zurück**) zurück. Im nächsten Fenster wählen Sie **Ja** aus. Sie sehen eine ähnliche Ansicht wie in Abbildung 6.83. Klicken Sie doppelt auf den String **TCD (PFCG, PFCG_1)**.

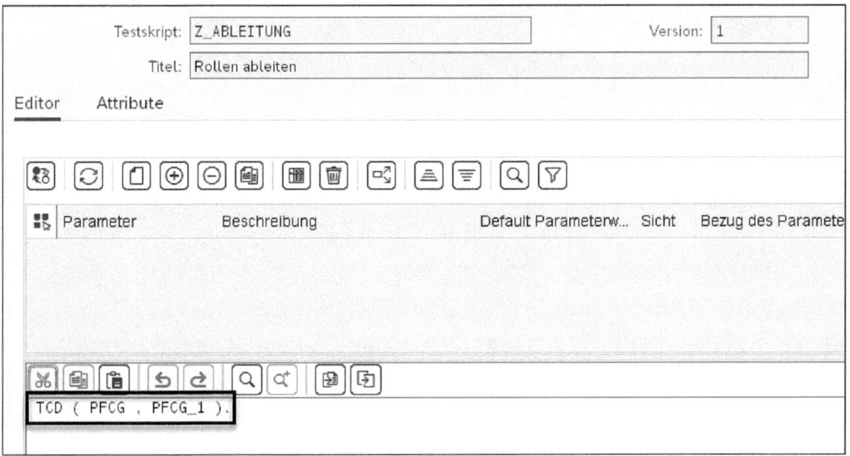

Abbildung 6.83 Transaktion SECATT: das Skripting abschließen

Als Nächstes müssen Sie *Variablen* definieren. Das sind Eingaben, die für die unterschiedlichen Rollen variieren. In Abschnitt **PFCG_1** klappen Sie den Baum auf, bis Sie den Namen der abgeleiteten Einzelrolle finden (siehe Abbildung 6.84).

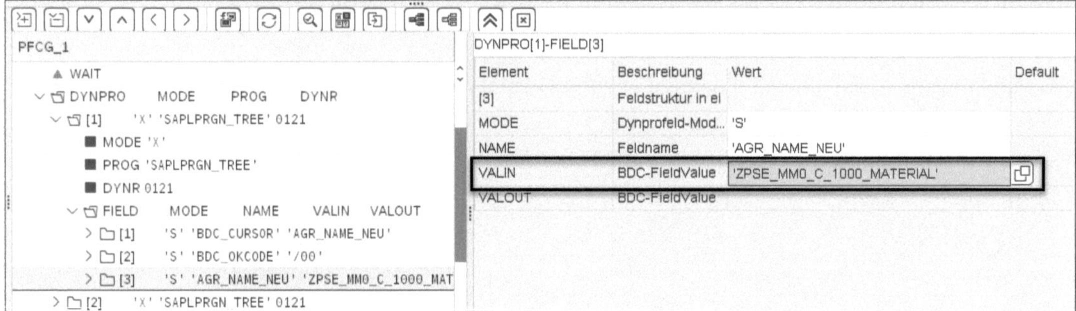

Abbildung 6.84 Transaktion SECATT: Suchen nach Variablen

Ersetzen Sie den Rollennamen mit einem String, beispielsweise **Z_ROLLENNAME** (siehe Abbildung 6.85).

DYNPRO[1]-FIELD[3]

Element	Beschreibung	Wert	Default
[3]	Feldstruktur in ei		
MODE	Dynprofeld-Mod...	'S'	
NAME	Feldname	'AGR_NAME_NEU'	
VALIN	BDC-FieldValue	Z_ROLLENNAME	
VALOUT	BDC-FieldValue		

Abbildung 6.85 Transaktion SECATT: Pflege der Variablen

Drücken Sie [↵]. Im Pop-up-Fenster wählen Sie **Import** aus und bestätigen mit **Ja** (siehe Abbildung 6.86).

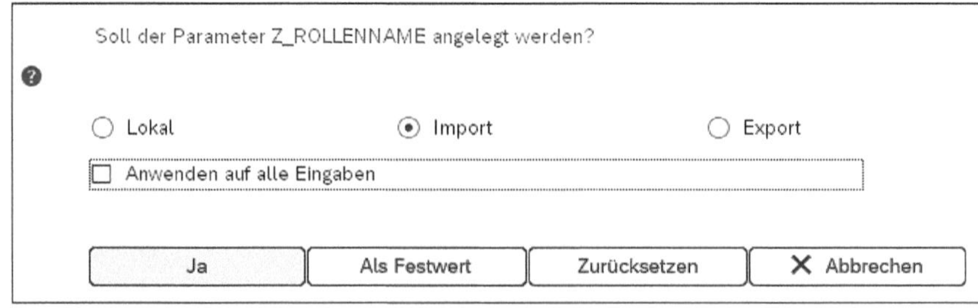

Abbildung 6.86 Transaktion SECATT: Bestätigen der Variablen

Übersicht der Parameter für die Rollenableitung

Suchen Sie nach weiteren Variablen und definieren Sie sie als **Parameter**. Im mittleren Bereich des Bildschirms sehen Sie eine Übersicht aller angelegten **Parameter** (siehe Abbildung 6.87). In unserem Fall sind das Rollenname, Rollenkurzbeschreibung und Buchungskreis.

Editor Attribute

Parameter	Beschreibung	Default Parameterw...	Sicht	Bezug des Parameters
Z_ROLLENNAME	BDC-FieldValue	ZPSE_MM0_C_100...	I	BDC_FVAL
Z_KURZBESCHREIB...	BDC-FieldValue	MM0 - Material (Buc...	I	BDC_FVAL
Z_BUKRS	BDC-FieldValue	1000	I	BDC_FVAL

Abbildung 6.87 Transaktion SECATT: Übersicht der Parameter für Variablen

Speichern Sie Ihre Eingaben mit dem Button **Sichern**. Im nächsten Fenster wählen Sie das Paket **$TMP** und klicken auf den Button **Lokales Objekt**, weil Sie Ihr Skript nicht zu transportieren brauchen. Gehen Sie einen Schritt zurück, indem Sie auf das Icon (**Zurück**) klicken.

Testkonfiguration anlegen

Als Nächstes legen Sie eine Testkonfiguration an: Geben Sie den Namen ein, z. B. denselben Namen wie den des Testskripts, und klicken Sie auf das Icon (**Objekt anlegen**) (siehe Abbildung 6.88).

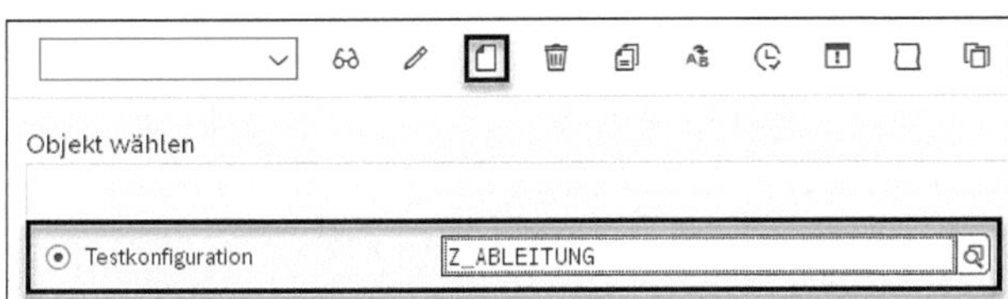

Abbildung 6.88 Transaktion SECATT: Testkonfiguration anlegen

Tragen Sie den **Titel** und die **Anwendungskomponente** ein. Die Anwendungskomponente muss unbedingt dieselbe wie im Testskript sein (siehe Abbildung 6.89).

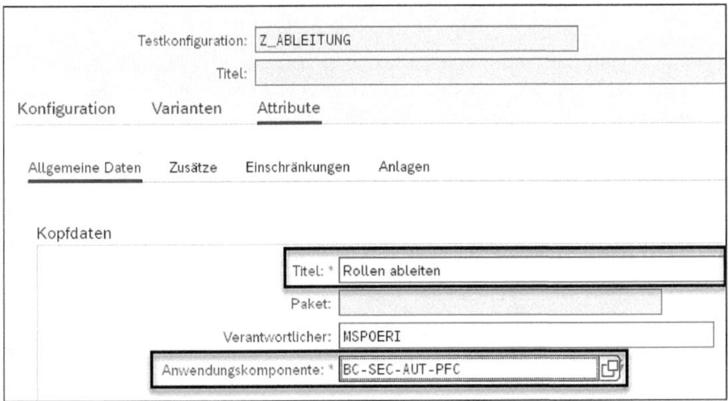

Abbildung 6.89 Transaktion SECATT: Titel und Anwendungskomponente für die Testkonfiguration eingeben

Wechseln Sie zur Registerkarte **Konfiguration**, geben Sie das Testskript ein und klicken Sie auf das Icon (**Varianten herunterladen**) (siehe Abbildung 6.90).

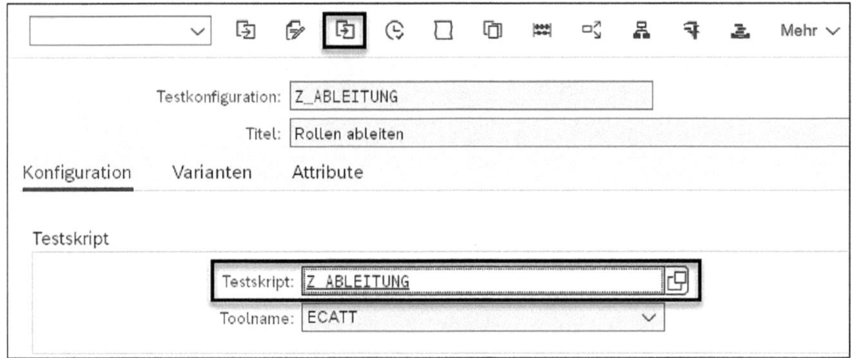

Abbildung 6.90 Transaktion SECATT: Varianten für die Testkonfiguration herunterladen

Vorlage für den Upload ausfüllen

Speichern Sie die Datei im TXT-Format. Im nächsten Fenster wählen Sie **Ja** aus. Öffnen Sie die heruntergeladene Datei in MS Excel (siehe Abbildung 6.91).

	A	B	C	D	E
1	[VARIANT]	[DESCRIPTION]	Z_ROLLENNAME	Z_KURZBESCHREIBUNG	Z_BUKRS
2	*		BDC-FieldValue	BDC-FieldValue	BDC-FieldValue
3	*ECATTDEFAULT		ZPSE_MM0_C_1000_MATERIAL	MM0 - Material (Buchungskreis 1000)	#1000

Abbildung 6.91 Variante für die Testkonfiguration in MS Excel

Tragen Sie die Spalten mit den Werten für die abgeleiteten Rollen ein, nummerieren Sie die Einträge in der Spalte **A** und löschen Sie die initialen Werte (siehe Abbildung 6.92). Speichern Sie die Datei in TXT-Format.

	A	B	C	D	E
1	[VARIANT]	[DESCRIPTION]	Z_ROLLENNAME	Z_KURZBESCHREIBUNG	Z_BUKRS
2	*		BDC-FieldValue	BDC-FieldValue	BDC-FieldValue
3	*ECATTDEFAULT				
4	1		ZPSE_MM0_C_1001_MATERIAL	MM0 - Material (Buchungskreis 1001)	#1001
5	2		ZPSE_MM0_C_1002_MATERIAL	MM0 - Material (Buchungskreis 1002)	#1002
6	3		ZPSE_MM0_C_1003_MATERIAL	MM0 - Material (Buchungskreis 1003)	#1003
7	4		ZPSE_MM0_C_1004_MATERIAL	MM0 - Material (Buchungskreis 1004)	#1004
8	5		ZPSE_MM0_C_1010_MATERIAL	MM0 - Material (Buchungskreis 1010)	#1010
9	6		ZPSE_MM0_C_1710_MATERIAL	MM0 - Material (Buchungskreis 1710)	#1710
10	7		ZPSE_MM0_C_2000_MATERIAL	MM0 - Material (Buchungskreis 2000)	#2000
11	8		ZPSE_MM0_C_2010_MATERIAL	MM0 - Material (Buchungskreis 2010)	#2010
12	9		ZPSE_MM0_C_2100_MATERIAL	MM0 - Material (Buchungskreis 2100)	#2100

Abbildung 6.92 Die Variante für die Testkonfiguration in MS Excel pflegen

Ausgefüllte Vorlage hochladen

In der Transaktion SECATT wechseln Sie zur Registerkarte **Varianten**, wählen **Externe Varianten / Pfad**, laden die TXT-Datei hoch und klicken auf das Icon (**Testkonfiguration ausführen**) (siehe Abbildung 6.93).

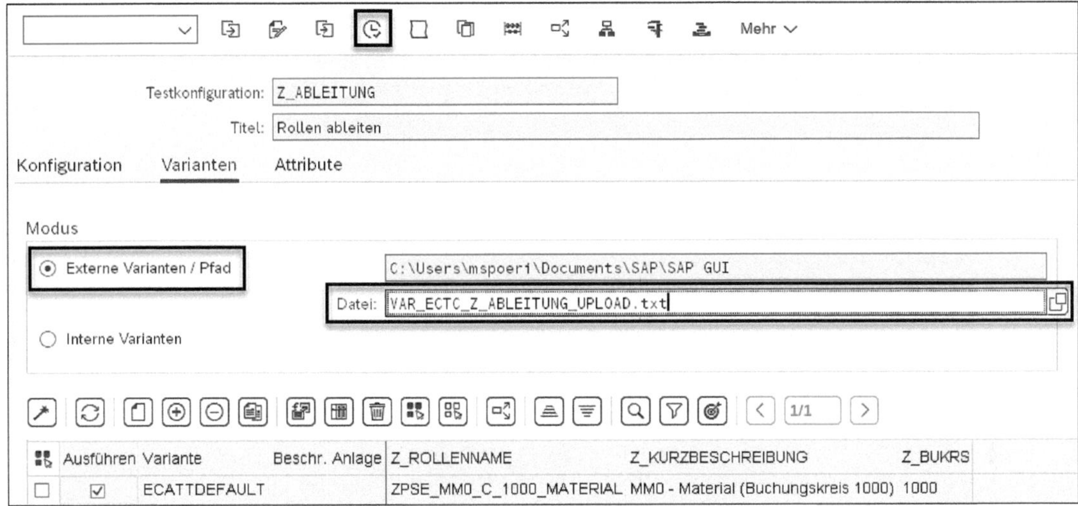

Abbildung 6.93 Transaktion SECATT: Variante für die Testkonfiguration hochladen

Testkonfiguration ausführen

Im nächsten Fenster wählen Sie **Ja** aus. Auf der Registerkarte **Allgemein** wählen Sie im Feld **Fehlerverhalten S Kein Abbruch, Weiter mit nächstem Skriptkommando** und im Feld **Debugmodus N Normales Breakpointhandling, Anhalten bei BREAK** aus und klicken auf das Icon (**Ausführen**) (siehe Abbildung 6.94).

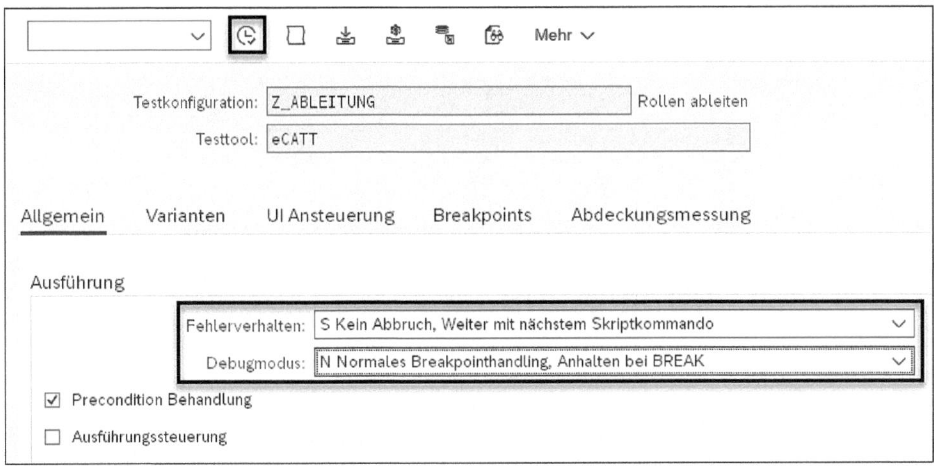

Abbildung 6.94 Transaktion SECATT: Ausführen der Testkonfiguration

Ergebnis der Testkonfiguration

Nach der Ausführung sehen Sie eine Ansicht wie in Abbildung 6.95.

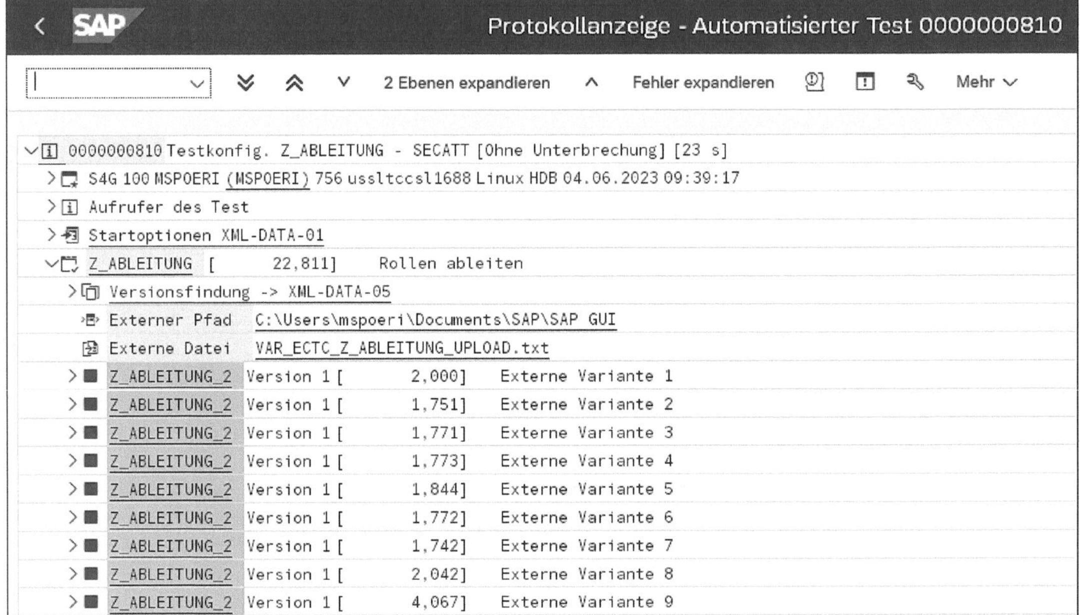

Abbildung 6.95 Transaktion SECATT: Ergebnis nach der Ausführung der Testkonfiguration

Abgeleitete Rollen in der Transaktion SUIM prüfen

Prüfen Sie die angelegten Rollen in der Transaktion SUIM: Wählen Sie **Rollen • Rollen nach komplexen Selektionskriterien • Rollen nach komplexen Selektionskriterien** aus. Geben Sie die Rollennamen im Feld **Rolle** mit Mehrfachselektion ein (Icon (**Mehrfachselektion**)) und führen Sie die Auswertung mit dem Button **Ausführen** aus (siehe Abbildung 6.96).

Abbildung 6.96 Transaktion SUIM: die mit SECATT angelegten Rollen prüfen

Orgebenen in abgeleiteten Rollen prüfen

Die Organisationswerte können Sie in der Tabelle **AGR_1252** (Orgebenen zu den Berechtigungen) in der Transaktion SE16 oder SE16N prüfen. Geben Sie die Rollennamen im Feld **Rolle** und »$BUKRS« im Feld **Orgebene** ein und führen Sie die Auswertung mit dem Icon (**Ausführen**) aus (siehe Abbildung 6.97).

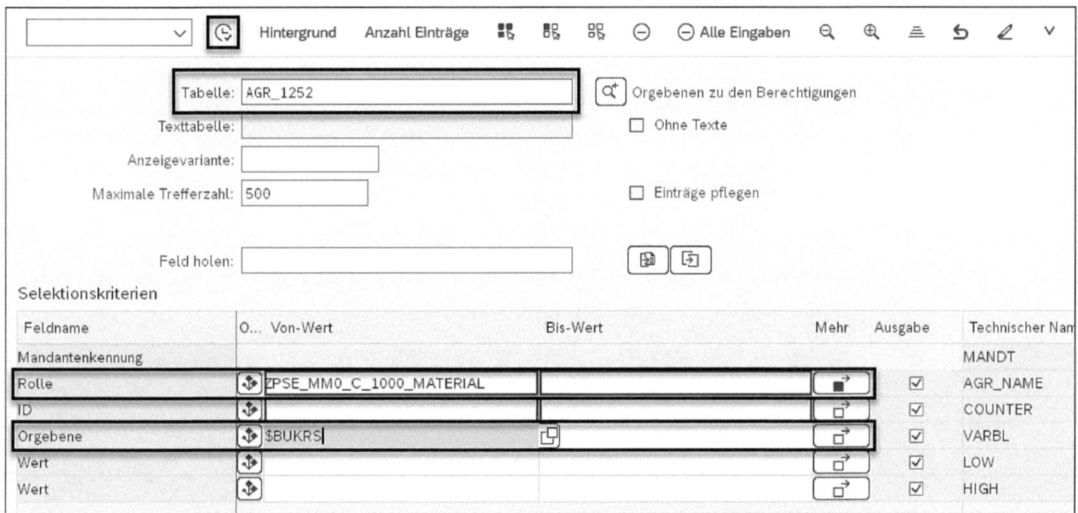

Abbildung 6.97 Transaktion SE16N: die Organisationswerte in den mit SECATT angelegten Rollen prüfen

Ihnen wird ein Ergebnis ähnlich wie in Abbildung 6.98 angezeigt.

	Rolle	ID	Orgebene	Wert	und
☐	ZPSE_MM0_C_1000_MATERIAL	1	$BUKRS	1000	
☐	ZPSE_MM0_C_1001_MATERIAL	1	$BUKRS	1001	
☐	ZPSE_MM0_C_1002_MATERIAL	1	$BUKRS	1002	
☐	ZPSE_MM0_C_1003_MATERIAL	1	$BUKRS	1003	
☐	ZPSE_MM0_C_1004_MATERIAL	1	$BUKRS	1004	
☐	ZPSE_MM0_C_1010_MATERIAL	1	$BUKRS	1010	
☐	ZPSE_MM0_C_1710_MATERIAL	1	$BUKRS	1710	
☐	ZPSE_MM0_C_2000_MATERIAL	1	$BUKRS	2000	
☐	ZPSE_MM0_C_2010_MATERIAL	1	$BUKRS	2010	
☐	ZPSE_MM0_C_2100_MATERIAL	1	$BUKRS	2100	

Abbildung 6.98 Transaktion SE16N: Ergebnis der Auswertung der Rollen mit der Orgebene Buchungskreis ($BUKRS)

6.4 Auswertungsmöglichkeiten und SAP-Tabellen für die Rollenpflege

Für die eigene Arbeit im Tages- und Projektbetrieb, auf Anforderungen von internen und/oder externen Revisionen oder von Fachbereichen muss die Berechtigungsadministration rollenbezogene Informationen und Daten aus dem SAP-System zusammensuchen.

Auswertungsmöglichkeiten für Rollen

In einem SAP-System gibt es mehrere Möglichkeiten, die Rollendaten auszuwerten:

- das Benutzerinformationssystem (Transaktion SUIM)
- die Tabellen in den Transaktionen SE16 beziehungsweise SE16N
- diverse Reports

Auswertung der Rollendaten über SUIM

Sie sehen in der Transaktion SUIM im Benutzerinformationssystem unter dem Knoten **Rollen** unterschiedliche Kriterien, nach denen Sie die Rollendaten auswerten können (siehe Abbildung 6.99).

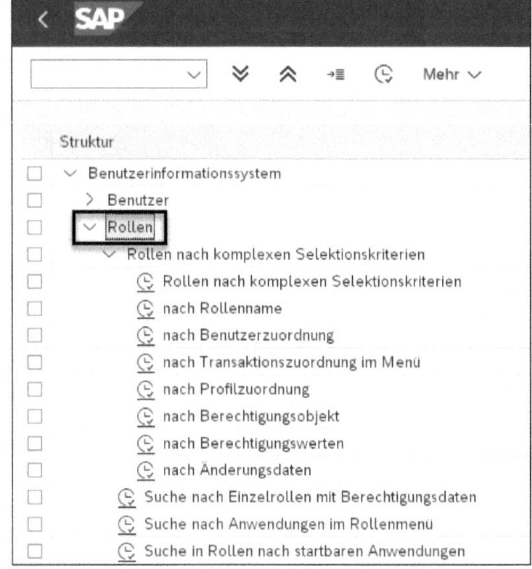

Abbildung 6.99 Benutzerinformationssystem (Transaktion SUIM): Knoten »Rollen«

Im Folgenden beschreiben wir einige Anwendungsfälle für die Auswertungen der Rollendaten.

6.4.1 Anwendungsfall 1: Eine Liste aller Rollen, die eine bestimmte Transaktion beinhalten, erzeugen

Rollen mit einer Transaktion über SUIM auswerten

Öffnen Sie den Knoten **Rollen nach komplexen Selektionskriterien**, darunter öffnen Sie wieder den Knoten **Rollen nach komplexen Selektionskriterien**. Sie können die Auswertungsergebnisse einschränken, indem Sie beispielweise Rollennamen, die mit »Z« anfangen, mit Wild Cards auswählen, nur Einzelrollen oder nur Sammelrollen auswählen, Rollen mit gültiger Benutzerzuordnung zu jeglichen Benutzern oder zu bestimmten Benutzern auswählen (**Mit gültiger Zuordnung von**) (siehe Abbildung 6.100).

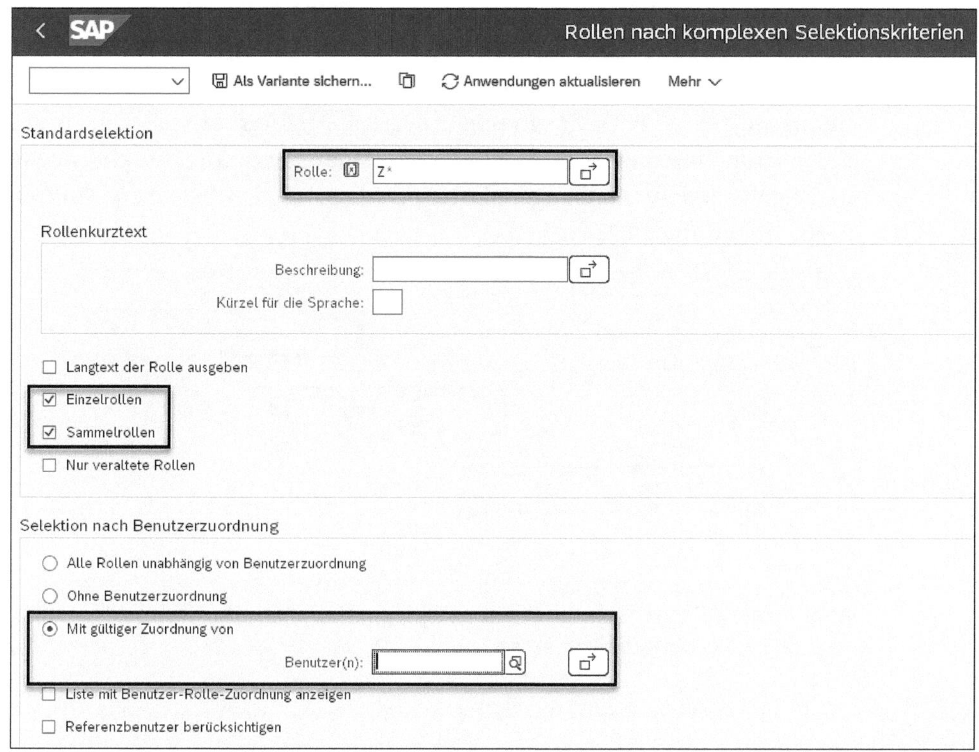

Abbildung 6.100 Benutzerinformationssystem (Transaktion SUIM): Rollen nach komplexen Selektionskriterien

Rollen, die eine Transaktion im Menü beinhalten

In Abschnitt **Selektion nach zugeordneten Anwendungen im Menü** können Sie **1 Transaktion** auswählen und den Transaktionscode, z. B. **ME21N** (Bestellung anlegen), eintragen. Die Auswertung können Sie mit dem Button **Ausführen** erzeugen (siehe Abbildung 6.101).

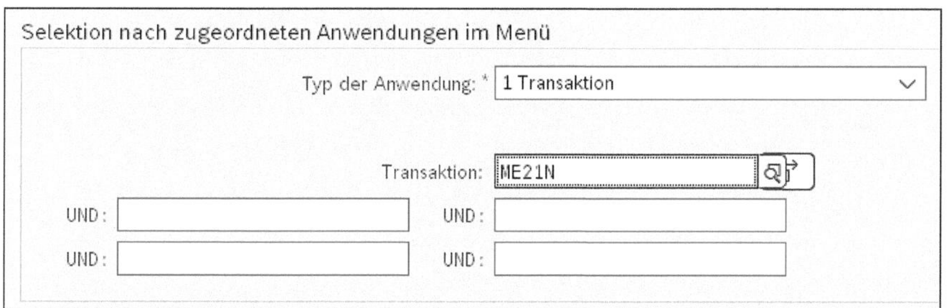

Abbildung 6.101 Benutzerinformationssystem (Transaktion SUIM): Rollen nach Anwendungen im Menü selektieren

Aber auf dieser Weise bekommen Sie nur die Rollen, die die Transaktion **ME21N** im Menü beinhalten, angezeigt.

Rollen, die eine Transaktion in »S_TCODE« beinhalten

Falls es in Ihrem System Rollen gibt, in denen Transaktionen direkt in das Objekt **S_TCODE** eingetragen sind, sollen Sie anders vorgehen. In **Abschnitt Selektion nach Berechtigungswerten** tragen Sie im Feld **Objekt 1** das Berechtigungsobjekt »S_TCODE« ein und drücken [↵]. Alternativ klicken Sie auf den Button **Eingabewerte**. Anschließend tragen Sie den Transaktionscode im Feld **Wert** ein und erzeugen die Auswertung mit dem Button **Ausführen** (siehe Abbildung 6.102).

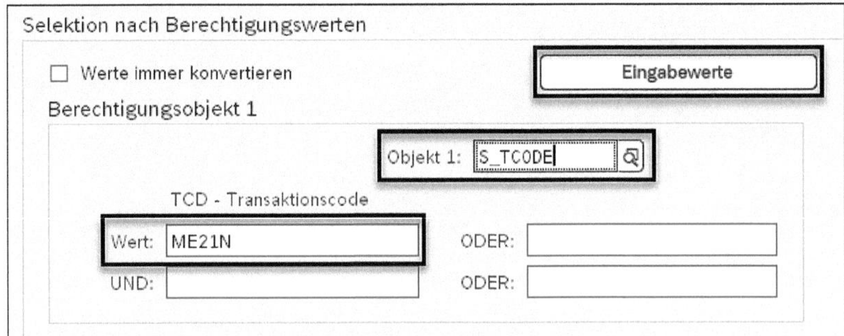

Abbildung 6.102 Benutzerinformationssystem (Transaktion SUIM): Rollen nach Werten in Berechtigungsobjekten

Liste der Rollen aus SUIM herunterladen

Wenn Sie die Liste der Rollen in Excel exportieren möchten, wählen Sie in der Menüleiste **Liste • Exportieren • Tabellenkalkulation** und speichern die Excel-Datei in Ihrem Verzeichnis (siehe Abbildung 6.103).

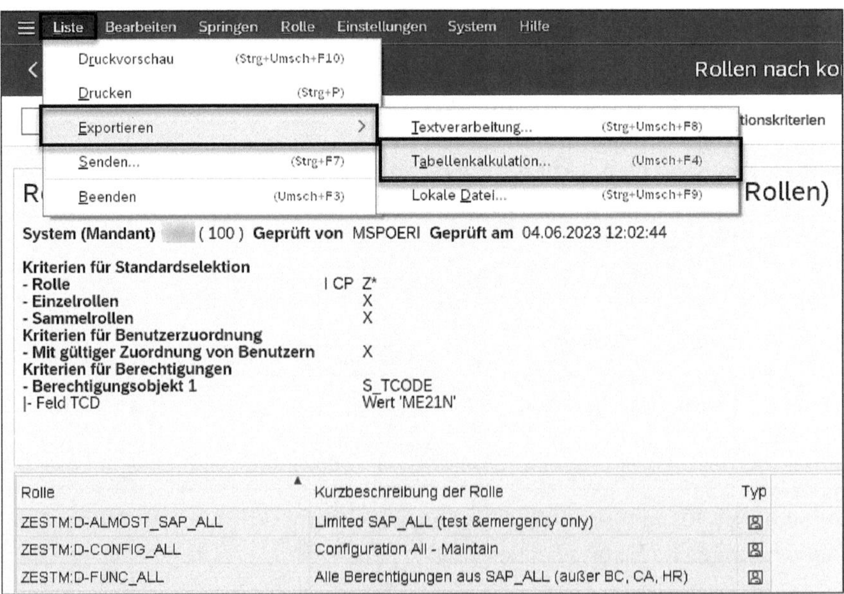

Abbildung 6.103 Benutzerinformationssystem (Transaktion SUIM): Exportieren einer Auswertung in Excel

Details zu den Rollen der Auswertung in SUIM

Wenn Sie eine Liste der Rollen in SUIM erzeugt haben, können Sie über verschiedene Funktionen in der Menüleiste weitere Details zu den ausgewählten Rollen anschauen:

- (**Benutzerzuordnung**) – eine Liste der Benutzer, denen diese Rolle zugewiesen ist
- (**Enthalten in Sammelrollen**) – eine Liste der Sammelrollen, die diese Einzelrolle beinhalten
- (**Enthaltene Einzelrollen**) – eine Liste der Einzelrollen, die in dieser Sammelrolle enthalten sind
- **Transaktionszuordnungen** – eine Liste der Transaktionen aus dem Menü der Rolle

Rollen mit einer Transaktion über »AGR_1251« auswerten

Eine Liste der Rollen, die eine bestimmte Transaktion beinhalten, können Sie auch aus der Tabelle **AGR_1251** (Berechtigungsdaten zur Aktivitätsgruppe) in der Transaktion SE16 oder SE16N herunterladen. Tragen Sie »S_TCODE« im Feld **Objekt**, »TCD« im Feld **Feldname** und beispielweise den Transaktionscode »ME21N« im Feld **Wert** ein. Sie können+ die Auswertung für die Rollennamen gemäß Ihrer Namenskonvention einschränken, beispielsweise nur die Rollennamen, die mit »Z« anfangen. Achten Sie darauf, dass Sie die maximale Trefferzahl im gleichnamigen Feld **Maximale Trefferzahl** nicht einschränken (siehe Abbildung 6.104).

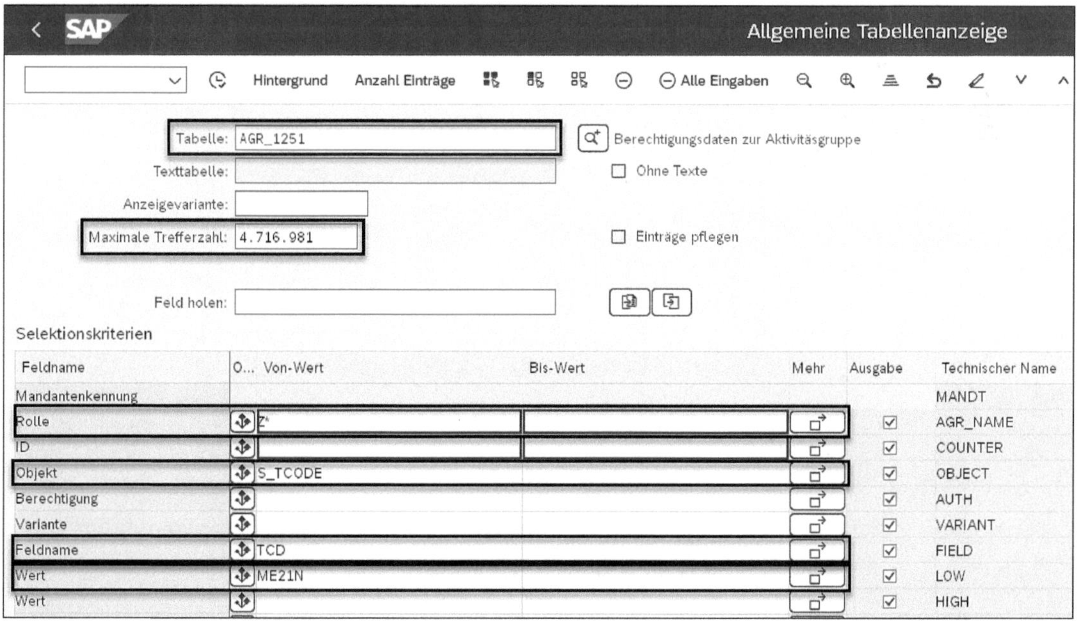

Abbildung 6.104 Transaktion SE16N: Rollen mit einer bestimmten Transaktion auswerten

Liste der Rollen aus SE16N herunterladen

Führen Sie die Auswertung mit dem Icon (**Online**) oder mit der Taste F8 aus. Die Ergebnisse der Auswertung können Sie mit dem Icon (**Exportieren**) mit der Auswahl unter **Tabellenkalkulation** in Excel herunterladen.

6.4.2 Anwendungsfall 2: Eine Liste aller Rollen, die ein bestimmtes Berechtigungsobjekt mit bestimmten Werten beinhalten, erzeugen

Rollen mit Debugging-Berechtigung über SUIM auswerten

Angenommen, Sie möchten eine Liste der Rollen erzeugen, die Debugging-Berechtigungen beinhalten. Gehen Sie wie in Abschnitt 6.4.1, »Anwendungsfall 1: Eine Liste aller Rollen, die eine bestimmte Transaktion beinhalten, erzeugen«, vor, aber anstelle des Berechtigungsobjekts »S_TCODE« tragen Sie das Berechtigungsobjekt »S_DEVELOP« ein. Im Feld **OBJTYPE – Objekttyp** tragen Sie »DEBUG« und im Feld **ACTVT – Aktivität** tragen Sie »02« ein (siehe Abbildung 6.105).

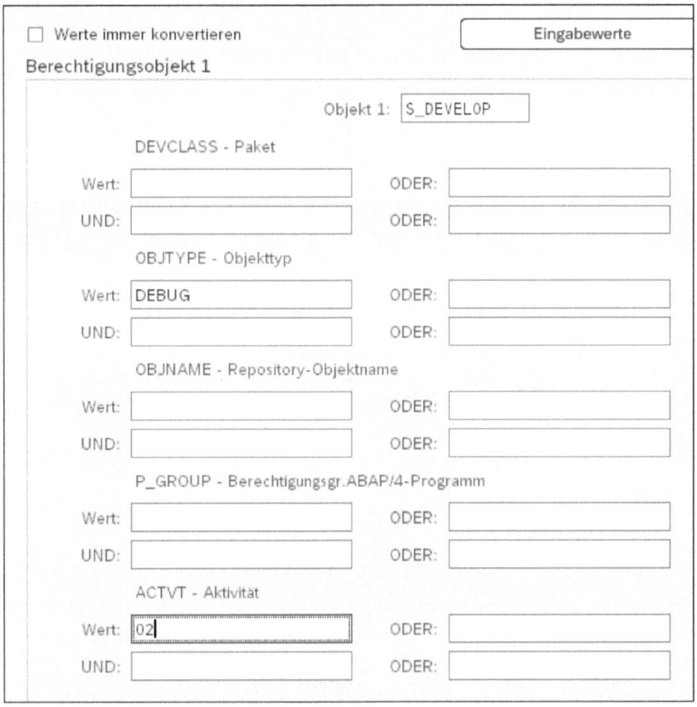

Werte immer konvertieren
Eingabewerte
Berechtigungsobjekt 1
Objekt 1: S_DEVELOP
DEVCLASS - Paket
Wert: ODER:
UND: ODER:
OBJTYPE - Objekttyp
Wert: DEBUG ODER:
UND: ODER:
OBJNAME - Repository-Objektname
Wert: ODER:
UND: ODER:
P_GROUP - Berechtigungsgr.ABAP/4-Programm
Wert: ODER:
UND: ODER:
ACTVT - Aktivität
Wert: 02 ODER:
UND: ODER:

Abbildung 6.105 Benutzerinformationssystem (Transaktion SUIM): Rollen mit Debugging-Berechtigung auswerten

Rollen mit Debugging-Berechtigung über »AGR_1251« auswerten

Bei der Selektion der Rollen mit Debugging-Berechtigung in der Tabelle **AGR_1251** in der Transaktion SE16N können Sie nur in einem Berechtigungsfeld einen Wert eintragen, um das Berechtigungsobjekt »S_DEVELOP« auszuwerten, in unserem Beispiel ist es das Feld **ACTVT** (Aktivität) mit dem Wert **02**. Deswegen ist es sinnvoller, die Transaktion SUIM zu verwenden, wenn mehrere Felder ausgewertet werden müssen.

Inaktive Berechtigungen ausschließen

In diesem Beispiel sollten Sie die inaktiven Berechtigungen bei der Auswertung der Tabelle **AGR_1251** unbedingt ausschließen, indem Sie im Feld mit dem technischen Namen **DELETED** ungleich »X« auswählen (siehe Abbildung 6.106). Um den Wert ungleich »X« auszuwählen, klicken Sie auf das Icon [icon], selektieren [icon] (**Selektieren: Ungleich**) und geben »X« ein.

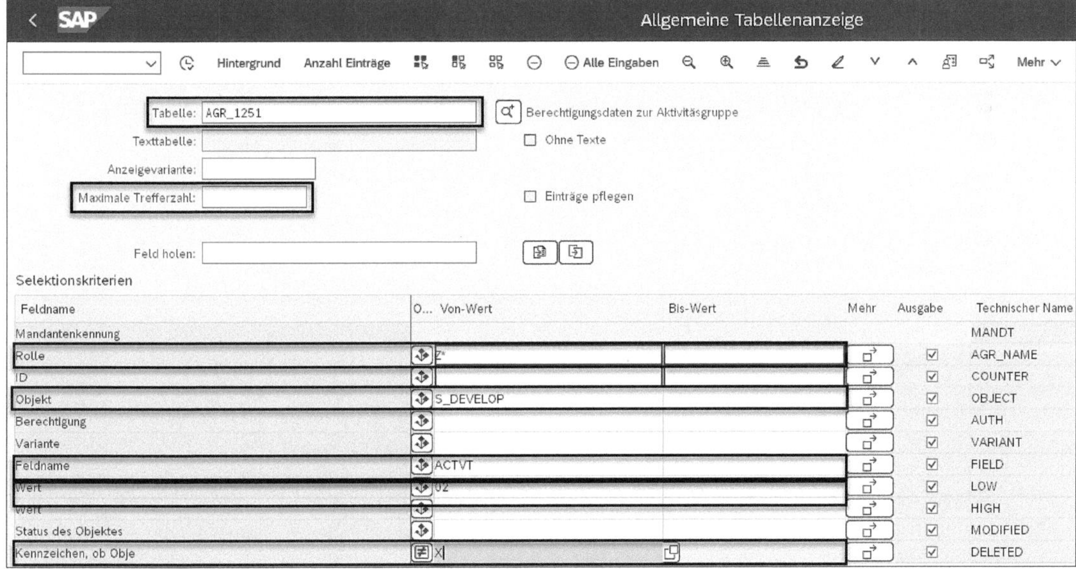

Abbildung 6.106 Transaktion SE16N: Rollen mit einem bestimmten Berechtigungsobjekt mit einem bestimmten Berechtigungswert auswerten

6.4.3 Anwendungsfall 3: Eine Liste der abgeleiteten Rollen von Masterrollen erzeugen

Abgeleitete Rollen für die Masterrollen suchen

Dieser Fall kommt sehr oft vor, wenn Sie beispielsweise eine oder mehrere Masterrollen geändert haben und abgeleitete Rollen transportieren müssen. Um die Liste der abgeleiteten Rollen zu erzeugen, rufen Sie die Transaktion SE16 oder SE16N auf und geben die Tabelle **AGR_DEFINE** (Definition Rollen) ein. Tragen Sie die Namen der Masterrollen in das Feld **PARENT_AGR** ein, setzen Sie das Häkchen neben **Ohne Texte** und achten Sie darauf, dass Sie die maximale Trefferzahl im gleichnamigen Feld **Maximale Trefferzahl** nicht einschränken (siehe Abbildung 6.107).

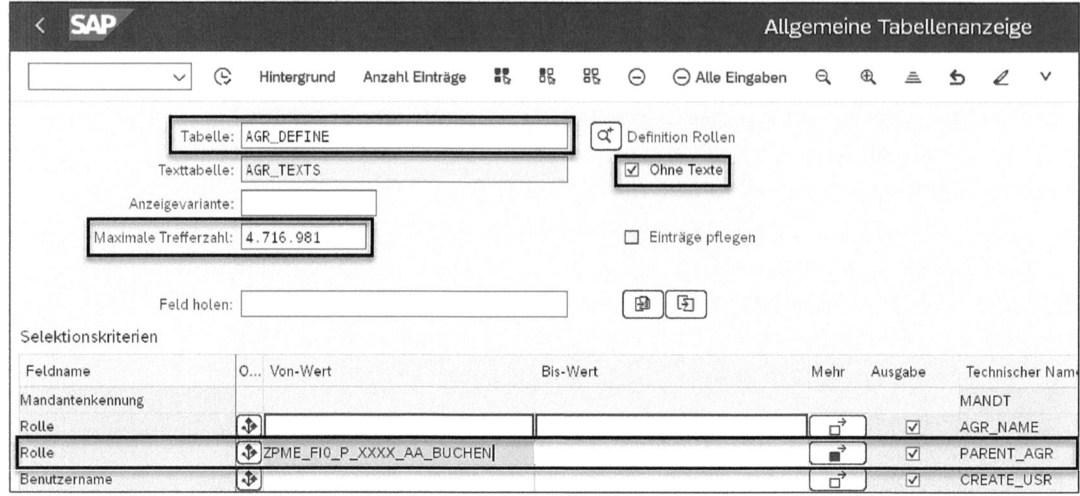

Abbildung 6.107 Transaktion SE16N: abgeleitete Rollen von den Masterrollen auswerten

Liste der Rollen aus SE16N herunterladen

Führen Sie die Auswertung mit dem Icon (**Online**) oder mit der Taste F8 aus. Die Ergebnisse der Auswertung können Sie mit dem Icon (**Exportieren**) mit der Auswahl unter **Tabellenkalkulation** in Excel herunterladen.

6.4.4 Anwendungsfall 4: Eine Liste mit den Berechtigungsobjekten und ihren Status in den Rollen erzeugen

Status der Berechtigungen in den Rollen auswerten

Den Status der Berechtigungsobjekte in den Rollen können Sie über die Transaktion RSUSRAUTH (Einzelrollen mit Berechtigungsdaten) auswerten. Hier können Sie bestimmte Rollen im Feld **Rolle** eintragen oder Rollen mit den Wild Cards selektieren. Außerdem können Sie Rollen mit Benutzerzuordnungen sowohl zu allen als auch zu bestimmten Benutzern auswählen. Im Abschnitt **Selektion nach Pflegestatus** können Sie **Aktive Berechtigungen** auswählen und den **Pflegestatus für Berechtigungen** einschränken (unterschiedliche Pflegestatus der Berechtigungen wurden in Abschnitt 6.2.1, »Einzelrolle anlegen«, beschrieben). In unserem Beispiel haben wir eine Liste der Rollen eingetragen und werten alle aktiven Berechtigungen für diese Rollen aus, indem wir auf den Button **Ausführen** klicken (siehe Abbildung 6.108).

Im Ergebnis sehen Sie Rollen, Berechtigungsobjekte, Feldnamen, Feldwerte, Pflegestatus der Berechtigungen und den Status des Berechtigungsprofils (siehe Abbildung 6.109).

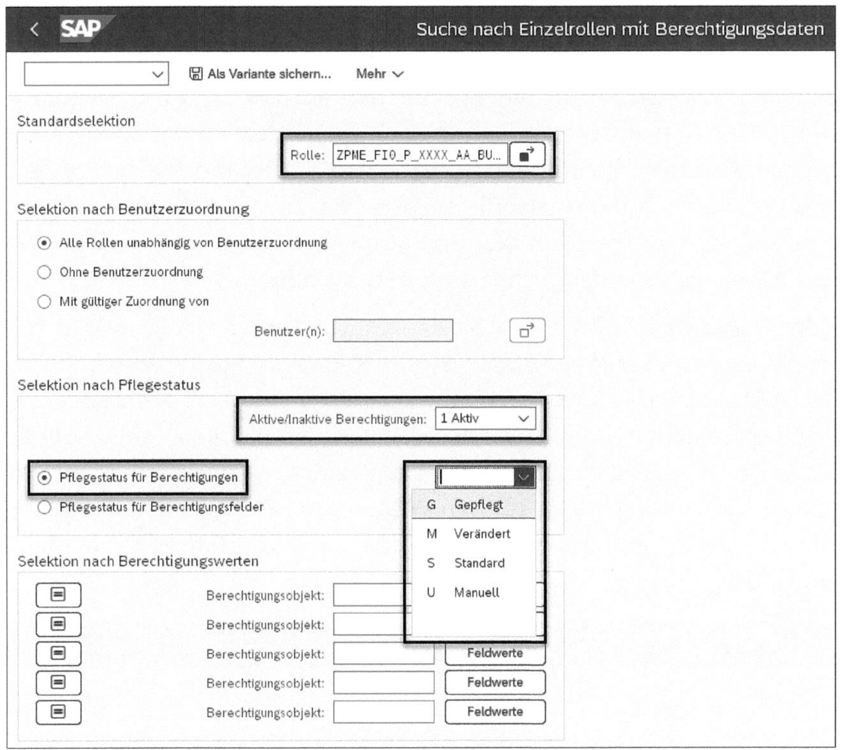

Abbildung 6.108 Transaktion RSUSRAUTH: Selektionsbild für die Auswertung über den Status der Berechtigungsobjekte in den Rollen

Anzahl der selektierten Einzelrollen : 8

Release / System-Id / Mandant 756 / / 100
Ausgeführt durch: MSPOERI
Ausgeführt am: 04.06.2023 / 13:28:07

Standardselektionskriterien
Rolle I EQ ZPME_FI0_P_XXXX_AA_BUCHEN
Rolle I EQ ZPME_FI0_P_XXXX_AA_MDM
Rolle I EQ ZPME_FI0_P_XXXX_FB01
Rolle I EQ ZPME_MM0_X_XXXX_EINKAUF
Rolle I EQ ZPME_MM0_X_XXXX_MATERIAL
Das Selektionsbild enthält 3 weitere, nicht angezeigte Abgrenzungen
Alle Rollen unabhänging von Benutzerzuordnung X
Aktive/Inaktive Berechtigungen Aktiv

Rolle	Objekt	Berechtigung	Feldname	Pflegestatus	von Wert	bis Wert	Pflegestatus	Aktiv/Inaktiv	Profilstatus
ZPME_FI0_P_XXXX_AA_BUCHEN	A_A_VIEW	T-SG54320400	VIEW	Gepflegt	*		Gepflegt		
	A_B_ANLKL		ACTVT		01		Standard		
					02		Standard		
			ANLKL		*		Gepflegt		
			BUKRS		*		Standard		
		T-SG54320401	ACTVT		*		Gepflegt		
			ANLKL		*		Gepflegt		

Abbildung 6.109 Transaktion RSUSRAUTH: Ergebnis der Auswertung über den Status der Berechtigungsobjekte in den Rollen

6

6.4.5 Anwendungsfall 5: Rollenänderungen auswerten

Auswerten der Rollenänderungen

Stellen Sie sich vor, eine Anwenderin gibt an, dass sie nun keinen Zugriff mehr auf Funktionen im SAP-System hat, auf die sie zuvor zugreifen konnte. Sie haben festgestellt, dass in der letzten Zeit keine Änderungen am Benutzerstamm vorgenommen wurden. Als Nächstes möchten Sie prüfen, ob die Rollen, die dem betroffenen Benutzer zugewiesen sind, kürzlich geändert wurden. Diese Auswertung müssen Sie im Entwicklungssystem, wo die Rollen tatsächlich geändert werden, ausführen.

In der Transaktion SUIM öffnen Sie den Knoten **Änderungsbelege • Für Rollen**. Als Selektionskriterien tragen Sie die Rollennamen, die dem betroffenen Benutzer im Produktivsystem zugewiesen sind, mit dem Icon (**Mehrfachselektion**) im Feld **Name der Rolle** ein. Die Rollennamen können Sie aus der Tabelle **AGR_USERS** (Zuordnung Rollen zu Benutzern) ermitteln. Ändern Sie die Eingabe im Feld **Von Datum**, selektieren Sie **Überblick zu Änderungsbelegen** und klicken Sie auf den Button **Ausführen** (siehe Abbildung 6.110).

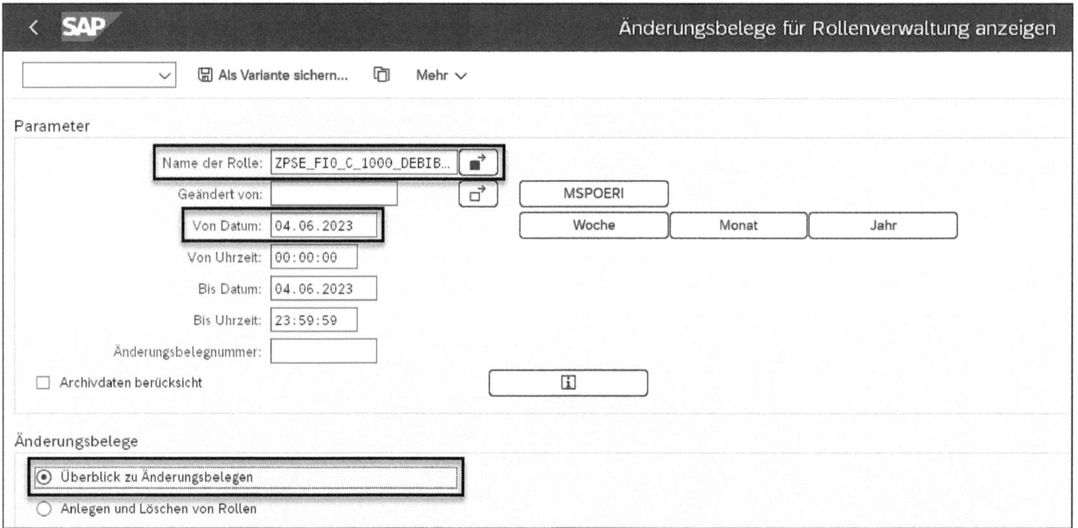

Abbildung 6.110 Benutzerinformationssystem (Transaktion SUIM): Änderungsbelege der Rollen auswerten

In unserem Beispiel sehen wir im Ergebnis der Auswertung, dass zwei Änderungen an einer Rolle vorgenommen wurden (siehe Abbildung 6.111).

Rolle	Datum	Uhrzeit	Benutzer	TCode	Tabellenname	Änderungsbelege
ZPSE_FI0_C_1000_DEBIBUCHHALTER	04.06.2023	13:53:12	MSPOERI	PFCG	CD1251	Berechtigungsdaten
			MSPOERI	PFCG	CD1252	Wert der Org.-Ebene

Abbildung 6.111 Benutzerinformationssystem (Transaktion SUIM): Ergebnis der Auswertung der Änderungsbelege der Rollen

Mit einem Doppelklick auf die Zeile mit der Änderung gelangen Sie zu den Details dieser Änderung (siehe Abbildung 6.112).

Detailsicht zum Änderungsbeleg 0000263619

Belegart Wert der Org.-Ebene

Rolle	Datum	Uhrzeit	Benutzer	TCode	Aktion	Orgebene	von-Wert alt	bis-Wert alt	von-Wert neu	bis-Wert neu
ZPSE_FI0_C_1...	06.2023	13:53:12	MSPOERI	PFCG	Wert geändert	$RESPAREA	KS1000*		KS10005*	

Abbildung 6.112 Benutzerinformationssystem (Transaktion SUIM): Detailsicht zum Änderungsbeleg

Die wichtigsten Tabellen für die Rollenpflege

In Tabelle 6.7 werden die Tabellen aufgeführt, die erfahrungsgemäß am häufigsten im SAP-Berechtigungswesen zum Einsatz kommen.

Tabellenname	Beschreibung
AGR_1251	Berechtigungsdaten zu den Rollen (Berechtigungsobjekte, Felder, Feldwerte und ihre Status)
AGR_1252	Orgebenen zu den Rollen
AGR_AGRS	Zuordnungen der Einzelrollen zu den Sammelrollen
AGR_DEFINE	Masterrollen und abgeleitete Rollen
AGR_TCODES	Tcodes zu den Rollen
AGR_TEXTS	Rollentexte zu den Rollen
AGR_USERS	Zuordnung Rollen zu Benutzern
TACT	Verzeichnis der Aktivitäten, die im Feld **ACTVT** (Aktivität) vorkommen können
TDDAT	Berechtigungsgruppen für Tabellen
TOBJ	Berechtigungsobjekte
TSTC	SAP-Transaktionscodes
TSTCA	Werte für Transaktionscodeberechtigungen

Tabelle 6.7 Die wichtigsten Tabellen für die Rollenpflege

Tabellenname	Beschreibung
TSTCP	Parameter zu Transaktionen
TSTCT	Transaktionscodetexte
USOBT	Relation Transaktion zu Berechtigungsobjekt
USOBT_C	Relation Transaktion zu Berechtigungsobjekt (Kunde)
USOBX	Checktabelle zu Tabelle USOBT
USOBX_C	Checktabelle zu Tabelle USOBT_C
USORG	Orgebenen für den Profilgenerator

Tabelle 6.7 Die wichtigsten Tabellen für die Rollenpflege (Forts.)

Die wichtigsten Reports über Rollendaten

In Tabelle 6.8 finden Sie die wichtigsten Reports über Rollendaten.

Transaktionscode	Beschreibung
RSUSRAUTH	Einzelrollen mit Berechtigungsdaten
S_BCE_68001425	Rollen nach komplexen Selektionskriterien
S_BCE_68002041	Ausführbare Transaktionen für Rollen

Tabelle 6.8 Die wichtigsten Reports über Rollendaten

6.5 Zusammenfassung

In diesem Kapitel haben Sie wichtige Aktivitäten im Tages- und Projektbetrieb innerhalb des SAP-Berechtigungswesens kennengelernt. Jetzt wissen Sie, wie Einzel- und Sammelrollen im SAP-System angelegt werden und wie die Einzelrollen abgeleitet werden. Sie haben erfahren, wie die Rollen korrekt geändert, aktualisiert, gelöscht und transportiert werden können und die Rollenkurzbeschreibungen in mehreren Sprachen gepflegt werden. Anhand der Anleitung aus diesem Kapitel können Sie eine Grundrolle in Ihrem SAP-System anlegen, die die notwendigen Grundberechtigungen sowohl für SAP GUI als auch für das SAP Fiori Launchpad enthält. Nun wissen Sie, wie Sie Customizing-Rollen anlegen können. Außerdem haben Sie gelernt, welche Möglichkeiten es für die Massenpflege der Rollen im System gibt. Anhand der häufigsten Anwendungsfälle haben Sie Auswertungsmöglichkeiten für die Rollendaten kennengelernt sowie die Listen der wichtigsten SAP-Tabellen und Reports erhalten.

Kapitel 7
Berechtigungen in SAP Fiori

*Mit SAP S/4HANA und SAP Fiori wird die Bedienung des Systems für Endanwender*innen einfacher. Für die SAP-Administration bedeutet die Pflege der Fiori-Berechtigungen im System aber deutlich mehr Komplexität und Aufwand im Vergleich zu den Berechtigungen für SAP GUI.*

In diesem Kapitel erfahren Sie, wie Sie Benutzer für SAP-Fiori-Apps in einem SAP-System berechtigen. In Abschnitt 7.1 stellen wir die Schritte für die Pflege der Fiori-Berechtigungen abhängig von der Systemarchitektur und von der Systemversion dar. In Abschnitt 7.2 finden Sie ein Beispiel einer Namenskonvention, die Sie als Vorlage für eigene Namenskonventionen für SAP-Fiori-UI-Entitäten verwenden können. In Abschnitt 7.3, Abschnitt 7.5, und Abschnitt 7.6 beschreiben wir, wie Sie die SAP-Fiori-UI-Entitäten (Fiori-Kachelkataloge, Fiori-Kachelgruppen, Bereiche, Seiten und Abschnitte) pflegen und in Rollen hinzufügen können. Außerdem erfahren Sie in Abschnitt 7.4, »Rolle aktivieren«, wie Sie OData-Services und ICF-Knoten für Fiori-Apps, die in den Rollen enthalten sind, aktivieren. In Abschnitt 7.7 beschreiben wir, wie Sie das SAP Fiori Launchpad mit einem Testbenutzer für die Rolle testen können. In Abschnitt 7.8 erklären wir, wie fehlende Berechtigungen in die Rolle hinzugefügt werden können. In Abschnitt 7.9 lernen Sie, wie Sie eine SAP-GUI-Transaktion als Kachel anlegen können. In Abschnitt 7.10 erklären wir, wie Sie die Titel der SAP-Fiori-UI-Entitäten in mehreren Sprachen pflegen können. Wie eine schnelle Aktivierung des SAP Fiori Launchpad ausgeführt wird und welche Bedeutung diese für die Berechtigungen hat, erfahren Sie in Abschnitt 7.11. In Abschnitt 7.12 erklären wir, wie Sie Fiori-Kachelgruppen in Seiten umwandeln können. In Abschnitt 7.13, »SAP Fiori Apps Reference Library«, lernen Sie, welche für die Berechtigungspflege relevanten Informationen Sie aus der SAP Fiori Apps Reference Library entnehmen können. Abschließend lernen Sie in Abschnitt 7.14, wie Sie Fiori-Berechtigungen auswerten können.

7.1 Übersicht der Aktivitäten für die Pflege der Fiori-Berechtigungen

Damit Benutzer für SAP-Fiori-Apps berechtigt werden, müssen mehrere Schritte durchgeführt werden. Je nach Version und Architektur des SAP-Systems unterscheiden sich diese Schritte. Wir stellen Ihnen die folgenden drei Varianten vor:

1. Variante 1: SAP Fiori Launchpad mit Fiori-Kachelgruppen beim Embedded Deployment
2. Variante 2: SAP Fiori Launchpad mit Fiori-Kachelgruppen beim Hub Deployment
3. Variante 3: SAP Fiori Launchpad mit Bereichen und Seiten beim Embedded Deployment

Eine Übersicht der Schritte für die drei unterschiedlichen Varianten ist in den Tabellen Tabelle 7.1,Tabelle 7.2 und Tabelle 7.3 dargestellt. In der ersten Spalte der Tabellen werden die Schritte aufgezählt. Die Reihenfolge der Schritte in den Tabellen ist unsere Empfehlung, sie kann aber gegebenenfalls geändert werden. In Spalte zwei werden die Aktivitäten genannt. Im Folgenden werden diese Aktivitäten detailliert beschrieben. In Spalte drei werden die Transaktionen oder Fiori-Apps, in denen die Aktivitäten ausgeführt werden, gelistet. In Tabelle 7.2 wird in Spalte vier das System, in dem die Aktivitäten ausgeführt werden, genannt. Die Tabellen können als Schnellhilfe bei der Pflege der Fiori-Berechtigungen dienen.

Variante 1: Embedded Deployment

Beim *Embedded Deployment* (mehr über Berechtigungen beim Embedded Deployment erfahren Sie in Abschnitt 1.6.2, »Bereitstellungsoptionen für SAP Fiori«) legen Sie Rollen und SAP-Fiori-UI-Entitäten in einem SAP-System an:

1. Legen Sie in der Transaktion /UI2/FLPCM_CUST den Fiori-Kachelkatalog an.
2. Fügen Sie in der Transaktion PFCG den Fiori-Kachelkatalog in eine neue oder in eine bestehende Rolle hinzu.
3. In der Transaktion STC01 aktivieren Sie die OData-Services und ICF-Knoten für die Fiori-Apps, die im Kachelkatalog enthalten sind.

   Wir empfehlen Ihnen, erst nach der Aktivierung die Berechtigungen in der Transaktion PFCG zu pflegen. Bis zum On-Premises-Release von SAP S/4HANA 2020 waren die Fiori-Kachelgruppen das einzige Mittel zur Strukturierung des SAP Fiori Launchpad. Die Fiori-Kachelgruppe können Sie gleich nach der Anlage des Katalogs oder nach der Aktivierung der Rolle in der Transaktion /UI2/FLPD_CUST anlegen.

4. Fügen Sie die Kachelgruppe in der Transaktion PFCG in das Menü der Rolle hinzu.
5. Sie können die Rolle testen, indem Sie in der Transaktion /UI2/FLP das SAP Fiori Launchpad aufrufen.

Nr.	Aktivität	Transaktion/App
1	Fiori-Kachelkatalog anlegen	/UI2/FLPCM_CUST
2	Rolle anlegen, Fiori-Kachelkatalog hinzufügen	PFCG
3	Rolle aktivieren	STC01
4	Berechtigungen in der Rolle pflegen	PFCG
5	Fiori-Kachelgruppe anlegen	/UI2/FLPD_CUST (kann aus der Transaktion /UI2/FLPCM_CUST gestartet werden)
6	Fiori-Kachelgruppe in die Rolle hinzufügen	PFCG
7	Rolle testen	/UI2/FLP

Tabelle 7.1 Schritte der Berechtigungspflege für die Variante 1

Variante 2: Hub Deployment

Beim *Hub Deployment* (mehr über Berechtigungen beim Hub Deployment erfahren Sie in Abschnitt 1.6.2, »Bereitstellungsoptionen für SAP Fiori«) legen Sie Rollen mit Fiori-Berechtigungen in zwei SAP-Systemen an: im *Frontend-Server* (FES) und im *Backend-Server* (BES):

1. Legen Sie den Fiori-Kachelkatalog im FES in der Transaktion /UI2/FLPCM_CUST an.
2. Fügen Sie den Fiori-Kachelkatalog im FES in der Transaktion PFCG in eine neue oder in eine bestehende Rolle hinzu.
3. Aktivieren Sie im FES in der Transaktion STC01 die OData-Services und ICF-Knoten für die Fiori-Apps, die im Kachelkatalog enthalten sind.

   Wir empfehlen, erst nach der Aktivierung die Berechtigungen im FES in der Transaktion PFCG zu pflegen. Im BES müssen Sie den Fiori-Kachelkatalog auch in eine neue oder in eine bestehende Rolle hinzufügen. Aktivieren Sie im BES in der Transaktion STC01 die OData-Services und ICF-Knoten für die im Kachelkatalog enthaltenen Fiori-Apps.

   Wir empfehlen Ihnen, erst nach der Aktivierung die Berechtigungen im BES in der Transaktion PFCG zu pflegen. Sie können die Fiori-Kachelgruppe gleich nach der Anlage des Katalogs oder nach der Aktivierung der Rolle im FES in der Transaktion /UI2/FLPD_CUST anlegen.

4. Fügen Sie die Kachelgruppe nur im FES in der Transaktion PFCG in das Menü der Rolle hinzu.
5. Anschließend können Sie die Rolle testen, indem Sie in der Transaktion /UI2/FLP das SAP Fiori Launchpad aufrufen.

Nr.	Aktivität	Transaktion/App	System
1	Fiori-Kachelkatalog anlegen	/UI2/FLPCM_CUST	FES
2	Rolle anlegen, Fiori-Kachelkatalog hinzufügen	PFCG	FES
3	Rolle aktivieren	STC01	FES
4	Berechtigungen in der Rolle pflegen	PFCG	FES
5	Rolle anlegen, Kachelkatalog hinzufügen	PFCG	BES
6	Rolle aktivieren	STC01	BES
7	Berechtigungen in der Rolle pflegen	PFCG	BES
8	Fiori-Kachelgruppe anlegen	/UI2/FLPD_CUST (kann aus der Transaktion /UI2/FLPCM_CUST gestartet werden)	FES
9	Fiori-Kachelgruppe in die Rolle hinzufügen	PFCG	FES
10	Rolle testen	/UI2/FLP	FES

Tabelle 7.2 Schritte für Berechtigungspflege für die Variante 2

Varianten 3: Bereiche und Seiten im SAP Fiori Launchpad

Seit dem On-Premises-Release von SAP S/4HANA 2020 stellt SAP die neuen Elemente zur Strukturierung des SAP Fiori Launchpad zur Verfügung – die sogenannten *Spaces* und *Pages* oder *Bereiche* und *Seiten*. Variante 3 beschreibt die Reihenfolge der Aktivitäten bei der Anlage der Bereiche und Seiten.

[«]

Pflege der Fiori-Kachelgruppen ab Version SAP S/4HANA 2020

Nach dem Releasewechsel auf SAP S/4HANA 2020 werden die existierenden Fiori-Kachelgruppen nicht automatisch in Bereiche und Seiten überführt. Das bedeutet, dass Sie nach dem Releasewechsel auch weiterhin Fiori-Kachelgruppen pflegen müssen, bis Sie für Ihre bestehenden Rollen Bereiche und Seiten angelegt haben. Mehr dazu finden Sie in Abschnitt 7.12, »Migration von Fiori-Kachelgruppen zu Bereichen und Seiten«.

1. Legen Sie in der Transaktion /UI2/FLPCM_CUST den Fiori-Kachelkatalog an.
2. Fügen Sie in der Transaktion PFCG den Fiori-Kachelkatalog in eine neue oder in eine bestehende Rolle hinzu.
3. Aktivieren Sie in der Transaktion STC01 die OData-Services und ICF-Knoten für die im Kachelkatalog enthaltenen Fiori-Apps.

   Wir empfehlen, erst nach der Aktivierung die Berechtigungen in der Transaktion PFCG zu pflegen. Den Bereich können Sie gleich nach der Anlage des Kachelkatalogs oder nach der Aktivierung der Rolle in der Fiori-App **Launchpad-Bereiche verwalten** anlegen.
4. Weisen Sie in der Transaktion PFCG oder /UI2/FLPCM_CUST den Bereich der Rolle zu.
5. Legen Sie die Seite in der Fiori-App **Launchpad-Seiten verwalten** an und weisen Sie sie in der Fiori-App **Launchpad-Bereiche verwalten** dem Bereich zu.
6. Pflegen Sie die Seite in der Fiori-App **Launchpad-Seiten verwalten**. In dieser App werden Abschnitte definiert und Fiori-Kacheln den Abschnitten hinzugefügt.
7. Sie können die Rolle testen, indem Sie in der Transaktion /UI2/FLP das SAP Fiori Launchpad aufrufen.

Nr.	Aktivität	Transaktion/App
1	Fiori-Kachelkatalog anlegen	/UI2/FLPCM_CUST
2	Rolle anlegen, Kachelkatalog zuweisen	PFCG
3	Rolle aktivieren	STC01
4	Berechtigungen in der Rolle pflegen	PFCG

Tabelle 7.3 Schritte für Berechtigungspflege für die Variante 3

Nr.	Aktivität	Transaktion/App
5	Bereich anlegen	App **Launchpad-Bereiche verwalten**
6	Bereich der Rolle zuweisen	PFCG oder /UI2/FLPCM_CUST
7	Seiten anlegen	App **Launchpad-Seiten verwalten**
8	Seiten dem Bereich zuweisen	App **Launchpad-Bereiche verwalten**
9	Seiten pflegen: Abschnitte anlegen, Kacheln hinzufügen	App **Launchpad-Seiten verwalten**
10	Rolle testen	/UI2/FLP

Tabelle 7.3 Schritte für Berechtigungspflege für die Variante 3 (Forts.)

7.2 Namenskonvention für SAP-Fiori-UI-Entitäten

SAP-Fiori-UI-Entitäten definieren, welche SAP-Fiori-Apps den Benutzern auf dem SAP Fiori Launchpad angezeigt werden. Dazu gehören Fiori-Kachelkataloge, Fiori-Kachelgruppen, Bereiche, Seiten und Abschnitte.

Ähnlich wie bei den Rollennamen (siehe Abschnitt 6.1, »Eine Namenskonvention für Rollen festlegen«) brauchen Sie eine Namenskonvention für die SAP-Fiori-UI-Entitäten.

Namenskonvention für Katalog-IDs

In Tabelle 7.4 sehen Sie ein Beispiel einer Namenskonvention für die technischen IDs der Fiori-Kachelkataloge. Sie können sie als Grundlage beim Entwerfen einer eigenen Namenskonvention verwenden.

In der ersten Spalte der Tabelle sehen Sie ein Beispiel einer *Katalog-ID*: ZBKE_MMO_EINKAUF. In der zweiten Spalte steht, welche *Stelle* der Katalog-ID gemeint ist. In der dritten Spalte werden die möglichen *Zeichen* für die entsprechende Stelle genannt. In der vierten Spalte finden Sie die *Erklärung* der jeweiligen Zeichen.

Katalog-ID (Beispiel)	Stelle	Zeichen	Erklärung
ZBKE_MMO_EINKAUF	1	Z	Kundennamensraum
ZBKE_MMO_EINKAUF	2–3	BK	BK: Businesskatalog TK: Technischer Katalog
ZBKE_MMO_EINKAUF	4	E	E: Endanwender*innen oder I: IT-Support-Benutzer

Tabelle 7.4 Beispiel für eine Namenskonvention für Katalog-IDs

Katalog-ID (Beispiel)	Stelle	Zeichen	Erklärung
ZBKE_MMO_EINKAUF	5	_	Fixiertes Zeichen
ZBKE_MMO_EINKAUF	6–8	CO0, FI0, MM0, SRM ...	Differenzierung des SAP-Moduls
ZBKE_MMO_EINKAUF	9	_	Fixiertes Zeichen
ZBKE_MMO_EINKAUF	10–35		Freitext

Tabelle 7.4 Beispiel für eine Namenskonvention für Katalog-IDs (Forts.)

An der ersten Stelle der Katalog-ID empfehlen wir, ein Zeichen einzubringen, das die eigenen Objekte im SAP-System kennzeichnet. Bei den meisten SAP-Kunden ist es der Buchstabe »Z«. An der zweiten und dritten Stelle der Katalog-ID steht die Abkürzung »BK«, die »Businesskatalog« bedeutet. Neben den Businesskatalogen existieren auch technische Kataloge. Eigene technische Kataloge werden für die eigenen entwickelten Fiori-Kacheln in der Regel vom Entwicklungsteam im SAP-System angelegt. Mit der vierten Stelle der Katalog-ID wird zwischen Katalogen für Endanwender*innen und IT-Support-Benutzer unterschieden. In diesem Beispiel bedeutet der Buchstabe »E«, dass dieser Katalog für die Endanwender*innen bestimmt ist. Als einziges Sonderzeichen wird in den Katalog-IDs »_« zugelassen. Dieses Zeichen wird an der fünften und neunten Stelle der Katalog-ID für die bessere Lesbarkeit der ID verwendet. An den folgenden drei Stellen wird das SAP-Modul spezifiziert. Wir empfehlen Ihnen, die allgemein bekannten Standardbezeichnungen der SAP-Module zu verwenden. Das trägt zur besseren Orientierung der neuen Mitarbeitenden sowie der externen Beratung bei. Wenn die SAP-Modulbezeichnung aus zwei Buchstaben besteht, wird an der achten Stelle eine »0« als Platzhalter eingetragen. Die Länge der Katalog-ID ist auf 35 Zeichen beschränkt. An den Stellen 10–35 steht der freie Text, der den Kataloginhalt beschreibt.

Namenskonvention für Katalogtitel

Wir empfehlen, die Katalogtitel ebenfalls einer Namenskonvention zu unterziehen. In Tabelle 7.5 sehen Sie ein Beispiel einer Namenskonvention für die Titel der Fiori-Kachelkataloge.

In der ersten Spalte der Tabelle sehen Sie ein Beispiel für einen Katalogtitel: »MMO – Einkauf«. In der zweiten Spalte werden die Stellen des Katalogtitels genannt. In der dritten Spalte sind die möglichen Zeichen für die entsprechenden Stellen gelistet. In der vierten Spalte finden Sie die Erklärung der jeweiligen Zeichen.

Katalogtitel (Beispiel)	Stelle	Zeichen	Erklärung
MM0 – Einkauf	1–3	MM0, FI0, CO0, SRM ...	SAP-Modul
MM0 – Einkauf	4–6	–	Leerzeichen, Bindestrich, Leerzeichen
MM0 – Einkauf	7–1023		Freitext (Katalogbeschreibung)

Tabelle 7.5 Beispiel für eine Namenskonvention für Katalogtitel

An der ersten Stelle des Katalogtitels empfehlen wir, das SAP-Modul zu spezifizieren. Dabei sollten Sie auch hier die allgemein bekannten Standardbezeichnungen der SAP-Module verwenden. Zur besseren Orientierung der Anwender*innen ist es sinnvoll, die ganze Bezeichnung des SAP-Moduls einzutragen, z. B. »Materialwirtschaft« (siehe Abbildung 7.1). Wenn die SAP-Modulbezeichnung aus zwei Buchstaben besteht, wird an der dritten Stelle eine »0« als Platzhalter eingetragen. Um die SAP-Modulbezeichnung und die Katalogbeschreibung voneinander zu trennen, verwenden Sie ein Leerzeichen, einen Bindestrich und ein Leerzeichen. Die Länge des Katalogtitels ist auf 1023 Zeichen beschränkt. An den Stellen 7–1023 steht der freie Text, der den Kataloginhalt beschreibt.

Warum eine Namenskonvention für Katalogtitel?

Eine gute Namenskonvention für Fiori-Kachelkataloge erleichtert das Auffinden zusätzlicher Inhalte auf der Registerkarte **Katalog** des App-Finders und im Menü **Meine Apps**. Auf das Menü gelangen Sie über die Schaltfläche **Startseite**. In Abbildung 7.1 sehen Sie ein Beispiel der Fiori-Kachelkataloge für den Bereich »Materialwirtschaft« im Menü **Meine Apps**.

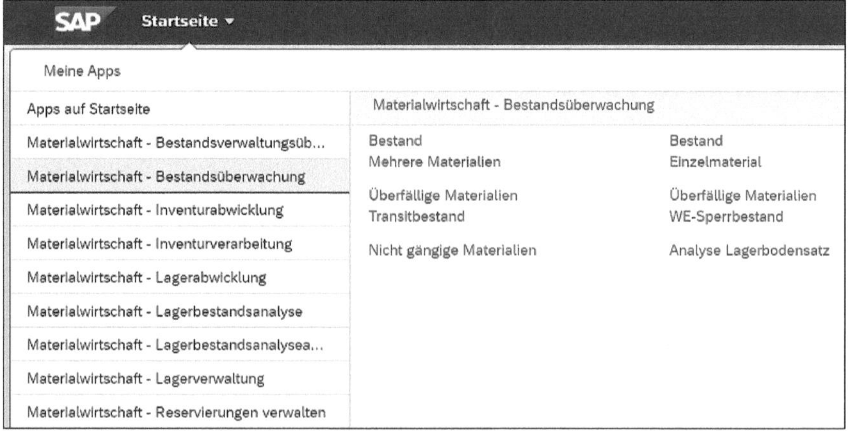

Abbildung 7.1 Menü »Meine Apps« auf dem SAP Fiori Launchpad

Namenskonvention für Kachelgruppen-IDs

In Tabelle 7.6 sehen Sie ein Beispiel einer Namenskonvention für die technischen IDs der Fiori-Kachelgruppen. In der ersten Spalte der Tabelle sehen Sie ein Beispiel einer Gruppen-ID: »ZGE_MMO_EINKAUF«. In der zweiten Spalte werden die Stellen der Gruppen-ID genannt. In der dritten Spalte werden die möglichen Zeichen für die entsprechende Stelle gelistet. In der vierten Spalte finden Sie die Erklärung der jeweiligen Zeichen.

Gruppen-ID (Beispiel)	Stelle	Zeichen	Erklärung
ZGE_MMO_EINKAUF	1	Z	Kundennamensraum
ZGE_MMO_EINKAUF	2	G	Gruppe
ZGE_MMO_EINKAUF	3	E	E: Endanwender*innen oder I: IT-Support-Benutzer
ZGE_MMO_EINKAUF	4	_	Fixiertes Zeichen
ZGE_MMO_EINKAUF	5–7	CO0, FI0, MM0, SRM …	SAP-Modul
ZGE_MMO_EINKAUF	8	_	Fixiertes Zeichen
ZGE_MMO_EINKAUF	9–35		Freitext (Beschreibung)

Tabelle 7.6 Beispiel für eine Namenskonvention für Gruppen-IDs

An der ersten Stelle der Gruppen-ID empfehlen wir, ein Zeichen zu nutzen, das die eigenen Objekte im SAP-System kennzeichnet. Bei den meisten SAP-Kunden ist es der Buchstabe »Z«. An der zweiten Stelle der Gruppen-ID steht »G« für »Gruppe«. Mit der dritten Stelle der Gruppen-ID wird zwischen Gruppen für Endanwender*innen und IT-Support-Benutzern unterschieden. In diesem Beispiel bedeutet der Buchstabe »E«, dass diese Kachelgruppe für Endanwender*innen bestimmt ist. Als einziges Sonderzeichen wird in den Gruppen-IDs »_« zugelassen. Dieses Zeichen steht an der vierten und achten Stelle der Gruppen-ID und sorgt für eine bessere Lesbarkeit der ID. An den Stellen 5–7 wird das SAP-Modul spezifiziert. Wir empfehlen Ihnen, die allgemein bekannten Standardbezeichnungen der SAP-Module zu verwenden. Das trägt zur besseren Orientierung für neue Mitarbeitende sowie für die externe Beratung bei. Wenn die SAP-Modulbezeichnung aus zwei Buchstaben besteht, wird an der siebten Stelle eine »0« als Platzhalter eingetragen. Die Länge der Gruppen-ID ist unbeschränkt. Wir empfehlen Ihnen aber, die Namenskonvention für die Gruppen-IDs an die Namenskonvention der Katalog-IDs anzulehnen und die Länge der Gruppen-IDs auf 35 Zeichen einzuschränken. An den Stellen 9–35 steht der freie Text, der den Gruppeninhalt beschreibt.

Titel der Kachelgruppen

Die Titel der Fiori-Kachelgruppen erscheinen auf dem SAP Fiori Launchpad der Benutzer als Titel der Registerkarten (siehe Abbildung 7.2). Sie müssen keiner Namenskonvention unterliegen, leiten sich aber von den Aufgaben ab und sollen den Inhalt der Kachelgruppen möglichst kurz und prägnant beschreiben. Das erleichtert die Orientierung auf dem SAP Fiori Launchpad.

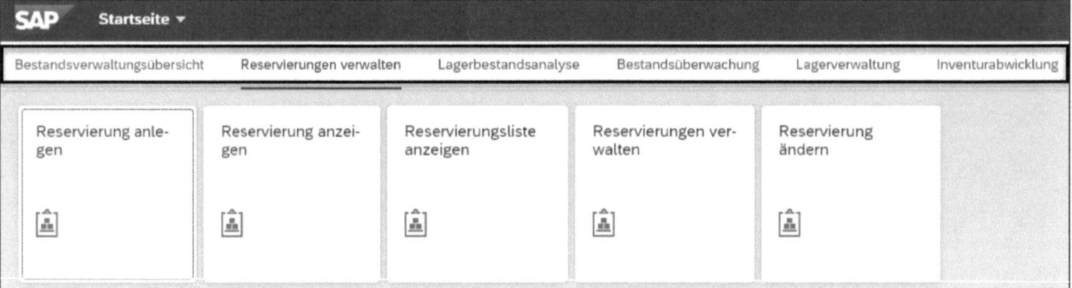

Abbildung 7.2 Beispiel der Titel der Fiori-Kachelgruppen auf dem SAP Fiori Launchpad

Namenskonvention für Launchpad-Bereiche und Seiten

In Tabelle 7.7 sehen Sie ein Beispiel für eine Namenskonvention der technischen IDs der Bereiche und Seiten auf dem SAP Fiori Launchpad. In der ersten Spalte der Tabelle steht ein Beispiel einer Bereichs-ID: »ZBE_MMO_EINKAUF«. In der zweiten Spalte werden die betreffenden Stellen in der Bereichs-ID genannt. In der dritten Spalte werden die möglichen Zeichen für die entsprechenden Stellen gelistet. In der vierten Spalte finden Sie die Erklärung der jeweiligen Zeichen.

An der ersten Stelle der Bereichs-ID empfehlen wir, ein Zeichen einzubringen, das die eigenen Objekte im SAP-System kennzeichnet. Bei den meisten SAP-Kunden ist es der Buchstabe »Z«. An der zweiten Stelle der Bereichs-ID steht die Abkürzung »B«, die »Bereich« bedeutet. In den Seiten-IDs steht an der zweiten Stelle jeweils »S«. Mit der dritten Stelle der Bereichs-ID wird zwischen Bereichen für Endanwender*innen und IT-Support-Benutzer unterschieden. In diesem Beispiel bedeutet der Buchstabe »E«, dass dieser Bereich für die Endanwender*innen bestimmt ist. Als Sonderzeichen werden in den Bereichs- und Seiten-IDs »_« und »/« zugelassen. »_« wird an der vierten und achten Stelle der Bereichs-ID für die bessere Lesbarkeit der ID verwendet. An den Stellen 5–7 wird das SAP-Modul spezifiziert. Wir empfehlen Ihnen, die allgemein bekannten Standardbezeichnungen der SAP-Module zu verwenden. Das trägt zur besseren Orientierung für neue Mitarbeitende sowie für die externe Beratung bei. Besteht die SAP-Modulbezeichnung aus zwei Buchstaben, wird an der siebten Stelle eine »O« als Platzhalter eingetragen. Die Länge der Bereichs-IDs ist nicht eingeschränkt, die Länge der Seiten-IDs ist auf 35 Zeichen beschränkt. Wir empfehlen Ihnen aber, die Namenskonvention für die Bereichs-IDs an die Namenskonvention der Katalog- und Seiten-IDs anzulehnen und die Länge der Bereichs-IDs auf 35 Zeichen zu beschränken. An den Stellen 9–35 steht freier Text, der den Bereichsinhalt beschreibt.

Bereichs-ID/Seiten-ID (Beispiel)	Stelle	Zeichen	Erklärung
ZBE_MM0_EINKAUF	1	Z	Kundennamensraum
ZBE_MM0_EINKAUF	2	B oder S	B: Bereich S: Seite
ZBE_MM0_EINKAUF	3	E	E: Endanwender*innen oder I: IT-Support-Benutzer
ZBE_MM0_EINKAUF	4	_	Fixiertes Zeichen
ZBE_MM0_EINKAUF	5–7	MM0, FI0, CO0, SRM ...	SAP-Modul
ZBE_MM0_EINKAUF	8	_	Fixiertes Zeichen
ZBE_MM0_EINKAUF	9–35		Freitext (Beschreibung)

Tabelle 7.7 Beispiel für eine Namenskonvention für Bereichs-IDs und Seiten-IDs

Reihenfolge der Bereiche auf dem SAP Fiori Launchpad

Die Reihenfolge der Bereiche auf dem SAP Fiori Launchpad der Benutzer im SAP S/4HANA Release 2020 ist von den Bereichs-IDs abhängig (siehe SAP-Hinweis 3012443 (SAP-Fiori-Bereiche: Sortieren von Bereichen über technische Schlüssel)).

Zum Beispiel bekommt ein Benutzer gleichzeitig FI- und MM-Bereiche zugewiesen. Die FI-Bereiche erscheinen links von den MM-Bereichen auf dem SAP Fiori Launchpad.

Ab SAP S/4HANA Release 2021 können Sie in der Transaktion UI2/FLP_CUS_CONF den Parameter `SPACES_SORT_CRITERION` pflegen und dabei definieren, ob Bereiche nach IDs oder nach Titeln auf dem SAP Fiori Launchpad sortiert werden.

Pflege der Bereiche und der Seiten an eine andere Abteilung delegieren

Sie können die Bereichs-IDs und die Seiten-IDs verwenden, um zu steuern, wer welche Bereiche beziehungsweise Seiten pflegen darf. Auch wenn Sie alle Bereiche und Seiten zentral anlegen möchten, sollten Sie eine Namenskonvention festlegen, die es erleichtert, den Pflegeaufwand später zu delegieren.

Für Bereiche sollen Sie das Berechtigungsobjekt /UI2/UISC (SAP-Fiori-Launchpad-Bereich: Customizing) und das Feld /UI2/SP_ID (Bereichs-ID) verwenden. Beispielsweise pflegen Sie über den Feldwert »ZBE_MM0*« die Bereiche für das Modul MM. Für Seiten sollen Sie das Berechtigungsobjekt /UI2/UIPC (SAP-Fiori-Launchpad-Seite: Customizing) und das Feld /UI2/PG_ID (Seiten-ID) verwenden. Beispielsweise pflegen Sie über den Feldwert »ZSE_MM0*« die Seiten für das Modul MM.

[»]

Gleiche IDs für Rollen, Kataloge, Gruppen und Bereiche

Falls Ihr Berechtigungskonzept eine 1:1-Beziehung zwischen Rollen, Katalogen und Gruppen oder Bereichen vorsieht, wäre es sinnvoll, die gleichen IDs für Rollen, Kataloge und Gruppen beziehungsweise Bereiche zu verwenden. Dabei müssen Sie beachten, dass die Rollen-IDs keine Sonderzeichen außer »_« beinhalten dürfen.

Bei der Modifikation der bestehenden Rollen mit Fiori-Berechtigungen können Sie bei der Identifikation der zu der Rolle gehörenden SAP-Fiori-UI-Entitäten Zeit sparen, indem Sie diesen SAP-Fiori-UI-Entitäten die gleiche ID geben wie der Rolle.

7.3 Kachelkataloge anlegen und pflegen

Vorbereitung für das Anlegen der SAP-Fiori-UI-Entitäten

Bevor Sie anfangen, SAP-Fiori-UI-Entitäten im System anzulegen, erstellen Sie in einem Microsoft-Excel-File eine Übersicht der SAP-Fiori-UI-Entitäten, die Sie anlegen möchten. Ein Beispiel sehen Sie in Abbildung 7.3 (Dieses Beispiel finden Sie im Download-Material unter *https://www.sap-press.de/5643*).

Rolle	Beschreibung	Katalog-ID	Beschreibung	App-ID	Bereichs-ID	Beschreibung
ZPME_MM0_P_XXXX_EINKAUF	MM0 - Einkäufer	ZBKE_MM0_EINKAUF	MM0 - Einkäufer	F0862	ZBE_MM0_EINKAUF	Einkauf
ZPME_MM0_P_XXXX_EINKAUF	MM0 - Einkäufer	ZBKE_MM0_EINKAUF	MM0 - Einkäufer	F1048	ZBE_MM0_EINKAUF	Einkauf
ZPME_MM0_P_XXXX_EINKAUF	MM0 - Einkäufer	ZBKE_MM0_EINKAUF	MM0 - Einkäufer	F2229	ZBE_MM0_EINKAUF	Einkauf
ZPME_MM0_P_XXXX_EINKAUF	MM0 - Einkäufer	ZBKE_MM0_EINKAUF	MM0 - Einkäufer	F1643	ZBE_MM0_EINKAUF	Einkauf
ZPME_MM0_P_XXXX_EINKAUF	MM0 - Einkäufer	ZBKE_MM0_EINKAUF	MM0 - Einkäufer	F2905	ZBE_MM0_EINKAUF	Einkauf

Abbildung 7.3 Beispiel für eine Excel-Vorlage für das Anlegen der SAP-Fiori-UI-Entitäten

Diese Vorlage können Sie den Fachbereichen zur Verfügung stellen, damit sie ihre Anforderungen an die Rollen mit Fiori-Apps definieren und Ihnen überreichen können.

Fiori-Kachelkatalog anlegen

Als erste SAP-Fiori-UI-Entität legen Sie einen Fiori-Kachelkatalog an. Starten Sie die Transaktion **/UI2/FLPCM_CUST** (FLP-Content-Manager: Mandantenspez.), klicken Sie auf den Button **Anlegen**. Tragen Sie die ID und den Titel des Katalogs ein (siehe Abbildung 7.4).

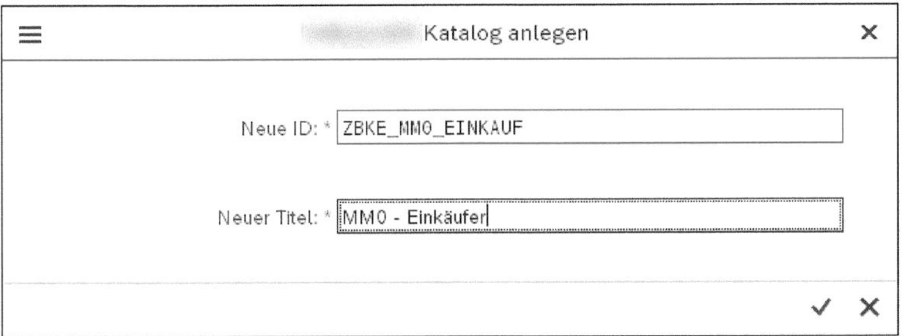

Abbildung 7.4 Einen neuen Kachelkatalog anlegen

Fiori-Apps in den Kachelkatalog hinzufügen

Als Nächstes müssen Sie entweder einen Customizing-Transportauftrag auswählen oder einen neuen Transportauftrag anlegen. Somit wird der neue Fiori-Kachelkatalog angelegt und in den Transportauftrag hinzugefügt. Danach wählen Sie den neuen Fiori-Kachelkatalog aus und fügen die SAP-Fiori-Apps hinzu.

Um die Fiori-Apps hinzuzufügen, klicken Sie auf den Button **Kachel/Zielzuordnungen hinzufügen**. Tragen Sie die ID der Fiori-App ein und klicken Sie auf den Button **Start** (siehe Abbildung 7.5).

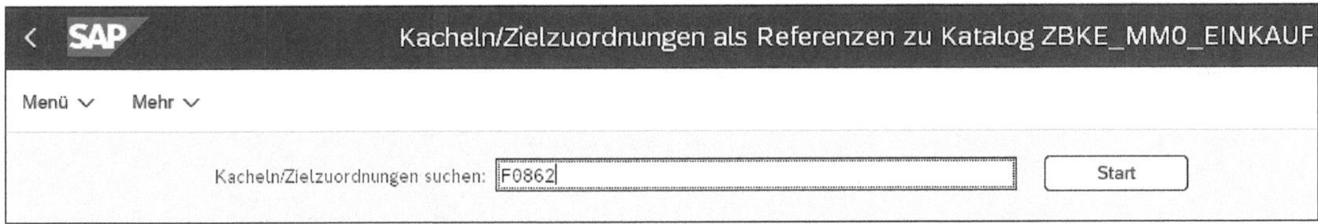

Abbildung 7.5 Suche nach einer Fiori-App, um sie in einen Kachelkatalog hinzuzufügen

Wählen Sie die Fiori-App aus und klicken Sie auf den Button **Kachel/ZM-Referenz hinzufügen** (siehe Abbildung 7.6).

Oft gibt es, wie in Abbildung 7.6, mehrere Einträge für eine Fiori-App-ID. Wenn Sie mithilfe des Titels nicht die richtige Fiori-App auswählen können, schauen Sie im SAP-Standard-Kachelkatalog nach, welche Fiori-App dort aufgenommen wurde, und wählen dieselbe App aus. In diesem Beispiel wählen wir die App **Bestellungen genehmigen** (**F0862**) aus, die im SAP-Standard-Kachelkatalog **SAP_TC_PRC_COMMON – Procurement Technical catalog** enthalten ist.

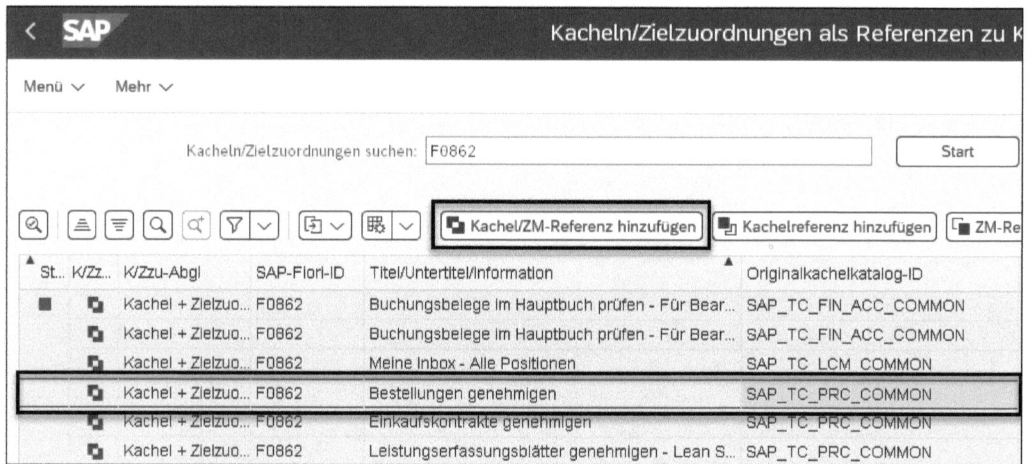

Abbildung 7.6 Eine SAP-Fiori-App einem Kachelkatalog hinzufügen

Eine Fiori-App aus einem anderen Kachelkatalog hinzufügen

Sie können eine App aus einem anderen, beispielweise einem SAP-Standard-Kachelkatalog, in Ihren Kachelkatalog hinzufügen. Rufen Sie einen SAP-Standard-Kachelkatalog auf. Wählen Sie die Fiori-App, die Sie in Ihren Kachelkatalog hinzufügen möchten, wählen Sie **Kacheln/Zielzuordnungen hinzufügen** und **Ausgew. Kacheln/Zzu anderem Kat. hinzuf.** (siehe Abbildung 7.7).

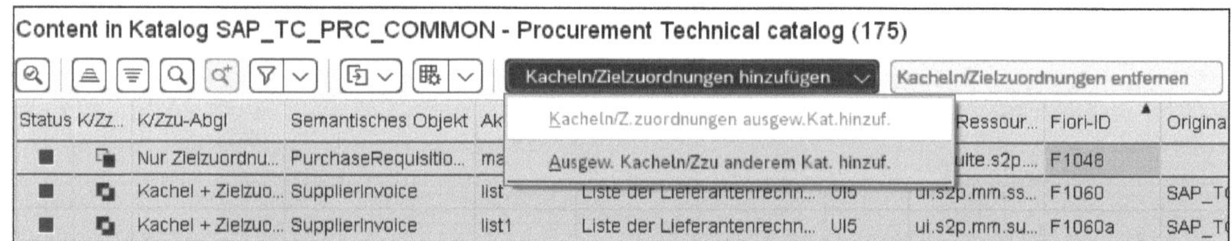

Abbildung 7.7 Eine Fiori-App aus einem anderen Kachelkatalog hinzufügen

SAP-Standard-Kachelkatalog kopieren und anpassen

SAP liefert über 400 Businessrollen mit Fiori-Apps, die in SAP-Standard-Kachelkataloge zusammengefasst wurden. SAP empfiehlt, die SAP-Standard-Businessrollen und SAP-Standard-Kachelkataloge als Vorlage für die eigenen Rollen und Kachelkataloge zu benutzen. Es ist nicht möglich, einen SAP-Standard-Kachelkatalog zu ändern, deswegen sollen Sie eigene Kachelkataloge anlegen, indem Sie die SAP-Standard-Kachelkataloge kopieren und anpassen.

Um einen SAP-Standard-Kachelkatalog zu kopieren, wählen Sie den Kachelkatalog aus und klicken auf den Button **Kopieren** (siehe Abbildung 7.8).

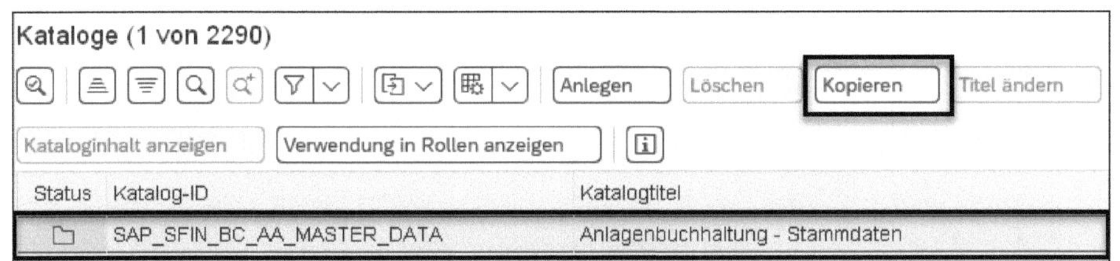

Abbildung 7.8 Einen SAP-Standard-Kachelkatalog kopieren

Fiori-Apps aus dem Kachelkatalog entfernen

Anschließend können Sie den neu erstellten Kachelkatalog anpassen, indem Sie Fiori-Apps hinzufügen oder entfernen. Um eine Fiori-App aus dem Kachelkatalog zu entfernen, wählen Sie die Fiori-App aus und klicken auf den Button **Kacheln/Zielzuordnungen entfernen** (siehe Abbildung 7.9).

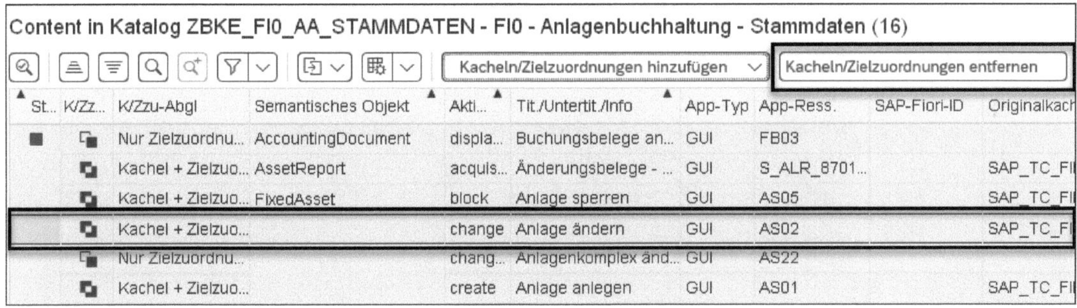

Abbildung 7.9 Eine Fiori-App aus einem Kachelkatalog entfernen

[+]

Berechtigen Sie Ihre Benutzer für die Pflege der Benutzerstandardparameter (App-ID F1765)

Zum Starten vieler Fiori-Apps aus den verschiedenen SAP-Modulen (MM, FI, CO und andere) brauchen die Benutzer die Berechtigung für die Fiori-App **Benutzerstandardparameter** (App-ID F1765). Es reicht, wenn Sie diese App als Zielzuordnung in den Kachelkatalog hinzufügen. Diese App ist in vielen SAP-Standard-Kachelkatalogen als Zielzuordnung enthalten. Sie können diese App entweder in jeden einzelnen Kachelkatalog hinzufügen oder einen Kachelkatalog für alle Benutzer anlegen und diese App in den Kachelkatalog hinzufügen.

Kachelkatalog in die Rolle hinzufügen

Um einen Kachelkatalog in eine Rolle hinzuzufügen, starten Sie die Transaktion PFCG. Erstellen Sie eine neue Rolle (siehe Abschnitt 6.2, »Einzel- und Sammelrollen anlegen und pflegen«) oder rufen Sie eine existierende Rolle auf, indem Sie den Rollennamen in das Feld **Rolle** eingeben oder die Rolle mithilfe des Suchfensters im System finden. Über die Registerkarte **Menü** fügen Sie den Kachelkatalog hinzu: Klicken Sie auf das Icon [∨] rechts vom

Button **Transaktion** und wählen Sie im Drop-down-Menü **SAP Fiori Launchpad • Launchpad-Katalog** (siehe Abbildung 7.10).

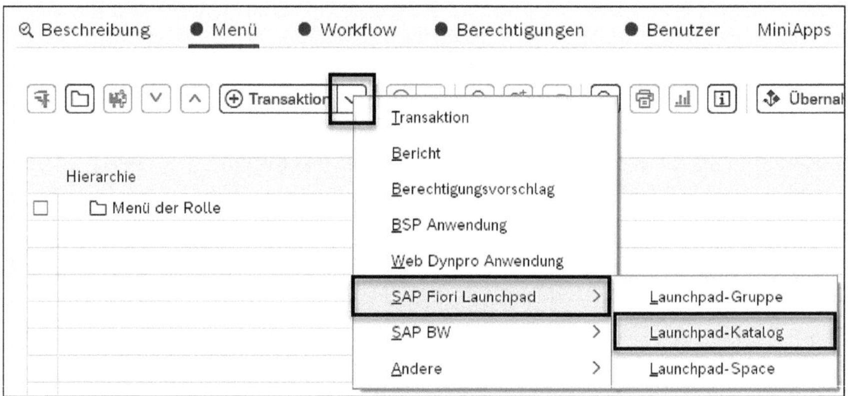

Abbildung 7.10 Einen Kachelkatalog in das Rollenmenü hinzufügen

Im nächsten Fenster tragen Sie die Kachelkatalog-ID ein und wählen **Mit Anwendungen** aus (siehe Abbildung 7.11). Speichern Sie die Rolle, indem Sie auf den Button **Sichern** klicken.

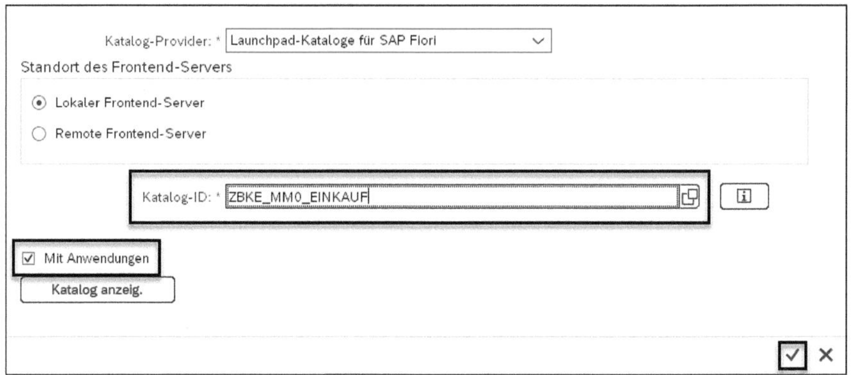

Abbildung 7.11 Einen Kachelkatalog beim Hinzufügen in das Rollenmenü auswählen

Kachelkatalog einer Backend-Rolle hinzufügen

Beim Hub Deployment (siehe Abschnitt 1.6.2, »Bereitstellungsoptionen für SAP Fiori«) muss der Kachelkatalog in die *Backend-Rolle* (die Backend-Rolle ist die Rolle im Backend-Server) hinzugefügt werden. Beim Hinzufügen des Kachelkatalogs wählen Sie den Radiobutton **Remote Frontend-Server** aus, wählen im Feld **RFC-Destination** die RFC-Destination vom FES aus, hier `DEEFIORI100`, und tragen die Katalog-ID in das Feld **Katalog-ID** ein (siehe Abbildung 7.12).

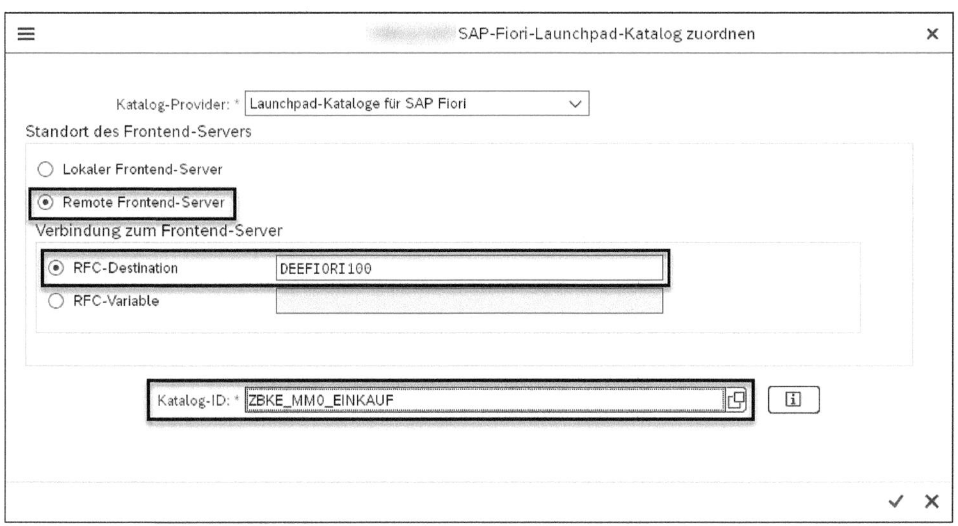

Abbildung 7.12 Einen Kachelkatalog in eine Backend-Rolle hinzufügen

[+]

Programme für die automatische Anlage und Pflege der Rollen mit Fiori-Berechtigungen

Für die Anlage und Pflege der Rollen mit Fiori-Berechtigungen können Sie im Frontend-Server das Programm PRGN_CREATE_FIORI_FRONTENDROLE und im Backend-Server das Programm PRGN_CREATE_FIORI_BACKENDROLES benutzen. Diese Programme können in der Transaktion SA38 beziehungsweise SE38 gestartet werden. Zu beiden Programmen gibt es Dokumentationen mit einer Anleitung direkt im SAP-System.

Kachelkatalog aus dem Rollenmenü entfernen

Um einen Kachelkatalog aus einer Rolle zu entfernen, starten Sie die Transaktion PFCG. Auf der Registerkarte **Menü** wählen Sie einen Kachelkatalog aus, indem Sie das Kennzeichen zu Beginn der Zeile markieren und das Icon ⊖ (**Knoten löschen**) anklicken (siehe Abbildung 7.13).

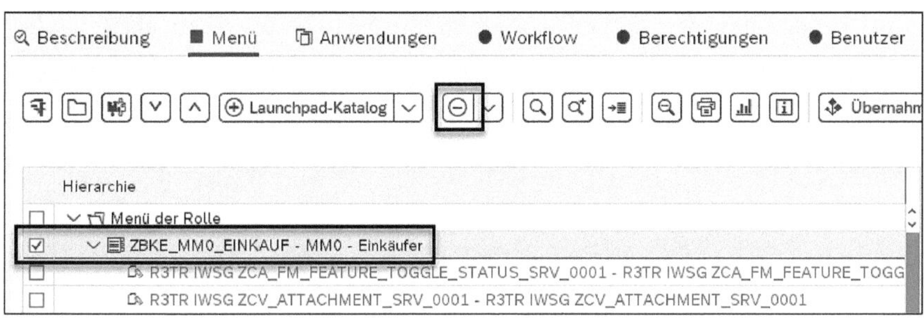

Abbildung 7.13 Einen Kachelkatalog aus dem Rollenmenü entfernen

Nach dem Entfernen des Kachelkatalogs aus der Rolle müssen Sie die Berechtigungen auf der Registerkarte **Berechtigungen** aktualisieren. Wie das geht, lesen Sie in Abschnitt 6.2, »Einzel- und Sammelrollen anlegen und pflegen«.

[»]

Alternative Transaktion zum Hinzufügen der Kataloge in die Rollen

Sie können Kachelkataloge auch in der Transaktion /UI2/FLPCM_CUST (FLP-Content-Manager: Mandantenspez.) auf der Registerkarte **Rollen** in die Rolle hinzufügen und aus ihr entfernen.

Kachelkatalog im Rollenmenü aktualisieren

Nachdem Sie die Fiori-Apps aus dem Kachelkatalog entfernt beziehungsweise neue Fiori-Apps in den Kachelkatalog hinzugefügt haben, müssen Sie den Kachelkatalog in der Rolle (oder den Rollen) aktualisieren. Auf der Registerkarte **Menü** wählen Sie den Kachelkatalog aus, indem Sie das Kennzeichen zu Beginn der Zeile markieren. Klicken Sie anschließend auf das Icon (**Details**) (siehe Abbildung 7.14).

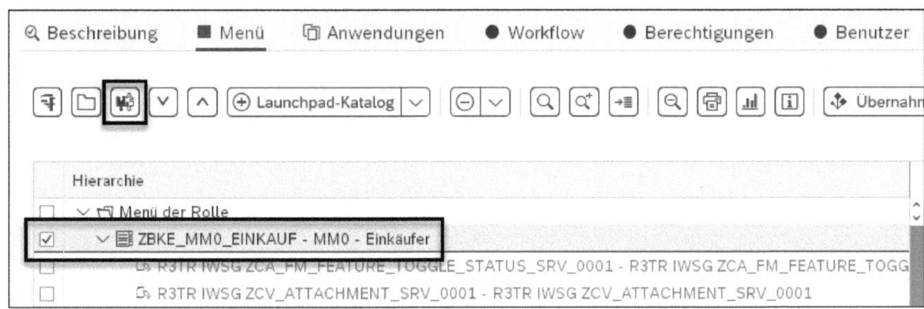

Abbildung 7.14 Einen Kachelkatalog im Rollenmenü aktualisieren

Daraufhin erscheint eine Liste der entfernten beziehungsweise hinzugefügten Apps in einem neuen Fenster. Bei den entfernten Apps steht ein **–**, bei den hinzugefügten Apps steht ein **+** in der Spalte **Vergleich** (siehe Abbildung 7.15). Wenn Sie das Entfernen beziehungsweise das Hinzufügen der Apps rückgängig machen möchten, müssen Sie in der Transaktion /UI2/FLPCM_CUST die Apps wieder in den Kachelkatalog hinzufügen beziehungsweise wieder aus dem Kachelkatalog entfernen und die Rolle in der Transaktion PFCG aktualisieren.

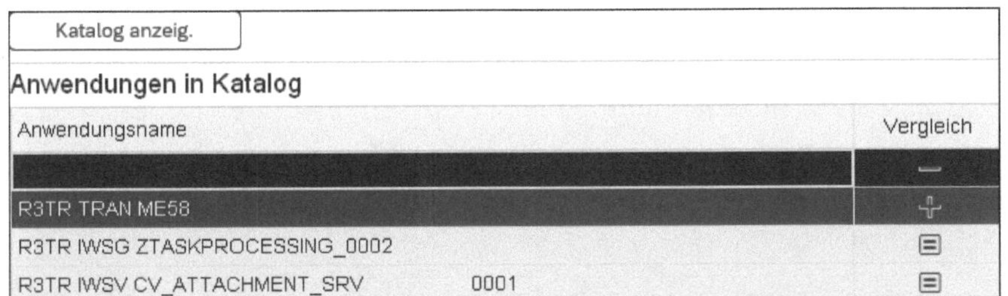

Abbildung 7.15 Anzeige der entfernten und der hinzugefügten Fiori-Apps in einem Kachelkatalog nach dem Aktualisieren in der Transaktion PFCG

Speichern Sie die Rolle, indem Sie auf den Button **Sichern** klicken. Beim Hinzufügen neuer Apps empfehlen wir, die neuen Apps zu aktivieren (siehe Abschnitt 7.4, »Rolle aktivieren«) und die Berechtigungen zu aktualisieren.

Programm für die Massenaktualisierung der Fiori-Kachelkataloge in den Rollen

Wenn Sie mehrere Kachelkataloge in mehreren Rollen aktualisieren müssen, lohnt es sich, das Programm PRGN_COMPARE_ROLE_MENU zu verwenden. Dieses Programm kann in den Transaktionen SA38 und SE38 gestartet werden. Zu dem Programm gibt es direkt im SAP-System eine Dokumentation mit einer Anleitung.

7.4 Rolle aktivieren

OData-Services und ICF-Knoten mit Aufgabenliste aktivieren

Für die Aktivierung der OData-Services und der ICF-Knoten für die Fiori-Apps stellt SAP die Aufgabenliste SAP_FIORI_FCM_CONTENT_ACTIVATION zur Verfügung. Diese Aufgabenliste kann in der Transaktion STC01 für eine oder mehrere Rollen ausgeführt werden.

Starten Sie die Transaktion STC01. Tragen Sie die Aufgabenliste SAP_FIORI_FCM_CONTENT_ACTIVATION ein. Klicken Sie auf das Icon (**Aufgabenlistenlauf generieren**) oder drücken Sie F8 (siehe Abbildung 7.16).

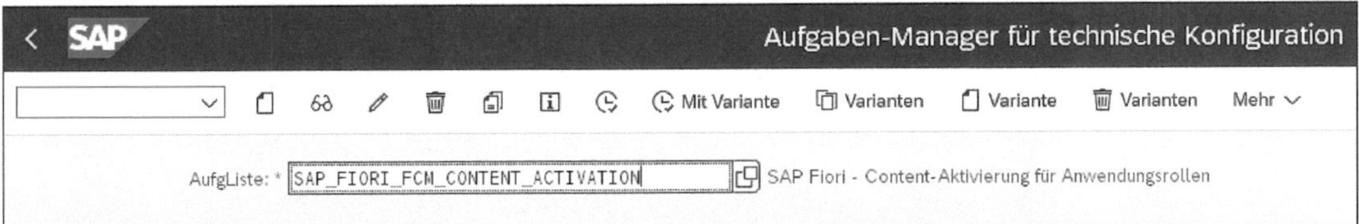

Abbildung 7.16 Eine Rolle in der Transaktion STC01 aktivieren: die Aufgabenliste eingeben

In der zweiten Zeile der Aufgabenliste können Sie die einzelnen Rollen auswählen. Wählen Sie die Rolle aus und speichern Sie die Auswahl mit dem Button **Sichern**(siehe Abbildung 7.17).

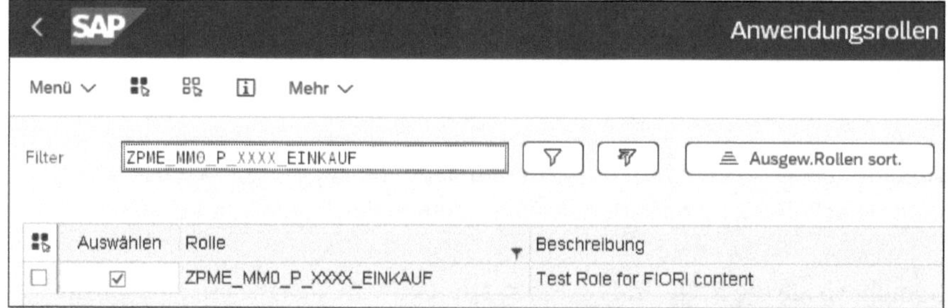

Abbildung 7.17 Eine Rolle in der Transaktion STC01 aktivieren: Auswahl der Rolle

Wenn Sie mehrere Rollen aktivieren möchten, wählen Sie die erste Zeile der Aufgabenliste aus. Im neuen Fenster können Sie mehrere Rollennamen eintragen (siehe Abbildung 7.18).

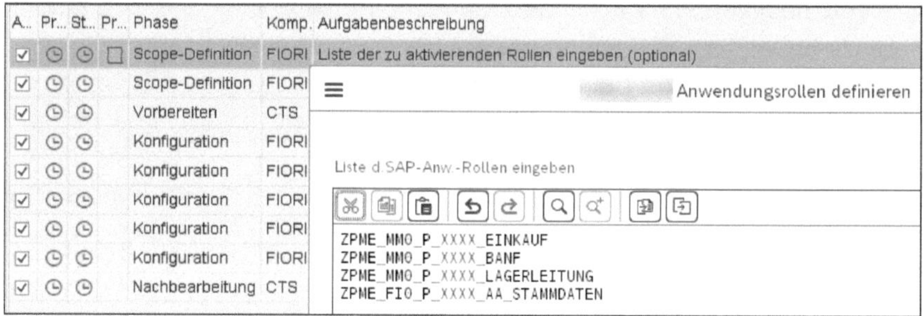

Abbildung 7.18 Mehrere Rollen für das Aktivieren auswählen

Hinzufügen der OData-Services in den Transportauftrag

In der dritten Zeile der Aufgabenliste wählen Sie das Paket und die Transportaufträge aus (siehe Abbildung 7.19). Den dritten Punkt können Sie im Sandboxsystem weglassen.

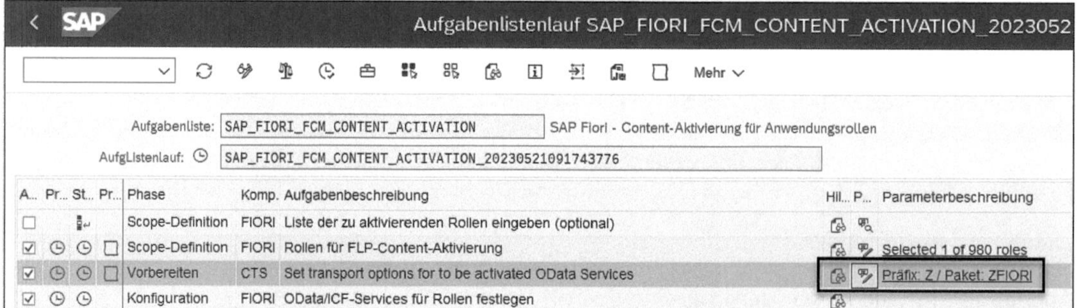

Abbildung 7.19 Paket und Transportaufträge auswählen

[«]

Vergessen Sie nicht, im Entwicklungssystem die Transportaufträge auszuwählen!

Im Entwicklungssystem ist es sehr wichtig, bei der Aktivierung der Rolle die aktivierten OData-Services in den Transportauftrag aufzunehmen. Dafür tragen Sie im dritten Punkt entweder die Nummer der bestehenden Transportaufträge ein oder lassen das System neue Transportaufträge anlegen.

Starten Sie den Aufgabenlistenlauf am besten im Hintergrund über den Menüpfad: **Aufgabenlistenlauf • Start • Hintergrund** (siehe Abbildung 7.20).

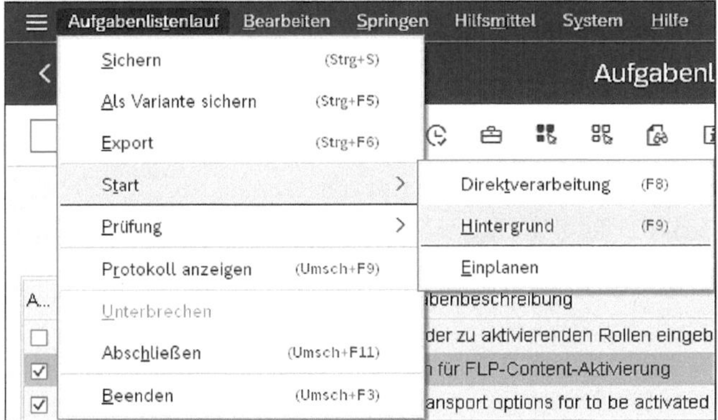

Abbildung 7.20 Eine Rolle in der Transaktion STC01 aktivieren: Start des Aufgabenlistenlaufs im Hintergrund

Beispiel einer Rolle mit aktivierten OData-Services

Nach der Aktivierung werden Sie in der Transaktion PFCG im Menü der Rolle unter der Katalog-ID die OData-Services sehen (siehe beispielhaft Abbildung 7.21).

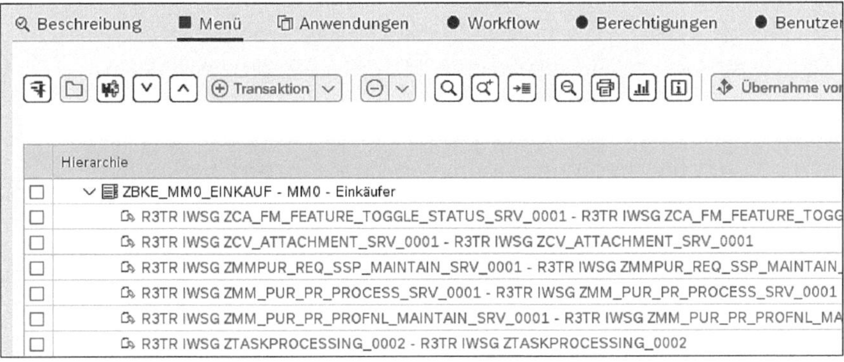

Abbildung 7.21 Beispiel einer Rolle nach der Aktivierung

Nach der Aktivierung der Rolle pflegen Sie die Berechtigungsdaten in der Transaktion PFCG (siehe Abschnitt 6.2, »Einzel- und Sammelrollen anlegen und pflegen«).

[»]

Transaktion für die Aktivierung einzelner OData-Services

Einzelne OData-Services können in der Transaktion /IWFND/MAINT_SERVICE (Services aktivieren und verwalten) aktiviert werden.

7.5 Kachelgruppen anlegen und pflegen

Fiori-Kachelgruppe anlegen

In SAP-Systemen, in denen Fiori-Kachelgruppen für die Strukturierung des SAP Fiori Launchpad verwendet werden, müssen Sie Fiori-Kachelgruppen anlegen und diese im Menü der Rollen hinzufügen.

Starten Sie den Fiori Launchpad Designer mit der Transaktion /UI2/FLPD_CUST. Wechseln Sie zu der Registerkarte **Gruppen** (siehe Abbildung 7.22).

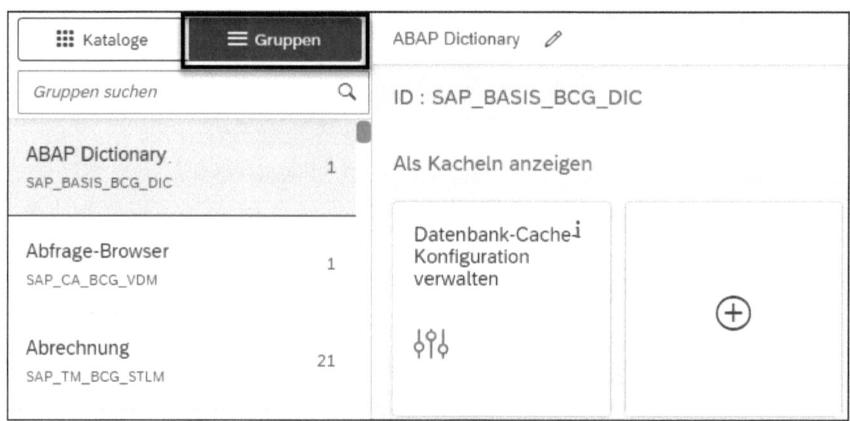

Abbildung 7.22 Fiori Launchpad-Designer: eine Kachelgruppe anlegen

[»]

Vergessen Sie nicht, den Transportauftrag auszuwählen, bevor Sie Kachelgruppen pflegen!

Bevor Sie eine Kachelgruppe anlegen oder anpassen, müssen Sie die Nummer eines Customizing-Transportauftrags eingeben.

Kachelgruppe einem Transportauftrag hinzufügen

In der rechten oberen Ecke des Bildschirms wählen Sie ⚙ (**Einstellungen**) aus. Entfernen Sie das Häkchen bei **Ohne (lokales Objekt)** und wählen Sie einen Transportauftrag aus (siehe Abbildung 7.23).

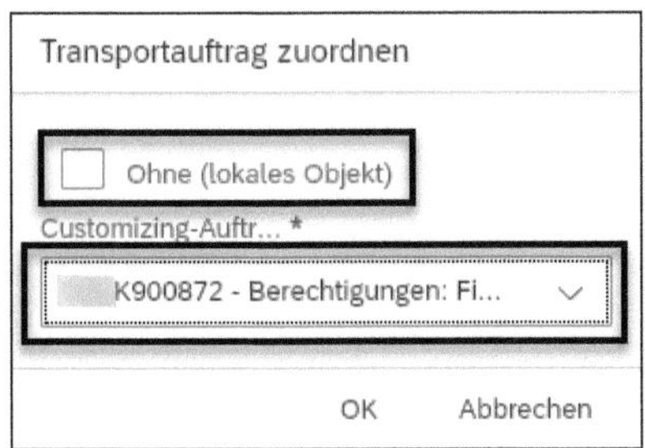

Abbildung 7.23 SAP Fiori Launchpad Designer: den Transportauftrag auswählen

In der linken unteren Ecke des Bildschirms wählen Sie das Plus-Symbol (**Gruppe anlegen**) aus. Tragen Sie einen Titel und eine ID der Kachelgruppe ein und sichern Sie die neue Kachelgruppe. Bei der Anlage und Pflege der Kachelgruppe wird definiert, ob Benutzer die Kachelgruppe ändern dürfen (siehe Abbildung 7.24).

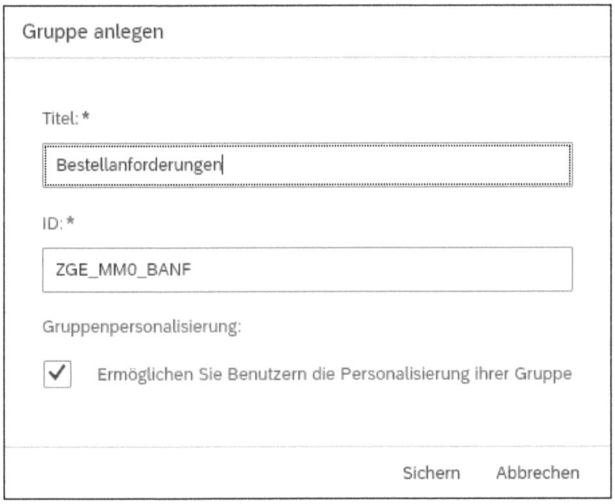

Gruppe anlegen

Titel: *

Bestellanforderungen

ID: *

ZGE_MM0_BANF

Gruppenpersonalisierung:

☑ Ermöglichen Sie Benutzern die Personalisierung ihrer Gruppe

Sichern Abbrechen

Abbildung 7.24 Fiori Launchpad-Designer: Eine Kachelgruppe anlegen

Der Titel erscheint auf dem SAP Fiori Launchpad der Benutzer als Titel einer Registerkarte (siehe Abbildung 7.2 in Abschnitt 7.2, »Namenskonvention für SAP-Fiori-UI-Entitäten«).

Fiori-Apps in die Kachelgruppe hinzufügen und aus ihr entfernen

Nachdem Sie eine neue Kachelgruppe angelegt haben, können Sie die Kacheln der Kachelgruppe hinzufügen. Dabei können Sie wählen, ob Sie Applikationen als Kacheln oder als Links auf dem SAP Fiori Launchpad anzeigen möchten. Klicken Sie auf das Icon (**Kachel hinzufügen**). Wählen Sie einen Kachelkatalog aus. Fügen Sie die Kacheln der Kachelgruppe hinzu, indem Sie auf klicken (siehe Abbildung 7.25).

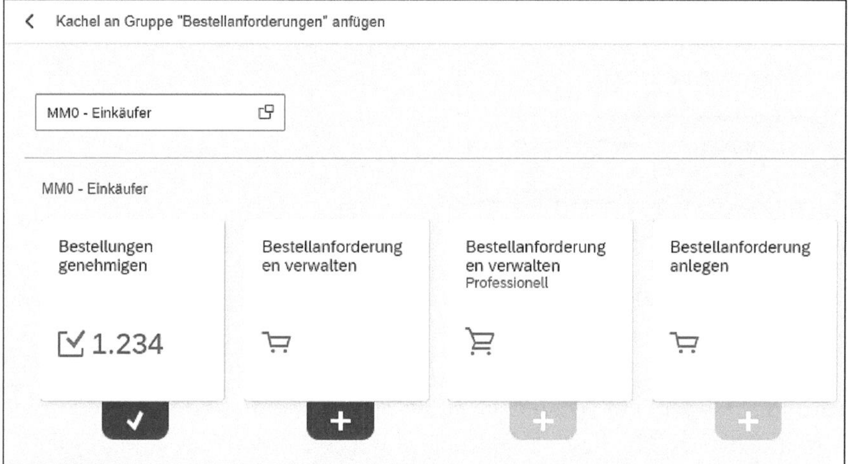

Abbildung 7.25 Fiori Launchpad-Designer: die Kacheln in eine Kachelgruppe hinzufügen

Wenn Sie mehrere Kacheln in die Fiori-Kachelgruppe hinzugefügt haben, können Sie ihre Reihenfolge per Drag-and-drop ändern. Um eine Kachel aus der Kachelgruppe zu entfernen, ziehen Sie diese in die rechte untere Ecke des Bildschirms. Dort erscheint ein Mülleimer-Symbol (siehe Abbildung 7.26).

Abbildung 7.26 Entfernen einer Kachel aus der Kachelgruppe

Damit die Fiori-Kachelgruppe auf dem SAP Fiori Launchpad der Benutzer erscheint, muss sie in die Rolle hinzugefügt werden. Um eine Kachelgruppe in eine Rolle hinzuzufügen, starten Sie die Transaktion **PFCG**. Rufen Sie die Rolle auf. Auf der Registerkarte **Menü** fügen Sie die Kachelgruppe hinzu: Klicken Sie auf das Icon [˅] rechts vom Button **Transaktion** und wählen Sie im Drop-down-Menü **SAP Fiori Launchpad • Launchpad-Gruppe** (siehe Abbildung 7.27).

Kachelgruppe in das Rollenmenü hinzufügen

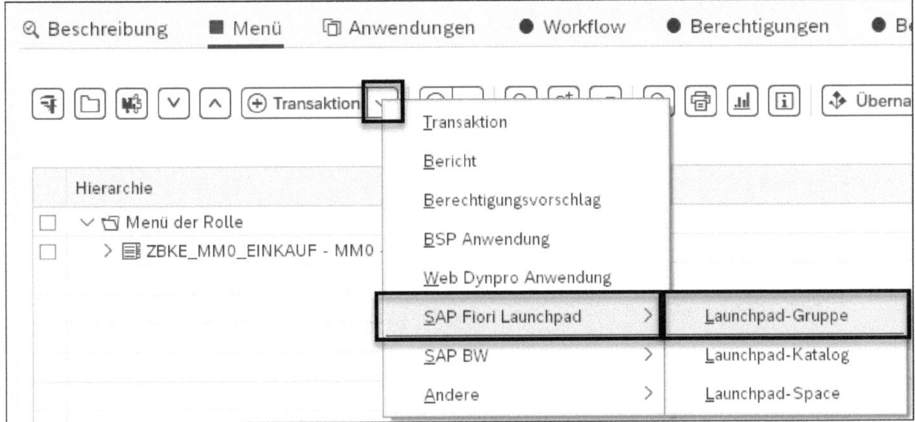

Abbildung 7.27 Eine Kachelgruppe in das Rollenmenü hinzufügen

Die Reihenfolge der Kachelgruppen im Menü einer Rolle bestimmt die Reihenfolge der Registerkarten auf dem Fiori Launchpad der Benutzer. Speichern Sie die Rolle, indem Sie auf den Button **Sichern** klicken.

Kachelgruppe aus der Rolle entfernen

Um eine Kachelgruppe aus einer Rolle zu entfernen, starten Sie die Transaktion PFCG. Auf der Registerkarte **Menü** wählen Sie die Kachelgruppe aus und klicken auf das Icon [⊖] (**Knoten löschen**) (siehe Abbildung 7.28).

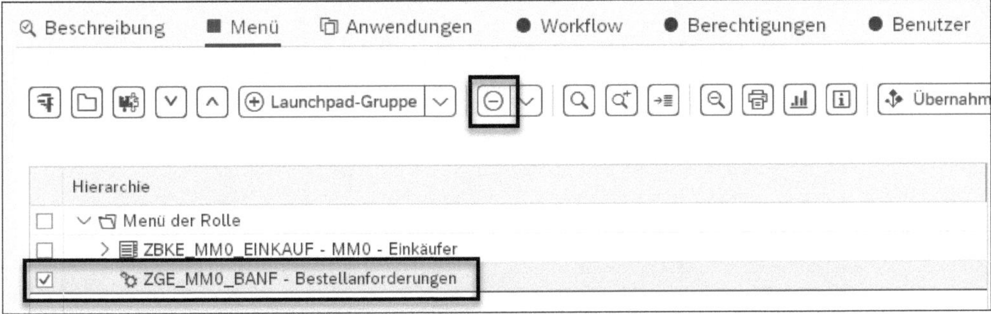

Abbildung 7.28 Eine Kachelgruppe aus einer Rolle entfernen

Speichern Sie die Rolle, indem Sie auf den Button **Sichern** klicken.

7.6 Bereiche und Seiten für das SAP Fiori Launchpad anlegen und pflegen

Für die in diesem Abschnitt beschriebenen Aktivitäten brauchen Sie die Berechtigung für die Fiori-Apps **Launchpad-Bereiche verwalten** (App-ID F4834) und **Launchpad-Seiten verwalten** (App-ID F4512) (siehe Abbildung 7.29).

Abbildung 7.29 Fiori-Apps »Launchpad-Bereiche verwalten« und »Launchpad-Seiten verwalten«

Bereich anlegen

Diese Berechtigung ist standardmäßig in der Rolle **Z_FIORI_FOUNDATION_ADMIN** enthalten. Diese Rolle wird im Laufe der schnellen Aktivierung von SAP Fiori erstellt (siehe Abschnitt 7.11, »Schnelle Aktivierung von SAP Fiori«). Starten Sie das SAP Fiori Launchpad mit der Transaktion /UI2/FLP. Starten Sie dann die SAP-Fiori-App **Launchpad-Bereiche verwalten**. Klicken Sie auf den Button **Anlegen**. Füllen Sie die Felder **Bereichs-ID**, **Bereichsbeschreibung**, **Bereichstitel** (der erscheint auf dem SAP Fiori Launchpad der Benutzer) und die **Transportnummer** aus. Klicken Sie auf den Button **Anlegen** (siehe Abbildung 7.30).

Abbildung 7.30 Einen Bereich anlegen

Bereich in die Rolle hinzufügen

Um einen Bereich in eine Rolle hinzuzufügen, starten Sie die Transaktion PFCG. Rufen Sie die Rolle auf. Auf der Registerkarte **Menü** fügen Sie den Bereich hinzu: Klicken Sie auf das Icon [⌄] rechts vom Button **Transaktion** und wählen Sie im Drop-down-Menü **SAP Fiori Launchpad • Launchpad-Space** (siehe Abbildung 7.31).

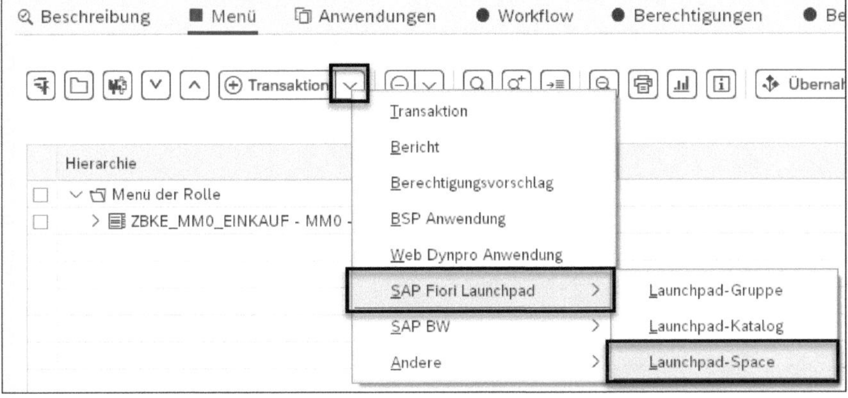

Abbildung 7.31 Einen Bereich in das Rollenmenü hinzufügen

Speichern Sie die Rolle, indem Sie auf den Button **Sichern** klicken.

Bereich aus der Rolle entfernen

Um einen Bereich aus einer Rolle zu entfernen, starten Sie die Transaktion PFCG. Auf der Registerkarte **Menü** wählen Sie den Bereich aus und klicken auf das Icon [⊖] (**Knoten löschen**) (siehe Abbildung 7.32). Speichern Sie die Rolle.

Abbildung 7.32 Einen Bereich aus dem Rollenmenü entfernen

Alternative Transaktion für das Hinzufügen der Bereiche in die Rollen

Sie können Bereiche auch in der Transaktion /UI2/FLPCM_CUST (FLP-Content-Manager: Mandantenspez.) auf der Registerkarte **Rollen** in die Rolle hinzufügen oder entfernen.

Seite anlegen Im nächsten Schritt legen Sie eine oder mehrere Seiten für das SAP Fiori Launchpad an. Starten Sie die Fiori-App **Launchpad-Seiten verwalten**. Klicken Sie auf den Button **Anlegen**. Tragen Sie die **Seiten-ID**, die **Seiten-Beschreibung**, den **Seiten-Titel** (er wird den Benutzern auf dem SAP Fiori Launchpad angezeigt) und die **Transportnummer** ein. Klicken Sie auf den Button **Anlegen** (siehe Abbildung 7.33).

Abbildung 7.33 Eine Seite anlegen

Seite dem Bereich zuweisen Im nächsten Schritt weisen Sie die neue Seite einem Bereich zu. Dafür starten Sie die Fiori-App **Launchpad-Bereiche verwalten**. Öffnen Sie den Bereich im Bearbeitungsmodus (siehe Abbildung 7.34).

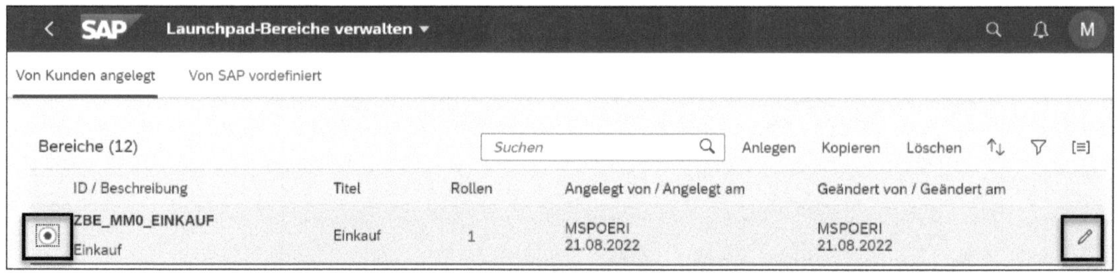

Abbildung 7.34 Einen Bereich pflegen

Suchen Sie nach der Seite und fügen Sie diese hinzu (siehe Abbildung 7.35).

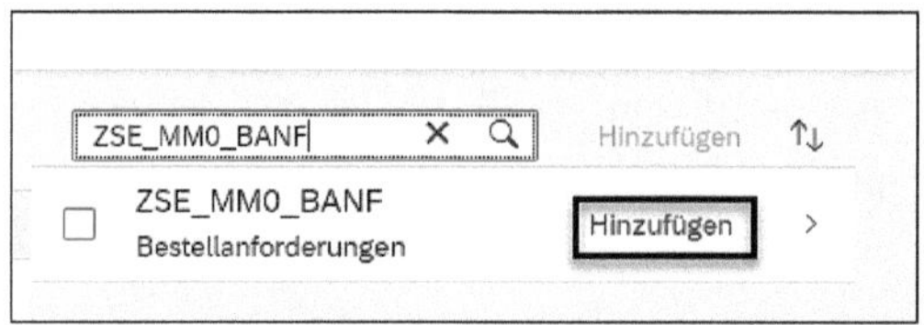

Abbildung 7.35 Eine Seite in den Bereich hinzufügen

Klicken Sie auf den Button **Sichern**.

Seite pflegen: Abschnitte anlegen, Kacheln hinzufügen

Jetzt können Sie Fiori-Apps auf die Seite hinzufügen. Dafür starten Sie die Fiori-App **Launchpad-Seiten verwalten**. Finden Sie die Seite, die Sie pflegen möchten, und starten Sie den Bearbeitungsmodus (siehe Abbildung 7.36).

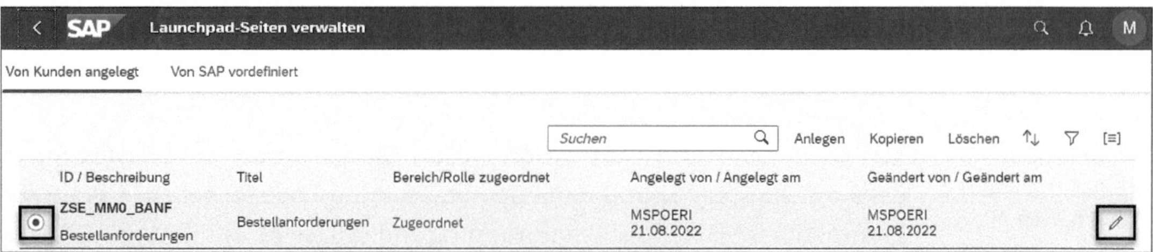

Abbildung 7.36 Eine Seite pflegen

Sie können alle Fiori-Apps, die in dem Kachelkatalog enthalten sind, der der gleichen Rolle wie der Bereich zugewiesen ist, auf die Seite hinzufügen. Diese werden auf der rechten Seite aufgelistet (siehe Abbildung 7.37). Zuerst tragen Sie den Abschnittstitel ein, dann fügen Sie die Kachel(n) hinzu (siehe Abbildung 7.37).

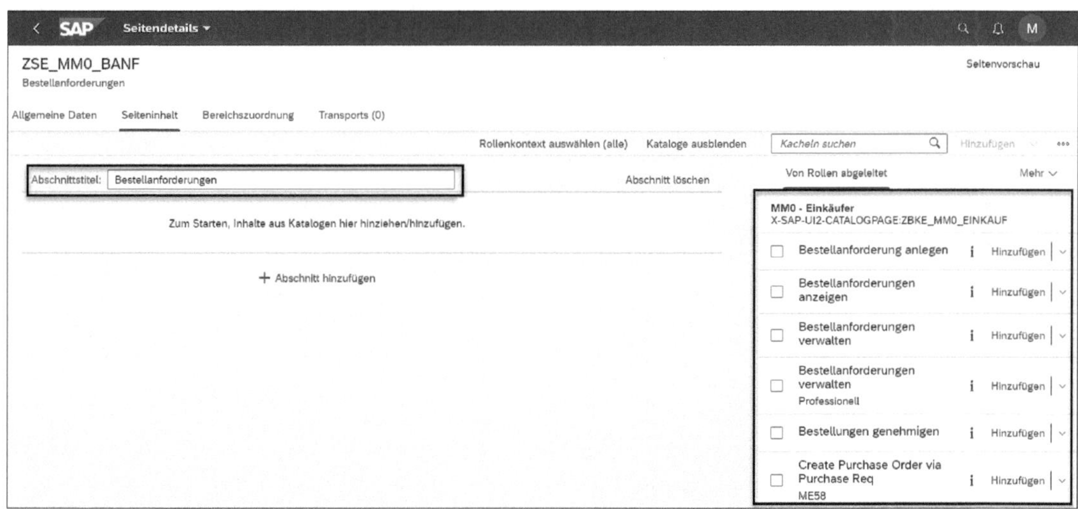

Abbildung 7.37 Die Abschnitte pflegen

Suche nach einer UI5-App bei der Pflege der Seite

Sie können die Fiori-Apps mit dem Button **Hinzufügen** oder per Drag-and-drop auf den Abschnitt hinzufügen. Wenn Sie nach einer UI5-Applikation suchen, können Sie die Applikation finden, indem Sie die App-ID in das Suchfenster eingeben, z. B. Fiori-App F1643 (siehe Abbildung 7.38).

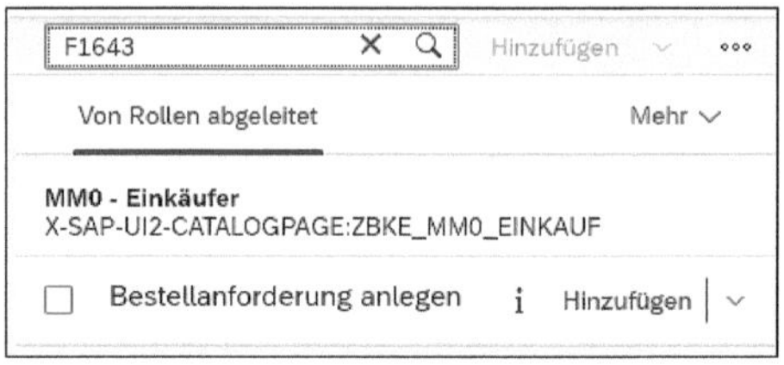

Abbildung 7.38 Eine Seite pflegen: Suche nach UI5-App

Suche nach einer SAP-GUI-Transaktion bei der Pflege der Seite

Im Fall einer SAP-GUI-Transaktion müssen Sie den Namen der Transaktion in der Anmeldesprache und nicht den Transaktionscode eingeben, z. B. für die Transaktion ME52N (Bestellanforderung ändern) (siehe Abbildung 7.39).

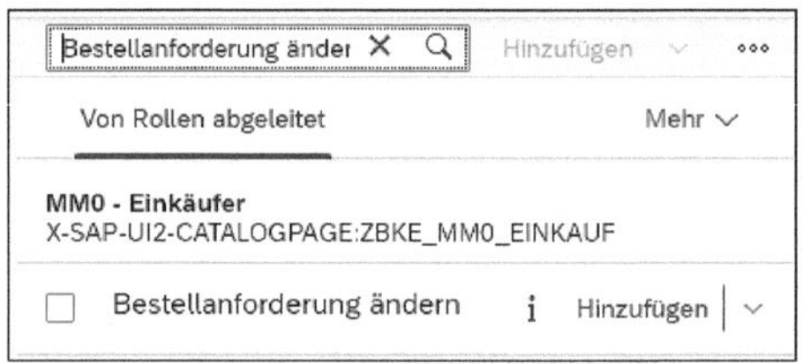

Abbildung 7.39 Eine Seite pflegen: Suche nach einer SAP-GUI-Transaktion

Abrufen der Information über Fiori-App bei der Pflege der Seite

Wenn Sie mehrere Applikationen finden, können Sie die App-ID ermitteln, indem Sie auf das Icon i (**Kachelinformation anzeigen**) klicken. In Abbildung 7.40 sehen Sie ein Beispiel der Fiori-App F2424.

Abbildung 7.40 Beispiel einer Information über die Fiori-App beim Anklicken des Icons i

Wenn eine Fiori-App auf die Seite hinzugefügt wurde, können Sie die App-ID und andere Informationen ermitteln, indem Sie auf das Icon [ooo] (**Kachelinformation anzeigen**) klicken (siehe Abbildung 7.41). Das Icon [ooo] wird nur dann angezeigt, wenn sich die Seite im Bearbeitungsmodus befindet.

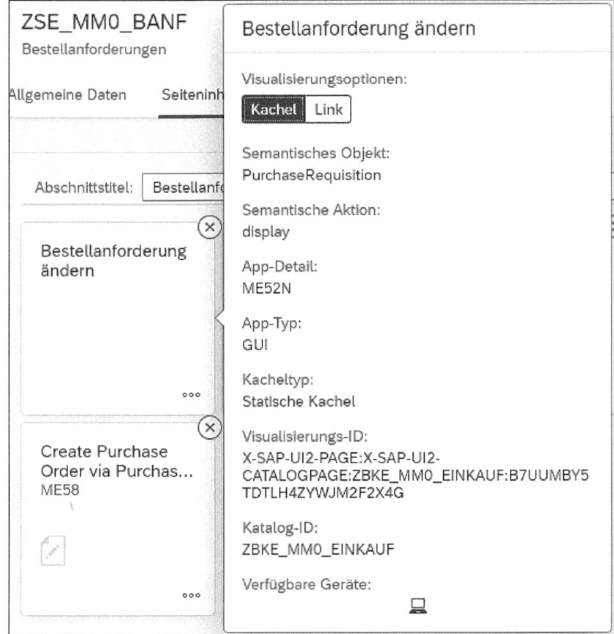

Abbildung 7.41 Beispiel einer Information über die Fiori-App beim Anklicken des Icons [ooo]

Speichern Sie die Seite, indem Sie auf den Button **Sichern** klicken.

7.7 Rolle testen

Anlage des Testbenutzers für das SAP Fiori Launchpad

Weisen Sie die neue oder geänderte Rolle einem Testbenutzer im Testsystem zu, um das SAP Fiori Launchpad zu testen. Denken Sie daran, dem Testbenutzer die Rolle **Z_FIORI_FOUNDATION_USER** oder eine kundeneigene Rolle mit ähnlichem Inhalt zuzuweisen, damit das SAP Fiori Launchpad vom Testbenutzer gestartet werden kann. Die Rolle **Z_FIORI_FOUNDTION_USER** wird im Laufe der schnellen Aktivierung von SAP Fiori erstellt (siehe Abschnitt 7.11, »Schnelle Aktivierung von SAP Fiori«).

Aktivieren der Bereiche auf dem SAP Fiori Launchpad

Starten Sie das SAP Fiori Launchpad mit der Transaktion /UI2/FLP. Beim Testen einer Rolle mit Bereichen und Seiten vergewissern Sie sich, dass **Bereiche verwenden** in den Benutzereinstellungen aktiviert ist (siehe Abbildung 7.42).

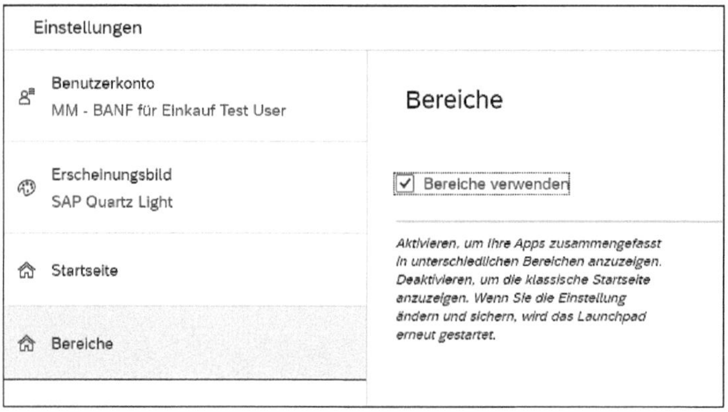

Einstellungen

Benutzerkonto
MM - BANF für Einkauf Test User

Erscheinungsbild
SAP Quartz Light

Startseite

Bereiche

Bereiche

Bereiche verwenden

Aktivieren, um Ihre Apps zusammengefasst in unterschiedlichen Bereichen anzuzeigen. Deaktivieren, um die klassische Startseite anzuzeigen. Wenn Sie die Einstellung ändern und sichern, wird das Launchpad erneut gestartet.

Abbildung 7.42 Die Bereiche in den Benutzereinstellungen im SAP Fiori Launchpad aktivieren

Prüfen Sie, ob alle Kachelgruppen, Bereiche, Seiten, Abschnitte und Kacheln auf dem SAP Fiori Launchpad vorhanden sind und die Fiori-Apps gestartet werden können (siehe beispielhaft in Abbildung 7.43).

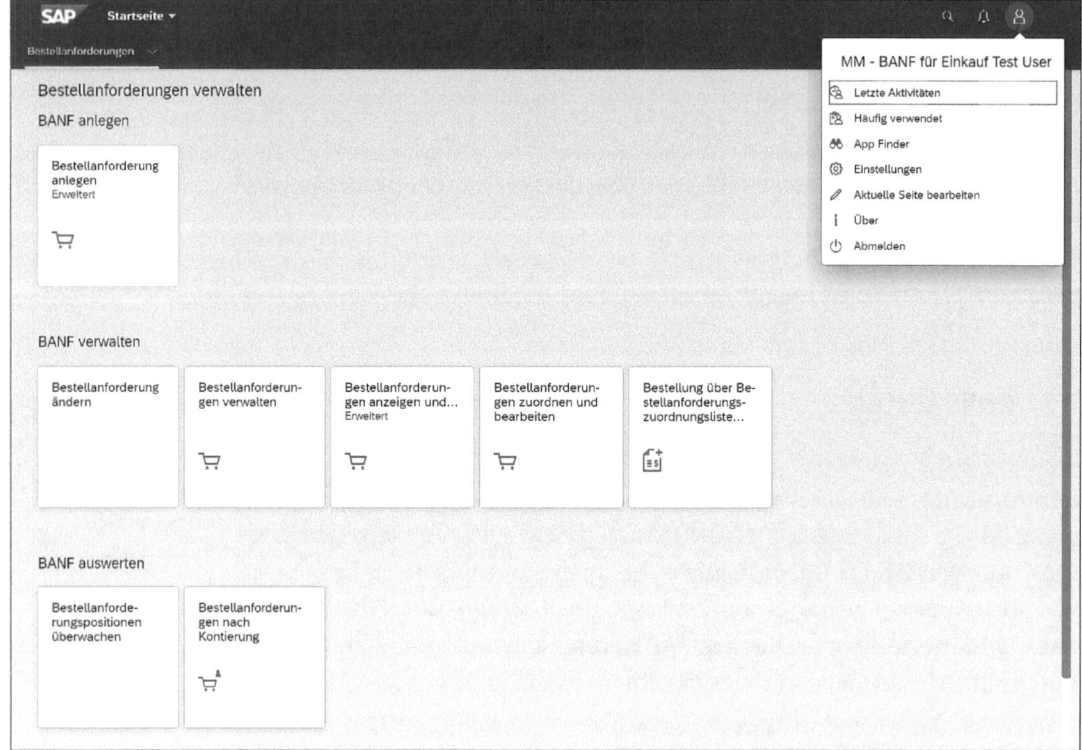

Abbildung 7.43 Beispiel für ein Testergebnis auf dem Fiori Launchpad für eine Rolle mit Bereichen

7.8 Fehlende Berechtigungen für OData-Services in die Rolle hinzufügen

Beim Testen der Fiori-Apps mit einem Testbenutzer können Sie ermitteln, welche Berechtigungen in der Rolle noch fehlen. Schalten Sie den Berechtigungs-Trace in der Transaktion STAUTHTRACE ein (siehe Abschnitt 9.2.1, »Berechtigungsfehler lösen mit der Transaktion STAUTHTRACE«).

Die fehlenden Werte im Berechtigungsobjekt S_SERVICE fügen Sie folgendermaßen in die Rolle hinzu: Im Menü der Rolle klicken Sie auf das Icon rechts vom Button **Transaktion** und wählen **Berechtigungsvorschlag** aus (siehe Abbildung 7.44).

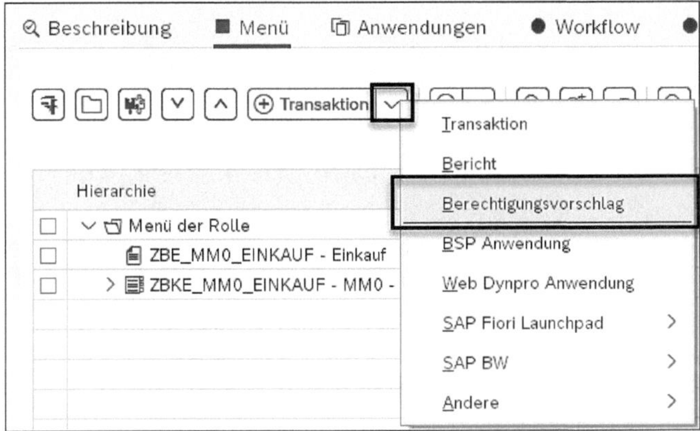

Abbildung 7.44 Einen OData-Service in das Rollenmenü hinzufügen

Wählen Sie **SAP Gateway Business Suite Enablement – Service** im Backend-System und **SAP Gateway: Service Groups Metadata** im Frontend-System aus. Im System mit Embedded Deployment werden beide OData-Services in eine Rolle hinzugefügt. Fügen Sie den Wert für die Applikation aus dem Berechtigungs-Trace hinzu (siehe Abbildung 7.45).

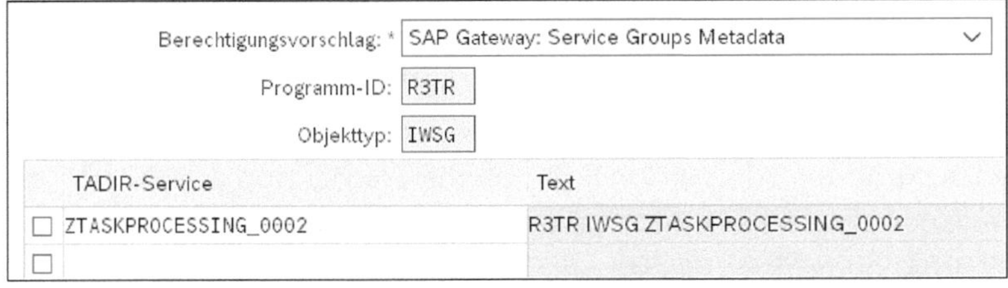

Abbildung 7.45 Beispiel für einen OData-Service

Anschließend generieren Sie das Profil der Rolle. Der fehlende Wert wird automatisch in das Berechtigungsobjekt **S_SERVICE**, in das Feld **SRV_NAME** hinzugefügt (siehe Abbildung 7.46).

Abbildung 7.46 Das Berechtigungsobjekt »S_SERVICE« nach dem Hinzufügen des OData-Service in die Rolle

Pflege der Vorschlagswerte für Fiori-Apps in Transaktion SU24

Wenn weitere Berechtigungsobjekte für Fiori-Apps in der Rolle fehlen, fügen Sie diese in der Transaktion SU24 hinzu. Wie das geht, wird in Abschnitt 11.2, »Praxisübungen zur Anzeige und Pflege von Vorschlagswerten in der Transaktion SU24« beschrieben.

7.9 Fiori-Kachel für SAP-GUI-Transaktion anlegen

Fiori-Kacheln für SAP-GUI-Transaktionen anlegen

SAP hat viele SAP-GUI-Transaktionen in Form von Fiori-Apps in der SAP Fiori Apps Reference Library und im System zur Verfügung gestellt. Einige SAP-GUI-Transaktionen sind jedoch nicht als Fiori-Apps im Standard-SAP-System verfügbar. Sollen die Endanwender*innen ausschließlich über das SAP Fiori Launchpad auf das SAP-System zugreifen, müssen Sie möglicherweise einige SAP-GUI-Transaktionen, die in der SAP Fiori Apps Reference Library fehlen, in Ihrem System *fiorisieren*. Fiorisieren bedeutet, dass Sie für die jeweiligen Transaktionen semantische Objekte, technische Fiori-Kachelkataloge, Fiori-Kacheln und Zielzuordnungen anlegen. Sie können allerdings nicht jede SAP-GUI-Transaktion fiorisieren.

Kann eine SAP-GUI-Transaktion fiorisiert werden?

Wenn Sie eine SAP-GUI-Transaktion als Fiori-Kachel anlegen möchten, prüfen Sie zuerst in der Transaktion SE93, ob die Transaktion als **SAP GUI für HTML** existiert. Wir nehmen die Transaktion PFCG (Pflege von Rollen) als Beispiel. In Abbildung 7.47 sehen Sie, dass die Transaktion als **SAP GUI für HTML** verfügbar ist.

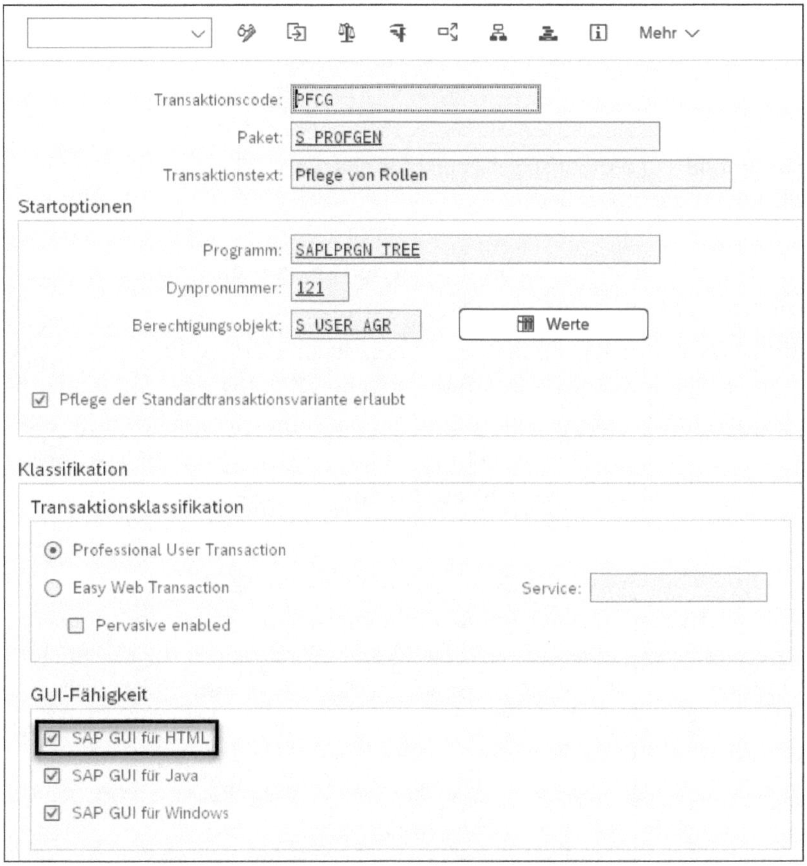

Abbildung 7.47 Beispiel für eine Transaktion in der Transaktion SE93

Anlegen eines semantischen Objekts

Als Nächstes müssen Sie für die Transaktion, die Sie als Fiori-Kachel darstellen möchten, ein semantisches Objekt anlegen. Dafür starten Sie die Transaktion /UI2/SEMOBJ (Define Semantic Object – Customer). Wechseln Sie in den Bearbeitungsmodus, indem Sie auf den Button **Bearbeiten** klicken. Im Pop-up-Fenster sehen Sie die Nachricht »Achtung, die Tabelle ist mandantenunabhängig!«. Das bedeutet, dass Sie für die Änderungen dieser Tabelle einen Workbench-Transportauftrag brauchen. Schließen Sie das Pop-up-Fenster mit dem Icon ☑ (**Weiter**). Legen Sie eine neue Zeile an, indem Sie auf den Button **Neue Einträge** klicken.Tragen Sie das semantische Objekt, z. B. **Z + Transaktionscode** und den Transaktionsnamen ein, in unserem Beispiel ist es ZPFCG (siehe Abbildung 7.48).

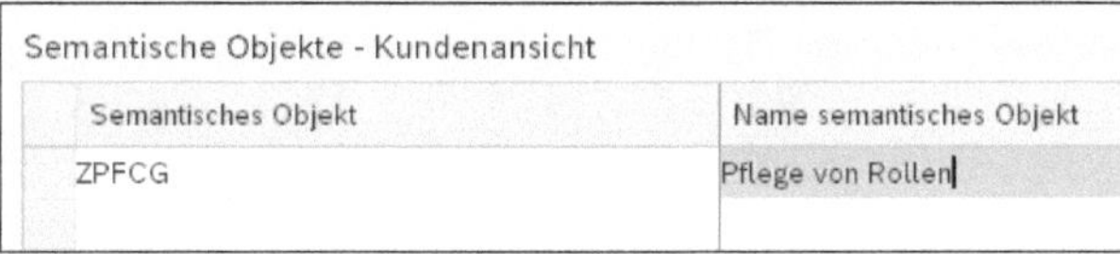

Semantische Objekte - Kundenansicht

Semantisches Objekt	Name semantisches Objekt
ZPFCG	Pflege von Rollen

Abbildung 7.48 Ein semantisches Objekt für eine SAP-GUI-Transaktion in der Tabelle »/UI2/SEMOBJ« anlegen

Klicken Sie auf den Button **Sichern**. Sie sehen ein Pop-up-Fenster. Geben Sie die Nummer des Workbench-Transportauftrags ein.

Anlage eines technischen Fiori-Kachelkatalogs

Im nächsten Schritt legen Sie einen technischen Katalog für eigene Fiori-Kacheln an. Wir empfehlen, einen technischen Katalog pro Modul anzulegen. Gemäß der Namenskonvention (siehe »Namenskonvention für SAP-Fiori-UI-Entitäten«) heißt der technische Katalog **ZTKI_BCO_BER_ADMIN – BCO – Eigene Kacheln für Berechtigungsadministration**.

Technische Kataloge für eigene Fiori-Kacheln anlegen

Alle eigenen Fiori-Kacheln müssen in den kundeneigenen technischen Kachelkatalogen gespeichert werden. Anschließend werden die Kacheln in die Business-Kachelkataloge hinzugefügt. Damit wird gewährleistet, dass Änderungen an den Fiori-Kacheln in alle betroffenen Business-Kachelkataloge übertragen werden. Wenn Sie eine neue Fiori-Kachel direkt in den Business-Kachelkatalog hinzufügen, können Sie diese Kachel später nicht mehr aus dem Businesskatalog entfernen.

Um einen neuen Kachelkatalog anzulegen, starten Sie die Transaktion /UI2/FLPD_CUST (Fiori Lpd. Designer (client-spec.)). Auf der Registerkarte **Kataloge** klicken Sie auf das Icon ⊞ (**Katalog anlegen**). Tragen Sie den Titel und die Katalog-ID ein und sichern Sie den neuen Kachelkatalog (siehe Abbildung 7.49).

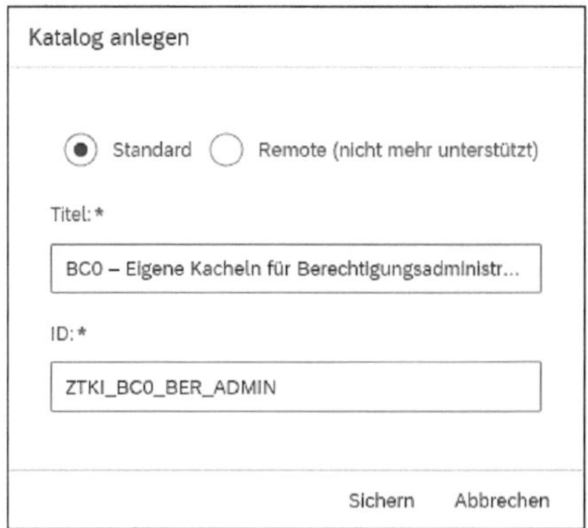

Abbildung 7.49 Einen technischen Fiori-Kachelkatalog anlegen

Anlegen einer Fiori-Kachel für eine SAP-GUI-Transaktion

Als Nächstes legen Sie eine neue Fiori-Kachel an, indem Sie auf das Icon ⊕ (**Kachel hinzufügen**) klicken. Im nächsten Fenster wählen Sie **App-Launcher-Statisch** aus. Füllen Sie die folgenden Felder aus (siehe beispielhaft Abbildung 7.50):

1. **Titel**: Name der Transaktion, in unserem Beispiel: Pflege von Rollen. Der Titel wird später auf der Kachel angezeigt.
2. **Untertitel**: Wir empfehlen den Transaktionscode als Untertitel. Er wird später ebenfalls auf der Kachel angezeigt.
3. **Symbol**: Wählen Sie ein passendes Symbol aus.
4. **Semantisches Objekt**: Tragen Sie hier denselben Wert ein, den Sie in der Transaktion /UI2/SEMOBJ angelegt haben. In unserem Beispiel ist es `ZPFCG`.
5. **Aktion**: »run + Transaktionscode«, in unserem Beispiel `runPFCG`.
6. **Parameter**: `SAP-UI-TECH-HINT=GUI`

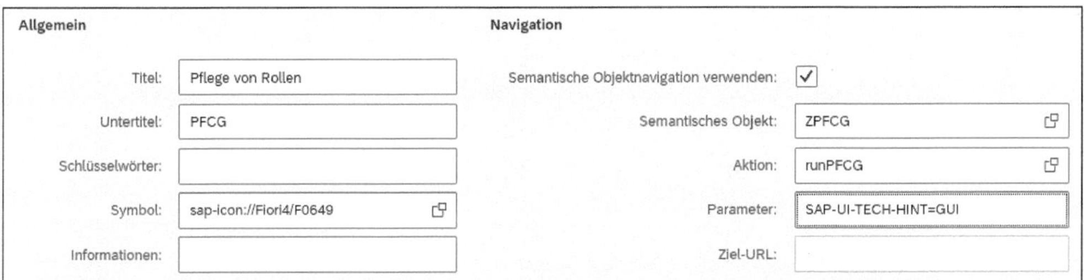

Abbildung 7.50 Eine eigene Fiori-Kachel für eine SAP-GUI-Transaktion anlegen

Anlegen einer Zielzuordnung für eine SAP-GUI-Transaktion

Speichern Sie Ihre Angaben mit dem Button **Sichern**.

Um die neue Fiori-Kachel starten zu können, brauchen Sie eine Zielzuordnung. Diese legen Sie auf der Registerkarte **Zielzuordnungen** an (siehe Abbildung 7.51).

Abbildung 7.51 Registerkarte »Zielzuordnungen« bei der Pflege eines Kachelkatalogs im Launchpad-Designer

Klicken Sie auf den Button **Zielzuordnung anlegen**. Füllen Sie die folgenden Felder aus (siehe Abbildung 7.52):

1. **Semantisches Objekt**: Tragen Sie hier denselben Wert ein, den Sie in der Transaktion /UI2/SEMOBJ angelegt haben. In unserem Beispiel ist es ZPFCG.
2. **Aktion**: »run + Transaktionscode«, in unserem Beispiel runPFCG.
3. **Anwendungstyp**: Wählen Sie **Transaktion** aus.
4. **Transaktion**: Transaktionscode, in unserem Beispiel PFCG.

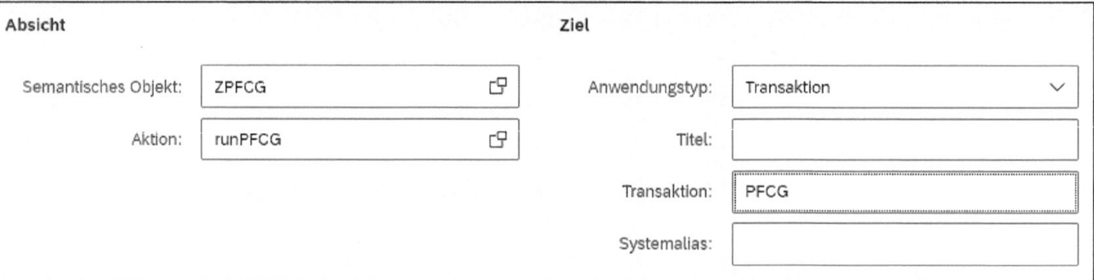

Abbildung 7.52 Eine Zielzuordnung für die neue Fiori-Kachel anlegen

Speichern Sie Ihre Angaben mit dem Button **Sichern**.

[»]

Systemalias beim Hub Deployment

Beim Hub Deployment müssen Sie in der Zielzuordnung »Systemalias« eingeben, damit der Frontend-Server weiß, in welchem System die Anwendung aufgerufen werden muss. Diesen Wert können Sie in der Transaktion SPRO über den folgenden Pfad finden:

SAP Referenz-IMG • SAP NetWeaver • SAP Gateway • OData Channel • Konfiguration • Verbindungseinstellungen • SAP Gateway zu SAP-System • SAP-Systemalias verwalten

Nachdem Sie eine Fiori-Kachel für die SAP-GUI-Transaktion erstellt haben, können Sie die Kachel in den Business-Kachelkatalog hinzufügen, indem Sie beispielsweise die Fiori-Kachel aus dem technischen Kachelkatalog kopieren. Wie das geht, wird in Abschnitt 7.3, »Kachelkataloge anlegen und pflegen«, beschrieben. Auf dem SAP Fiori Launchpad sieht die neu angelegte Kachel wie in Abbildung 7.53 aus.

Abbildung 7.53 Kachel für SAP-GUI-Transaktion PFCG auf dem SAP Fiori Launchpad

7.10 Titel der SAP-Fiori-UI-Entitäten übersetzen

SAP Fiori Launchpad in mehreren Sprachen

Wenn das SAP Fiori Launchpad in mehreren Sprachen zur Verfügung stehen muss, muss die Berechtigungsadministration die Titel der Kataloge, Gruppen, eigenen Kacheln, Bereiche und Seiten im System übersetzen.

Titel der Kataloge, Gruppen und eigene Kacheln übersetzen

Die Titel der Kataloge, Gruppen und eigenen Kacheln werden in der Transaktion SE63 ähnlich wie die Rollentexte (siehe Abschnitt 6.2.4, »Rolle ändern«) übersetzt. Um den Text, den Sie übersetzen möchten, in der Transaktion SE63 zu finden, benötigen Sie die Konfigurations-ID. Um diese ID zu finden, verwenden Sie die Transaktion /UI2/FLC (SAP Fiori Launchpad – Prüfungen). In der Startmaske der Transaktion /UI2/FLC im Abschnitt **Anpassungssicht** selektieren Sie **Customizing (nur)**, geben die Katalog-ID im Feld **Katalog-ID** ein und klicken auf den Button **Ausführen** (siehe Abbildung 7.54).

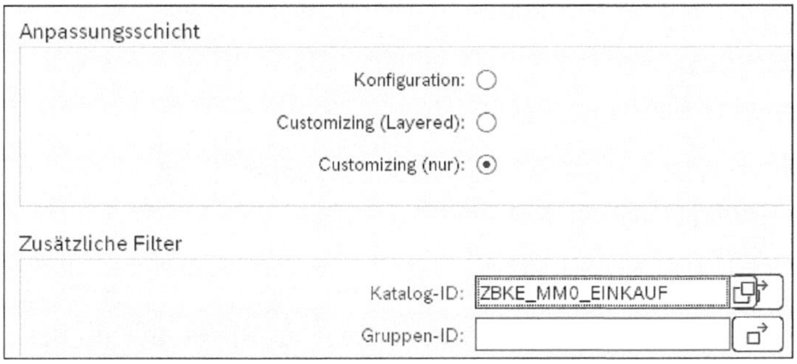

Anpassungsschicht
Konfiguration: ○
Customizing (Layered): ○
Customizing (nur): ⦿
Zusätzliche Filter
Katalog-ID: ZBKE_MM0_EINKAUF
Gruppen-ID:

Abbildung 7.54 Transaktion /UI2/FLC: Selektieren des Katalogs

Den Schlüssel für die Übersetzung kopieren

Mit dem Icon [icon] (**Layout auswählen**) wählen Sie das Layout **1SAP_TRANSL** oder **2SAP_TRANS** aus. Für Katalog- und Gruppentitel kopieren Sie den Schlüssel in der Spalte **WD-Hauptkonfigurationsschlüssel** mit einem Rechtsklick (siehe Abbildung 7.55). Für die Übersetzung der Titel der eigenen Kacheln kopieren Sie den Schlüssel in der Spalte **WD-EigKonfigSchlüssel**.

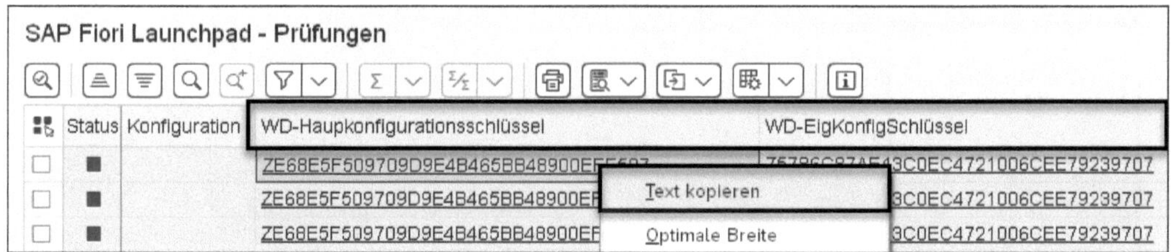

Abbildung 7.55 Transaktion /UI2/FLC: Kopieren des Schlüssels für Übersetzung des Katalogtitels

Katalogtitel in der Transaktion SE63 übersetzen

In der Transaktion SE63 klicken Sie auf den Button **Kurztexte**, klappen den Eintrag **00 Metaobjekte** auf und selektieren den Eintrag **TABL Tabellen (Meta)** mit einem Doppelklick (siehe Abbildung 7.56).

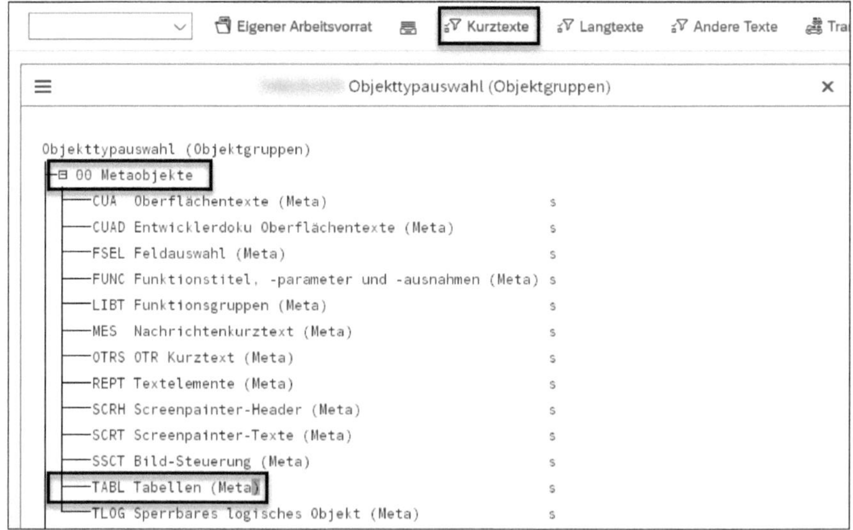

Abbildung 7.56 Transaktion SE63: Auswählen des Objekttyps für die Fiori-Entitäten (Kataloge, Gruppen, Kacheln)

Geben Sie **WDY_CONF_USERT2** im Feld **Objektname** ein, wählen Sie die **Quellsprache** und die **Zielsprache** aus und klicken Sie auf den Button **Bearbeiten** (siehe Abbildung 7.57).

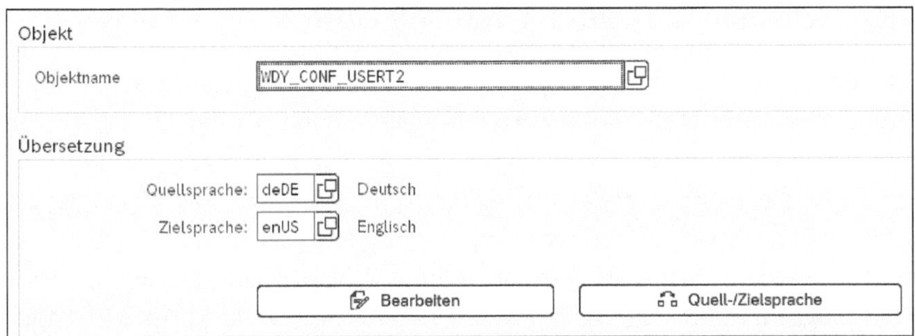

Abbildung 7.57 Transaktion SE63: Eingeben des Objektnamens für die Fiori-Entitäten (Kataloge, Gruppen, Kacheln) und Auswählen der Sprachen für die Übersetzung

Im nächsten Fenster tragen Sie im Feld **Benutzer-Scope** »A«, im Feld **Konfigurationstyp** »07« und im Feld **Konfigurations-ID** den Schlüssel, den Sie in der Transaktion /UI2/FLC kopiert haben, ein und klicken auf das Icon (**Ausführen**). Im nächsten Pop-up-Fenster bestätigen Sie mit **Ja**.

Tragen Sie den Katalogtitel in der Zielsprache ein und sichern Sie Ihre Eingaben (siehe Abbildung 7.58).

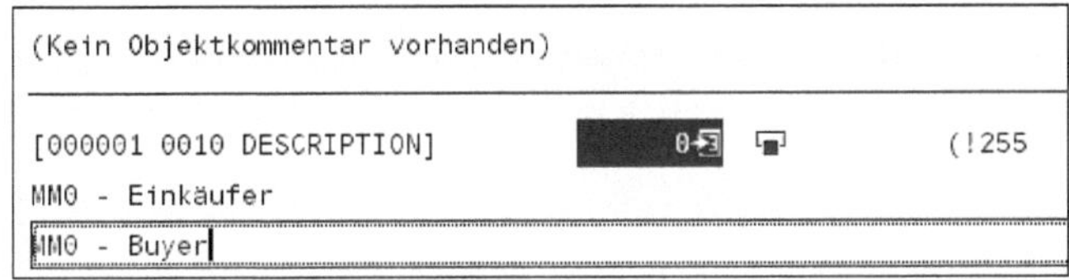

Abbildung 7.58 Transaktion SE63: Übersetzung des Katalogtitels

Die Titel der Kachelgruppen und der eigenen Kacheln werden auf ähnliche Weise übersetzt.

Invalidierung globaler UI-Caches

Nach Abschluss der Übersetzung müssen die Backend-Caches für alle Benutzer ungültig gemacht werden. Dazu rufen Sie die Transaktion SE38 auf und führen den Report /UI2/INVALIDATE_GLOBAL_CACHES im Ausführungsmodus aus. Alternativ können Sie auch die Transaktion /UI2/INVAL_CACHES (Globale Invalidierung von UI2-Caches) ausführen.

Bereichstitel, Seitentitel und Abschnitte übersetzen

Was Übersetzungen der Bereichstitel, Seitentitel und Abschnitte angeht, können Sie sich einfach mit der Zielsprache am SAP Fiori Launchpad anmelden und die Titel dieser SAP-Fiori-UI-Entitäten in der Zielsprache pflegen.

7.11 Schnelle Aktivierung von SAP Fiori

SAP Fiori Rapid Activation

Mit der schnellen Aktivierung von SAP Fiori, der sogenannten *SAP Fiori Rapid Activation*, stellt SAP mehrere Aufgabenlisten zur Verfügung, die die Aktivierung des SAP Fiori Launchpad und der SAP-Fiori-Apps in kurzer Zeit ermöglichen. Der Prozess der schnellen Aktivierung von SAP Fiori beginnt mit der Einrichtung und Aktivierung des SAP Fiori Launchpad. Die Anwender*innen werden später über das SAP Fiori Launchpad auf die SAP-Fiori-Apps zugreifen. Anschließend folgt die Aktivierung der Fiori-Apps im Sandboxsystem auf Basis von SAP-Standardrollen. Die Standardrollen bilden die Grundlage für die Definition kundenspezifischer Rollen und Kachelkataloge. Im letzten Schritt aktivieren Sie die kundenspezifischen Geschäftsrollen im Entwicklungssystem und führen den Transport dieser Rollen in das produktive System aus.

Die einzelnen Schritte dieses Prozesses können sich abhängig von der Softwareversion unterscheiden. Für jede SAP-Fiori-Version gibt es einen SAP-Hinweis für die schnelle Aktivierung von SAP Fiori. Es lohnt sich, den Hinweis für Ihre Systemversion zu lesen, bevor Sie mit dem Prozess im System beginnen. Außerdem gibt es den SAP-Hinweis 3085127 (Composite SAP note: Rapid Activation for SAP Fiori in SAP S/4HANA 2021) und zahlreiche Wiki-Seiten, Blogartikel und Videos, die diesem Thema nachgehen. In diesem Abschnitt werden wir die einzelnen Schritte der schnellen Aktivierung von SAP Fiori auflisten und kurz beschreiben.

Selbst wenn Sie in der Berechtigungsadministration nicht zuständig für die Aktivierung des SAP Fiori Launchpad sind, sollten Sie sicherstellen, dass die Aktivierung ausgeführt wurde, bevor Sie anfangen, Rollen mit Fiori-Berechtigungen anzulegen und zu testen.

7.11.1 Schnelle Aktivierung von SAP Fiori im Sandboxsystem

Die schnelle Aktivierung von SAP Fiori im Sandboxsystem umfasst alle in den SAP-Standardrollen enthaltenen Fiori-Apps. Diese werden aktiviert, damit das Projektteam alle möglichen Fiori-Apps im Sandboxsystem testen kann.

Schritt 1: Voraussetzungen prüfen

Voraussetzungen für die schnelle Aktivierung von SAP Fiori

Die Mindestanforderungen für die schnelle Aktivierung von SAP Fiori sind folgende:

- Embedded Deployment des SAP Fiori Launchpad
- SAP S/4HANA Version 1909 oder höher

- SAP FIORI FOR S/4HANA Version 1909 oder höher
- FIORI FRONT-END SERVER Version 6.0 oder höher

[+]

Systemversion in der Transaktion SPAM prüfen

Sie können die Version des Systems und dessen Komponenten in der Transaktion SPAM prüfen. Klicken Sie auf den Button **Package-Level** und dann auf die Registerkarte **Installierte Produktversionen**.

7

Außerdem sollte der Job für *SGEN* (**S**AP Load **Gen**erator) gelaufen sein. Sie können dies in der Transaktion SM37 prüfen. Der Jobname ist RSPARAGENER8*.

Eine weitere Voraussetzung ist die korrekte Einrichtung des *Internet Communication Framework* (ICF). Das ICF ist eine auf Interfaces und Klassen basierende Programmierschnittstelle für die Kommunikation von ABAP-Programmen mit dem Internet. Das ICF unterstützt die Internetprotokolle HTTP, HTTPS und SMTP. Der *Internet Communication Manager* (ICM) gewährleistet die Kommunikation zwischen dem SAP-System (dem SAP NetWeaver Application Server) mit der Außenwelt über die Protokolle HTTP, HTTPS und SMTP. Prüfen Sie die in Tabelle 7.8 aufgeführten Parameter in der Transaktion RZ10 oder RZ11.

Parameter	Wert
icm/server_port_0	PROT=HTTP, PORT=80$$, PROCTIMEOUT=600, TIMEOUT=600
icm/server_port_1	PROT=HTTPS, PORT=443$$, PROCTIMEOUT=600, TIMEOUT=600
icm/server_port_2	PROT=SMTP, PORT=25000, TIMEOUT=180

Tabelle 7.8 Parameter für ICM in der Transaktion RZ10 oder RZ11

Die Konfiguration des Systems für *Secure Sockets Layer* (SLL) ist eine weitere Voraussetzung. SLL ist eine Kommunikationsmethode, bei der eine sichere Kommunikation zwischen Systeminstanzen durch die Verwendung von Verschlüsselung erreicht wird. Die Verschlüsselung wird durch X.509-Zertifikate ermöglicht, die von Zertifizierungsstellen zusammen mit öffentlichen und privaten Entschlüsselungsschlüsseln veröffentlicht werden.

Sie sollten außerdem sicherstellen, dass der Speicherparameter erhöht ist. Prüfen Sie den Parameter in Tabelle 7.9 in der Transaktion RZ10 oder RZ11:

Parameter	Wert
abap/buffersize	2500000

Tabelle 7.9 Speicherparameter in der Transaktion RZ10 oder RZ11

Sie können diesen Parameter nach der Aktivierung zurücksetzen.

Wprun Timeout muss erhöht sein. Prüfen Sie den Parameter in Tabelle 7.10 in der Transaktion RZ10 oder RZ11:

Parameter	Wert
rdisp/max_wprun_time	3600

Tabelle 7.10 »Wprun Timeout«-Parameter in der Transaktion RZ10 oder RZ11

Melden Sie sich über den Web-Dispatcher an, um sicherzustellen, dass der Web-Dispatcher korrekt eingerichtet ist und ordnungsgemäß funktioniert, bevor Benutzer die Anwendungen verwenden können (siehe SAP-Hinweis 2740052 (Which paths are necessary to configure Web Dispatcher for Fiori Launchpad scenarios)).

Alle notwendigen Business-Funktionen sind aktiviert (Transaktion SFW5 (Switch Framework Customizing)).

Es muss definiert sein, welcher Mandant Ihres Systems der BW-Mandant sein soll. Stellen Sie außerdem sicher, dass Sie die neuesten Versionen der Aufgabenlisten für Ihre Systemversion haben. Installieren Sie dafür die neuesten Versionen der folgenden SAP-Hinweise:

- SAP-Hinweis 2510134 (Fiori Setup: Updates for task lists for Gateway/ Fiori configuration)
- SAP-Hinweis 2712785 (Fiori Setup: Initial Setup for Fiori Applications S/4)
- SAP-Hinweis (2686456 – Fiori Setup: Content Activation for SAP Business Roles)
- SAP-Hinweis 2813396 (Fiori Setup: Content Activation for Business Roles)

Schritt 2: Enterprise Search aktivieren

Aufgabenliste SAP_ESH_INITIAL_SETUP_WRK_CLIENT

Starten Sie die Transaktion STC01 und führen Sie die Aufgabenliste `SAP_ESH_INITIAL_SETUP_WRK_CLIENT` aus. Diese Aufgabenliste aktiviert die Konnektoren für die Enterprise Search. Sie ist die Aufgabenliste mit der längsten Dauer (1,5–3,5 Stunden). Sie können diese parallel zu anderen Aufgabenlisten im Hintergrundmodus ausführen. Während die Aufgabenliste

SAP_ESH_INITIAL_SETUP_WRK_CLIENT im Hintergrund ausgeführt wird, können Sie Schritt 3–7 ausführen. Die Aufgabenliste für die Aktivierung von Fiori-Inhalten sollte nach Abschluss dieser Aufgabenliste angelassen werden. Für eine detaillierte Anleitung siehe SAP-Hinweis 2626107 (How to execute task list SAP_ESH_INITIAL· SETUP_WRK_CLIENT).

Schritt 3: Initiales Befüllen der Kundentabellen (SU25)

Initiales Befüllen der Kundentabellen in SU25

Starten Sie die Transaktion SU25. Stellen Sie sicher, dass **Kundentabellen wurden initial befüllt (1)** ausgeführt wurde (siehe in Abschnitt 11.1, »Arbeitsschritte im SU25-Abgleich«).

Schritt 4: Embedded Analytics aktivieren

Aufgabenliste SAP_BW_SETUP_INITIAL_S4HANA

Starten Sie die Transaktion STC01 und führen Sie die Aufgabenliste SAP_BW_SETUP_INITIAL_S4HANA aus. Diese Aufgabenliste aktiviert die eingebettete Analyse-Engine.

Im Punkt **Set/Check BW Client** der Aufgabenliste setzen Sie den BW-Mandanten (siehe Abbildung 7.59).

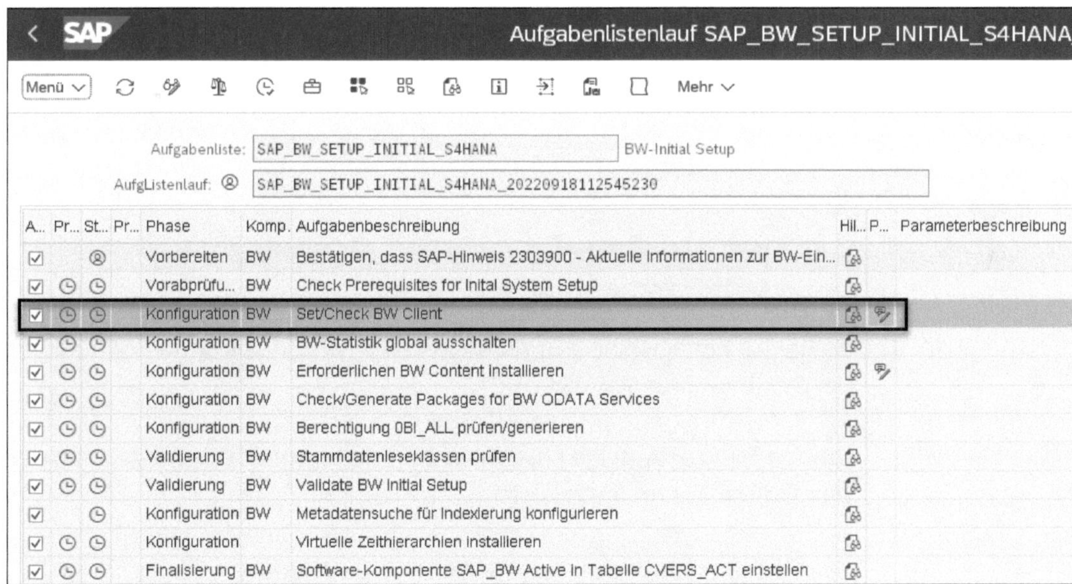

Abbildung 7.59 Aufgabenliste SAP_BW_SETUP_INITIAL_S4HANA: Den BW-Mandanten setzen

Im Punkt **Erforderlichen BW Content installieren** setzen Sie ein Häkchen neben **Force Installation** (siehe Abbildung 7.60).

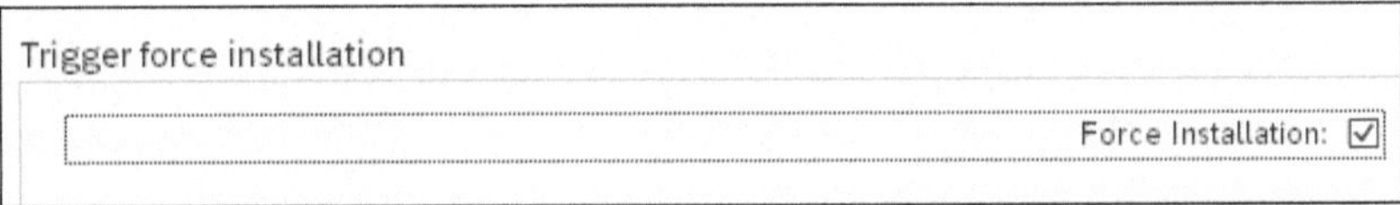

Abbildung 7.60 Aufgabenliste SAP_BW_SETUP_INITIAL_S4HANA: Häkchen neben »Force Installation«

Im ersten Punkt der Aufgabeliste bestätigen Sie, dass Sie den SAP-Hinweis 2303900 (Aktuelle Informationen zur BW-Einrichtung in SAP-S/4HANA-Systemen) gelesen haben (siehe Abbildung 7.61).

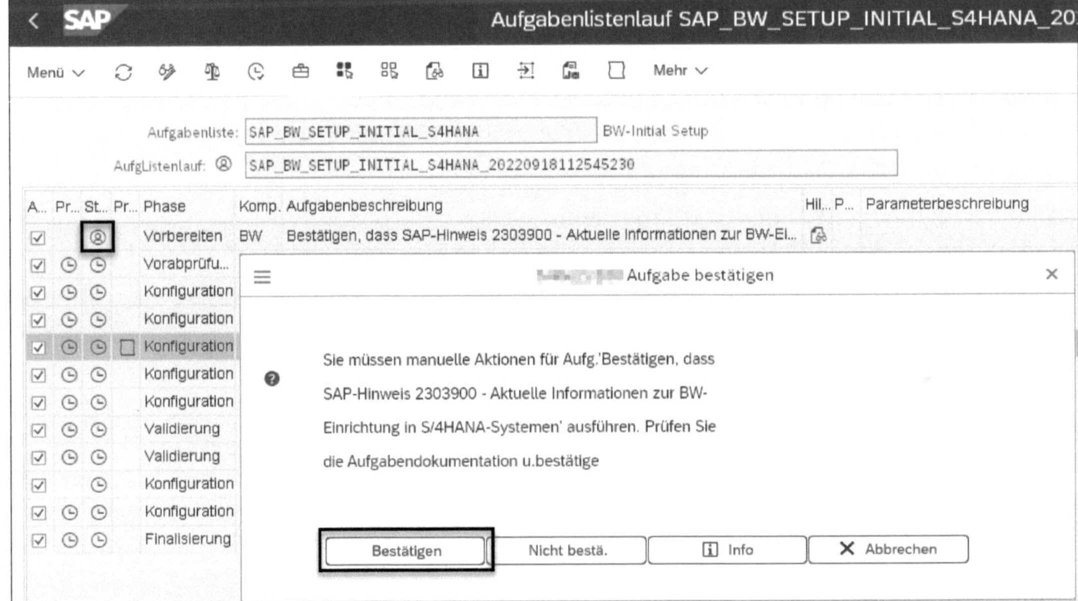

Abbildung 7.61 Aufgabenliste SAP_BW_SETUP_INITIAL_S4HANA: den SAP-Hinweises bestätigen

Starten Sie den Aufgabenlistenlauf im Hintergrund. Der Aufgabenlistenlauf wird ca. 15 Minuten dauern.

Schritt 5: Das ABAP-Gateway für SAP Fiori aktivieren

Aufgabenliste SAP_GW_FIORI_ERP_ONE_CLNT_SETUP

Starten Sie Transaktion STC01 und führen Sie die Aufgabenliste `SAP_GW_FIORI_ERP_ONE_CLNT_SETUP` aus. Diese Aufgabenliste bereitet die Grundlagen für die Ausführung des SAP Fiori Launchpad und der Fiori-Apps vor, beispielsweise richtet sie Systemalias und RFC-Destinationen ein und aktiviert erforderliche Services. Diese Aufgabenliste läuft ca. 20 Minuten.

Schritt 6: Die Hauptfunktionen des SAP Fiori Launchpad aktivieren

Aufgabenliste SAP_FIORI_FOUNDATION_S4

Starten Sie die Transaktion STC01 und führen Sie die Aufgabenliste SAP_FIORI_FOUNDATION_S4 aus. Diese Aufgabenliste:

- aktiviert ICF-Knoten
- aktiviert OData-Services, die für WebGUI und andere generische SAP-Fiori-Launchpad-Funktionen notwendig sind
- initialisiert klassische UI-Technologien
- generiert funktionierende Benutzer- und Administratorrollen für das SAP Fiori Launchpad, einschließlich Sammelrollen (siehe Tabelle 7.11)

Rolle	Bezeichnung
Z_FIORI_FOUNDATION_ADMIN	Fiori Foundation Admin Role
Z_FIORI_FOUNDATION_USER	Fiori Foundation User Role

Tabelle 7.11 Sammelrollen für Benutzer und Administration für das SAP Fiori Launchpad

Schritt 7: Validierung

Test des SAP Fiori Launchpad nach der Aktivierung

Weisen Sie die Rolle **Z_FIORI_FOUNDATION_ADMIN** einem Testbenutzer zu. Führen Sie einen Test aus, indem Sie die Transaktion /UI2/FLP (SAP Fiori Launchpad) starten.

Schritt 8: SAP-Fiori-Apps auf Basis der SAP-Standardrollen aktivieren

Aufgabenliste SAP_FIORI_CONTENT_ACTIVATION

Wir empfehlen, diesen Schritt im Sandboxsystem auszuführen, um alle SAP-Fiori-Apps, die in den SAP-Standardrollen enthalten sind, automatisch zu aktivieren. Im Entwicklungssystem sollen Sie nur die Fiori-Apps auf Basis der eigenen Rollen aktivieren, die tatsächlich benutzt werden.

Starten Sie die Transaktion STC01 und führen Sie die Aufgabenliste SAP_FIORI_CONTENT_ACTIVATION aus.

Auswahl der Rollen für Aktivierung

In der zweiten Zeile **SAP-Anwendungsrollen für FLP-Content-Aktivierung auswählen/bestätigen** müssen Sie SAP-Standardrollen auswählen (siehe Abbildung 7.62). Über das Icon (**Alles auswählen**) können Sie alle SAP-Standardrollen, die im System verfügbar sind, selektieren (siehe Abbildung 7.63).

Abbildung 7.62 Aufgabenliste SAP_FIORI_CONTENT_ACTIVATION

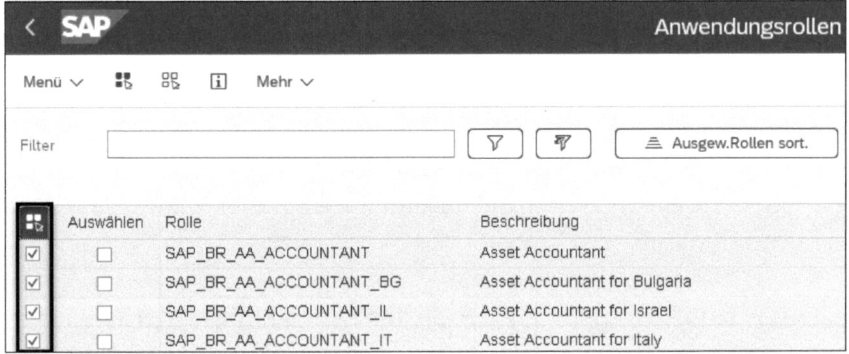

Abbildung 7.63 Aufgabenliste SAP_FIORI_CONTENT_ACTIVATION: alle Rollen auswählen

Allerdings raten wir davon ab, alle Rollen auf einmal zu aktivieren.

Wenn Sie viele Rollen aktivieren müssen, können Sie verwandte Rollen bündeln. Eine gute allgemeine Faustregel ist, ca. 10–12 Geschäftsrollen gleichzeitig zu aktivieren. Das Bündeln von Rollen erleichtert die Fehlerbehebung bei gelegentlich auftretenden Fehlern. Die Bündelung bietet auch eine einfache Möglichkeit, verschiedene Teams für Ihr Projekt zu priorisieren. Beispielsweise könnten Sie die Finanzrollen bündeln, dann die Beschaffungsrollen usw.

Um ein Set der Rollen einzutragen, wählen Sie den ersten Punkt der Aufgabenliste aus. Hier können Sie mehrere Rollennamen eintragen (siehe Abbildung 7.64).

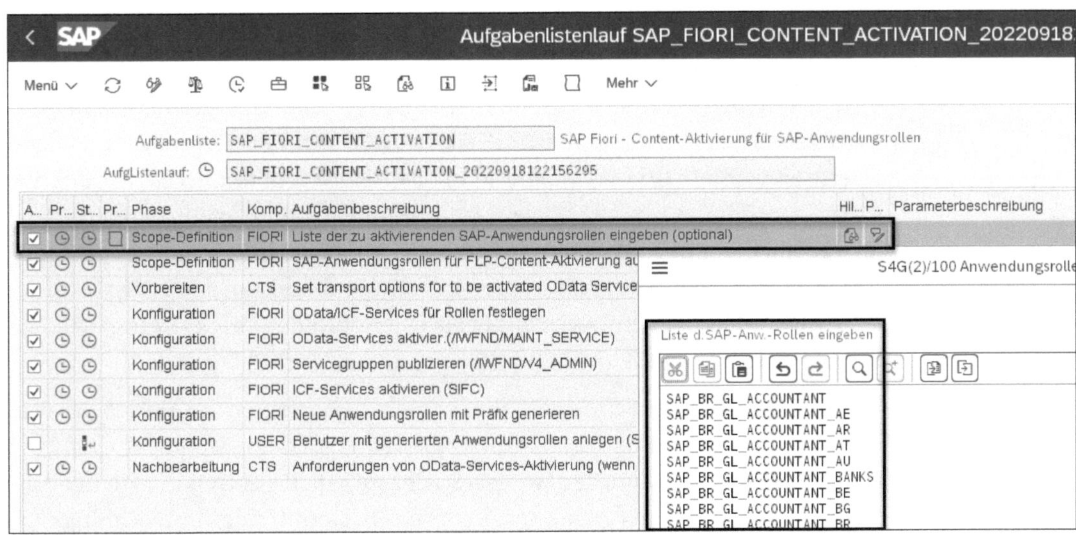

Abbildung 7.64 Aufgabenliste SAP_FIORI_CONTENT_ACTIVATION: mehrere Rollen auswählen

Beheben von Fehlern bei der Aktivierung von Rollen

Es gibt einen einheitlichen Ansatz zur Behebung von Fehlern, die beim Lauf dieser Aufgabenliste auftreten:

- Lesen Sie den Abschnitt »Activation issues with the following business roles« des SAP-Hinweises 3085127 (Composite SAP note: Rapid Activation for SAP Fiori in SAP S/4HANA 2021) . Ist der Fehler aufgeführt, wenden Sie die empfohlene Lösung an.
- Ist der Fehler nicht aufgeführt, suchen Sie nach anderen SAP-Hinweisen.
- Wenn Sie keinen relevanten SAP-Hinweis finden, der den Fehler behebt, öffnen Sie ein Ticket beim SAP-Support.
- Sobald der Fehler behoben ist, suchen Sie die unvollständige Aufgabenliste in der Transaktion STC02 und setzen die Aufgabenliste ab dem Punkt fort, an dem sie fehlgeschlagen ist.

Typische Lösungen für die Fehlerbehebung

- SAP-Hinweise, die angewendet werden müssen, um einen OData-Service zu korrigieren
- OData-Services, die manuell in der Transaktion /IWFND/MAINT_SERVICE (Services aktivieren und verwalten) aktiviert werden müssen
- ICF-Knoten, die in der Transaktion SICF manuell aktiviert werden müssen

7.11.2 Schnelle Aktivierung von SAP Fiori in der Produktivumgebung

Besonderheiten der schnellen Aktivierung im produktiven System

Der Prozess der schnellen Aktivierung von SAP Fiori im Entwicklungssystem unterscheidet sich von dem Prozess im Sandboxsystem: Im Entwicklungssystem müssen manche Aktivitäten in den Transportaufträgen erfasst werden, um anschließend in das Testsystem und in das produktive System übertragen zu werden. Im Testsystem und im Produktivsystem werden manche Aufgaben mit Transportaufträgen übertragen, andere Aufgaben werden direkt im System mit den Aufgabenlisten ausgeführt. Außerdem werden die Fiori-Apps auf Basis eigener Rollen mit der Aufgabenliste `SAP_FIORI_FCM_CONTENT_ACTIVATION` im letzten Schritt aktiviert.

Eine Übersicht der Schritte für die schnelle Aktivierung von Fiori in der produktiven Umgebung sehen Sie in Tabelle 7.12. In der ersten Spalte sind die Schritte aufgezählt. In der zweiten Spalte stehen die Aktivitäten. In der dritten Spalte werden Systeme spezifiziert: »D« steht für das Entwicklungssystem, »Q« für das Testsystem, auch »Qualitätssystem« genannt, »P« steht für das Produktivsystem.

Nr.	Aktivität	System
1	Installieren Sie die neuesten Versionen der Aufgabenlisten für Ihre Systemversion mit den SAP-Hinweisen und erfassen Sie sie in Transportaufträgen. SAP-Hinweise: ■ 2510134 (Fiori Setup: Updates for task lists for Gateway/Fiori configuration) ■ 2712785 (Fiori Setup: Initial Setup for Fiori Applications S/4) ■ 2686456 (Fiori Setup: Content Activation for SAP Business Roles) ■ 2813396 (Fiori Setup: Content Activation for Business Roles)	D
2	Importieren Sie den Transportauftrag mit den eingebauten SAP-Hinweisen aus dem Schritt 1.	Q
3	Lassen Sie die Aufgabenlisten `SAP_ESH_INITIAL_SETUP_WRK_CLIENT` und `SAP_BW_SETUP_INITIAL_S4HANA` laufen.	D, Q
4	Legen Sie Paket und Transportaufträge an.	D
5	Lassen Sie die Aufgabenlisten `SAP_GW_FIORI_ERP_ONE_CLNT_SETUP`, `SAP_FIORI_FOUNDATION_S4` und `SAP_FIORI_FCM_CONTENT_ACTIVATION` mit der Aufzeichnung in den Transportaufträgen laufen.	D

Tabelle 7.12 Schritte für die schnelle Aktivierung von SAP Fiori in der Produktivumgebung

Nr.	Aktivität	System
6	Importieren Sie den Transportauftrag für die Aufgabenlisten in Q.	Q
7	Lassen Sie die Aufgabenlisten SAP_GW_FIORI_ERP_ONE_CLNT_SETUP, SAP_FIORI_FOUNDATION_S4 und SAP_FIORI_FCM_CONTENT_ACTIVATION mit den ausgewählten Aktivitäten laufen.	Q
8	Importieren Sie den Transportauftrag mit den eingebauten SAP-Hinweisen aus Schritt 1.	P
9	Lassen Sie die Aufgabenlisten SAP_ESH_INITIAL_SETUP_WRK_CLIENT und SAP_BW_SETUP_INITIAL_S4HANA laufen.	P
10	Importieren Sie die Transporte für die Aufgabenlisten SAP_GW_FIORI_ERP_ONE_CLNT_SETUP, SAP_FIORI_FOUNDATION_S4 und SAP_FIORI_FCM_CONTENT_ACTIVATION in P.	P
11	Lassen Sie die Aufgabenlisten SAP_GW_FIORI_ERP_ONE_CLNT_SETUP, SAP_FIORI_FOUNDATION_S4 und SAP_FIORI_FCM_CONTENT_ACTIVATION mit den ausgewählten Aktivitäten laufen.	P

Tabelle 7.12 Schritte für die schnelle Aktivierung von SAP Fiori in der Produktivumgebung (Forts.)

Die Aktivierung von SAP Fiori in der produktiven Umgebung

Im ersten Schritt installieren Sie im Entwicklungssystem die SAP-Hinweise mit den neuesten Versionen der Aufgabenlisten. Diese nehmen Sie in den Transportauftrag auf. Importieren Sie den Transportauftrag in das Testsystem. Damit sind die Bedingungen für die folgenden Schritte erfüllt.

Führen Sie die Aufgabenlisten SAP_ESH_INITIAL_SETUP_WRK_CLIENT und SAP_BW_SETUP_INITIAL_S4HANA im Entwicklungssystem und im Testsystem ohne Aufzeichnung in den Transportaufträgen aus. Für die weiteren Aufgabenlisten müssen Sie Paket und Transportaufträge im Entwicklungssystem anlegen.

Die Aufgabenlisten SAP_GW_FIORI_ERP_ONE_CLNT_SETUP, SAP_FIORI_FOUNDATION_S4 und SAP_FIORI_FCM_CONTENT_ACTIVATION führen Sie mit der Aufzeichnung im Paket und in den Transportaufträgen im Entwicklungssystem aus. Importieren Sie die Transportaufträge in das Testsystem und führen Sie anschießend die drei Aufgabenlisten mit den ausgewählten Aktivitäten aus. Im Folgenden erfahren Sie, welche Aktivitäten Sie auswählen müssen.

Die Schritte im Produktivsystem werden analog zum Testsystem ausgeführt.

Aktivitäten für die Aufgabenliste SAP_GW_FIORI_ERP_ONE_CLNT_SETUP

In der Aufgabenliste `SAP_GW_FIORI_ERP_ONE_CLNT_SETUP` im Test- und im produktiven System müssen Sie die folgenden Punkte auswählen:

1. HTTP-Services für NW Gateway aktivieren (SICF)
2. Gateway-Aktivierung (/IWFND/IWF_ACTIVATE)
3. Metadaten-Cache-Aktivierung (/IWFND/MED_ACTIVATE)
4. Report /IWFND/R_COF_VIRUS_PROFILE – Konfiguration des Virenscanprofils von SAP Gateway
5. Konfigurationsparallelisierung von Batch-Abfragen (/IWBEP/BATCH_CONFIG)
6. Bereinigung des Gateway-Metadaten-Cache (/IWFND/CACHE_CLEANUP)
7. Bereinigung des OData-Metadaten-Cache (/IWBEP/CACHE_CLEANUP)
8. HTTP-Services für SAP Fiori Launchpad aktivieren (SICF)
9. HTTP-Services für UI5 aktivieren (SICF)
10. Launchpad-URL für Cache-Buster anpassen
11. Job zur Berechnung des SAPUI5-Anwendungsindex einplanen
12. Job zum Aktualisieren des OData-Metadaten-Caching einplanen
13. Launchpad/Launchpad-Designer-URLs zu Favoriten für aktuellen Benutzer hinzufügen

Die Auswahl der Punkte sehen Sie in Abbildung 7.65.

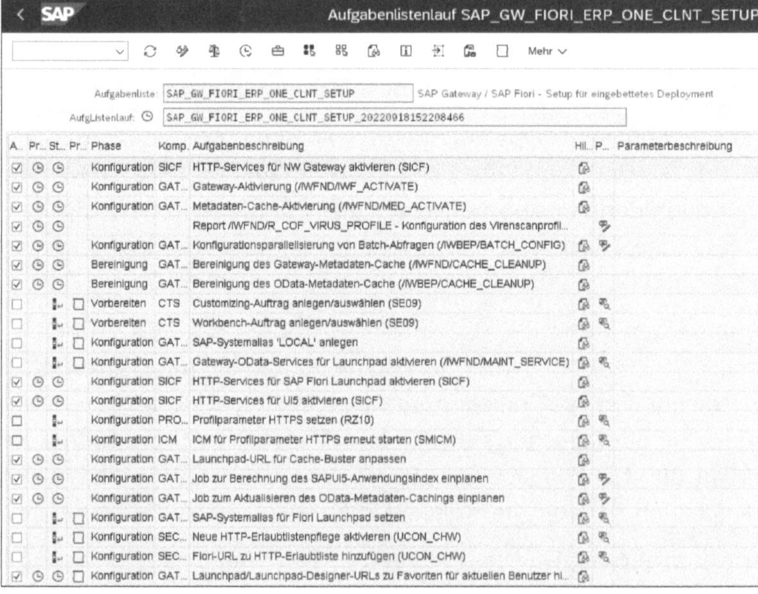

Abbildung 7.65 Aufgabenliste SAP_GW_FIORI_ERP_ONE_CLNT_SETUP: die Aktivitäten im Test- und produktiven System auswählen

Aktivitäten für die Aufgabenliste SAP_FIORI_FOUNDATION_S4

In der Aufgabenliste SAP_FIORI_FOUNDATION_S4 im Test- und im produktiven System müssen Sie die folgenden Punkte auswählen:

1. HTTP-Services für SAP Web GUI (WEBGUI) aktivieren
2. HTTP-Services für WebClient UI Framework (WCF) aktivieren
3. HTTP-Services für SAP NW Business Client (NWBC) aktivieren
4. HTTP-Services für Fiori (sonstige) aktivieren
5. Texttabelle für FLP-Langtexte korrigieren
6. Backend-Katalog für Systemaliase replizieren
7. Invalidierung des globalen UI2-Cache
8. Invalidierung des Client-UI2-Cache
9. Cache für SAP-Menü aufbauen

In Abbildung 7.66 sehen Sie die Auswahl der Punkte.

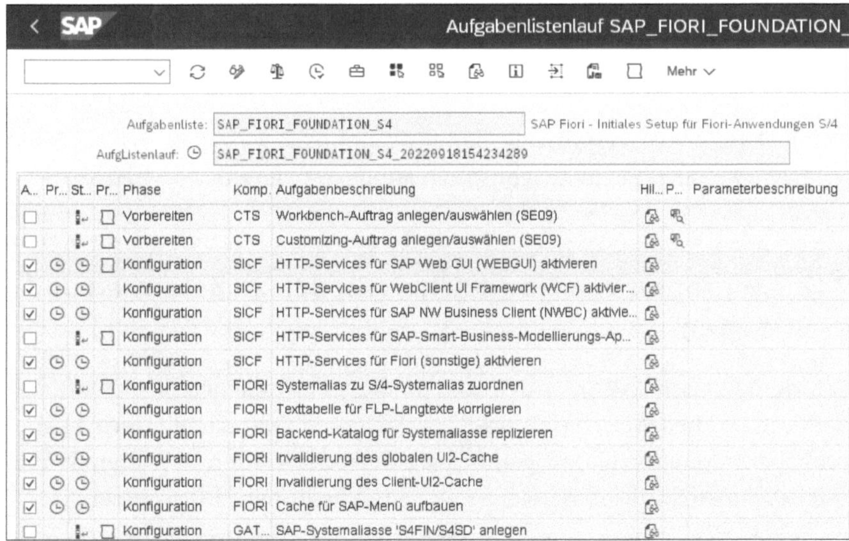

Abbildung 7.66 Aufgabenliste SAP_FIORI_FOUNDATION_S4: die Aktivitäten im Test- und im produktiven System auswählen

Aktivitäten für die Aufgabenliste SAP_FIORI_FCM_CONTENT_ACTIVATION

In der Aufgabenliste SAP_FIORI_FCM_CONTENT_ACTIVATION im Test- und im Produktivsystem müssen Sie die folgenden Punkte auswählen:

1. Liste der zu aktivierenden Rollen eingeben (optional)
2. OData/ICF-Services für Rollen festlegen
3. OData-Services aktivier.(/IWFND/MAINT_SERVICE)
4. ICF-Services aktivieren (SICF)

Die Auswahl der Punkte sehen Sie in Abbildung 7.67.

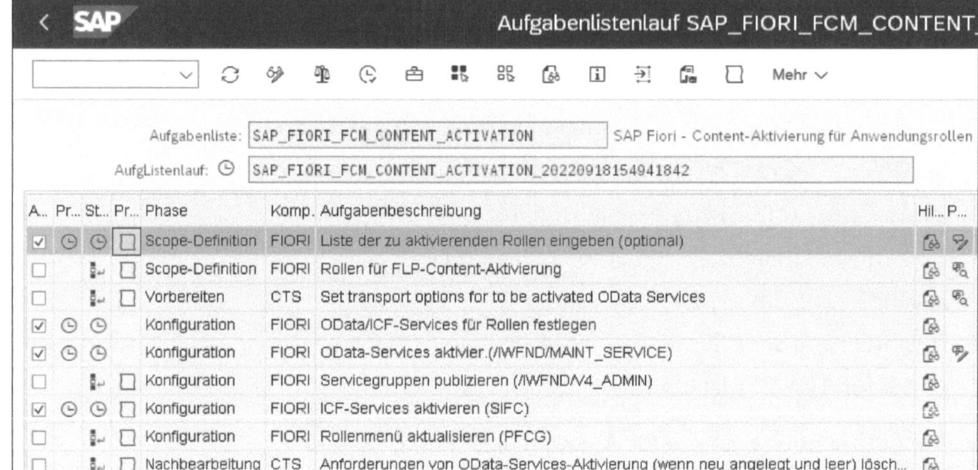

A...	Pr...	St...	Pr...	Phase	Komp.	Aufgabenbeschreibung
☑			☐	Scope-Definition	FIORI	Liste der zu aktivierenden Rollen eingeben (optional)
☐			☐	Scope-Definition	FIORI	Rollen für FLP-Content-Aktivierung
☐			☐	Vorbereiten	CTS	Set transport options for to be activated OData Services
☑				Konfiguration	FIORI	OData/ICF-Services für Rollen festlegen
☑				Konfiguration	FIORI	OData-Services aktivier.(/IWFND/MAINT_SERVICE)
☐			☐	Konfiguration	FIORI	Servicegruppen publizieren (/IWFND/V4_ADMIN)
☑			☐	Konfiguration	FIORI	ICF-Services aktivieren (SIFC)
☐			☐	Konfiguration	FIORI	Rollenmenü aktualisieren (PFCG)
☐			☐	Nachbearbeitung	CTS	Anforderungen von OData-Services-Aktivierung (wenn neu angelegt und leer) lösch...

Abbildung 7.67 Aufgabenliste SAP_FIORI_FCM_CONTENT_ACTIVATION: Die Aktivitäten im Test- und im produktiven System auswählen

Mehr Details zur Ausführung der Aufgabenliste `SAP_FIORI_FCM_CONTENT_ACTIVATION` finden Sie in Abschnitt 7.4, »Rolle aktivieren«.

7.12 Migration von Fiori-Kachelgruppen zu Bereichen und Seiten

Seit dem Release SAP S/4HANA 2021 sind die Fiori-Kachelgruppen offiziell veraltet. Das bedeutet, dass Fiori-Kachelgruppen zwar derzeit noch existieren, aber in einem zukünftigen Release entfernt werden. Je früher Sie also mit der Umstellung auf Bereiche und Seiten beginnen, desto besser.

Schritte für die Migration

Die wichtigsten Schritte für die Migration von Fiori-Kachelgruppen zu Bereichen und Seiten sind die folgenden:

1. Bereiche und Seiten aktivieren
2. Launchpad-Konfigurationsparameter für Bereiche festlegen, um Bereiche verfügbar zu machen
3. Geschäftsrollen von Gruppen zu Bereichen und Seiten migrieren
4. Nachdem alle Rollen migriert wurden, Bereiche als Standard-Layoutmodus setzen

7.12.1 Bereiche und Seiten aktivieren

Sie müssen Bereiche und Seiten einmalig für Ihr System aktivieren. Sobald Bereiche und Seiten aktiv sind, können Sie mit der Migration von Fiori-Kachelgruppen zu Bereichen und Seiten in dem für Ihre Organisation geeigneten Tempo beginnen.

Aktivierung der Bereiche und Seiten

Die Aktivierung der Bereiche und Seiten erfolgt in der Transaktion STC01 mit der Aufgabenliste `SAP_FIORI_FOUNDATION_S4`. Den optionalen Punkt »FLP für Bereiche und Seiten aktivieren und konfigurieren« müssen Sie selektieren (siehe Abbildung 7.68).

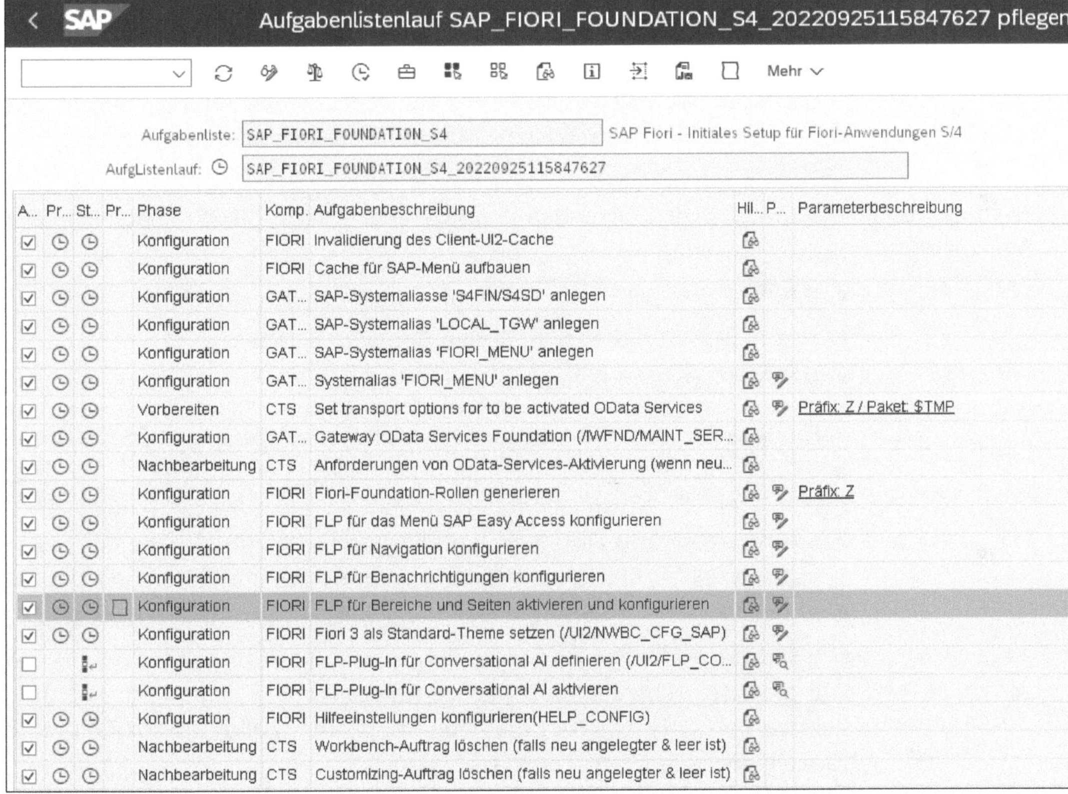

Abbildung 7.68 Die Bereiche und Seiten mit der Aufgabenliste SAP_FIORI_FOUNDATION_S4 in der Transaktion STC01 aktivieren

7.12.2 Launchpad-Konfigurationsparameter für Bereiche setzen

Wenn Sie von Fiori-Kachelgruppen zu Bereichen migrieren, sollten alle Benutzer zunächst mit den Fiori-Kachelgruppen als Standard fortfahren. Wenn Sie beginnen, Rollen an das neue Launchpad-Layout anzupassen, können Sie währenddessen den Pilotbenutzern ermöglichen, zwischen

Fiori-Kachelgruppen und Bereichen zu wechseln. Pflegen Sie die Parameter in der Transaktion /UI2/FLP_SYS_CONF (FLP-Systemeinstellungen folgendermaßen:

- SPACES = false
- SPACES_ENABLE_USER = true

Der Parameter SPACES_ENABLE_USER steuert, ob Benutzer in den Einstellungen im SAP Fiori Launchpad Bereiche aktivieren und deaktivieren können (siehe Abbildung 7.42).

7.12.3 Geschäftsrollen von Fiori-Kachelgruppen zu Bereichen und Seiten migrieren

Zunächst müssen Sie für jede Rolle zumindest einen Bereich anlegen und diesen der Rolle zuweisen (siehe Abschnitt 7.6, »Bereiche und Seiten für das SAP Fiori Launchpad anlegen und pflegen«).

Prüfen, ob den Rollen Bereiche zugewiesen sind

Sie können in den folgenden Transaktionen prüfen, ob den Rollen Bereiche zugewiesen sind:

- /UI2/FLPCM_CUST – FLP-Content-Manager: Mandantenspez.
- /UI2/RSP_LIST – Übersicht Rollen, Bereiche, Seiten
- PFCG – Pflege von Rollen

Wenn Ihre Anwender*innen mit den Fiori-Kachelgruppen zufrieden sind, ist es sinnvoll, die existierenden Fiori-Kachelgruppen in die Seiten zu überführen. Falls die Anwender*innen die existierenden Fiori-Kachelgruppen kaum benutzen und Fiori-Apps von der Startseite aufrufen, sollten Sie in Erwägung ziehen, die Seiten von Grund auf neu zu definieren und anzulegen (siehe Abschnitt 7.6, »Bereiche und Seiten für das SAP Fiori Launchpad anlegen und pflegen«).

Fiori-App für die Migration der Gruppen

Für die Migration der Fiori-Kachelgruppen zu den Seiten ist seit dem Release SAP S/4HANA 2021 die neue Applikation **/UI2/FDM_GTP – Create Launchpad Pages from Groups** verfügbar.

7.12.4 Bereiche zum Standard-Layoutmodus machen

Sobald Sie alle Rollen mit Bereichen und Seiten versehen haben, um für alle Benutzer Bereiche standardmäßig zu aktivieren, sollten Sie die Einstellungen in der Transaktion /UI2/FLP_SYS_CONF (FLP-Systemeinstellungen) wie folgt ändern:

- SPACES = true
- SPACES_ENABLE_USER = false

7.13 SAP Fiori Apps Reference Library

SAP Fiori Apps Reference Library ist eine umfassende Bibliothek aller relevanten SAP-Inhalte für das SAP Fiori Launchpad. SAP Fiori Apps Reference Library bietet die folgenden Informationen:

- eine Übersicht aller aktuell verfügbaren SAP-Fiori-Apps
- wichtige Informationen zu jeder App, einschließlich der technischen Daten, die für die Installation und Konfiguration benötigt werden
- Konfigurationsinformationen, die für die Integration klassischer SAP-GUI- und WebDynpro-Anwendungen in das SAP Fiori Launchpad erforderlich sind
- Daten für frühere App-Versionen
- aggregierte Installations- und Konfigurationsinformationen für eine Auswahl von Apps
- Direktnavigation zu verwandten Ressourcen wie App-Dokumentation
- Empfehlungen für SAP-Fiori-Apps, die auf Ihre Bedürfnisse zugeschnitten sind

In diesem Abschnitt werden wir uns auf die für die Berechtigungsadministration relevanten Informationen in der SAP Fiori Apps Reference Library konzentrieren.

Suche nach einer Fiori-App

Um Informationen über eine bestimmte Fiori-App zu finden, wählen Sie **All apps** auf der Startseite (siehe Abbildung 7.69).

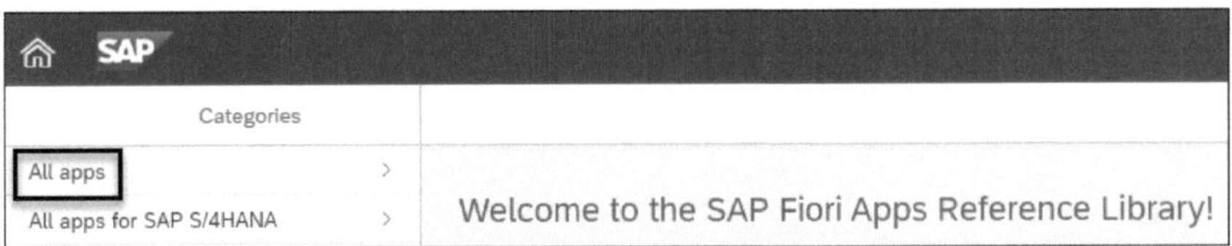

Abbildung 7.69 SAP Fiori Apps Reference Library: Startseite

Sie können nach einer App suchen, indem Sie die App-ID, den App-Namen, die SAP-GUI-Transaktion oder ein Stichwort eingeben. Stichwörter sollten Sie auf Englisch eingeben, z. B. »cost centre«, wenn Sie eine App für die Kostenstelle suchen. So werden Sie mehr Suchergebnisse bekommen.

Systemversion und verwandte Apps

Es ist wichtig, dass Sie prüfen, ob die Fiori-App für Ihr System verfügbar ist. Oft möchte die Fachberatung Fiori-Apps implementieren, die im System nicht verfügbar sind. Wenn Sie eine Fiori-App nicht im Launchpad Content Manager finden, prüfen Sie die Systemversion in der SAP Fiori Apps Reference Library. Wenn die App für Ihre Systemversion nicht verfügbar ist, können Sie vorherige oder neue Versionen dieser App auf der Registerkarte **RELATED APPS** finden (siehe Abbildung 7.70).

SAP
Apps (146)
App Details
purchase order
SAP Fiori lighthouse apps
Manage Purchase Orders (Version 2)
Manage Purchase Requisitions / Process Purchase Requisitions
Manage Teams and Responsibilities
Manage Workflows
Monitor Purchase Order Items
Monitor Subcontracting Documents
My Inbox
Procurement Overview Page
What's New
Manage Customer Hierarchies
Manage Product Master / Manage Product Master Data
Manage Purchase Orders Centrally
Manage Purchase Orders (Version 2)
for Purchaser
SAP S/4HANA
SAP S/4HANA 2021 FPS02
Required Back-End Product SAP S/4HANA
Line of Business Sourcing and Procurement, Supply Chain
App Launcher Title(s) Manage Purchase Orders
Application Type Transactional (SAP Fiori elements)
Database HANA DB exclusive
Device Type(s) Desktop, Smartphone, Tablet
App ID F0842A
PRODUCT FEATURES
IMPLEMENTATION INFORMATION
RELATED APPS
Predecessor Apps
Manage Purchase Orders (SAP S/4HANA)

Abbildung 7.70 SAP Fiori Apps Reference Library: Systemversion und »RELATED APPS«

Wenn die Version des Systems stimmt, aber die App in Ihrem System trotzdem nicht verfügbar ist, sollten Sie auf der Registerkarte **IMPLEMENTATION INFORMATION • Installation** prüfen, ob die notwendigen Komponenten installiert wurden (siehe Abbildung 7.71).

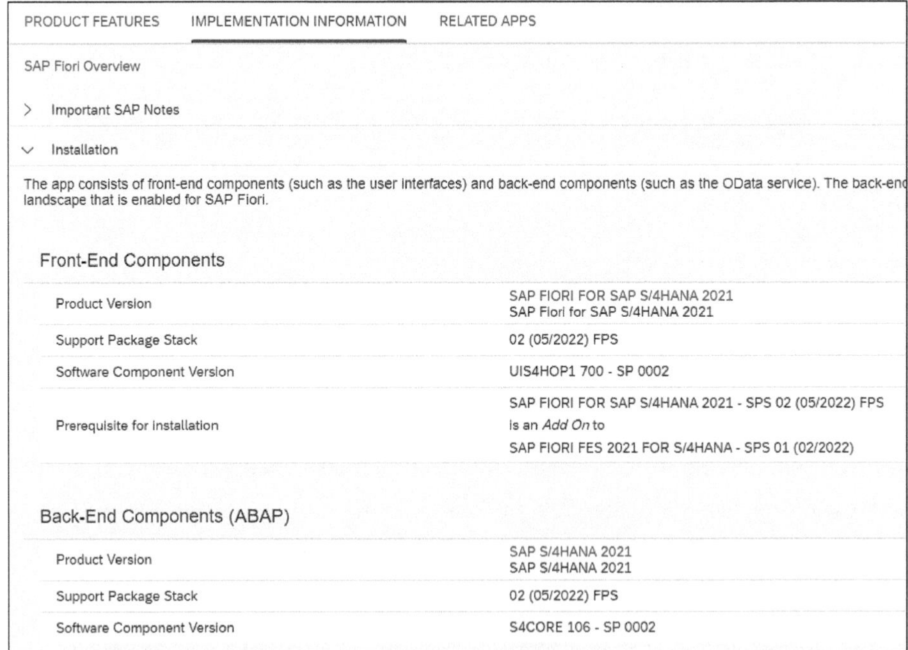

Abbildung 7.71 SAP Fiori Apps Reference Library: IMPLEMENTATION INFORMATION: Installieren

ICF-Knoten und OData-Services für die Fiori-App

Im Abschnitt **Configuration** finden Sie ICF-Knoten und OData-Services für die Fiori-App (siehe Abbildung 7.72). Diese Informationen sind für die Konfiguration und für die Fehlerbehebung (siehe Abschnitt 9.4, »Fehlerbehebung für SAP-Fiori-Berechtigungen«) relevant.

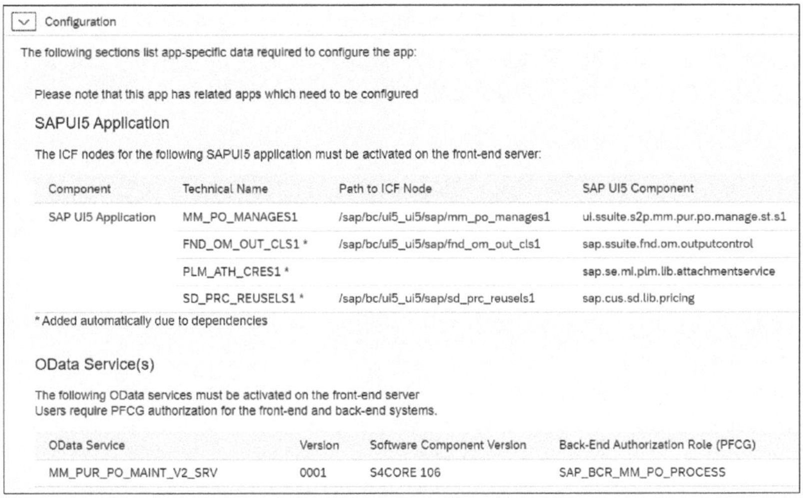

Configuration

The following sections list app-specific data required to configure the app:

Please note that this app has related apps which need to be configured

SAPUI5 Application

The ICF nodes for the following SAPUI5 application must be activated on the front-end server:

Component	Technical Name	Path to ICF Node	SAP UI5 Component
SAP UI5 Application	MM_PO_MANAGES1	/sap/bc/ui5_ui5/sap/mm_po_manages1	ui.ssuite.s2p.mm.pur.po.manage.st.s1
	FND_OM_OUT_CLS1 *	/sap/bc/ui5_ui5/sap/fnd_om_out_cls1	sap.ssuite.fnd.om.outputcontrol
	PLM_ATH_CRES1 *		sap.se.mi.plm.lib.attachmentservice
	SD_PRC_REUSELS1 *	/sap/bc/ui5_ui5/sap/sd_prc_reusels1	sap.cus.sd.lib.pricing

* Added automatically due to dependencies

OData Service(s)

The following OData services must be activated on the front-end server
Users require PFCG authorization for the front-end and back-end systems.

OData Service	Version	Software Component Version	Back-End Authorization Role (PFCG)
MM_PUR_PO_MAINT_V2_SRV	0001	S4CORE 106	SAP_BCR_MM_PO_PROCESS

Abbildung 7.72 SAP Fiori Apps Reference Library: IMPLEMENTATION INFORMATION: Configuration

Scrollen Sie weiter nach unten, um den technischen Katalog, die Businesskataloge, die Gruppen und die Geschäftsrollen, in denen die Fiori-App enthalten ist, zu sehen (siehe Abbildung 7.73).

Technical Catalog(s)

Technical Catalog	Technical Catalog Description
SAP_TC_PRC_COMMON	SAP Procurement Technical catalog: All Apps

Business Catalog(s)

Business Catalog	Business Catalog Description
SAP_PRC_BC_PURCHASER_CPO	Purchasing - Central Purchase Order Processing
SAP_PRC_BC_PURCHASER_PO	Purchasing - Purchase Order Processing

Business Group(s)

Business Group	Business Group Description
SAP_PRC_BCG_PURCHASER_PO	Purchase Order Processing

Business Role(s)

Business Role	Business Role Description
SAP_BR_CENTRAL_PURCHASER	Purchaser - Central Procurement
SAP_BR_PURCHASER	Purchaser

Abbildung 7.73 SAP Fiori Apps Reference Library: IMPLEMENTATION INFORMATION: Configuration: Kataloge, Gruppen und Rollen

Suche nach Fiori-Apps mit einem OData-Service

Wenn Sie den OData-Service kennen, können Sie in SAP Fiori Apps Reference Library die Fiori-Apps finden, für die dieser OData-Service benutzt wird. Der OData-Service **APJ_JOB_MANAGEMENT_SRV** beispielsweise wird in vielen Fiori-Apps verwendet, in denen Jobs eingeplant werden (siehe Abbildung 7.74).

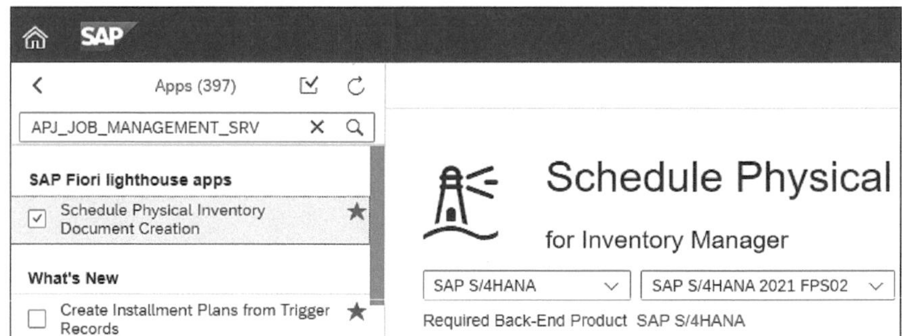

Abbildung 7.74 SAP Fiori Apps Reference Library: nach Fiori-Apps mit einem OData-Service suchen

Liste aller Apps herunterladen

Aus SAP Fiori Apps Reference Library können Sie eine Liste aller Fiori-Apps mit den verschiedenen Attributen herunterladen. Dafür wählen Sie auf der Startseite **All apps • List View** (siehe Abbildung 7.75).

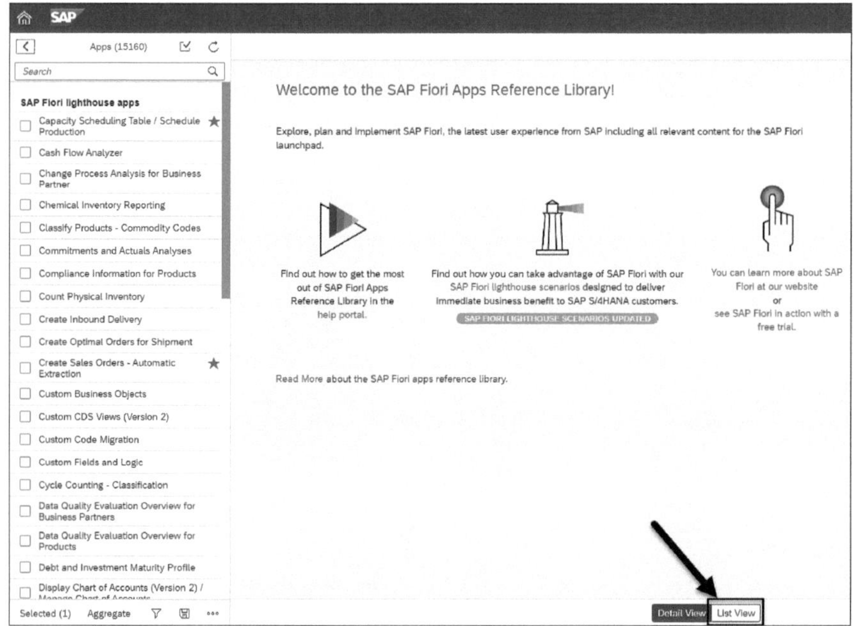

Abbildung 7.75 SAP Fiori Apps Reference Library: »List View« auswählen zum Herunterladen einer Liste der Fiori-Apps

Klicken Sie auf das Icon ⚙ (**Column Display Settings**). Im nächsten Fenster können Sie die Attribute der Fiori-Apps auswählen (siehe Abbildung 7.76).

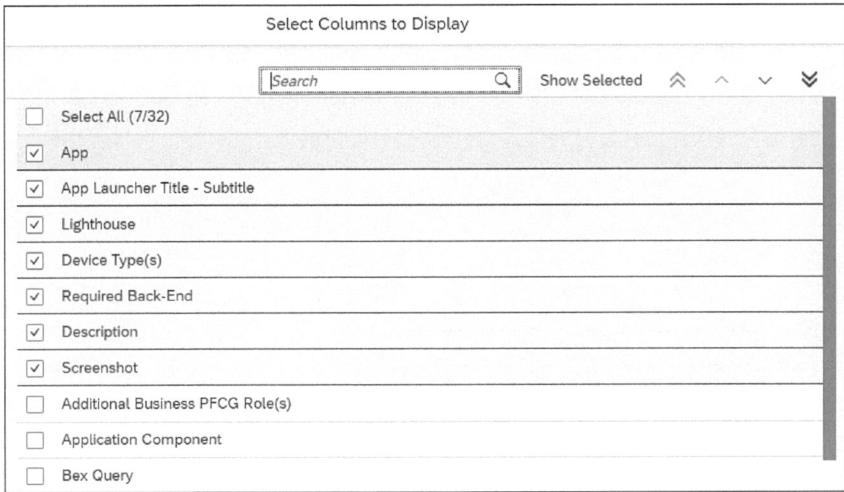

Abbildung 7.76 SAP Fiori Apps Reference Library: Attribute auswählen zum Herunterladen einer Liste der Fiori-Apps

Um die Liste herunterzuladen, klicken Sie auf den Button **Download**. Die Liste können Sie in MS Excel öffnen und den Inhalt mit der Excel-Funktion »Text in Spalten« bearbeiten. Die heruntergeladene Datei ist nützlich, wenn Sie beispielsweise eine Liste der Fiori-Apps haben und für diese mit der Excel-Funktion »SVERWEIS« Attribute zu jeder Fiori-App mappen möchten.

7.14 Auswertungsmöglichkeiten für die SAP-Fiori-Berechtigungen

Für die Auswertungen der Rollen mit Fiori-Berechtigungen gibt es folgende Möglichkeiten:

- Transaktion SUIM (Suche nach Anwendungen im Rollenmenü)
- Transaktion /UI2/FLIA (SAP Fiori Launchpad: Absichtsanalyse)

Im Rollenmenü nach Anwendungen suchen

In der Transaktion SUIM folgen Sie dem Pfad **Rollen • Rollen nach komplexen Selektionskriterien • Suche nach Anwendungen im Rollenmenü** (siehe Abbildung 7.77).

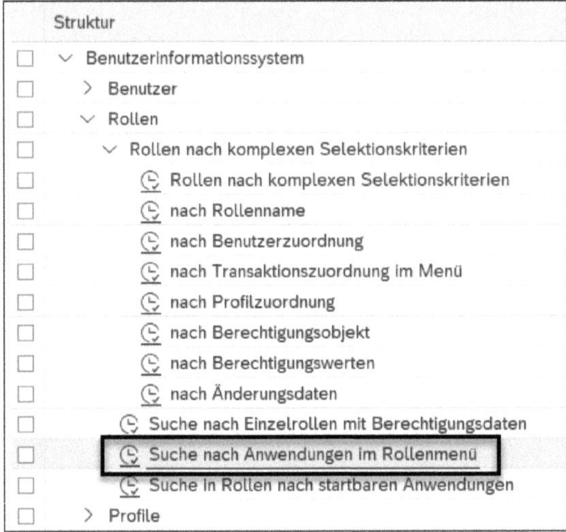

Abbildung 7.77 Transaktion SUIM: nach Anwendungen im Rollenmenü suchen

Im Feld **Typ des Menüeintrages** können Sie **Launchpad-Gruppe**, **Launchpad-Katalog** oder **Launchpad-Space** auswählen (siehe Abbildung 7.78).

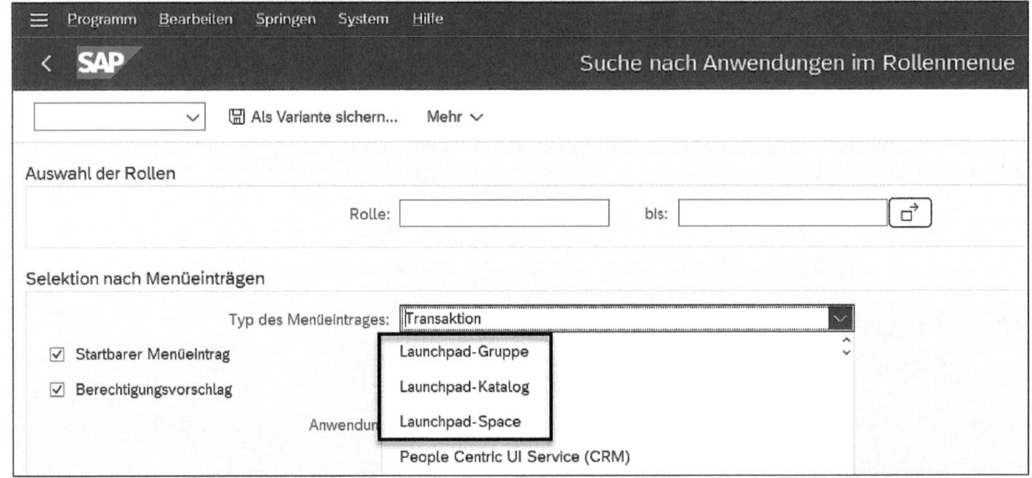

Abbildung 7.78 Transaktion SUIM: Suche nach Anwendungen im Rollenmenü: den Typ des Menüeintrags auswählen

Wenn Sie **Launchpad-Gruppe** auswählen, werden Sie eine Liste der Rollen mit Zuordnung der Kachelgruppen bekommen. Wählen Sie **Launchpad-Space** aus, bekommen Sie eine solche Liste für die Bereiche. Wenn Sie **Launchpad-Katalog** auswählen, dann werden Sie eine Liste der Rollen, Kachelkataloge und Anwendungen bekommen (siehe ein Beispiel auf Abbildung 7.79).

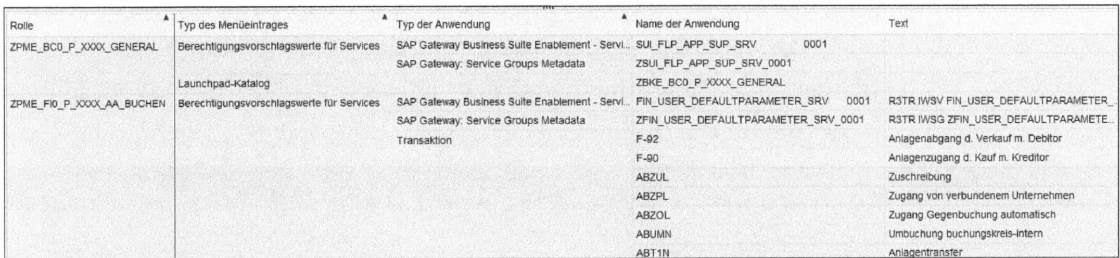

Rolle	Typ des Menüeintrages	Typ der Anwendung	Name der Anwendung	Text
ZPME_BC0_P_XXXX_GENERAL	Berechtigungsvorschlagswerte für Services	SAP Gateway Business Suite Enablement - Servi...	SUI_FLP_APP_SUP_SRV 0001	
		SAP Gateway: Service Groups Metadata	ZSUI_FLP_APP_SUP_SRV_0001	
	Launchpad-Katalog		ZBKE_BC0_P_XXXX_GENERAL	
ZPME_FI0_P_XXXX_AA_BUCHEN	Berechtigungsvorschlagswerte für Services	SAP Gateway Business Suite Enablement - Servi...	FIN_USER_DEFAULTPARAMETER_SRV 0001	R3TR IWSV FIN_USER_DEFAULTPARAMETER_...
		SAP Gateway: Service Groups Metadata	ZFIN_USER_DEFAULTPARAMETER_SRV_0001	R3TR IWSG ZFIN_USER_DEFAULTPARAMETE...
		Transaktion	F-92	Anlagenabgang d. Verkauf m. Debitor
			F-90	Anlagenzugang d. Kauf m. Kreditor
			ABZUL	Zuschreibung
			ABZPL	Zugang von verbundenem Unternehmen
			ABZOL	Zugang Gegenbuchung automatisch
			ABUMN	Umbuchung buchungskreis-intern
			ABT1N	Anlagentransfer

Abbildung 7.79 Transaktion SUIM: nach Anwendungen im Rollenmenü suchen: Liste der Rollen und Kataloge

Auswertung der Fiori-Berechtigungen für Benutzer

Sie können außerdem Fiori-Berechtigungen für einen oder mehrere Benutzer auswerten, indem Sie **Mit gültiger Zuordnung von** auswählen und Benutzer-ID(s) eingeben (siehe beispielhaft in Abbildung 7.80).

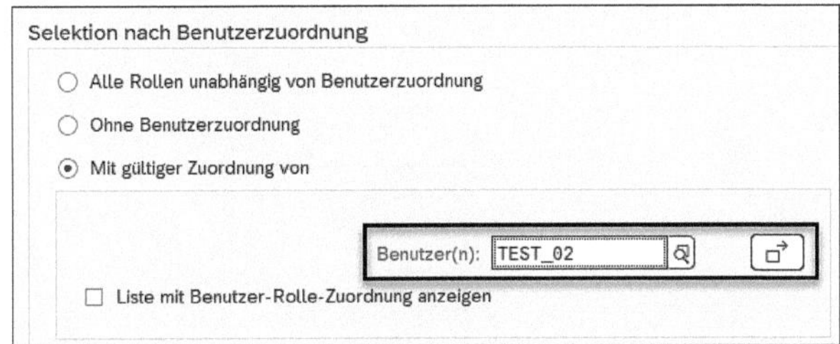

Abbildung 7.80 Transaktion SUIM: nach Anwendungen im Rollenmenü suchen: die Fiori-Berechtigungen für Benutzer auswerten

Transaktion /UI2/FLIA: Absichtsanalyse

In der Transaktion /UI2/FLIA können Sie den Inhalt der Fiori-Kachelkataloge auswerten, indem Sie Customizing auswählen und die Katalog-ID(s) im Feld Katalog-ID eingeben (siehe Abbildung 7.81).

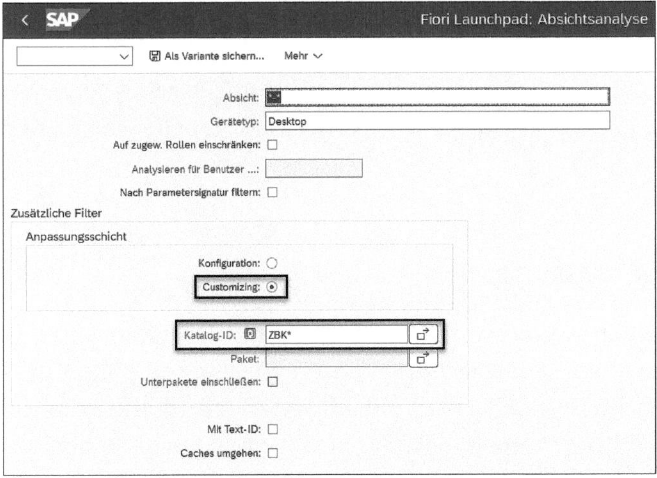

Abbildung 7.81 Transaktion /UI2/FLIA: die Kachelkataloge auswählen

In dieser Transaktion bekommen Sie im Vergleich zur Transaktion SUIM mehr Daten über den Inhalt der Kataloge. Sie können weitere Spalten auswählen, indem Sie mit einem Klick auf das Icon [⊞ ∨] das Layout ändern (siehe Abbildung 7.82).

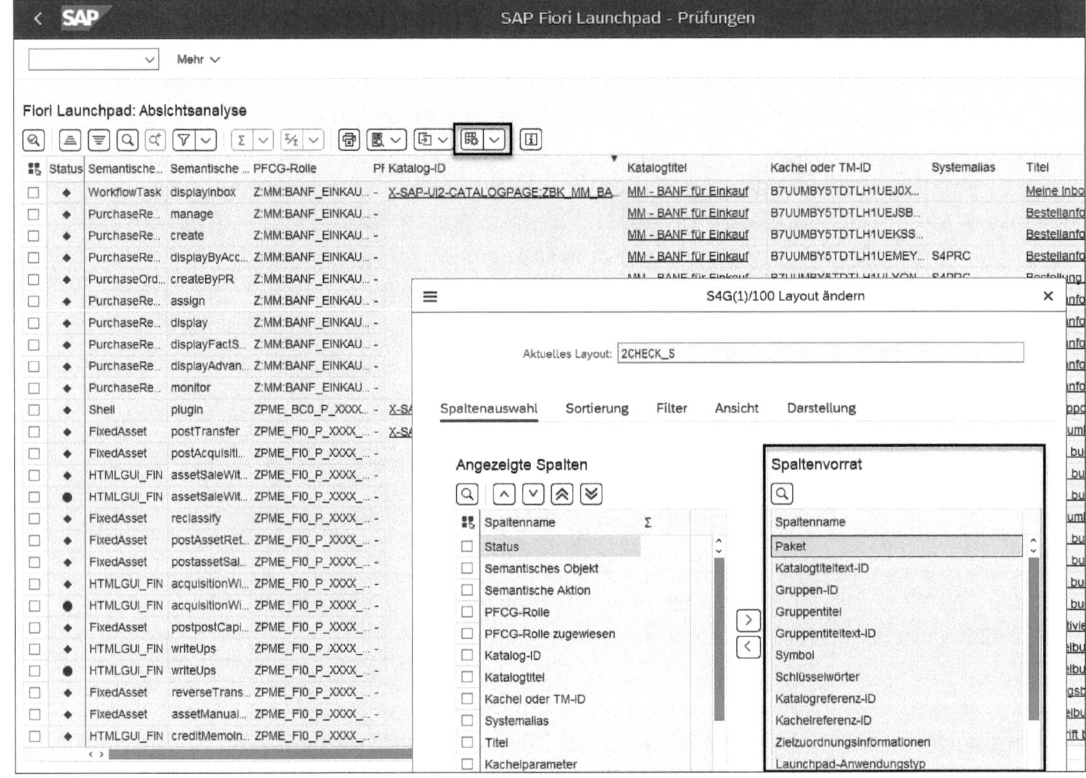

Abbildung 7.82 Transaktion /UI2/FLIA: Layout der Auswertung über die Kachelkataloge

Auswertung aus »/UI2/FLIA« in Excel exportieren

Das Ergebnis der Auswertung können Sie in Microsoft Excel exportieren, indem Sie auf das Icon [⎘ ∨] (**Exportieren**) klicken und **Tabellenkalkulation** auswählen.

7.15 Zusammenfassung

In diesem Kapitel haben Sie erfahren, wie SAP-Fiori-UI-Entitäten – Kachelkataloge, Kachelgruppen, Bereiche und Seiten – gepflegt werden. Sie wissen, welche Bedeutung eine Namenskonvention der SAP-Fiori-UI-Entitäten hat. Sie können die ICF-Knoten und OData-Services innerhalb von Rollen mit Aufgabenlisten in der Transaktion STC01 aktivieren. Sie wissen nun, wie

Rollen für das SAP Fiori Launchpad getestet werden. Darüber hinaus haben Sie erfahren, wie fehlende Berechtigungen in Rollen hinzugefügt werden. Sie haben gelernt, wie die schnelle Aktivierung von SAP Fiori im Sandboxsystem und in der produktiven Systemlinie durchgeführt wird. Sie kennen die für die Migration von Kachelgruppen in Bereiche und Seiten benötigten Aktivitäten ebenso wie die für die Berechtigungspflege relevanten Informationen in SAP Fiori Apps Reference Library. Wie Fiori-Berechtigungen ausgewertet werden, wissen Sie auch.

Kapitel 8
Berechtigungen in SAP HANA

SAP-HANA-Datenbanken verwalten wichtige Datensätze. Sie sind integraler Bestandteil vieler Geschäftsprozesse und gewinnen mit Umstieg auf SAP HANA zukünftig immer mehr an Bedeutung. Deshalb müssen HANA-Datenbanken störungsfrei und sicher betrieben werden. Das Berechtigungs- und Rollenmanagement ist dafür ein wichtiger Baustein.

In diesem Kapitel lernen Sie die Berechtigungsgrundlagen der SAP-HANA-Datenbank kennen. In Abschnitt 8.1, »Benutzer pflegen«, werden Sie in das Benutzermanagement eingeführt. Dabei lernen Sie die unterschiedlichen Benutzertypen und ihre Merkmale kennen. Anschließend gehen wir darauf ein, wie Sie die unterschiedlichen Benutzertypen mit dem SAP HANA Cockpit pflegen können. Zusätzlich lernen Sie, wie Sie Datenbankbenutzer in Benutzergruppen unterteilen können, um die Verwaltung granularer zu gestalten.

Abschnitt 8.2, »Standardbenutzer«, macht Sie mit den Standardbenutzern von HANA-Datenbanken vertraut. Dabei gehen wir auf Datenbankbenutzer, Betriebssystembenutzer sowie auf wichtige Anwendungsbenutzer im SAP HANA Umfeld ein.

Im letzten Abschnitt dieses Kapitels, 8.3, »Rollen erstellen und zuweisen«, lernen Sie Rollen und Berechtigungen kennen. Zunächst gehen wir hierbei auf die unterschiedlichen Berechtigungstypen ein. Danach zeigen wir Ihnen, wie Sie eine Rolle im SAP HANA Cockpit erstellen können. Außerdem erläutern wir die Unterschiede zwischen Katalogrollen und Repository-Rollen. Abschließend lernen Sie, wie Sie im Fehlerfall herausfinden können, welche Berechtigungen notwendig wären, um die von Ihnen gewünschte Datenbankaktion durchzuführen.

8.1 Benutzer pflegen

Eine der immer wiederkehrenden Aufgaben in einer modernen SAP-Landschaft ist die Benutzerpflege. Dies gilt auch für SAP-HANA-Datenbanken. Eine Benutzerpflege kann mittels SQL-Anweisungen durchgeführt werden.

Diese Art der Benutzerpflege ist jedoch umständlich und nur aufwendig automatisierbar. Aus diesem Grund gehen wir nicht näher auf Werkzeuge wie die Konsolenanwendung HDBSQL ein. Stattdessen beschäftigen wir uns in diesem Kapitel mit dem bekannten Administrationswerkzeug *SAP HANA Cockpit*. Der Vorgänger des SAP HANA Cockpit ist das SAP HANA Studio. Auch wenn es heute teilweise noch verwendet wird, wird es von SAP nicht mehr weiterentwickelt und unterstützt, siehe SAP-Hinweis 2073112 (FAQ: SAP HANA Studio). Daher werden wir es hier nicht weiter behandeln.

8.1.1 Benutzertypen

Es ist wichtig, dass Sie verstehen, welche Benutzertypen es in SAP-HANA-Datenbanken gibt, bevor Sie diese pflegen. Eine Unterscheidung in die Benutzertypen **Dialog User**, **System User**, **Communication User**, **Service User** und **Reference User** gibt es in SAP HANA nicht. Stattdessen werden alle HANA-Benutzer aufgeteilt in *normale Benutzer* und *beschränkte Benutzer* (*Restricted User*).

Normale und beschränkte Benutzer

Der Unterschied zwischen einem beschränkten und normalen Benutzer besteht bei der Benutzererstellung in drei Merkmalen. In Abbildung 8.1 sehen Sie, dass ein normaler Benutzer ein eigenes Datenbankschema hat, also Daten in seinem eigenen Schema speichern kann.

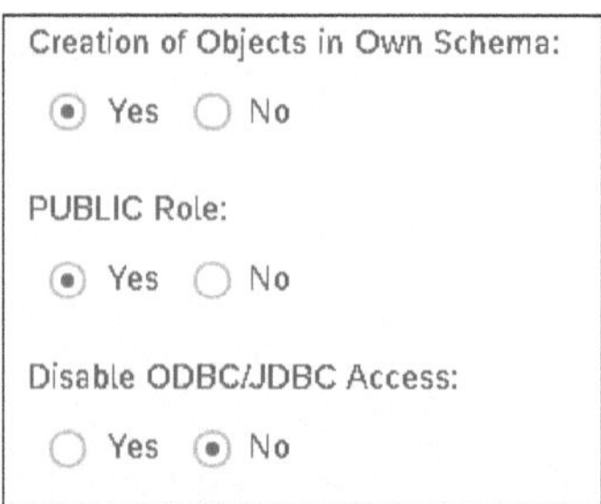

Abbildung 8.1 Normaler Benutzer

Er ist im Besitz der **PUBLIC Role**, die dem Benutzer Leseberechtigungen auf eine Reihe von System Views im Datenbankschema SYS gibt. Welche diese sind, können Sie im Abschnitt »System Views« im »SAP HANA SQL Reference Guide for SAP HANA Platform« einsehen.

Ein normaler Benutzer kann sich nicht nur über HTTP(S) an der HANA-Datenbank anmelden, sondern auch über die Schnittstellen **ODBC** und **JDBC**.

In Abbildung 8.2 sehen Sie die Attribute eines beschränkten Benutzers.

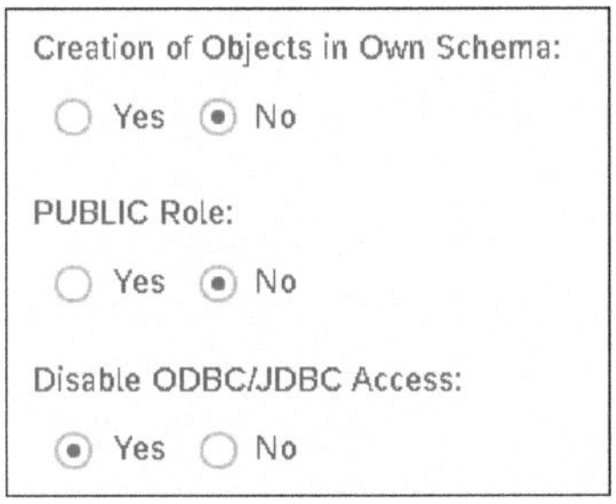

Creation of Objects in Own Schema:
Yes No
PUBLIC Role:
Yes No
Disable ODBC/JDBC Access:
Yes No

Abbildung 8.2 Beschränkter Benutzer

Dieser besitzt kein eigenes Datenbankschema und hat damit direkt nach dem Anlegen keine Berechtigungen, Objekte anzulegen. Er hat auch nicht die **Public Role**, was ihm die Verwendung von System Views ohne zusätzliche Berechtigungen unmöglich macht. Er kann sich nur über HTTP(S) an der HANA-Datenbank anmelden, denn für ihn ist eine Anmeldung an der **ODBC**- und **JDBC**-Schnittstelle gesperrt.

Technische Benutzer

Eine Abgrenzung für technische Benutzer gibt es nicht in Form eines Attributs. Sie ergibt sich stattdessen aus dem Einsatzzweck eines Benutzers. Ein technischer Benutzer hat keinen Personenbezug und wird für Hintergrundjobs oder zur Anwendungsausführung verwendet. Als Basis für technische Benutzer sollten Sie beschränkte Benutzer verwenden; es ist jedoch auch möglich einen normalen Benutzer einzusetzen. In drei Punkten unterscheiden sich technische Benutzer jedoch von ihren Basisbenutzern:

1. Sie sollten ihre Gültigkeit nicht nach einer gewissen Zeit verlieren.
2. Sie sollten ihr Passwort beim ersten Anmelden nicht ändern müssen.
3. Ihr Passwort sollte nicht ablaufen.

Die ersten beiden Punkte können Sie über den geführten Dialog im SAP HANA Cockpit einstellen. Dies zeigen wir Ihnen in Abschnitt 8.1.2, »Benutzerpflege mit SAP HANA Cockpit«. Den Gültigkeitszeitraum (Password Lifetime) hingegen müssen Sie mittels SQL-Anweisung setzen. Hierzu verwenden Sie die folgende SQL-Anweisung:

```
ALTER USER <Benutzername> DISABLE PASSWORD LIFETIME;
```

Verwenden Sie immer, wenn es möglich ist, beschränkte Benutzer. Sollte ein beschränkter Benutzer während seiner Lebenszeit doch weitere Berechtigungen brauchen, so können Sie ihm diese über SAP HANA Cockpit zuweisen.

8.1.2 Benutzerpflege mit SAP HANA Cockpit

In diesem Abschnitt stellen wir Ihnen das SAP HANA Cockpit als Werkzeug zur Benutzerverwaltung von SAP HANA vor. Um zur Benutzerverwaltung im SAP HANA Cockpit zu gelangen, wechseln Sie in die Ansicht **Security und User Management**. In den Kacheln dieser Ansicht gibt es die Kachel **User & Role Management** (siehe Abbildung 8.3).

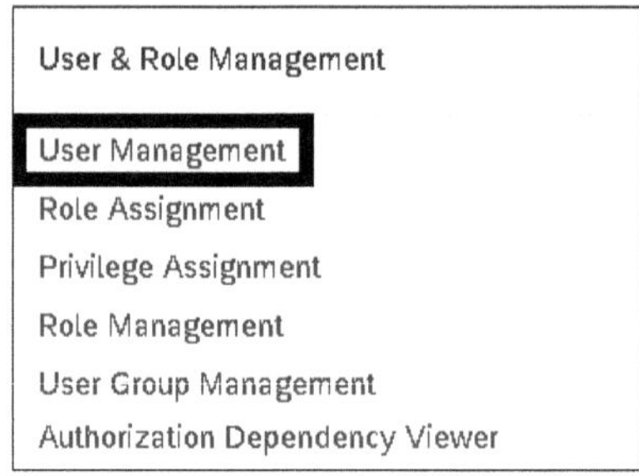

Abbildung 8.3 Die Kachel »User & Role Management«

Öffnen Sie das Benutzermanagement, indem Sie in der Kachel auf **User Management** klicken.

Benutzer anlegen

Legen Sie im Benutzermanagement einen Benutzer an, indem Sie auf [+] klicken und **Create User** auswählen (siehe Abbildung 8.4).

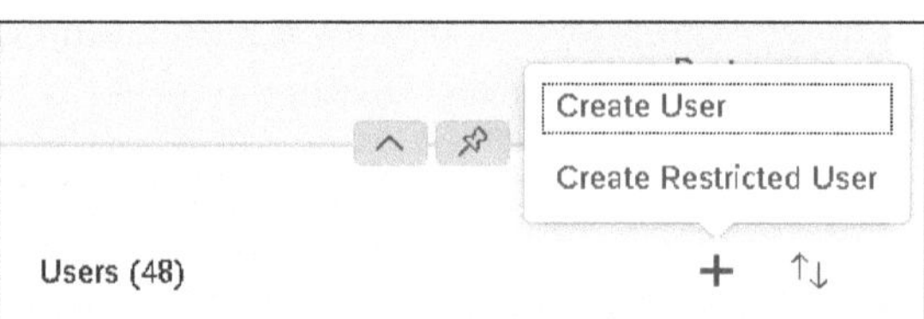

Abbildung 8.4 Benutzer erstellen

So kommen Sie in den Benutzererstellungsdialog für normale Benutzer (siehe Abbildung 8.5).

Als Erstes müssen Sie im Feld **User Name** einen Benutzernamen festlegen. Sie können über **User Group** zusätzlich den Benutzer einer Benutzergruppe zuweisen. Mehr zu Benutzergruppen erfahren Sie in Abschnitt 8.1.3, »Benutzergruppen«. Möchten Sie über das interne Mailsystem dem Benutzer eine E-Mail zukommen lassen, so müssen Sie im Feld **E-Mail** eine E-Mail-Adresse angeben. Zusätzlich können Sie die Benutzergültigkeit über **Valid From** und **Valid To** einschränken. Dies sollten Sie nur für Benutzer mit Personenbezug tun und nicht für technische Benutzer.

Create User

General Information | Authorization Mode | Authentication | Custom User Properties

*User Name:

User Group:

Email:

Valid From: M/d/yy, h:mm a GMT+1

Valid To: M/d/yy, h:mm a GMT+1

Creation of Objects in Own Schema: Yes No

PUBLIC Role: Yes No

Disable ODBC/JDBC Access: Yes No

Comment:

Abbildung 8.5 Dialog für die Benutzererstellung

Die bereits angesprochenen Attribute **ODBC/JDBC**-Anmeldung, **PUBLIC Role** und **Own Schema** können in dem Dialog zur Benutzererstellung nach Wunsch angepasst werden.

Authorisierungs- und Authentifizierungsmöglichkeiten

Im nächsten Schritt der Benutzererstellung legen Sie fest, wie der Benutzer sich an der Datenbank authentifizieren kann. Dabei stehen Ihnen die folgenden Möglichkeiten zur Verfügung:

- lokale Passwörter
- LDAP
- Kerberos
- SAP Logon Ticket
- SAP Assertion Ticket
- SAML
- X.509
- JWT

Ist für Ihre HANA-Datenbank keine Konfiguration der Authentifizierungsmöglichkeiten vorgenommen worden, so müssen Sie auf lokale Passwörter zurückgreifen.

Sie können zusätzliche Benutzerparameter vergeben, indem Sie auf **Add Custom User Property** klicken. Öffnen Sie dort das Drop-down-Menü und wählen Sie den Benutzerparameter, den Sie hinzufügen möchten (siehe Abbildung 8.6).

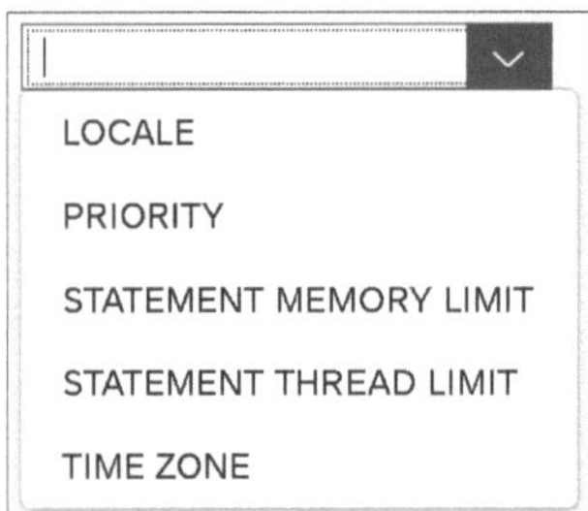

Abbildung 8.6 Benutzerparameter

In großen Unternehmen, bei denen Benutzer aus mehreren Ländern auf die HANA-Datenbank zugreifen, können Sie hier z. B. über **TIME ZONE** die Zeitzone von Benutzern vorgeben.

Wenn der Benutzer mit großen Datenmengen arbeiten soll, kann es für einen stabilen Datenbankbetrieb von Vorteil sein, den verfügbaren Speicher (**STATEMENT MEMORY LIMIT**) oder die zur Verfügung stehenden Prozessorkerne (**STATEMENT THREAD LIMIT**) zu beschränken.

Sie können zusätzlich die Priorität, mit der der Scheduler SQL-Anweisungen des Benutzers ausführen soll, beeinflussen. Dazu müssen Sie **PRIORITY** auf einen Wert zwischen 0 und 9 setzen, wobei 9 der höchstmöglichen Priorität entspricht und 5 der Standardwert ist.

Eine aktuelle Übersicht der verfügbaren Benutzerparameter, ihrer Bedeutung und ihrer Wertebereiche können Sie im Abschnitt »Database User Details« im Dokument »SAP HANA Administration with SAP HANA Cockpit« finden.

Haben Sie den Benutzer ihren Wünschen entsprechend konfiguriert, so können Sie jetzt den Benutzer durch Klicken auf den Button **Save** anlegen.

8.1.3 Benutzergruppen

SAP HANA erlaubt es, Benutzer in Benutzergruppen aufzuteilen. Damit ist es möglich, für bestimmte Nutzerkreise, wie z. B. Administratoren, spezielle Passwortrichtlinien vorzugeben. Eine Nutzergruppe hat mindestens einen Administrator, sie kann jedoch auch mehrere haben. Ein Gruppenadministrator kann eine oder auch mehrere Gruppen verwalten.

Benutzergruppe erstellen

Es gibt in großen SAP-Landschaften viele unterschiedliche Benutzergruppen. Dazu gehören u. a. Frontendanwender*innen, Entwickler*innen und Administrator*innen. Daraus können sich die Anforderungen ergeben, unterschiedliche Benutzergruppen mit unterschiedlich starken Passwortvorgaben auszustatten.

Um eine Benutzergruppe zu erstellen, müssen Sie im SAP HANA Cockpit auf der Kachel **User & Role Management** auf den Punkt **User Group Management** klicken (siehe Abbildung 8.3). Klicken Sie anschließend auf **New User Group** und geben Sie in der nachfolgenden Fenster unter **Name** den Gruppennamen ein. Bestätigen Sie ihre Auswahl mit **Add**.

Wählen Sie in der angezeigten Tabelle Ihre Gruppe aus. Im nächsten Bild können Sie Benutzer dieser Gruppe hinzufügen, indem Sie auf **Move Users to Group** klicken. Haken Sie die gewünschten Benutzer an und bestätigen Sie Ihre Auswahl durch einen Klick auf **Select**.

Sie haben jetzt erfolgreich eine Gruppe erstellt und ihr Benutzer zugewiesen. Sollten Sie einen Benutzer nicht mehr in dieser Benutzergruppe haben wollen, können Sie diese anhaken und per Klick auf **Remove from Group** wieder aus der Benutzergruppe entfernen.

Passwortrichtlinie für Gruppen

Wenn Sie eine Gruppe geöffnet haben, dann können Sie durch Klicken auf **Configure** die Password-Policy-Einstellungen dieser Gruppe verändern (siehe Abbildung 8.7).

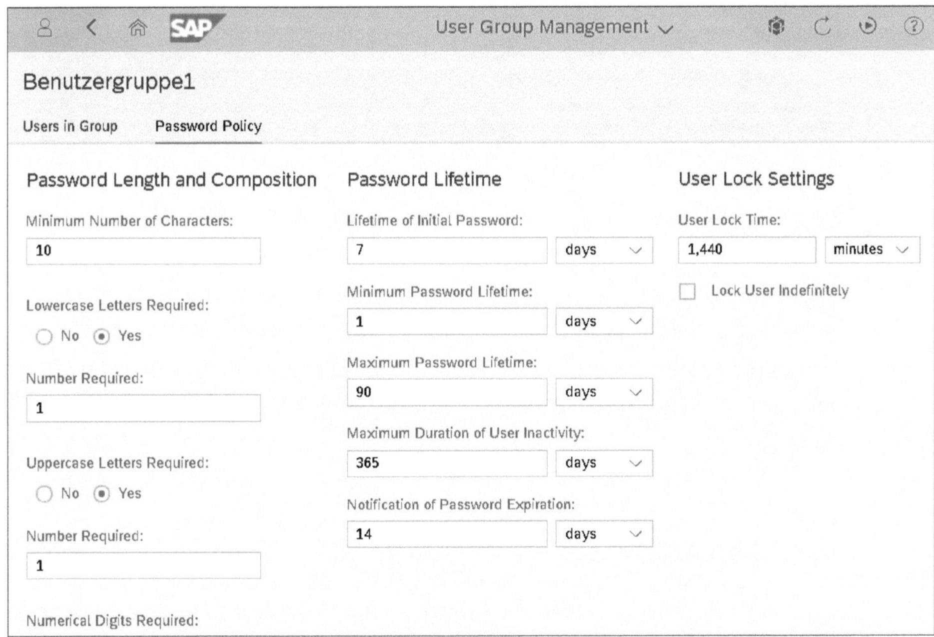

Abbildung 8.7 Passwortrichtlinien für Benutzergruppen

In diesem Dialog können Sie dieselben Passwortattribute vorgeben, wie es in den globalen HANA-Passwortvorgaben der Fall ist.

Grundsätzlich sollten Sie unter **Password Length and Composition** die Vorgaben nicht schwächer machen, als der SAP-Standard sie vorgibt. Bedenken Sie bei der Passwortlebensdauer immer den Benutzertyp und dessen Verwendung, denn ein ablaufendes Passwort eines technischen Benutzers kann Prozesse stören.

Die in Abbildung 8.8 gezeigten Attribute sollten Sie mit Bedacht einstellen, denn sie können zu Problemen führen. Wenn beispielsweise ein Benutzer nach zu vielen falschen Passworteingaben gesperrt wird, erhöht dies zwar nominell die Sicherheit, ist jedoch auch problematisch: Bei einem Angriff könnten bewusst Anmeldeversuche mit falschen Passwörtern durchgeführt werden, um für Benutzer eine Sperrung zu forcieren und damit die Benutzer unbrauchbar zu machen.

Abbildung 8.8 Passwortattribute »Miscellaneous«

Wenn Sie eine Benutzergruppe für technische Benutzer erstellen wollen, dann sollten Sie darauf achten, dass der Radiobutton bei **Password Change Required on First Logon** unbedingt auf **No** gesetzt ist, denn technische Benutzer können ihre Passwörter bei Erstanmeldung nicht eigenständig ändern.

8.2 Standardbenutzer

Jeder Anwendungs- und Datenbankserver hat Standardbenutzer. Dies trifft auch auf HANA-Datenbanken zu. Standardbenutzer sind unerlässlich für einen reibungslosen Betrieb und erfüllen unterschiedlichste Aufgaben. Zu einem guten Datenbankverständnis gehört auch eine grundlegende Kenntnis dieser Standardbenutzer. Deshalb stellen wir Ihnen hier die wichtigsten vor.

Standardbenutzer haben unterschiedliche Ursprünge. Zum einen gibt es Standardbenutzer der HANA-Datenbank selbst. Diese sind bereits nach einer Installation vorhanden (siehe Abbildung 8.9).

	USER_NAME	USERGROUP_NAME
1	SYS	?
2	SYSTEM	?
3	_SYS_STATISTICS	?
4	_SYS_EPM	?
5	_SYS_REPO	?
6	_SYS_SQL_ANALYZER	?
7	_SYS_TASK	?
8	_SYS_AFL	?
9	_SYS_WORKLOAD_REPLAY	?
10	SAPDBCTRL	?
11	XSSQLCC_AUTO_USER_3094F	?
12	XSSQLCC_AUTO_USER_D5D3B	?
13	XSSQLCC_AUTO_USER_5E249	?

Abbildung 8.9 HANA-Benutzer nach einer frischen Installation

Hinzu kommen Standardbenutzer durch die Anwendungsserver ABAP und Java sowie von SAP HANA Extended Application Services Classic Model. Zusätzlich gibt es HANA-Standardbenutzer auf Betriebssystemebene.

HANA-Datenbank-Standardbenutzer

Grundsätzlich haben alle HANA-Datenbank-Standardbenutzer eines gemeinsam: Sie können sich nicht an der Datenbank anmelden. Standardbenutzer werden für Hintergrundprozesse von der Datenbank-Engine verwendet und halten darüber hinaus Datenbankobjekte wie Tabellen oder das Repository. Ausnahmen von dieser Regel sind die Datenbankbenutzer `SYSTEM` und `XSSQLCC_AUTO_USER_<generierte ID>`, mit denen Sie sich auf dem HANA-Datenbankserver anmelden können.

SYSTEM-Benutzer

Der `SYSTEM`-Benutzer ist der bekannteste HANA-Datenbankbenutzer. Er ist sicherheitstechnisch und administrativ sehr wichtig. Der `SYSTEM`-Benutzer verfügt über weitreichende Administrationsberechtigungen, nicht jedoch über alle Anwendungs- oder Datenzugriffsrechte. Jede HANA-Datenbank verfügt seit HANA-Version 2.0 über exakt eine Systemdatenbank und mindestens eine Tenantdatenbank. Auf all diesen Datenbanken gibt es einen eigenen `SYSTEM`-Benutzer, der unabhängig von den anderen `SYSTEM`-Benutzern ist. Weisen Sie dem `SYSTEM`-Benutzer in der Systemdatenbank ein Recht zu, so bleiben alle anderen `SYSTEM`-Benutzer unberührt davon.

Den `SYSTEM`-Benutzer können Sie nicht löschen. Es ist jedoch möglich, ihn zu deaktivieren. Vergessen Sie Ihr Passwort, so können Sie dieses über einen Datenbankbenutzer mit dem Systemprivileg `USER ADMIN` neu setzten. Ist kein solcher Benutzer vorhanden, können Sie den `SYSTEM`-Benutzer nur noch über das Betriebssystem oder aus der Systemdatenbank mit einem neuen Passwort versehen. Er ist der einzige HANA-Datenbankbenutzer, den Sie von außerhalb von SAP HANA mittels `<sid>adm` wiederherstellen können. Personenbezogene und technische Benutzer können Sie nur innerhalb der Datenbank-Engine verändern.

Nach einer HANA-Neuinstallation oder einer frischen HANA-Installation ist `SYSTEM` der Benutzer, mit dem weitere Benutzer angelegt und diese mit Rollen und Privilegien ausgestattet werden müssen. Deshalb wird `SYSTEM` häufig länger eingesetzt, als es notwendig ist, denn mit ihm können Sie fernab eines Berechtigungskonzepts agieren. SAP empfiehlt allerdings, den `SYSTEM`-Benutzer nach der initialen Einrichtung zu deaktivieren. Diese Empfehlung finden Sie im Abschnitt »Predefined Database Users« im »SAP HANA Security Guide for SAP HANA Platform«.

Dazu können Sie folgende SQL-Anweisung verwenden:

```
ALTER USER SYSTEM DEACTIVATE USER NOW;
```

Sie benötigen zur Ausführung das Systemprivileg `USER ADMIN`.

Es gibt mehrere Gründe, warum Sie `SYSTEM` deaktivieren sollten. Zum einen ist `SYSTEM` nicht personenbezogen, was es Ihnen erschwert, nachzuvollziehen, wer was an der Datenbank verändert hat, wenn die Tätigkeiten im Kontext von `SYSTEM` durchgeführt wurden. Zum anderen ist es schwierig, den `SYSTEM`-Benutzer mittels HANA Audit Trial zu protokollieren, denn er wird, wie bereits erwähnt, für Hintergrundprozesse in der Datenbank-Engine verwendet. Würden Sie schlicht alles, was `SYSTEM` ausführt, protokollieren, dann ergäbe sich eine sehr große Menge an Logs. Diese könnte die Datenbankperformance negativ beeinflussen.

Abseits der initialen Tätigkeiten benötigen Sie `SYSTEM` nur, um die folgenden Dinge durchzuführen:

1. Alle Tätigkeiten, die den Software Update Manager (SUM) benötigen. Darunter fällt das Einspielen von Support Package Stacks und SAP Enhancement Packages.
2. Migrationen und Bereitstellung von Datensätzen mit dem Software Provisioning Manager (SWPM).

Für diese Tätigkeiten können Sie ihn temporär entsperren.

Zum HANA-Datenbank-Update benötigen Sie den `SYSTEM`-Benutzer nicht. Dafür können Sie einen minderberechtigten Benutzer verwenden, siehe Abschnitt »Create a Lesser-Privileged Database User for Update« im »SAP HANA Server Installation and Update Guide«.

XSSQLCC-Benutzer

Jede SAP HANA Extended Application Services Classic Model Anwendung benötigt einen Datenbankbenutzer, um Daten in die Datenbank zu schreiben oder von ihr lesen zu können. Entwickler*innen können Benutzer für ihre SAP HANA Extended Application Services Classic Model Anwendung vorgeben und mit einer Delivery Unit, in der sich die Anwendung befindet, ausliefern. Sie haben jedoch auch die Option, keinen Benutzer vorzudefinieren. In diesem Fall wird bei der Installation der Delivery Unit automatisch von der HANA-Datenbank ein **XS SQL Connection Configuration**-(XSSQLCC-)Benutzer mit folgender Syntax angelegt:

```
XSSQLCC_AUTO_USER_<generierte ID>
```


Die generierte ID ist notwendig, damit es bei der Installation mehrerer Anwendungen keine Überschneidungen der XSSQLCC-Benutzernamen gibt. Nach einer HANA-Installation gibt es bereits XSSQLCC_AUTO_USER_<generierte ID>-Benutzer auf der Datenbank, denn die SAP HANA Web-Based Developement Workbench ist eine SAP HANA Extended Application Services Classic Model Anwendung, die im Standard mit der HANA-Datenbank von SAP ausgeliefert wird.

_SYS_*-Benutzer

Es gibt mehrere HANA-Standardbenutzer, deren Namen mit _SYS_* beginnen. Eine Auflistung aller _SYS_*-Datenbankbenutzer und eine Kurzbeschreibung können Sie in Tabelle 8.1 einsehen.

Benutzer	Kurzbeschreibung
_SYS_AFL	Besitzer der Anwendungsfunktionsbibliotheken
_SYS_EPM	Wird für das Performance Management verwendet
_SYS_REPO	Besitzer des SAP HANA Repository und seiner aktivierten Objekte
_SYS_SQL_ANALYZER	Technischer Benutzer des SQL-Analyzer-Werkzeugs, das zur Performance-Analyse von SQL-Anweisungen verwendet wird
_SYS_STATISTICS	Wird für das interne Datenbankmonitoring eingesetzt, damit bei Engpässen ein Alarm ausgelöst werden kann
_SYS_TASK	Ist der technische Datenbankbenutzer für SAP HANA Smart Data Integration
_SYS_WORKLOAD_REPLAY	Die Capture-and-Replay-Funktionalität von SAP HANA, benutzbar im SAP HANA Cockpit, verwendet diesen Benutzer. Außerdem werden die Testergebnisse in sein Datenbankschema gespeichert.

Tabelle 8.1 _SYS_*-Benutzer in SAP HANA

Man kann _SYS_*-Benutzer nicht löschen, deaktivieren oder ihnen neue Passwörter vergeben.

Es gibt darüber hinaus noch weitere _SYS_*-Benutzer, z. B. aus der SAP HANA Deployment Infrastructure, und es können weitere durch Neu- und Weiterentwicklungen hinzukommen. Um immer einen aktuellen Überblick zu haben, welche _SYS_*-Benutzer es gibt und wofür diese verwendet werden, lohnt sich auch hier ein Blick in den Abschnitt »Predefined Database Users« im »SAP HANA Security Guide for SAP HANA Platform«.

SAPDBCTRL-Benutzer

Der Benutzer SAPDBCTRL wird vom SAP Host Agent verwendet, um sich mit der HANA-Datenbank zu verbinden. Der SAP Host Agent lädt über SAPDBCTRL Monitoring-Informationen aus der HANA-Datenbank, weshalb der Benutzer über das System Privilege MONITORING verfügt.

HANA-Betriebssystembenutzer

Zusätzlich zu den HANA-Standard-Datenbankbenutzern gib es noch die SAP-Standard-Betriebssystembenutzer <sid>adm, sapadm und <sid>crypt. Diese werden während der HANA-Installation angelegt und für den Betrieb benötigt.

<sid>adm

Der bekannteste SAP-HANA-Betriebssystembenutzer ist der <sid>adm. Er hat uneingeschränkten Betriebssystemzugriff auf alle Daten der HANA-Datenbank, die in ihrem Speicher liegen. Darunter fallen alle Standardpfade wie **/usr/sap**, **/hana/shared**, **/hana/data** und **/hana/log**. Eine Ausnahme bildet der sogenannte *High-Isolation-Modus*, durch den die einzelnen Datenbanken eines HANA-Systems strikter getrennt werden können. In diesem Fall kommen weitere Betriebssystembenutzer hinzu, auf die wir an dieser Stelle allerdings nicht eingehen werden. Zur Weiterbildung können Sie den Abschnitt »Database Isolation« im »SAP HANA Security Guide for SAP HANA Platform« lesen. Dort werden alle hinzukommenden Benutzer angesprochen. Eine weitere Ausnahme ist der Local Secure Store, auf den wir später noch eingehen.

<sid>adm ist nicht nur der Besitzer aller dieser Dateien, er führt auch alle Standardprozesse auf dem Host-Betriebssystem aus. Er ist für die Administration ein wichtiger Benutzer, denn mit ihm kann die Datenbank heruntergefahren und gestartet werden. Außerdem laufen wichtige Werkzeuge wir HDBSQL, HDB usw. im Kontext des <sid>adm.

<sid>crypt

Der Betriebssystembenutzer <sid>crypt existiert nach der Installation des Local Secure Store. Der Local Secure Store wird eingesetzt, um SSFS-Schlüssel abzusichern und die Schlüsselverwaltung vom <sid>adm abzukoppeln, denn der <sid>adm hat keinen Zugriff auf den Local Secure Store. Somit haben auch die normalen Administratoren, die den <sid>adm verwenden, keinen Zugriff mehr auf SSFS-Schlüssel. Damit kann eine Trennung von Administratoren und Verschlüsselungsadministratoren umgesetzt werden.

Standardbenutzer von Anwendungsservern

Eine Datenbank wird im Regelfall nicht stand-alone betrieben, sondern dient als Datenspeicher für einen Anwendungsserver. Im Fall von HANA-Datenbanken sind es meistens die Applikationsserver ABAP, SAP S/4HANA oder der Applikationsserver Java. Als Standardbenutzer kommen hierbei SAPABAP1 und SAPJAVA1 zum Einsatz. Diese existieren hauptsächlich, um Datensätze der Anwendungsserver und etwaige Programme zu speichern. Wissenswert ist, dass im Falle eines Datenbank-Upgrades sogenannte Schattenschemata angelegt werden. Das Upgrade wird auf die Schattenschemata angewendet, um einen Rollback bei Upgrade-Fehlern zu ermöglichen. Ihre Namen sind SAPABAP1SHD und SAPJAVA1SHD. Sie werden durch den SYSTEM-Benutzer angelegt.

8.3 Rollen erstellen und zuweisen

Da die SAP-HANA-Plattform ihre eigene Benutzerverwaltung bietet, beinhaltet sie, ähnlich wie der SAP NetWeaver Application Server, die Möglichkeit, Berechtigungen einzelner Benutzer feingranular zu steuern. Dabei verfolgt sie grundsätzlich einen sehr ähnlichen Ansatz; das Konzept der *Role-Based Access Control*. Es gibt also in SAP HANA verschiedene Berechtigungen, die den Zugriff auf einzelne Objekte und Aktivitäten gewähren. Diese werden in Rollen zusammengefasst, die wiederum Benutzern zugeordnet werden können. Dadurch können Personen mit gleichen Aufgabengebieten auch dieselben Rollen zugeordnet werden, was den Administrationsaufwand erheblich verringert.

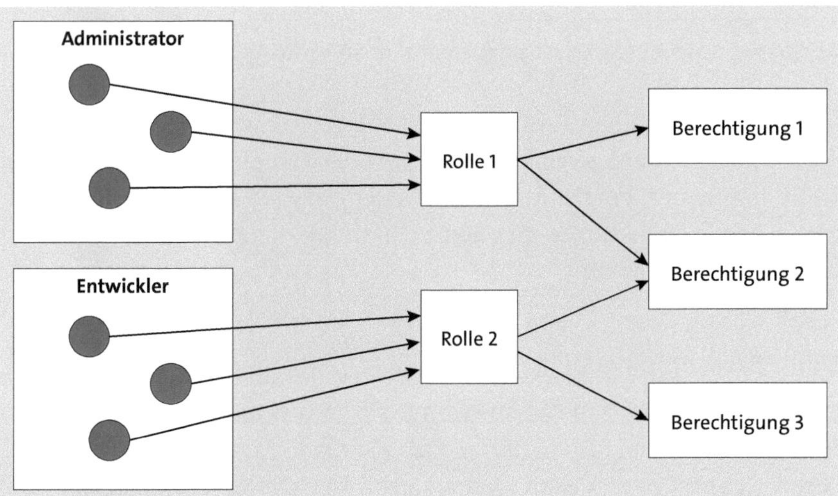

Abbildung 8.10 Role-Based Access Control

In SAP HANA ist dieses Konzept allerdings etwas weniger komplex gestaltet als in SAP NetWeaver Application Server. So gibt es hier weder das Konzept von Sammelrollen noch von Profilen. Wie Sie in Abbildung 8.10 sehen, sind Rollen lediglich eine Sammlung von Berechtigungen sowie optional auch anderer Rollen.

Im Gegensatz dazu können Sie in SAP HANA Berechtigungen auch direkt an Benutzer vergeben, auch wenn dies im produktiven Einsatz nicht zu empfehlen ist, da es die Berechtigungsvergabe komplexer und undurchsichtiger macht. In SAP HANA gibt es sowohl verschiedene Berechtigungstypen als auch verschiedene Arten von Rollen. In diesem Abschnitt werden Sie all diese Konzepte näher kennenlernen.

Das SAP HANA Cockpit verwenden

SAP HANA wird primär über das SAP HANA Cockpit administriert, eine Fiori-Webapps, mit der Sie Ihre gesamte SAP-HANA-Landschaft verwalten können. Hier können Sie dementsprechend auch Berechtigungen und Rollen handhaben. Dafür navigieren Sie zunächst zum **Database Overview** für das zu bearbeitende System. Dort finden Sie die Kachel **User & Role Management**, siehe Abbildung 8.11.

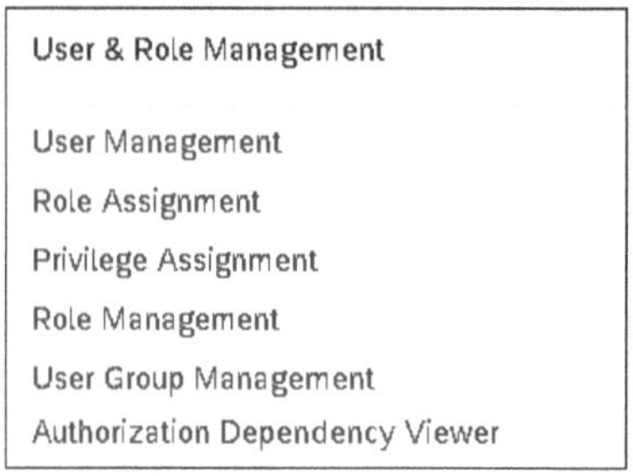

User & Role Management

User Management
Role Assignment
Privilege Assignment
Role Management
User Group Management
Authorization Dependency Viewer

Abbildung 8.11 User & Role Management im SAP HANA Cockpit

Hier sind insbesondere die Menüpunkte **Role Assignment**, **Privilege Assignment** und **Role Management** relevant. Wie die Namen suggerieren, können Sie in den ersten beiden Menüs entweder einzelne Berechtigungen oder ganze Rollen an Benutzer verteilen, während das letzte Menü das Bearbeiten von Rollen erlaubt.

8.3.1 Berechtigungen

Da SAP HANA eine Datenbank ist, sind die Berechtigungen ähnlich gestaltet wie bei anderen SQL-basierten Datenbanken: Im Kern des SAP-HANA-Berechtigungssystems sind die sogenannten *Objektprivilegien*, die den Zugriff auf Objekte in der Datenbank wie Tabellen, Schemas oder Views steuern. Daneben gibt es allerdings noch die folgenden vier weiteren Berechtigungstypen:

- *Systemprivilegien* (für administrative Tätigkeiten)
- *Analytische Privilegien* (für feingranulare Berechtigungen innerhalb von Tabellen)
- *Paketprivilegien* (für Berechtigungen im SAP HANA Repository)
- *Applikationsprivilegien* (für Berechtigungen auf Apps im SAP-HANA-XS-Classic-Applikationsserver)

Objektprivilegien

Um ein Objekt in der Datenbank aufzurufen oder zu bearbeiten, benötigt ein Benutzer das passende Objektprivileg. Dies gilt gleichermaßen für Tabellen, Views, Schemas und Prozeduren. Da SAP HANA im Kern SQL verwendet, entsprechen die Privilegien den hier verfügbaren Aktionen. Es können also jeweils die Berechtigungen für Aktionen wie `SELECT`, `INSERT`, `UPDATE`, `DELETE`, `DROP`, `ALTER`, `CREATE`, `EXECUTE` und weitere vergeben werden. Nicht alle diese Berechtigungen sind für alle Objekte gültig, so kann z. B. `EXECUTE` nur für Prozeduren vergeben werden. `INSERT` oder `DELETE` beispielsweise gibt es bei Prozeduren nicht, dafür aber bei Tabellen, Views usw.

Die Datenbank prüft bei jedem Datenaufruf implizit und automatisch, ob der aufrufende Benutzer dazu berechtigt ist. Ist er dies nicht, wird der Zugriff verweigert und eine Fehlermeldung ausgegeben. Für den Aufruf sind nur folgende Benutzer berechtigt:

- der Besitzer des Objekts
- der Besitzer des Schemas, in dem das Objekt liegt
- Benutzer, die explizit die Berechtigungen für den Aufruf bekommen haben

Objektprivilegien vergeben

Die Objektprivilegien können direkt per SQL mit dem Befehl `GRANT` vergeben werden. Dessen Syntax lautet wie folgt:

```
GRANT <Objektprivileg> ON <Objekt> TO <Benutzer>
```

Neben Benutzern können mit diesem Befehl auch Berechtigungen zu Katalogrollen hinzugefügt werden. In Abschnitt 8.3.2, »Rollen«, erfahren Sie mehr über Katalogrollen und ihre Funktionsweisen.

Berechtigungsvergabe

Um beispielsweise Benutzer1 die Berechtigungen zum Lesen von Tabelle1 in Schema1 zu geben, können Sie den Befehl `GRANT SELECT ON Sche-`

ma1.Tabelle1 TO Benutzer1 verwenden. Um demselben Benutzer die Berechtigung zum Ausführen von Prozedur1 zu geben, verwenden Sie GRANT EXECUTE ON Prozedur1 TO Benutzer1.

Beachten Sie, dass bei der Berechtigungsvergabe auf ein gesamtes Schema die Syntax leicht verändert ist. Hier muss das Schlüsselwort SCHEMA hinzugefügt werden: GRANT SELECT ON SCHEMA Schema1 TO Benutzer1.

Zunächst sind nur die Besitzer der jeweiligen Objekte in der Lage, diese Berechtigungen an andere zu vergeben. Allerdings ist es möglich, das Recht zum Vergeben bestimmter Objektprivilegien weiterzugeben. Fügen Sie dazu den Zusatz WITH GRANT OPTION an.

Beachten Sie außerdem, dass Datenbankobjekte und dadurch auch deren Privilegien an Ihre Besitzer gebunden sind. Werden die Benutzer gelöscht, werden dadurch auch automatisch alle ihre Objekte entfernt.

Systemprivilegien

Systemprivilegien werden verwendet, um Benutzern verschiedene administrative Aktivitäten im System zu erlauben. Dabei kann es sich zum Beispiel um das Ändern von Parametern, das Verwalten von Lizenzen oder das Durchführen von Backups handeln.

Das Systemprivileg AUDIT ADMIN berechtigt z. B. den Benutzer, das Audit Logging in SAP HANA zu konfigurieren und zu verwalten. Das Privileg INIFILE ADMIN ermöglicht es dem Benutzer, sämtliche Konfigurationsparameter im System anzupassen. Das Privileg DATABASE STOP ermöglicht es dem Benutzer, eine Datenbank im System (System Database oder Tenant) herunterzufahren. Wie Sie sehen, handelt es sich bei diesen Privilegien häufig um sehr kritische Berechtigungen, die nur an Benutzer vergeben werden sollten, die diese ausdrücklich benötigen.

Gültigkeit von Systemprivilegien

Systemprivilegien gelten im Normalfall nur in der Datenbank, in der sie vergeben wurden. Es gibt nur vier Ausnahmen von dieser Regel:

- DATABASE ADMIN
- DATABASE AUDIT ADMIN
- DATABASE START
- DATABASE STOP

Diese Privilegien können ausschließlich in der System Database vergeben werden und nicht in Tenants. Im Gegensatz zu anderen Systemprivilegien erlauben sie es außerdem, Einfluss auf andere Tenants zu nehmen. Mit

DATABASE START und DATABASE STOP können Tenants beispielsweise von der System Database aus ein- und ausgeschaltet werden.

Systemprivilegien vergeben

Systemprivilegien können ähnlich wie Objektprivilegien per SQL-Anweisung vergeben werden. Nutzen Sie dafür den Befehl GRANT <Systemprivileg> TO <Benutzer>. Auch hier gibt es die Möglichkeit, mit dem Suffix WITH GRANT OPTION dem Benutzer zu ermöglichen, das jeweilige Privileg selbst weiterzugeben.

So können Sie beispielsweise Benutzer1 die Berechtigung zur Benutzerverwaltung mit dem Befehl GRANT USER ADMIN TO Benutzer1 geben.

Eine komplette Liste aller Systemprivilegien mit Erläuterungen finden Sie im SAP HANA Security Guide for SAP HANA Platform in Abschnitt 8.1.1.

Analytische Privilegien

Für bestimmte Anwendungsfälle sind Objektprivilegien nicht granular genug, um die Geschäftsanforderungen abzudecken. Denken Sie beispielsweise an eine Tabelle, in der die Verkaufszahlen aller Filialen eines Unternehmens hinterlegt sind. Die Filialleiter*innen sollen auf die Daten zugreifen können, allerdings nur für ihre jeweils eigene Niederlassung. Mit Objektprivilegien könnten Sie den Zugriff nur ganz oder gar nicht erlauben. Hier kommen die analytischen Privilegien ins Spiel. Sie ermöglichen es, Benutzern Zugriff auf bestimmte Teile einer Tabelle anhand von bestimmten Kriterien zu geben.

[«]

Weitere Zugriffsmöglichkeiten

Zusätzlich ermöglichen analytische Privilegien auch den Zugriff auf verschiedene Objekte zur Datenanalyse, wie Attribute Views, Analytic Views und Calculation Views. Auf diese werden wir an dieser Stelle allerdings nicht näher eingehen.

Analytische Privilegien können entweder auf Basis von XML oder SQL erstellt werden. Allerdings werden XML-basierte Varianten seit SAP HANA 2.0 SPS 02 nicht mehr unterstützt, weshalb Sie nur SQL-basierte verwenden sollten.

Beispiel für ein analytisches Privileg

Schauen wir uns ein simples Beispiel für ein solches Privileg an: Stellen Sie sich eine Tabelle namens Verkaufszahlen vor, in der die Anzahl der verkauften Artikel für jede Filiale steht, wie in Tabelle 8.2.

Filiale	ID	Verkaufszahlen
Neuhausen	1	1214
Heidelberg	2	1503
Bonn	3	1337

Tabelle 8.2 Beispieltabelle mit Verkaufszahlen von Filialen

Zudem gibt es eine Tabelle namens `Filialleiter` (Tabelle 8.3), in der die Manager und Ihre Filialzugehörigkeit stehen.

Name	FilialeID
Max Mustermann	2
Bob Beyer	3
Alice Altmann	1

Tabelle 8.3 Beispieltabelle mit Filialleiter*innen

View erstellen

Nun müssen Sie zunächst eine View auf Basis der Tabelle `Verkaufszahlen` erstellen, da nur Views analytische Privilegien erlauben:

```
CREATE VIEW V_Verkaufszahlen AS SELECT * FROM Verkaufszahlen WITH
STRUCTURED PRIVILEGE CHECK;
```

Nun können Sie das folgende analytische Privileg erstellen:

```
CREATE STRUCTURED PRIVILEGE P_Verkaufszahlen FOR SELECT
ON V_Verkaufszahlen WHERE ID =
 (SELECT a.FilialeID FROM Filialleiter WHERE SESSION_USER=a.name);
```

Nach dem Erstellen wird beim Aufruf der View nun auch dieses Privileg geprüft. Ein Benutzer benötigt also sowohl das Objektprivileg `SELECT` auf die View `V_Verkaufszahlen` als auch das hier erstellte Privileg `P_Verkaufszahlen`. Zudem muss er einen entsprechenden Eintrag in der Filialleiter-Tabelle haben.

Paketprivilegien

Die letzten beiden Berechtigungstypen in SAP HANA beziehen sich speziell auf den Applikationsserver SAP HANA XS Classic. Apps im XS Classic befinden sich im sogenannten *Repository* von SAP HANA, eine Art Ordnerstruktur für Dateien. Darin liegen die Entwicklungsobjekte von Apps, also ihr Quellcode.

Paketprivilegien

Die einzelnen Ordner in dieser Struktur werden *Pakete* genannt. Ein Paket kann mehrere Dateien, aber auch weitere Unterpakete enthalten. Der Zugriff darauf kann feingranular für einzelne Pakete erlaubt werden. Dafür gibt es die Paketprivilegien. Ein Paketprivileg bezieht sich immer auf ein konkretes Paket und beschreibt zudem die erlaubte Art und Weise des Zugriffs. Es gibt die folgenden Zugriffsarten:

- REPO.READ (Lesezugriff auf die Objekte in dem Paket)
- REPO.EDIT_NATIVE_OBJECTS (Änderungen an Objekten in dem Paket)
- REPO.ACTIVATE_NATIVE_OBJECTS (Aktivierung von Objekten in dem Paket)
- REPO.MAINTAIN_NATIVE_PACKAGES (Änderung der Paketstruktur innerhalb des Pakets)

Diese Berechtigungen gelten nur für Objekte, die nativ für das System sind, also die in demselben System erstellt wurden. Für Objekte, die aus anderen Systemen importiert wurden, gibt es separate Berechtigungen. Diese heißen statt REPO.EDIT_NATIVE_OBJECTS dann REPO.EDIT_IMPORTED_OBJECTS usw. Das Privileg REPO.READ ist das einzige, das gleichermaßen für native und importierte Objekte gilt. Diese Unterscheidung kann nützlich sein, da Entwickler oft nur an ihren eigenen Objekten arbeiten sollen, während importierte Objekte in dem jeweiligen Quellsystem bearbeitet werden.

Paketprivilegien können Sie ebenfalls mit dem GRANT-Befehl vergeben. Ein Beispiel für eine solche Vergabe ist:

```
GRANT REPO.READ ON "firma1.paket2" TO Benutzer1
```

Damit bekommt Benutzer1 die Berechtigung, alle Objekte innerhalb des Unterpakets paket2 zu lesen sowie aller Pakete darunter. Möchten Sie einem Benutzer Zugriff auf das komplette Repository geben, können Sie dies mit dem Schlüsselwort .REPO_PACKAGE_ROOT tun. Der Befehl würde dann lauten:

```
GRANT REPO.READ ON .REPO_PACKAGE_ROOT TO Benutzer1
```

Auch hier können Sie den Zusatz WITH GRANT OPTION benutzen, wie bei den vorherigen Privilegien beschrieben.

Applikationsprivilegien

Direkten Zugriff auf das Repository sollten in den meisten Fällen nur Entwickler*innen haben und keine Endanwender*innen. Um Benutzern Zugriff auf Anwendungen innerhalb des Repository zu geben, können Sie die Applikationsprivilegien verwenden. Sie erlauben den Benutzern den Zugriff auf Apps im SAP-HANA-XS-Classic-Applikationsserver über den Webbrowser. Applikationsprivilegien in SAP HANA sind aktivierte Objekte aus dem Repository, deshalb können sie nicht wie andere Privilegien über den Befehl `GRANT` zugewiesen werden. Ihr Besitzer ist immer der technische Nutzer `_SYS_REPO`. Stattdessen stellt SAP hierfür die beiden Datenbankprozeduren `GRANT_APPLICATION_PRIVILEGE` und `REVOKE_APPLICATION_PRIVILEGE` bereit. Diese können Sie folgendermaßen benutzen, um einem Benutzer ein Applikationsprivileg zu geben:

```
CALL "_SYS_REPO"."GRANT_APPLICATION_
PRIVILEGE" ("firma1.paket2::Applikation3", "Benutzer1")
```

8.3.2 Rollen

Alle im vorherigen Abschnitt beschriebenen Privilegien können in Rollen zusammengefasst werden, die wiederum einem oder mehreren Benutzern oder auch anderen Rollen zugewiesen werden können. Dementsprechend bilden Rollen meist eine bestimmte Geschäftstätigkeit ab, wie z. B. Administrator oder Entwickler. Dabei sollten Sie beachten, dass Sie dem *Need-to-know-Prinzip* folgen. Das bedeutet, dass Benutzer durch Rollen immer nur die Berechtigungen bekommen sollten, die sie absolut benötigen. Systemprivilegien sollten z. B. nur an ausgewählte Administratoren vergeben werden. Objektzugriffe auf ganze Schemata sollten vermieden werden. Vergeben Sie stattdessen, wenn möglich, einzelne Objekte. Achten Sie außerdem darauf, dass die Rollen auch nur den Benutzern zugewiesen werden, die sie benötigen.

Run-Time- und Design-Time-Rollen

In SAP HANA gibt es zwei grundlegend verschiedene Rollenkonzepte, die sogenannten *Run-Time-Rollen* (auch Katalogrollen genannt) und die sogenannten *Design-Time-Rollen* (auch Repository-Rollen genannt). Der Unterschied liegt, wie der Name schon andeutet, darin, wann die Rollen erstellt werden. Run-Time-Rollen sind auf SQL basierende Rollen innerhalb der Datenbank. Sie werden während der Laufzeit erstellt und können direkt verwendet werden. Design-Time-Rollen werden nicht direkt in der Datenbank erstellt, sondern mithilfe einer Art Skriptsprache während der Entwicklungsphase. Sie werden als Dateien mit der Endung `.hdbrole` abgelegt. Von dort können sie dann während der Laufzeit aktiviert werden, dadurch wird eine zugehörige Katalogrolle erstellt, die den Datenbankbenutzern zugewiesen werden können. Dieses Prinzip wird in Abbildung 8.12 veranschaulicht.

Vorteile von Repository-Rollen

Obwohl die Katalogrollen simpler zu erstellen sind, empfehlen wir trotzdem nicht, diese in produktiven Umgebungen zu verwenden. Hierfür sollten Repository-Rollen verwendet werden, die die folgenden Vorteile haben:

- Sie können über das SAP HANA Application Lifecycle Management in andere Systeme transportiert werden.
- Sie können einer Versionierung unterlegt werden.
- Katalogrollen haben als Besitzer jeweils den Ersteller. Wird der Benutzer gelöscht, verschwinden auch seine Rollen. Bei aktivierten Repository-Rollen ist der Besitzer stets der technische Benutzer `_SYS_REPO`.

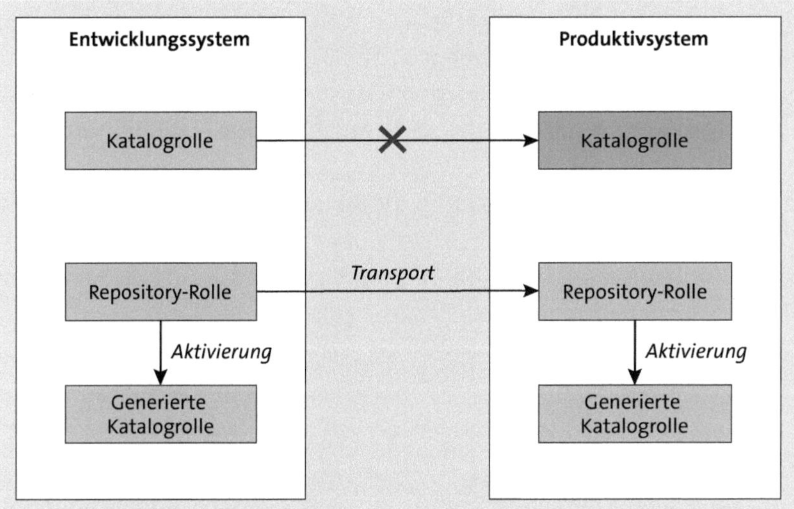

Abbildung 8.12 Run-Time-Rollen vs. Repository-Rollen

Im Folgenden beleuchten wir die beiden Rollentypen näher und erklären, wie Sie diese erstellen können.

Katalogrollen

Bei Katalogrollen handelt es sich um normale SQL-Objekte, wie sie aus anderen relationalen Datenbanken bekannt sind. Erstellen können Sie diese mit dem Befehl `CREATE ROLE <Name>`. Wie bei anderen Datenbankobjekten ist der Ersteller der Rolle automatisch auch ihr Besitzer. Sie benötigen für die Erstellung das Systemprivileg `ROLE ADMIN`.

Katalogrollen verteilen

Verteilen können Sie diese Rollen mit dem Befehl `GRANT <Rollenname> TO <Benutzer>`. Auch hier gibt es den optionalen Zusatz `WITH GRANT OPTION`. Das Vergeben ist nur dem Benutzer der Rolle und Benutzern, die die Rolle mit Grant-Option zugewiesen bekommen haben, erlaubt.

Sie verwenden den GRANT-Befehl außerdem auch, um der Rolle Berechtigungen zuzuweisen. Ähnlich wie bei der Zuweisung der Rolle selbst dürfen Sie nur Privilegien einer Rolle zuweisen, die Sie selbst besitzen. Hier gibt es allerdings eine Ausnahme: Besitzen Sie das Privileg ROLE ADMIN, so dürfen Sie jegliche Privilegien an Rollen vergeben. Schauen Sie sich folgendes Beispiel für die Erstellung einer solchen Rolle an:

```
CREATE ROLE BackupAdmin;
GRANT BACKUP ADMIN, BACKUP OPERATOR TO BackupAdmin;
GRANT BackupAdmin TO Benutzer1;
```

Das SAP HANA Cockpit verwenden

Wenn Sie solche Rollen nicht direkt per SQL bearbeiten möchten, können Sie dies alternativ über das SAP HANA Cockpit tun. Navigieren Sie dazu zu der Kachel **User & Role Management** in der Datenbankübersicht Ihres Systems und klicken Sie auf **Role Management** bzw. **Role Assignment**. Im Menü **Role Management** können Sie per Klick auf ⊞ eine neue Rolle erstellen. Im darauffolgenden Menü (siehe Abbildung 8.13) können Sie zunächst der Rolle einen Namen vergeben. Durch die Auswahl **Create Role in Schema** können Sie entscheiden, ob die Rolle global verfügbar sein oder einem Datenbankschema angehören soll. Wählen Sie hier **Yes**, müssen Sie im folgenden Feld **Assigned Schema** ein Schema angeben.

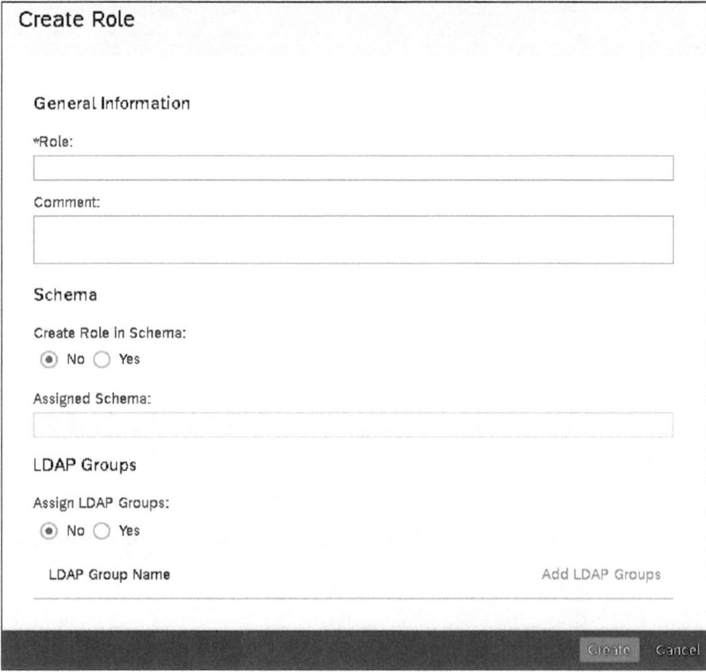

Abbildung 8.13 Katalogrollen im SAP HANA Cockpit erstellen

Schließlich können Sie hier noch optional über den Punkt **LDAP-Groups** eine LDAP-Gruppe auswählen. Dieser Punkt ermöglicht es, Autorisierungen per LDAP zu vergeben. Wir gehen allerdings an dieser Stelle nicht näher auf diese Funktion ein.

Möchten Sie die neu erstelle Rolle einem Benutzer vergeben, navigieren Sie zu **Role Assignment**. Wählen Sie hier zunächst über das Suchfeld den Benutzer aus, dem Sie die Rolle geben möchten. Im darauffolgenden Bildschirm (siehe Abbildung 8.14) sehen Sie nun die vergebenen Rollen. Klicken Sie auf **Edit** und danach auf **Add**, um neue Rollen hinzuzufügen, und bestätigen Sie die Änderung mit **Save**.

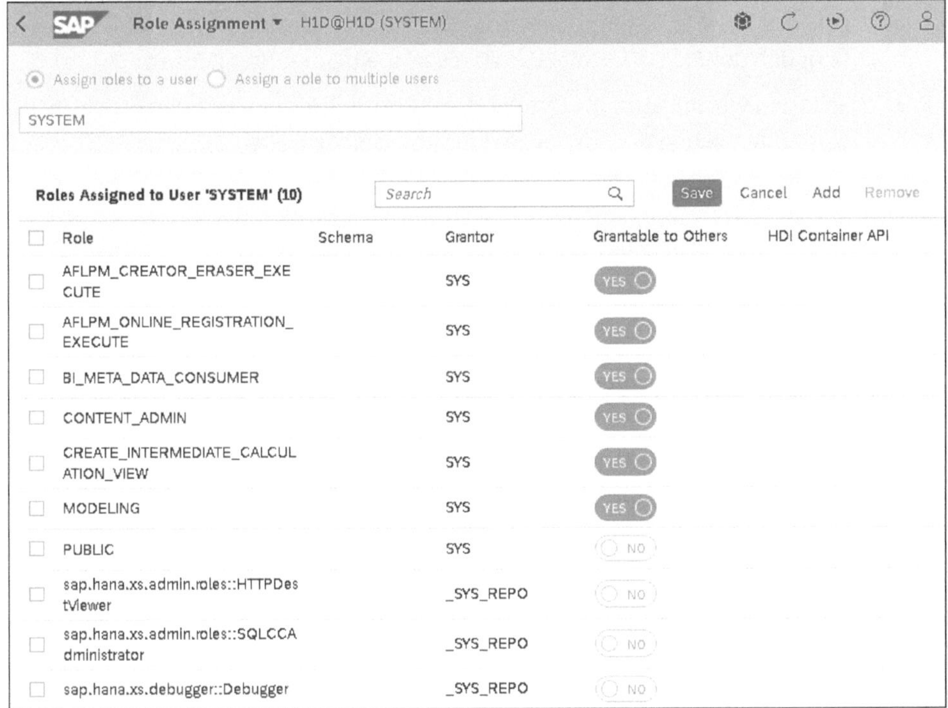

Abbildung 8.14 Katalogrollen vergeben im SAP HANA Cockpit

Repository-Rollen

Im Gegensatz zu den Katalogrollen werden Repository-Rollen nicht per SQL erstellt, sondern im Entwicklungsprozess mit einer Art Skriptsprache geschrieben. In Umgebungen mit dem neueren SAP-HANA-XS-Advanced-Applikationsserver werden diese Rollen als sogenannte HDI-Rollen erstellt. Auf diese Variante gehen wir hier allerdings nicht näher ein.

Repository-Rollen benutzen

Um eine Repository-Rolle nutzen zu können, muss diese zunächst aktiviert werden. Bei diesem Prozess generiert die Datenbank eine Katalogrolle, die mit der Repository-Rolle verknüpft ist. Diese besitzt genau die Berechtigungen, die in der Rollendatei festgelegt wurden. Die generierte Katalogrolle kann nun ähnlich wie eine normale Katalogrolle verwendet werden. Es gibt allerdings bei der Verwendung einige Besonderheiten. Da die Rolle aus dem Repository generiert wird, ist der Besitzer dieser Rollen in der Datenbank immer der technische Benutzer _SYS_REPO. Als Rollenadministrator können Sie diese Rollen zudem nicht ohne Weiteres zuweisen, da Sie nicht der Besitzer sind. Hierfür stellt SAP zwei Datenbankprozeduren bereit, GRANT_ACTIVATED_ROLE und REVOKE_ACTIVATED_ROLE. Wie der Name suggeriert, können Sie diese nutzen, um die generierten Katalogrollen zu vergeben und zu entfernen. Die Prozeduren werden im Hintergrund mit den Berechtigungen des _SYS_REPO-Benutzers ausgeführt. Als Administrator benötigen Sie lediglich das EXECUTE-Objektprivileg auf die beiden Prozeduren.

Syntax der ».hdbrole«-Dateien

Schauen wir uns nun die Syntax der **.hdbrole**-Dateien im Repository an. Im Folgenden sehen Sie ein Beispiel für eine solche Rolle:

```
role firma1.rollen::BackupAdmin
{
    system privilege: BACKUP ADMIN;
    system privilege: BACKUP OPERATOR;
}
```

Wie Sie sehen, beginnt jede Rollendefinition mit role, gefolgt von dem Pfad im Repository (firma1.rollen) sowie dem Namen der Rolle (BackupAdmin). In den geschweiften Klammern können nun die Berechtigungen definiert werden. In diesem Fall besitzt die Rolle nur zwei Systemprivilegien, es können aber über die Schlüsselwörter application privilege, package, analytic privilege, sql object und schema die anderen Berechtigungstypen hinzugefügt werden. Nach Aktivierung bekommt diese Rolle den Namen firma1.rollen::BackupAdmin. Diese können Sie nun mit dem Befehl CALL GRANT_ACTIVATED_ROLE ('firma1.rollen::BackupAdmin', 'Benutzer1') zuweisen.

Das SAP HANA Cockpit verwenden

Über das SAP HANA Cockpit können Sie diese generierten Rollen auf dieselbe Weise vergeben, wie die vorher beschriebenen Katalogrollen. In diesem Fall wird in dem Feld **Grantor** allerdings nicht Ihr Benutzername stehen, sondern _SYS_REPO.

8.3.3 Analyse von fehlenden Berechtigungen

Während der Entwicklung von Rollen für Ihr SAP-HANA-System kann es vorkommen, dass bestimmte benötigte Berechtigungen noch nicht Teil einer neuen Rolle sind. Auch bei bereits existierenden Rollen kann es zu

Problemen kommen, wenn sich die Anforderungen der jeweiligen App verändern, ohne dass die Rolle entsprechend angepasst wird.

Debugging

Um diese Probleme analysieren zu können, bietet SAP eine spezielle Debugging-Methode an, mit der Sie solche fehlenden Berechtigungen prüfen können. Wenn Endanwender*innen versuchen, eine Aktivität durchzuführen, für die sie keine Berechtigungen haben, bekommen sie eine Fehlermeldung angezeigt. Diese Fehlermeldung enthält eine eindeutige Nummer, die *GUID* genannt wird. Anhand dieser kann der*die Entwickler*in sich im Nachhinein die Details dieses Fehlers anschauen, um genau herauszufinden, wo das Problem lag.

Schauen wir uns ein Beispiel für eine solche Fehlermeldung an: Angenommen, es gibt die Nutzer `BENUTZER1` und `BENUTZER2` in einem SAP-HANA-System. Beide haben jeweils ihre eigenen gleichnamigen Schemata. In dem Schema von `BENUTZER1` gibt es eine Tabelle namens »Tabelle«. `BENUTZER2` versucht nun, mit folgendem Befehl auf diese Tabelle zuzugreifen:

```
SELECT * FROM "BENUTZER1"."Tabelle"
```

Da er nicht der Besitzer der Tabelle ist und auch anderweitig keine Berechtigungen dafür besitzt, bekommt er die Fehlermeldung aus Abbildung 8.15.

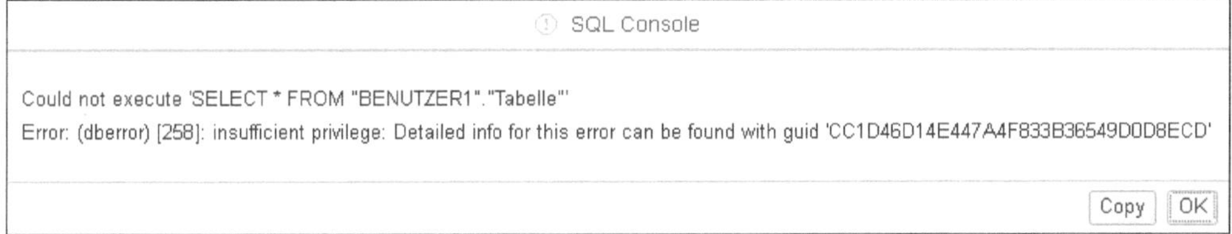

Abbildung 8.15 Fehlende Berechtigungen in SAP HANA

Genaue Fehleranalyse mit der GUID im SAP HANA Cockpit

Die in dieser Fehlermeldung angegebene GUID können Sie nun verwenden, um den Fehler genauer zu analysieren. Dies können Sie am einfachsten direkt im SAP HANA Cockpit tun. Hierfür gibt es in der Datenbankübersicht die Kachel **Insufficient Privilege Details** (siehe Abbildung 8.16).

Abbildung 8.16 Kachel zur Berechtigungsanalyse im SAP HANA Cockpit

Hier können Sie nun die GUID aus der Fehlermeldung eingeben und auf **Enter** klicken.

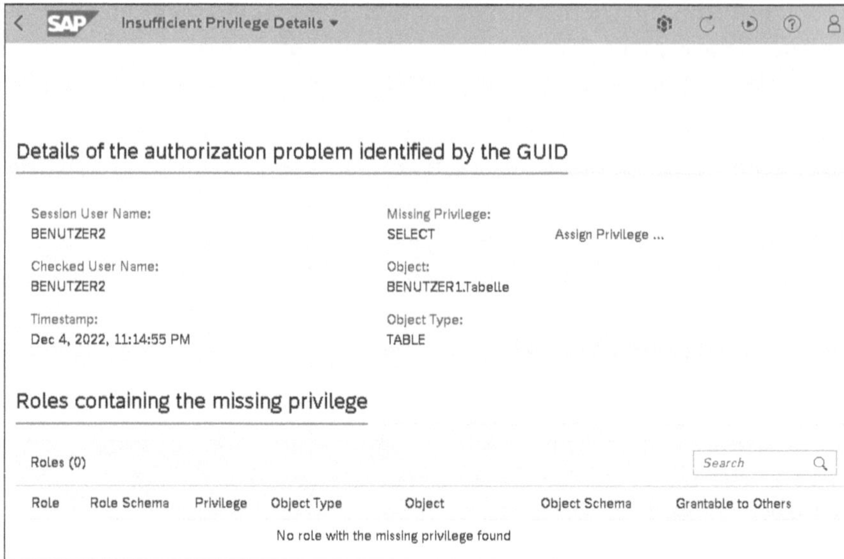

Abbildung 8.17 Detaillierte Berechtigungsanalyse im SAP HANA Cockpit

In Abbildung 8.17 sehen Sie die darauffolgende detaillierte Ansicht. Wie Sie sehen, können Sie hier genau herausfinden, wann der Fehler aufgetreten ist, welcher Benutzer ihn ausgelöst hat, um welches fehlende Privileg es sich handelte und auf welches Objekt zugegriffen werden sollte.

Alternativ können Sie diese Informationen auch direkt per SQL-Anweisung einholen. Hierfür können Sie die Datenbankprozedur `GET_INSUFFICIENT_PRIVILEGE_ERROR_DETAILS` verwenden.

8.4 Zusammenfassung

In diesem Kapitel haben Sie das Berechtigungskonzept von SAP HANA kennengelernt. Sie haben erfahren, welche Arten von Benutzern es in SAP HANA gibt und wie Sie diese mit dem SAP HANA Cockpit verwalten können. Außerdem haben Sie die verschiedenen Standardbenutzer in einem SAP-HANA-System kennengelernt und erfahren, wie Sie mit ihnen umgehen sollten.

Sie haben Einblick in die verschiedenen Arten von Berechtigungen und ihre Eigenheiten und Einsatzzwecke bekommen. Sie haben erfahren, wie Sie diese in Rollen verpacken können, um Ihr Berechtigungskonzept besser verwalten und skalieren zu können. Abschließend haben Sie ein Werkzeug kennengelernt, mit dem Sie Berechtigungsfehler effektiv nachvollziehen und beheben können.

Kapitel 9
Fehlerbehebung und Traces

Neue Technologien wie SAP S/4HANA, SAP Fiori und CDS-Views bringen neue Fehlermöglichkeiten, aber auch neue Werkzeuge zur Fehlerbehebung mit sich. Zur Fehleranalyse und -behebung werden neben den neuen Werkzeugen weiterhin die Transaktion SU53 und die Berechtigungstraces verwendet.

Die Analyse und Lösung von Berechtigungsfehlern in SAP gehört im Tagesbetrieb und während der Testphasen in Projekten zu den wichtigsten Aufgaben der Berechtigungsadministration. Im SAP-Standard stehen verschiedene Werkzeuge zur Fehleranalyse zur Verfügung, insbesondere die Transaktion SU53. Diese Transaktion wird in Abschnitt 9.1 beschrieben. Eine wichtige Rolle bei der Analyse von Berechtigungsfehlern spielen verschiedene Traces, die auch bei der Pflege der Berechtigungsvorschlagswerte in der Transaktion SU24 verwendet werden. Diese Traces erklären wir in Abschnitt 9.2. Die Besonderheiten der Fehlerbehebung für Anwendungen, die auf CDS-Views basieren, verdeutlichen wir Ihnen anhand eines Beispiels in Abschnitt 9.3.

Mit der Einführung des SAP Fiori Launchpad treten neue Arten von Fehlern auf. Die meisten Fehler haben normalerweise nichts mit Berechtigungen zu tun, werden aber zuerst der Berechtigungsadministration gemeldet. In Abschnitt 9.4, »Fehlerbehebung für SAP-Fiori-Berechtigungen«, erklären wir, wie das Plug-in für das SAP-Fiori-App-Support-Tool aktiviert wird und wie Sie typische Fehler in Fiori-Berechtigungen analysieren und beheben können.

9.1 Die Transaktion SU53

Zweck der Transaktion SU53

Die erfahrungsgemäß auch in den Fachabteilungen bekannteste Auswertungsmöglichkeit im Rahmen der Berechtigungen ist die Transaktion SU53 (Auswertung der Berechtigungsprüfung). Sie dient der Überprüfung von Berechtigungsfehlern. Wenn ein Benutzer in einem SAP-System versucht, auf eine bestimmte Funktion oder einen bestimmten Transaktionscode zuzugreifen, und dafür nicht über ausreichende Berechtigungen verfügt, wird ein Berechtigungsfehler ausgelöst.

Die Transaktion SU53 ermöglicht es dem Benutzer, diesen Berechtigungsfehler zu überprüfen und detaillierte Informationen über die fehlenden Berechtigungen zu erhalten. Sie zeigt die Berechtigungsobjekte und Feldwerte an, die zur Identifizierung von Berechtigungsproblemen und zur Fehlerbehebung verwendet werden können. Mit dem Parameter `auth/su53_buffer_entries` steuern Sie die maximale Anzahl von Einträgen, die im SU53-Buffer gespeichert werden können. Wird diese Anzahl überschritten, werden ältere Einträge automatisch gelöscht, um Platz für neue Einträge zu schaffen. Der Standardwert für diesen Parameter beträgt 100. Das bedeutet, dass die letzten 100 fehlgeschlagenen Aktionen gespeichert werden.

Praxisübung mit der Transaktion SU53

Führen Sie als Praxisübung die Transaktion MM03 mit einem Testbenutzer aus, der nur über die Anwendungen aus der Grundrolle (siehe Abschnitt 6.2.8, »Grundrolle anlegen«) verfügt. Sie erhalten die Meldung, dass Sie keine Berechtigung für die Transaktion MM03 haben (siehe Abbildung 9.1). Die Anzeige der Fehlermeldung kann je nach den Einstellungen Ihres SAP GUI variieren.

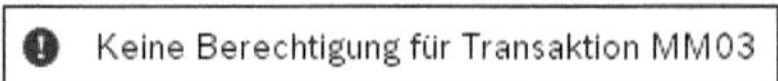

Abbildung 9.1 Anzeige des Berechtigungsfehlers zur Transaktion MM03

Anzeige der Berechtigungs-püfung

Rufen Sie anschließend mit dem Testbenutzer direkt die Transaktion SU53 auf. Alternativ dazu rufen Sie die Transaktion SU53 mit Ihrem eigenen Benutzer (nicht mit dem Testbenutzer) auf und klicken auf das Icon (**Anzeige für anderen Benutzer**). Anschließend tragen Sie die Benutzer-ID des Testbenutzers in das Feld **Benutzer** ein und klicken auf das Icon (**Ausführen**) (siehe Abbildung 9.2).

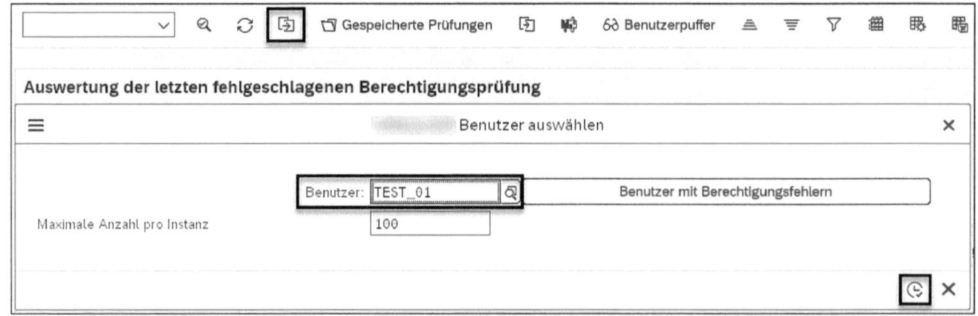

Abbildung 9.2 Transaktion SU53: Eingabe der Benutzer-ID

Um die fehlgeschlagene Berechtigungsprüfung des anderen Benutzers sehen zu können, benötigen Sie das Berechtigungsobjekt S_USER_GRP (Benutzerstammpflege: Benutzergruppen) mit dem Wert 03 (Anzeigen) im Berechtigungsfeld **ACTVT** (Aktivität) sowie der entsprechenden Benutzergruppe im Berechtigungsfeld **CLASS** in Ihren Rollen.

> **Neues Layout der Transaktion SU53**
> Seit dem SAP-Basis-Release 7.55 SAP S/4HANA 2020 hat sich das Layout der Transaktion SU53 geändert. Nutzen Sie gemäß dem SAP-Hinweis 3111983 (SU53 – New layout appears) die Transaktion SU53_OLD, wenn Sie das alte Layout bevorzugen. Weitere Informationen zur Transaktion SU53 im Kontext von Web-Dynpro-Anwendungen finden Sie in SAP-Hinweis 1671117 (SU53: erweiterte Funktionalität und Web-Dynpro-Eignung).

Nach einem Klick auf das Icon (**Ausführen**) sehen Sie die Auswertung der Berechtigungsprüfung (siehe Abbildung 9.3). Sie sehen im oberen Bildbereich die folgenden Grundinformationen: **Benutzername**, **System**, **Mandant**, **Instanz**, **Datum**, **Systemzeit** sowie die Ausprägung **4** des Profilparameters `auth/new_buffering` und die Angabe, seit wann die fehlgeschlagenen Prüfungen aufgeführt werden. Standardmäßig ist der Profilparameter `auth/new_buffering` auf den Wert **4** eingestellt, was bedeutet, dass Berechtigungsänderungen, wie beispielsweise Änderungen am Benutzerstamm oder an Rollen und Profilen, sofort in die Datenbanktabelle USRBF2 (Benutzerpufferinhalt für schnelle RFC-Anmeldung – neu) geschrieben und aktualisiert werden, ohne dass eine Neuanmeldung erforderlich ist.

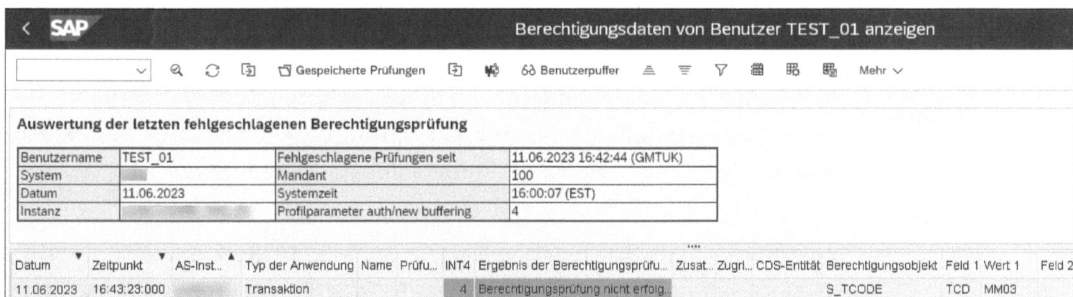

Abbildung 9.3 Transaktion SU53: Anzeige der Auswertung der letzten fehlgeschlagenen Berechtigungsprüfung

Verifikation der Fehlerursache mit der Transaktion SU56

Im unteren Bildbereich sehen Sie die Berechtigung **S_TCODE** mit der Ausprägung **MM03** sowie den Zeitstempel und das Ergebnis der Berechtigungsprüfung, das in unserem Beispiel im rot markierten Feld mit **Berechtigungsprüfung**

nicht erfolgreich bzw. dem Returncode **4** in Spalte **INT4** markiert wird. Aus diesen technischen Informationen leiten wir ab, dass dem Testbenutzer TEST_01 die Berechtigung zur Ausführung der Transaktion MM03 fehlt. Rufen Sie zur Verifikation die Transaktion SU56 (Benutzerpuffer analysieren) auf. Klicken Sie auf das Icon (**Anzeigen für anderen Benutzer / Berechtigungsobjekt**). Im Pop-up-Fenster geben Sie die Benutzer-ID des Testbenutzers und das Berechtigungsobjekt **S_TCODE** ein (siehe Abbildung 9.4).

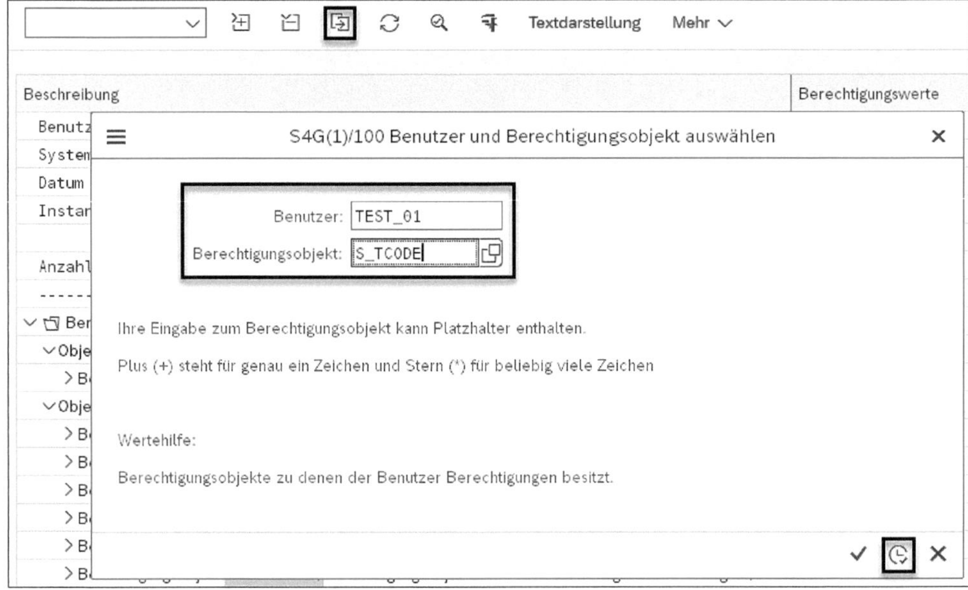

Abbildung 9.4 Transaktion SU56: Benutzer und Berechtigungsobjekt auswählen

Ausprägung des Berechtigungsobjekts in der Transaktion SU56

In Abbildung 9.5 sehen Sie die Ausprägung des Berechtigungsobjekts **S_TCODE** im Benutzerpuffer des Testbenutzers TEST_01. Im oberen Bildbereich sehen Sie die Grunddaten. Zu diesen gehören der **Benutzername**, das **System**, der **Mandant**, die **Instanz**, das **Datum**, die **Uhrzeit** sowie das **Berechtigungsobjekt**. Auch die Ausprägung **4** des Profilparameters `auth/new_buffering` wird aufgeführt.

Im unteren Bildbereich sehen Sie die Rolle **ZPSE_BCO_E_EMPT_GRUNDROLLE**, in der das Berechtigungsobjekt **S_TCODE** enthalten ist. Wenn unserem Testbenutzer noch weitere Rollen mit Transaktionen zugewiesen wären, wären sie an dieser Stelle untereinander aufgereiht. Unterhalb der Grundrolle sehen Sie die Ausprägung des Berechtigungsobjekts **S_TCODE**. Wenn Sie die Grundrolle ebenfalls gemäß Abschnitt 6.2.8, »Grundrolle anlegen«, angelegt haben, sehen Sie im Ergebnis, dass Ihrem Testbenutzer die Ausprägung **MM03** im Berechtigungsobjekt S_TCODE fehlt.

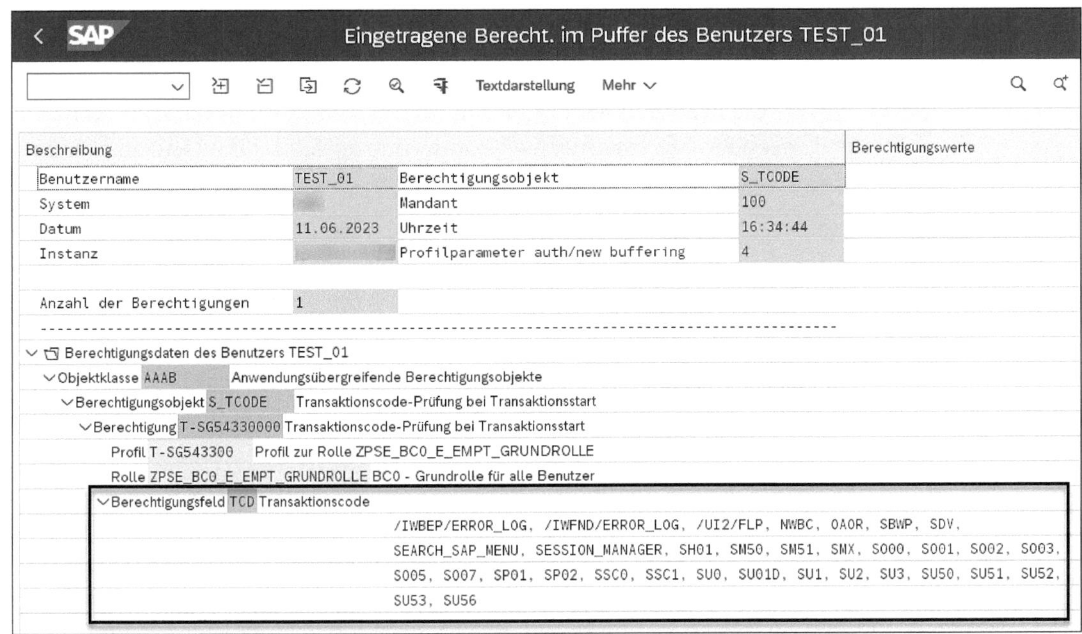

Abbildung 9.5 Transaktion SU56: das Berechtigungsobjekt S_TCODE im Benutzerpuffer des Testbenutzers

[«]

Transaktion SU56 (Benutzerpuffer)

Generell ist es auch möglich, dass die fehlende Berechtigung in den Rollen der betroffenen Benutzer enthalten ist, aber nicht im Benutzerpuffer angezeigt wird. Eine erneute Generierung der Berechtigungsdaten innerhalb der Rolle oder ein erneuter Benutzerabgleich sind in diesem Fall Lösungsansätze.

Verfahren nach einem Berechtigungsfehler

In der Praxis sollten nun folgende Punkte mit den Verantwortlichen geklärt werden:

1. Soll der Benutzer TEST_01 die Transaktion MM03 im System X, Mandant Y ausführen?
2. Falls die Antwort auf die erste Frage »Ja« lautet: Soll dem Benutzer TEST_01 eine bestehende Rolle, in der die Transaktion MM03 enthalten ist, auf System X, Mandant Y zugewiesen werden?
3. Falls die Antwort auf die erste Frage »Ja« und auf die zweite Frage »Nein« lautet: Wie soll der neue Rollenname lauten und wem ist sie zuzuweisen?

4. Falls eine neue Rolle angelegt wird, ist die Ausprägung der Berechtigungsobjekte ebenfalls mit den verantwortlichen Personen abzustimmen.

Wie Sie die bestehenden Rollen mit der Transaktion MM03 im System finden, lesen Sie in Abschnitt 6.4.1, »Anwendungsfall 1: Eine Liste aller Rollen, die eine bestimmte Transaktion beinhalten, erzeugen«.

Praxisübung für Returncodes in der Transaktion SU53

Die Returncodes aus der Transaktion SU53 schauen wir uns im Folgenden anhand eines Übungsbeispiels näher an. Fügen Sie dafür in einer neu angelegten Testrolle, die Sie Ihrem Testbenutzer zuweisen, die Transaktion MM03 hinzu. Inaktivieren Sie alle Berechtigungsobjekte außer dem Berechtigungsobjekt S_TCODE, das sie mit dem Wert »MM03« ausprägen. Rufen Sie die Transaktion MM03 auf. Sie erhalten erneut die in Abbildung 9.1 angezeigte Fehlermeldung.

Rufen Sie erneut die Transaktion SU53 auf. Sie bekommen einen Berechtigungsfehler angezeigt (siehe Abbildung 9.6). Analog zu Abbildung 9.3 sehen Sie im oberen Bildbereich erneut die Grundinformationen. Der Berechtigungsfehler besteht in dem vollständigen Fehlen des Berechtigungsobjekts **M_MATE_STA** sowie des Berechtigungswerts **03** im Feld **ACTVT**. Das erkennen Sie im unteren Bildbereich in Abbildung 9.6 am Returncode **12** in der Spalte **INT4** sowie an der Angabe **Keine Berechtigung im Benutzerstammsatz** in der Spalte **Ergebnis der Berechtigungsprüfung**.

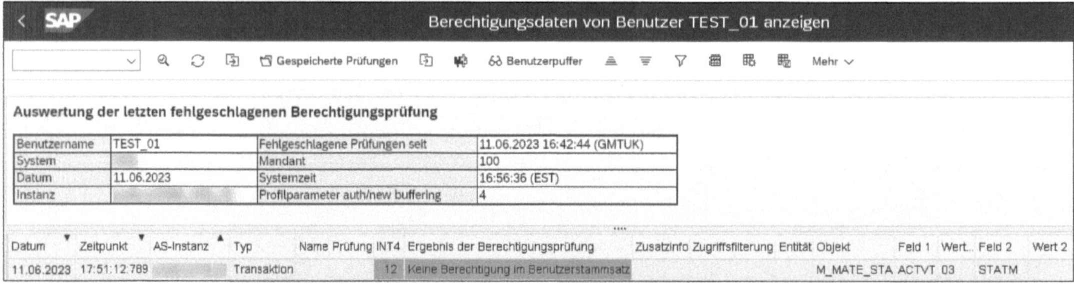

Abbildung 9.6 Transaktion SU53: Returncode 12 mit Berechtigungsfehler zur Transaktion MM03

In Tabelle 9.1 werden die Informationen zu den Returncodes zusammenfassend dargestellt.

	Benutzer TEST_01: Szenario 1	Benutzer TEST_01: Szenario 2
Zugewiesene Berechtigung	Testbenutzer TEST_01 verfügt nur über Grundberechtigungen (z. B. SU53, SU3 usw.)	Testbenutzer TEST_01 verfügt zusätzlich zu den Grundberechtigungen noch über die Startberechtigung für die Transaktion MM03
Beschreibung der Ausführung	Aufruf der Transaktion MM03	Aufruf der Transaktion MM03
Returncode	4	12
Ergebnis	Berechtigungsprüfung nicht erfolgreich	Keine Berechtigung im Benutzerstammsatz
Begründung für Returncode	Das Berechtigungsobjekt S_TCODE ist in der Grundrolle und somit im Benutzerpuffer von Testbenutzer TEST_01 enthalten, jedoch ohne die Ausprägung MM03.	Das Berechtigungsobjekt M_MATE_STA fehlt vollständig im Benutzerpuffer des Testbenutzers TEST_01.

Tabelle 9.1 Transaktion SU53: Returncode 4 und Returncode 12 anhand der Beispiele erklärt

9.2 Traces in verschiedenen Szenarien anwenden

Sowohl im Tages- als auch im Projektbetrieb begegnen Ihnen diverse Berechtigungsfehler, die Sie lösen müssen. Die Analyse- und Auswertungsmöglichkeiten im SAP-Standard, die Ihnen dabei zur Verfügung stehen, lernen Sie in diesem Abschnitt durch Praxisübungen kennen.

9.2.1 Berechtigungsfehler lösen mit der Transaktion STAUTHTRACE

Fehlersuche mit STAUTHTRACE

Bei der Transaktion STAUTHTRACE handelt es sich um eine weitere Transaktion, die bei der Fehlersuche im Zusammenhang mit fehlenden Berechtigungen eingesetzt wird. Mithilfe der Transaktion STAUTHTRACE können Sie schnell und einfach systemweit und applikationsserverübergreifend herausfinden, welche Berechtigungen für eine bestimmte Aktion systemseitig geprüft werden und welche dieser Berechtigungsprüfungen erfolgreich bzw. nicht erfolgreich waren.

Im Einstiegsbild der Transaktion STAUTHTRACE stehen Ihnen ebenfalls eine benutzerspezifische Trace-Option sowie weitere Filter und Auswertungsmöglichkeiten für eine schnelle Suche zur Verfügung. Diese Funktionen und die Trace-Option lernen Sie durch die folgende Praxisübung näher kennen.

SAP-Hinweise zur Transaktion STAUTHTRACE

Weitere Informationen, die Problemstellungen im Zusammenhang mit der Transaktion STAUTHTRACE betreffen, finden Sie in folgenden SAP-Hinweisen:

- 1603756 (Berechtigungsprüfungen aufzeichnen mit STAUTHTRACE)
- 1373111 (Verbesserungen am Berechtigungstrace)
- 3269253 (STAUTHTRACE oder ST01 zeigt keine Ergebnisse an)
- 2667040 (STAUTHTRACE: Begrenzung der maximalen Anzahl von Sätzen)

Praxisübung zur Transaktion STAUTHTRACE

Rufen Sie die Transaktion STAUTHTRACE auf. Sie sehen das Einstiegsbild (siehe Abbildung 9.7). Im oberen Bildbereich sehen Sie rechts vom Transaktionsfeld die Schaltflächen **Auswerten**, **Trace einschalten**, **Trace ausschalten** und **Systemweiter Trace**.

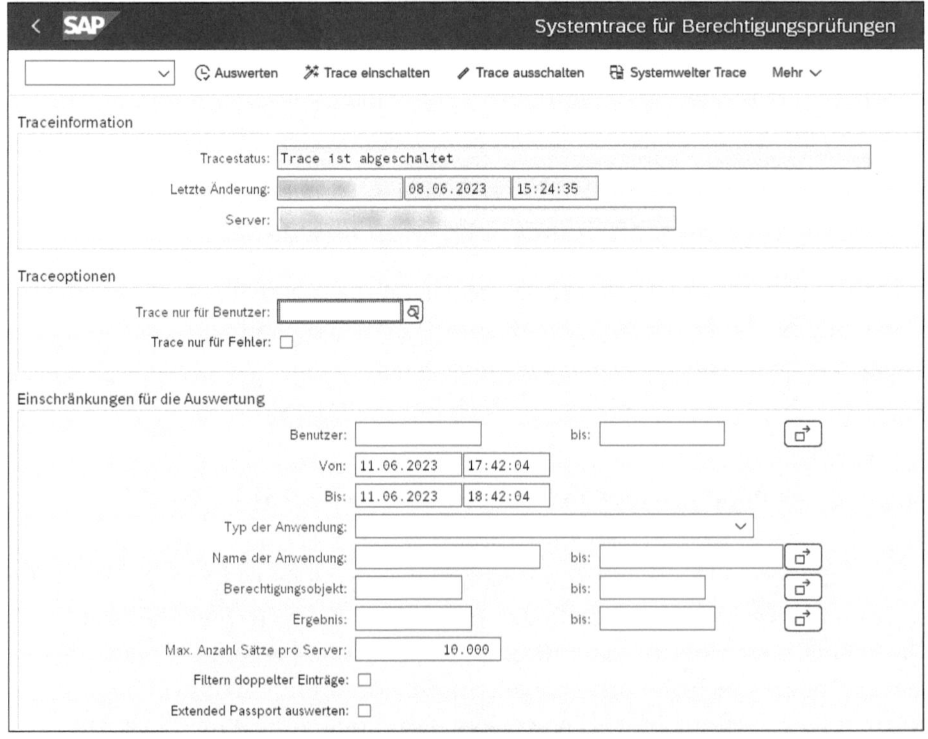

Abbildung 9.7 Einstiegsbild in der Transaktion STAUTHTRACE

Transaktion STAUTHTRACE: Trace einschalten

Im Abschnitt **Traceoptionen** sehen Sie das Feld **Trace nur für Benutzer**. Hier können Sie die Fehlersuche auf einen bestimmten Benutzer eingrenzen sowie die Auswahl treffen, dass nur Fehler angezeigt werden sollen. Die zu Beginn dieses Abschnitts erwähnten Filter- und Auswertungsmöglichkeiten sind im unteren Bildbereich abgebildet. Diese umfassen neben dem Benutzer und dem Zeitraum (**Von:** und **Bis:**) auch den Typ der Anwendung sowie den Namen der Anwendung. Auch das Berechtigungsobjekt sowie das Prüfergebnis (**Ergebnis**) können als Filterkriterium herangezogen werden. Geben Sie im Feld **Trace nur für Benutzer** die Benutzer-ID Ihres Testbenutzers ein und klicken Sie auf den Button **Systemweiter Trace**.

Markieren Sie im anschließend erscheinenden Bild alle Server und klicken Sie dann auf **Trace einschalten**. Das Ergebnis ist das aktivierte Trace für den Benutzer TEST_01. Sie erhalten eine Ansicht wie in Abbildung 9.8. In unserem Beispiel gibt es nur einen Server. Wenn es mehrere Server gibt, sehen Sie diese untereinander aufgereiht.

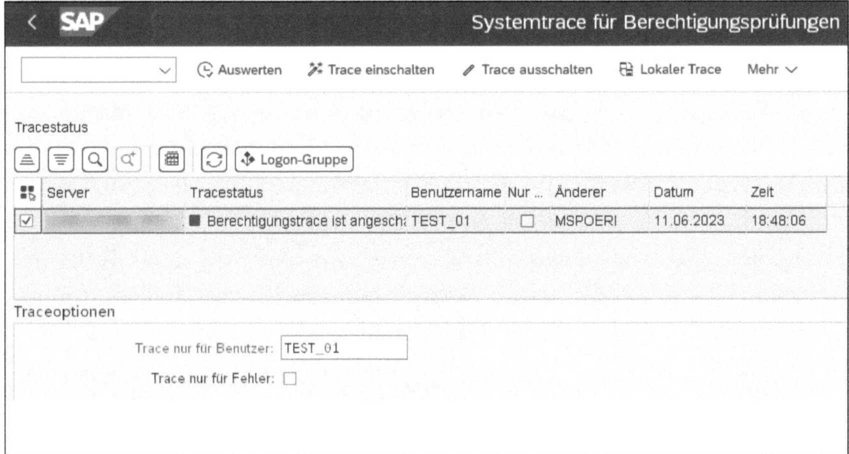

Abbildung 9.8 Transaktion STAUTHTRACE: systemweites Trace einschalten

Stellen Sie sicher, dass Ihrem Testbenutzer nur die Grundrolle zugewiesen ist. Melden Sie sich mit dem Testbenutzer im System an. Führen Sie die Transaktion FB03 (Beleg anzeigen) sowie die Transaktion MM03 (Material anzeigen) aus. In beiden Fällen erhalten Sie mit dem Testbenutzer einen Berechtigungsfehler. Rufen Sie anschließend die Transaktion SU3 (Benutzer eigene Daten pflegen) auf, die in der Grundrolle enthalten sein sollte.

Kehren Sie zum Bild der Transaktion STAUTHTRACE, die Sie mit Ihrem eigenen Benutzer aufgerufen haben, zurück. Für die nun anstehende Auswertung der Berechtigungsfehler ist der untere Bildbereich relevant. Geben Sie die ID Ihres Testbenutzers ein und schränken Sie den Zeitraum entsprechend Ihrer Ausführungszeit ein. Außerdem ist es sinnvoll, die Option **Filtern doppelter Einträge** einzuschalten, um dieselben Einträge nicht mehrmals angezeigt zu bekommen (siehe Abbildung 9.9). Klicken Sie auf den Button **Auswerten**.

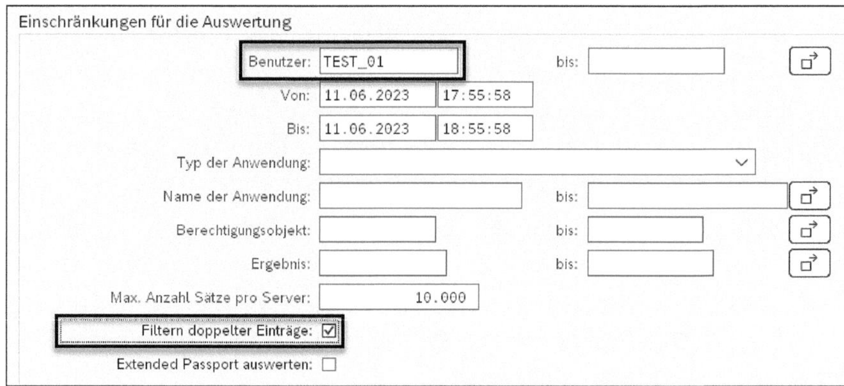

Abbildung 9.9 Transaktion STAUTHTRACE: Filteroptionen für die Auswertung

Sie erhalten das Ergebnis der Auswertung (siehe Abbildung 9.10). Sie sehen drei Zeilen mit jeweils einer Berechtigungsprüfung zu **FB03**, **MM03** und **SU3**. Der roten Farbe sowie dem Returncode **4** können Sie entnehmen, dass die Berechtigungsprüfungen zu den Transaktionen FB03 und MM03 erwartungsgemäß nicht erfolgreich waren. Die Prüfung zu **SU3** hingegen war erfolgreich. Dies wird sowohl durch die grüne Farbe als auch durch den Returncode **0** sowie die Angabe **Berechtigungsprüfung erfolgreich** in der Spalte **Ergebnis der Berechtigungsprüfung** angezeigt.

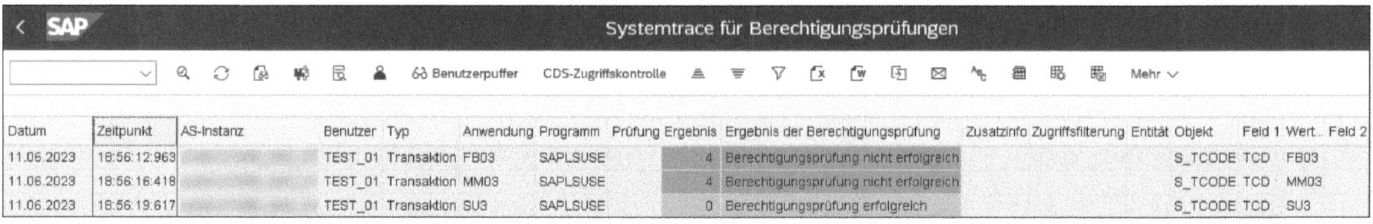

Datum	Zeitpunkt	AS-Instanz	Benutzer	Typ	Anwendung	Programm	Prüfung	Ergebnis	Ergebnis der Berechtigungsprüfung	Zusatzinfo	Zugriffsfilterung	Entität	Objekt	Feld 1	Wert...	Feld 2
11.06.2023	18:56:12:963		TEST_01	Transaktion	FB03	SAPLSUSE		4	Berechtigungsprüfung nicht erfolgreich				S_TCODE	TCD	FB03	
11.06.2023	18:56:16:418		TEST_01	Transaktion	MM03	SAPLSUSE		4	Berechtigungsprüfung nicht erfolgreich				S_TCODE	TCD	MM03	
11.06.2023	18:56:19:617		TEST_01	Transaktion	SU3	SAPLSUSE		0	Berechtigungsprüfung erfolgreich				S_TCODE	TCD	SU3	

Abbildung 9.10 Transaktion STAUTHTRACE: Ergebnis der Auswertung

Eine zusammenfassende Darstellung der möglichen Returncodes einschließlich ihrer Beschreibung sehen Sie in Tabelle 9.2.

Es ist nicht selten der Fall, dass sehr viele Trace-Einträge entstehen und Sie die relevanten Einträge erst finden müssen. Nutzen Sie in solchen Fällen neben der zeitlichen Einschränkungsmöglichkeit auch den Filter **Typ der Anwendung** oder den Filter **Berechtigungsobjekt**.

Returncode	Text	Beschreibung
0	Berechtigungsprüfung erfolgreich	Der Benutzer verfügt über das geprüfte Berechtigungsobjekt sowie über die geprüften Berechtigungswerte in seinem Benutzerpuffer.
4	Berechtigungsprüfung nicht erfolgreich	Der Benutzer verfügt zwar über das geprüfte Berechtigungsobjekt, jedoch nicht über die geprüften Berechtigungswerte in seinem Benutzerpuffer
12	Keine Berechtigung im Benutzerstammsatz	Der Benutzer verfügt weder über das geprüfte Berechtigungsobjekt noch über die geprüften Berechtigungswerte in seinem Benutzerpuffer.
40	Der geprüfte Benutzer existiert nicht	

Tabelle 9.2 Returncodes in der Transaktion STAUTHTRACE

Markieren Sie eine Zeile mit rot markiertem Eintrag in der Spalte **Ergebnis**. Klicken Sie anschließend auf das Icon **Benutzerpuffer**. Sie gelangen zur Transaktion SU56. Den Benutzernamen sowie das bereits markierte Berechtigungsobjekt brauchen Sie jetzt nicht noch einmal einzutragen. Sie sehen den Benutzerpuffer Ihres Testbenutzers für das in der letzten Ansicht markierte Berechtigungsobjekt und können das Fehlen der Berechtigung auf diesem Wege verifizieren (siehe Abbildung 9.11).

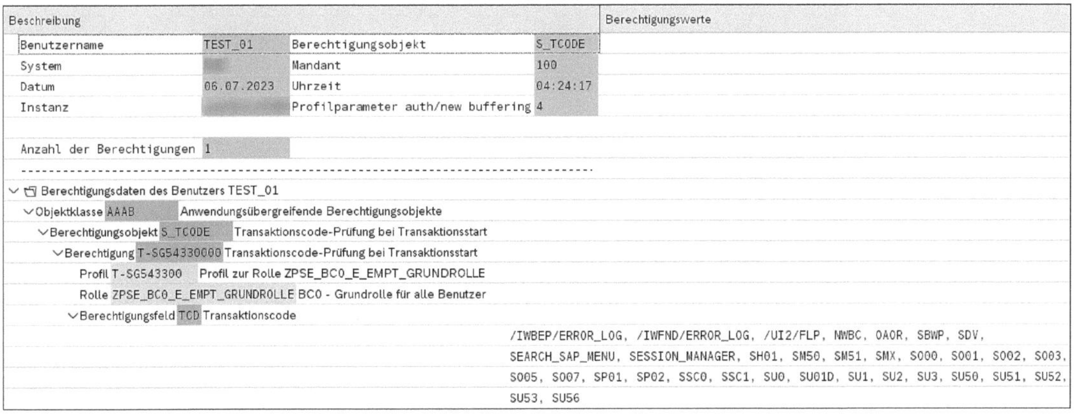

Abbildung 9.11 Transaktion STAUTHTRACE: Einstieg in den Benutzerpuffer des Testbenutzers

Wenn Sie weder mit der Transaktion SU53 noch mit der Trace-Auswertung feststellen können, welche Berechtigung einem Benutzer zum Ausführen einer Anwendung fehlt, können Sie das Trace auf einen Benutzer anwenden, der die gleiche Anwendung ausführen kann. In diesem Fall nehmen Sie die erfolgreichen Berechtigungsprüfungen für die Anwendung aus den Trace-Einträgen des zweiten Benutzers und prüfen mit der Transaktion SUIM, ob der erste Benutzer über diese Berechtigungen verfügt. Das Fehlen der Berechtigungen, die Sie auf diese Weise identifizieren, ist mit hoher Wahrscheinlichkeit der Grund für den Berechtigungsfehler des ersten Benutzers.

[»]

Transaktion STAUTHTRACE in Testphasen

Während Integrations- und User-Acceptance-Tests können Sie das Trace systemweit für alle Benutzer aktivieren. Gemeldete Berechtigungsfehler können Sie über entsprechende Filtereinstellungen finden und prüfen oder gegebenenfalls mit der betroffenen Person einen gemeinsamen Test bei eingeschaltetem Trace vereinbaren, sofern die Trace-Einträge nicht mehr verfügbar sein sollten.

[»]

Trace ausschalten

Wenn Sie das Trace nicht mehr brauchen, schalten Sie es mit dem Button **Trace ausschalten** aus. Im System kann zeitgleich nur ein Trace laufen.

9.2.2 Berechtigungsvorschlagswerte pflegen mit der Transaktion STUSOBTRACE

Bei der Transaktion STUSOBTRACE handelt es sich um ein systemweites Langzeit-Trace, mit dem Sie Berechtigungsvorschlagswerte in der Transaktion SU24 pflegen können. In Abschnitt 2.3.1, »SAP-Vorschlagswerte«, wurde Ihnen die Transaktion SU24 in der Theorie vorgestellt, in Abschnitt 11.2, »Praxisübungen zur Anzeige und Pflege von Vorschlagswerten in der Transaktion SU24«, wird die Funktionsweise der Transaktion SU24 mit praktischen Beispielen erklärt. In diesem Kapitel folgt auf eine theoretische Einleitung eine Praxisübung, mit der Sie lernen, wie die Transaktion STUSOBTRACE anzuwenden ist.

Funktionsweise der Transaktion STUSOBTRACE

Die Berechtigungsobjekte sowie die Berechtigungswerte, die Sie bei der Ausführung einer Anwendung benötigen, können Sie mithilfe der Transaktion STUSOBTRACE identifizieren. Sie sehen in der Auswertung in der Transaktion STUSOBTRACE weder Berechtigungsfehler noch Returncodes, sondern Berechtigungsobjekte und -werte, die anwendungsspezifisch geprüft und einmal pro Anwendung aufgeführt werden. Während der Ausführung einer Anwendung wird jede Berechtigungsprüfung mit Namen und Typ der laufenden Anwendung, der Programmstelle, dem Berechtigungsobjekt und den geprüften Berechtigungswerten einmal in der Auswertung erfasst.

Beispielauswertung in der Transaktion STUSOBTRACE

Ein Beispiel für ein Auswertungsergebnis sehen Sie in Abbildung 9.12. Die Spalten **Zugriffsfilterung** sowie **CDS-Entität** beinhalten keine Daten und wurden daher der Übersichtlichkeit halber ausgeblendet. In der Kopfzeile der Abbildung sehen Sie die Bezeichnung **Berechtigungstrace** sowie in Klammern **Tabelle USOB_AUTHVALTRC**. Dies ist die Tabelle, in der die Berechtigungsprüfungen anwendungsbasiert festgehalten werden.

Die erste Spalte von links trägt den Namen **Typ** (der Anwendung). Rechts davon steht die Spalte **Name**. In den darauffolgenden Spalten sehen Sie die Spalte **Berechtigungsobjekt**, die Felder sowie ihre Werte. Sie können der Auswertung entnehmen, dass im Kontext der eigenentwickelten Transaktion **Z_SSM_CUST** die Objekte **S_TABU_CLI** und **S_TABU_NAM** mit der Ausprägung **X** im Berechtigungsfeld **CLIIDMAINT** und den Ausprägungen **SSM_CUST** sowie **02** in den Berechtigungsfeldern **TABLE** und **ACTVT** geprüft werden.

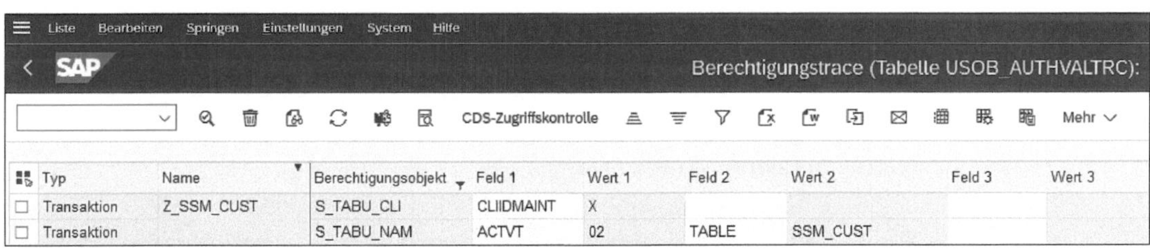

Typ	Name	Berechtigungsobjekt	Feld 1	Wert 1	Feld 2	Wert 2	Feld 3	Wert 3
Transaktion	Z_SSM_CUST	S_TABU_CLI	CLIIDMAINT	X				
Transaktion		S_TABU_NAM	ACTVT	02	TABLE	SSM_CUST		

Abbildung 9.12 Transaktion STUSOBTRACE: Beispiel für ein Auswertungsergebnis

Profilparameter für Transaktion STUSOBTRACE

Diese gesammelten Daten nutzen Sie dann als Grundlage für die Pflege der Vorschlagswerte der Anwendung **Z_SSM_CUST** in der Transaktion SU24. Um die Transaktion STUSOBTRACE nutzen zu können, müssen Sie den Profilparameter `auth/authorization_trace` in Abstimmung mit der SAP-Basisadministration aktivieren. Dieser Parameter kann die Werte Y, N, F und Leerzeichen annehmen:

- Y: eingeschaltet
- N: abgeschaltet
- F: Trace angeschaltet mit Filter
- Leerzeichen: Trace abgeschaltet (wie N)

Da das Einschalten des Berechtigungstrace ohne Filter hohe Performance-Einbußen zur Folge hat, wird das Setzen von Filtern empfohlen. In SAP-Systemen (Profilparameter `transport/systemtype` = SAP) ist das Trace angeschaltet, in Kundensystemen (`transport/systemtype` = CUSTOMER) ausgeschaltet.

Metadaten für Parameter auth/authorization_trace	
Beschreibung	Wert
Name	auth/authorization_trace
Typ	Zeichenfolge
Weitere Auswahlkriterien	(Y|y|N|n|F|f|){0,1}
Einheit	
Parametergruppe	Auth
Parameterbeschreibung	Trace every authority-check once for authorization proposals
CSN-Komponente	BC-SEC-AUT-PFC
Systemweiter Parameter	Nein
Dynamischer Parameter	Ja
Vektorparameter	Nein
Enthält Subparameter	Nein
Prüffunktion existiert	Nein
Interner Parameter	Nein
Readonly Parameter	Nein
Werte des Profilparameters auth/authorization_trace	
Auflösungsstufe	Wert
Kernel-Default	
Default-Profil	
Instanz-Profil	
Aktueller Wert	F
Zusätzliche Informationen für auth/authorization_trace	
Beschreibung	
Herkunft des aktuellen Wertes: dynamische Umschaltung (Änderungshistorie)	
Parameterzuordnungen	

Abbildung 9.13 Transaktion RZ11: der Profilparameter »auth/authorization_trace« mit der Ausprägung »F«

In Abbildung 9.13 sehen Sie die Ausprägung des Profilparameters `auth/authorizations_trace` mit dem Wert **F**. Solange der Profilparameter nicht gleich Y oder F ist, sieht die Ansicht in Transaktion STUSOBTRACE aus wie in Abbildung 9.14. Sie sehen, dass das Berechtigungstrace inaktiv ist.

Praxisübung zu Auswertung und Filtern

Um die Auswertung mit der Transaktion STUSOBTRACE sowie das Setzen von Filtern zu lernen, führen wir folgende Praxisübung durch: Nachdem Sie den Profilparameter `auth/authorization_trace` mit der Ausprägung **F** gesetzt haben, rufen Sie die Transaktion STUSOBTRACE auf. Sie erhalten die in Abbildung 9.15 dargestellte Ansicht.

Rechts vom Transaktionsfeld sehen Sie die Buttons **Auswerten**, **Filter ändern**, **Anzahl Einträge**, **Download nach Selektion** und **Upload**. Im mittleren Bereich im Abschnitt **Filter für die Aufzeichnung** sehen Sie, welcher Benutzer zu welcher Zeit die letzte Änderung vorgenommen hat sowie die gesetzten Filter. Im unteren Abschnitt **Einschränkungen für die Auswer-**

tung können Sie das Auswertungsergebnis mit den Feldern **Typ der Anwendung**, **Berechtigungsobjekt**, **Erstellungsdatum**, **Erstellungszeit** und **Ersteller** filtern.

Berechtigungstrace Bearbeiten Springen System Hilfe
Auswertung Berechtigungstrace (Tabelle USOB_AUTHVALTRC)
Auswerten Filter ändern Anzahl Einträge Download nach Selektion Upload Mehr
Traceinformation
Berechtigungstrace: Inaktiv
Filter für die Aufzeichnung
Letzte Änderung:

Filter	Wert
Typ der Anwendung	Transaktion

Einschränkungen für die Auswertung
Typ der Anwendung:
Berechtigungsobjekt: bis:
Erstellungsdatum: bis:
Erstellungszeit: 00:00:00 bis: 00:00:00
Ersteller: bis:
Maximale Trefferzahl: 500

Abbildung 9.14 Transaktion STUSOBTRACE: inaktives Trace

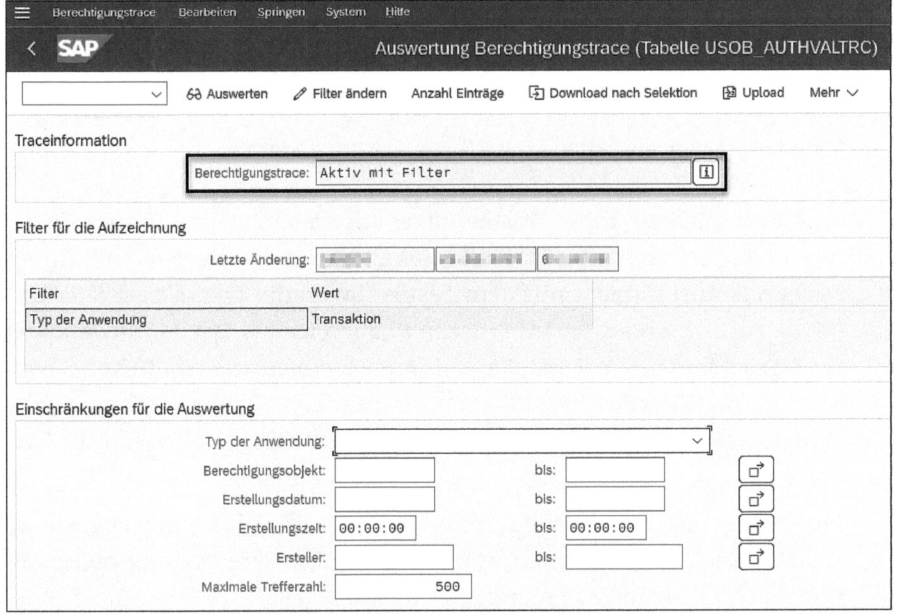

Abbildung 9.15 Transaktion STUSOBTRACE: Einstiegsbild mit aktiviertem Filter

Klicken Sie auf **Filter ändern**. Sie sehen die in Abbildung 9.16 dargestellte Eingabemaske, in der Sie bei **Typ der Anwendung** zwischen Transaktion, RFC-Funktionsbaustein, Tadir-Service und externem Service wählen können. Wählen Sie für die Praxisübung **Transaktion** als Typ der Anwendung aus.

Darunter haben Sie die Möglichkeit, als Filter fünf Berechtigungsobjekte sowie fünf Benutzer einzugeben. Geben Sie den Namen Ihres Testbenutzers ein und klicken Sie auf das Icon ✓ (**Übernehmen**). Stellen Sie sicher, dass Ihrem Testbenutzer die Grundrolle zugewiesen ist sowie eine weitere Rolle, in der eine gemäß Abschnitt 13.6, »Vergabe der Transaktionen SE16 und SM30 vermeiden«, erstellte Parametertransaktion Z_SSM_CUST enthalten ist, die das Pflegen der Tabelle SSM_CUST zulässt.

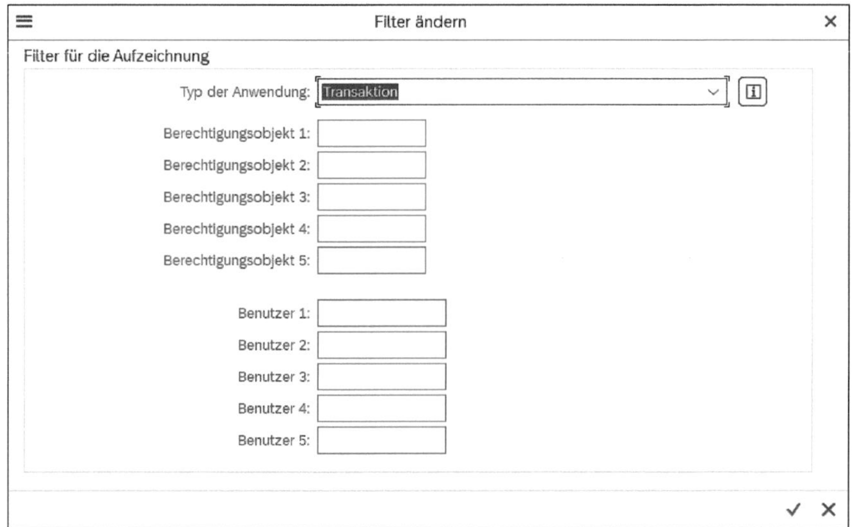

Abbildung 9.16 Transaktion STUSOBTRACE: Filter ändern

Melden Sie sich mit Ihrem Testbenutzer am System an und führen Sie die Parametertransaktion Z_SSM_CUST aus. Rufen Sie anschließend mit Ihrem eigenen Benutzer (nicht mit dem Testbenutzer) die Transaktion STUSOBTRACE auf. Schränken Sie im unteren Bildbereich bei **Typ der Anwendung** auf **Transaktion** und bei **Ersteller** auf Ihren Testbenutzer ein. Geben Sie im Feld **Transaktionscode** Ihre Parametertransaktion Z_SSM_CUST ein (siehe Abbildung 9.17). Klicken Sie im oberen Menübereich anschließend auf **Auswerten**.

Sie erhalten die zu Beginn dieses Abschnitts in Abbildung 9.12 dargestellte Ansicht, der Sie entnehmen können, dass das Berechtigungsobjekt **S_TABU_CLI** (Tabellenpflege mandantenunabhängiger Tabellen) mit der Ausprägung **X** sowie das Berechtigungsobjekt **S_TABU_NAM** (Tabellenzugriff über generische Standardtools) mit der Ausprägung **02** im Feld **ACTVT** (Aktivität) und **SSM_CUST** im Feld **TABLE** (Tabellenname im Berechtigungsfeld) im Kontext der Parametertransaktion **Z_SSM_CUST** benötigt werden.

Einschränkungen für die Auswertung

Typ der Anwendung:	Transaktion		
Transaktionscode:	Z_SSM_CUST	bis:	
Berechtigungsobjekt:		bis:	
Erstellungsdatum:		bis:	
Erstellungszeit:	00:00:00	bis:	00:00:00
Ersteller:	Testuserin_A	bis:	
Maximale Trefferzahl:	500		

Abbildung 9.17 Transaktion STUSOBTRACE: Einschränkungen für die Auswertung

Im nächsten Schritt pflegen Sie die Vorschlagswerte für die Transaktion Z_SSM_CUST in der Transaktion SU24 gemäß Abschnitt 11.2, »Praxisübungen zur Anzeige und Pflege von Vorschlagswerten in der Transaktion SU24«, (siehe Abbildung 9.18).

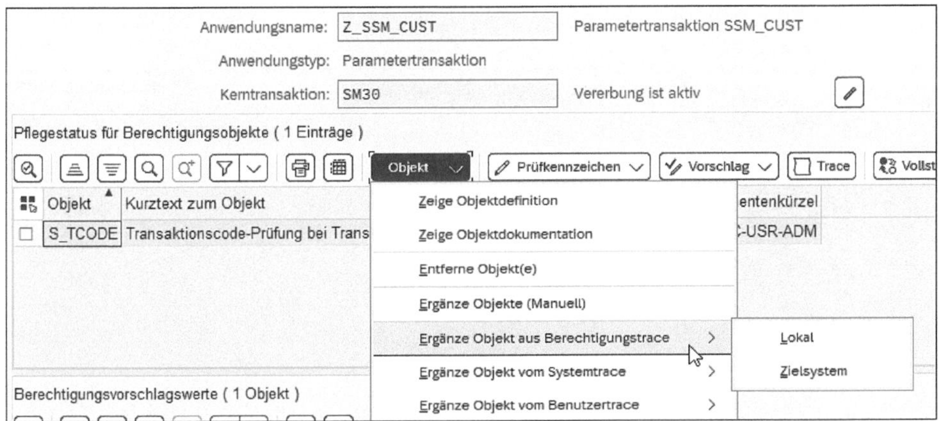

Abbildung 9.18 Transaktion SU24: die Vorschlagswerte zum Objekt aus dem Berechtigungstrace ergänzen

9.2.3 Berechtigungsfehler lösen mit der Transaktion STUSERTRACE

Bei der Transaktion STUSERTRACE handelt es sich um ein benutzerabhängiges Langzeit-Berechtigungstrace, das mandanten- und benutzerabhängig Berechtigungsdaten sammelt und sie in der Datenbank ablegt. Jede Berechtigungsprüfung wird bei der Ausführung einer Anwendung mit dem Namen und dem Typ der ausgeführten Anwendung, der Programmstelle, dem Berechtigungsobjekt sowie den geprüften Berechtigungswerten und dem Prüfergebnis einmal pro Benutzer mit dem ersten Zeitstempel festgehalten.

Profilparameter für STUSERTRACE

Damit Sie die Transaktion STUSERTRACE verwenden können, müssen Sie den Profilparameter `auth/auth_user_trace`

in Abstimmung mit der SAP-Basisadministration aktivieren.

Der Parameter `auth/auth_user_trace` kann folgende Werte haben:

- N: Trace abgeschaltet
- Y: Trace angeschaltet
- F: Trace angeschaltet mit Filter
- Leerzeichen: Trace abgeschaltet (wie N)

Das Leerzeichen ist die Standardeinstellung, wenn der Parameter nicht im Instanzprofil oder im Standardprofil (DEFAULT.PFL) gesetzt ist oder dynamisch verändert wurde.

Praxisübung zu Filtern in STUSERTRACE

Setzen Sie den Wert F, da das Einschalten des Berechtigungstrace ohne Filter hohe Auswirkungen auf die Systemperformance haben kann. Rufen Sie anschließend die Transaktion STUSERTRACE auf. Sie sehen die Ansicht aus Abbildung 9.19.

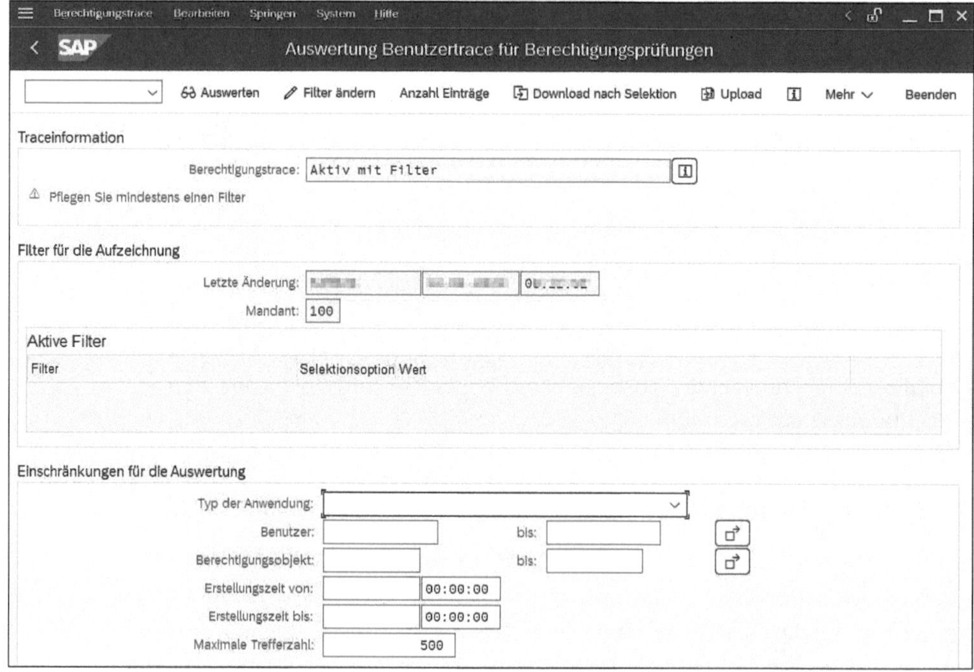

Abbildung 9.19 Das Einstiegsbild in der Transaktion STUSERTRACE

Im oberen Bereich rechts vom Transaktionsfeld sehen Sie die üblichen Buttons: **Auswerten**, **Filter ändern**, **Anzahl Einträge**, **Download nach Selektion** und **Upload**.

Im mittleren Bereich unter **Filter für die Aufzeichnung** sehen Sie, welcher Benutzer zu welcher Zeit die letzte Änderung vorgenommen hat sowie die gesetzten Filter.

Im unteren Bereich **Einschränkungen für die Auswertung** können Sie das Auswertungsergebnis filtern anhand der Felder **Typ der Anwendung**, **Benutzer**, **Berechtigungsobjekt**, **Erstellungszeit von** und **Erstellungszeit bis**. Klicken Sie auf **Filter ändern**. Sie sehen die in drei Bereiche eingeteilte Eingabemaske zum Setzen von Filtern (siehe Abbildung 9.20).

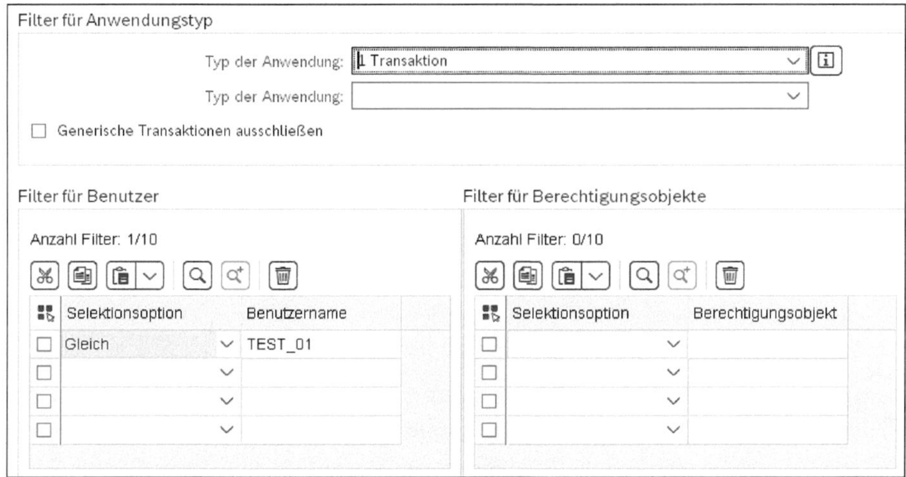

Abbildung 9.20 Transaktion STUSERTRACE: Filter setzen

Im oberen Bereich **Filter für Anwendungstyp** können Sie aus den Anwendungstypen Transaktion, RFC-Funktionsbaustein, Batchjob, Tadir-Service und externer Service auswählen. Wählen Sie den Anwendungstyp **Transaktion** aus. Im Bereich **Filter für Benutzer** können Sie zehn Benutzernamen eingeben und zwischen den Selektionsoptionen **Gleich**, **Ungleich**, **Muster einschließen** und **Muster ausschließen** wählen.

Wählen Sie die Selektionsoption **Gleich** und tragen Sie den Namen Ihres Testbenutzers ein. Im rechten Bereich können Sie höchstens zehn Berechtigungsobjekte mit den eben genannten Selektionsoptionen eintragen. Lassen Sie diesen Filter leer.

Transaktionen mit dem Testbenutzer ausführen

Melden Sie sich mit Ihrem Testbenutzer an, der nur über die Grundrolle verfügt, rufen Sie die Transaktionen aus Tabelle 9.3 auf und führen Sie die Ihnen bekannten Aktionen darin aus.

Beschreibung der Transaktionen	Transaktionscode
Transaktionen aus der Grundrolle	SU53, SBWP, SU3, SU01D, SMX
Transaktionen aus den Fachbereichen	MM03, FB03

Tabelle 9.3 Transaktion STUSERTRACE: Anwendungen zum Testen

Ergebnisse des Trace auswerten

Rufen Sie mit Ihrem eigenen Benutzer erneut die Transaktion STUSERTRACE auf und schränken Sie im unteren Bereich des Bilds die Auswertung ein (siehe Abbildung 9.21). Tragen Sie Ihren Testbenutzer ein und klicken Sie auf den Button **Auswerten**.

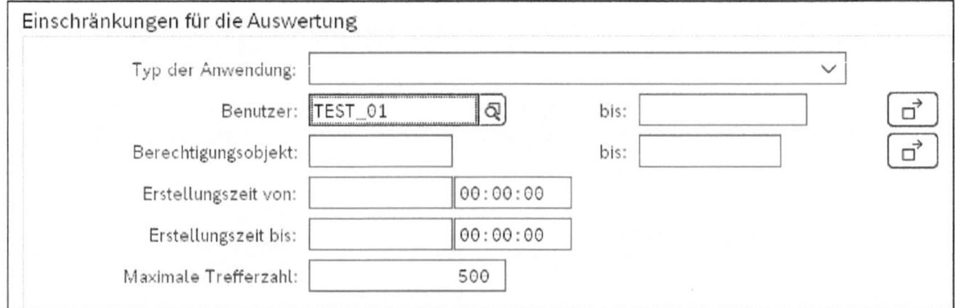
Einschränkungen für die Auswertung

Typ der Anwendung:			
Benutzer:	TEST_01	bis:	
Berechtigungsobjekt:		bis:	
Erstellungszeit von:	00:00:00		
Erstellungszeit bis:	00:00:00		
Maximale Trefferzahl:	500		

Abbildung 9.21 Transaktion STUSERTRACE: Einschränkungen für die Auswertung

Sie sehen eine ähnliche Ansicht wie in Abbildung 9.22. Die Berechtigungsprüfungen für die Transaktionen aus der Grundrolle waren erwartungsgemäß erfolgreich, was mit der grünen Farbe markiert ist. Der Returncode in der Spalte **Ergebnis** ist **0**. Die Berechtigungsprüfungen für die Transaktionen FB03 sowie MM03 waren nicht erfolgreich, das wird mit der roten Farbe markiert, und der Returncode in der Spalte **Ergebnis** ist **4**.

Benutzertrace für Berechtigungsprüfungen: 38 Treffer

Benutzerpuffer CDS-Zugriffskontrolle Mehr

Typ	Name	Benutzer	Prüfung	Ergebnis	Ergebnis der Berechtigungsprüfung	Zusatzinfo Zugriffsfilterung	Entität	Objekt	Feld 1	Wert 1	Feld 2	Wert 2
Transaktion		TEST_01		4	Berechtigungsprüfung nicht erfolgreich			S_TCODE	TCD	FB03		
Transaktion		TEST_01		4	Berechtigungsprüfung nicht erfolgreich			S_TCODE	TCD	MM03		
Transaktion		TEST_01		0	Berechtigungsprüfung erfolgreich			S_TCODE	TCD	SBWP		
Transaktion		TEST_01		0	Berechtigungsprüfung erfolgreich			S_TCODE	TCD	SMX		
Transaktion		TEST_01		0	Berechtigungsprüfung erfolgreich			S_TCODE	TCD	SSC0		
Transaktion		TEST_01		0	Berechtigungsprüfung erfolgreich			S_TCODE	TCD	SSC1		
Transaktion		TEST_01		0	Berechtigungsprüfung erfolgreich			S_TCODE	TCD	SU01D		
Transaktion		TEST_01		0	Berechtigungsprüfung erfolgreich			S_TCODE	TCD	SU3		
Transaktion		TEST_01		0	Berechtigungsprüfung erfolgreich			S_TCODE	TCD	SU53		
Transaktion		TEST_01		0	Berechtigungsprüfung erfolgreich			S_USER_GRP	CLASS		ACTVT	03
Transaktion	SBWP	TEST_01		0	Berechtigungsprüfung erfolgreich			S_OC_DOC	ACTVT	24		
Transaktion	SBWP	TEST_01		0	Berechtigungsprüfung erfolgreich			S_OC_ROLE	OFFADMI	ADMINISTRATOR		
Transaktion	SBWP	TEST_01		0	Berechtigungsprüfung erfolgreich			S_OC_ROLE	OFFADMI	ADMINISTRATOR		
Transaktion	SBWP	TEST_01		0	Berechtigungsprüfung erfolgreich			S_OC_ROLE	OFFADMI	ADMINISTRATOR		

Abbildung 9.22 Transaktion STUSERTRACE: Ergebnis der Auswertung

9.2.4 Überblick über die vorgestellten Traces

In Tabelle 9.4 werden die Beschreibungen der vorgestellten Traces sowie deren mögliche Anwendungsfälle zusammengefasst.

Transaktion	Beschreibung	Returncodes	Anwendungsfall
SU53	Zeigt die letzte fehlgeschlagene Berechtigungsprüfung für einen Benutzer an	0; 4; 12	Einem Benutzer fehlt eine Berechtigung zur Ausführung einer Anwendung.
STAUTHTRACE	Zeigt in Form eines Protokolls die Benutzer an sowie die Anwendung einschließlich der Programmstelle, den Zeitpunkt der Ausführung und ob die Berechtigungsprüfung dazu erfolgreich war oder nicht	0; 4; 12; 40	Dem Benutzer fehlen Berechtigungen zur Ausführung von Anwendungen, die mit den SU53-Daten nicht eindeutig identifizierbar sind.
STUSOBTRACE	Zeigt die Berechtigungsprüfung pro Anwendung einmalig einschließlich der Programmstelle sowie des ersten Zeitpunkts an	Keine Returncodes	Trace-basierte Optimierung der SU24 Vorschlagswerte
STUSERTRACE	Zeigt die Berechtigungsprüfung pro Anwendung und Benutzer einmalig einschließlich der Programmstelle sowie des ersten Zeitpunkts an	0; 4; 12; 40	Den Benutzern fehlen mehrere und unterschiedliche Berechtigungen, die mit den Transaktionen SU53 und STAUTHTRACE nicht vollständig und effizient identifizierbar sind; Optimierung von Rollen für technische Benutzer.

Tabelle 9.4 Überblick über die vorgestellten Traces

9.3 Fehlerbehebung für CDS-Views

Schwierigkeiten bei Berechtigungsfehlern für CDS-Views

In diesem Abschnitt besprechen wir, wie sich Berechtigungsfehler beheben lassen, die beim Aufrufen von Anwendungen auftreten, die auf CDS-Views basieren.

In Abschnitt 2.5, »CDS-Views«, haben Sie das Berechtigungskonzept für CDS-Views kennengelernt. Die Schwierigkeit besteht darin, dass dem Benutzer nur die Daten angezeigt werden, für die er aufgrund der ihm zugewiesenen Rollen berechtigt ist. Daten, für die der Benutzer in den zugewiesenen Rollen keine Berechtigung hat, werden nicht angezeigt, sodass die fehlgeschlagene Berechtigungsprüfung in der Transaktion SU53 nicht eindeutig ermittelt werden kann.

Im Trace-Ergebnis in der Transaktion STAUTHTRACE wird zwar eine fehlgeschlagene Berechtigungsprüfung angezeigt, allerdings ohne fehlende Werte. Sie können jedoch anhand des Trace-Ergebnisses in der Transaktion STAUTHTRACE eine Analyse der Berechtigungsprüfung für CDS-Views vornehmen und anschließend mit der Transaktion SACM (Zugriffskontrollverwaltung (CDS/DDL)) eine Simulation für den Zugriff auf die CDS-Views ausführen.

Beispiel eines Berechtigungsfehlers für CDS-Views

Damit Sie verstehen, wie ein typischer Berechtigungsfehler bei der Verwendung der CDS-Views analysiert und gelöst werden kann, geben wir Ihnen ein Beispiel: Wir haben eine kundeneigene Fiori-Kachel für die Web-Dynpro-Anwendung FPM_BICS_OVP (BICS-Anwendung basierend auf OVP generieren), die auf CDS-Views basiert. Endanwender*innen führen mit dieser Kachel den Report **Kostenstelle – Ist/Plan** aus. Wenn Benutzer A den Report ausführt, bekommt er im Ergebnis weniger Zeilen angezeigt als Benutzer B, obwohl Benutzer B diesen Report mit genau den gleichen Kriterien ausführt (siehe Abbildung 9.23).

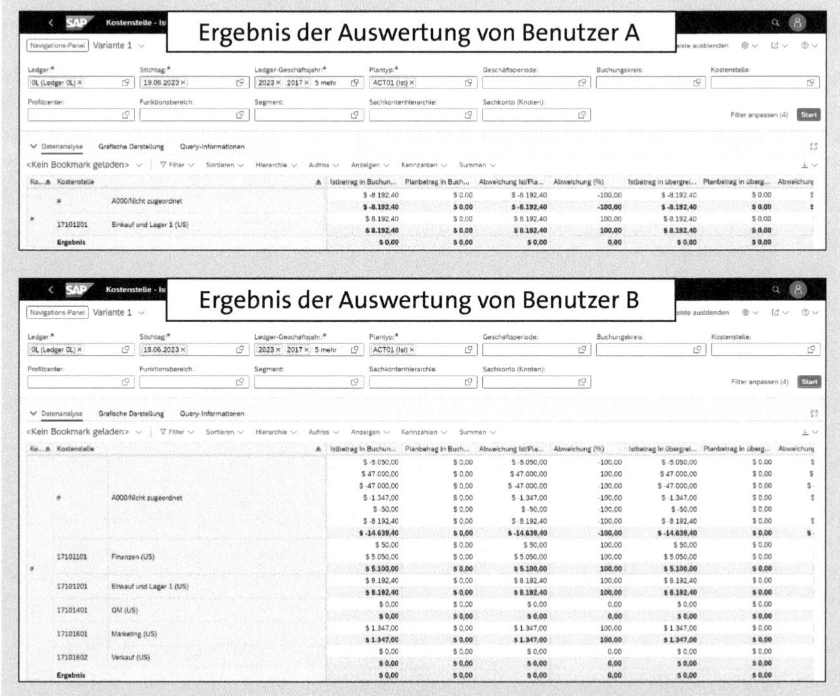

Abbildung 9.23 Vergleich des Ergebnisses einer Auswertung mit dem CDS-View zweier Benutzer

Ergebnisse in Transaktion SU53 beim Aufrufen der CDS-Views

Benutzer A vermutet, dass ihm Berechtigungen fehlen, und kontaktiert die Berechtigungsadministration. In dem Screenshot aus der Transaktion SU53 gibt es mehrere Einträge für mehrere Berechtigungsobjekte, für die Benutzer A bei der Ausführung der Auswertung **Kostenstelle – Ist/Plan** anscheinend Berechtigungen fehlen. Da Benutzer A grundsätzlich die Auswertung ausführen kann und die Ergebnisse erhält (wenn auch nicht vollständig), suchen Sie nach einem Berechtigungsobjekt, das die Geschäftsdaten einschränkt. In diesem Fall ist es das Berechtigungsobjekt **K_PCA_HIER** (EC-PCA: Berechtigungsobjekt für Profitcenter-Hierarchien) (siehe Abbildung 9.24). Das erkennen Sie an der Klasse dieses Berechtigungsobjekts: Es gehört zur Klasse CO (Controlling).

Außer dem Feld **ACTVT**, das mit dem Wert **03** ausgeprägt ist, werden allerdings keine weiteren Felder dieses Berechtigungsobjekts aufgeführt, weshalb nicht klar ist, welche Werte dem Benutzer A für welche Felder im Objekt **K_PCA_HIER** fehlen.

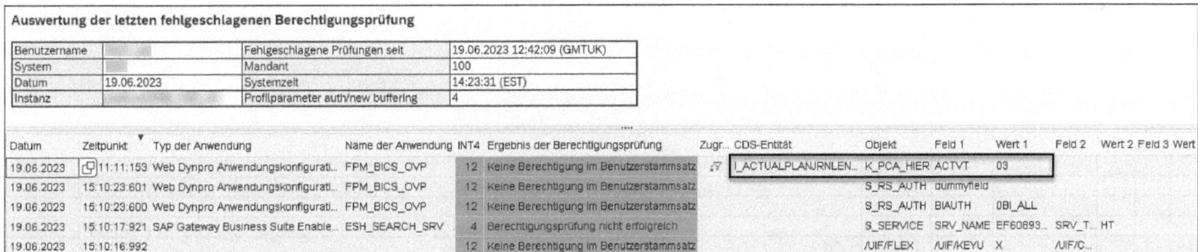

Auswertung der letzten fehlgeschlagenen Berechtigungsprüfung

Benutzername		Fehlgeschlagene Prüfungen seit	19.06.2023 12:42:09 (GMTUK)
System		Mandant	100
Datum	19.06.2023	Systemzeit	14:23:31 (EST)
Instanz		Profilparameter auth/new buffering	4

Datum	Zeitpunkt	Typ der Anwendung	Name der Anwendung	INT4	Ergebnis der Berechtigungsprüfung	Zugr...	CDS-Entität	Objekt	Feld 1	Wert 1	Feld 2	Wert 2	Feld 3	Wert
19.06.2023	11:11:153	Web Dynpro Anwendungskonfigurati...	FPM_BICS_OVP	12	Keine Berechtigung im Benutzerstammsatz		I_ACTUALPLANJRNLEN...	K_PCA_HIER	ACTVT	03				
19.06.2023	15:10:23:601	Web Dynpro Anwendungskonfigurati...	FPM_BICS_OVP	12	Keine Berechtigung im Benutzerstammsatz			S_RS_AUTH	dummyfield					
19.06.2023	15:10:23:600	Web Dynpro Anwendungskonfigurati...	FPM_BICS_OVP	12	Keine Berechtigung im Benutzerstammsatz			S_RS_AUTH	BIAUTH	0BI_ALL				
19.06.2023	15:10:17:921	SAP Gateway Business Suite Enable...	ESH_SEARCH_SRV	4	Berechtigungsprüfung nicht erfolgreich			S_SERVICE	SRV_NAME	EF60893...	SRV_T...	HT		
19.06.2023	15:10:16:992			12	Keine Berechtigung im Benutzerstammsatz			/UIF/FLEX	/UIF/KEYU	X	/UIF/C...			

Abbildung 9.24 Transaktion SU53: fehlende Berechtigungen für einen CDS-View

Weil Benutzer B die Daten in der Auswertung sieht, die dem Benutzer A nicht angezeigt werden, können Sie vermuten, dass Benutzer B mehr Berechtigungen im Berechtigungsobjekt **K_PCA_HIER** hat als Benutzer A. Deswegen suchen Sie in der Transaktion SUIM Rollen mit dem Berechtigungsobjekt **K_PCA_HIER**, die dem Benutzer B zugewiesen sind. Sie stellen fest, dass Benutzer B keine Berechtigung für dieses Berechtigungsobjekt hat. Das bedeutet, Sie müssen nach einem anderen Berechtigungsobjekt und Wert suchen. Dafür nutzen Sie die Transaktion STAUTHTRACE.

Transaktion STAUTHTRACE für CDS-Views ausführen

In Abbildung 9.24 sehen Sie, dass in Transaktion SU53 Berechtigungen für einen CDS-View geprüft werden. Um das gesuchte Berechtigungsobjekt und den entsprechenden Wert zu finden, führen Sie das Berechtigungstrace für den Benutzer A mit der Transaktion STAUTHTRACE (Berechtigungstrace) aus (siehe Abschnitt 9.2.1, »Berechtigungsfehler lösen mit der Transaktion STAUTHTRACE«).

Wählen Sie in der darauffolgenden Ansicht die Zeile mit dem Wert in der Spalte **CDS-Entität** aus und klicken Sie auf den Button **CDS-Zugriffskontrolle** (siehe Abbildung 9.25).

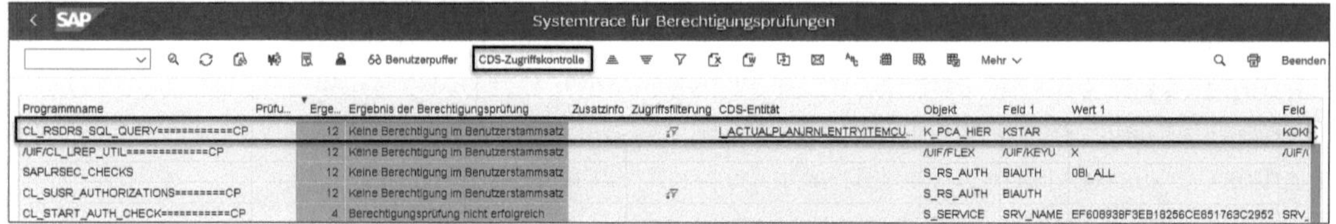

Abbildung 9.25 Transaktion STAUTHTRACE: Beispiel für ein Berechtigungstrace für CDS-Views

CDS-Zugriffskontrolle

Im nächsten Fenster sehen Sie die Information zur CDS-Zugriffskontrolle (siehe Abbildung 9.26).

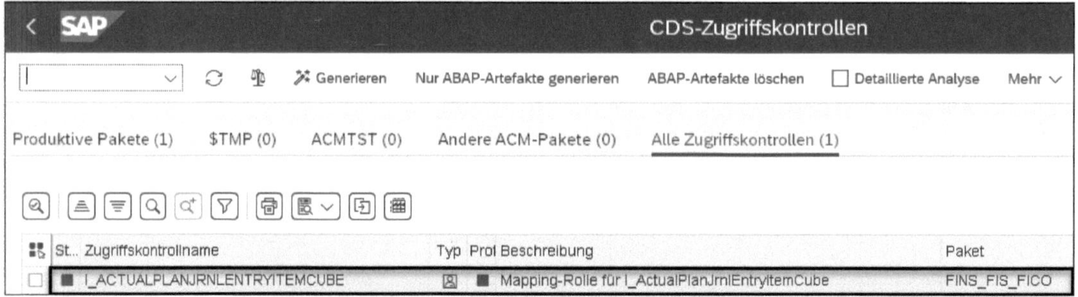

Abbildung 9.26 Transaktion STAUTHTRACE: CDS-Zugriffskontrolle anzeigen

Mit einem Doppelklick auf die Zeile, in der der Zugriffskontrollname steht, öffnen Sie die Details der CDS-Zugriffskontrolle (siehe Abbildung 9.27). Hier sehen Sie, welche Berechtigungsobjekte für diesen CDS-View geprüft werden. Oft kann man mit dieser Information das Berechtigungsproblem lösen, allerdings hilft diese Information in unserem Beispiel nicht weiter, weil die beiden Benutzer die gleichen Berechtigungen für die aufgelisteten Berechtigungsobjekte haben.

Simulation für eine CDS-Zugriffsbeschränkung

Starten Sie die Transaktion SACM (Access Control Management – Quicklinks). Wählen Sie **Laufzeitsimulator** aus. Tragen Sie die **CDS-Entität**, die Sie zuvor im Berechtigungstrace ermittelt haben, ein, selektieren Sie **Keine (nur CDS-Zugriffsbeschränkungen anzeigen)** im Abschnitt **Durchführungsschicht für CDS-Zugriffsbeschränkungen** und tragen Sie den Benutzernamen ein (siehe Abbildung 9.28). Klicken Sie auf den Button **Ausführen**.

Sie erhalten das Ergebnis der Simulation für Benutzer A (siehe Abbildung 9.29).

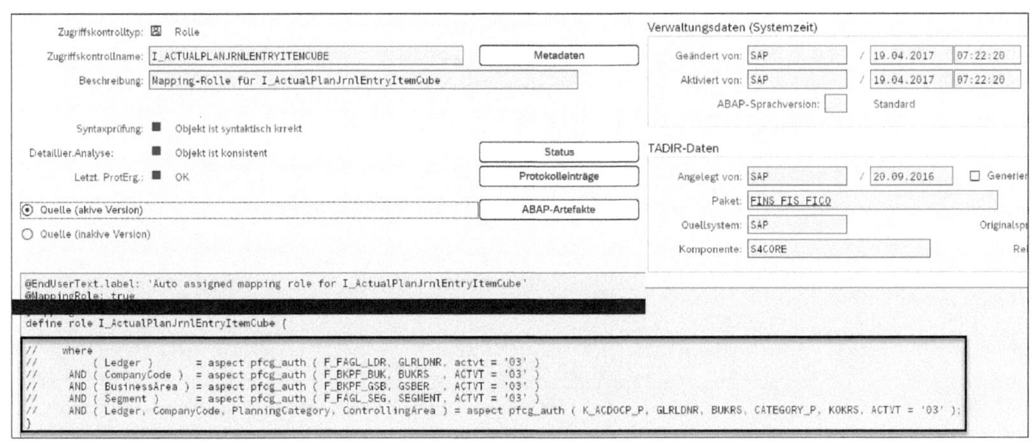

Abbildung 9.27 Transaktion STAUTHTRACE: Details der CDS-Zugriffskontrolle anzeigen

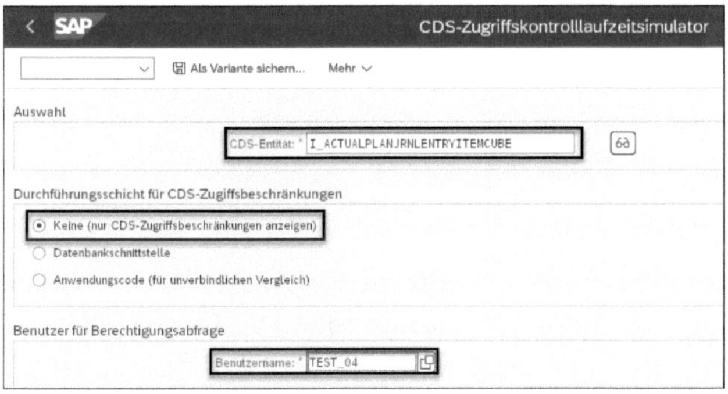

Abbildung 9.28 Transaktion SACM: Laufzeitsimulator, Einstiegsbild

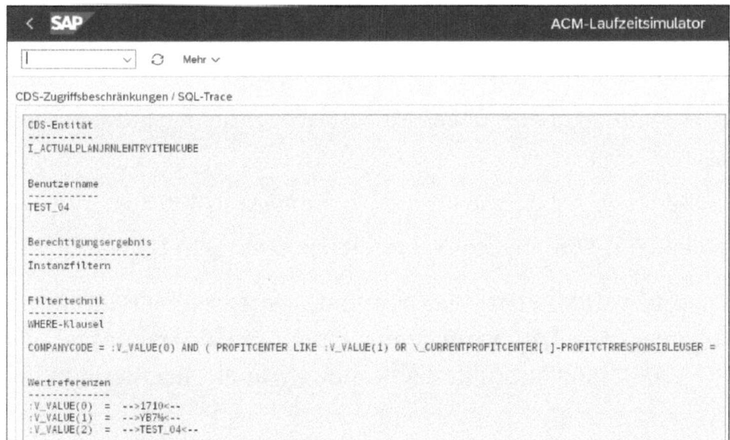

Abbildung 9.29 Transaktion SACM: Ergebnisse der Simulation der Zugriffseinschränkungen für einen CDS-View

Fehlende Werte für einen CDS-View ermitteln

Dem Ergebnis der Simulation können Sie entnehmen, dass die Werte für den Buchungskreis (**COMPANYCODE**) und **PROFITCENTER** geprüft werden. Führen Sie dieselbe Simulation für Benutzer B aus und vergleichen Sie die Ergebnisse (siehe Abbildung 9.30).

Ergebnis der Simulation von Benutzer A

```
COMPANYCODE = :V_VALUE(0) AND ( PROFITCENTER LIKE :V_VALUE(1) OR \_CURRENTPROFITCENTER[ ]-PROFITCTRRESPONSIBLEUSER =

Wertreferenzen
--------------
:V_VALUE(0)  =  -->1710<--
:V_VALUE(1)  =  -->YB7%<--
:V_VALUE(2)  =  -->TEST_04<--
```

Ergebnis der Simulation von Benutzer B

```
COMPANYCODE IN ( :V_VALUE(0), :V_VALUE(1) ) AND ( PROFITCENTER LIKE :V_VALUE(2) OR PROFITCENTER LIKE :V_VALUE(3) OR \

Wertreferenzen
--------------
:V_VALUE(0)  =  -->1000<--
:V_VALUE(1)  =  -->1710<--
:V_VALUE(2)  =  -->YB6%<--
:V_VALUE(3)  =  -->YB7%<--
:V_VALUE(4)  =  -->TEST_05<--
```

Abbildung 9.30 Transaktion SACM: Vergleich der Ergebnisse der Simulation für zwei Benutzer

Benutzer B hat zusätzlich zu den Profitcentern, die mit **YB7** anfangen, noch Profitcenter, die mit **YB6** anfangen. Um die Ergebnisse der Simulation zu verifizieren, prüfen Sie die Orgebene **Profitcenter** in den Rollen, die beiden Benutzern zugewiesen sind, über die Transaktion PFCG oder über die Tabelle AGR_1252 (Orgebenen zu den Berechtigungen). Benutzer A hat die Berechtigung für den Report **Kostenstelle – Ist/Plan** aus der Rolle, die für den Buchungskreis **1710** und das Profitcenter **YB7*** abgeleitet ist. Benutzer B hat dieselbe Rolle für den Buchungskreis **1710** und zusätzlich noch die Rolle für den Buchungskreis **1000**, in der die Orgebene **Profitcenter** mit den Werten **YB6*** und **YB7*** ausgeprägt ist (siehe Abbildung 9.31).

Mögliche Lösungen des Fehlers

Es gibt nun zwei mögliche Lösungen für das Berechtigungsproblem von Benutzer A:

- Sie weisen Benutzer A die Rolle für den Buchungskreis **1000** zu.
- Sie fügen den Wert **YB6*** in die Rolle für den Buchungskreis **1710** hinzu.

Auf jeden Fall sollen Sie als Erstes die Organisationswerte für das Profitcenter von Buchungskreis **1710** verifizieren, indem Sie beispielsweise die Tabelle CEPC_BUKRS (Buchungskreiszuordnung von Profitcentern) in der

Transaktion SE16/SE16N aufrufen oder die zuständige Fachabteilung fragen. Sollte der Wert **YB6*** in den Rollen für den Buchungskreis **1710** fehlen, müssen Sie nicht nur die betroffene Rolle von Benutzer A, sondern alle Rollen für den Buchungskreis **1710**, die die Orgebene Profitcenter beinhalten, mit dem Wert **YB6*** ergänzen.

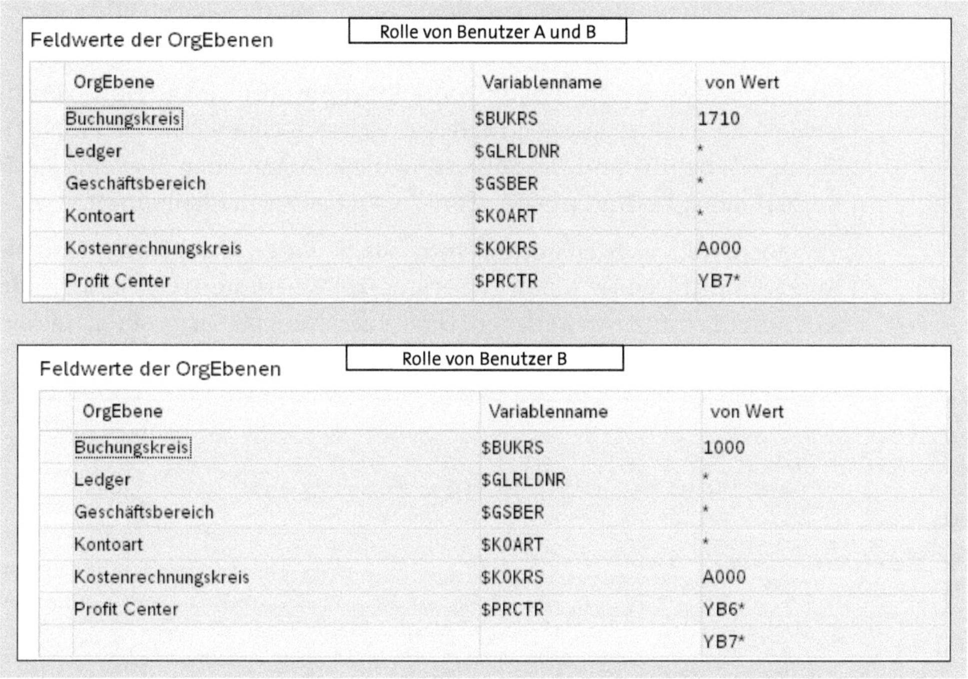

Feldwerte der OrgEbenen — Rolle von Benutzer A und B

OrgEbene	Variablenname	von Wert
Buchungskreis	$BUKRS	1710
Ledger	$GLRLDNR	*
Geschäftsbereich	$GSBER	*
Kontoart	$KOART	*
Kostenrechnungskreis	$KOKRS	A000
Profit Center	$PRCTR	YB7*

Feldwerte der OrgEbenen — Rolle von Benutzer B

OrgEbene	Variablenname	von Wert
Buchungskreis	$BUKRS	1000
Ledger	$GLRLDNR	*
Geschäftsbereich	$GSBER	*
Kontoart	$KOART	*
Kostenrechnungskreis	$KOKRS	A000
Profit Center	$PRCTR	YB6*
		YB7*

Abbildung 9.31 Transaktion PFCG: Vergleich der Organisationswerte in den Rollen der Benutzer A und B

9.4 Fehlerbehebung für SAP-Fiori-Berechtigungen

In Abschnitt 1.7, »Grundlagen der SAP-Fiori-Berechtigungen«, haben wir die Architektur und verschiedene technische Elemente von Fiori-Apps dargestellt. In Kapitel 7, »Berechtigungen in SAP Fiori«, haben Sie erfahren, wie SAP-Fiori-Berechtigungen eingerichtet werden. Da bei SAP-Fiori-Berechtigungen mehrere Komponenten zusammenwirken, steigt mit der Komplexität der Pflege auch die Wahrscheinlichkeit für Fehler. Wir besprechen in diesem Abschnitt unterschiedliche Typen von Fehlern bei SAP-Fiori-Berechtigungen sowie ihre Lösungen. Außerdem stellen wir ein Tool für den Support von SAP Fiori vor.

9.4.1 SAP-Fiori-App-Support-Tool

SAP-Fiori-App-Support-Tool für die Fehlerbehebung

Bevor Sie das SAP Fiori Launchpad zum Testen an die Fachabteilungen übergeben, ist es empfehlenswert, das *SAP-Fiori-App-Support-Tool* zu aktivieren, falls es in Ihrem System noch nicht aktiviert ist. In früheren Releases von SAP S/4HANA musste die SAP-Administration oft an mehreren Stellen nach Berechtigungs-, Konfigurations- und Customizing-Fehlern suchen, was zeitaufwendig werden kann.

Über das SAP-Fiori-App-Support-Tool können Sie über das SAP Fiori Launchpad auf diese Informationen zugreifen, wodurch eine schnellere Problemlösung ermöglicht wird. Ein Beispiel für die Informationen über eine Fiori-App aus dem SAP-Fiori-App-Support-Tool sehen Sie in Abbildung 9.32.

Mit einem Klick auf den Button **Protokolle herunterladen** können Testpersonen und Anwender*innen Fehlerprotokolle herunterladen und an die SAP-Administration weiterleiten. Die Fehlerprotokolle ersetzen damit die herkömmlichen Screenshots aus der Transaktion SU53.

Abbildung 9.32 SAP-Fiori-App-Support-Tool : Beispiel für Informationen über eine App

Benutzer können das SAP-Fiori-App-Support-Tool aufrufen, indem sie nach dem Start einer Fiori-App im Benutzermenü den Punkt **App-Support** auswählen (siehe Abbildung 9.33).

Abbildung 9.33 Das SAP-Fiori-App-Support-Tool aufrufen

Wenn der Punkt **App-Support** im Benutzermenü fehlt, bedeutet dies, dass das Tool im System nicht aktiviert ist und/oder dem Benutzer die Berechtigungen dafür fehlen.

Voraussetzungen für das SAP-Fiori-App-Support-Tool

Die folgenden Voraussetzungen müssen für das SAP-Fiori-App-Support-Tool erfüllt sein:

- Das App-Support-Plug-in ist für SAP S/4HANA als Teil der Komponente SAP_UI ab folgenden Versionen verfügbar:
  - SAP_UI 7.54 SP06 in S/4HANA 1909 SP04 oder Frontend Server 6.0 SP04
  - SAP_UI 7.55 SP02 in S/4HANA 2020 FPS01 oder Frontend Server 2020 SP01
  - SAP_UI 7.56 in S/HANA 2021 oder Frontend Server 2021
- Die SAPUI5-Version muss 1.84 oder höher sein.

Schritte für die Aktivierung des App-Support-Tools

Die folgenden Schritte sind für die Aktivierung und Berechtigung des SAP-Fiori-App-Support-Tools notwendig:

1. Der SAP-Hinweis 2871194 (Programmierschnittstelle für SU53) (falls einbaubar) muss implementiert werden (Transaktion SNOTE).
2. Der ICF-Knoten **sui_flp_app_supp** in der Transaktion SICF muss aktiviert werden.
3. Der OData-Service SUI_FLP_APP_SUP_SRV in der Transaktion /IWFND/MAINT_SERVICE muss aktiviert sein.
4. Das Plug-in muss im Customizing konfiguriert werden (Transaktionen /UI2/FLP_CONF_DEF und /UI2/FLP_CUS_CONF).
5. Die Benutzer der Administration und der Fachabteilungen müssen für das SAP-Fiori-App-Support-Tool berechtigt werden.

In den folgenden Abschnitten besprechen wir die genannten Schritte im Detail.

Einen SAP-Hinweis einbauen

Um den SAP-Hinweis für das SAP-Fiori-App-Support-Tool einzubauen, starten Sie die Transaktion SNOTE und geben die Nummer des SAP-Hinweises (hier: »2871194«) ein. Klicken Sie auf den Button **SAP-Hinweis herunterladen** (siehe Abbildung 9.34).

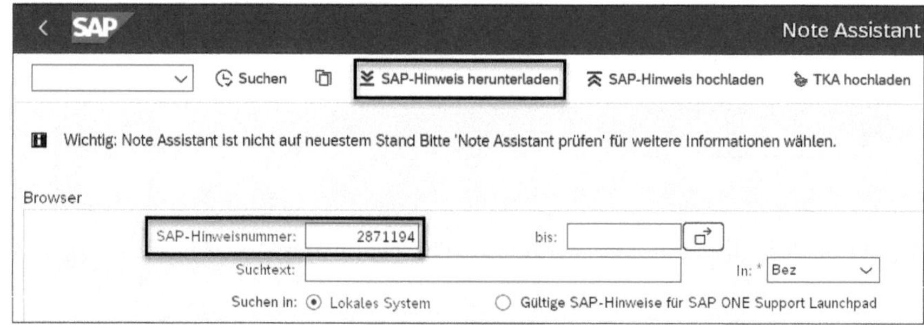

Abbildung 9.34 SAP-Hinweis in der Transaktion SNOTE herunterladen

SAP-Hinweis prüfen

In unserem Beispiel ist der SAP-Hinweis 2871194 nicht einbaubar (siehe Abbildung 9.35).

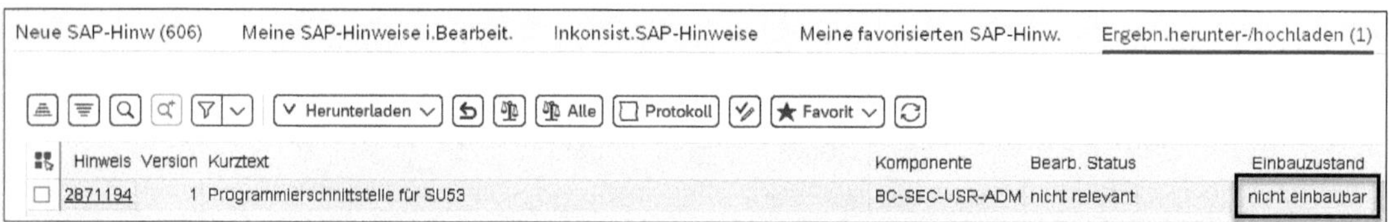

Abbildung 9.35 Status des SAP-Hinweises in der Transaktion SNOTE prüfen

Wenn der SAP-Hinweis 2871194 in Ihrem System installiert werden kann, klicken Sie auf den Button **SAP-Hinweis einbauen**.

ICF-Knoten aktivieren

Um den ICF-Knoten zu aktivieren, starten Sie die Transaktion SICF. Tragen Sie »SUI_FLP_APP_SUPP« im Feld **Servicename** ein und klicken Sie auf den Button **Ausführen**(siehe Abbildung 9.36).

Klicken Sie die ICF-Knoten mit der rechten Maustaste an und wählen Sie **Service aktivieren** (siehe Abbildung 9.37).

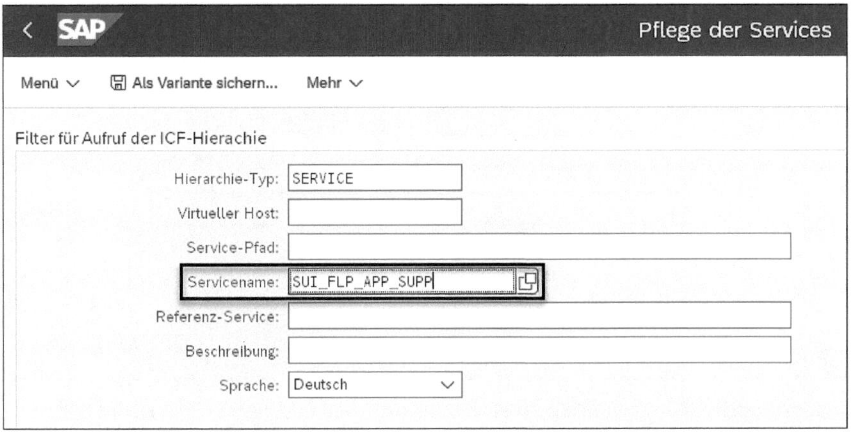

Abbildung 9.36 Transaktion SICF: nach einem Service suchen

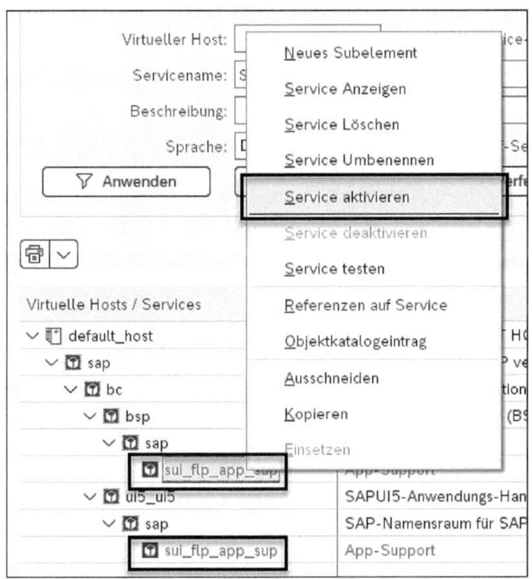

Abbildung 9.37 Transaktion SICF: die ICF-Knoten aktivieren

OData-Service aktivieren

OData-Service auswählen und hinzufügen

Um den OData-Service zu aktivieren, starten Sie die Transaktion /IWFND/MAINT_SERVICE. Klicken Sie auf den Button **Service hinzufügen**.Tragen Sie »LOCAL« in das Feld **Systemalias** und »SUI_FLP_APP_SUP_SRV« in das Feld **Externer Servicename** ein und drücken Sie [↵]. Wählen Sie den Service und klicken Sie auf den Button **Ausgewählte Services hinzufügen** (siehe Abbildung 9.38).

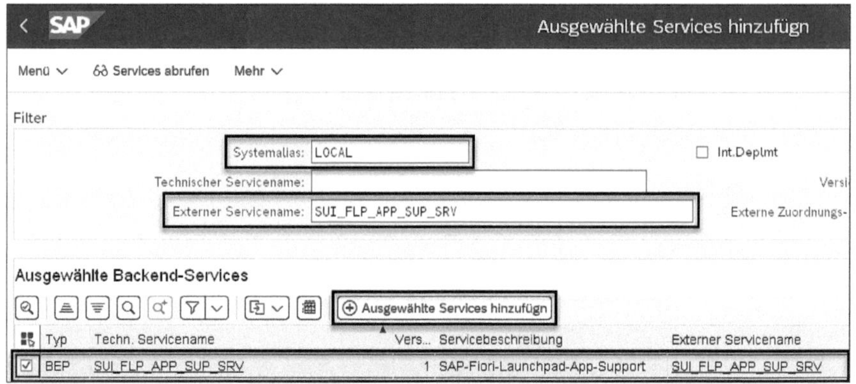

Abbildung 9.38 Transaktion /IWFND/MAINT_SERVICE: einen OData-Service hinzufügen

Im nächsten Fenster tragen Sie ein Paket ein und klicken auf das Icon ✓ (**Weiter**). Der OData-Service wird aktiviert.

Das Plug-in im Customizing konfigurieren

Konfiguration in der Transaktion /UI2/FLP_CONF_DEF

Starten Sie die Transaktion /UI2/FLP_CONF_DEF, wählen Sie **Launchpad-Plug-Ins definieren** und klicken Sie auf den Button **Neue Einträge**. Tragen Sie »APP_SUPPORT« in das Feld **Launchpad-Plug-In-ID**, »App-Support-Tool« in das Feld **Beschreibung** und »nw.core.flp.appdiagnostics« in das Feld **UI5-Komponenten-ID** ein und sichern Sie den Eintrag mit einem Klick auf den Button **Sichern** (siehe Abbildung 9.39).

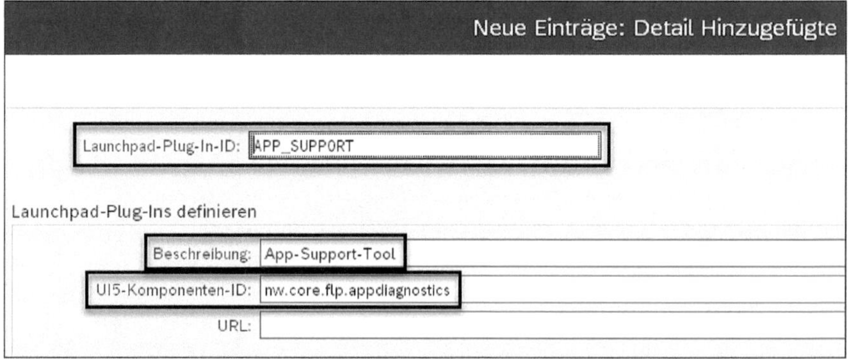

Abbildung 9.39 Das App-Support-Tool in der Transaktion /UI2/FLP_CONF_DEF konfigurieren

Konfiguration in der Transaktion /UI2/FLP_CUS_CONF

Starten Sie die Transaktion /UI2/FLP_CUS_CONF, wählen Sie **Launchpad-Plug-Ins** und klicken Sie auf den Button **Neue Einträge**. Wählen Sie das Plug-in **APP_SUPPORT**, im Feld **Aktivitätsstatus** wählen Sie den Status **Aktiv** (siehe Abbildung 9.40).

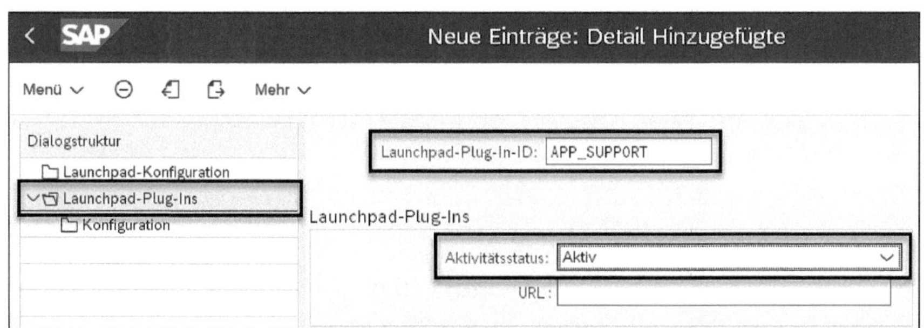

Abbildung 9.40 Das SAP-Fiori-App-Support-Tool in der Transaktion /UI2/FLP_CUS_CONF konfigurieren

9

Die Benutzer und die Administration für das SAP-Fiori-App-Support-Tool berechtigen

Berechtigungsobjekt S_FLP_AS

Um die Benutzer der Fachabteilungen für das Tool zu berechtigen, müssen Sie die Zielzuordnung für die Fiori-App F4914 über einen Fiori-Kachelkatalog in die Rollen der Benutzer und der Administration hinzufügen. Im Feld **SUI_ADEUS** (schränkt die Anzeige von Daten für Benutzer ein) des Berechtigungsobjekts **S_FLP_AS** (App-Support für das SAP Fiori Launchpad) tragen Sie in die Rolle der Benutzer den Wert »CURRENT« und in die Rolle der Administration den Wert »ALL« ein. Der Wert »ALL« ermöglicht es der Administration, die Fehlerprotokolle anderer Benutzer anzuzeigen.

9.4.2 Typische Fehler in SAP Fiori

In diesem Abschnitt besprechen wir typische Fehler, die beim Starten der Fiori-Apps auftreten können. Unserer Erfahrung nach sind die meisten Fehler nicht auf Berechtigungen zurückzuführen. Sie werden aber trotzdem oft an die Berechtigungsadministration adressiert. Deshalb ist es wichtig, zu wissen, wie typische Fehler analysiert werden können, damit sie gegebenenfalls an die richtige Stelle in der Organisation weitergeleitet werden könnten.

[«]

Caches löschen

Vor und nach der Fehlerbehebung sollten Sie die Caches löschen:

1. Leeren Sie den lokalen Browser-Cache.
2. Leeren Sie den Metadaten-Cache:
   – mit der Transaktion /IWFND/CACHE_CLEANUP im Frontend-Server
   – mit der Transaktion /IWBEP/CACHE_CLEANUP im Backend-Server
3. Löschen Sie die serverseitigen Caches mit der Transaktion /UI2/INVAL_CACHES.

4. Synchronisieren Sie den Chip-Cache:
   - zuerst mit dem Report /UI2/CHIP_SYNCHRONIZE_CACHE
   - dann mit dem Report /UI2/DELETE_CACHE_AFTER_IMP

Eine Fiori-App wird nicht geladen

Fehlerprotokoll in der Transaktion /IWFND/ERROR_LOG

Ein Benutzer startet eine Fiori-App und sieht einen leeren Bildschirm mit drei Kreisen (●●●) oder einen leeren Bildschirm ohne Kreise. Prüfen Sie das Fehlerprotokoll in der Transaktion /IWFND/ERROR_LOG (Fehlerprotokoll von SAP Gateway).

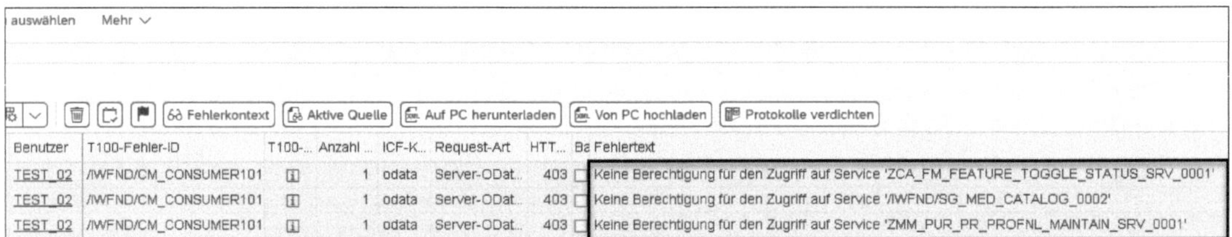

auswählen Mehr

Fehlerkontext | Aktive Quelle | Auf PC herunterladen | Von PC hochladen | Protokolle verdichten

Benutzer	T100-Fehler-ID	T100-...	Anzahl ...	ICF-K...	Request-Art	HTT...	Ba	Fehlertext
TEST_02	/IWFND/CM_CONSUMER101		1	odata	Server-ODat...	403		Keine Berechtigung für den Zugriff auf Service 'ZCA_FM_FEATURE_TOGGLE_STATUS_SRV_0001'
TEST_02	/IWFND/CM_CONSUMER101		1	odata	Server-ODat...	403		Keine Berechtigung für den Zugriff auf Service '/IWFND/SG_MED_CATALOG_0002'
TEST_02	/IWFND/CM_CONSUMER101		1	odata	Server-ODat...	403		Keine Berechtigung für den Zugriff auf Service 'ZMM_PUR_PR_PROFNL_MAINTAIN_SRV_0001'

Abbildung 9.41 Fehlerprotokoll in der Transaktion /IWFND/ERROR_LOG, wenn Berechtigungen fehlen

Dem Fehlerprotokoll in Abbildung 9.41 ist zu entnehmen, dass dem Benutzer die Berechtigungen für OData-Services fehlen. Wie diese in die Rolle hinzugefügt werden können, lesen Sie in Abschnitt 7.8, »Fehlende Berechtigungen für OData-Services in die Rolle hinzufügen«.

Dieselbe Information können Sie aus der Transaktion SU53 (Auswertung der Berechtigungsprüfung) oder aus dem Berechtigungstrace erhalten (siehe Abbildung 9.42).

Auswertung der letzten fehlgeschlagenen Berechtigungsprüfung

Benutzername	TEST_02	Fehlgeschlagene Prüfungen seit	25.09.2022 13:57:28 (GMTUK)
System		Mandant	100
Datum	25.09.2022	Systemzeit	09:21:01 (EST)
Instanz		Profilparameter auth/new buffering	4

Dat...	Ze	AS-Inst...	Typ der Anwendung	Name der Anwendung (Tcode/Service/RFC-Func.)	Prüfu...	INT4	Ergebnis der Berechtigungsprüfung
25.09...	13:...		SAP Gateway: Ser...	ZCA_FM_FEATURE_TOGGLE_STATUS_SRV_0...		4	Berechtigungsprüfung nicht erfolgreich
	13:...		SAP Gateway: Ser...	/IWFND/SG_MED_CATALOG_0002		4	Berechtigungsprüfung nicht erfolgreich
	13:...		SAP Gateway: Ser...	ZMM_PUR_PR_PROFNL_MAINTAIN_SRV_0001		4	Berechtigungsprüfung nicht erfolgreich

Abbildung 9.42 Fehlende Berechtigungen für OData-Services in der Transaktion SU53

Kein OData-Service gefunden

Wenn Sie einen ähnlichen Fehler wie in Abbildung 9.43 sehen und im Fehlerprotokoll eine ähnliche Beschreibung wie »Kein Service für Namensraum, Name ›MM_PUR_PR_PROCESS_SRV‹, Version ›0001‹ gefunden« steht, muss der OData-Service in der Transaktion /IWFND/MAINT_SERVICE (Services aktivieren und verwalten) angelegt werden. Wie das geht, erfahren Sie im Abschnitt »OData-Service aktivieren« des vorigen Abschnitts.

Fehler

errorText


```
\{
    "requestUri": "/sap/opu/odata/sap/MM_PUR_PR_PROCESS_SRV/$metadata?sap-client=100&sap-documentation=heading&sap-language=DE",
    "statusCode": 403,
    "statusText": "",
    "headers": [],
    "body": "/IWFND/MED/170Kein Service für Namensraum '', Name 'MM_PUR_PR_PROCESS_SRV', Version '0001' gefunden/SAP/MM_PUR_PR_PROCESS_SRV0001135B67561FD74279A8F3D8E30D306048
}
```


Wiederholen Schließen

Abbildung 9.43 Fehler auf dem SAP Fiori Launchpad: »Kein Service ... gefunden«

Ein schwerwiegender Fehler ist aufgetreten, Fehler-Code 404

OData-Service prüfen

Wenn Sie einen ähnlichen Fehler wie in Abbildung 9.44 sehen, prüfen Sie den OData-Service in der Transaktion /IWFND/MAINT_SERVICE.

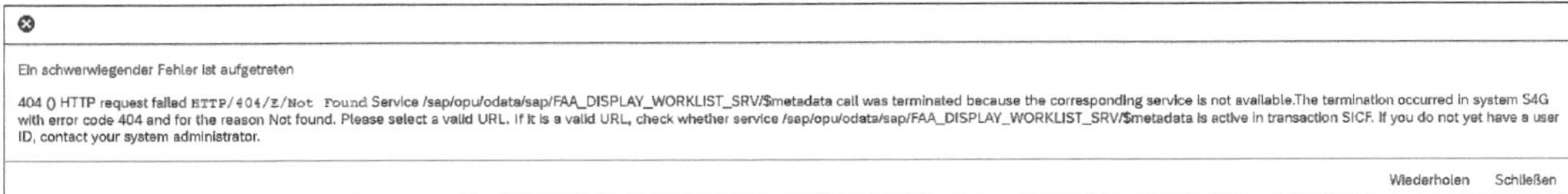

Abbildung 9.44 Fehler auf dem SAP Fiori Launchpad: »Ein schwerwiegender Fehler ist aufgetreten«

Status des ICF-Knotens prüfen

Suchen Sie nach dem OData-Service aus der Fehlermeldung in der Transaktion /IWFND/MAINT_SERVICE. In unserem Beispiel ist es der Service **FAA_DISPLAY_WORKLIST_SRV**. Wenn der Status des ICF-Knotens gelb ist (siehe Abbildung 9.45), müssen Sie den ICF-Knoten aktivieren.

Klicken Sie auf den Button **ICF-Knoten** und wählen Sie den Eintrag **Konfigurieren (SICF)**. Sie werden in die Transaktion SICF umgeleitet. Hier können Sie den ICF-Knoten aktivieren (wie das geht, erfahren ist im Abschnitt »ICF-Knoten aktivieren« des vorigen Abschnitts).

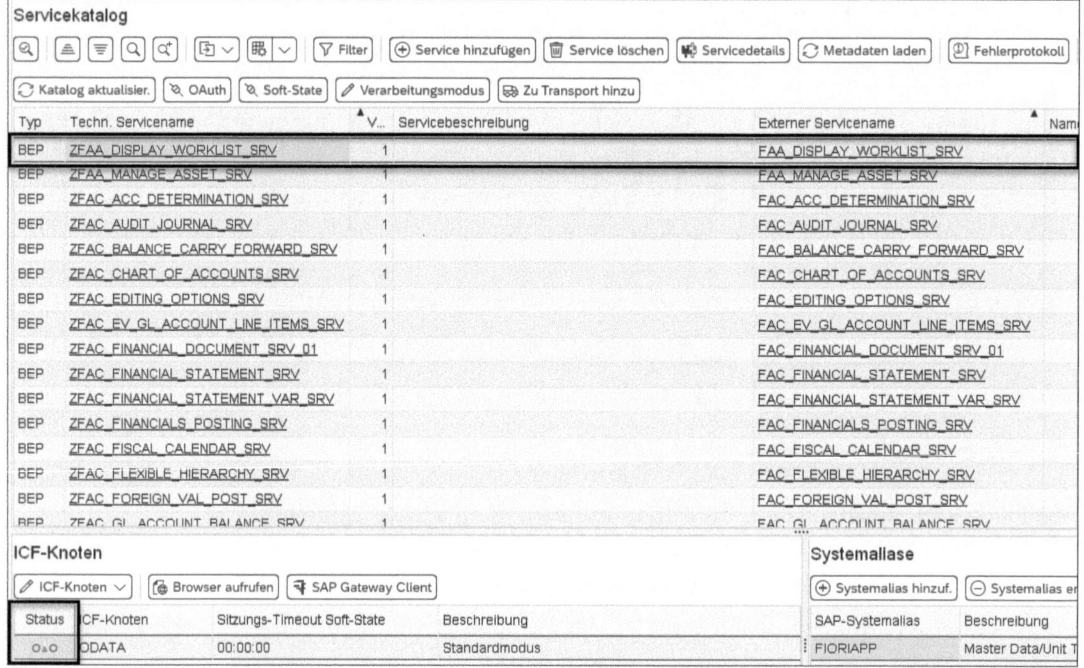

Abbildung 9.45 Transaktion /IWFND/MAINT_SERVICE: den OData-Service überprüfen

Die App kann nicht geöffnet werden

UI5-Komponente für Navigationsabsicht wurde nicht geladen

Wenn Sie den Fehler »App kann nicht geöffnet werden, weil die SAP-UI5-Komponente der Anwendung nicht geladen werden konnte« (siehe Abbildung 9.46) sehen, klicken Sie auf **Details anzeigen**.

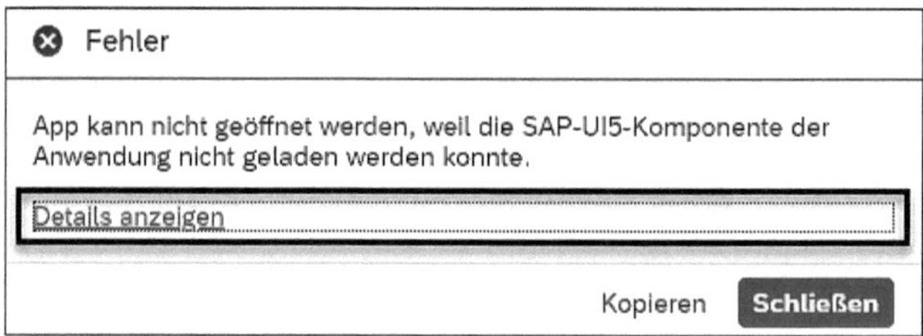

Abbildung 9.46 Fehlermeldung auf dem SAP Fiori Launchpad

Kopieren Sie den String aus den Details, in unserem Beispiel ist es **#FixedAsset-displayWorklist** (siehe Abbildung 9.47).

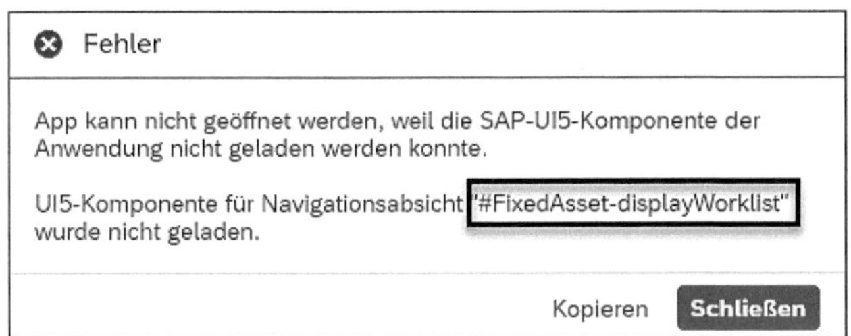

Abbildung 9.47 Fehler auf dem SAP Fiori Launchpad: Detailsicht der Fehlermeldung

Mit diesem String können Sie in der SAP Fiori Apps Reference Library die betroffene Fiori-App, falls sie nicht bekannt ist, und den betreffenden ICF-Knoten finden (siehe Abbildung 9.48).

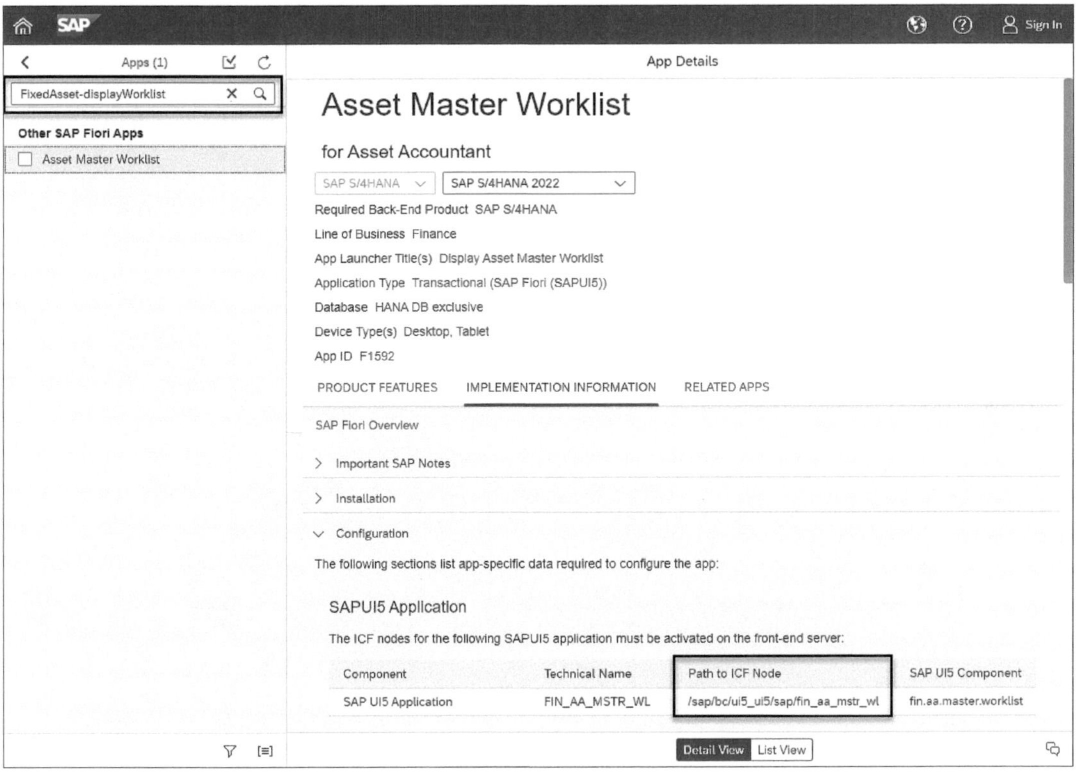

Abbildung 9.48 SAP Fiori Apps Reference Library: mit dem String aus der Fehlermeldung nach der Fiori-App suchen

Aktivieren Sie diesen ICF-Knoten oder lassen Sie ihn in der Transaktion SICF aktivieren (wie ICF-Knoten aktiviert werden, lesen Sie im Abschnitt »ICF-Knoten aktivieren« aus dem vorherigen Abschnitt).

Kachel für analytische Query wird nicht angezeigt

Fehlende Berechtigung für die Zielzuordnung für den Query-Browser

Sie haben eigene Kacheln für analytische Queries angelegt, in den Business-Katalog, in die Fiori-Kachelgruppe oder in den Bereich und auf die Seite hinzugefügt. Dennoch erscheinen die Kacheln auf dem SAP Fiori Launchpad der Benutzer nicht. Die Ursache dieses Fehlers ist die fehlende Berechtigung für die Zielzuordnung für Query-Browser. Diese Berechtigung ist im SAP-Standardkatalog SAP_CA_BC_VDM enthalten. Sie sollten den Inhalt dieses Katalogs in Ihren eigenen Business-Katalog kopieren und den Benutzern über eine PFCG-Rolle zuweisen.

9.5 Zusammenfassung

In diesem Kapitel haben Sie erfahren, wie Sie die Transaktion SU53 und verschiedene Traces für die Lösung von Berechtigungsprobleme nutzen können. Außerdem wissen Sie jetzt, wie Sie Anwendungen, die auf CDS-Views basieren, mithilfe des Berechtigungstrace erkennen können und Berechtigungsprüfungen für diese Anwendungen in der Transaktion STAUTHTRACE anschauen und wie Sie Zugriffe auf CDS-Entitäten für Benutzer in der Transaktion SACM simulieren. Sie können nun das SAP-Fiori-App-Support-Tool einrichten und typische Fehler von Fiori-Apps analysieren und beheben.

Kapitel 10
Benutzermanagement

Im Benutzermanagement in SAP S/4HANA gibt es einige Neuerungen im Vergleich zu SAP ECC, beispielweise Business-Benutzer. Die meisten Herausforderungen im Alltag der Benutzeradministration haben sich jedoch nicht verändert.

10

In diesem Kapitel lernen Sie sowohl die Grundlagen des Benutzermanagements als auch die Neuerungen durch SAP S/4HANA für das Benutzermanagement kennen. In Abschnitt 10.1, »Benutzer im SAP-System anlegen und pflegen«, werden wir die Pflege der Benutzerstammsätze mit den SAP-Standard-Transaktionen SU01 und SU10 erklären. In Abschnitt 10.2, »Benutzer massenhaft mit LSMW anlegen«, finden Sie eine Schritt-für-Schritt-Anleitung für die Massenanlage von Benutzerstammsätzen in einem SAP-System. In Abschnitt 10.3, »Benutzer in der zentralen Benutzerverwaltung (ZBV) pflegen«, besprechen wir die Besonderheiten der Pflege der Benutzer über die ZBV. In Abschnitt 10.4 erfahren Sie, wie die Rollenzuordnung über das Organisationsmanagement automatisiert werden kann. In Abschnitt 10.5 erklären wir das neue Konzept der Business-Benutzer in der Praxis. Wie Sie einige Aktivitäten im Benutzermanagement über die Einplanung der Reports im Hintergrund automatisieren können, erfahren Sie in Abschnitt 10.6. Die Absicherung von SAP-Standardbenutzern in Ihrem SAP-System lernen Sie in Abschnitt 10.7, »SAP-Standardbenutzer«, kennen. In Abschnitt 10.8, »Auswertungsmöglichkeiten und SAP-Tabellen für das Benutzermanagement«, erklären wir abschließend, wie Sie Benutzerstammdaten auswerten können.

10.1 Benutzer im SAP-System anlegen und pflegen

Transaktionen für die Benutzerpflege

Benutzer legen Sie in der Transaktion SU01 an. Für die Massenpflege nutzen Sie die Transaktion SU10 (Massenpflege Benutzer). Oft werden die Benutzer-IDs in einem anderen System definiert und angelegt, z. B. im Active Directory oder in einem *IAM-System* (Identity and Access Management System), so können Sie sich den Aufwand für die Erstellung einer Namenskonvention für die Benutzer-IDs sparen.

Namenskonvention für Benutzerkennungen

Nutzen Sie keine der beiden Anwendungen, sollten Sie eine Namenskonvention für die SAP-Benutzer-IDs definieren. Die Länge der Benutzer-ID ist auf zwölf Zeichen beschränkt. Viele Organisationen verwenden die Personalnummer als Benutzer-ID. Wenn es ein zentrales HR-System gibt, haben alle Mitarbeitenden eine einmalige Personalnummer. Es kann allerdings Benutzer geben, beispielsweise externe Berater und andere Auftragnehmer, die im HR-System des Unternehmens nicht registriert sind und daher auch keine Personalnummer haben. Für diese Benutzer muss eine andere Namenskonvention definiert werden.

Viele Organisationen verwenden eine Kombination aus Vornamen und Nachnamen der Benutzer und gegebenenfalls Zahlen, beispielsweise: Benutzer-ID = <erster Buchstabe des Vornamens><Nachname><optionale Nummer>.

Oft wird in den Benutzerkennungen mit Präfixen zwischen internen und externen Benutzern unterschieden. Es kann aber auch vorkommen, dass ein externer Benutzer zum internen Benutzer wird und umgekehrt. Um zu vermeiden, dass wegen dieser Wechsel eine neue Benutzer-ID angelegt werden muss, empfehlen wir, mittels Benutzergruppen zwischen internen und externen Benutzern zu unterscheiden.

[»]

Einschränkungen des Zeichenvorrats für Benutzernamen

SAP empfiehlt, die Zeichen für Benutzernamen in der Tabelle PRGN_CUST einzuschränken. Siehe SAP-Hinweis 1731549 (Einschränkungen des Zeichenvorrates für Benutzernamen).

Um einen neuen Benutzer anzulegen, starten Sie die Transaktion SU01. Geben Sie die Benutzer-ID ein und klicken Sie auf den Button **Benutzer** (siehe Abbildung 10.1).

Abbildung 10.1 Anlegen eines Benutzers in der Transaktion SU01

Benutzerdaten werden, abhängig vom Benutzertyp (»Benutzer« oder »Technischer Benutzer«), auf den folgenden Registerkarten gespeichert (siehe Tabelle 10.1).

Benutzer	Technischer Benutzer
Dokumentation	Dokumentation
Adresse	-//-
Logondaten	Logondaten
SNC	SNC
Festwerte	Festwerte
Parameter	Parameter
Rollen	Rollen
Profile	Profile
Gruppen	Gruppen
Personalisierung	Personalisierung
Lizenzdaten	Lizenzdaten

Tabelle 10.1 Registerkarten im Benutzerstammsatz

Im Folgenden erklären wir die einzelnen Registerkarten im Detail.

Registerkarte »Adresse« im Benutzerstammsatz

Auf der Registerkarte **Adresse** müssen Sie das Mussfeld **Nachname** ausfüllen. Die restlichen Felder sind optional. Wir empfehlen, mindestens die Felder **Anrede**, **Vorname**, **Funktion** und **E-Mail-Adresse** auszufüllen (siehe Abbildung 10.2). Abgesehen von **Funktion** werden diese Daten gegebenenfalls auf den Formularen, die die Anwender*innen anlegen, aufgeführt. Durch die **Funktion** können den Benutzern beispielsweise Rollen zugewiesen werden. Um die Bedeutung der übrigen Felder zu erfahren, platzieren Sie den Cursor im Feld und rufen die SAP-Dokumentation auf, indem Sie [F1] drücken. Der Sprachenschlüssel im Feld **Sprache** gibt beispielsweise folgende Punkte an:

- Sprache, in der die Texte angezeigt werden
- Sprache, in der die Benutzer Texte erfassen
- Sprache, in der das System Druckaufgaben erstellt

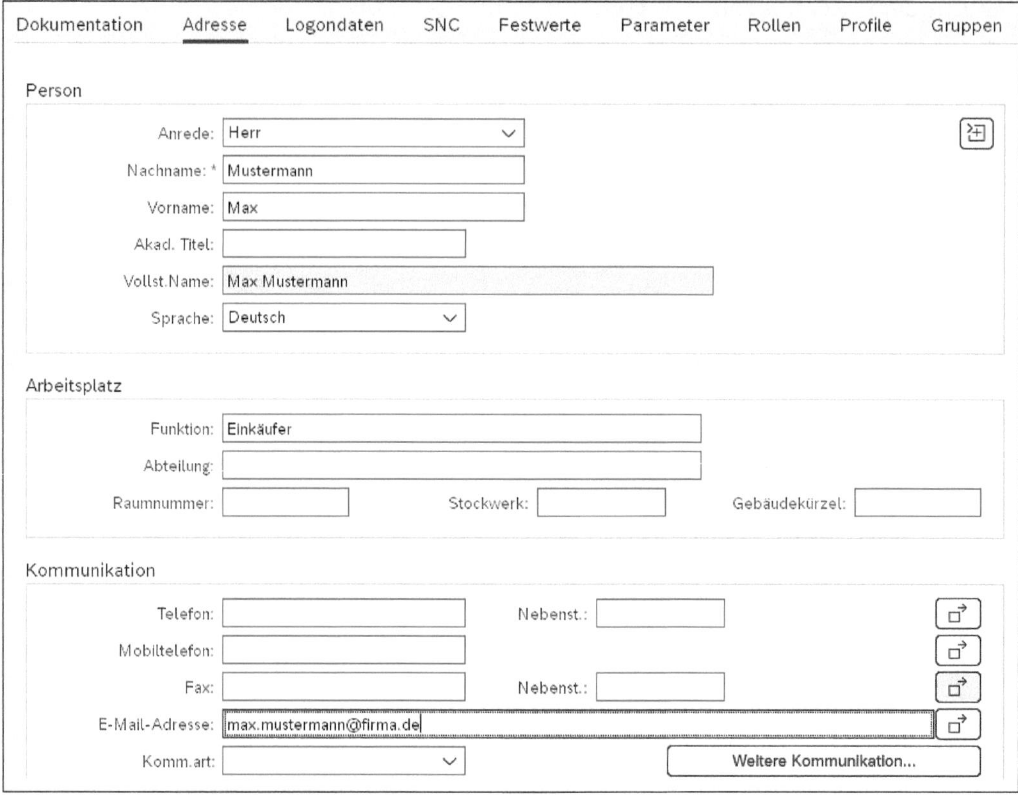

Abbildung 10.2 Benutzerstammsatz: Registerkarte »Adresse«

Registerkarte »Logondaten« im Benutzerstammsatz

Auf der Registerkarte **Logondaten** (siehe Abbildung 10.3) müssen Sie das Initialkennwort vergeben. Dabei haben Sie die folgenden Optionen:

- Sie geben das Kennwort manuell ein und wiederholen es im Feld **Kennwortwiederholung**, um Tippfehler auszuschließen.
- Sie generieren das Kennwort mit dem Icon (**Generieren**).
- Sie deaktivieren das Kennwort mit dem Icon (**Deaktivieren**). Anwender*innen können sich dann nicht mehr mit dem Kennwort anmelden, sondern nur noch mit Single Sign-on (SSO).

Das Feld **Benutzertyp** ist auch ein Mussfeld und per Default mit dem Wert **Dialog** belegt. Außer dem Benutzertyp **Dialog** gibt es noch System-, Kommunikations-, Referenz- und Servicebenutzertypen. Informationen zu jedem Typ können Sie in der SAP-Dokumentation abrufen (F1).

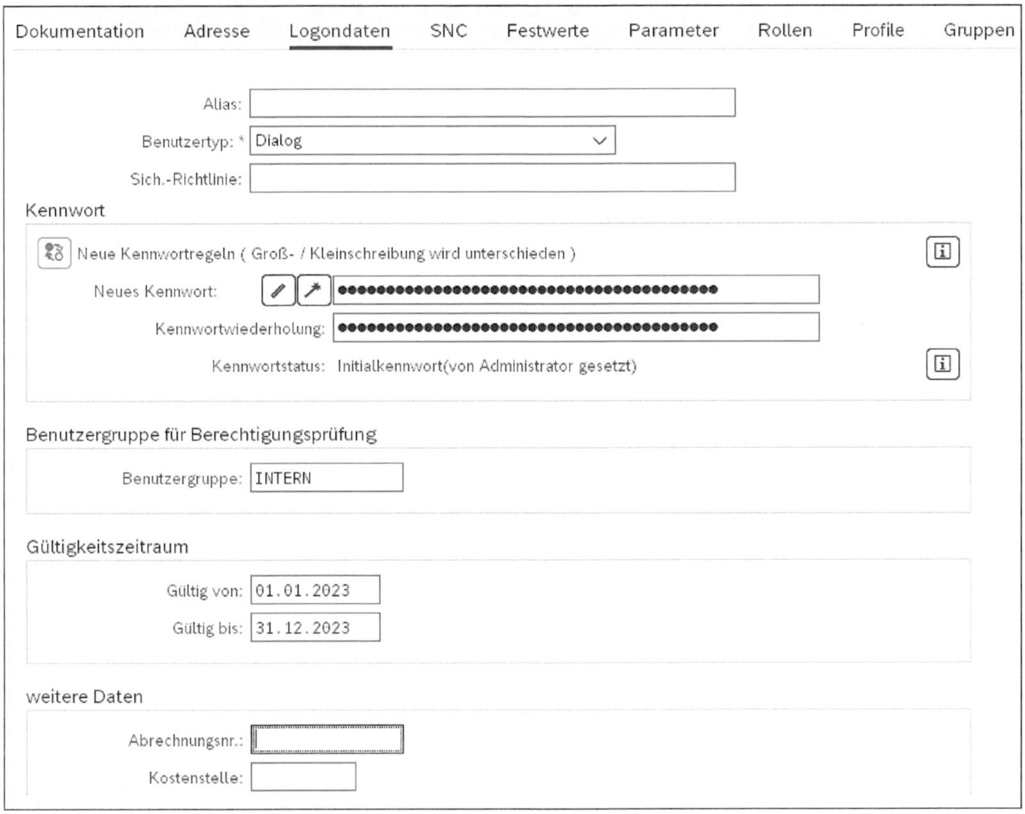

Abbildung 10.3 Benutzerstammsatz: Registerkarte »Logondaten«

Das Feld »Benutzergruppe« im Benutzerstammsatz

Das Feld **Benutzergruppe** bietet folgende Möglichkeiten:

- Es ermöglicht Auswertungen über unterschiedliche Benutzergruppen (z. B. interne Benutzer, externe Benutzer, Benutzer, die einem bestimmten Dienstleister gehören usw.).
- Anhand der Benutzergruppen können Sie Berechtigungen zur Pflege der Benutzer an unterschiedliche Mitarbeitende der Benutzeradministration verteilen. Dies können Sie über das Berechtigungsobjekt S_USER_GRP (Benutzerstammpflege: Benutzergruppen) und das Feld **CLASS** (Benutzergruppe in Benutzerstammpflege) tun. Ein möglicher Anwendungsfall wäre, wenn interne Benutzer sich am System mit Single Sign-on anmelden würden und externe Benutzer mit der Kennwortanmeldung: Sie könnten externen Benutzern die Berechtigung geben, für ihre Benutzergruppe Benutzer zu entsperren und Passwörter zurückzusetzen, um Ihren Arbeitsaufwand klein zu halten.

Benutzergruppen werden in der Transaktion SUGR angelegt (siehe Abbildung 10.4). Die Länge der Benutzergruppen ist auf zwölf Zeichen beschränkt.

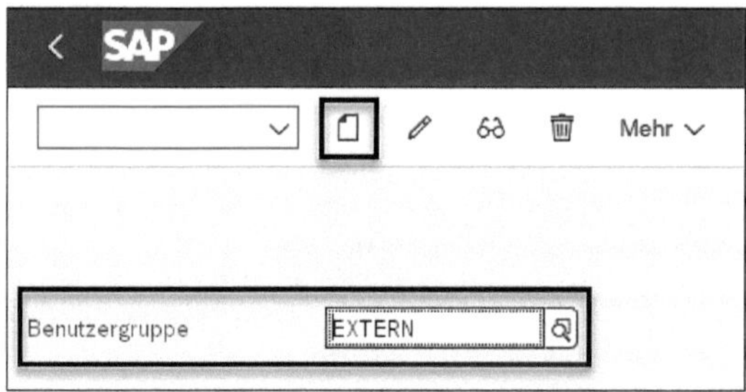

Abbildung 10.4 Anlegen einer Benutzergruppe in der Transaktion SUGR

Machen Sie die Benutzergruppe zu einem Pflichtfeld

Um sicherzustellen, dass das Feld **Benutzergruppe** in jedem Benutzerstamm gepflegt ist, können Sie dieses Feld als Pflichtfeld definieren. Wie das geht, wird in SAP-Hinweis 1663177 (SU01: Benutzergruppe als Pflichtfeld) beschrieben.

Pflege der Gültigkeit der Benutzer

Außerdem können Sie auf der Registerkarte **Logondaten** die Gültigkeit der Benutzer einschränken. Wenn Sie also z. B. ein Go-live-Datum kennen und Benutzerstammdaten im Voraus anlegen möchten, können Sie mit dem Feld **Gültig von** steuern, dass Benutzer sich erst ab dem Go-live-Datum am System anmelden können. Mit dem Feld **Gültig bis** können Sie die Gültigkeit der Benutzer, die für eine bestimmte Zeitperiode für Ihre Organisation tätig sein werden, einschränken (siehe Abbildung 10.3).

Pflege der Kostenstelle im Benutzerstammsatz

Sie können auf der Registerkarte **Logondaten** das Feld **Kostenstelle** pflegen, falls Sie dieses Feld für Auswertungen über die Benutzer verwenden möchten (siehe Abbildung 10.3).

Nachdem Sie die Adress- und Log-on-Daten gepflegt haben, können Sie den Benutzerstamm speichern, indem Sie auf den Button **Sichern** klicken. Die weiteren Registerkarten sind optional.

Registerkarte »SNC« im Benutzerstammsatz

Die Registerkarte **SNC** wird nur angezeigt, wenn Sie Secure Network Communications (SNC) verwenden. Sie enthält die folgenden Felder:

- **SNC-Name**
- **Kennwortanmeldung für SAP GUI zulassen (benutzerspezifisch)**

Der SNC-Name ist der Benutzername aus SAP NetWeaver Single Sign-on oder dem externen Sicherheitsprodukt, den Sie von dort übernehmen und entweder in diesem Feld angeben oder in die Tabelle USRACL eintragen. Das Kennzeichen der Kennwortanmeldung wird nur aktiviert, wenn Secure Network Communications (SNC) aktiviert und die Kennwortanmeldung über SAP GUI für bestimmte Benutzer erlaubt ist (siehe Abbildung 10.5).

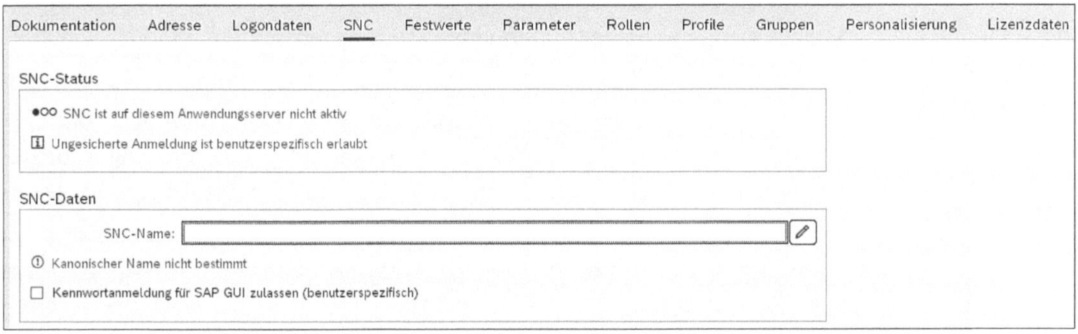

Dokumentation | Adresse | Logondaten | SNC | Festwerte | Parameter | Rollen | Profile | Gruppen | Personalisierung | Lizenzdaten

SNC-Status

SNC ist auf diesem Anwendungsserver nicht aktiv

Ungesicherte Anmeldung ist benutzerspezifisch erlaubt

SNC-Daten

SNC-Name:

Kanonischer Name nicht bestimmt

☐ Kennwortanmeldung für SAP GUI zulassen (benutzerspezifisch)

Abbildung 10.5 Benutzerstammsatz: Registerkarte »SNC«

Registerkarte »Festwerte« im Benutzerstammsatz

Auf der Registerkarte **Festwerte** können Sie einige Festwerte, z. B. **Anmeldesprache**, **Dezimaldarstellung**, **Datumsdarstellung**, **Zeitformat**, **Druckername** usw., für die Benutzer pflegen (siehe Abbildung 10.6). Allerdings können die Benutzer diese Daten in der Transaktion SU3 selbst pflegen. Dafür müssen sie sich am System in SAP GUI oder über das SAP Fiori Launchpad anmelden und die Benutzereinstellungen auf dem SAP Fiori Launchpad nutzen.

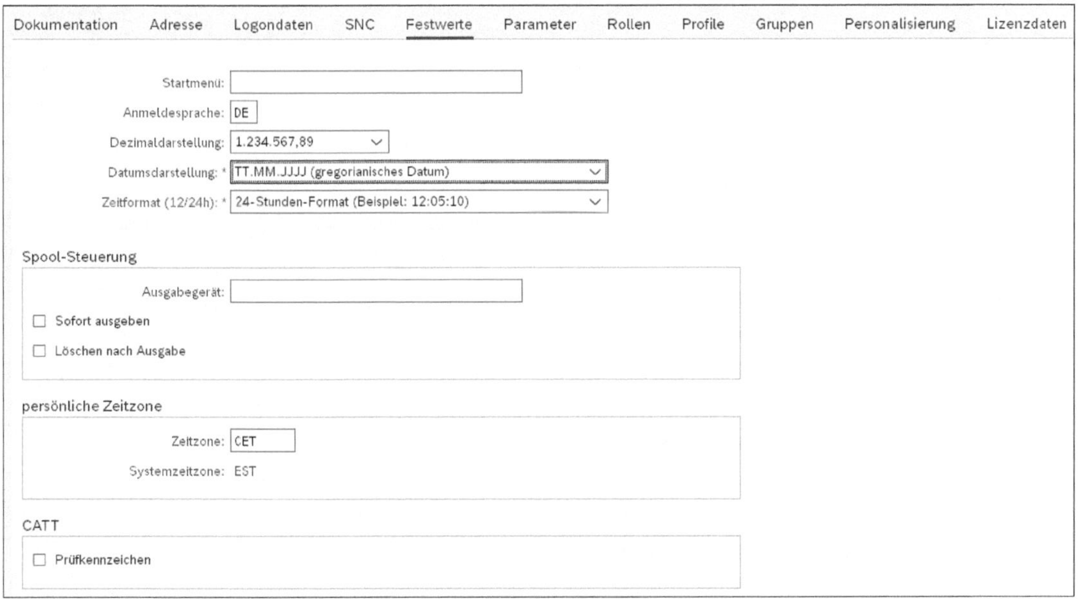

Dokumentation | Adresse | Logondaten | SNC | Festwerte | Parameter | Rollen | Profile | Gruppen | Personalisierung | Lizenzdaten

Startmenü:

Anmeldesprache: DE

Dezimaldarstellung: 1.234.567,89

Datumsdarstellung: * TT.MM.JJJJ (gregorianisches Datum)

Zeitformat (12/24h): * 24-Stunden-Format (Beispiel: 12:05:10)

Spool-Steuerung

Ausgabegerät:

☐ Sofort ausgeben

☐ Löschen nach Ausgabe

persönliche Zeitzone

Zeitzone: CET

Systemzeitzone: EST

CATT

☐ Prüfkennzeichen

Abbildung 10.6 Benutzerstammsatz: Registerkarte »Festwerte«

Registerkarte »Parameter« im Benutzerstammsatz

Auf der Registerkarte **Parameter** können Parameter und deren Werte eingegeben werden. In einem SAP-S/4HANA-System gibt es, abhängig von den installierten Komponenten, über 14.000 mögliche Parameter, die eine unterschiedliche Verwendung haben. Die Parameter sind in der Tabelle TPARA gespeichert. Am häufigsten wird der Benutzerparameter für die Vorbelegung der Felder in den Transaktionen genutzt.

Parameter-ID herausfinden

Als Beispiel nehmen wir die Transaktion ME2L (Bestellungen nach Lieferanten). Platzieren Sie den Cursor im Feld **Einkaufsorganisation** und rufen Sie die SAP-Hilfe mit [F1] auf. Klicken Sie auf das Icon (**Technische Informationen**). Im nächsten Fenster sehen Sie das Feld **Parameter-Id** (siehe Abbildung 10.7).

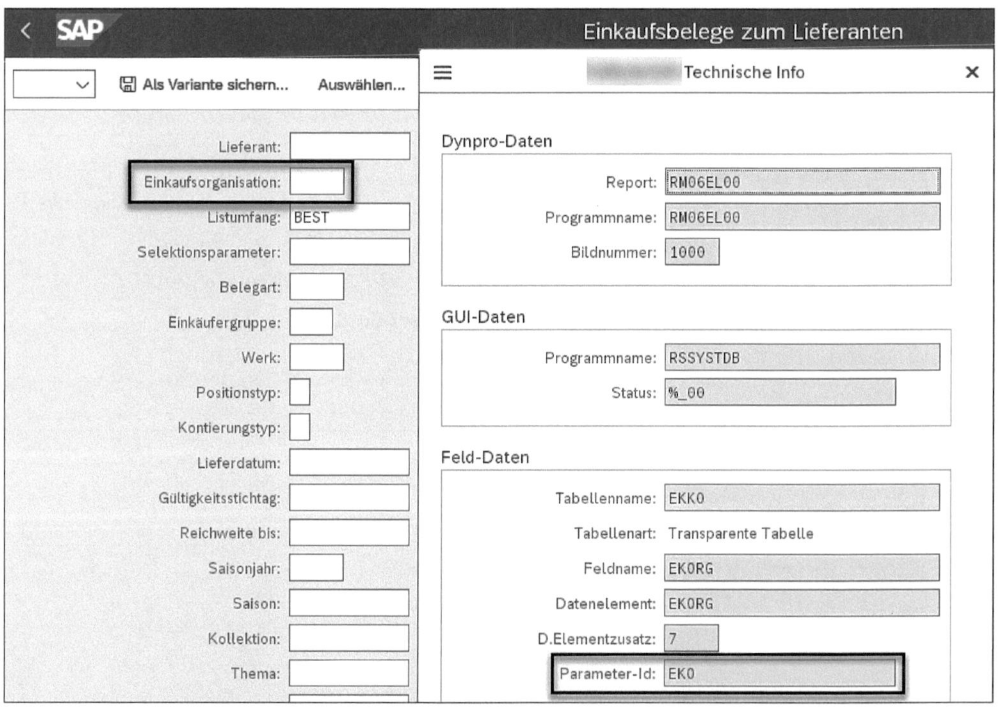

Abbildung 10.7 Parameter-ID für das Feld »Einkaufsorganisation« in der Transaktion ME2L

Parameter und Parameterwerte im Benutzerstammsatz eintragen

Die Parameter-ID für die Einkaufsorganisation ist **EKO**, für die Einkäufergruppe **EKG** und für das Werk **WRK**. Wir definieren die Werte für diese drei Parameter im Benutzerstammsatz (siehe Abbildung 10.8).

Set-/Get-Parameter-Id	Parameterwert	Kurzbeschreibung
EKG	001	Einkäufergruppe
EKO	1010	Einkaufsorganisation
WRK	1010	Werk

Abbildung 10.8 Registerkarte »Parameter« im Benutzerstammsatz

Wenn Benutzer die Transaktion ME2L aufruft, werden die entsprechenden Felder mit den Werten vorbelegt (siehe Abbildung 10.9).

Abbildung 10.9 Mit den Parametern im Benutzerstammsatz vorbelegte Felder in der Transaktion ME2L

Prüfen Sie die Parameter im Benutzerstamm, wenn Sie Fehler analysieren

Wenn Anwender*innen melden, dass bestimmte Transaktionen bei unterschiedlichen Benutzern unterschiedlich funktionieren und unterschiedliche Berechtigungen nicht der Grund sein können, prüfen Sie die Parameter im Benutzerstamm. Sie können die Ursache sein. Die Parameter und deren Werte für Benutzer sind in der Tabelle USR05 gespeichert.

Rollenzuweisung an Benutzer in der Transaktion SU01

Auf der Registerkarte **Rollen** weisen Sie den Benutzern ihre Rollen zu. Sie können die Rollennamen direkt eingeben oder mit sogenannten *Wild Cards* nach den Rollen suchen (siehe Abbildung 10.10).

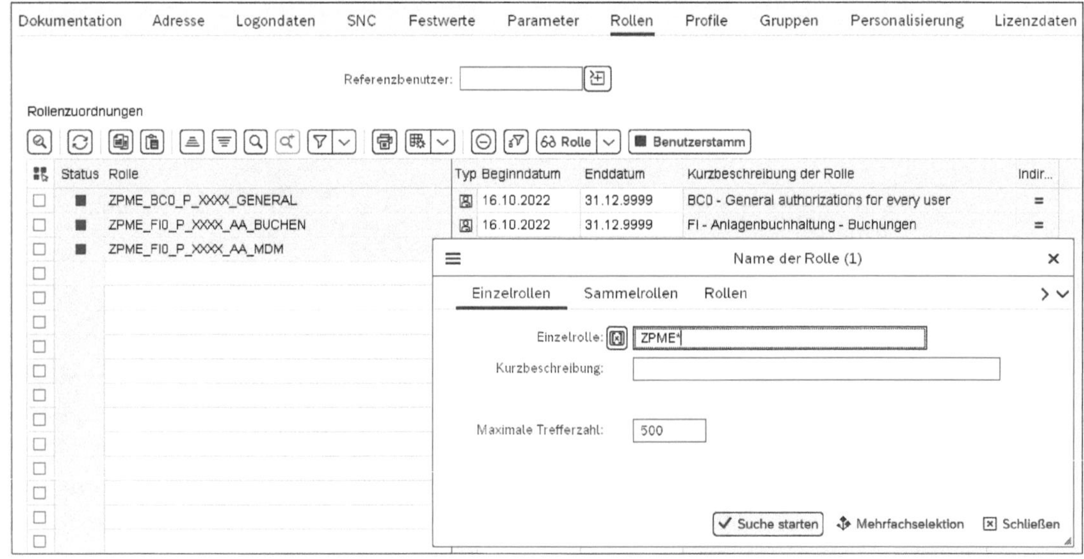

Abbildung 10.10 Benutzerstammsatz: Registerkarte »Rollen«

Beginndatum und **Enddatum** der Rollenzuweisung können Sie entsprechend Ihren Anforderungen ändern.

Den Benutzern Rollen in der Transaktion SU01 entziehen

Auf dieser Registerkarte können Sie den Benutzern die Rollen entziehen, indem Sie eine Rolle auswählen und auf das Icon (**Löschen**) klicken. Dabei sollten Sie beachten, dass Sie auf diese Weise nur direkt zugeordnete Rollen entziehen können. Ob eine Rolle direkt zugeordnet ist, können Sie in der Spalte **Indirekte Zuordnung** sehen (siehe Abbildung 10.11). Das Icon (**direkte Zuordnung**) kennzeichnet direkte Rollenzuordnungen, das Icon (**Zuordnung kommt aus Sammelrolle**) kennzeichnet Rollenzuordnungen, die aus einer Sammelrolle kommen.

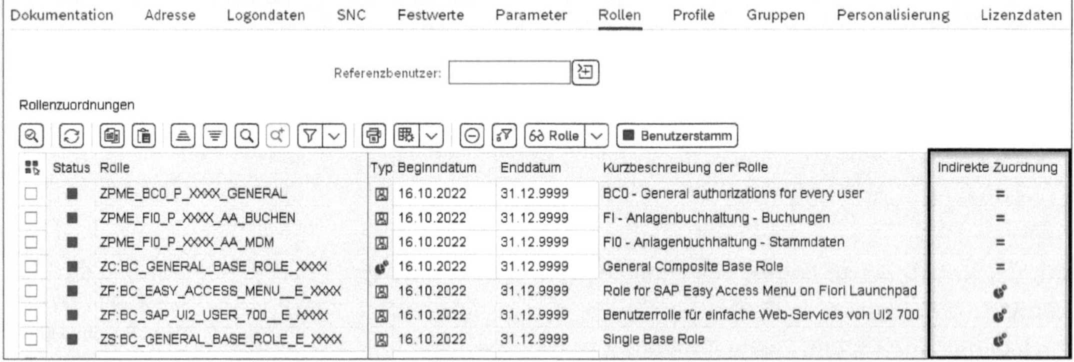

Abbildung 10.11 Benutzerstammsatz: Registerkarte »Rollen«: direkte und indirekte Rollenzuordnung

Den Benutzern können Rollen auch in der Transaktion PFCG auf der Registerkarte **Benutzer** zugewiesen und entzogen werden (siehe Abbildung 10.12).

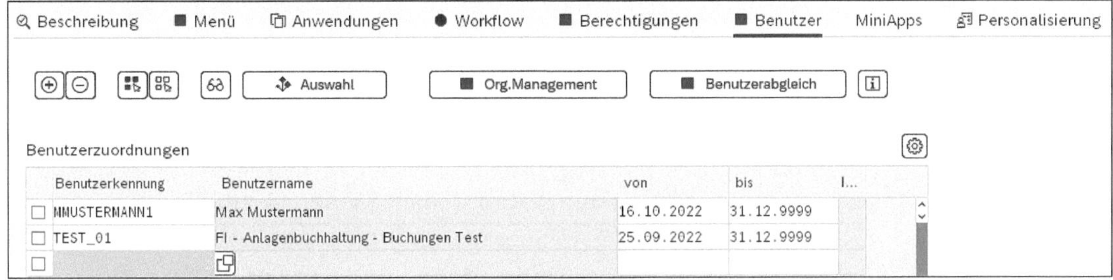

Abbildung 10.12 Transaktion PFCG: Registerkarte »Benutzer«

Registerkarte »Profile« im Benutzerstammsatz

Auf der Registerkarte **Profile** werden die generierten Profile der zugeordneten Rollen angezeigt. Außerdem können Sie auf dieser Registerkarte den Benutzern ihre Berechtigungsprofile manuell zuweisen. Diese Funktion wird beispielweise für die Zuordnung der kritischen Profile SAP_ALL und SAP_NEW verwendet (siehe Abbildung 10.13).

Abbildung 10.13 Benutzerstammsatz: Registerkarte »Profile«

Maximale Anzahl der Profile für Benutzer

Früher war die Anzahl der Berechtigungsprofile pro Benutzer auf 312 eingeschränkt. Ab der SAP_BASIS-Version 7.50 ist diese Einschränkung aufgehoben (siehe SAP-Hinweis 410993 (Maximale Anzahl für Profile und Berechtigungen)).

Registerkarte »Gruppen« im Benutzerstammsatz

Auf der Registerkarte **Gruppen** ordnen Sie die Benutzer einer oder mehreren Benutzergruppen zu. Dabei handelt es sich um eine Gruppierung, die z. B. für die Massenpflege von Benutzerdaten in der Transaktion SU10 verwendet wird. Zuordnungen, die Sie auf der Registerkarte **Gruppen** vornehmen, werden nicht für die Berechtigungsprüfungen verwendet, die Sie auf der Registerkarte **Logondaten** über das Feld **Benutzergruppe** angegeben haben.

Registerkarte »Personalisierung« im Benutzerstammsatz

Auf der Registerkarte **Personalisierung** können Sie über die Personalisierungsobjekte personenbezogene Einstellungen vornehmen. Sie können eigene Personalisierungsobjekte in der Transaktion PERSREG (Personalisierungsobjekte) anlegen und diese in der Transaktion SU01 beziehungsweise PFCG verwenden.

Registerkarte »Lizenzdaten« im Benutzerstammsatz

Auf der Registerkarte **Lizenzdaten** wählen Sie den vertraglichen Nutzertyp des Benutzers aus (siehe Abbildung 10.14). Mit diesem Feld klassifizieren Sie Ihre Benutzer nach deren Berechtigung und den vertraglichen Vereinbarungen mit SAP. Die Optionen in diesem Feld hängen von der mit SAP vereinbarten Preisliste ab. Diese Angaben werden für die Systemvermessung verwendet.

Abbildung 10.14 Benutzerstammsatz: Registerkarte »Lizenzdaten«

Registerkarte »Dokumentation« im Benutzerstammsatz

Die Registerkarte **Dokumentation** können Sie zur Dokumentation der Änderungen am Benutzerstamm für die Auditzwecke verwenden. Weisen Sie z. B. einem Benutzer eine Rolle zu, können Sie einen Eintrag verfassen, in dem Sie den Grund der Rollenzuordnung festhalten. Um einen neuen Antrag zu erfassen, klicken Sie auf das Icon (**Antrag anlegen**), erfassen den Antrag und speichern den Benutzerstamm. Datum, Uhrzeit und Ihre Benutzer-ID werden vom System automatisch erfasst (siehe Abbildung 10.15).

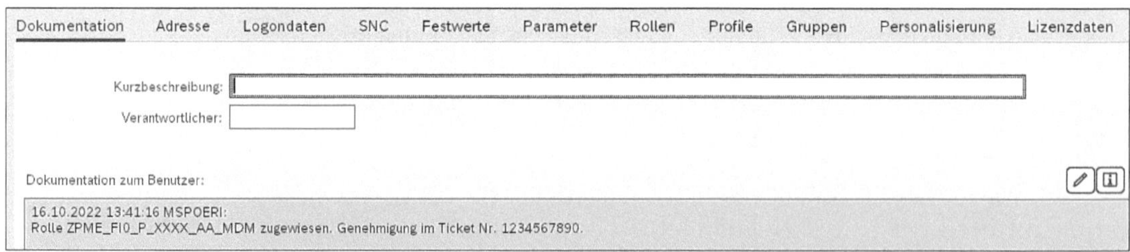

Abbildung 10.15 Antrag auf der Registerkarte »Dokumentation« im Benutzerstammsatz

Sie können neue Benutzer anlegen, indem Sie bestehende Benutzer kopieren. Dafür geben Sie in der Transaktion SU01 eine Benutzer-ID ein und klicken auf das Icon (**Kopieren**). Im nächsten Fenster können Sie die Registerkarten auswählen, die Sie kopieren möchten (siehe Abbildung 10.16).

Anlage eines Benutzerstammsatzes durch Kopieren

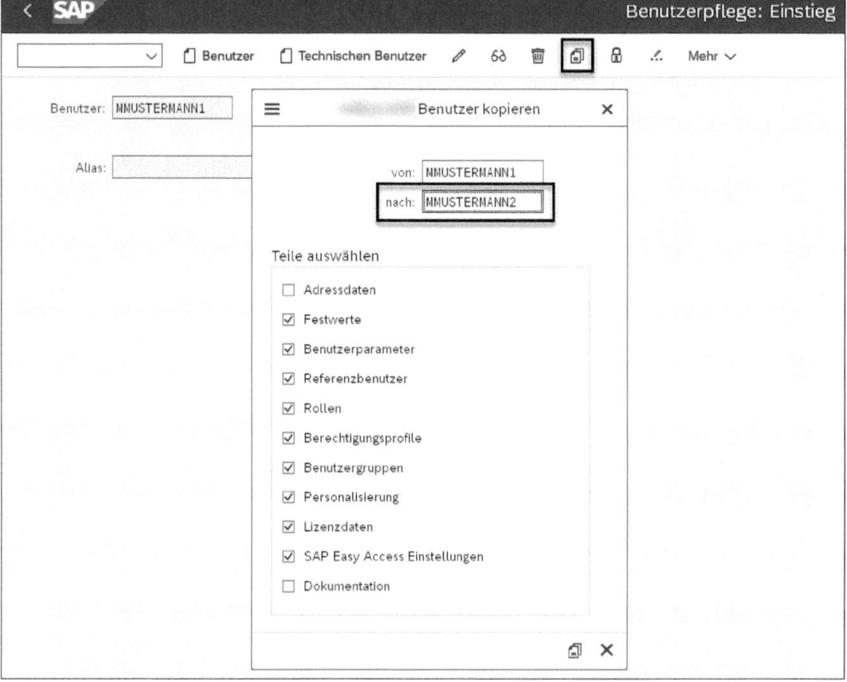

Abbildung 10.16 Kopieren eines Benutzerstammsatzes in der Transaktion SU01

Sie können Benutzer sperren und entsperren, indem Sie auf das Icon (**Sperren / Entsperren**) klicken und das Kennwort zurücksetzen, indem Sie auf das Icon (**Kennwort ändern**) klicken (siehe Abbildung 10.17).

Benutzer sperren und entsperren, Kennwort zurücksetzen

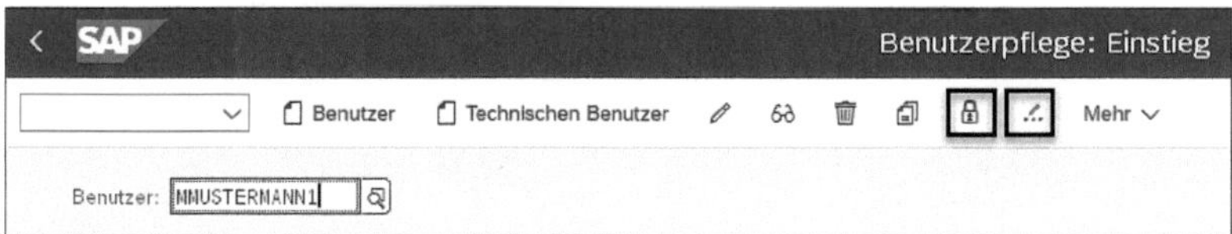

Abbildung 10.17 Benutzer in der Transaktion SU01 sperren/entsperren und Kennwort zurücksetzen

In derselben Menüleiste finden Sie das Icon (**Löschen**), mit dem Sie den Benutzerstamm löschen können. Allerdings ist es zum Zwecke der Rückverfolgung nicht empfehlenswert, Benutzerstammsätze in SAP-Systemen zu löschen. Wir empfehlen, die nicht aktiven Benutzer zu sperren und ihnen die Berechtigungen zu entziehen.

Benutzerstammsatz löschen

Massenpflege der Benutzerstammsätze

Die Massenpflege der Benutzerstammsätze wird in der Transaktion SU10 ausgeführt. Bis zu 25 Benutzer-IDs können Sie direkt in das Feld **Benutzer** hinzufügen (siehe Abbildung 10.18). Anschließend können Sie die Benutzerstammsätze ändern, indem Sie auf das Icon (**Ändern**) klicken.

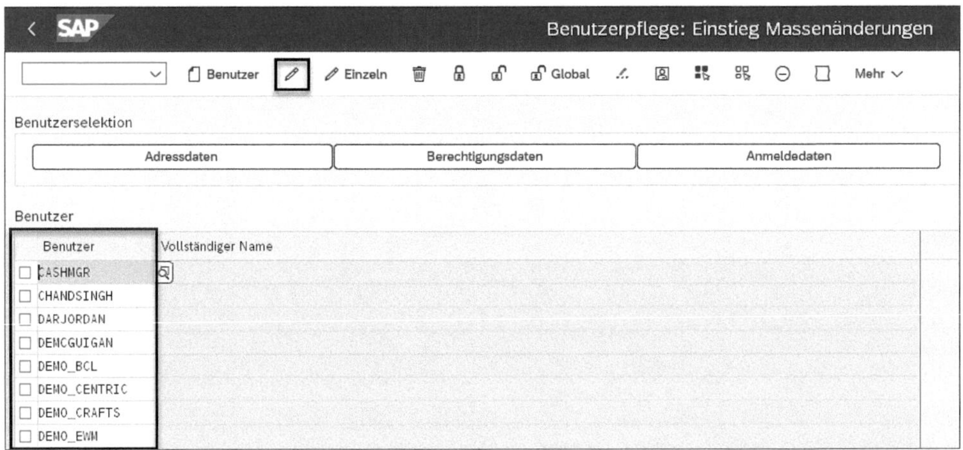

Abbildung 10.18 Massenpflege von Benutzerstammdaten in der Transaktion SU10: Hinzufügen der Benutzer-IDs

Benutzerselektion für die Massenpflege

Wenn Sie mehr als 25 Benutzer-IDs ändern möchten, müssen Sie auf einen der Buttons im Abschnitt **Benutzerselektion** klicken und die Liste der Benutzer mit der Option (**Mehrfachselektion**) einfügen. Anschließend selektieren Sie alle Benutzer und klicken auf den Button **Übernehmen** (siehe Abbildung 10.19).

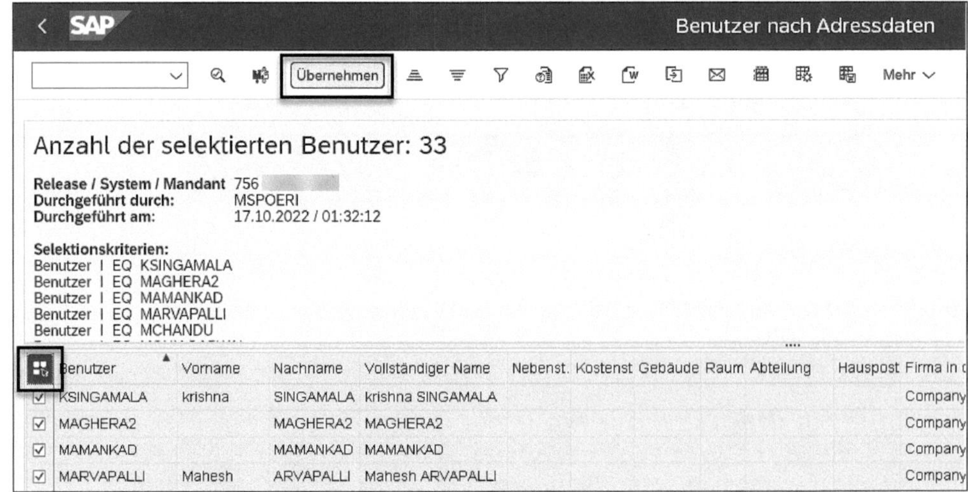

Abbildung 10.19 Massenpflege von Benutzerstammdaten in der Transaktion SU10: Selektieren der Benutzer-IDs

Nachdem Sie die Änderungen durchgeführt haben, sehen Sie ein ähnliches Bild wie in Abbildung 10.20.

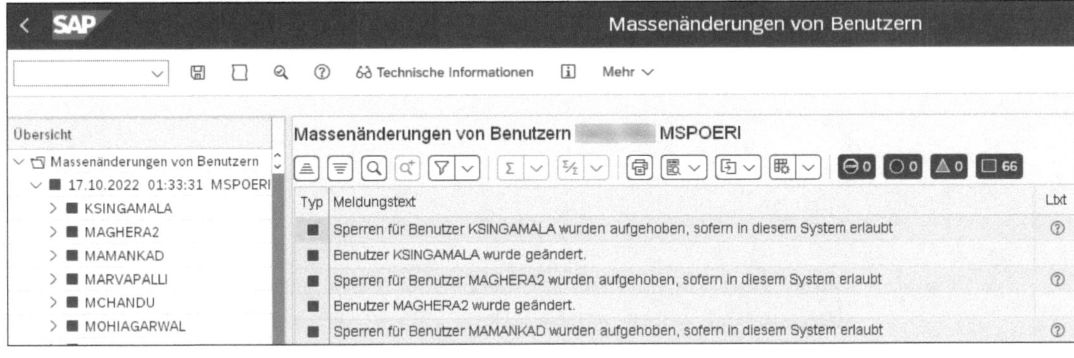

Abbildung 10.20 Massenpflege von Benutzerstammdaten in der Transaktion SU10: Protokoll der ausgeführten Änderungen

In der Transaktion SU10 können Sie auch Benutzerstammsätze anlegen. Sollten Sie jedoch eine Massenanlage von Benutzerstammsätzen durchführen müssen, empfehlen wir Ihnen, dafür LSMW (Legacy System Migration Workbench) zu verwenden. Diese Aktivität wird im nächsten Abschnitt beschrieben.

10.2 Benutzer massenhaft mit LSMW anlegen

Anlegen von Benutzerstammdaten in der Transaktion LSMW

LSMW steht für *Legacy System Migration Workbench*. Es war ursprünglich ein Tool, um Daten aus einem Altsystem nach SAP zu migrieren. Mit LSMW kann jedoch eine Vielzahl unterschiedlicher Daten in SAP hochgeladen werden.

In unserem Beispiel erstellen wir ein LSMW-Skript, um eine Reihe von Benutzer-IDs zu erstellen. Die Erstellung einer Benutzer-ID ist eine Aufgabe, die im Benutzermanagement üblich ist. Da LSMW auf Batch Data Communication Sessions (BDC) basiert, müssen Sie zunächst eine Aufzeichnung erstellen. Auf Basis dieser Aufzeichnung speichern Sie die gesamte Aktionsfolge beim Anlegen eines Benutzerstammsatzes und lesen die Benutzerstammdaten für eine Gruppe von Benutzern aus einer Datei aus. Die gelesenen Daten werden verwendet, um die Benutzerstammdaten anzulegen. Im letzten Schritt führen Sie die Batch-Input-Mappe aus, um die Benutzerstammsätze anzulegen.

Anlegen von Projekt, Teilprojekt und Objekt

Starten Sie die Transaktion LSMW. Geben Sie den Namen des Projekts, Teilprojekts und Objekts, z. B. »ZSU01«, ein und klicken Sie auf das Icon (**Eintrag anlegen**) (siehe Abbildung 10.21).

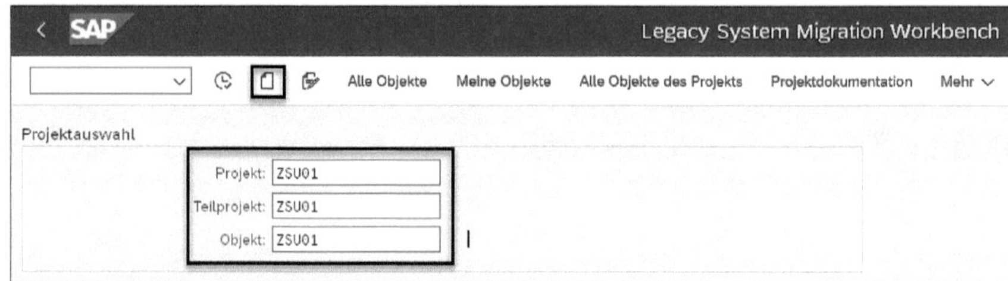

Abbildung 10.21 Transaktion LSMW: Anlegen des Projekts, Teilprojekts und Objekts

Geben Sie die Bezeichnung, z. B. »Benutzer anlegen«, ein und klicken Sie auf das Icon ☑ (**Weiter**). Anschließend klicken Sie auf das Icon (**Ausführen**) oder drücken F8.

LSMW-Hauptbildschirm

Sobald das Projekt erstellt ist, sehen Sie den LSMW-Hauptbildschirm, der eine Reihe von Aktionen zeigt, die zum Erstellen des vollständigen Skripts erforderlich sind. Je nach Art des Skripts und der Daten müssen alle oder einige dieser Aktionen ausgeführt werden (siehe Abbildung 10.22).

Abbildung 10.22 LSMW-Hauptbildschirm nach der Anlage des Projekts

Objektattribute in LSMW pflegen

Wir beginnen mit der Pflege der Objektattribute. Das wichtigste Attribut, das angegeben werden muss, ist der Name der Aufzeichnung, die zum Erstellen der BDC-Sitzung verwendet wird. Eine Aufzeichnung ist eine Reihe von Aktionen, die das Skript während der Ausführung repliziert. In diesem Fall erstellen wir eine Aufzeichnung für die Transaktion SU01 und füllen die verschiedenen Eingabefelder aus, die zum Anlegen eines Benutzers erforderlich sind.

Wählen Sie **Objektattribute pflegen** mit einem Doppelklick. Klicken Sie auf das Icon (**Anzeigen ↔ Ändern**). Wählen Sie **Batch-Input-Aufzeichnung** und klicken Sie auf das Icon (**Aufzeichnungen: Überblick**). Im nächsten Bildschirm klicken Sie auf das Icon (**Anlegen**) und geben einen Namen und eine Bezeichnung für die Aufzeichnung ein (siehe Abbildung 10.23).

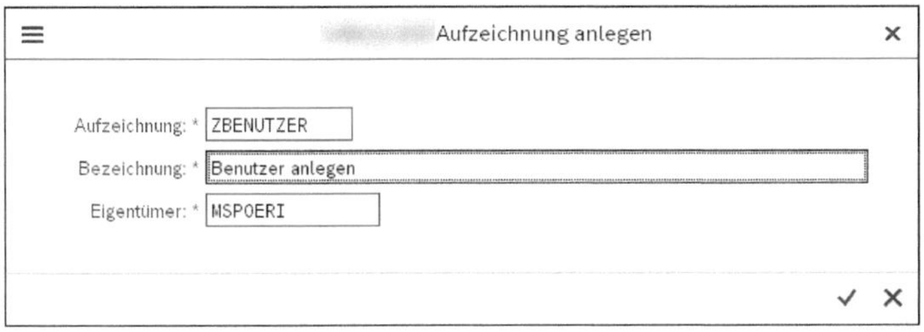

Aufzeichnung anlegen

Aufzeichnung: * ZBENUTZER
Bezeichnung: * Benutzer anlegen
Eigentümer: * MSPOERI

Abbildung 10.23 Anlegen einer Aufzeichnung in der Transaktion LSMW

Ausführen der Transaktion SU01 mit Aufzeichnung

Bestätigen Sie die Eingaben mit dem Icon (**Weiter**). Im nächsten Bildschirm geben Sie den Transaktionscode »SU01« ein. Sie gelangen in die Transaktion SU01. Legen Sie einen Benutzerstammsatz an. Füllen Sie die Felder, die Sie anschließend für alle anderen Benutzerstammsätze ausfüllen möchten. In unserem Beispiel geben wir die Benutzer-ID, den Nachnamen, den Vornamen, die E-Mail-Adresse und das Passwort ein.

Sobald Sie den Benutzerstammsatz gespeichert haben, sehen Sie einen ähnlichen Bildschirm wie in Abbildung 10.24.

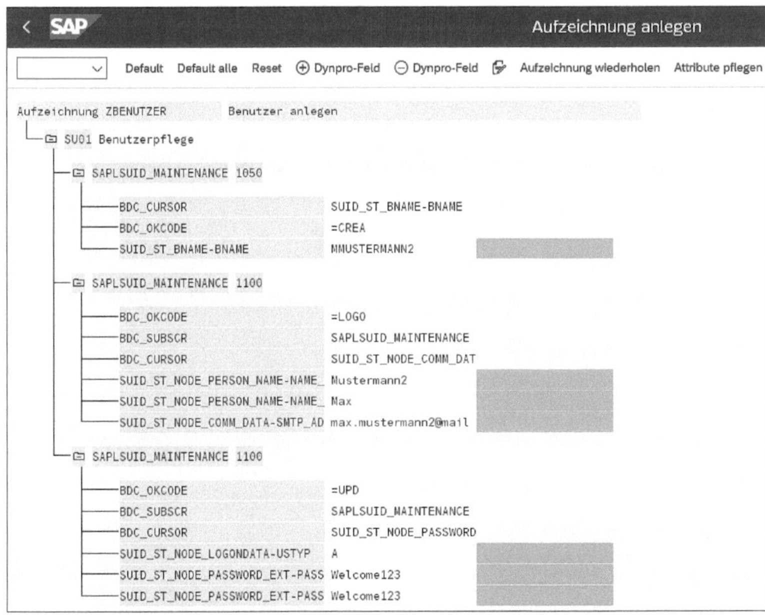

Abbildung 10.24 Transaktion LSMW: Bildschirm nach der Aufzeichnung in der Transaktion SU01

Felder-IDs für das Skript

Klicken Sie auf den Button **Default alle**. Sie sehen die Felder-IDs, die Sie im nächsten Schritt definieren werden (siehe Abbildung 10.25).

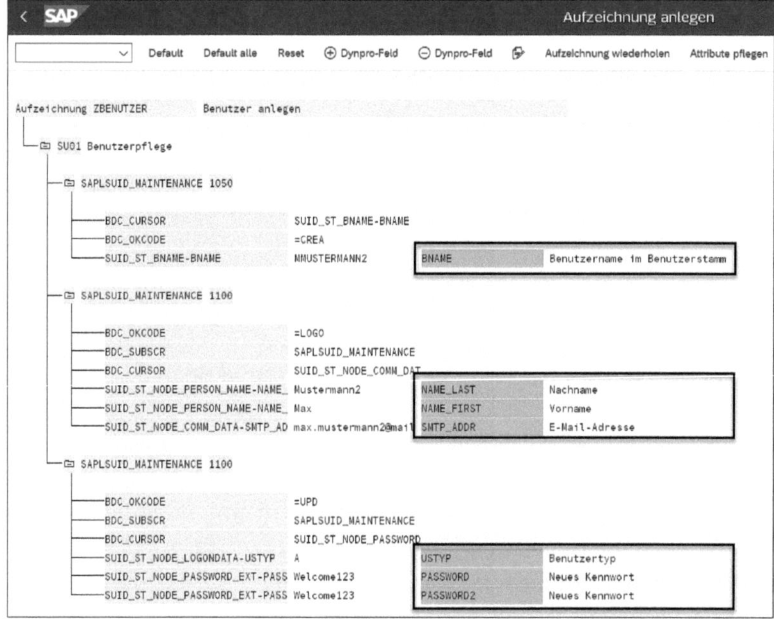

Abbildung 10.25 Transaktion LSMW: Felder-IDs für die Aufzeichnung der Transaktion SU01

Sichern Sie Ihre Angaben. Gehen Sie zweimal zurück und geben Sie den Namen der Aufzeichnung ein (siehe Abbildung 10.26). Sichern Sie Ihre Angaben erneut.

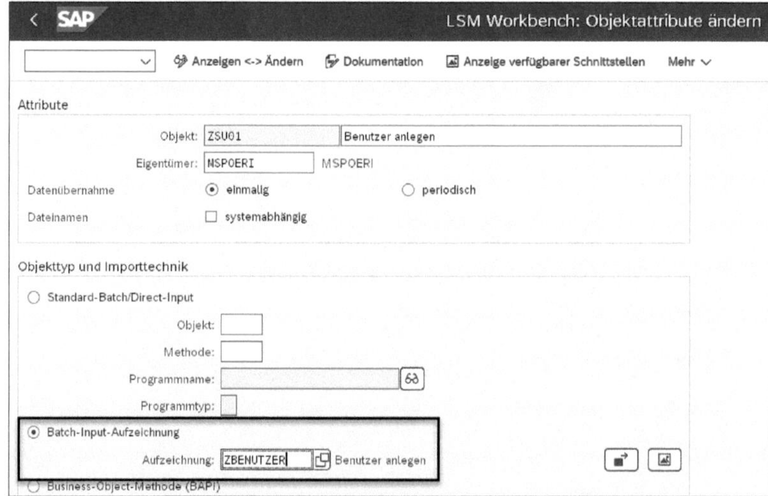

Abbildung 10.26 Transaktion LSMW: Eingeben der Aufzeichnung

Quellstrukturen in der Transaktion LSMW pflegen

Gehen Sie wieder zurück und wählen Sie die nächste Aktion (**Quellstrukturen pflegen**) mit einem Doppelklick aus. Sie erstellen eine Quellstruktur, um die für das Skript benötigten Daten zu speichern.

Klicken Sie nacheinander auf die Icons (**Anzeigen ↔ Ändern**) und (**Anlegen Struktur**). Geben Sie den Namen und die Bezeichnung der Quellstruktur ein und sichern Sie Ihre Angaben (siehe Abbildung 10.27). Gehen Sie einen Schritt zurück.

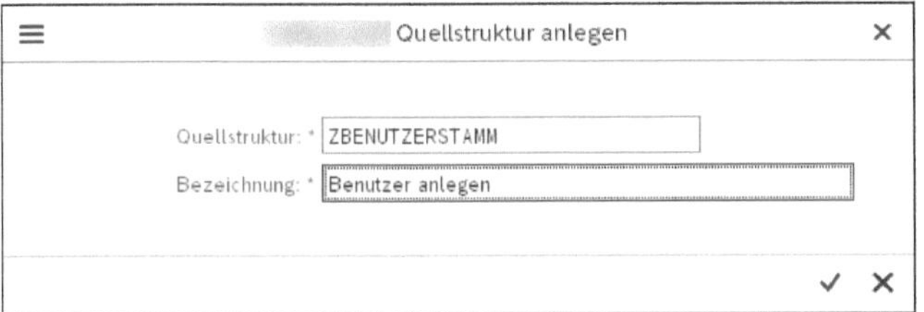

Abbildung 10.27 Transaktion LSMW: Anlegen der Quellstruktur

Quellfelder in LSMW pflegen

Als Nächstes pflegen Sie die Datenfelder in der Quellstruktur. In unserem Beispiel haben wir nur die Datenfelder **Benutzer-ID**, **Nachname**, **Vorname**, **E-Mail-Adresse** und **Passwort** verwendet. Sie können natürlich weitere Felder verwenden. Wählen Sie **Quellfelder pflegen** mit einem Doppelklick aus. Klicken Sie auf das Icon (**Anzeigen ↔ Ändern**). Stellen Sie den Cursor auf dem Namen der Quellstruktur und klicken Sie auf das Icon (**Tabellenpflege**).

Geben Sie die Feldnamen und die Feldbezeichnungen ein. Außerdem müssen Sie den Typ und die Länge der Felder eingeben (siehe Abbildung 10.28). Feldnamen werden auf dem Bildschirm in Abbildung 10.25 angezeigt.

Quellfelder zu Quellstruktur ZBENUTZERSTAMM

Mehr

Feldname	Typ	Länge	Feldbezeichnung
BNAME	C	12	Benutzer-ID
NAME_LAST	C	40	Nachname
NAME_FIRST	C	40	Vorname
SMTP_ADDR	C	241	E-mail-Adresse
PASSWORD	C	20	Passwort
PASSWORD2	C	20	Passwort2
*	*	*	

Abbildung 10.28 Transaktion LSMW: Pflege der Felder der Quellstruktur

Sichern Sie Ihre Angaben und gehen Sie zwei Schritte zurück.

Strukturbeziehungen in LSMW pflegen

Als Nächstes pflegen Sie die Strukturbeziehungen. Wählen Sie **Strukturbeziehungen pflegen** mit einem Doppelklick aus. Speichern Sie in diesem Schritt nur die Einstellungen, indem Sie auf das Icon (**Anzeigen ↔**

Ändern) und auf das Icon **Sichern** klicken, da der Zielstruktur unserer Aufzeichnung ZBENUTZER bereits die Quellstruktur ZBENUTZERSTAMM zugeordnet ist.

Fieldmapping und Umsetzungsregeln in LSMW pflegen

Gehen Sie einen Schritt zurück und wählen Sie **Fieldmapping und Umsetzungsregeln pflegen** mit einem Doppelklick aus. Klicken Sie auf das Icon (**Anzeigen ↔ Ändern**). In der Menüleiste wählen Sie **Zusätze • Auto-Fieldmapping**. Im nächsten Fenster selektieren Sie wie in Abbildung 10.29 und bestätigen mit dem Icon (**Weiter**).

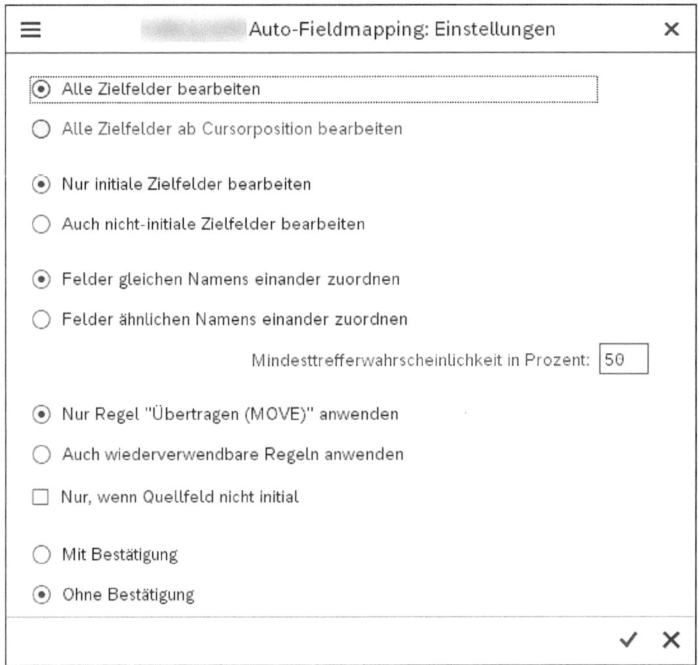

Abbildung 10.29 Transaktion LSMW: Selektieren der Einstellungen für Auto-Fieldmapping

Konstanten für die Felder in Transaktion SU01 pflegen

Im nächsten Bildschirm platzieren Sie den Cursor auf der Feld-ID **USTYP** und klicken auf das Icon **Konstante**. Geben Sie Benutzertyp **A** ein. So definieren Sie, dass alle Benutzerstammsätze, die Sie anlegen werden, vom gleichen Benutzertyp A (Dialogbenutzer) sind. Falls Sie dasselbe Kennwort für alle Benutzer eingeben möchten, können Sie die Felder **PASSWORD** und **PASSWORD2** auch als Konstante definieren. Sichern Sie Ihre Angaben.

Die nächste Aktion (**Festwerte, Umschlüsselungen und eigene Routinen pflegen**) müssen Sie nicht ausführen.

Benutzerstammdaten in Excel vorbereiten

Mit der nächsten Aktion definieren Sie den Pfad und das Format der Eingabedateien, die vom Skript geladen werden sollen und in denen die Benutzerstammdaten gespeichert werden. Bevor Sie mit diesem Schritt fortfahren, müssen Sie die Benutzerstammdaten griffbereit halten. Bereiten Sie die Benutzerstammdaten in einer Excel-Datei vor und speichern Sie diese im **txt.**-Format (siehe Abbildung 10.30).

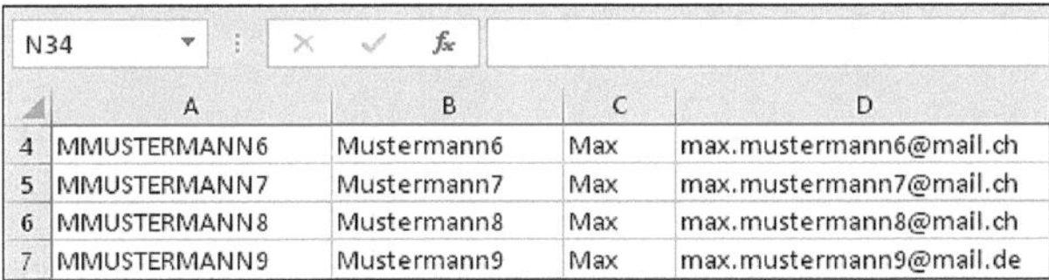

	A	B	C	D
4	MMUSTERMANN6	Mustermann6	Max	max.mustermann6@mail.ch
5	MMUSTERMANN7	Mustermann7	Max	max.mustermann7@mail.ch
6	MMUSTERMANN8	Mustermann8	Max	max.mustermann8@mail.ch
7	MMUSTERMANN9	Mustermann9	Max	max.mustermann9@mail.de

Abbildung 10.30 Excel-Datei mit Benutzerstammdaten zum Upload in der Transaktion LSMW

Benutzerstammdaten aus einer TXT-Datei

Wählen Sie **Dateien spezifizieren** mit einem Doppelklick aus. Klicken Sie auf das Icon (**Anzeigen ↔ Ändern**). Wählen Sie **Altdaten auf dem PC (Frontend)** mit einem Doppelklick aus. Laden Sie die TXT-Datei mit den Benutzerstammdaten hoch. Füllen Sie das Feld **Bezeichnung** aus und selektieren Sie **Tabulator** als **Trennzeichen** (siehe Abbildung 10.31). Klicken Sie auf das Icon (**Weiter**).

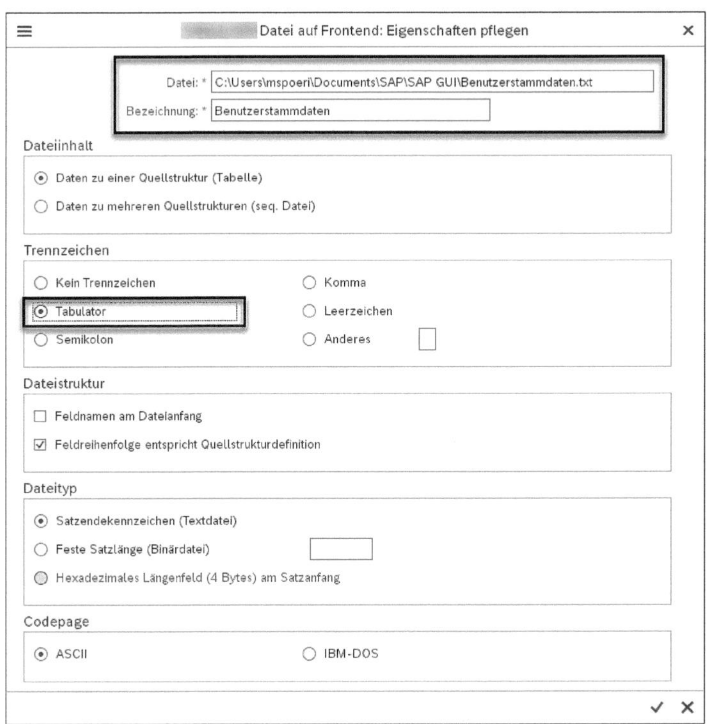

Abbildung 10.31 Transaktion LSMW: Hochladen der Datei mit Benutzerstammdaten

Sie sehen ein ähnliches Bild wie in Abbildung 10.32. Sichern Sie Ihre Angaben. Gehen Sie einen Schritt zurück.

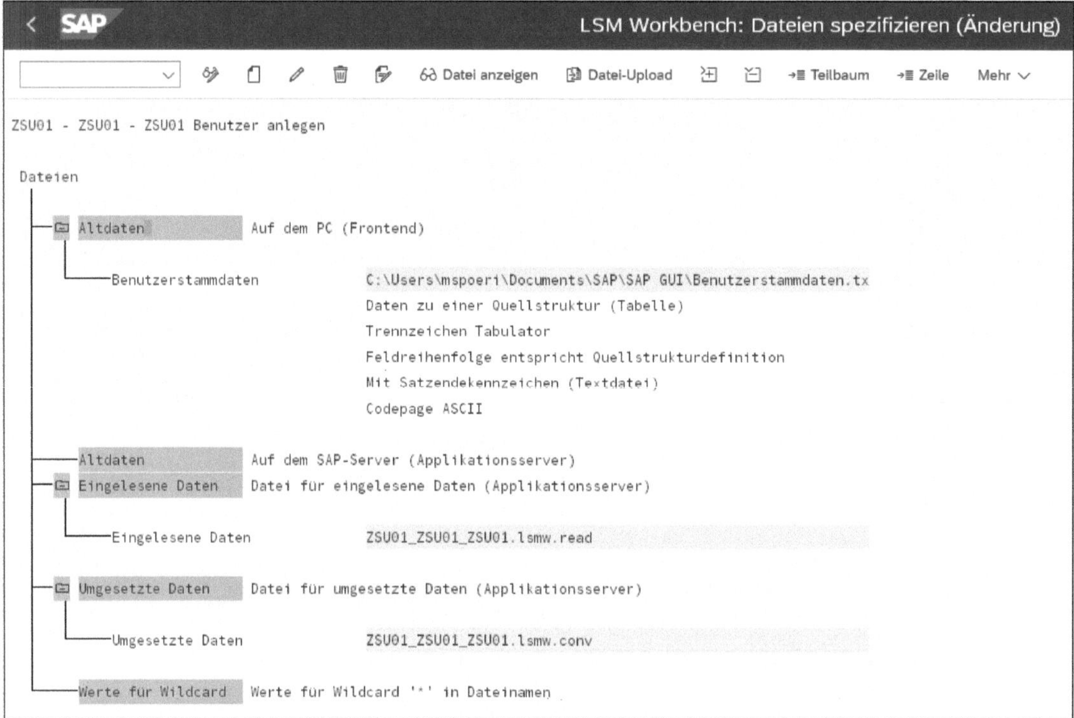

Abbildung 10.32 Transaktion LSMW: Bildschirm nach dem Hochladen der TXT-Datei mit Benutzerstammdaten

Daten einer Struktur in LSMW zuordnen

Als Nächstes weisen Sie die Daten aus der Datei der im Skript verwendeten Struktur zu. Das vorliegende Skript verwendet eine einzige Datei und eine einzige Datenstruktur. Akzeptieren Sie die vorgeschlagenen Standardwerte. Dafür wählen Sie **Dateien zuordnen** mit einem Doppelklick aus und klicken auf das Icon (**Anzeigen ↔ Ändern**), anschließend klicken Sie auf den Button **Sichern**.

Daten in LSMW einlesen

Im folgenden Schritt importieren Sie die Daten aus der Quelldatei. Dafür wählen Sie **Daten einlesen** mit einem Doppelklick aus. Anschließend klicken Sie auf den Button **Ausführen**. Sie sehen, wie viele Benutzerstammsätze angelegt werden (siehe Abbildung 10.33).

Eingelesene Daten in Transaktion LSMW anzeigen

Gehen Sie einen Schritt zurück. Als Nächstes können Sie die eingelesenen Daten anzeigen, um zu überprüfen, ob die Eingabedaten korrekt in das Skript importiert wurden. Wählen Sie **Eingelesene Daten anzeigen** mit einem Doppelklick aus. Im nächsten Fenster bestätigen Sie mit dem Icon

(**Weiter**). Sie werden die eingelesenen Daten ähnlich wie in Abbildung 10.34 sehen.

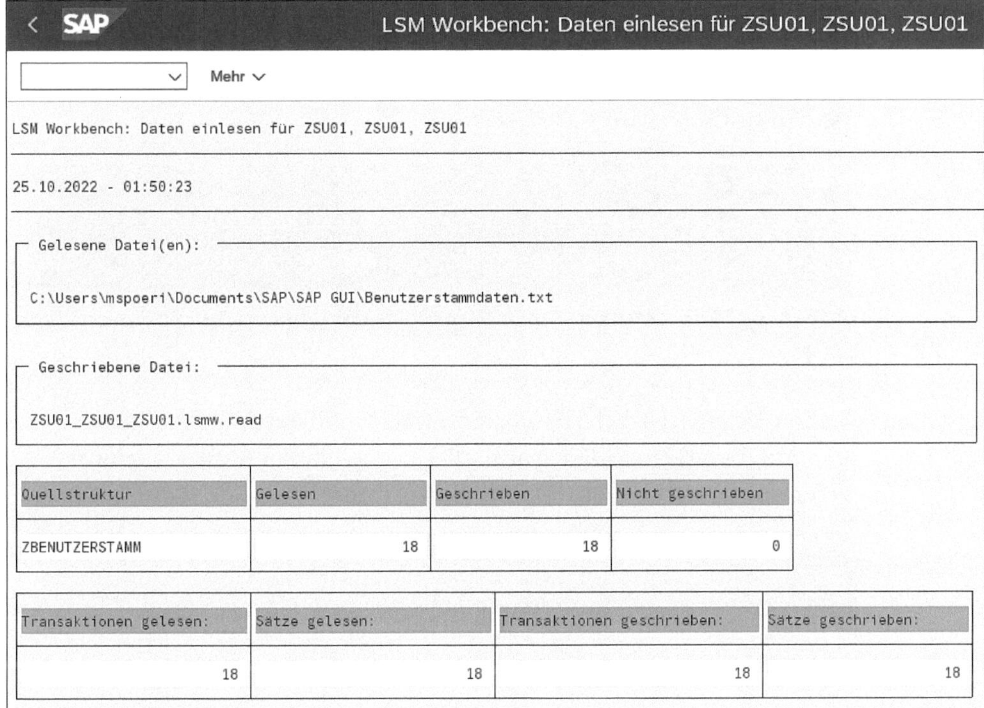

Abbildung 10.33 Transaktion LSMW: Bildschirm, nachdem die Benutzerstammdaten eingelesen wurden

LSM Workbench: Eingelesene Daten

Feldinhalte Mehr

Inhalt der Datei ZSU01_ZSU01_ZSU01.lsmw.read

Zeile	Hierarchie-Ebene	Struktur	Inhalt
		Datei-Informationen	LSMWZSU01 ZSU01 ZSU01 S4G 10020221025015022MSPOERI
1	01	ZBENUTZERSTAMM	MMUSTERMANN3Mustermann3 Max max.mustermann3@mail.de
2	01	ZBENUTZERSTAMM	MMUSTERMANN4Mustermann4 Max max.mustermann4@mail.ch
3	01	ZBENUTZERSTAMM	MMUSTERMANN5Mustermann5 Max max.mustermann5@mail.ch
4	01	ZBENUTZERSTAMM	MMUSTERMANN6Mustermann6 Max max.mustermann6@mail.ch
5	01	ZBENUTZERSTAMM	MMUSTERMANN7Mustermann7 Max max.mustermann7@mail.ch

Abbildung 10.34 Transaktion LSMW: Anzeige der eingelesenen Benutzerstammdaten

Eingelesene Daten in LSMW umsetzen und anzeigen

Gehen Sie einen Schritt zurück und wählen Sie **Daten umsetzen** mit einem Doppelklick aus. Klicken Sie auf den Button **Ausführen** und gehen Sie erneut einen Schritt zurück.

Wählen Sie **Umgesetzte Daten anzeigen** mit einem Doppelklick aus. Sie sehen ein ähnliches Bild wie das in Abbildung 10.35.

Abbildung 10.35 Transaktion LSMW: Anzeige der umgesetzten Benutzerstammdaten

Batch-Input-Mappe erzeugen und abspielen

Gehen Sie einen Schritt zurück und wählen Sie **Batch-Input-Mappe erzeugen** mit einem Doppelklick aus. Klicken Sie auf den Button **Ausführen**. Sie sehen ein ähnliches Fenster mit Informationen wie in Abbildung 10.36.

Abbildung 10.36 Transaktion LSMW: Fenster mit Information nach dem Erzeugen einer Batch-Input-Mappe

Wählen Sie **Batch-Input-Mappe abspielen** mit einem Doppelklick aus. Im nächsten Bildschirm wählen Sie Ihre Mappe und klicken auf den Button **Abspielen**(siehe Abbildung 10.37).

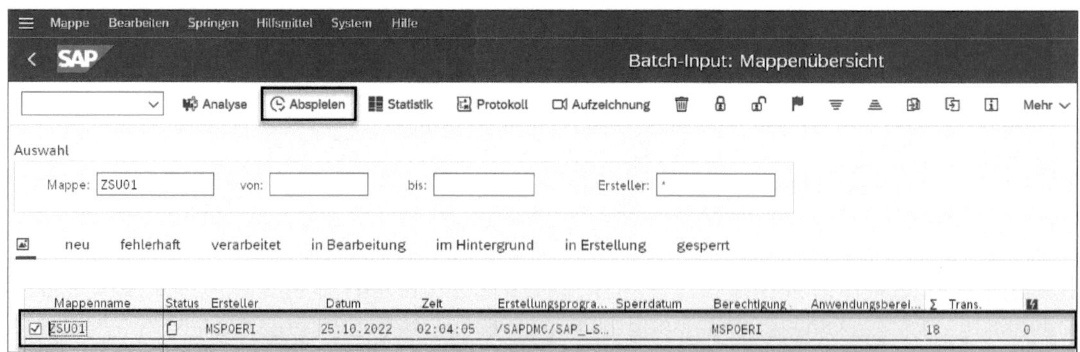

Abbildung 10.37 Transaktion LSMW: Batch-Input-Mappe abspielen

Im nächsten Fenster wählen Sie **Nur Fehler anzeigen** für den Abspielmodus und klicken auf den Button **Abspielen**. Sobald die Anlage der Benutzerstammsätze ausgeführt ist, sehen Sie ein Pop-up-Fenster mit der Bestätigung. Sie können die angelegten Benutzerstammsätze in den Transaktionen SU01, SU01D oder SUIM prüfen.

10.3 Benutzer in der zentralen Benutzerverwaltung (ZBV) pflegen

Zweck der ZBV

Die *zentrale Benutzerverwaltung* (*ZBV*) von SAP ermöglicht die Verwaltung der Benutzerstammsätze zentral von einem Mandanten des Systems aus in allen angeschlossenen ABAP-Systemen. Kosten für das Benutzermanagement können reduziert werden, indem die doppelte Pflege von Benutzerstammsätzen vermieden wird. Die ZBV bietet außerdem eine Übersicht aller Benutzerstammdaten in der gesamten Systemlandschaft im Zentralsystem.

Benutzerstammsätze in der ZBV werden in den im vorherigen Abschnitt beschriebenen Transaktionen SU01 und SU10 gepflegt. Allerdings gibt es in der ZBV einige Besonderheiten bei der Pflege der Benutzerstammsätze, die wir in diesem Abschnitt betrachten.

Besonderheiten der Benutzerpflege in der ZBV

Bei der Rollenzuweisung müssen Sie das Zielsystem, auch *Empfängersystem* genannt, samt Mandanten eingeben oder aus der Suchhilfe auswählen. Wenn es neue Rollen im Zielsystem gibt, müssen Sie zuerst die Funktion **Textabgleich** ausführen. Dadurch werden die Rollen zwischen dem Zielsystem und der ZBV synchronisiert. Außerdem wird in der ZBV zusätzlich die Registerkarte **Systeme** angezeigt. Hier tragen Sie ein, in welche Systeme der Benutzerstammsatz verteilt werden soll. Wenn Sie eine Rolle in einem Zielsystem zugewiesen haben, wird dieses Zielsystem dem Benutzer auf der Registerkarte **Systeme** automatisch zugewiesen (siehe Abbildung 10.38).

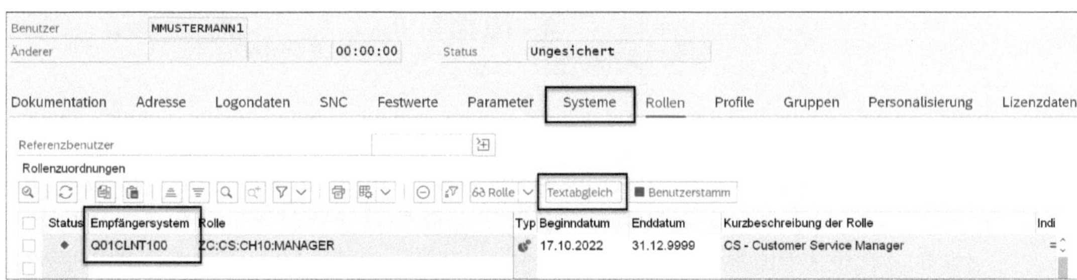

Abbildung 10.38 Rollenzuweisung in der ZBV in der Transaktion SU01

[»]

Hintergrundjob für den Textabgleich einplanen

Planen Sie den Report SUSR_ZBV_GET_RECEIVER_PROFILES regelmäßig als Hintergrundjob ein, um die geänderten Rollen und Profile aus dem Zielsystem in die ZBV zu holen.

Benutzerstammsätze sperren, entsperren und Passwörter zurücksetzen

Bei der Zurücksetzung der Passwörter und dem Setzen und Aufheben der Benutzersperren müssen Sie darauf achten, dass Sie diese Aktionen für die Zielsysteme durchführen. Wenn Sie ein Passwort in einem oder mehreren Zielsystemen beziehungsweise Mandanten zurücksetzen wollen, müssen Sie diese Systeme oder Mandanten auswählen.

Auch bei der aktiven zentralen Benutzerverwaltung können Sie einige Benutzerdaten im Zielsystem über die Transaktion SU01 pflegen. Welche Daten genau im Zielsystem gepflegt werden können, wird in der Transaktion SCUM in der ZBV definiert.

[»]

Bearbeiten Sie einen Benutzerstamm nicht gleichzeitig in einem Zielsystem und in der ZBV

Sie können einen Benutzerstammsatz im Zielsystem nicht im Bearbeitungsmodus öffnen und gleichzeitig versuchen, denselben Benutzerstamm in der ZBV zu bearbeiten. Der Versuch kann zu einer technischen Benutzersperre führen. Bevor Sie daher den Benutzerstammsatz in der ZBV aufrufen, stellen Sie sicher, dass dieser Benutzerstammsatz im Zielsystem nicht im Bearbeitungsmodus geöffnet ist.

[»]

Benutzerstammdaten mit dem Report RSCCUSND synchronisieren

Mit dem Report RSCCUSND können Sie in der ZBV die Stammdaten ausgewählter Benutzer mit einem Zielsystem der ZBV synchronisieren. Der Report kann in der Transaktion SA38 beziehungsweise SE38 gestartet werden und versendet die Stammdaten (inklusive Rollen- und Profilzuordnung) an ein Zielsystem der ZBV.

Auswertung der Rollen- und Profilzuordnung in der ZBV

Sie können die Rollenzuordnung den Benutzern in der ZBV über die Transaktion SE16N und die Tabelle USLA04 – CUA: Zuordnung Benutzer – Rollen – auswerten. Die Zuordnung der Berechtigungsprofile zu den Benutzern ist in der Tabelle USL04 – CUA: Zuordnung Benutzer – Profile – gespeichert.

10.4 Rollen über das Organisationsmanagement zuweisen

Organisationsmanagement für die Rollenzuordnung

Wenn in Ihrem SAP-System das *Organisationsmanagement* (*OM*) im *Modul HCM* (*Human Capital Management*) verwendet wird, können Sie über das Organisationsmanagement die Rollen den Benutzern zuweisen. Diese Möglichkeit zur Automatisierung der Rollenzuordnung funktioniert am besten, wenn Sie die Rollen so konzipiert haben, dass Sie sie eindeutig den Abteilungen und/oder Planstellen in der Organisation zuordnen können.

Sie können die Rollen entweder der Organisationseinheit (O), der Planstelle (S) oder der Stelle (C) zuordnen. Den Benutzer (US) ordnen Sie als Person (P) der Planstelle zu (siehe Abbildung 10.39).

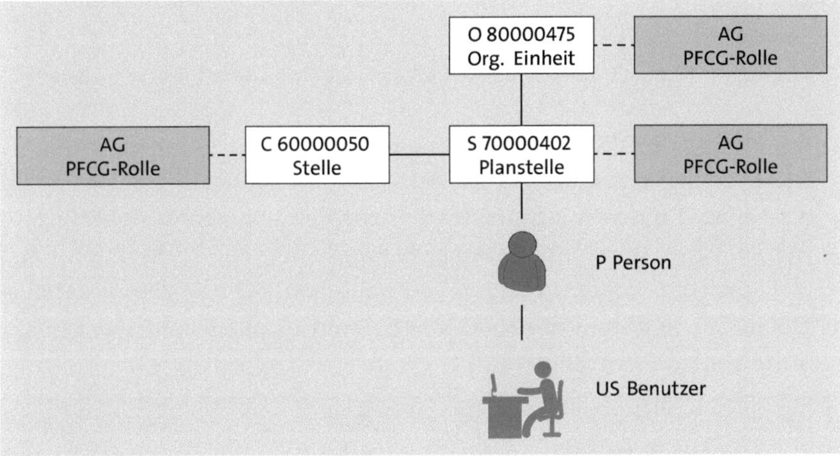

Abbildung 10.39 Rollenzuordnung über das Organisationsmanagement

Voraussetzungen für die Rollenzuordnung

Damit Sie die Rollen den Benutzern über das Organisationsmanagement zuordnen können, müssen die folgenden Voraussetzungen erfüllt werden:

1. Das Organisationsmanagement muss im System aktiv und gepflegt sein. Das können Sie beispielweise über die Transaktion PPOSE (Organisation und Besetzung anzeigen) prüfen (siehe Abbildung 10.40). Klappen Sie den Zweig **Organisationsmanagement** auf, klicken Sie auf den Button **Struktursuche**. Im unteren Teil des Bildschirms sehen Sie die Knoten im Organisationsmanagement. Klicken Sie auf einen Knoten, um im rechten Teil des Bildschirms die Organisationsstruktur einschließlich der Stellen, Planstellen und zugeordneten Mitarbeitenden zu sehen.

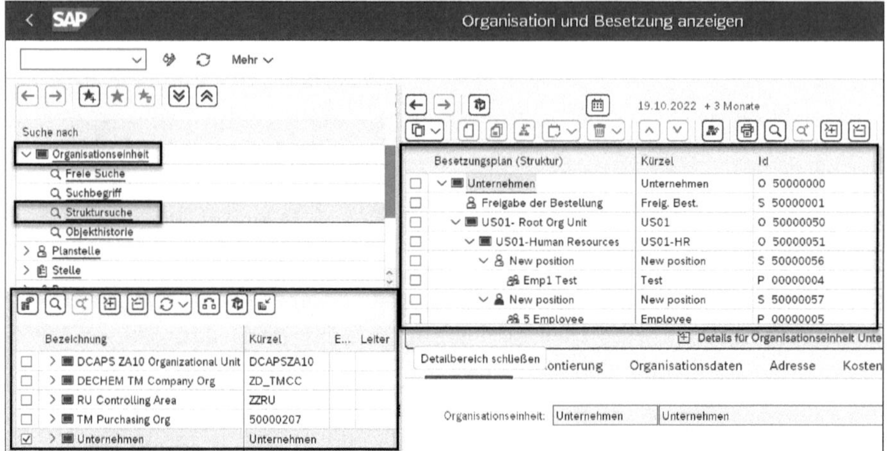

Abbildung 10.40 Organisationsstruktur in der Transaktion PPOSE anzeigen

Benutzer-ID im Personalstamm

2. Der Infotyp 0105 (Kommunikation), Subtyp 0001 (Systembenutzername SAP-System (SY-UNAME)) in den Personalstammdaten ist gepflegt, damit die Verbindung von Mitarbeitenden zur Benutzerkennung hergestellt werden kann. Das können Sie beispielweise über die Transaktion PA20 (Personalstammdaten anzeigen) prüfen. Geben Sie im Feld **Informationstyp** »0105« und im Feld **Art** »0001« ein und klicken Sie auf das Icon 68 (**Anzeigen**), siehe Abbildung 10.41.

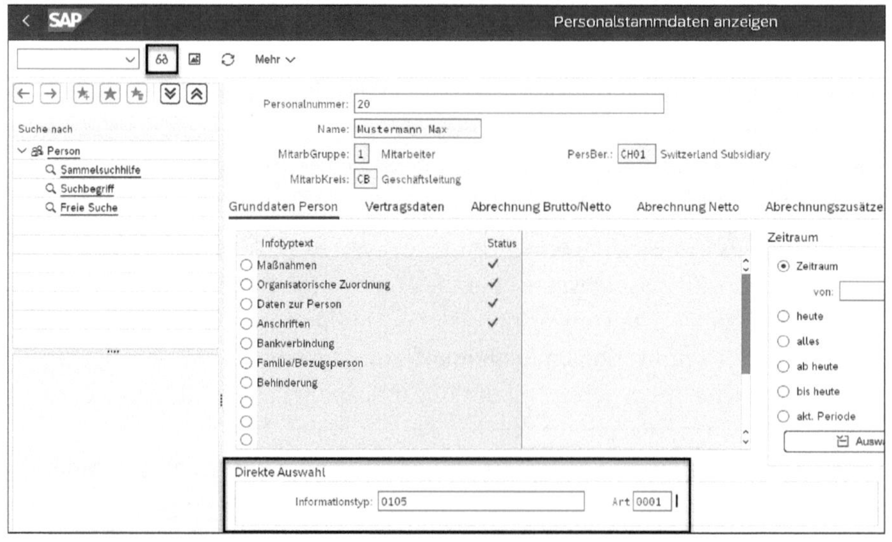

Abbildung 10.41 Personalstammdaten in Transaktion PA20 anzeigen: Eingeben des Infotyps 0105 und des Subtyps 0001

Im Feld **System-ID** sehen Sie die Benutzer-ID (siehe Abbildung 10.42).

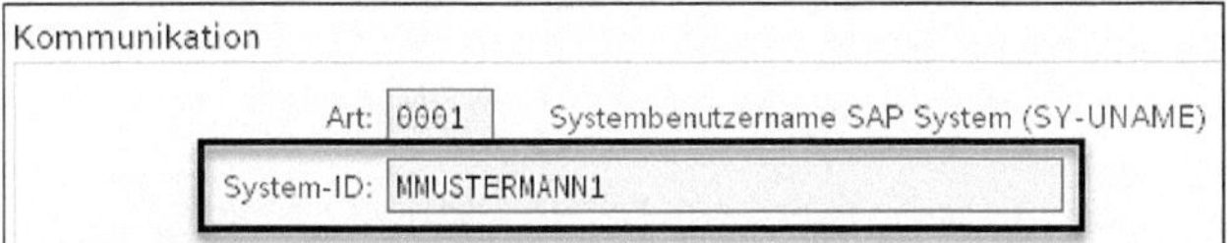

Abbildung 10.42 Personalstammdaten in der Transaktion PA20 anzeigen: Feld mit Benutzer-ID

Customizing-Schalter aktivieren

3. Der Customizing-Schalter **HR_ORG_ACTIVE** in Tabelle PRGN_CUST ist auf **YES** gesetzt, um das HR-ORG-Management für die Rollenverwaltung zu aktivieren. Das können Sie in der Transaktion SM30 einstellen (siehe Abbildung 10.43).

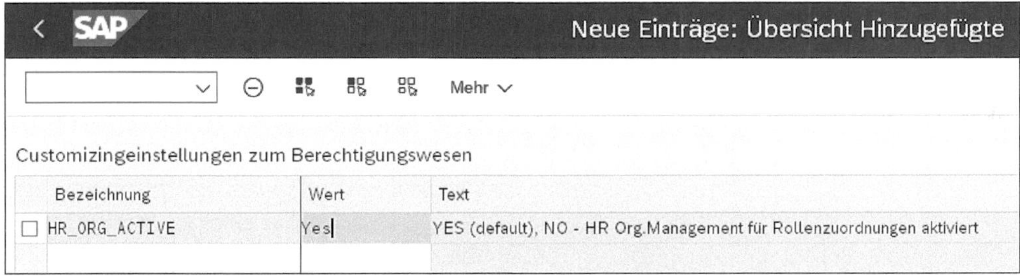

Abbildung 10.43 Aktivieren des HR-ORG-Managements für die Rollenverwaltung in der Tabelle PRGN_CUST

4. Der Auswertungsweg **US_ACTGR** ist angepasst. Um die direkte Rollenzuordnung herzustellen, verwendet der Benutzerstammabgleich die im Auswertungsweg **US_ACTGR** enthaltenen Regeln, mit deren Hilfe die Rolle mit dem Benutzer verknüpft wird. Die Regeln beschreiben, wie der Benutzer über die Verknüpfungen des OM-Modells ermittelt wird, ausgehend von der Rolle. Sie können den Auswertungsweg über die Transaktion OOAW anpassen, wenn Sie beispielsweise wollen, dass die Rolle, die einer Organisation zugeordnet ist, allen Benutzern in den Organisationen unterhalb dieser Organisation zugeordnet wird. In diesem Fall müssen Sie Zeile Nr. **140** im Auswertungsweg **US_ACTGR** hinzufügen (siehe Abbildung 10.44).

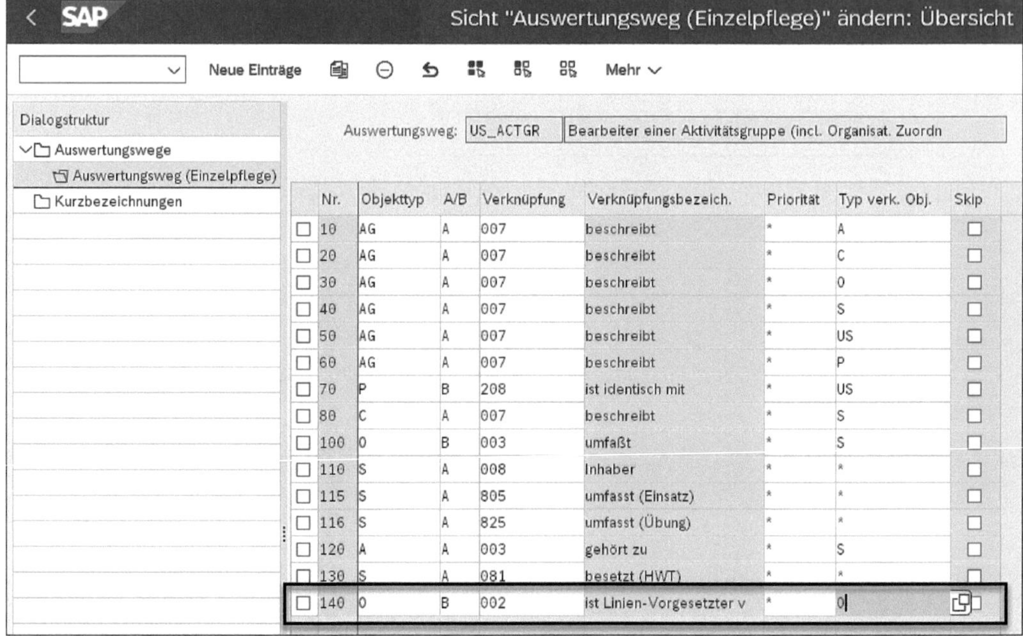

Abbildung 10.44 Pflegen des Auswertungswegs »US_ACTGR« über die Transaktion OOAW

Rolle einer Organisation zuordnen

Um eine Rolle einem Knoten im Organisationsmanagement zuzuordnen, starten Sie die Transaktion PFCG, tragen den Rollennamen ein oder suchen mithilfe der Suchmaske nach einer Rolle. In der Menüleiste klicken Sie auf den Button **Springen • Einstellungen**. Vergewissern Sie sich, dass die Option **Gesamtsicht (Organisationsmanagement und Workflow)** ausgewählt ist. Klicken Sie auf das Icon (**Ändern**), um die Rolle im Änderungsmodus zu öffnen.

Auf der Registerkarte **Benutzer** klicken Sie auf den Button **Org.Management**. Klicken Sie auf das Icon (**Zuordnung anlegen**). Im nächsten Fenster wählen Sie den Typ des Objekts im Organisationsmanagement, zu dem Sie die Rolle zuordnen möchten. In unserem Beispiel wählen wir **Organisationseinheit**. Im nächsten Fenster können Sie nach einer Organisationseinheit suchen. Als Nächstes können Sie den Zeitraum der Zuordnung anpassen und auf das Icon (**Anlegen**) klicken, um die Rolle zuzuordnen (siehe Abbildung 10.45).

Abgleichen der indirekten Rollenzuordnung in der Transaktion PFCG

Nach diesem Schritt sehen Sie die Systemmeldung »Abgleich indirekte Benutzerzuordnungen nötig«. Um die Rolle den Benutzern zuzuordnen, müssen Sie einen Abgleich ausführen. Klicken Sie dazu auf das Icon (**Abgleich indirekte Benutzerzuordnung**).

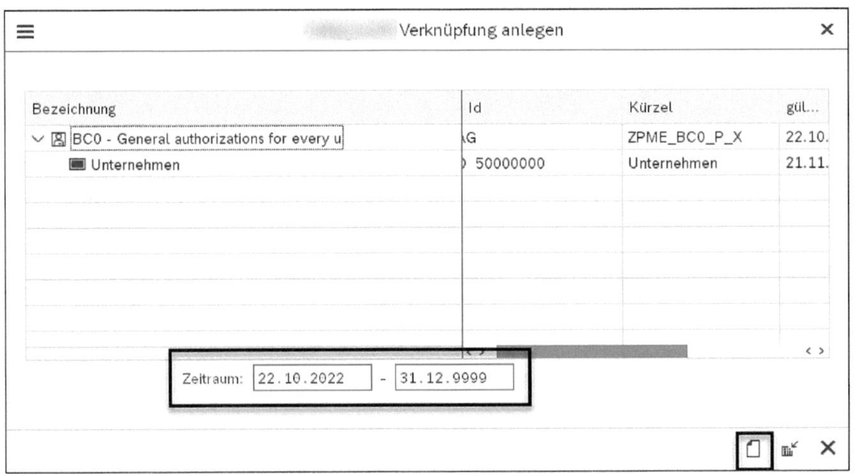

Abbildung 10.45 Anlegen der indirekten Benutzerzuordnung über das Organisationsmanagement für eine Rolle in der Transaktion PFCG

Anzeigen der indirekten Rollenzuordnung in der Transaktion PFCG

Sie sehen, ausgehend von der PFCG-Rolle, die zugeordnete Organisationseinheit (**Unternehmen**), die Planstelle (**Freigabe der Bestellung**), die zugeordnete Person (**5 Employee**) sowie den dazugehörigen Benutzer (**Max Mustermann**) (siehe Abbildung 10.46).

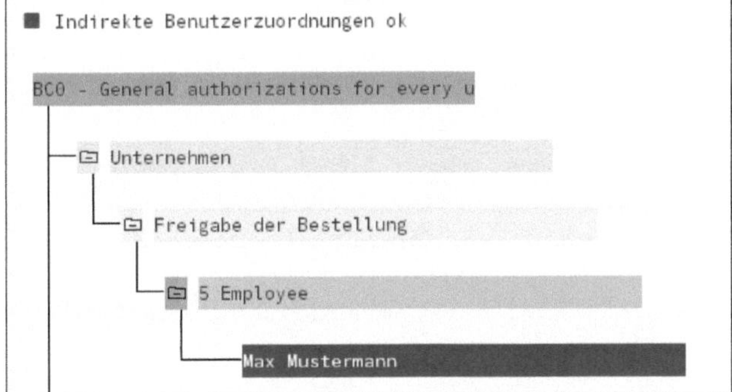

Abbildung 10.46 Anzeigen der indirekten Rollenzuordnung in Transaktion PFCG

Nach diesem Schritt ist die Rolle den Benutzern noch nicht zugeordnet. Wenn Sie den Benutzerstammsatz in der Transaktion SU01 anschauen, sehen Sie, dass die Rollenzuordnung aus dem Organisationsmanagement stammt und der Status der Rollenzuordnung »rot« ist (siehe das Feld **Status** in Abbildung 10.47). Das bedeutet, dass der Abgleich des Benutzerstamms erforderlich ist.

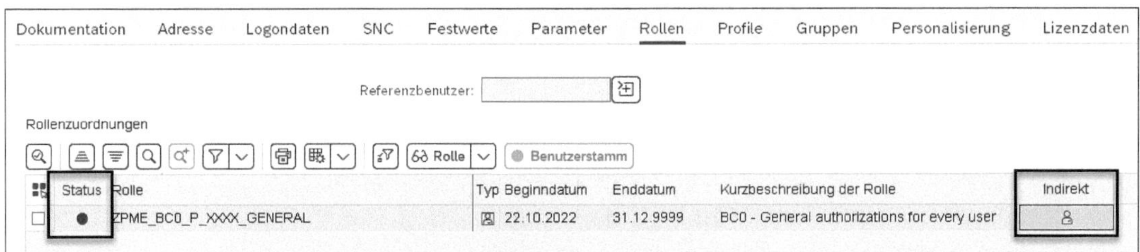

Abbildung 10.47 Rollenzuordnung über das Organisationsmanagement in der Transaktion SU01 vor dem Benutzerstammabgleich

Benutzerstammabgleich

Den Benutzerstammabgleich können Sie manuell über die Transaktion PFUD ausführen oder als einen Job einplanen. Dafür ist der Hintergrundjob PFCG_TIME_DEPENDENCY beziehungsweise der Report RHAUTUPD_NEW vorgesehen (mehr dazu in Abschnitt 10.6, »Hintergrundjobs für das Benutzermanagement«).

Anzeigen der indirekten Rollenzuordnung

Wenn Sie das Organisationsmanagement über die Transaktion PPOMW (Organisation und Besetzung (Workflow) ändern) anschauen, sehen Sie die zugeordnete Rolle (siehe Abbildung 10.48).

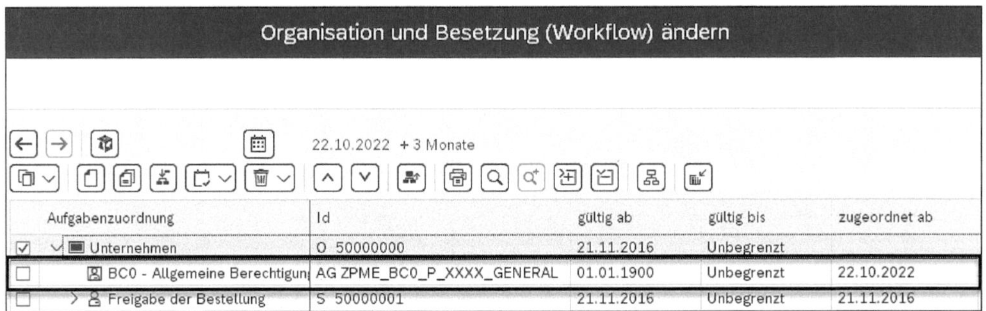

Abbildung 10.48 Anzeigen der Rollenzuordnung einer Organisationseinheit in Transaktion PPOMW

Rollenzuordnung auswerten

Die Zuordnung der PFCG-Rollen zu den Objekten des Organisationsmanagements kann über die Tabelle **HRP1001** (DB-Tabelle zum Infotyp 1001) ausgewertet werden. Filtern Sie die Spalte **Typ verk. Obj.** für den Wert **AG**. AG steht für PFCG-Rolle (siehe Abbildung 10.49).

Rollenzuordnung entfernen

Um die Zuordnung der Rolle im Organisationsmanagement zu entfernen, rufen Sie die Rolle in der Transaktion PFCG auf. Öffnen Sie die Registerkarte **Benutzer** im Änderungsmodus. Klicken Sie auf den Button **Org.Management**. Wählen Sie die Organisationseinheit aus und klicken Sie auf das Icon (**Zuordnung löschen**). Im nächsten Fenster bestätigen Sie das Löschen mit dem Icon (**Weiter**). Nach diesem Schritt sehen Sie die Systemmeldung »Abgleich indirekte Benutzerzuordnungen nötig«. Um die Rolle von Benutzern zu entfernen, müssen Sie einen Abgleich ausführen, indem Sie auf das Icon (**Abgleich indirekte Benutzerzuordnung**) klicken.

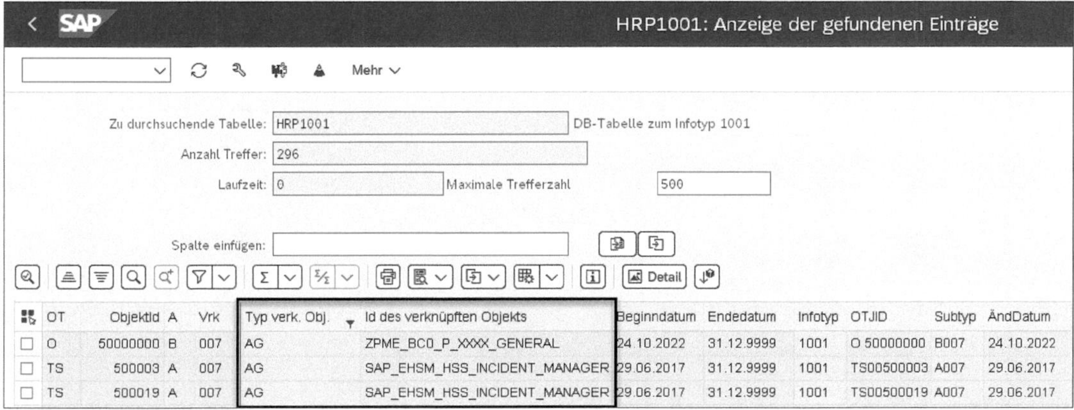

Abbildung 10.49 Rollenzuordnung im Organisationsmanagement in der Transaktion SE16N, Tabelle HRP1001

10.5 Business-Benutzer anlegen und pflegen

Seit der SAP-Version 1511 sind Geschäftspartner obligatorisch. Mitarbeiterdaten mit Benutzer-ID-Zuweisung sind für einige der Fiori-Apps eine unabdingbare Voraussetzung. Aus diesem Grund müssen Mitarbeiter als Geschäftspartner angelegt und mit den Personalstammdaten synchronisiert werden.

Das Business-Benutzer-Konzept

Das Business-Benutzer-Konzept dient vor allem der Vereinfachung (der sogenannten *Simplification*) der Prozesse für die Stammdatenpflege. Da die meisten SAP-Anwender*innen auch Mitarbeitende sind, werden ihre Stammdaten (wie Name, E-Mail-Adresse usw.) doppelt gepflegt: einmal im Benutzerstamm und einmal als Geschäftspartner vom Typ Mitarbeiter in der Transaktion BP. Dadurch entsteht das Risiko, dass die Daten inkonsistent werden. Die Funktion des Business-Benutzers soll dieses Risiko und den Pflegeaufwand minimieren. Benutzerstammdaten werden mit einem Geschäftspartner verknüpft, und die Stammdaten werden zentral im Geschäftspartner gepflegt.

Im Mitarbeiterstamm in Infotyp 0105 (Kommunikation, Subtyp 0001 – Systembenutzername SAP System (SY-UNAME)) wird die Benutzer-ID durch die Mitarbeitenden hinterlegt (siehe Abbildung 10.42). Dadurch entsteht die Verknüpfung zwischen dem Personalstamm und dem Benutzerstamm. In den allgemeinen Daten, auf der Registerkarte **Identifikation**, im Geschäftspartner wird die Personalnummer hinterlegt. Dadurch entsteht die Verknüpfung zwischen dem Geschäftspartner, dem Personalstamm und dem Benutzerstamm (siehe Abbildung 10.50).

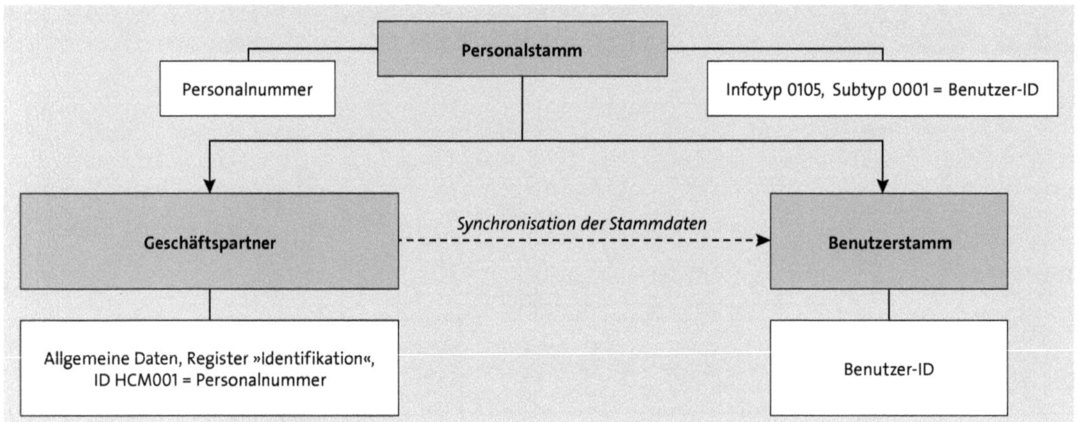

Abbildung 10.50 Verknüpfung zwischen Personalstamm, Benutzerstamm und Geschäftspartner

[»]

SAP-Hinweis zum Thema Business-Benutzer-Verwaltung

Mehr Informationen zum Thema Business-Benutzer-Verwaltung finden Sie in SAP-Hinweis 2570961 (Vereinfachungselement S4TWL – Business-Benutzerverwaltung).

Zwei Varianten für das Business-Benutzer-Konzept

Es gibt zwei Varianten für das Anlegen der Business-Benutzer:

- mit HR-Integration
- ohne HR-Integration

Die beiden Varianten werden in den folgenden Abschnitten vorgestellt.

10.5.1 Business-Benutzer mit HR-Integration anlegen und pflegen

Eine aktive HR-Integration bedeutet, dass sich das Business-Benutzer-Konzept auf den Personalministamm stützt. Dieser Personalministamm kann lokal (z. B. über die Transaktion PA30 oder PA40), über Integrationsszenarien mit SAP SuccessFactors Employee Central oder in einem externen (Drittanbieter-)HCM-System gepflegt werden.

Report für die Datensynchronisation

Wenn die HCM-Integration aktiv ist, muss der Synchronisationsreport /SHCM/RH_SYNC_BUPA_FROM_EMPL regelmäßig als Hintergrundjob eingeplant werden, damit die Business-Benutzer automatisch mit den HR-Tabellen synchronisiert werden.

Die Voraussetzung für die Variante mit HR-Integration ist die Aktvierung der HR-Integration in der Tabelle T77SO (siehe Abbildung 10.51). Alternativ kann der Customizing-Schalter über die Transaktion OO_CENTRAL_PERSON gepflegt werden.

Customizing-Schalter für die HR-Integration

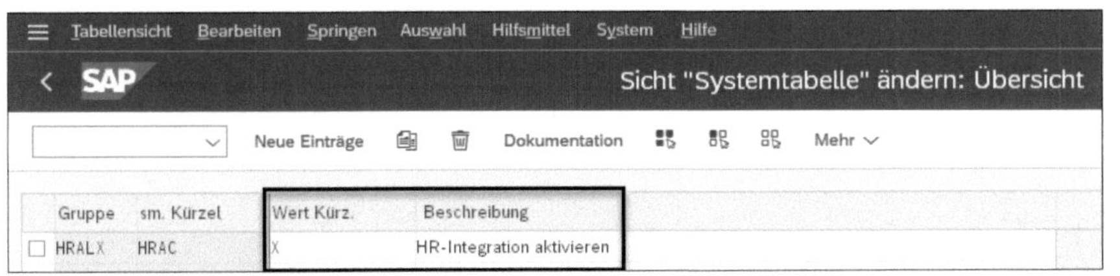

Abbildung 10.51 Aktivieren der HR-Integration über Transaktion SM30 in Tabelle T77SO

Oft werden Personalstammsätze entweder von der Personalabteilung direkt im SAP-System angelegt oder über eine Schnittstelle aus einem HR-System übertragen. Nichtsdestotrotz stellen wir zum besseren Verständnis die Anlage eines Personalstammsatzes detailliert dar. Dieses Wissen benötigen Sie auch für den Fall, dass Sie einen Test-benutzer für einen Berechtigungstest im Testsystem anlegen müssen. Wie oben schon erwähnt, können manche Fiori-Apps nur von Business-Benutzern verwendet werden, deshalb müssen Testbenutzer für den Berechtigungstest dieser Apps als Business-Benutzer angelegt werden.

Anlegen eines Personalstammsatzes in der Transaktion PA30

Um einen Personalstammsatz anzulegen, starten Sie die Transaktion PA30. Wählen Sie **Maßnahmen** und klicken Sie auf das Icon (**Anlegen**), siehe Abbildung 10.52.

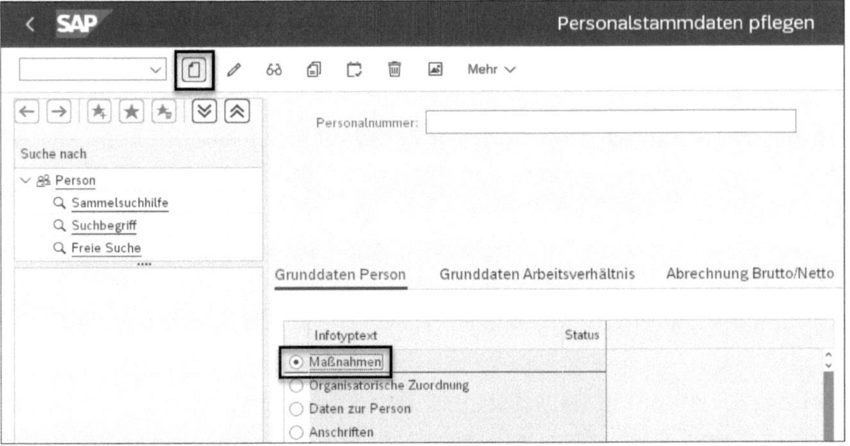

Abbildung 10.52 Anlegen eines Personalstammsatzes in der Transaktion PA30: Einstiegsbildschirm

Füllen Sie die Mussfelder aus und klicken Sie auf das Icon **Sichern**. Im nächsten Bildschirm (**Daten zur Person anlegen**) füllen Sie gleichermaßen die Mussfelder aus (siehe Abbildung 10.53) und klicken erneut auf den Button **Sichern**.

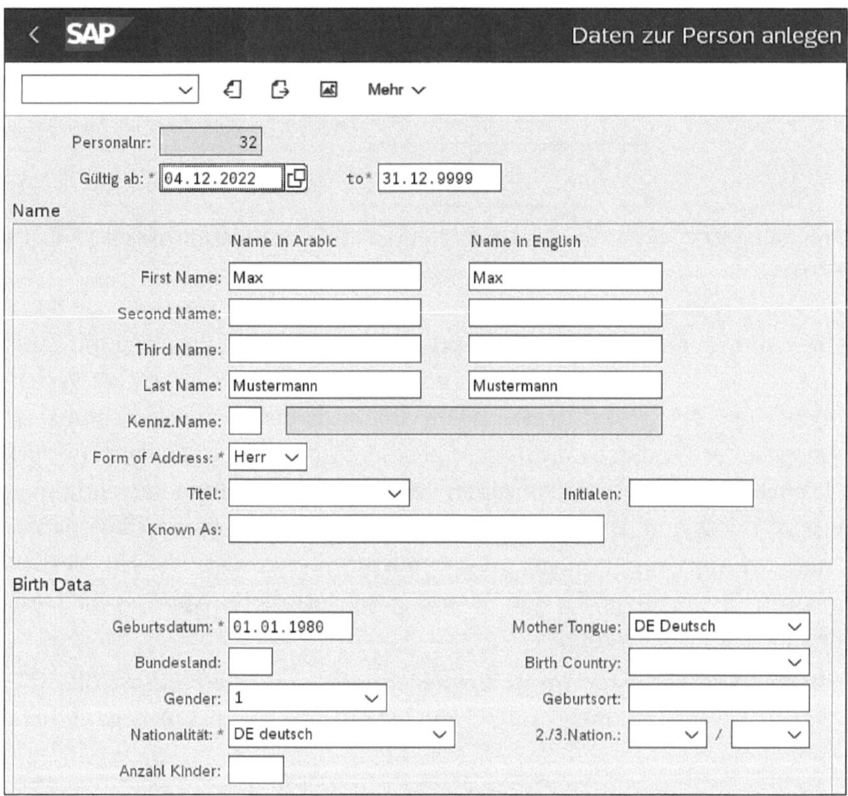

Abbildung 10.53 Anlegen eines Personalstammsatzes in der Transaktion PA30: Daten zur Person

Im nächsten Bild (**Organisatorische Zuordnung**) klicken Sie auf das Icon **Zuordnung**. Wählen Sie **Keine Zuordnung** und klicken Sie auf das Icon **Weiter**. Füllen Sie die Mussfelder aus und klicken Sie auf das Icon **Sichern**. Gehen Sie zurück zum Einstiegsbild. Wählen Sie **Bankverbindung** und klicken Sie auf das Icon ▢ (**Anlegen**). Füllen Sie auch hier die Mussfelder aus und klicken Sie erneut auf das Icon **Sichern**. Gehen Sie zurück zum Einstiegsbildschirm.

Pflege der Benutzer-ID im Personalstammsatz

Um die Verknüpfung zwischen dem Personalstammsatz und dem Benutzerstammsatz zu erstellen, müssen Sie die Benutzer-ID im Personalstamm hinterlegen. Dafür tragen Sie den Infotyp 0105 (Kommunikation) und den Subtyp 0001 ein und klicken auf das Icon ▢ (**Anlegen**), siehe Abbildung 10.54.

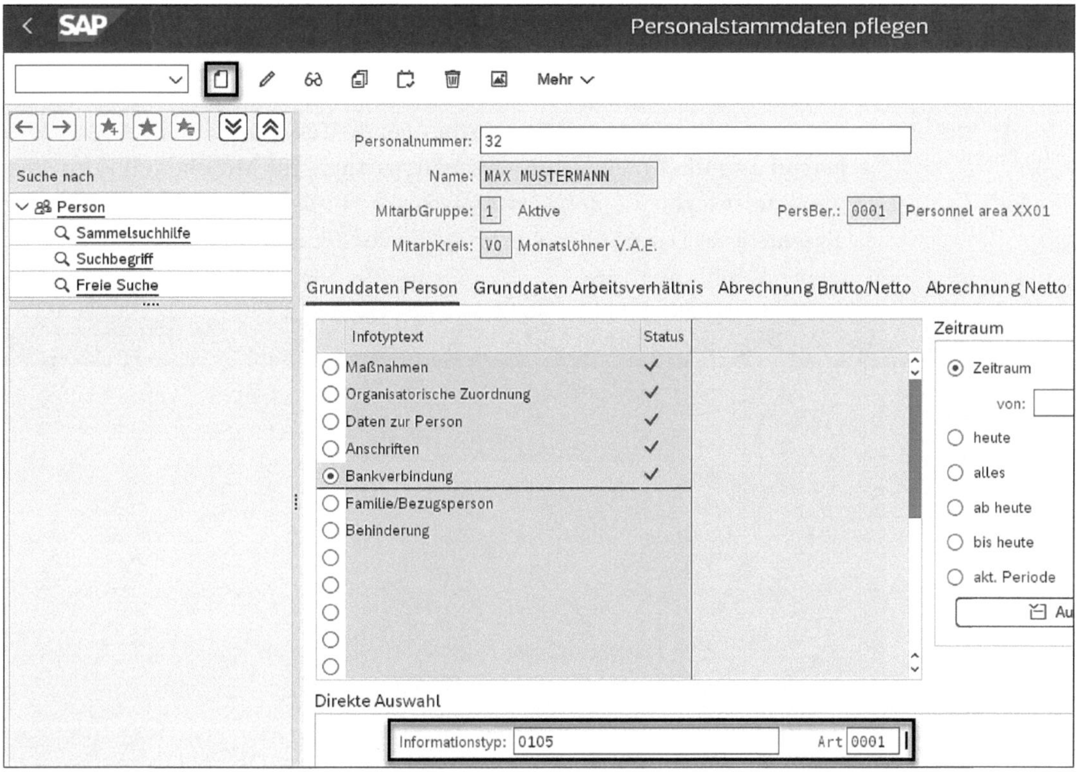

Abbildung 10.54 Anlegen eines Personalstammsatzes in der Transaktion PA30: Auswählen des Infotyps und Subtyps für die Pflege der Benutzer-ID

Tragen Sie die Benutzer-ID in das Feld **System-ID** ein und sichern Sie den Personalstammsatz (siehe Abbildung 10.55).

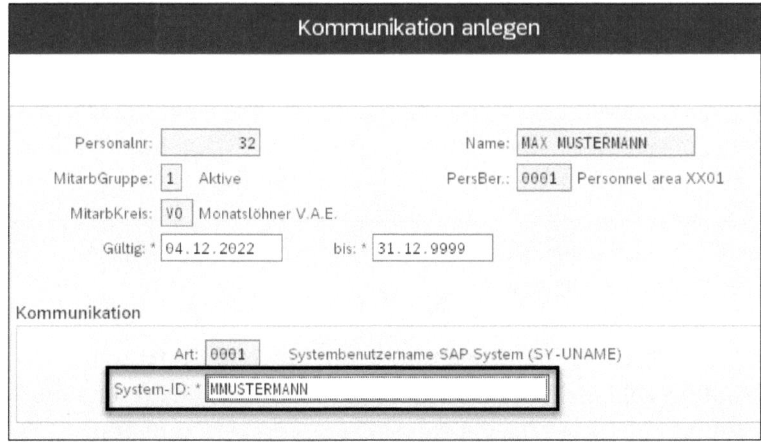

Abbildung 10.55 Anlegen eines Personalstammsatzes in der Transaktion PA30: Pflegen der Benutzer-ID

Sie haben nun den Personalstammsatz angelegt und mit der Benutzer-ID verknüpft.

Anlegen eines Geschäftspartners für Mitarbeitende

Im nächsten Schritt legen Sie einen Geschäftspartner an. Dafür starten Sie die Transaktion BP (Geschäftspartner bearbeiten). Klicken Sie auf das Icon **Person**, um die Anlage eines Geschäftspartners für Mitarbeitende zu starten. Zuerst legen Sie den Geschäftspartner in der Rolle **000000 GPartner allgemein** an. Dafür füllen Sie die Felder auf der Registerkarte **Anschrift** aus (siehe Abbildung 10.56).

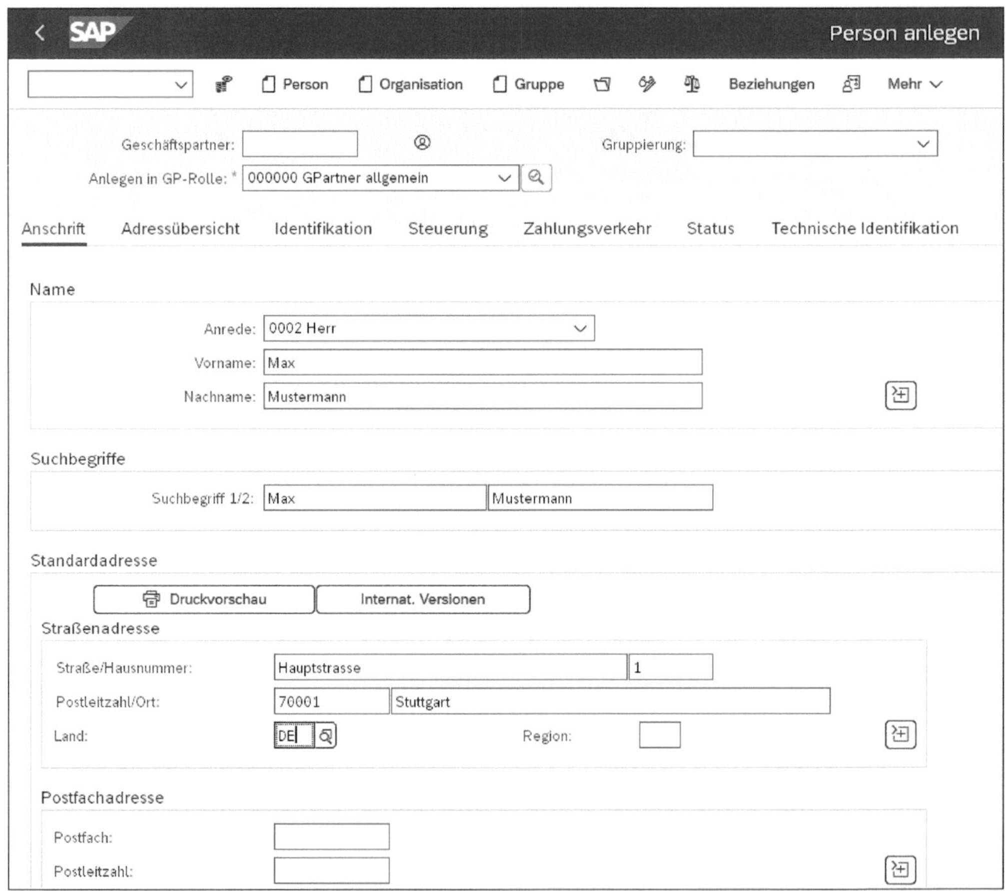

Abbildung 10.56 Anlegen eines Geschäftspartners in der Transaktion BP: Rolle »000000 GPartner allgemein«

Wählen Sie die Registerkarte **Identifikation** aus. Im Feld **ID-Art** wählen Sie **HCM001** und im Feld **Identifikationsnummer** tragen Sie die Personalnummer, die Sie im vorherigen Schritt erstellt haben, ein (siehe Abbildung 10.57). So entsteht die Verknüpfung zwischen dem Geschäftspartner und dem Personalstammsatz.

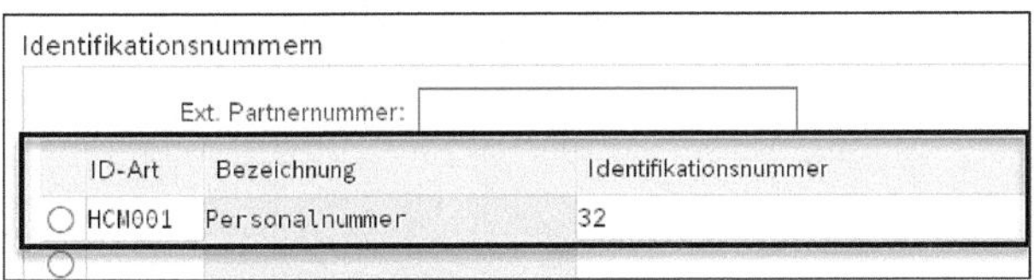

Abbildung 10.57 Anlegen eines Geschäftspartners in der Transaktion BP: Pflegen der Personalnummer

Anlegen der Lieferantenrollen des Geschäftspartners

Sichern Sie Ihre Angaben. Wählen Sie die Rolle **FLVN00 Lieferant (Finanzbuchhaltung)** aus und klicken Sie auf den Button **Buchungskreis** (siehe Abbildung 10.58).

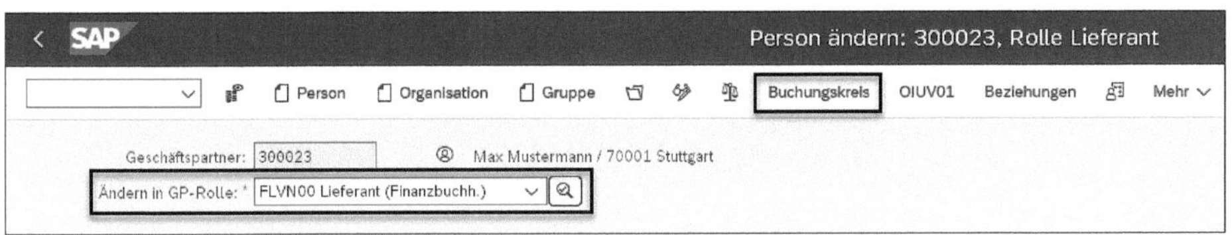

Abbildung 10.58 Anlegen eines Geschäftspartners in der Transaktion BP: Anlegen der Rolle »FLVN00 Lieferant (Finanzbuchhaltung)«

Tragen Sie den Buchungskreis ein und drücken Sie [↵]. Im Abschnitt **Referenzdaten** tragen Sie die **Personalnummer** ein, sichern Sie Ihre Angaben (siehe Abbildung 10.59).

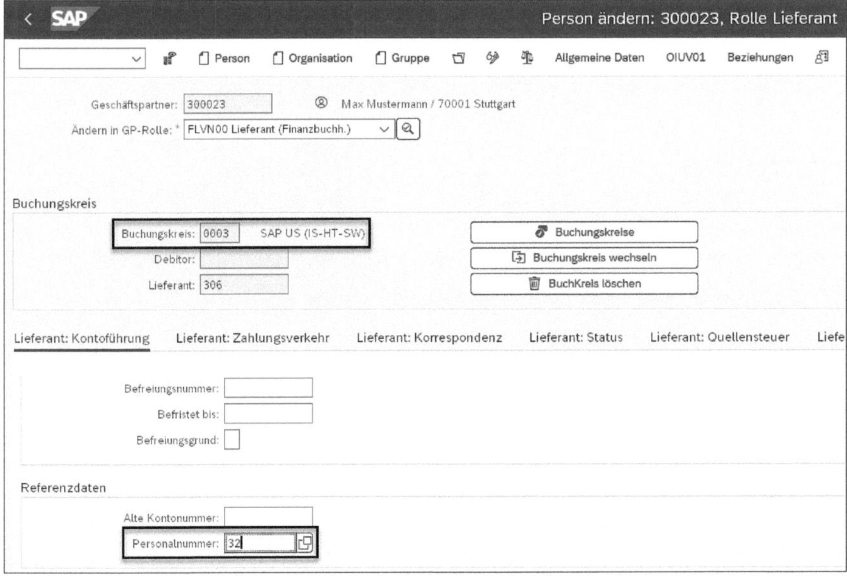

Abbildung 10.59 Anlegen eines Geschäftspartners in der Transaktion BP: Eintragen der Personalnummer in die buchungskreisspezifischen Daten des Lieferanten

Wählen Sie die Rolle **FLVN01 Lieferant** und klicken Sie auf den Button **Einkauf** (siehe Abbildung 10.60).

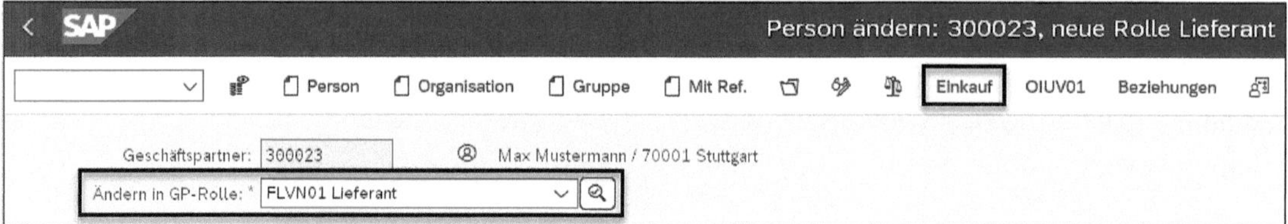

Abbildung 10.60 Anlegen eines Geschäftspartners in der Transaktion BP: Anlegen der Rolle »FLVN01 Lieferant«

Wählen Sie eine Einkaufsorganisation aus und drücken Sie [↵]. Tragen Sie Bestellwährung ein und sichern Sie Ihre Angaben (siehe Abbildung 10.61).

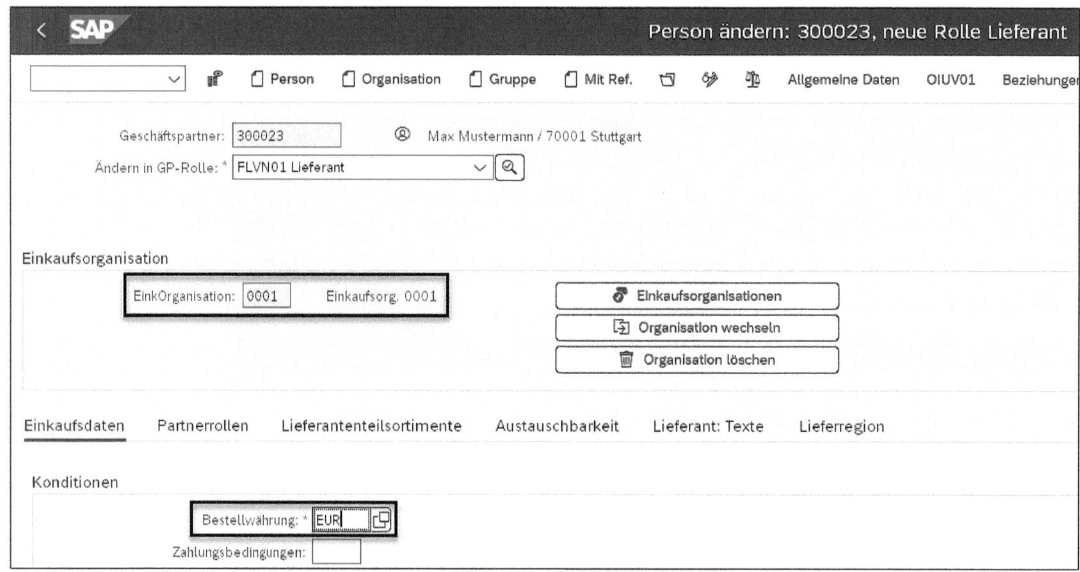

Abbildung 10.61 Anlegen eines Geschäftspartners in der Transaktion BP: Einkaufsorganisation auswählen und Bestellwährung eintragen

Synchronisieren des Geschäftspartners

Im nächsten Schritt müssen Sie den Geschäftspartner mit dem Personalstammsatz und dem Benutzerstammsatz synchronisieren. Wenn Sie an dieser Stelle den Benutzerstammsatz in Transaktion SU01 anschauen, werden Sie feststellen, dass es ein Benutzer mit klassischer Adresse ist (siehe Abbildung 10.62).

Führen Sie den Report /SHCM/RH_SYNC_BUPA_EMPL_SINGLE in der Transaktion SA38 beziehungsweise SE38 aus. Tragen Sie die Personalnummer ein und führen Sie den Report aus (siehe Abbildung 10.63).

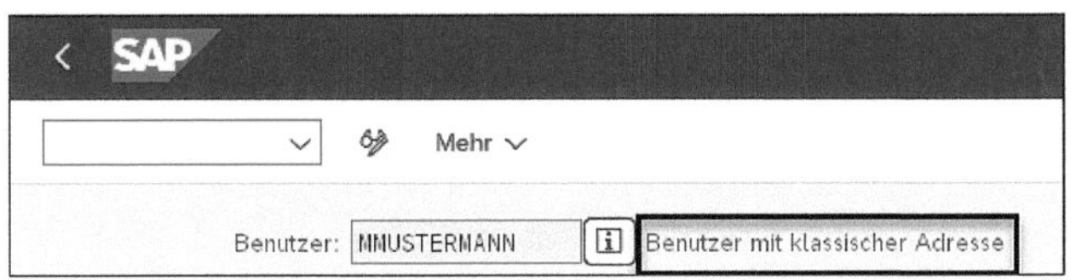

Abbildung 10.62 Benutzerstammsatz in der Transaktion SU01 vor der Synchronisation

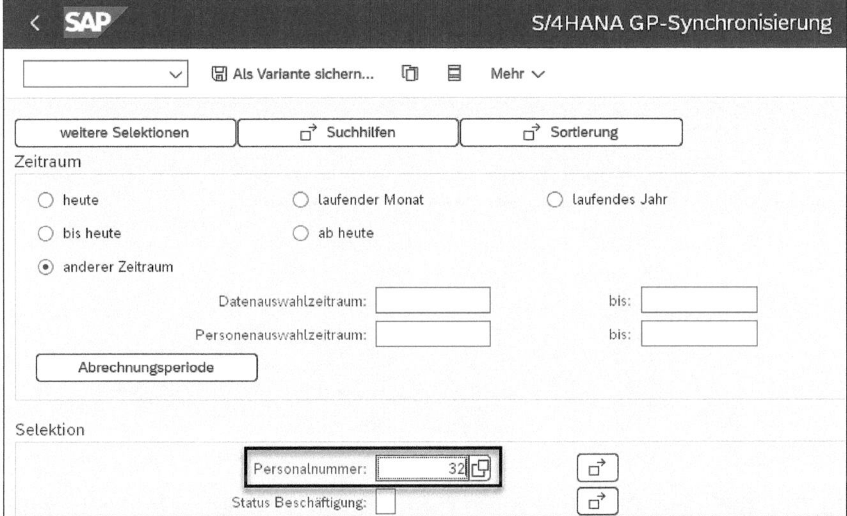

Abbildung 10.63 Report für die Synchronisation des Geschäftspartners mit dem Personalstammsatz und dem Benutzerstammsatz

Sie sehen eine ähnliche Meldung wie in Abbildung 10.64.

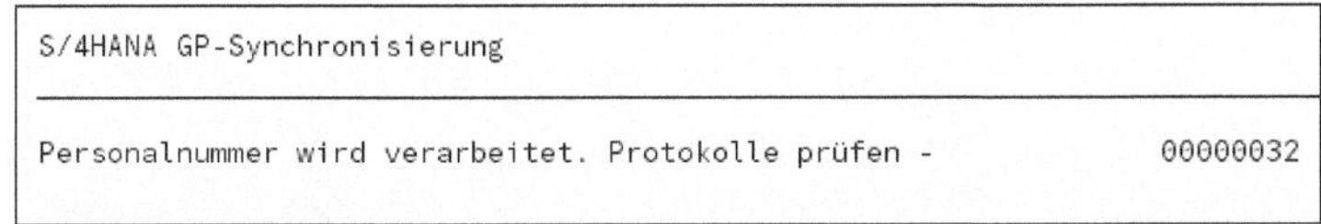

Abbildung 10.64 Systemmeldung nach der Ausführung des Reports für die Synchronisation der Daten des Geschäftspartners mit dem Personalstammsatz und dem Benutzerstammsatz

Business-Benutzer in der Transaktion SU01

Wenn Sie nach Synchronisation den Benutzerstammsatz in Transaktion SU01 anschauen, werden Sie sehen, dass dem Benutzerstammsatz ein Geschäftspartner zugeordnet wurde, und Felder im Abschnitt **Person** können in Transaktion SU01 nicht mehr gepflegt werden (siehe Abbildung 10.65).

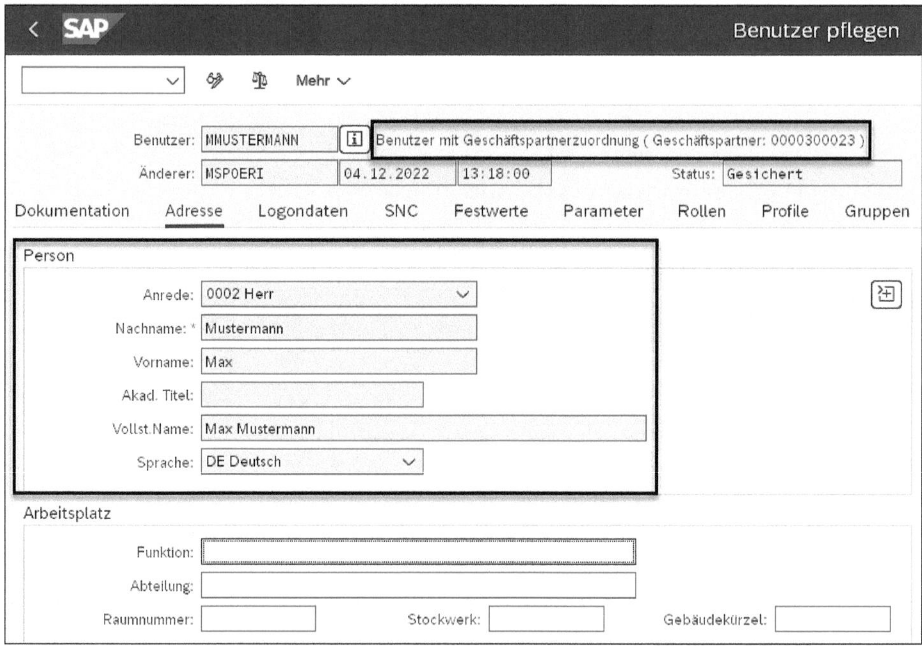

Abbildung 10.65 Benutzerstammsatz nach der Synchronisation mit dem Geschäftspartner

10.5.2 Business-Benutzer ohne HR-Integration anlegen und pflegen

Anlegen eines Mitarbeiterstammsatzes und Geschäftspartners

Wenn die HR-Integration inaktiv ist, können Sie den Business-Benutzer über die Fiori-App **Mitarbeiter pflegen** (App-ID F2288A) anlegen und pflegen. Nach der Anlage des Mitarbeiterstammsatzes wird der Geschäftspartner automatisch erzeugt. In diesem Szenario können Mitarbeitende über die Transaktion BP nicht gepflegt werden. Anschließend legen Sie einen Benutzerstammsatz an und verknüpfen diesen mit dem Mitarbeiterstammsatz in der Fiori-App **Mitarbeiter pflegen**. Dadurch werden die Daten zwischen Geschäftspartner, Mitarbeiterstammsatz und Benutzerstammsatz verknüpft. Zukünftig werden die Daten im Mitarbeiterstammsatz gepflegt und automatisch in den Benutzerstammsatz übertragen.

Um einen Mitarbeiterstammsatz anzulegen, brauchen Sie die Berechtigung für die Fiori-App **Mitarbeiter pflegen** (App-ID F2288A). Starten Sie diese App. Um die Anlage eines Mitarbeiterstammsatzes zu starten, klicken Sie auf den Button **Anlegen**. In der App müssen Sie die Personalnummer eintragen und die Grunddaten der Mitarbeitenden pflegen. Sie können an dieser Stelle auch die Benutzer-ID in den Mitarbeiterstammsatz eintragen. Dabei können Sie mit der Suchhilfe nach den im System bestehenden Benutzern suchen (siehe Abbildung 10.66).

00000026

Allgemeine Informationen | Kontaktinformationen | Zusatzinformationen | Änderungsprotokoll

Grunddaten

ID des Mitarbeiters: *
00000026

Geschäftspartner:

Anrede:
Herr

Vorname:
Max

Nachname: *
Mustermann

Anwendungsbenutzer

Benutzer-ID:
MMUSTERMANN

Benutzerbeschreibung:

Gültigkeit

Gültig ab: *
04.12.2022

Gültig bis: *
31.12.9999

Für Archivierung ausgewählt:

Abbildung 10.66 Anlegen eines Mitarbeiterstammsatzes über die Fiori-App »Mitarbeiter pflegen« (App-ID F2288A)

Nach dem Speichern des Mitarbeiterstammsatzes wird der Geschäftspartner automatisch angelegt und der Benutzerstammsatz mit dem Geschäftspartner verknüpft. Wie bei der Variante mit HR-Integration wird in der Transaktion SU01 vermerkt, dass dem Benutzerstammsatz der Geschäftspartner zugewiesen ist (siehe Abbildung 10.65).

10.6 Hintergrundjobs für das Benutzermanagement

Manche Aufgaben im Benutzermanagement können mithilfe der Hintergrundjobs automatisiert werden. Neben den bereits in einzelnen Abschnitten dieses Kapitels erwähnten Jobs empfehlen wir, die folgenden Reports als Hintergrundjobs regelmäßig einzuplanen:

10.6.1 Report RHAUTUPD_NEW

Job für den Benutzerabgleich

Mit dem Report RHAUTUPD_NEW wird der sogenannte *Benutzerabgleich* durchgeführt. Damit wird verhindert, dass die Zuordnung der Profile zu den Benutzern veraltet ist. Insbesondere ist dieser Report wichtig, wenn Sammelrollen und/oder Rollenzuordnungen aus dem Organisationsmanagement im Einsatz sind. Planen Sie diesen Report mit einer Variante ohne Bereinigung als Hintergrundjob alle 15 bis 30 Minuten und mit einer Variante mit Bereinigung einmal am Tag im Produktiv- und Qualitätssystem ein.

Anlage der Varianten für den Hintergrundjob

Bevor Sie einen Job einplanen können, müssen Sie eine Variante für die Ausführung des Reports anlegen. Um eine Variante anzulegen, starten Sie die Transaktion SE38 oder SA38, tragen »RHAUTUPD_NEW« in das Feld **Programm** ein und klicken auf das Icon (**Ausführen**) (siehe Abbildung 10.67).

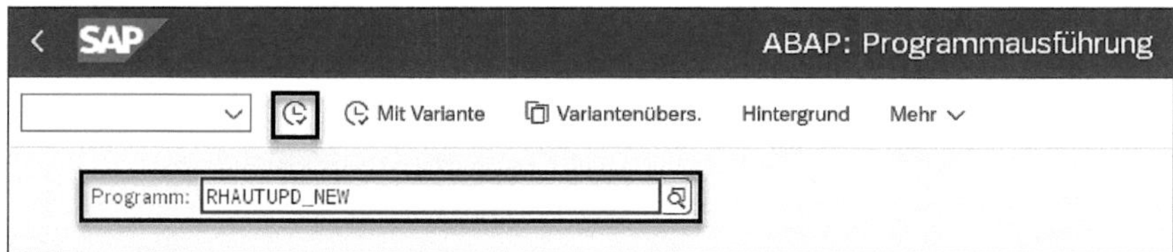

Abbildung 10.67 Ausführen eines Reports in der Transaktion SA38

Tragen Sie die folgenden Parameter für die erste Variante ein:

1. Wählen Sie die Rollen, die im Einsatz sind, aus, z. B. mit den sogenannten *Wild Cards*. Wenn die Rollennamen z. B. gemäß der Rollennamenskonvention mit »ZP« anfangen, tragen Sie »ZP*« ein.
2. Im Abschnitt **Abgleichsart** setzen Sie die entsprechenden Häkchen für die in Ihrem System benutzten Rollenzuordnungsarten.
3. Wählen Sie **Hintergrundjob für den Gesamtabgleich einplanen oder überprüfen** (siehe Abbildung 10.68).

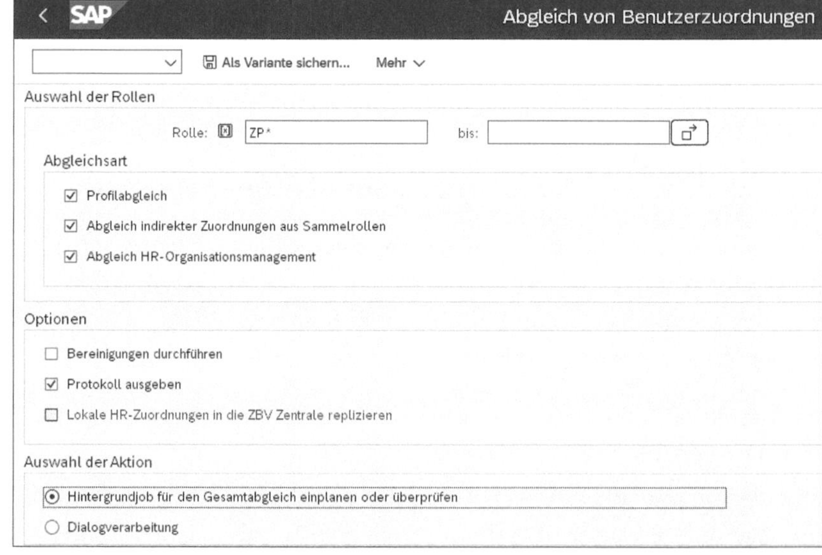

Abbildung 10.68 Beispiel einer Variante für den Report RHAUTUPD_NEW

Klicken Sie auf den Button **Als Variante sichern** und speichern Sie diese Variante. Wir empfehlen Ihnen, eine zweite Variante anzulegen und dabei zusätzlich die Option **Bereinigungen durchführen** auszuwählen. Den Job mit der zweiten Variante planen Sie einmal pro Tag ein, am besten in der Nacht.

10.6.2 Report PRGN_COMPRESS_TIMES

Job zur Bereinigung der abgelaufenen und doppelten Rollen

Der Report PRGN_COMPRESS_TIMES wird verwendet, um die doppelt zugewiesenen und die abgelaufenen Rollen aus den Benutzerstammsätzen zu entfernen. Das trägt dazu bei, dass das Rollenkonzept und die Benutzerverwaltung sauber und übersichtlich gehalten werden. Planen Sie diesen Report als Hintergrundjob einmal am Tag im Produktiv- und Qualitätssystem ein.

10

Für diesen Report müssen Sie eine Variante anlegen und anschließend den Hintergrundjob mit dieser Variante einplanen (siehe beispielhaft Abbildung 10.69).

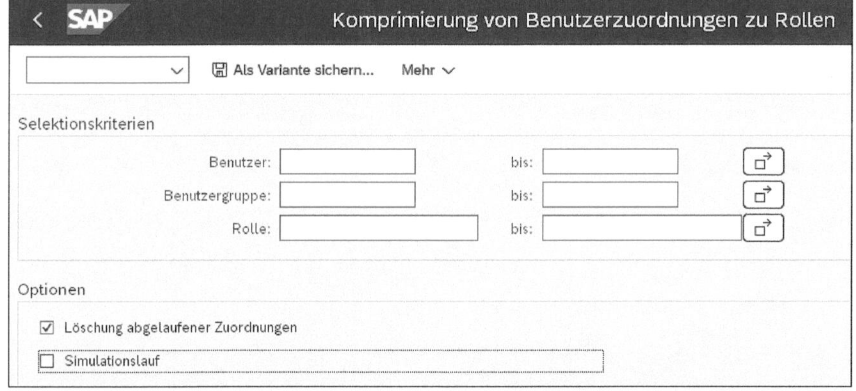

Abbildung 10.69 Beispiel einer Variante für den Report PRGN_COMPRESS_TIMES

10.6.3 Report RSUSR_LOCK_USERS

Job für die Sperre der inaktiven Benutzer

Der Report RSUSR_LOCK_USERS wird verwendet, um die inaktiven Benutzer automatisch zu sperren. Bei der Anlage der Variante für diesen Report müssen Sie eine Anzahl der Tage seit der letzten Anmeldung der Benutzer eintragen, z. B. 90 Tage (siehe Abbildung 10.70).

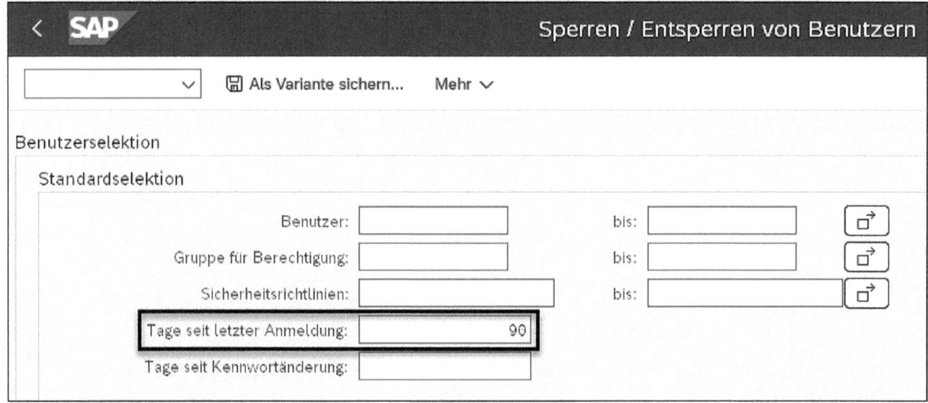

Abbildung 10.70 Beispiel einer Variante für den Report RSUSR_LOCK_USERS: Anzahl der Tage seit der letzten Anmeldung

Im Abschnitt **Selektion nach Benutzertyp** wählen Sie **Dialogbenutzer** und im Abschnitt **Auswahl der Aktion** wählen Sie **Ende der Gültigkeit auf Gestern setzen (Nur gültige Benutzer)**, siehe Abbildung 10.71.

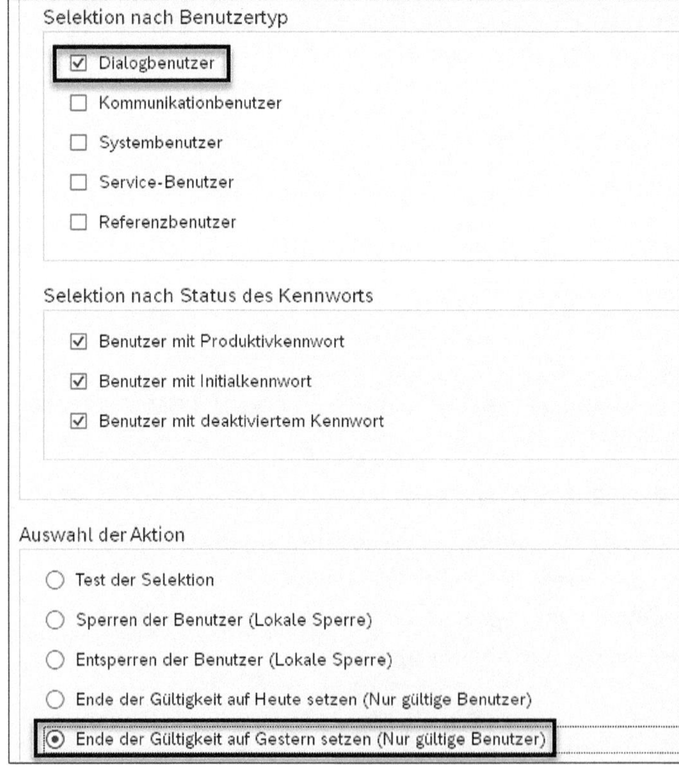

Abbildung 10.71 Beispiel einer Variante für den Report RSUSR_LOCK_USERS: Auswahl des Benutzertyps und der Aktion

In Tabelle 10.2 haben wir eine Übersicht aller Programme für die Hintergrundjobs für die Benutzerverwaltung, die in diesem Kapitel erwähnt wurden, zusammengestellt.

Programm	Zweck	Häufigkeit
RHAUTUPD_NEW	Benutzerabgleich	Ohne Bereinigung alle 15 bis 30 Minuten, mit Bereinigung täglich
PRGN_COMPRESS_ TIMES	Bereinigung der abgelaufenen und doppelten Rollen in Benutzerprofilen	Täglich
RSUSR_LOCK_USERS	Sperre der inaktiven Benutzer	Täglich
SUSR_ZBV_GET_ RECEIVER_PROFILES	Synchronisation der Rollen zwischen dem ZBV-System und dem Zielsystem	Täglich oder öfter, falls notwendig
/SHCM/RH_SYNC_ BUPA_FROM_EMPL	Synchronisation der Business-Benutzer-Daten, wenn HR-Integration aktiv ist	Täglich oder öfter, falls notwendig

Tabelle 10.2 Programme für die Hintergrundjobs für die Benutzerverwaltung

10.7 SAP-Standardbenutzer

Das SAP-System wird initial mit einer Anzahl von Standardbenutzern mit bekannten Passwörtern ausgeliefert. Alle Passwörter der ausgelieferten SAP-Standardbenutzer-Kennungen müssen in jedem Mandanten geändert werden. Welche Einstellungen für die jeweiligen Standardbenutzer zu berücksichtigen sind, wird im Folgenden beschrieben.

10.7.1 Benutzer SAP*

Vorraussetzungen für den Benutzer SAP*

Der Benutzer SAP* wird im Rahmen der Systeminstallation in allen Mandanten erstellt. Ihm ist das Profil SAP_ALL zugewiesen.

- Bevor der Benutzer SAP* abgesichert wird, muss ein Notfallbenutzer eingerichtet werden.

- Der Benutzer muss in allen Mandanten über einen Benutzerstammsatz verfügen. Dieser muss gesperrt sein, und die Berechtigungen müssen entzogen werden.
- Der Benutzer darf nicht gelöscht werden. Wenn der Benutzer SAP* gelöscht wird, kann jeder mit diesem Benutzer und mit dem Passwort PASS sich am System anmelden, weil dieser Benutzer hartcodiert ist.
- Der Benutzer ist der Benutzergruppe SUPER zuzuordnen, und das Passwort muss geändert werden.
- Die Protokollierung des Benutzers im Security Audit Log muss aktiviert werden.
- Der Profilparameter `login/no_automatic_user_sapstar` muss auf 1 gesetzt werden.

10.7.2 Benutzer DDIC

Vorraussetzungen für den Benutzer DDIC

Der Benutzer DDIC wird für Installationen und Aktualisierungen verwendet.

- Der Benutzer sollte in allen Mandanten, außer Mandant 000, abgegrenzt und gesperrt sein.
- Der Benutzer benötigt die Zuweisung des Profils SAP_ALL und ist grundsätzlich als hochprivilegierter User mit kritischen Berechtigungen zu betrachten.
- Der Benutzer muss der Benutzergruppe SUPER zugeordnet und als Systembenutzer definiert werden.
- Das Passwort muss geändert werden.
- Die Protokollierung des Benutzers im Security Audit Log muss aktiviert werden.

10.7.3 Benutzer SAPCPIC

Vorraussetzungen für den Benutzer SAPCPIC

Der Benutzer SAPCPIC wird während der Systeminstallation erstellt. Ihm ist das Profil S_A.CPIC für die Verwendung von RFC-Verbindungen zugewiesen. SAP empfiehlt, diesen Benutzer zu löschen, wenn Sie ihn nicht benötigen.

10.7.4 Benutzer TMSADM

Vorraussetzungen für den Benutzer TMSADM

Der Benutzer TMSADM wird dann erstellt, wenn das Change and Transport System (CTS) eingerichtet wird. Diesem Benutzer ist das Profil S_A.TMSADM zugewiesen.

Report für den Status der SAP-Standardbenutzer

Mithilfe des Reports oder der Transaktion RSUSR003 (Kennworte Standardbenutzer prüfen) können Sie den Status der Standardbenutzer in allen Mandanten des SAP-Systems überprüfen.

Starten Sie die Transaktion RSUSR003. Alternativ können Sie den Report über die Transaktion SE38 oder SA38 ausführen. Klicken Sie auf das Icon **Ausführen**.

In Abbildung 10.72 sehen Sie ein Beispiel für einen gelungenen Status der Standardbenutzer im System.

Mandant	Benutzer	Sperre	Kennwortstatus	Grund der Benutzersperre	Falschanm.	Gültig von	Gültig bis
000	DDIC	🔓	Existiert; Kennwort nicht trivial.				
	SAP*		Existiert nicht. Anmeldung nicht möglich. Siehe HW 2383				
	SAPCPIC		Existiert nicht.				
	TMSADM	🔓	Existiert; Kennwort nicht trivial.				
100	DDIC	🔒	Existiert; Kennwort nicht trivial.	Durch Administrator gesperrt			
	SAP*	🔒	Existiert; Kennwort nicht trivial.	Durch Administrator gesperrt			
	SAPCPIC		Existiert nicht.				
	TMSADM	🔒	Existiert; Kennwort nicht trivial.	Durch Administrator gesperrt			

Abbildung 10.72 Report RSUSR003: Beispiel für einen gelungenen Status der Standardbenutzer

In Abbildung 10.73 sehen Sie ein Beispiel für einen ungünstigen Status der Standardbenutzer im System. Denn die Systemadministration muss hier noch einige Aktivitäten für die jeweiligen Benutzer, die wir früher in diesem Abschnitt beschrieben haben, ausführen, um die Standardbenutzer abzusichern.

Mandant	Benutzer	Sperre	Kennwortstatus	Grund der Benutzersperre	Falschanm.	Gültig von	Gültig bis
000	DDIC	🔓	Existiert; Kennwort nicht trivial.				
	SAP*		Existiert nicht! Anmeldung mit PASS möglich! Siehe HW 2383				
	SAPCPIC		Existiert nicht.				
	TMSADM	🔓	Existiert; Kennwort nicht trivial.				
100	DDIC	🔓	Existiert; Kennwort nicht trivial.				
	SAP*	🔒	Existiert; Kennwort nicht trivial.	Durch Falschanmeldungen gesperrt			
	SAPCPIC		Existiert nicht.				
	TMSADM	🔒	Existiert; Kennwort nicht trivial.	Durch Administrator gesperrt			
150	DDIC	🔓	Existiert; Kennwort nicht trivial.				
	SAP*	🔒	Existiert; Kennwort nicht trivial.	Durch Falschanmeldungen gesperrt			
	SAPCPIC		Existiert nicht.				
	TMSADM	🔒	Existiert; Kennwort nicht trivial.	Durch Administrator gesperrt			
200	DDIC	🔒	Existiert; Kennwort nicht trivial.	Durch Falschanmeldungen gesperrt			
	SAP*		Existiert nicht! Anmeldung mit PASS möglich! Siehe HW 2383				
	SAPCPIC		Existiert nicht.				
	TMSADM	🔓	Existiert; Kennwort nicht trivial.				

Abbildung 10.73 Report RSUSR003: Beispiel für einen ungünstigen Status der Standardbenutzer

10.8 Auswertungsmöglichkeiten und SAP-Tabellen für das Benutzermanagement

Für die Arbeit im Tages- und Projektbetrieb oder auf Anforderungen von internen und/oder externen Revisionen oder von Fachbereichen muss die Benutzeradministration benutzerbezogene Informationen und Daten aus dem SAP-System zusammensuchen.

In einem SAP-System gibt es mehrere Möglichkeiten, die Benutzerdaten auszuwerten:

- das Benutzerinformationssystem (Transaktion SUIM) (siehe Abbildung 10.74)
- die Tabellen in den Transaktionen SE16 beziehungsweise SE16N
- diverse Reports

Auswertungen über Benutzerdaten in der Transaktion SUIM

Im Benutzerinformationssystem unter dem Knoten **Benutzer** sehen Sie unterschiedliche Kriterien, nach denen Sie Benutzerdaten auswerten können, z. B. **Benutzer nach Adressdaten**, **nach Benutzername**, **nach Rollen**, **nach Profilen**, **nach Berechtigungen**, **nach Transaktionsberechtigung** (siehe Abbildung 10.74).

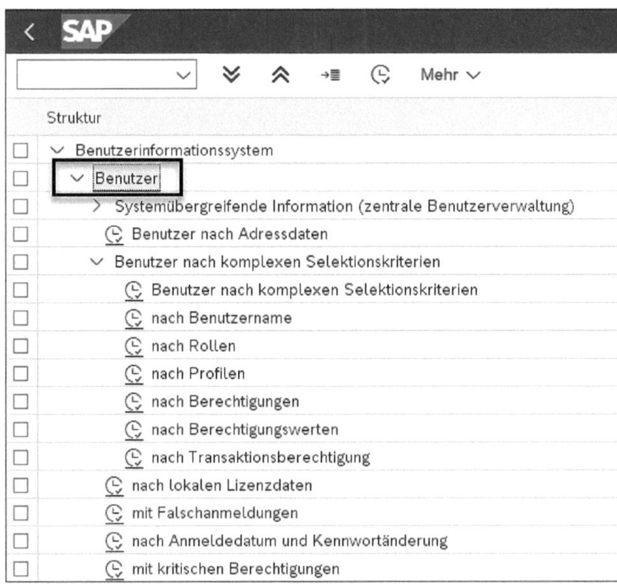

Abbildung 10.74 Benutzerinformationssystem (Transaktion SUIM): Knoten »Benutzer«

Im Folgenden beschreiben wir einige Anwendungsfälle für die Auswertungen der Benutzerdaten.

10.8.1 Anwendungsfall 1: Sie benötigen eine Liste aller Dialogbenutzer, die Zugriff auf eine bestimmte Transaktion haben

Benutzer, die eine Transaktion ausführen können

Es kommt oft vor, dass Sie eine Liste der Benutzer benötigen, die eine bestimmte Berechtigung, z. B. den Zugriff auf eine Transaktion im System, haben. Um eine solche Liste zu erstellen, starten Sie die Transaktion SUIM und öffnen den Knoten **Benutzer nach komplexen Selektionskriterien**, darunter öffnen Sie wieder den Knoten **Benutzer nach komplexen Selektionskriterien**. Auf der Registerkarte **Logondaten** wählen Sie den Dialogbenutzer (»A«) im Feld **Benutzertyp** (siehe Abbildung 10.75).

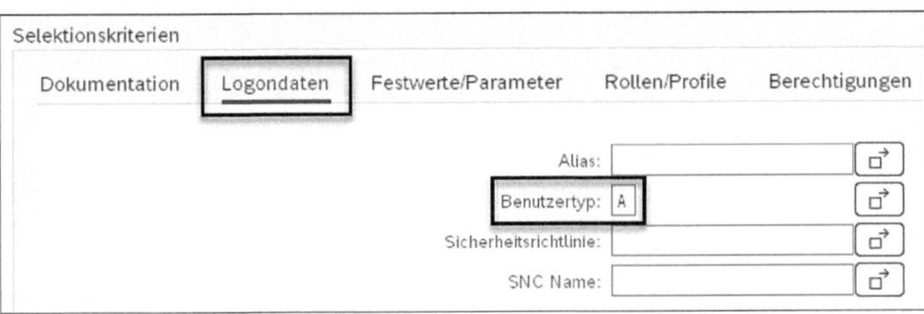

Abbildung 10.75 Benutzerinformationssystem (Transaktion SUIM): Auswählen des Benutzertyps

Auswählen des Transaktionscodes in der Transaktion SUIM

Auf der Registerkarte **Berechtigungen** tragen Sie das Berechtigungsobjekt »S_TCODE« in das Feld **Berechtigungsobjekt 1** ein. Drücken Sie [↵] und tragen Sie den Transaktionscode ein. Sie können an dieser Stelle mehrere Transaktionen und Berechtigungsobjekte mit Werten eintragen (siehe Abbildung 10.76).

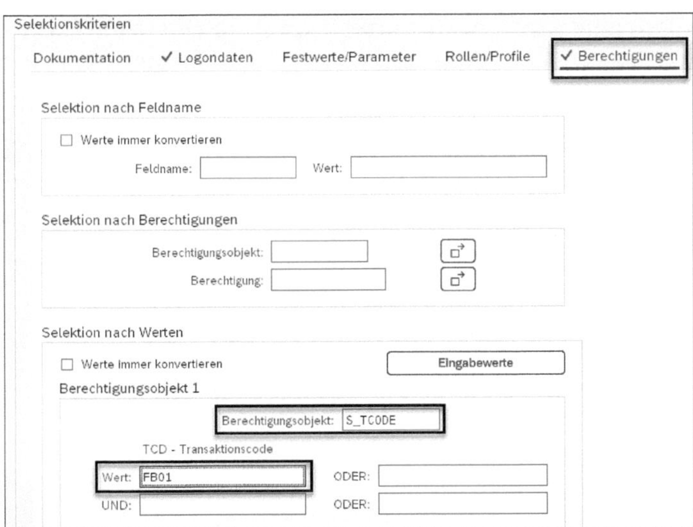

Abbildung 10.76 Benutzerinformationssystem (Transaktion SUIM): Auswählen des Transaktionscodes

Exportieren einer Auswertung aus der Transaktion SUIM in Excel

Um eine Auswertung zu erzeugen, klicken Sie auf das Icon **Ausführen**. Wenn Sie die Liste in Excel exportieren möchten, wählen Sie in der Menüleiste **Liste • Exportieren • Tabellenkalkulation** und speichern die Excel-Datei in Ihrem Verzeichnis (siehe Abbildung 10.77).

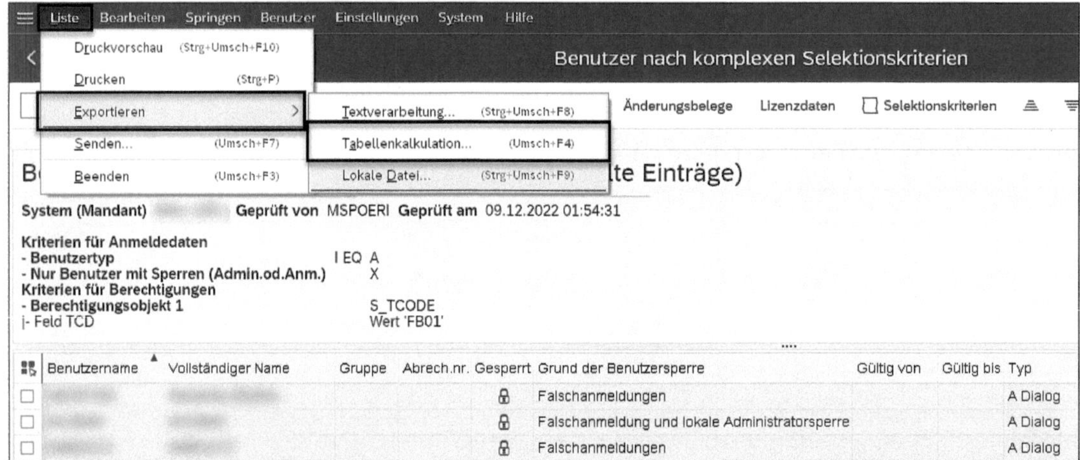

Abbildung 10.77 Benutzerinformationssystem (Transaktion SUIM): Exportieren einer Auswertung in Excel

10.8.2 Anwendungsfall 2: Sie möchten prüfen, ob zwei Benutzer die gleichen Berechtigungen haben

Vergleich der Benutzerberechtigungen

Es kann vorkommen, dass zwei Benutzer anscheinend die gleichen Berechtigungen im SAP-System haben, ein Benutzer kann aber mehr Daten ändern oder anzeigen als der andere. Um sicherzustellen, dass zwei Benutzer die gleichen Berechtigungen haben, oder um den Unterschied zu finden, können Sie den Knoten **Vergleiche • von Benutzern** im Benutzerinformationssystem (Transaktion SUIM) verwenden (siehe Abbildung 10.78).

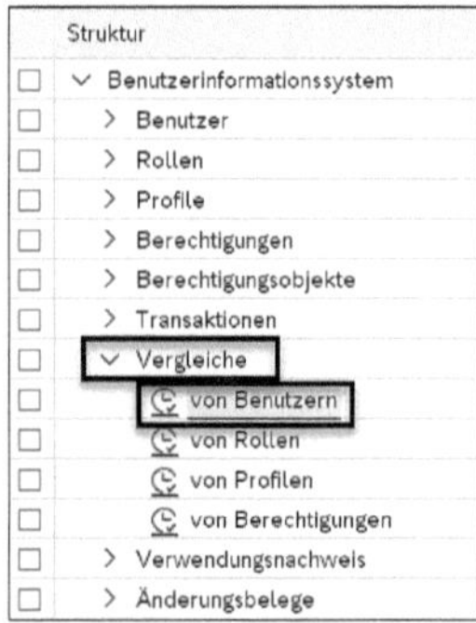

Abbildung 10.78 Benutzerinformationssystem (Transaktion SUIM): Vergleichen von Benutzern

Unterschiede von Berechtigungen zweier Benutzer auswerten

Im nächsten Bildschirm tragen Sie die zwei Benutzerkennungen ein und führen den Report aus. In Abbildung 10.79 sehen Sie ein Beispiel der Ergebnisse des Reports. In der Spalte **Vergleich** sind die Berechtigungsobjekte, die sich in Benutzerprofilen unterscheiden, markiert. Das Icon ●○○ bedeutet, dass ein Benutzer dieses Objekt in seinen Rollen hat, der andere nicht. In der Spalte unter der Benutzerkennung markiert das Icon ● den Benutzer, bei dem die Berechtigung für das Objekt fehlt. Das Icon ○▲○ bedeutet, dass beide Benutzer dieses Objekt haben, aber die Werte sich unterscheiden. Das Icon ○○■ bedeutet, dass beide Benutzer die gleichen Werte in diesem Objekt haben (siehe Abbildung 10.79).

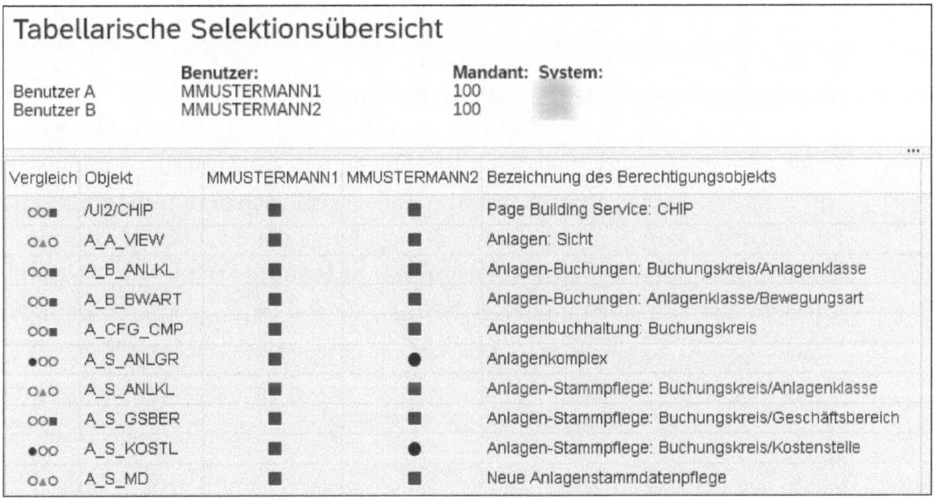

Tabellarische Selektionsübersicht

	Benutzer:	Mandant:	System:
Benutzer A	MMUSTERMANN1	100	
Benutzer B	MMUSTERMANN2	100	

Vergleich	Objekt	MMUSTERMANN1	MMUSTERMANN2	Bezeichnung des Berechtigungsobjekts
○○■	/UI2/CHIP	■	■	Page Building Service: CHIP
○▲○	A_A_VIEW	■	■	Anlagen: Sicht
○○■	A_B_ANLKL	■	■	Anlagen-Buchungen: Buchungskreis/Anlagenklasse
○○■	A_B_BWART	■	■	Anlagen-Buchungen: Anlagenklasse/Bewegungsart
○○■	A_CFG_CMP	■	■	Anlagenbuchhaltung: Buchungskreis
●○○	A_S_ANLGR	■	●	Anlagenkomplex
○▲○	A_S_ANLKL	■	■	Anlagen-Stammpflege: Buchungskreis/Anlagenklasse
○○■	A_S_GSBER	■	■	Anlagen-Stammpflege: Buchungskreis/Geschäftsbereich
●○○	A_S_KOSTL	■	●	Anlagen-Stammpflege: Buchungskreis/Kostenstelle
○▲○	A_S_MD	■	■	Neue Anlagenstammdatenpflege

Abbildung 10.79 Benutzerinformationssystem (Transaktion SUIM): Ergebnisse des Vergleichs von zwei Benutzern

Mit einem Doppelklick auf eine Zeile können Sie weitere Details anschauen: die Werte in den Feldern der Objekte und in welcher Rolle sie sich befinden.

10.8.3 Anwendungsfall 3: Sie möchten sehen, welche Änderungen am Benutzerstammsatz vorgenommen wurden

Auswerten der Änderungen an den Benutzerdaten

Stellen Sie sich vor, eine Anwenderin gibt an, dass sie nun keinen Zugriff mehr auf Funktionen im SAP-System hat, auf die sie zuvor zugreifen konnte. Sie möchten im System schauen, welche Änderungen am Benutzerstamm in der letzten Zeit vorgenommen wurden. In der Transaktion SUIM öffnen Sie den Knoten **Änderungsbelege • Benutzer • für Benutzer** (siehe Abbildung 10.80).

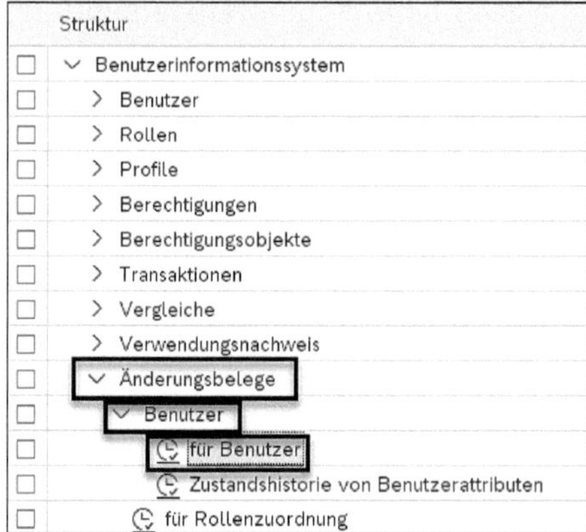

Abbildung 10.80 Benutzerinformationssystem (Transaktion SUIM): Änderungsbelege für Benutzer

Auswählen der Daten für die Auswertung der Änderungen

Tragen Sie die Benutzerkennung und die Daten der Änderung in die entsprechenden Felder ein. Im unteren Teil des Bildschirms müssen Sie die Daten auswählen, an denen Sie die Änderungen auswerten möchten: **Benutzerattribute**, **Rollen/Profile** und **ZBV-Attribute** stehen zur Auswahl. Mit dem Icon (**Alle markieren**) können Sie alle Daten auf den jeweiligen Registerkarten für die Auswertung auswählen (siehe Abbildung 10.81).

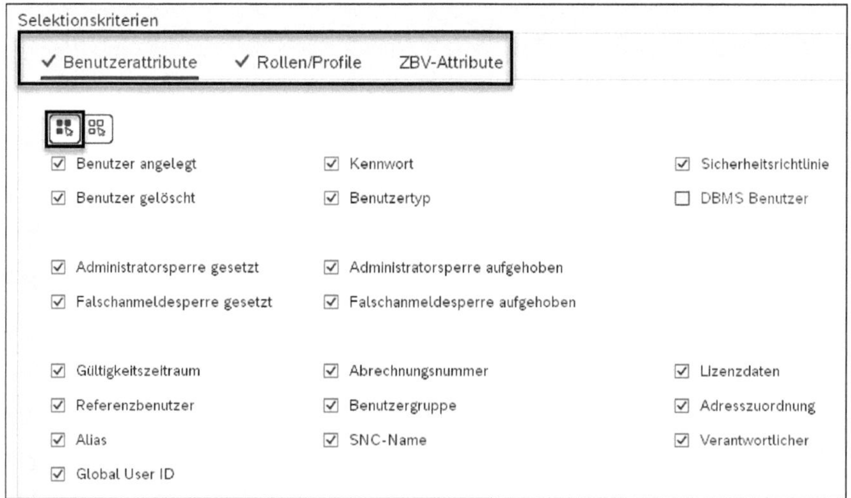

Abbildung 10.81 Benutzerinformationssystem (Transaktion SUIM): Auswählen der Daten für die Auswertung der Änderungsbelege für Benutzer

Ergebnisse der Auswertung

In Abbildung 10.82 sehen Sie ein Beispiel für das Ergebnis einer Auswertung. In diesem Beispiel sehen Sie, dass dem Benutzer an einem Tag zwei Rollen zugewiesen wurden und eine Rolle vom Benutzer entfernt wurde.

Das Entfernen der Rolle kann der Grund für das Berechtigungsproblem der Anwenderin sein.

Änderungsbelege für Benutzer (2 Änderungsbelege)

System (Mandant) **Geprüft von** MSPOERI **Geprüft am** 11.12.2022 05:11:54
Status Für US_USER und US_PASS wurden noch keine Daten reorganisiert.

Kriterien für Standardselektion
- Benutzer I EQ MMUSTERMANN1
- Von-Datum 10.12.2022
- Von-Uhrzeit 00:00:00
- Bis-Datum 11.12.2022
- Bis-Uhrzeit 23:59:59
Selektionskriterien für Rollen/Profile
- Nach Rollen suchen X

Benutzer	Datum	Zeit	Änderer	Aktion	alter Wert	Text zum alten Wert	neuer Wert
MMUSTERMANN1	11.12.2022	03:52:11	MSPOERI	Rolle hinzugefügt			ZPME_FI0_P_XXXX_AA_BUCHEN
				Rolle hinzugefügt			ZPME_FI0_P_XXXX_AA_MDM
		04:32:11		Rolle gelöscht	ZPME_FI0_P_XXXX_AA_MDM	FI0 - Anlagenbuchhaltung - Stammdaten	

Abbildung 10.82 Benutzerinformationssystem (Transaktion SUIM): Beispiel für das Ergebnis einer Auswertung der Änderungen an den Rollen des Benutzers

10.8.4 Anwendungsfall 4: Sie möchten prüfen, ob oder wann Benutzer sich das letzte Mal am System angemeldet haben

Auswertung des Datums der letzten Anmeldung der Benutzer

Im vierten Anwendungsfall möchten Sie erfahren, wann Benutzer sich das letzte Mal am System angemeldet haben. Dafür starten Sie die Transaktion SE16N und tragen die Tabelle »USR02« (Anmeldedaten) in das Feld **Tabelle** ein. Mit dem Icon (**Online**) oder mit F8 führen Sie die Transaktion aus. In Abbildung 10.83 sehen Sie ein Beispiel für die Ergebnisse dieser Auswertung: Benutzer MMUSTERMANN1 hat sich am 11.12.2022 das letzte Mal am System angemeldet, und Benutzer MMUSTERMANN2 hat sich noch nie am System angemeldet.

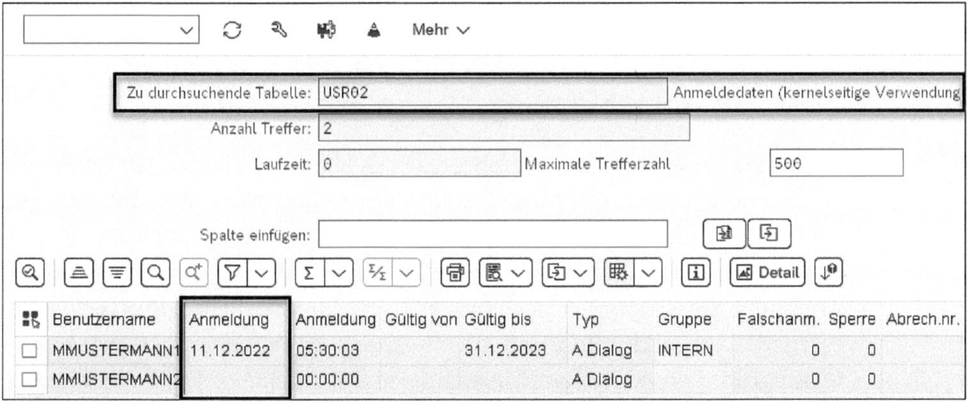
Mehr
Zu durchsuchende Tabelle: USR02 Anmeldedaten (kernelseitige Verwendung
Anzahl Treffer: 2
Laufzeit: 0 Maximale Trefferzahl 500
Spalte einfügen:
Detail

Benutzername	Anmeldung	Anmeldung	Gültig von	Gültig bis	Typ	Gruppe	Falschanm.	Sperre	Abrech.nr.
MMUSTERMANN1	11.12.2022	05:30:03		31.12.2023	A Dialog	INTERN	0	0	
MMUSTERMANN2		00:00:00			A Dialog		0	0	

Abbildung 10.83 Beispiel für die Ergebnisse der Auswertung der Anmeldedaten der Benutzer

In Tabelle 10.3 finden Sie die wichtigsten SAP-Tabellen mit Benutzerdaten, die Sie über die Transaktionen SE16 und SE16N auswerten können.

Tabelle	Beschreibung
AGR_USERS	Zuordnung der Rollen zu Benutzern
SMEN_BUFFC	Favoriten der Benutzer
TPARA	Parameter-ID und Beschreibung
USR02	Benutzeranmeldedaten: Datum der Erzeugung, letzter Log-in, Benutzerstatus (gesperrt, nicht gesperrt), Gültigkeitsdatum, Benutzergruppe
USR05	Benutzerparameter mit ihren Werten
USR07	Letzte fehlgeschlagene Berechtigungsprüfung für Benutzer

Tabelle 10.3 Die wichtigsten Tabellen mit Benutzerdaten

In Tabelle 10.4 finden Sie die wichtigsten Reports über Benutzerdaten.

Transaktionscode	Beschreibung
RSUSR000	Liste aller angemeldeten Anwender
RSUSR003	Kennwörter der Standardbenutzer prüfen (siehe Abschnitt 10.7, »SAP-Standardbenutzer«)
RSUSR007	Benutzer mit unvollständigen Adressdaten anzeigen
RSUSR200	Liste der Benutzer nach Anmeldedaten

Tabelle 10.4 Die wichtigsten Reports über Benutzerdaten

10.9 Zusammenfassung

In diesem Kapitel haben Sie erfahren, wie Sie Benutzerstammdaten über die Transaktionen SU01, SU10 und LSMW anlegen und pflegen können. Welche Besonderheiten die Benutzerverwaltung über ZBV hat, haben Sie ebenso kennengelernt wie die Zuordnung der Rollen über das Organisationsmanagement. Sie wissen, wie Sie Benutzerdaten mit Mitarbeiter- und Geschäftspartnerdaten verknüpfen und synchronisieren. Sie haben gelernt, welche Hintergrundjobs Sie im Benutzermanagement einplanen sollten und wie Sie SAP-Standardbenutzer absichern und überprüfen. Außerdem kennen Sie die Auswertungsmöglichkeiten, die es für Benutzerdaten im System gibt.

Kapitel 11
Praxisübungen zum Customizing

Das richtige Customizing in der SAP-Berechtigungsverwaltung unterstützt Sie dabei, Ihre Rollenverwaltung effizient und nachhaltig wartbar zu halten. Zudem ermöglichen das Customizing und die Einstellungen eine transparente Nachvollziehbarkeit und vergleichsweise einfachere Prüfung der sRevisionssicherheit.

In regelmäßigen Abständen erfolgt ein Upgrade des SAP-Release, das im Bereich Berechtigungswesen eine Reihe an Arbeitsschritten zum SU25-Abgleich notwendig macht. In diesem Kapitel erhalten Sie einen detaillierten Überblick zu diesen Arbeitsschritten. Mit den Praxisübungen in diesem Kapitel können Sie Ihre Anwendungssicherheit beim SU25-Abgleich erproben. Außerdem kennen Sie nach Abschluss dieses Kapitels die Funktionsweise der SU24-Vorschlagswerte und können Vorschlagswerte selbst anpassen. Abschließend lernen Sie konkrete Möglichkeiten kennen, wie Sie die Berechtigungen zur Pflege von Geschäftspartnern einschränken können. Diese Einschränkung stellt in Projekten häufig eine konzeptionelle Herausforderung dar.

In Kapitel 2, »Technische Elemente der SAP-Berechtigungsverwaltung«, haben Sie die Transaktionen SU25 und SU24 bereits kennengelernt. In Abschnitt 11.1, »Arbeitsschritte im SU25-Abgleich«, erhalten Sie ergänzend eine praxisbezogene Hilfestellung bei der Durchführung der Post-Upgrade-Tätigkeiten in der Transaktion SU25 (Upgrade-Tool für den Profilgenerator). Abschnitt 11.2, »Praxisübungen zur Anzeige und Pflege von Vorschlagswerten in der Transaktion SU24«, liefert Ihnen eine Schritt-für-Schritt-Anleitung zur Pflege von Vorschlagswerten mit der Transaktion SU24. Abschnitt 11.3, »Berechtigungen für die Geschäftspartner-Pflege einrichten«, beschreibt die Vorgehensweise bei der Erstellung von Berechtigungsgruppen für die Pflege des Geschäftspartners (Business-Partners) und wie diese zu berechtigen sind.

11.1 Arbeitsschritte im SU25-Abgleich

Zum SU25-Abgleich gehört eine Reihe von Arbeitsschritten, die im Rahmen von Upgrades und Wechseln von Releases zu durchlaufen sind. In Abbildung 11.1 sind diese in einem Flussdiagramm dargestellt. Die Aktivitäten werden in Abschnitt 11.1.1 bis Abschnitt 11.1.12 im Rahmen von Praxisübungen einzeln beschrieben. Die Reihenfolge ist angelehnt an das in SAP-Hinweis 1539556 (FAQ Administration von Berechtigungsvorschlagswerten) beschriebene Vorgehensmodell und um unsere persönlichen Best-Practice-Erfahrungen aus diversen Projekten erweitert.

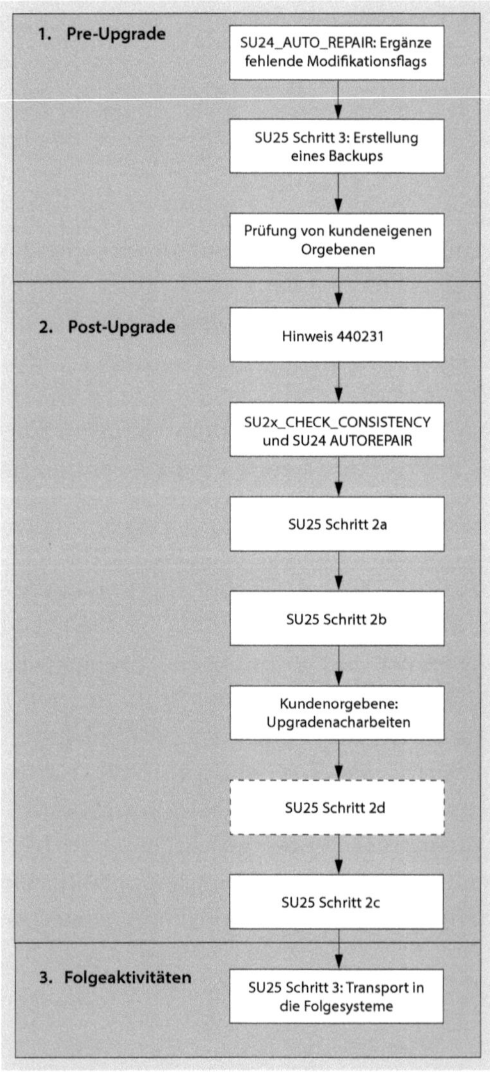

Abbildung 11.1 Transaktion SU25: Reihenfolge der notwendigen Schritte

Die folgenden Schritt-für-Schritt-Anleitungen sollten Sie zur Übung in einem Sandboxsystem durchführen. Wenn Sie nach den Übungen Praxissicherheit erlangt haben, führen Sie die Schritte (bei Bedarf) im Entwicklungssystem durch.

11.1.1 Pre-Upgrade: Praxisübung zu Report SU24_AUTO_REPAIR: Ergänze fehlende Modifikationsflags

Nachträgliche Markierung

Im ersten Schritt lernen Sie, wie Sie bei der notwendigen Vorarbeit, der Ergänzung fehlender Modifikationsflags, vorgehen. Durch die Ergänzung werden die Daten der Transaktion SU24 mit einem Modifikationsflag versehen. Das heißt, die Änderungen werden nachträglich als modifiziert markiert. Das betrifft die Änderungen, die seit der letzten Durchführung von Schritt 2a verändert wurden, aber kein Modifikationsflag erhalten hatten.

Da in Schritt 2a die noch nicht bearbeiteten SU24-Daten, d. h. die Daten ohne Modifikationsflag, automatisch abgeglichen werden, können fehlende Modifikationsflags zum Verlust von Kundenanpassungen in der Transaktion SU24 führen. Aus diesem Grund sollten Sie die Ergänzung fehlender Modifikationsflags stets vor einem Releasewechsel bzw. vor der Implementierung von Service Packs oder Enhancement Packages durchführen.

Rufen Sie die Transaktion SE38 auf und geben Sie den Reportnamen »SU24_AUTO_REPAIR« im Feld **Programm** ein. Klicken Sie auf **Ausführen** oder drücken Sie die Taste [F8]. Sie erhalten die in Abbildung 11.2 dargestellte Ansicht.

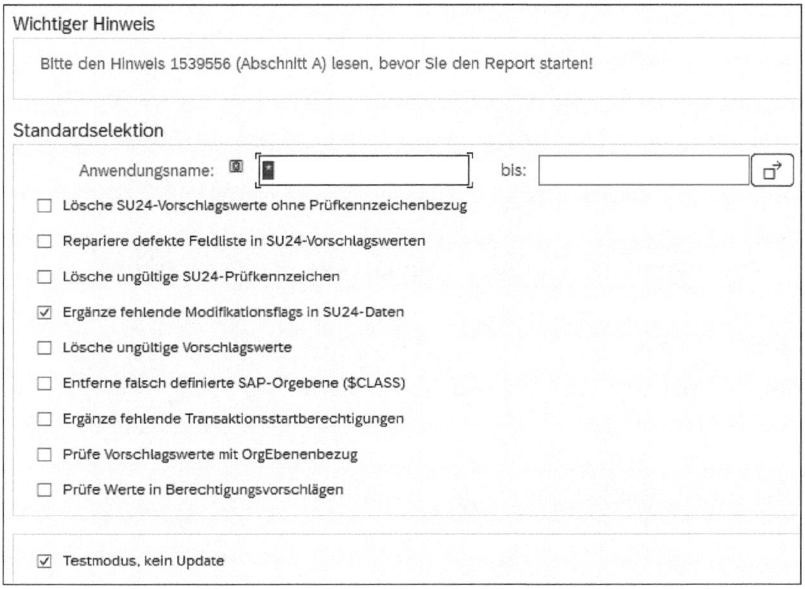

Wichtiger Hinweis

Bitte den Hinweis 1539556 (Abschnitt A) lesen, bevor Sie den Report starten!

Standardselektion

Anwendungsname: bis:

- [ ] Lösche SU24-Vorschlagswerte ohne Prüfkennzeichenbezug
- [ ] Repariere defekte Feldliste in SU24-Vorschlagswerten
- [ ] Lösche ungültige SU24-Prüfkennzeichen
- [x] Ergänze fehlende Modifikationsflags in SU24-Daten
- [ ] Lösche ungültige Vorschlagswerte
- [ ] Entferne falsch definierte SAP-Orgebene ($CLASS)
- [ ] Ergänze fehlende Transaktionsstartberechtigungen
- [ ] Prüfe Vorschlagswerte mit OrgEbenenbezug
- [ ] Prüfe Werte in Berechtigungsvorschlägen

- [x] Testmodus, kein Update

Abbildung 11.2 Report SU24_AUTO_REPAIR: Selektionsmaske

Ausführung im Testmodus

Aktivieren Sie das Häkchen nur bei **Ergänze fehlende Modifikationsflags in SU24-Daten** und tragen Sie »*« im Feld **Anwendungsname** ein. Setzen Sie im unteren Bildbereich das Häkchen bei **Testmodus, kein Update** und klicken Sie auf **Ausführen**. Das Ergebnis sehen Sie in Abbildung 11.3.

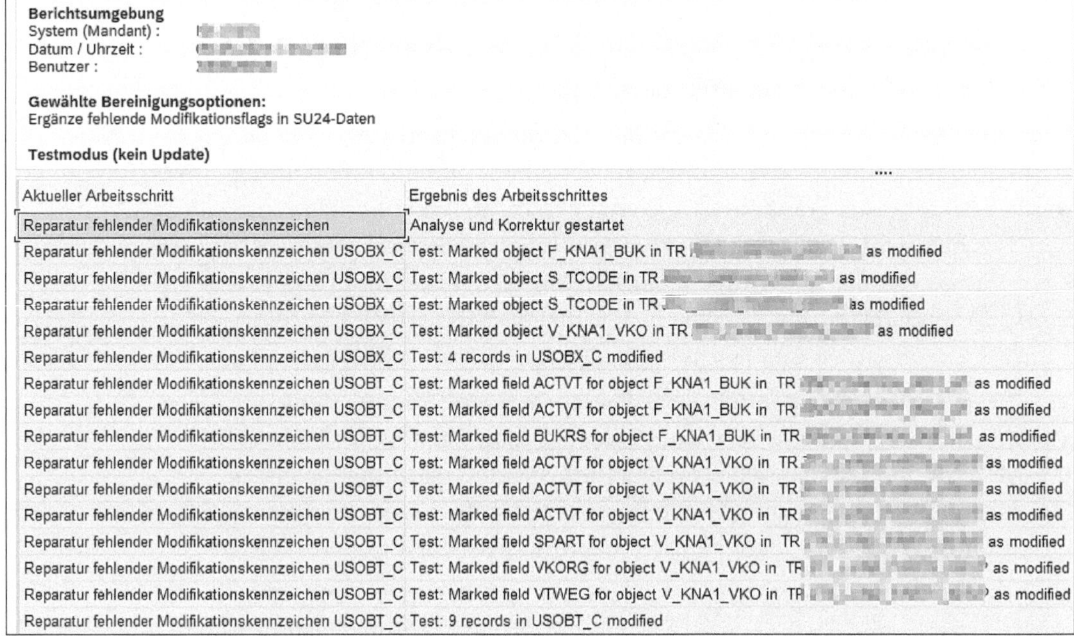

Berichtsumgebung
System (Mandant) : [illegible]
Datum / Uhrzeit : [illegible]
Benutzer : [illegible]

Gewählte Bereinigungsoptionen:
Ergänze fehlende Modifikationsflags in SU24-Daten

Testmodus (kein Update)

Aktueller Arbeitsschritt	Ergebnis des Arbeitsschrittes
Reparatur fehlender Modifikationskennzeichen	Analyse und Korrektur gestartet
Reparatur fehlender Modifikationskennzeichen USOBX_C	Test: Marked object F_KNA1_BUK in TR [illegible] as modified
Reparatur fehlender Modifikationskennzeichen USOBX_C	Test: Marked object S_TCODE in TR [illegible] as modified
Reparatur fehlender Modifikationskennzeichen USOBX_C	Test: Marked object S_TCODE in TR [illegible] as modified
Reparatur fehlender Modifikationskennzeichen USOBX_C	Test: Marked object V_KNA1_VKO in TR [illegible] as modified
Reparatur fehlender Modifikationskennzeichen USOBX_C	Test: 4 records in USOBX_C modified
Reparatur fehlender Modifikationskennzeichen USOBT_C	Test: Marked field ACTVT for object F_KNA1_BUK in TR [illegible] as modified
Reparatur fehlender Modifikationskennzeichen USOBT_C	Test: Marked field ACTVT for object F_KNA1_BUK in TR [illegible] as modified
Reparatur fehlender Modifikationskennzeichen USOBT_C	Test: Marked field BUKRS for object F_KNA1_BUK in TR [illegible] as modified
Reparatur fehlender Modifikationskennzeichen USOBT_C	Test: Marked field ACTVT for object V_KNA1_VKO in TR [illegible] as modified
Reparatur fehlender Modifikationskennzeichen USOBT_C	Test: Marked field ACTVT for object V_KNA1_VKO in TR [illegible] as modified
Reparatur fehlender Modifikationskennzeichen USOBT_C	Test: Marked field ACTVT for object V_KNA1_VKO in TR [illegible] as modified
Reparatur fehlender Modifikationskennzeichen USOBT_C	Test: Marked field SPART for object V_KNA1_VKO in TR [illegible] as modified
Reparatur fehlender Modifikationskennzeichen USOBT_C	Test: Marked field VKORG for object V_KNA1_VKO in TR [illegible] as modified
Reparatur fehlender Modifikationskennzeichen USOBT_C	Test: Marked field VTWEG for object V_KNA1_VKO in TR [illegible] as modified
Reparatur fehlender Modifikationskennzeichen USOBT_C	Test: 9 records in USOBT_C modified

Abbildung 11.3 Report SU24_AUTO_REPAIR: Ergebnis der Option »Ergänze fehlende Modifikationsflags«

Ausführung ohne Testmodus

Führen Sie den Report SU24_AUTO_REPAIR ein weiteres Mal ohne den Testmodus aus. Gehen Sie dazu einen Schritt zurück und entfernen Sie das Häkchen im Kennzeichen **Testmodus**. Klicken Sie auf **Ausführen** oder drücken Sie die Taste [F8].

11.1.2 Pre-Upgrade: Praxisübung zur Erstellung eines Backups

Anlegen eines Workbench-Auftrags

Im nächsten Schritt lernen Sie, ein Backup der SU24-Daten zu erstellen. Rufen Sie hierzu die Transaktion SE10 (Transport Organizer) auf und legen Sie einen Workbench-Transport an, indem Sie auf das Icon [Icon] (**Anlegen**) klicken. Es öffnet sich das Fenster **Auftrag anlegen**. Aktivieren Sie dort den Radiobutton **Workbench-Auftrag** (siehe Abbildung 11.4). Bestätigen Sie Ihre Eingabe mit einem Klick auf das grüne Häkchen.

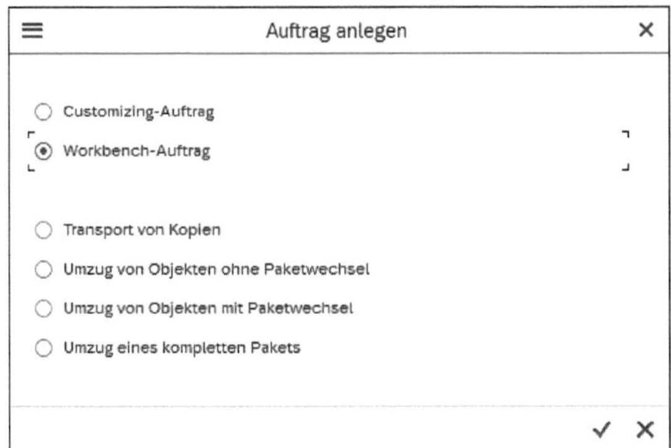

Abbildung 11.4 Transaktion SE10: Workbench-Auftrag anlegen

Es erscheint eine Eingabemaske. Geben Sie im Feld **Kurzbeschr.** den Namen Ihres Transports ein (siehe Abbildung 11.5). Der Name sollte beispielsweise mindestens »Backup-Phase 1« enthalten, falls Sie im weiteren Verlauf noch weitere Backup-Transporte erstellen. Bestätigen Sie Ihre Eingabe mit einem Klick auf (**Sichern**).

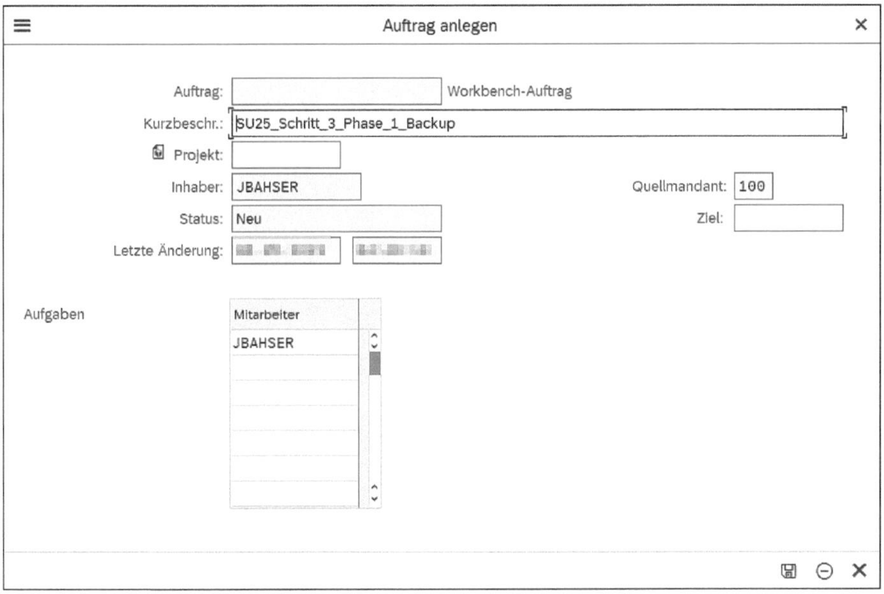

Abbildung 11.5 Transaktion SE10: Workbench-Auftragsnamen vergeben

Transaktion SU25: Schritt 3

In unserem Beispiel lautet der Name »SU25_Schritt_3_Phase_1_Backup«. Ihr Workbench-Transport ist jetzt erstellt. Rufen Sie die Transaktion SU25 auf. Klicken Sie auf **Transport der Kundentabellen (3)** unterhalb des Knotens **Transportanschluss**. Sie erhalten folgenden Hinweistext:

Bitte beachten Sie, dass die Tabellen komplett transportiert werden. Auch alle Änderungen an Prüfkennzeichen, die in dieser Transaktion oder in der Transaktion SU24 gemacht wurden, werden dabei komplett ins Zielsystem transportiert. Alle Einstellungen an Feldwerten und Prüfkennzeichen im Zielsystem werden dabei ersetzt.

Es werden in diesem Schritt keine Rollen oder Berechtigungsprofile transportiert. Für den Transport der neu generierten Rollen nutzen Sie bitte den Transportanschluss der Rollen. Bitte beachten Sie: Der Vorgang kann einige Minuten dauern.

Mit Schritt 3 in Transaktion SU25 transportieren Sie die Kundentabellen des Profilgenerators. Dabei werden alle Änderungen, die Sie in den Schritten 1, 2a und 2b gemacht haben, in einem Transportauftrag erfasst. Änderungen an Prüfkennzeichen, die in der Transaktion SU24 vorgenommen wurden, werden ebenfalls erfasst.

Bestätigen Sie den Hinweistext mit einem Klick auf das grüne Häkchen. Wählen Sie jetzt den soeben angelegten Workbench-Transport aus und bestätigen Sie die Auswahl erneut mit einem Klick auf das grüne Häkchen (siehe Abbildung 11.6).

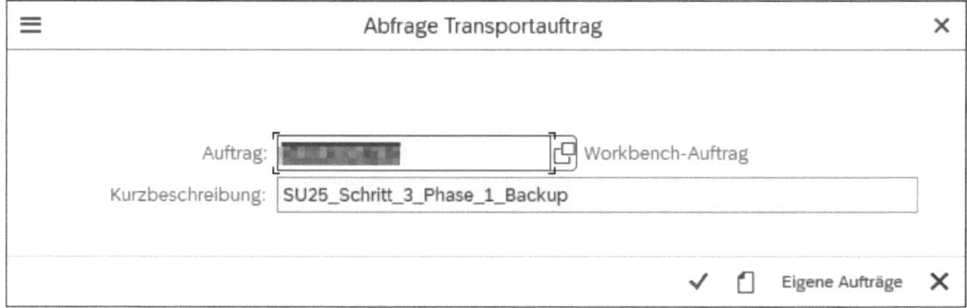

Abbildung 11.6 Transaktion SU25 Schritt 3 (Transport der Kundentabellen): Abfrage Transportauftrag

Den Inhalts des Backup-Transports überprüfen

Rufen Sie die Transaktion SE10 auf. Setzen Sie das Häkchen im Bereich **Auftragstyp** nur bei **Workbench-Aufträge** und bei **Änderungsstatus** auf **Änderbar**. Klicken Sie dann auf **Anzeigen**. Ihr Workbench-Transport wird angezeigt. Lassen Sie sich den Transportinhalt anzeigen, indem Sie auf das Icon neben Ihrem Transportauftrag und auf den darunter liegenden Ebenen klicken.

Sie erhalten eine Ansicht wie in Abbildung 11.7 dargestellt. Dort sehen Sie, dass mit Schritt 3 in der Transaktion SU24 die hinter der Transaktion SU24 stehenden Tabellen USOBT_C und USOBX_C auf den Transportauftrag geschrieben wurden.

Markieren Sie Ihren Transportauftrag und klicken Sie auf das Icon (**Direkt freigeben**) zur Freigabe des Transports. Dieser freigegebene Transport dient Ihnen als Backup und braucht nicht in die Folgesysteme importiert zu werden. Er kann dann im Bedarfsfall seitens der SAP-Basisadministration erneut ins Entwicklungssystem importiert werden.

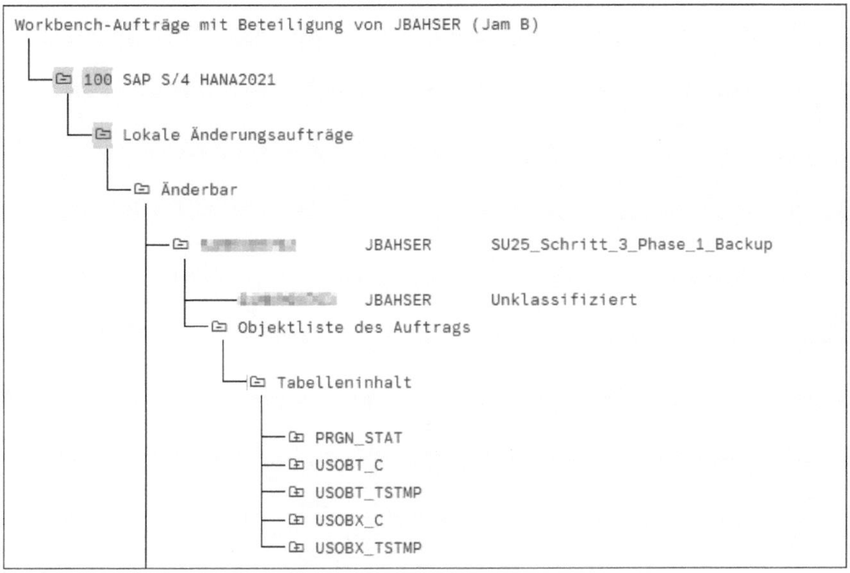

```
Workbench-Aufträge mit Beteiligung von JBAHSER (Jam B)
└─ 100 SAP S/4 HANA2021
   └─ Lokale Änderungsaufträge
      └─ Änderbar
         ├─           JBAHSER    SU25_Schritt_3_Phase_1_Backup
         │  ├─        JBAHSER    Unklassifiziert
         │  └─ Objektliste des Auftrags
         │     └─ Tabelleninhalt
         │        ├─ PRGN_STAT
         │        ├─ USOBT_C
         │        ├─ USOBT_TSTMP
         │        ├─ USOBX_C
         │        └─ USOBX_TSTMP
```

Abbildung 11.7 Transaktion SE10: Transportinhalt

11.1.3 Pre-Upgrade: Praxisübung zur Prüfung von kundeneigenen Organisationsebenen

In diesem Schritt sowie im Schritt »Kundenorgebenen: Upgradenacharbeiten« aus Abbildung 11.1 müssen Sie seit SAP-Release 7.50 keine manuellen Tätigkeiten mehr ausführen. Dennoch führen wir diese Übung durch, um u. a. die Ansicht der Transaktion SUPO zu erklären.

Bis zum Release 7.50 mussten Berechtigungsfelder, die vom Kunden selbst zur Organisationsebene hochgestuft wurden, nach Durchführung des Schritts 2a wieder mit dem Report PFCG_ORGFIELD_UPGRADE manuell angepasst werden.

PFCG_ORGFIELD_*-Reports ab Release 7.50 veraltet

Seit dem Release 7.50 sind die Reports PFCG_ORGFIELD_* (siehe SAP-Hinweis 2625102) jedoch veraltet, und eine manuelle Anpassung der Organisationsebenen der Kunden nach Schritt 2a ist nicht mehr nötig, da die Anpassung automatisch im System selbst erfolgt. Mit SAP-Hinweis 1627197 (Report PFCG_ORGFIELD* is obsolete) wurde die Transaktion SUPO als das zentrale Werkzeug zur Verwaltung von Organisationsebenen bereitgestellt.

Rufen Sie die Transaktion SE16 auf und geben Sie den Tabellennamen »USORG« ein. Drücken Sie [↵] und klicken Sie dann auf **Ausführen** oder drücken Sie [F8]. Es werden alle Organisationsebenen des Systems aufgeführt. Rufen Sie die Transaktion SUPO auf, um herauszufinden, welche Organisationsebenen vom Kunden selbst definiert wurden. Sie erhalten eine ähnliche Ansicht wie in Abbildung 11.8.

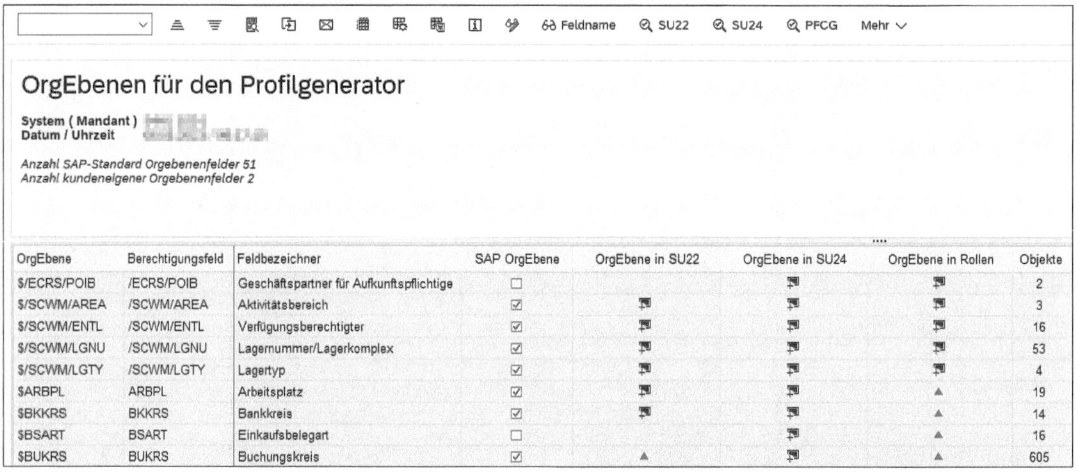

Feldname SU22 SU24 PFCG Mehr

OrgEbenen für den Profilgenerator

System (Mandant)
Datum / Uhrzeit

Anzahl SAP-Standard Orgebenenfelder 51
Anzahl kundeneigener Orgebenenfelder 2

OrgEbene	Berechtigungsfeld	Feldbezeichner	SAP OrgEbene	OrgEbene in SU22	OrgEbene in SU24	OrgEbene in Rollen	Objekte
$/ECRS/POIB	/ECRS/POIB	Geschäftspartner für Aufkunftspflichtige	☐		⚑	⚑	2
$/SCWM/AREA	/SCWM/AREA	Aktivitätsbereich	☑	⚑	⚑	⚑	3
$/SCWM/ENTL	/SCWM/ENTL	Verfügungsberechtigter	☑	⚑	⚑	⚑	16
$/SCWM/LGNU	/SCWM/LGNU	Lagernummer/Lagerkomplex	☑	⚑	⚑	⚑	53
$/SCWM/LGTY	/SCWM/LGTY	Lagertyp	☑	⚑	⚑	⚑	4
$ARBPL	ARBPL	Arbeitsplatz	☑	⚑	⚑	▲	19
$BKKRS	BKKRS	Bankkreis	☑	⚑	⚑	▲	14
$BSART	BSART	Einkaufsbelegart	☐		⚑	▲	16
$BUKRS	BUKRS	Buchungskreis	☑	▲	⚑	▲	605

Abbildung 11.8 Transaktion SUPO: Überblick über alle Organisationsebenen

Im oberen Bereich finden Sie den Zeitstempel sowie die Informationen zu System und Mandant. Darunter wird die Anzahl der SAP-Standard-Organisationsebenen (hier: 51) sowie die Anzahl der kundeneigenen Organisationsebenen (hier: 2) angegeben.

Spalten in der Transaktion SUPO

In der Spalte **OrgEbene** sehen Sie die Organisationsebene, in der Spalte **Berechtigungsfeld** das zugehörige Berechtigungsfeld und in der Spalte **Feldbezeichner** eine Beschreibung. Die weiteren Spalten werden im Folgenden beschrieben:

- **SAP OrgEbene**
  Ein Häkchen zeigt an, dass es sich hierbei um eine SAP-Standard-Organisationsebene handelt, wie z. B. bei $BUKRS (Buchungskreis).
- **OrgEbene in SU22**
  In dieser Spalte sehen Sie, ob es in der Transaktion SU22 Anwendungen gibt, die diese Organisationsebene aus der entsprechenden Zeile in einem der ihr zugeordneten Berechtigungsobjekte beinhalten. Über einen Doppelklick gelangen Sie zu den Anwendungen.
- **OrgEbene in SU24**
  In dieser Spalte sehen Sie, ob in der Transaktion SU24 Anwendungen

bestehen, die diese Organisationsebene in einem ihr zugeordneten Berechtigungsobjekt beinhalten. Mit einem Doppelklick auf einen Eintrag in dieser Spalte sehen Sie die Anwendungen.

- **OrgEbene in Rollen**
  Mit einem Doppelklick auf einen Eintrag in dieser Spalte sehen Sie, in welchen Rollen das Berechtigungsfeld enthalten ist.
- **Objekte**
  Die angegebene Zahl gibt Auskunft darüber, in wie vielen Berechtigungsobjekten die Organisationsebene bzw. das Berechtigungsfeld insgesamt enthalten ist.

11.1.4 Post-Upgrade: Praxisübung zu SAP-Hinweis 440231

Technische Voraussetzungen sicherstellen

Durch das Einspielen des SAP-Hinweises 440231 (Upgrade-Nacharbeitung für Profilgenerator) stellen Sie sicher, dass die technischen Voraussetzungen für den SU25-Abgleich erfüllt sind. Rufen Sie dafür den SAP-Hinweis auf und prüfen Sie, welche Korrekturhinweise für Ihr Release relevant sind. Spielen Sie die Hinweise in Abstimmung mit der SAP-Basisadministration in Ihr Sandboxsystem ein.

11.1.5 Post-Upgrade: Praxisübung zu Report SU2X_CHECK_CONSISTENCY

Ausführung des Reports SU2X_CONSISTENCY_CHECK

In dieser Praxisübung lernen Sie, wie Sie den Report SU2X_CHECK_CONSISTENCY nutzen und seine Ergebnisse interpretieren.

Rufen Sie die Transaktion SE38 auf und geben Sie den Report »SU2X_CHECK_CONSISTENCY« im Feld **Programm** ein. Klicken Sie auf **Ausführen** oder drücken Sie [F8].

Sie erhalten das Selektionsbild aus Abbildung 11.9. Hier geben Sie ausgewählte Berechtigungsobjekte im Feld **Berechtigungsobjekt** zur Prüfung ein. Aktivieren Sie einen der beiden folgenden Radiobuttons:

- **Prüfe Berechtigungsobjekte und Vorschlagswerte**
  Die Option **Prüfe Berechtigungsobjekte und Vorschlagswerte** bereitet einen Bericht mit der Konsistenzbewertung der Berechtigungsvorschlagswerte zu den ausgewählten Berechtigungsobjekten auf.
- **Prüfe Orgebenen in Vorschlagswesen**
  Die Kompatibilität der Vorschlagswerte mit den Organisationsebenen prüft die Option **Prüfe Orgebenen in Vorschlagswerten**.

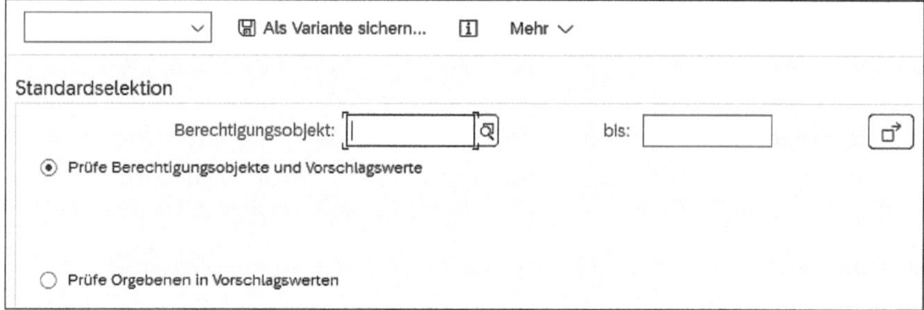

Abbildung 11.9 SU2X_CHECK_CONSISTENCY: Selektionsbild

Geben Sie im Feld **Berechtigungsobjekt** »*« ein und aktivieren Sie den Radiobutton **Prüfe Berechtigungsobjekte und Vorschlagswerte**. Klicken Sie anschließend auf **Ausführen** oder drücken Sie [F8]. Sie erhalten die Ergebnisansicht aus Abbildung 11.10.

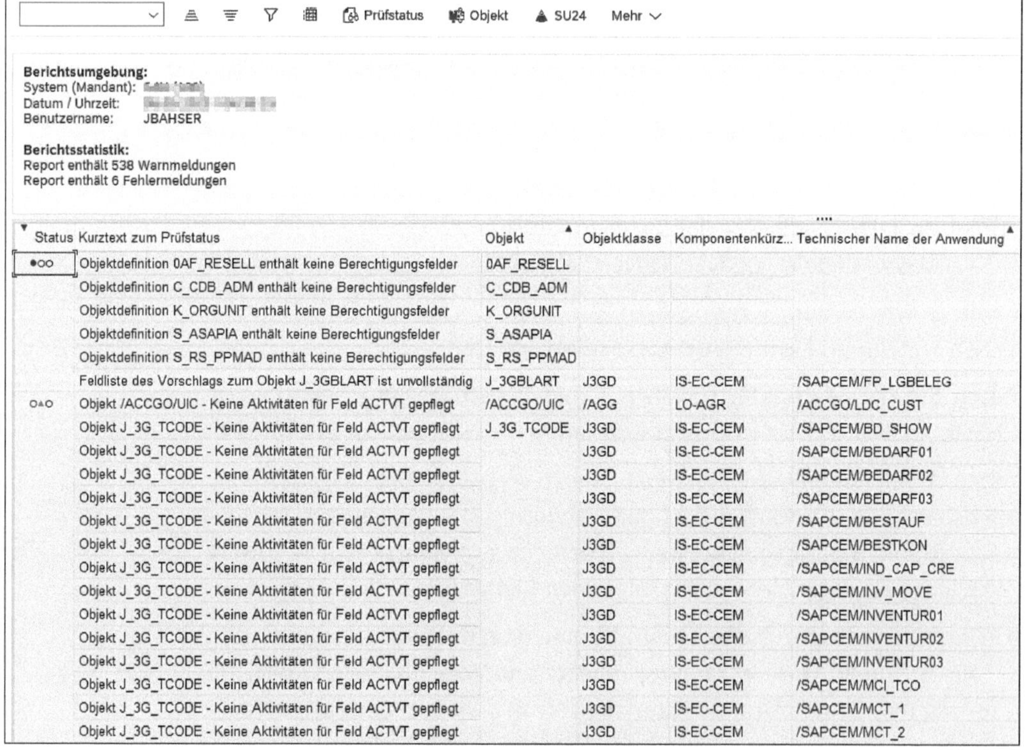

Abbildung 11.10 SU2X_CONSISTENCY_CHECK: Ergebnis der Option »Prüfe Berechtigungsobjekte und Vorschlagswerte«

Beschreibung der Ergebnisansicht

Im oberen Bereich sehen Sie unter dem Punkt **Berichtsumgebung** die Informationen zu Benutzer, System, Mandant sowie den Zeitstempel. Darunter werden unter **Berichtsstatistik** die Ergebnisse bzw. die Anzahl der Statusampeln zusammengefasst. Es bestehen 6 Fehlermeldungen, die Sie an den roten Ampeln, und 538 Warnmeldungen, die Sie an den gelben Ampeln erkennen. Die Statusampeln informieren mit einem Kurztext in der Spalte **Kurztext zum Prüfstatus** über das Berechtigungsobjekt sowie die Anwendung. Eine Fehlermeldung (rote Ampel) bedeutet, dass die Berechtigungsvorschlagswerte und die Felder des überprüften Berechtigungsobjekts zueinander nicht kompatibel sind. Diese Berechtigungsobjekte können aufgrund der Inkonsistenzen die Berechtigungsverwaltung der Rollen, in denen das Berechtigungsobjekt enthalten ist, blockieren und sollten daher bereinigt werden.

Bei den Berechtigungsobjekten mit den gelben Statusampeln handelt es sich nicht um Inkonsistenzen. Hier stimmen die Berechtigungsvorschlagswerte und die Berechtigungsobjektdefinition nicht überein.

Weitere mögliche Ausprägungen der Statusampel sind Grau und Grün. Die graue Statusampel zeigt an, dass zu diesem Berechtigungsobjekt keine Einträge in den Tabellen USOBX_C und USOBT_C bestehen und somit keine SU24-Daten dazu existieren. Im System ist das Berechtigungsobjekt schon vorhanden, kann aber nur durch Template-Rollen oder durch das manuelle Hinzufügen Bestandteil einer Rolle werden.

Die grüne Statusampel zeigt an, dass die Berechtigungsvorschlagswerte des Berechtigungsobjekts mit der Felddefinition übereinstimmen und dass das Berechtigungsobjekt in den Vorschlagswerten von Anwendungen enthalten ist. Klicken Sie doppelt auf ein Berechtigungsobjekt, um sich die entsprechende Definition anzeigen zu lassen. Über den Doppelklick auf ein Berechtigungsobjekt in der Spalte **Objekt** gelangen Sie zur Transaktion SU21. Mit einem Doppelklick auf die Transaktion in der Spalte **Technischer Name der Anwendung** gelangen Sie zu den SU24-Vorschlagswerten der angeklickten Transaktion.

11.1.6 Post-Upgrade: Praxisübung zu Report SU24_AUTO_REPAIR

Mit dem Reports SU24_AUTO_REPAIR können Sie nach der Durchführung des Upgrades Inkonsistenzen bereinigen.

Rufen Sie die Transaktion SE38 auf und geben Sie den Report »SU24_AUTO_REPAIR« im Feld **Programm** ein. Klicken Sie auf **Ausführen** oder drücken [F8]. Die Option **Ergänze fehlende Modifikationsflags in SU24-Daten** haben Sie bereits kennengelernt und im alten Release ausgeführt. Führen Sie den

Report für die einzelnen Optionen im Testmodus aus und schauen Sie sich die möglichen Korrekturen an.

Ausführungsoptionen im Report SU24_AUTO_REPAIR

Die Optionen werden im Folgenden vorgestellt:

- **Lösche SU24-Vorschlagswerte ohne Prüfkennzeichenbezug**
  Mit dieser Option werden die Berechtigungsvorschläge entfernt, deren Prüfkennzeichen **nicht Prüfen** lautet und deren Status in der Spalte Vorschlag nicht auf **Ja** gesetzt ist.
- **Repariere defekte Feldliste in SU24-Feldwerten**
  Es wird mit dieser Option überprüft, ob die Berechtigungsvorschläge mit dem in der Transaktion SU21 definierten Berechtigungsobjekt übereinstimmen, und bei Abweichungen auch angepasst. Falls Berechtigungsobjekte in der Transaktion SU24 mehr Berechtigungsfelder vorhanden sind, als in Transaktion SU21 definiert, werden diese entfernt und fehlende Berechtigungsfelder werden ergänzt.
- **Lösche ungültige SU24-Prüfkennzeichen**
  Ungültige SU24-Prüfkennzeichen werden hiermit gelöscht.
- **Lösche ungültige Vorschlagswerte**
  Die Berechtigungsvorschlagswerte in Berechtigungsfeldern werden korrigiert, wenn in diesen die Einträge »<SPACE>« oder »*« sowie ein weiterer Wert eingetragen ist.
- **Entferne falsch definierte SAP-Orgebene $CLASS**
  Die Organisationsebene $CLASS, die über das GRC-Plug-in fälschlicherweise ausgeliefert wurde, wird hier zurückgesetzt.
- **Prüfe Vorschlagswerte mit OrgEbenenbezug**
  Mit dieser Option stellen Sie sicher, dass in allen Berechtigungsfeldern in der Transaktion SU24 mit Bezug zu einer Organisationsebene die passenden Einträge für die entsprechende Organisationsebene enthalten sind.

11.1.7 Post-Upgrade: Praxisübung zu Schritt 2a

Automatischer Abgleich mit den SU22-Daten

Rufen Sie in Ihrem Sandboxsystem die Transaktion SU25 auf und klicken Sie auf **Automatischer Abgleich mit SU22-Daten (2a)**. Setzen Sie in der darauffolgenden Selektionsmaske das Häkchen bei **Auswahl berücksichtigt SAP-Standardanwendungen** und bei **Testmode (kein Update)** (siehe Abbildung 11.11). Klicken Sie auf **Ausführen** oder drücken Sie [F8].

Im Ergebnis werden Ihnen die manuell abzugleichenden Anwendungen angezeigt (siehe Abbildung 11.12).

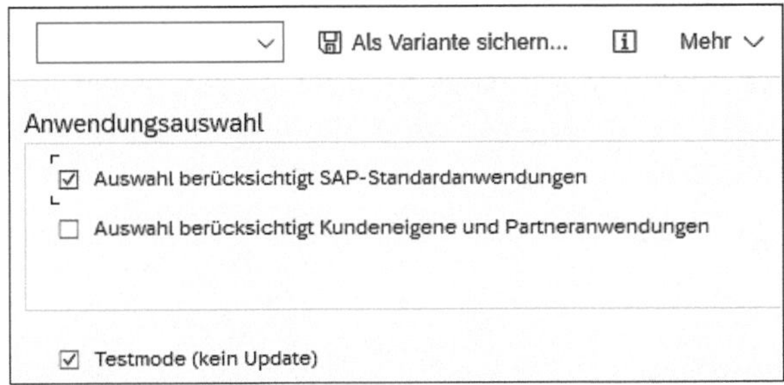

Abbildung 11.11 Transaktion SU25 Schritt 2a: Selektionsmaske

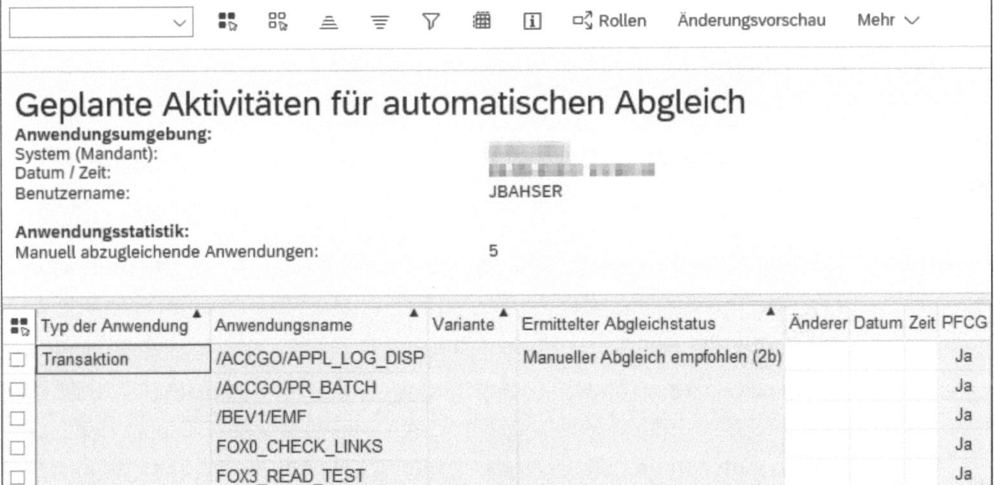

Abbildung 11.12 Transaktion SU25 Schritt 2a: Ergebnis mit Testmodus

Führen Sie den Report nochmals aus und entfernen Sie dieses Mal das Häkchen bei **Testmodus**. Sie erhalten die in Abbildung 11.13 dargestellte Meldung, dass der automatische Abgleich erfolgreich durchgeführt wurde. Bestätigen Sie diese Meldung mit einem Klick auf das grüne Häkchen.

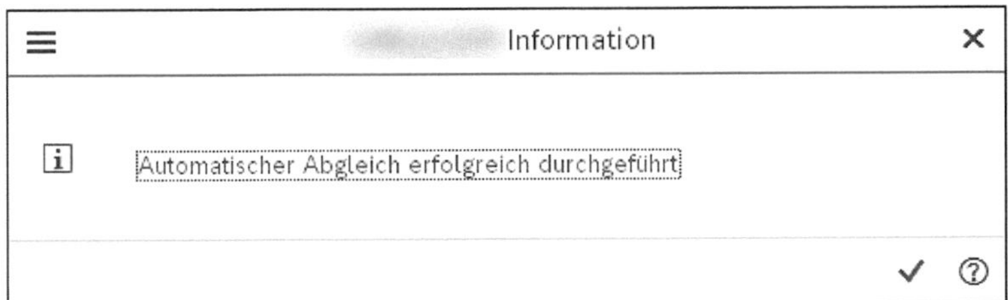

Abbildung 11.13 Ergebnismeldung nach Durchführung des automatischen Abgleichs

11.1.8 Post-Upgrade: Praxisübung zu Transaktion SU25 Schritt 2b

Modifikationsabgleich mit SU22-Daten

In diesem Abschnitt lernen Sie, wie Sie beim Modifikationsabgleich mit SU22-Daten vorgehen. Rufen Sie die Transaktion SU25 auf und klicken Sie auf **Modifikationsabgleich mit SU22-Daten (2b)**.

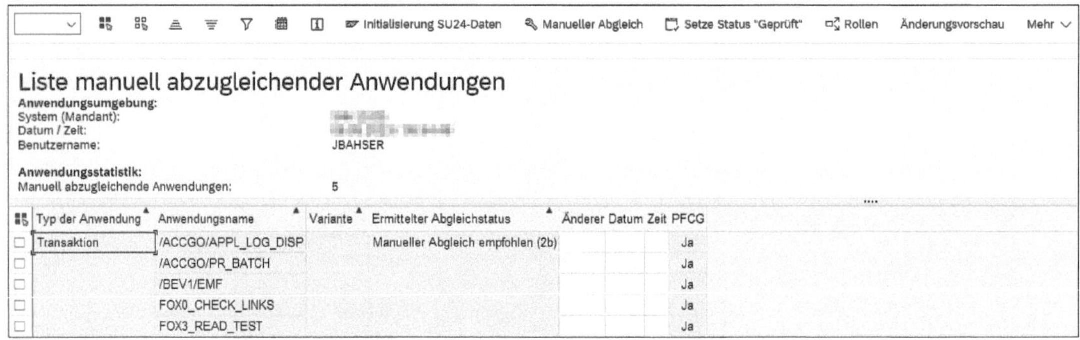

Typ der Anwendung	Anwendungsname	Variante	Ermittelter Abgleichstatus	Änderer	Datum	Zeit	PFCG
Transaktion	/ACCGO/APPL_LOG_DISP		Manueller Abgleich empfohlen (2b)				Ja
	/ACCGO/PR_BATCH						Ja
	/BEV1/EMF						Ja
	FOX0_CHECK_LINKS						Ja
	FOX3_READ_TEST						Ja

Abbildung 11.14 Transaktion SU25 Schritt 2b: Liste manuell abzugleichender Anwendungen

Manueller Abgleich mit SU22-Daten

Markieren Sie mit einem Klick auf das Icon (**Alle auswählen**) links von **Typ der Anwendung** alle Anwendungen. Klicken Sie dann im Menübereich auf **Manueller Abgleich** (siehe Abbildung 11.14).

Klicken Sie im darauffolgenden Bild doppelt auf eine Transaktion im linken Bereich. Sie erhalten eine Ansicht wie in Abbildung 11.15. Die zu der Transaktion gehörenden SU24-Daten werden Ihnen angezeigt. Zusätzlich sehen Sie noch die Spalten **SAP-Prfkz.** und **SAP-Vrsch**. Hierbei handelt es sich um die neuen SAP-Vorschlagswerte. Mit einem Klick auf die entsprechenden Icons in der Spalte **Sync** legen Sie fest, wie Sie mit den SAP-Vorschlagsdaten umgehen. Mit dem Icon (**Neuer Wert**) nehmen Sie den SAP-Vorschlag in Ihre SU24-Vorschlagsdaten auf.

Manuelle Übernahme von SU22-Daten

Sehen Sie als Beispiel hierzu das Berechtigungsobjekt /ACCGO/RR, das im Kontext der Transaktion /ACCGO/PR_BATCH in der Transaktion SU24 nicht gepflegt ist. SAP schlägt beim manuellen Abgleich für die Transaktion /ACCGO/PR_BATCH das Berechtigungsobjekt /ACCGO/RR zur Aufnahme mit dem Prüfkennzeichen **prüfen** und dem Vorschlagsstatus **Ja** vor. Sofern wir diesen Vorschlag in unseren SU24-Daten aufnehmen möchten, klicken wir auf (**Neuer Wert**). Die Aufnahme von neuen Berechtigungsobjekten ist grundsätzlich zu befürworten. Mit dem Icon (**Gelöschter Wert**) haben Sie hingegen die Möglichkeit, Ihre SU24-Vorschlagsdaten zu dem Berechtigungsobjekt in der Zeile zu entfernen.

In Abbildung 11.15 sehen Sie z. B., dass das Berechtigungsobjekt /ACCGO/RRP im Kontext der Transaktion /ACCGO/PR_BATCH mit dem Prüfkennzeichen **prüfen** und dem Vorschlagsstatus **Ja** in der Transaktion SU24 gepflegt ist. Im neuen Release wird dieses Berechtigungsobjekt nicht vorgeschlagen. Daher steht das Icon ⊖ (**Gelöschter Wert**) in der gleichen Zeile in der Spalte **Sync**, um den Vorschlag aus Ihrer Transaktion SU24 entfernen zu können.

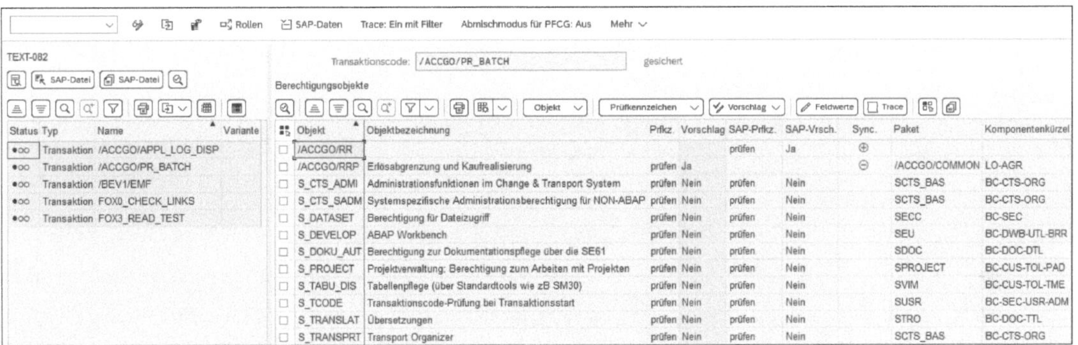

Abbildung 11.15 Transaktion SU25 Schritt 2b: manueller Abgleich für eine Transaktion

Wir raten grundsätzlich davon ab, Ihre SU24-Vorschlagswerte zu entfernen. Gehen Sie davon aus, dass es seinen Grund hatte, dass das Berechtigungsobjekt einschließlich der Berechtigungswerte in Ihrer Transaktion SU24 eingepflegt und seitdem genutzt wurde. Zudem ist nicht sichergestellt, dass die neuen SAP-Vorschlagsdaten zu Ihrer unternehmensspezifischen Nutzung der Anwendung auch passen.

Synchronisierung mit den SU22-Daten

Die Spalte **Sync** kann auch das Icon (**Mit SAP-Daten synchronisieren**) enthalten. Mit diesem Icon erweitern Sie ein bestehendes Berechtigungsobjekt in Ihrer Transaktion SU24 um die Neuerungen aus den SAP-Vorschlagsdaten. Es ist auch möglich, dass Ihre SU24-Daten sowie die SAP-Vorschlagsdaten hinsichtlich Prüfkennzeichen und Vorschlagsstatus übereinstimmen, sich aber in den Berechtigungswerten unterscheiden. Ein Beispiel sehen Sie am Berechtigungsobjekt S_DATASET im Kontext der Transaktion /ACCGO/APPL_LOG_DISP in Abbildung 11.16.

Vergleich der SU24-Daten mit den SU22-Daten

In den SU24-Daten ist das Berechtigungsfeld **ACTVT** mit **33** (**Lesen**) ausgeprägt. SAP schlägt zusätzlich noch die Werte **06** (**Löschen**), **34** (**Schreiben**), **A6** (**Lesen mit Filter**) und **A7** (**Schreiben mit Filter**) vor. Wir übernehmen in unserem Beispiel nicht die SAP-Vorschlagswerte und belassen die Ausprägung bei dem Wert **33** (**Lesen**).

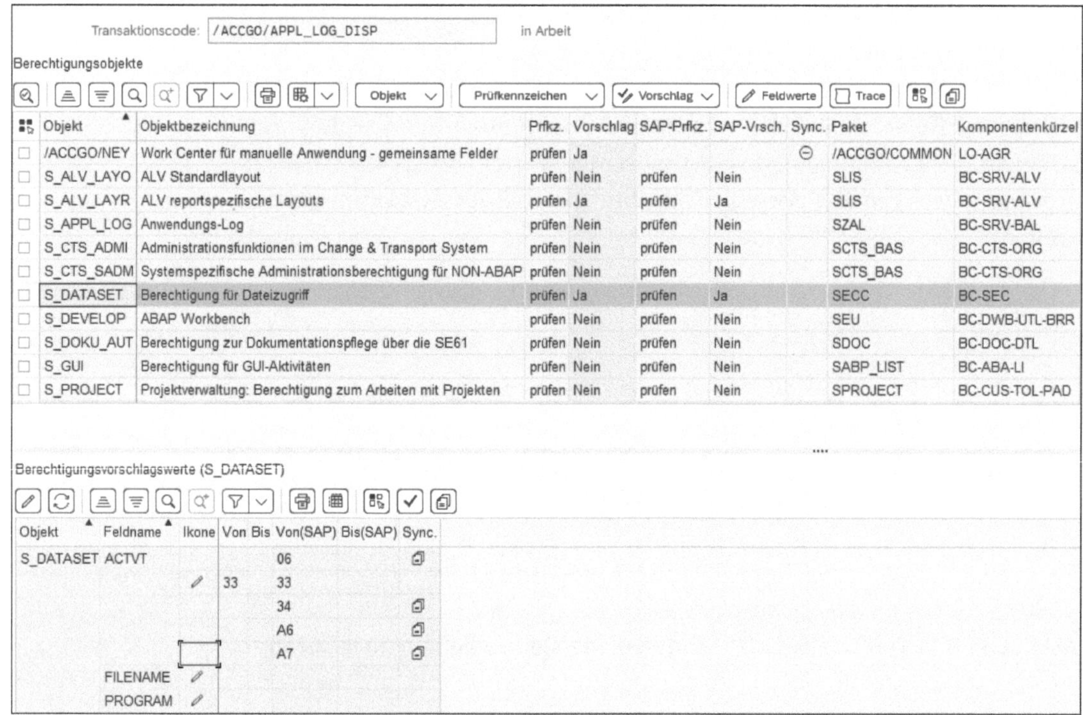

Abbildung 11.16 Transaktion SU25 Schritt 2b: manueller Abgleich bei unterschiedlichen Berechtigungswerten

Stellen Sie sich in solchen Fällen die Frage, ob in jeder Rolle, in der die betroffene Transaktion enthalten ist, und somit jede Person, die die betroffenen Rollen zugewiesen bekommt, über die neuen Berechtigungswerte (in diesem Fall Schreiben, Löschen usw.) verfügen sollte. Sicherlich wird in vielen Fällen die Fragen verneint, sodass der SAP-Vorschlag abzulehnen ist bzw. nicht mit dem Icon (**Mit SAP-Daten synchronisieren**) synchronisiert wird.

11.1.9 Post-Upgrade: Praxisübung zu Report SU24_AUTO_REPAIR

In diesem Abschnitt lernen Sie die Ausführungsoption **Ergänze fehlende Transaktionsstartberechtigungen** des Reports SU24_AUTO_REPAIR kennen und sie anzuwenden. Stellen Sie vorab in Abstimmung mit der SAP-Basisadministration sicher, dass der SAP-Hinweis 2117868 (SU24_AUTO_REPAIR for transaction definitions) im System enthalten ist. Rufen Sie dann die Transaktion SE38 auf und geben Sie den Report »SU24_AUTO_REPAIR« im Feld **Programm** ein. Klicken Sie auf **Ausführen** oder drücken Sie [F8].

Option »Ergänze fehlende Transaktionsstartberechtigungen«

Aktivieren Sie nur den Radiobutton **Ergänze fehlende Transaktionsstartberechtigungen** und tragen Sie »*« im Feld **Anwendungsname** ein. Setzen Sie im unteren Bildbereich das Häkchen bei **Testmodus, kein Update**. Klicken Sie auf **Ausführen** oder drücken Sie [F8]. Sie sehen die möglichen Korrekturen zu den Transaktionsstartberechtigungen (siehe Abbildung 11.17).

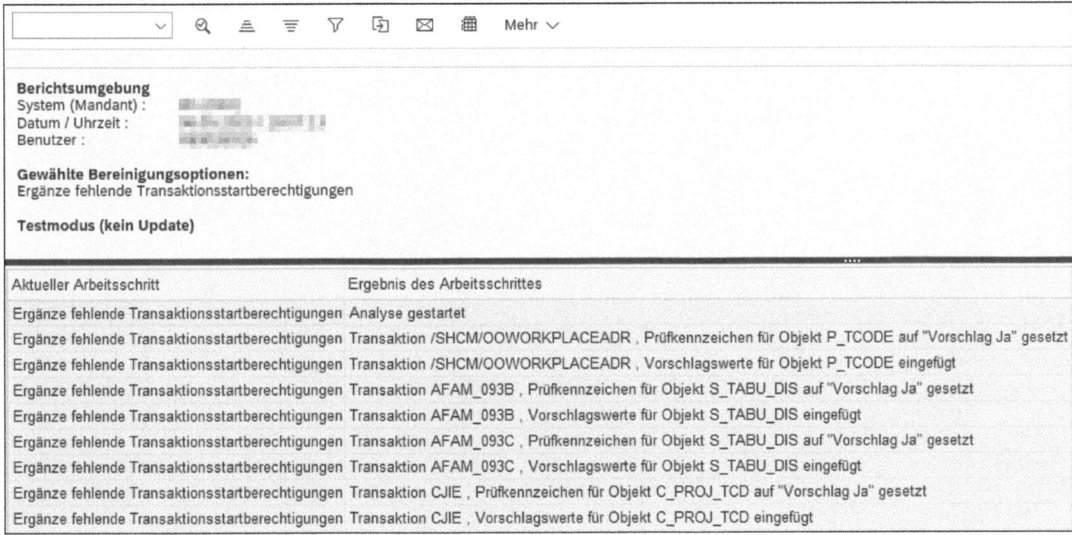

Abbildung 11.17 Report SU24_AUTO_REPAIR: Ergänze Transaktionsstartberechtigungen (Testmodus)

Gehen Sie einen Schritt zurück. Entfernen Sie das Häkchen bei **Testmodus (kein Update)** und klicken Sie erneut auf **Ausführen** oder drücken Sie [F8]. Sie haben nun die fehlenden Transaktionsstartberechtigungen ergänzt.

11.1.10 Post-Upgrade: Praxisübung zu Transaktion SU25 Schritt 2c

Zu überprüfende Rollen (2c)

Damit die beim automatischen Abgleich (Schritt 2a) sowie beim manuellen Abgleich (Schritt 2b) übernommenen SAP-Daten in Ihre Rollen gelangen, ist es erforderlich, diese zu überprüfen bzw. abzumischen. Rufen Sie dafür die Transaktion SU25 auf und klicken Sie auf **Zu überprüfende Rollen (2c)**. Sie erhalten eine Informationsmeldung zur Vorgehensweise sowie zu den Ampeln in der Spalte **Status** in diesem Schritt. Lesen Sie die vollständige Meldung und bestätigen Sie sie.

Zum Deaktivieren des Abmischmodus markieren Sie eine Rolle und klicken auf [Abmischmodus] (**Abmischmodus deaktivieren**). Die Statusampel zu dieser Rolle ändert sich zu Gelb. Ein Abmischen dieser Rolle ist nicht möglich, bis Sie [Abmischmodus] (**Abmischmodus aktivieren**) anklicken. Das Abmischen der Rolle ist als Aktualisierung der Rolle unter Einbezug der neuen SU24-Vorschlagswerte zu den Anwendungen im Menü der jeweiligen Rolle zu verstehen.

Um die Abmischfunktion zu simulieren, markieren Sie erneut eine Rolle und klicken auf Abmischen (**Abmischfunktion simulieren**) (siehe Abbildung 11.18).

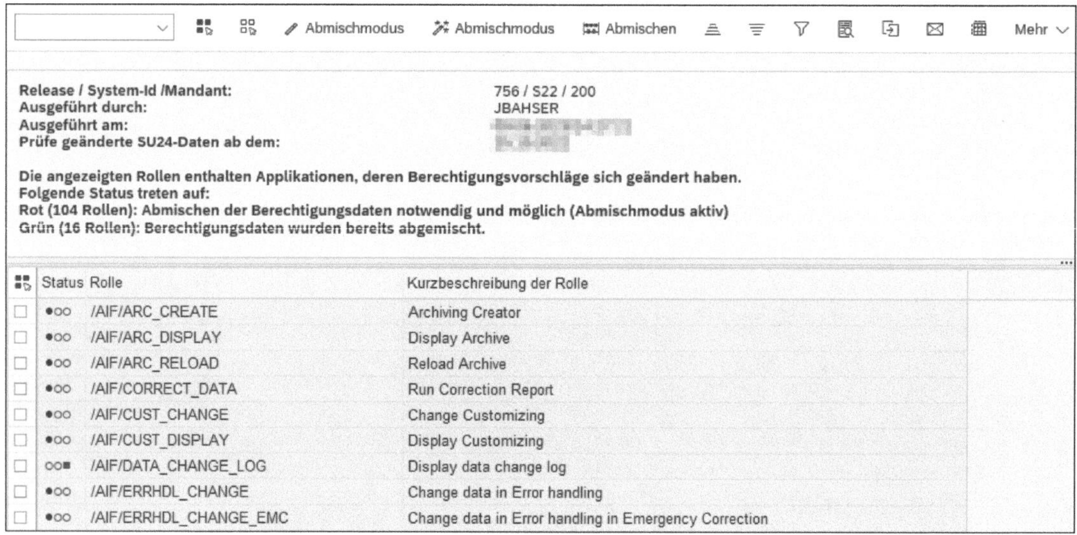

Abbildung 11.18 SU25: Schritt 2c

Ansicht »Abmischmodus simulieren«

Sie erhalten die Ansicht aus Abbildung 11.19. Links wird in der Spalte **Rolle** die ausgewählte Rolle angezeigt. In den folgenden Spalten werden die Berechtigungsobjekte einschließlich ihrer möglichen Werte angezeigt sowie die Information, ob die Berechtigung neu bzw. alt ist. Die Berechtigungen mit dem Zusatz **Neu**, **Neue Berechtigung** und dem Icon ⊕ (**Neuer Wert**) würden beim Abmischen der betroffenen Rolle neu in die Rolle gelangen. Die Berechtigungen mit dem Zusatz **Alt**, **Gelöschte Berechtigung** und dem Icon ⊖ (**Gelöschter Wert**) würden beim Abmischen aus der Rolle entfernt.

Rote Statusampel bei »Abmischfunktion simulieren«

Mit einem Doppelklick auf einen Rollennamen mit roter Statusampel in der Ansicht aus Abbildung 11.18 erfolgt dann das Abmischen dieser Rolle. Mit dem Wissen aus Abschnitt 2.4.4, »Zu überprüfende Rollen (Schritt 2c)«, sowie diesem Abschnitt können Sie die Rollen der Priorität nach bearbeiten, abmischen sowie die Berechtigungsobjekte innerhalb dieser Rollen ausprägen und die Rollen generieren.

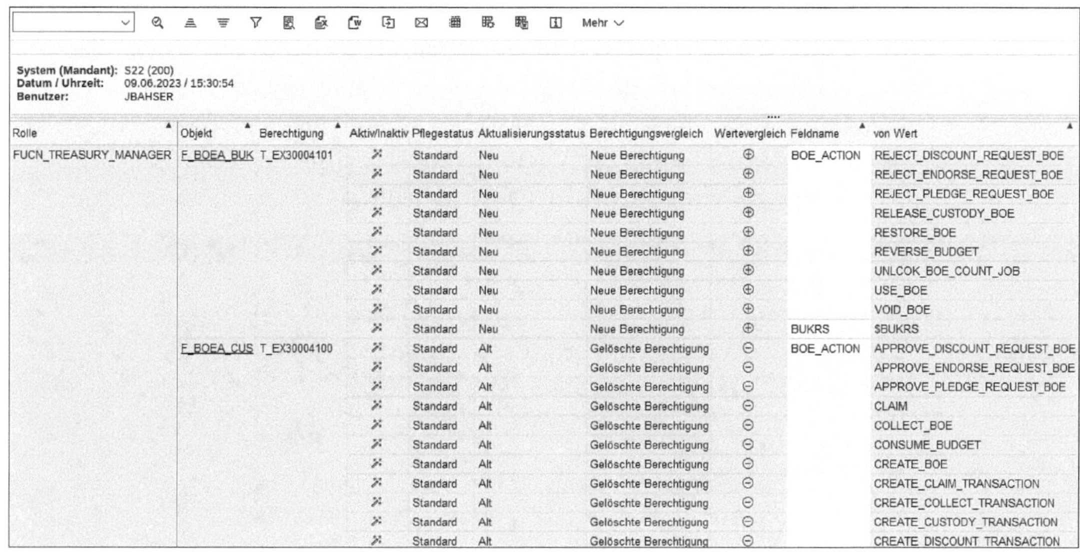

System (Mandant): S22 (200)
Datum / Uhrzeit: 09.06.2023 / 15:30:54
Benutzer: JBAHSER

Rolle	Objekt	Berechtigung	Aktiv/Inaktiv	Pflegestatus	Aktualisierungsstatus	Berechtigungsvergleich	Wertevergleich	Feldname	von Wert
FUCN_TREASURY_MANAGER	F_BOEA_BUK	T_EX30004101		Standard	Neu	Neue Berechtigung	⊕	BOE_ACTION	REJECT_DISCOUNT_REQUEST_BOE
				Standard	Neu	Neue Berechtigung	⊕		REJECT_ENDORSE_REQUEST_BOE
				Standard	Neu	Neue Berechtigung	⊕		REJECT_PLEDGE_REQUEST_BOE
				Standard	Neu	Neue Berechtigung	⊕		RELEASE_CUSTODY_BOE
				Standard	Neu	Neue Berechtigung	⊕		RESTORE_BOE
				Standard	Neu	Neue Berechtigung	⊕		REVERSE_BUDGET
				Standard	Neu	Neue Berechtigung	⊕		UNLCOK_BOE_COUNT_JOB
				Standard	Neu	Neue Berechtigung	⊕		USE_BOE
				Standard	Neu	Neue Berechtigung	⊕		VOID_BOE
				Standard	Neu	Neue Berechtigung	⊕	BUKRS	$BUKRS
	F_BOEA_CUS	T_EX30004100		Standard	Alt	Gelöschte Berechtigung	⊖	BOE_ACTION	APPROVE_DISCOUNT_REQUEST_BOE
				Standard	Alt	Gelöschte Berechtigung	⊖		APPROVE_ENDORSE_REQUEST_BOE
				Standard	Alt	Gelöschte Berechtigung	⊖		APPROVE_PLEDGE_REQUEST_BOE
				Standard	Alt	Gelöschte Berechtigung	⊖		CLAIM
				Standard	Alt	Gelöschte Berechtigung	⊖		COLLECT_BOE
				Standard	Alt	Gelöschte Berechtigung	⊖		CONSUME_BUDGET
				Standard	Alt	Gelöschte Berechtigung	⊖		CREATE_BOE
				Standard	Alt	Gelöschte Berechtigung	⊖		CREATE_CLAIM_TRANSACTION
				Standard	Alt	Gelöschte Berechtigung	⊖		CREATE_COLLECT_TRANSACTION
				Standard	Alt	Gelöschte Berechtigung	⊖		CREATE_CUSTODY_TRANSACTION
				Standard	Alt	Gelöschte Berechtigung	⊖		CREATE_DISCOUNT_TRANSACTION

Abbildung 11.19 Transaktion SU25: Abmischfunktion simulieren

11.1.11 Post-Upgrade: Praxisübung zu Transaktion SU25 Schritt 2d

In diesem Abschnitt lernen Sie, wie Sie die Anwendungen identifizieren, die bedingt durch das Upgrade von einer Änderung (Transaktion ist obsolet oder es gibt noch eine zusätzliche Nachfolgetransaktion) betroffen sind und wie Sie diese Änderungen umsetzen.

Suche nach obsoleten Anwendungen (2d)

Rufen Sie die Transaktion SU25 auf und klicken Sie auf **Suche nach obsoleten Anwendungen (2d)**. Sie erhalten die in Abbildung 11.20 dargestellte Ansicht. Schränken Sie die Suche im Feld **Rollen** gemäß Ihrer Namenskonvention z. B. mit »Z*« ein und klicken Sie auf **Ausführen** oder drücken Sie F8.

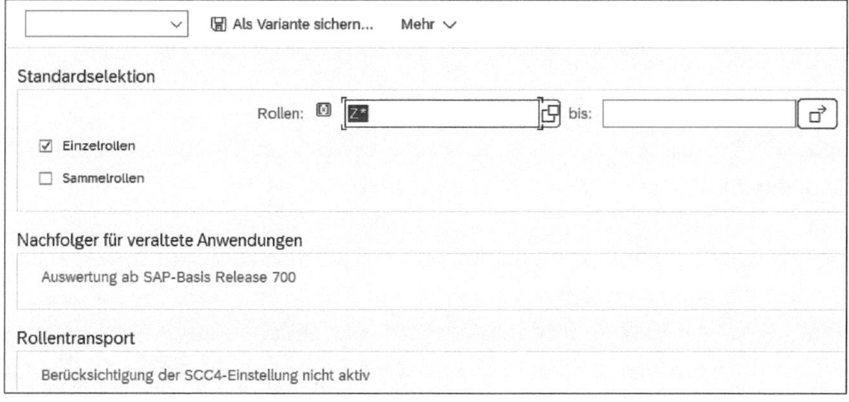

Abbildung 11.20 Transaktion SU25: Schritt 2d

Alte Transaktionen

In der Spalte **Rolle** werden Ihnen alle Rollen angezeigt, die Ihrem Suchmuster entsprechen. In der Spalte **Alte Transaktion** finden Sie zu den Rollen die Transaktionen aus dem Menü, die veraltet sind. Falls zu den alten Transaktionen neue Transaktionen bestehen, werden diese in den grünen Spalten im rechten Bildbereich aufgeführt. Markieren Sie eine Zeile und klicken Sie auf **Neue Einträge** im Menü (siehe Abbildung 11.21).

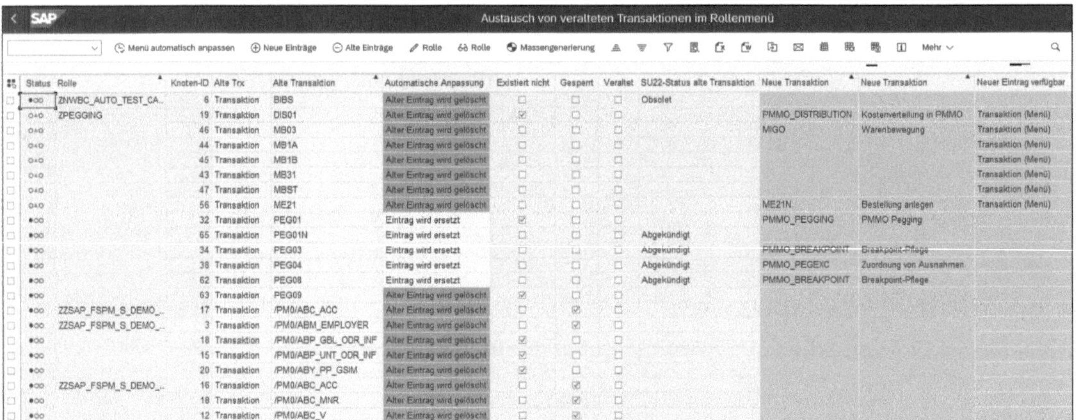

Abbildung 11.21 Transaktion SU25 Schritt 2d: Austausch von veralteten Transaktionen in Rollen

Es erscheint das in Abbildung 11.22 dargestellte Dialogfenster, das Sie mit einem Klick auf **Ja** bestätigen. Die Statusampel in der ausgewählten Zeile ändert sich von Rot zu Gelb. Das bedeutet, dass die neue Transaktion hinzugefügt wurde.

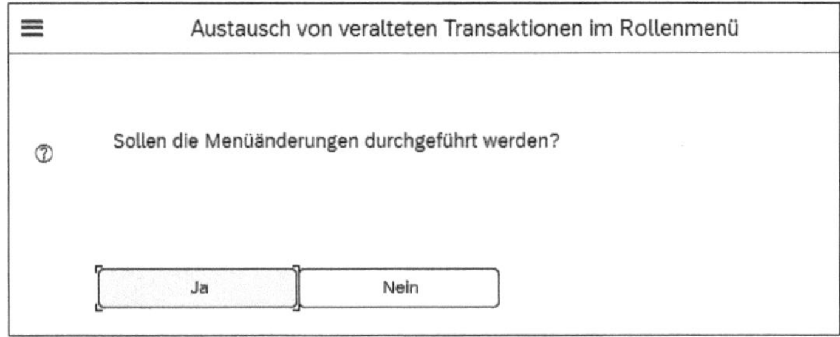

Abbildung 11.22 Transaktion SU25 Schritt 2d: Dialogfenster

Markieren Sie erneut eine Zeile und klicken Sie dann auf **Alte Einträge**. Das darauffolgende Dialogfenster sehen Sie in Abbildung 11.23. Dieses bestätigen Sie mit **Ja**. Hier ändert sich die Statusampel ebenfalls. Wenn die alte Transaktion entfernt und die neue hinzugefügt wurde, ändert sich der Status der Ampel zu Grün.

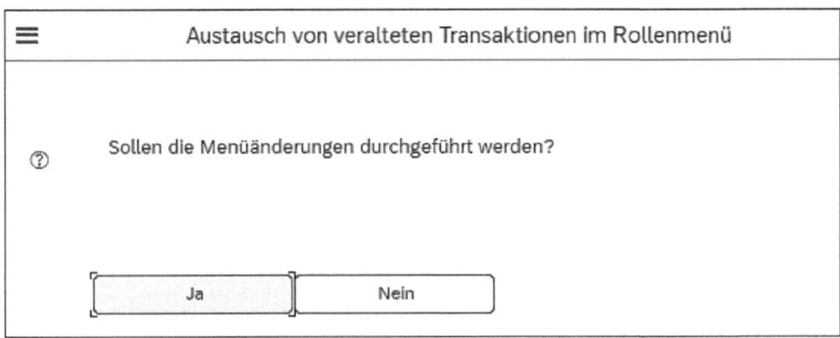

Abbildung 11.23 Transaktion SU25 Schritt 2d: Alte Einträge

Option »Massengenerierung«

Das Menü bietet Ihnen neben der Option **Menü automatisch anpassen** auch die Option **Massengenerierung** an, womit Sie massenhaft die Profile von mehreren Rollen generieren können.

11.1.12 Post-Upgrade: Transport der SU24-Daten und der Rollen in die Folgesysteme

Zum Ende der Arbeitsschritte zum SU25-Abgleich sind die SU24-Daten im Interesse eines synchronen Stands zwischen den Systemen in die Folgesysteme zu transportieren. Den Transport erstellen Sie über die Transaktion SU25 Schritt 3 analog dem Schritt in 11.1.2, »Pre-Upgrade: Praxisübung zu Erstellung eines Backups«, und transportieren diesen in die Folgesysteme.

Customizing-Transport erstellen

Erstellen Sie zudem einen Customizing-Transport, um die in Abschnitt 11.1.10 abgemischten und angepassten Rollen in die Folgesysteme zu transportieren. Der Transport der SU24-Daten sowie der Rollen muss nicht zeitgleich erfolgen. Rufen Sie für den Massentransport die Transaktion PFCG auf. Wählen Sie im Menü **Hilfsmittel** und dann **Massentransport** aus. Geben Sie über das Icon (**Mehrfachselektion**) die betroffenen Rollen ein und klicken Sie auf das grüne Häkchen. Klicken Sie anschließend auf **Ausführen** und wählen Sie in dem erscheinenden Transportfenster Ihren soeben angelegten Customizing-Transport aus. Nachdem Sie die entsprechende Aufgabe sowie den Transport freigegeben haben, können Sie den Transport in die Folgesysteme vornehmen.

11.2 Praxisübungen zur Anzeige und Pflege von Vorschlagswerten in der Transaktion SU24

In diesem Abschnitt erhalten Sie eine Vorstellung der Selektionsmaske der Transaktion SU24 und anschließend in den Unterabschnitten eine Schritt-für-Schritt-Anleitung zur Pflege von Vorschlagswerten. Führen Sie diese

Praxisübung in einem Sandboxsystem durch, nicht in Ihrem Entwicklungssystem.

Einstiegsbild der Transaktion SU24

Rufen Sie die Transaktion SU24 auf. Sie erhalten das Einstiegsbild aus Abbildung 11.24. Das Einstiegsbild der Transaktion SU24 ist unterteilt in **Standardauswahl**, **Optionen**, **Einstellungen zur Anzeige** und **Systemumgebung**.

Bereich »Standardauswahl«

Im Bereich **Standardauswahl** haben Sie u. a. die Möglichkeit, den Anwendungstyp, Transportaufträge oder ein Rollenmenü zu selektieren. Je nach Selektion im Feld **Auswahl nach** passen sich die Felder im Bereich **Standardauswahl** für die Eingabe weiterer Spezifikationen an. Im Einstiegsbild sehen Sie die Option **Anwendungstypen** sowie die dazugehörenden Felder im Bereich **Standardauswahl** (siehe Abbildung 11.24).

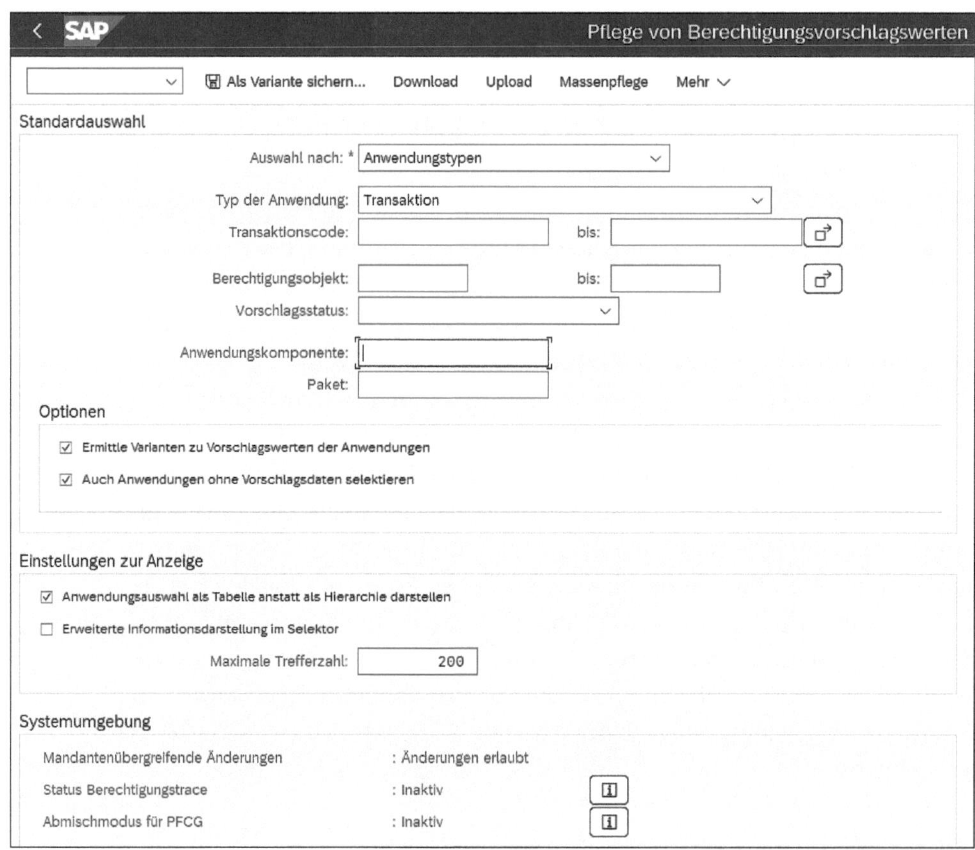

Abbildung 11.24 Transaktion SU24: Startmaske: Auswahl nach Anwendungstyp

Option »Transportauftrag«

Wählen Sie im Feld **Auswahl nach** die Option **Transportauftrag** und drücken Sie [↵]. Sie erhalten die für den Transportauftrag relevanten Felder. Diese sehen Sie in Abbildung 11.25.

Als Variante sichern...
Download
Upload
Massenpflege
Mehr
Standardauswahl
Auswahl nach: *
Transportauftrag
Auftrag/Aufgabe:
Berechtigungsobjekt:
bis:
Vorschlagsstatus:
Anwendungskomponente:
Paket:

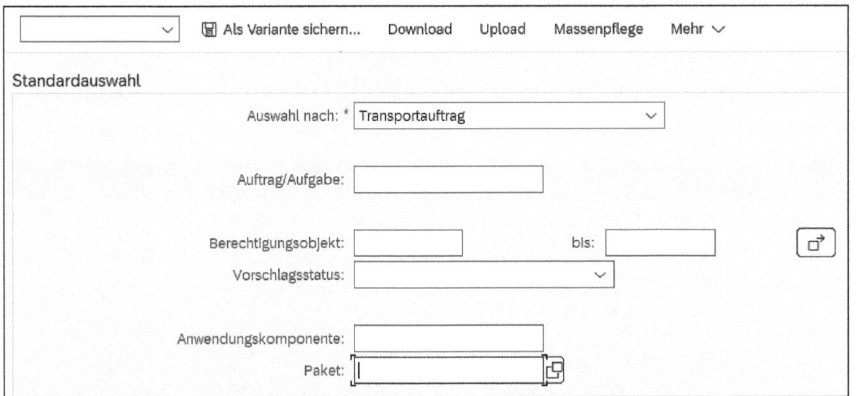

Abbildung 11.25 Transaktion SU24: Auswahl nach Transportauftrag

Option »Rollenmenü«

Wählen Sie als Nächstes die Option **Rollenmenü** und drücken Sie [↵], um zur Dateneingabesicht aus Abbildung 11.26 zu gelangen. Sie haben die optionsspezifischen Eingabemasken kennengelernt.

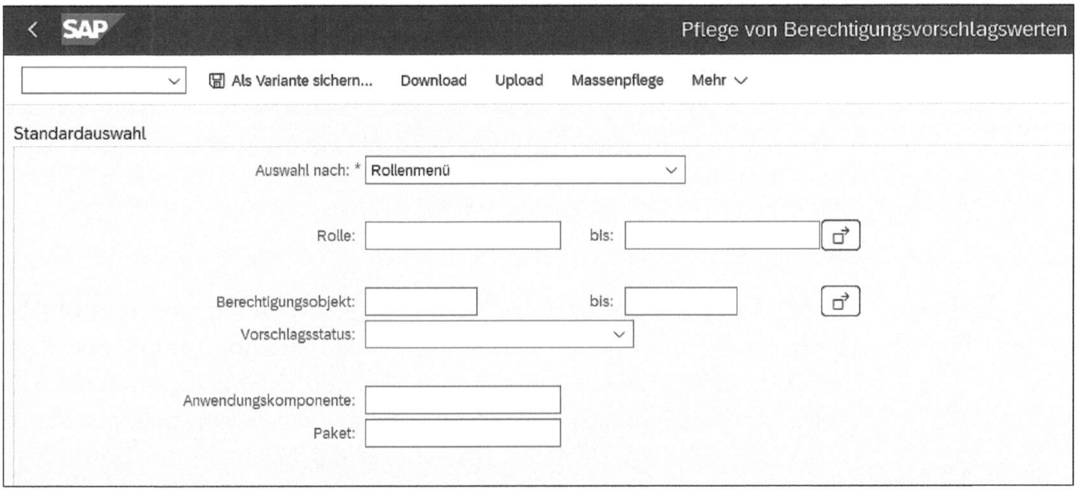

SAP
Pflege von Berechtigungsvorschlagswerten
Als Variante sichern...
Download
Upload
Massenpflege
Mehr
Standardauswahl
Auswahl nach: *
Rollenmenü
Rolle:
bis:
Berechtigungsobjekt:
bis:
Vorschlagsstatus:
Anwendungskomponente:
Paket:

Abbildung 11.26 Transaktion SU24: Auswahl nach Rollenmenü

11.2.1 Anzeige von SU24-Vorschlagsdaten

In diesem Abschnitt erhalten Sie eine Anleitung, wie Sie sich die SU24-Vorschlagsdaten zu einer bestimmten Transaktion anzeigen lassen können. Rufen Sie erneut die Transaktion SU24 auf und wählen Sie die Option **Anwendungstypen**. Tragen Sie im Feld **Anwendungsname** »Transaktion MIGO« ein. Klicken Sie dann auf **Ausführen** oder drücken Sie [F8].

Sie erhalten die Ansicht aus Abbildung 11.27. Hier sehen Sie die Berechtigungsobjekte im oberen rechten Bereich, die im Kontext der Transaktion MIGO vorgeschlagen werden ❶ einschließlich ihrer Berechtigungswerte ❷ im unteren rechten Bereich.

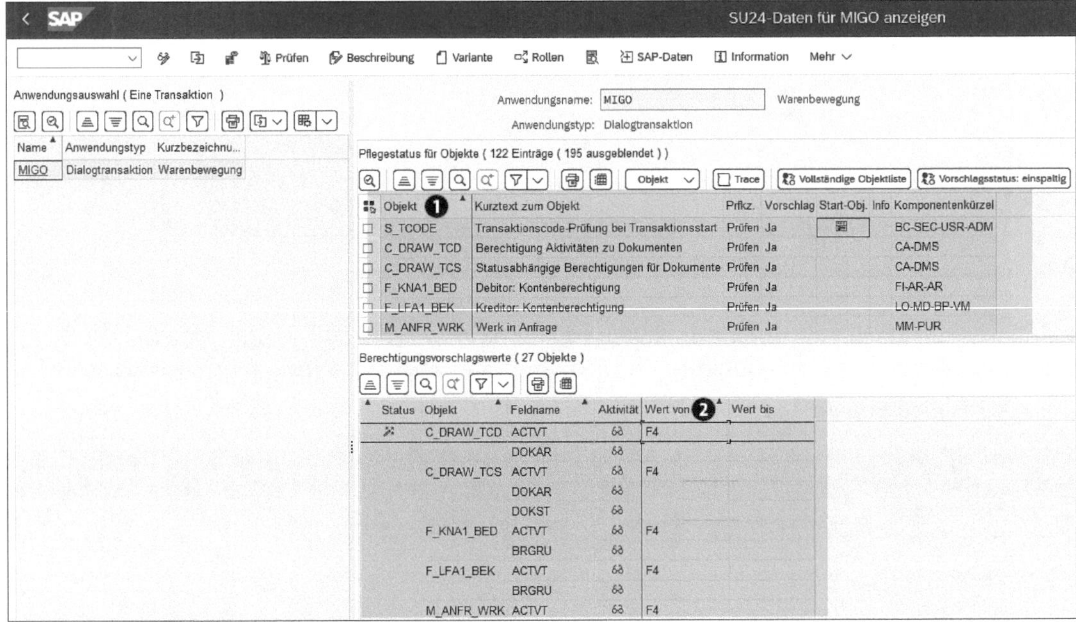

Objekt	Kurztext zum Objekt	Prfkz.	Vorschlag	Start-Obj.	Info	Komponentenkürzel
S_TCODE	Transaktionscode-Prüfung bei Transaktionsstart	Prüfen	Ja			BC-SEC-USR-ADM
C_DRAW_TCD	Berechtigung Aktivitäten zu Dokumenten	Prüfen	Ja			CA-DMS
C_DRAW_TCS	Statusabhängige Berechtigungen für Dokumente	Prüfen	Ja			CA-DMS
F_KNA1_BED	Debitor: Kontenberechtigung	Prüfen	Ja			FI-AR-AR
F_LFA1_BEK	Kreditor: Kontenberechtigung	Prüfen	Ja			LO-MD-BP-VM
M_ANFR_WRK	Werk in Anfrage	Prüfen	Ja			MM-PUR

Status	Objekt	Feldname	Aktivität	Wert von	Wert bis
	C_DRAW_TCD	ACTVT		F4	
		DOKAR			
	C_DRAW_TCS	ACTVT		F4	
		DOKAR			
		DOKST			
	F_KNA1_BED	ACTVT		F4	
		BRGRU			
	F_LFA1_BEK	ACTVT		F4	
		BRGRU			
	M_ANFR_WRK	ACTVT		F4	

Abbildung 11.27 Transaktion SU24: Berechtigungsvorschlagswerte für die Transaktion MIGO

Anzeige in der Transaktion SU24

Rechts von der Spalte **Objekt** finden Sie die Spalten **Kurztext zum Objekt**, **Prfkz.** (Prüfkennzeichen), **Vorschlag**, **Start-Obj.** , **Info** und **Komponentenkürzel**. Öffnen Sie ein zweites Fenster durch den Aufruf der Transaktion /OPFCG. Legen Sie gemäß Abschnitt 6.2.1, »Einzelrolle anlegen«, eine neue Einzelrolle (z. B. ZDSE_MMO_A_UNIV_MIGOTEST) an und fügen Sie die Transaktion MIGO im Rollenmenü hinzu. Wechseln Sie wie in Abschnitt 6.2.1, »Einzelrolle anlegen«, beschrieben über einen Klick auf **Berechtigungsdaten ändern** auf der Registerkarte **Berechtigungen** zu den Berechtigungen.

Sie finden die Berechtigungsobjekte und Berechtigungswerte, die Sie im Schritt zuvor im Kontext der Transaktion MIGO in der Transaktion SU24 gesehen haben. In unserem Beispiel handelt es sich um die Berechtigungsobjekte und Berechtigungswerte F4 (Anzeigen in Wertehilfe) aus Abbildung 11.27. Diese sind in unserer Testrolle enthalten, da wir die Transaktion MIGO im Rollenmenü hinzugefügt haben und die Rolle über einen Klick auf **Berechtigungsdaten ändern** abgemischt haben.

SU24-Vorschlagsdaten für die Transaktion MIGO innerhalb einer Rolle

Sie sehen einen Auszug der Berechtigungsobjekte und -werte in Abbildung 11.28. Je nach Ausprägung der SU24-Vorschlagsdaten in Ihrem System für die Transaktion MIGO, kann Ihre Ansicht sich unterscheiden. Da in den SU24-Vorschlagsdaten die Aktivität F4 gepflegt ist, sehen wir diese in unserer Rolle in Abbildung 11.28.

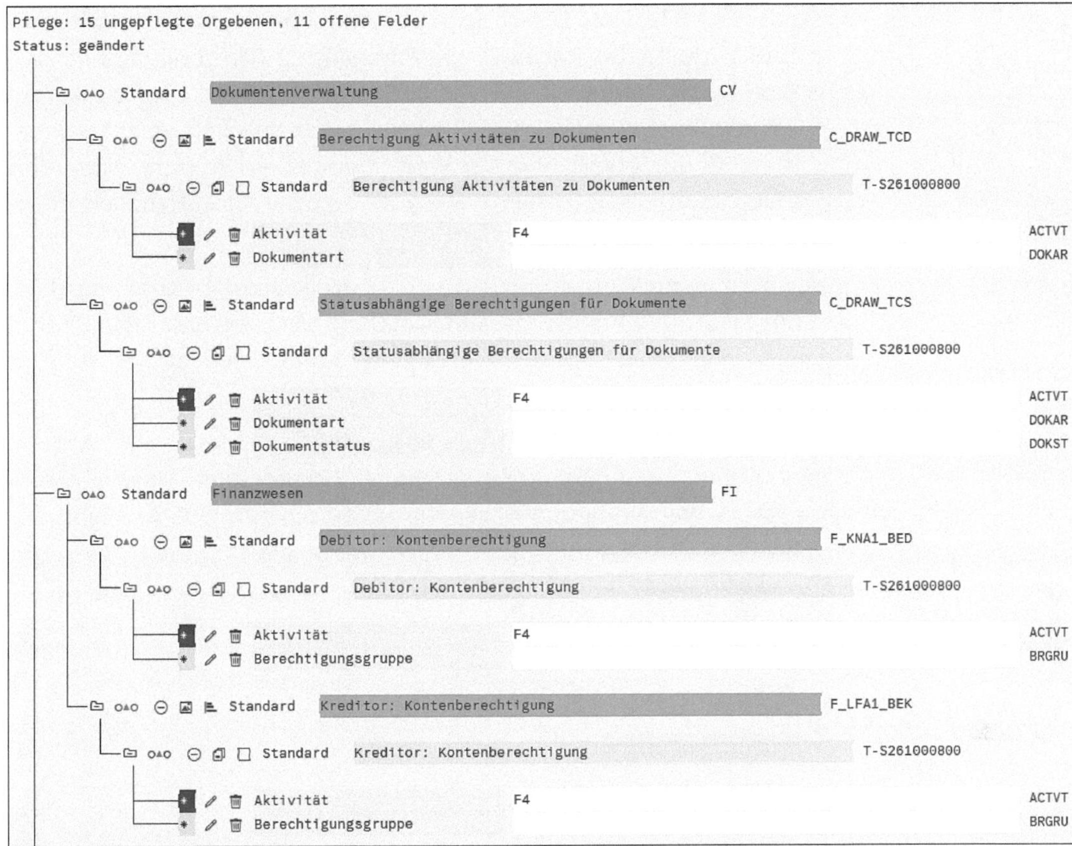

Abbildung 11.28 Transaktion SU24: Berechtigungsobjekte im Kontext der Transaktion MIGO

Entfernen Sie in Ihrer Testrolle die Transaktion MIGO aus dem Rollenmenü. Speichern Sie und klicken Sie auf **Expertenmodus zur Profilgenerierung**.

Sie sehen im Ergebnis, dass die Berechtigungsobjekte aus Abbildung 11.28 nicht vorhanden sind. Die Verknüpfung zwischen den Anwendungen im Rollenmenü und den Berechtigungen in der Rolle über die Transaktion SU24 ist somit nicht nur beim Hinzufügen einer Transaktion, sondern auch beim Entfernen einer Transaktion gegeben. Wird eine bestimmte Transaktion aus dem Rollenmenü entfernt und die Rolle abgemischt, werden auch alle SU24-Vorschlagsdaten der betreffenden Transaktion aus der Rolle entfernt.

11.2.2 Berechtigungsobjekte mit dem Status »Verändert«

Vermeidung des Status »Verändert«

Die Anforderung besteht darin, die Werte im Feld **ACTVT** auf **03 Anzeigen** einzuschränken. In diesem Abschnitt stellen wir Ihnen die weit verbreitete »Quick-and-dirty«-Methode vor, um Ihnen aufzuzeigen, warum Sie diese Vorgehensweise nach Möglichkeit vermeiden sollten. Auch mit dem Status **Verändert** entfalten die Berechtigungsobjekte und- werte technisch gesehen ihre Wirkung. Der Nachteil von veränderten Berechtigungsobjekten mit dem Status **Verändert** besteht darin, dass die Verknüpfung zu der Transaktion SU24 verloren geht. Es ist nicht mehr nachvollziehbar, woher das Berechtigungsobjekt bzw. der Berechtigungswert stammt. Mittel- bis langfristig kann es auf diesem Wege auch zu Überberechtigungen innerhalb einer Rolle kommen.

Rufen Sie über die Transaktion PFCG die Testrolle aus dem Abschnitt 11.2.1., »Anzeige von SU24-Vorschlagsdaten«, auf und wechseln Sie zu den Berechtigungen über einen Klick auf **Berechtigungsdaten ändern** auf der Registerkarte **Berechtigungen**.

Klappen Sie die Berechtigungen auf und klicken Sie auf das Icon (**Ändern**) links von dem Berechtigungsfeld **Aktivität**. Entfernen Sie das Häkchen bei **F4 Anzeigen in Wertehilfe** und setzen Sie ein Häkchen bei **03 Anzeigen**. Die möglichen Aktivitätswerte im Berechtigungsobjekt C_DRAW_TCD sehen Sie in Abbildung 11.29. Klicken Sie abschließend auf das Icon (**Sichern**), um den Wert zu übernehmen.

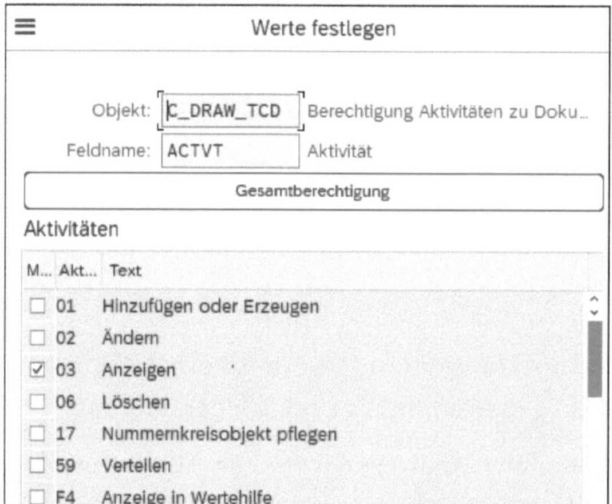

Abbildung 11.29 Ersetzen des Aktivitätswerts »F4« durch »03« im Berechtigungsobjekt C_DRAW_TCD

Im Ergebnis werden die ursprünglichen Berechtigungsobjekte mit dem Status **Standard** automatisch inaktiv gesetzt. Das Berechtigungsobjekt C_

DRAW_TCD mit dem Status **Verändert** und dem Aktivitätswert **03** wird automatisch hinzugefügt. Das Ergebnis in den Status der Berechtigungsobjekte – die Änderung zu **Verändert** – durch die beschriebenen Anpassungen finden Sie in Abbildung 11.30.

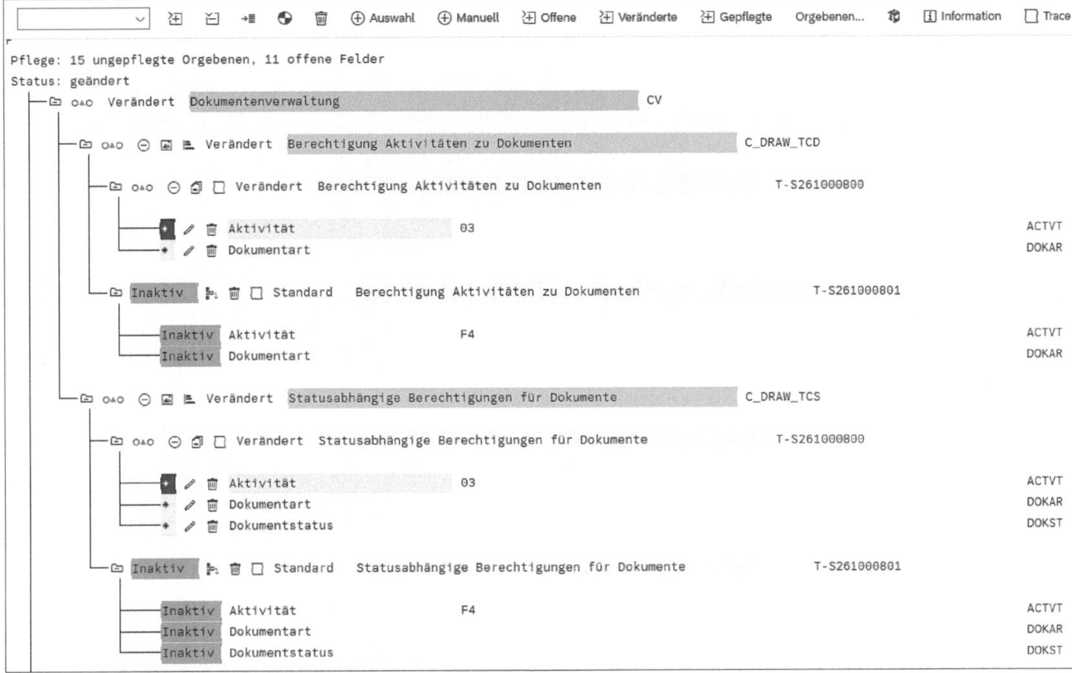

Abbildung 11.30 Berechtigungsobjekt mit dem Status »Verändert«

Verwendungsnachweis beim Status »Verändert«

Lassen Sie sich den Verwendungsnachweis des Berechtigungsobjekts C_DRAW_TCD anzeigen. Klicken Sie hierzu in der Ansicht von Abbildung 11.30 auf das Icon (**Verwendungsnachweis**) links vom Status **Verändert** des Berechtigungsobjekts C_DRAW_TCD. Sie erhalten die in Abbildung 11.31 dargestellte Ansicht. Sie sehen, dass der Berechtigungswert **F4** im Berechtigungsobjekt C_DRAW_TCD durch die Transaktion MIGO in die Rolle gelangt. Der Berechtigungswert 03 wird jedoch nicht angezeigt, was wie in der Einleitung zu diesem Abschnitt beschrieben, die fehlende Nachvollziehbarkeit zur Folge hat (siehe Abbildung 11.31).

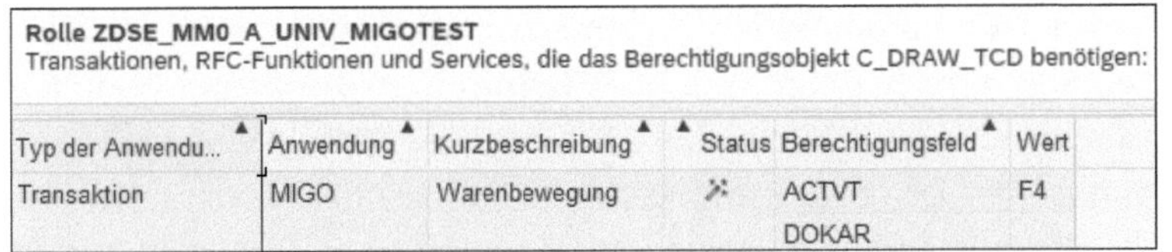

Rolle ZDSE_MM0_A_UNIV_MIGOTEST
Transaktionen, RFC-Funktionen und Services, die das Berechtigungsobjekt C_DRAW_TCD benötigen:

Typ der Anwendu...	Anwendung	Kurzbeschreibung	Status	Berechtigungsfeld	Wert
Transaktion	MIGO	Warenbewegung		ACTVT	F4
				DOKAR	

Abbildung 11.31 Anzeige der Details des Verwendungsnachweises

11.2.3 Änderung von Vorschlagswerten in der Transaktion SU24

In diesem Abschnitt lernen Sie, wie Sie sicherstellen könen, dass die Aktivitätswerte ausschließlich den Wert **03** (**Anzeigen**) enthalten.

Erstellung einer Einzelrolle mit der Transaktion MIGO

Legen Sie eine Einzelrolle in der Transaktion PFCG an. Fügen Sie im Menü die Transaktion MIGO hinzu und klicken Sie auf **Berechtigungsdaten ändern** auf der Registerkarte **Berechtigungen**. Sie erhalten die Ansicht, die Sie aus Abbildung 11.28 kennen. Klicken Sie auf das Icon (**Generieren**), um die Rolle zu generieren. Verlassen Sie anschließend die Rolle, indem Sie zur Startseite der Transaktion PFCG wechseln.

Rufen Sie in einem neuen Fenster die Transaktion SU24 auf. Wählen Sie im Feld **Auswahl nach** die Option **Anwendungstypen** und tragen Sie im Feld **Transaktion** »MIGO« ein. Klicken Sie anschließend auf **Ausführen** oder drücken Sie F8. Sie erhalten die Ansicht wie in Abbildung 11.27 gezeigt.

Wechsel vom Anzeige- zum Änderungsmodus in der SU24

Nach dem Klick auf **Ausführen** werden die Vorschlagsdaten in der Transaktion SU24 stets im Anzeigemodus angezeigt. Klicken Sie daher auf das Icon (**Anzeigen ↔ Ändern**) im oberen Menübereich, um in den Änderungsmodus zu wechseln. Sie erhalten die Ansicht aus Abbildung 11.32.

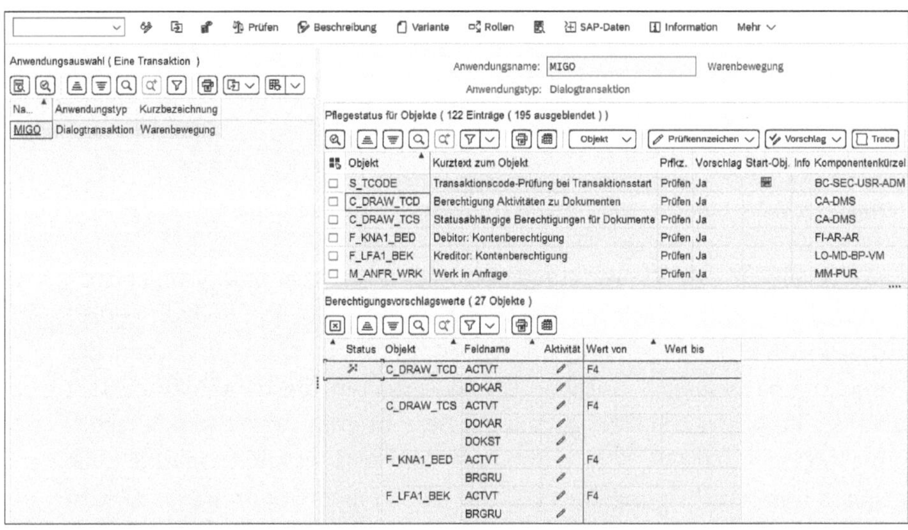

Abbildung 11.32 Transaktion SU24: Änderungsmodus

Änderung der »ACTVT«-Werte in der SU24

Klicken Sie im unteren Bildbereich in der Spalte **Aktivität** auf das Icon (**Feldwerte ändern**) rechts vom Feld **ACTVT**. Entfernen Sie die bestehenden Werte und setzen Sie ein Häkchen bei **03**. Führen Sie diesen Schritt bei allen Berechtigungsobjekten durch und klicken Sie anschließend auf **Sichern**. Wählen Sie Ihren Workbench-Transport aus oder legen Sie einen neuen Workbench-Transport an.

Abmischen der Einzelrolle nach SU24-Änderung

Rufen Sie die in diesem Abschnitt neu angelegte Einzelrolle in der Transaktion PFCG auf. Klicken Sie auf der Registerkarte **Berechtigungen** auf **Expertenmodus zu Profilgenerierung**. Setzen Sie den Radiobutton auf **Alten Stand lesen und mit den neuen Daten abgleichen** (siehe Abbildung 11.33). Dieser Vorgang nennt sich vereinfacht ausgedrückt auch »Abmischen der Rolle«. Wir mischen die Rolle ab und gleichen die Berechtigungswerte mit den aktualisierten SU24-Vorschlagswerten ab.

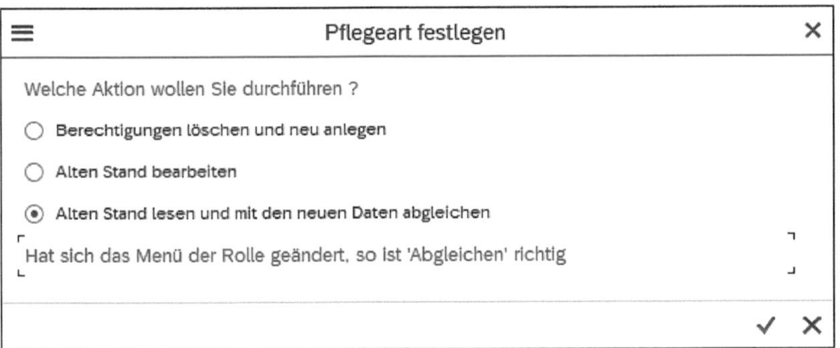

Abbildung 11.33 Dialogfenster beim Expertenmodus zur Profilgenerierung

Ansicht der Berechtigungen nach dem Abmischen

Sie erhalten nach dem Abmischen der Rolle die Ansicht der Berechtigungsobjekte (siehe Abbildung 11.34). Hier sehen Sie die gleichen Berechtigungsobjekte wie zuvor, jedoch mit dem aktualisierten Zusatz **Neu** rechts vom Status **Standard.** Zudem liegt der Berechtigungswert **F4** nicht mehr vor. Diesen haben wir in der Transaktion SU24 für die Transaktion MIGO durch den Wert **03** ersetzt. Beim Abmischvorgang wurden diese Werte aktualisiert. Eine Aktualisierung ist an dieser Stelle möglich, da die Berechtigungsobjekte den Status **Standard** aufweisen und die Verknüpfung zu der Transaktion SU24 somit gegeben ist.

Halten Sie daher im Interesse einer wartbaren und nachvollziehbaren Rollenverwaltung den Status Ihrer Berechtigungsobjekte auf **Standard** oder **Gepflegt**. Eine Übersicht der Status der Berechtigungsobjekte aus den Praxisübungen in Abschnitt 11.2.1, »Anzeige von SU24-Vorschlagsdaten«, und Abschnitt 11.2.2, »Berechtigungsobjekte mit dem Status ›Verändert‹«, sind in Tabelle 11.1 zu finden.

Wechsel in die Berechtigungsdaten

Nach dem Hinzufügen einer Anwendung in das Menü einer Rolle wird die Rolle im Expertenmodus beim Wechsel in die Berechtigungsdaten stets abgemischt. Die Vorschlagsdaten der neu hinzugefügten Anwendungen gelangen in die Rolle.

Status des Berechtigungsobjekts	Anwendung (Transaktion, Funktionsbaustein usw.) hinzufügen im Rollenmenü	Anwendung (Transaktion, Funktionsbaustein usw.) entfernen im Rollenmenü
Standard	Verknüpfung zur Transaktion SU24 ist gegeben. Die SU24-Vorschlagswerte gelangen in die Rolle.	Verknüpfung zur Transaktion SU24 ist gegeben. Die SU24-Vorschlagswerte werden aus der Rolle entfernt.
Gepflegt	Verknüpfung zur Transaktion SU24 ist gegeben. Die SU24-Vorschlagswerte gelangen in die Rolle.	Verknüpfung zur Transaktion SU24 ist gegeben. Die SU24-Vorschlagswerte werden aus der Rolle entfernt.
Verändert	Verknüpfung ist nicht vollständig gegeben. Die neuen Vorschlagswerte gelangen in die Rolle. Die Werte im Berechtigungsobjekt mit diesem Status bleiben unverändert erhalten.	Verknüpfung ist nicht vollständig gegeben. Die Objekte mit diesem Status bleiben unverändert in der Rolle. Die Werte im Berechtigungsobjekt mit diesem Status bleiben unverändert erhalten.
Manuell	Es ist keine Verknüpfung gegeben. Ein Abmischen hat keine Auswirkungen auf bestehende Berechtigungsobjekte mit dem Status **Manuell**.	Es ist keine Verknüpfung gegeben. Die Berechtigungsobjekte mit dem Status **Manuell** bleiben unverändert in der Rolle erhalten.

Tabelle 11.1 Übersicht über die Status der Berechtigungsobjekte und Verknüpfung zu Transaktion SU24

Abbildung 11.34 zeigt die Berechtigungsdaten der in diesem Abschnitt erstellten Testrolle, die sich durch den zuvor beschriebenen Abmischvorgang aktualisieren.

[+]

Transaktion SU24 (Transport-Workbench) monatlich ausführen

Für jede SU24-Anpassung wird ein Workbench-Transport benötigt. Um die Anzahl der Transporte gering zu halten, legen Sie gemäß einem definierten Turnus (wöchentlich, monatlich) einen Workbench-Transport an, auf den Sie alle Ihre SU24-Änderungen speichern. Diesen transportieren Sie gemäß dem definierten Turnus in die Folgesysteme.

Abbildung 11.34 Berechtigungsobjekte nach dem Abmischvorgang

11.2.4 Anlegen von Varianten in der Transaktion SU24

Unterschiedliche Ausprägung der gleichen Berechtigungsobjekte

In der Praxis kann es zu dem Szenario kommen, dass die zu einer Transaktion gehörenden Berechtigungsobjekte/-werte in zwei Rollen mit jeweils »anzeigen« sowie »pflegen« auszuprägen sind. Eine Möglichkeit besteht darin, die entsprechenden Felder, wie beispielsweise ACTVT, in der Transaktion SU24 leer zu lassen, sodass Sie die gewünschte Ausprägung in der Zielrolle nach Hinzufügen der Transaktion im Rollenmenü vornehmen können. Eine weitere Möglichkeit besteht darin, Varianten anzulegen. Die Anlage von SU24-Varianten sowie ihre Verwendung in den Rollen bilden das Lernziel in diesem Abschnitt. Sie lernen, wie Sie SU24-Vorschlagswerte als Varianten unterschiedlich vorbelegen und diese in Ihren Rollen hinzufügen können.

Die Berechtigungsobjekte zu Transaktion MIGO sollen in der Rolle A standardkonform mit **Anzeigen** (**03** im Feld **ACTVT**) und in Rolle B mit **Ändern** (**02** im Feld **ACTVT**) ausgeprägt werden. In Abschnitt 11.2.3, »Änderung von Vorschlagswerten in der Transaktion SU24«, haben Sie die Vorschlagswerte aus Transaktion SU24 in den Berechtigungsobjekten im Kontext der Transaktion MIGO auf **03 Anzeigen** gesetzt. Dies hat zur Folge, dass beim Hinzufügen der Transaktion MIGO der Berechtigungswert **03 Anzeigen** voreingestellt als Vorschlagswert in die Rolle gelangt. Für Rolle A wäre die Anforderung somit erfüllt. Für Rolle B wird der Wert **02 Ändern** benötigt. Eine Anpassung im Berechtigungsobjekt hat zur Folge, dass der Objektstatus sich in **Verändert** umstellt und die Verknüpfung zur Transaktion SU24 verloren geht.

In Abschnitt 11.2.2, »Berechtigungsobjekte mit dem Status »Verändert«, und Abschnitt 11.2.3, »Änderung von Vorschlagswerten in der Transaktion SU24«, sehen Sie die damit verbundenen Nachteile. Um das Problem zu lösen, haben Sie zwei Möglichkeiten:

Wie einleitend erwähnt, besteht die erste Möglichkeit darin, die Vorschlagswerte aus Transaktion SU24 im Feld **ACTVT** leer zu lassen. So gelangen die Berechtigungsobjekte mit leeren ACTVT-Feldern in die Rolle und können dann rollenspezifisch mit den passenden Werten ausgeprägt werden.

Die zweite Möglichkeit besteht im Anlegen von Varianten in der Transaktion SU24.

Anlage der SU24-Variante ZMIGO_ANZEIGE

Rufen Sie dafür die Transaktion SU24 auf. Im Selektionsfeld **Auswählen nach** wählen Sie **Anwendungstypen**. Geben Sie im Feld **Transaktionscode** »MIGO« ein. Klicken Sie anschließend auf **Ausführen** oder drücken Sie [F8]. Sie gelangen zu der Ansicht, die Sie aus Abbildung 11.27 kennen. Klicken Sie oben im Menü auf **Variante.** Es öffnet sich die Ansicht aus Abbildung 11.35.

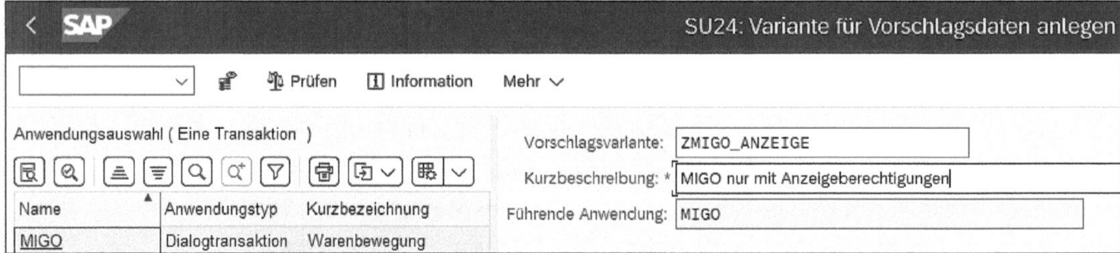

Abbildung 11.35 Transaktion SU24: Variante anlegen

Geben Sie im Feld **Vorschlagsvariante** den Namen »ZMIGO_ANZEIGE« ein sowie im Feld **Kurzbeschreibung** den Kurztext »MIGO nur mit Anzeigeberechtigungen«. Klicken Sie auf **Sichern**.

Anlage der Variante ZMIGO_AENDERN

Wählen Sie anschließend nach Abstimmung mit der Entwicklung das richtige Paket aus. Zu Übungszwecken wählen Sie in Ihrer Sandbox **Lokales Paket** aus. Wählen Sie dann Ihren Workbench-Transportauftrag aus oder legen Sie einen neuen an und rufen Sie erneut die Transaktion SU24 für die Transaktion MIGO auf. Klicken Sie erneut auf **Variante.** Tragen Sie im Feld **Vorschlagsvariante** »ZMIGO_AENDERN« und im Feld **Kurzbeschreibung** den Kurztext »MIGO mit Berechtigungen zum Ändern« ein. Klicken Sie auf **Sichern** und wählen Sie für diese Übung **Lokales Paket** aus. Sie erhalten die in Abbildung 11.36 dargestellte Ansicht.

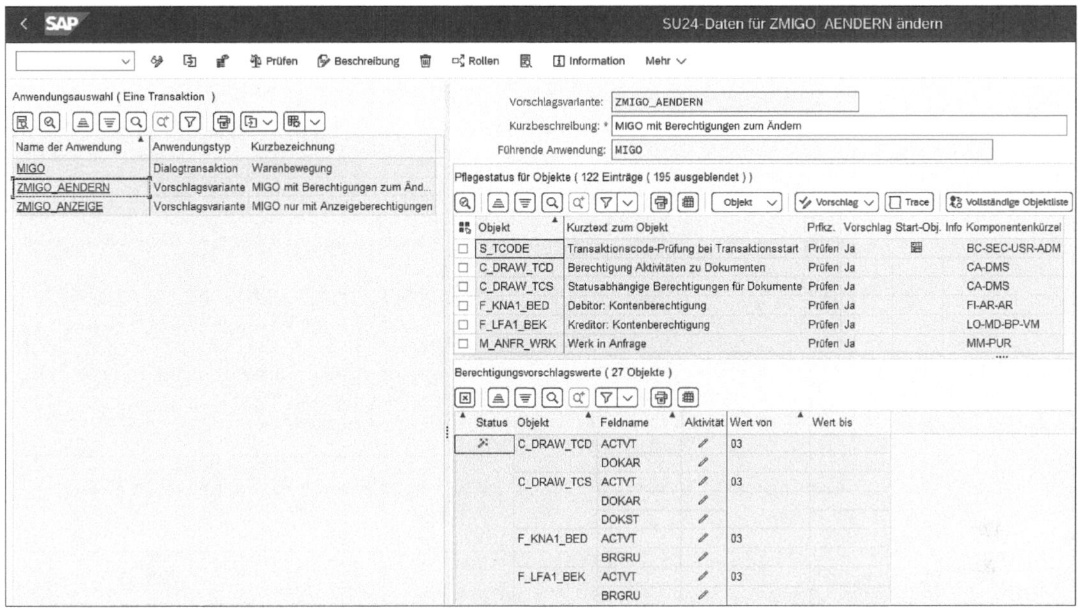

Abbildung 11.36 Transaktion SU24: Übersicht über Varianten

Klicken Sie doppelt auf die Variante **ZMIGO_ANZEIGE**. Ersetzen Sie analog zum Vorgehen in Abschnitt 11.2.3, »Änderung von Vorschlagswerten in der Transaktion SU24«, im unteren Bildbereich alle Werte im Feld **ACTVT** durch den Wert **03** (**Anzeigen**). Klicken Sie anschließend auf **Sichern**.

Anpassung der SU24-Variante ZMIGO_ANZEIGEN

Als Nächstes klicken Sie doppelt auf die Variante **ZMIGO_AENDERN**. Ersetzen Sie im unteren Bildbereich alle ACTVT-Werte durch den Wert **02** (**Ändern**). Die ursprüngliche Anforderung in diesem Abschnitt lautete, die Berechtigungen im Kontext der Transaktion MIGO in Rolle A mit **03** (**Anzeigen**) im Feld **ACTVT** auszuprägen und in Rolle B mit **02** (**Ändern**) im Feld **ACTVT**.

Anpassung der SU24-Variante ZMIGO_AENDERN

Legen Sie zur Veranschaulichung die Rolle ZTEST_ROLLE_A an. Fügen Sie im Rollenmenü die Transaktion MIGO hinzu. Wechseln Sie zur Registerkarte **Anwendungen** und setzen Sie das Häkchen bei **ZMIGO_ANZEIGE**. Entfernen Sie die restlichen Häkchen. Im Ergebnis sieht Ihre Ansicht wie in Abbildung 11.37 aus.

Auswahl der Variante ZMIGO_ANZEIGEN für eine Rolle

Sichern Sie die Rollen und klicken Sie auf **Berechtigungsdaten ändern** auf der Registerkarte **Berechtigungen**. Sie sehen, dass die Vorschlagswerte aus Transaktion SU24 von der Anzeigevariante **ZMIGO_ANZEIGE** in die Rolle gelangt sind und diese im Feld **ACTVT** nur den Wert **03** enthält (siehe Abbildung 11.38).

SU24-Variante ZMIGO_ANZEIGEN innerhalb der Rolle

Andere Rolle
Vererbung
Mehr
Rolle
Rolle: ZTEST_ROLLE_A
Veraltet
Kurzbeschreibung: Testrolle für die SU24-Variante ZMIGO_ANZEIGEN
Zielsystem:
Keine Destination
Beschreibung
Menü
Anwendungen
Berechtigungen
Benutzer
Personalisierung
Nur Varianten
Aktiv Typ Name Variante Beschreibung
Transaktion MIGO Warenbewegung
Transaktion MIGO ZMIGO_AENDERN MIGO mit Berechtigungen zum Ändern
Transaktion MIGO ZMIGO_ANZEIGE MIGO nur mit Anzeigeberechtigungen

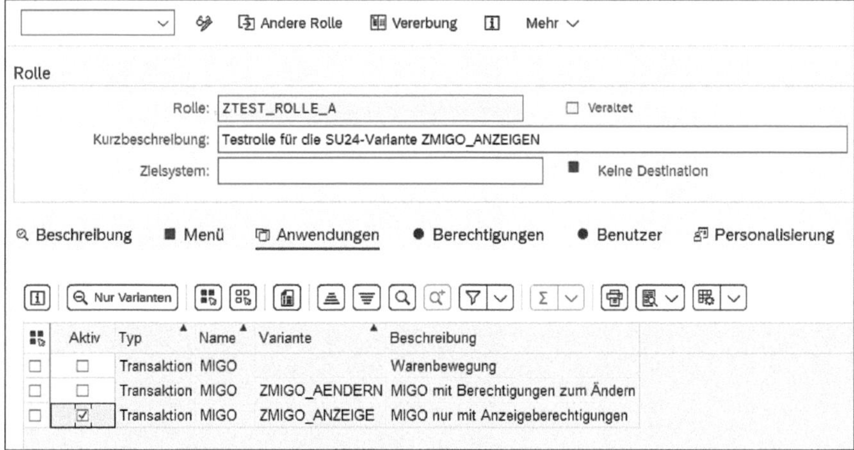

Abbildung 11.37 Auswahl der SU24-Anzeigevariante zur Transaktion MIGO

ZTEST_ROLLE_A Testrolle für die SU24-Variante ZMIGO_ANZEIGEN
Standard Anwendungsübergreifende Berechtigungsobjekte AAAB
Standard Basis - Zentrale Funktionen BC_Z
Standard Dokumentenverwaltung CV
Standard Berechtigung Aktivitäten zu Dokumenten C_DRAW_TCD
Standard Berechtigung Aktivitäten zu Dokumenten T-S261004000
Aktivität 03 ACTVT
Dokumentart DOKAR
Standard Statusabhängige Berechtigungen für Dokumente C_DRAW_TCS
Standard Statusabhängige Berechtigungen für Dokumente T-S261004000
Aktivität 03 ACTVT
Dokumentart DOKAR
Dokumentstatus DOKST
Standard Finanzwesen FI
Standard Debitor: Kontenberechtigung F_KNA1_BED
Standard Debitor: Kontenberechtigung T-S261004000
Aktivität 03 ACTVT
Berechtigungsgruppe BRGRU

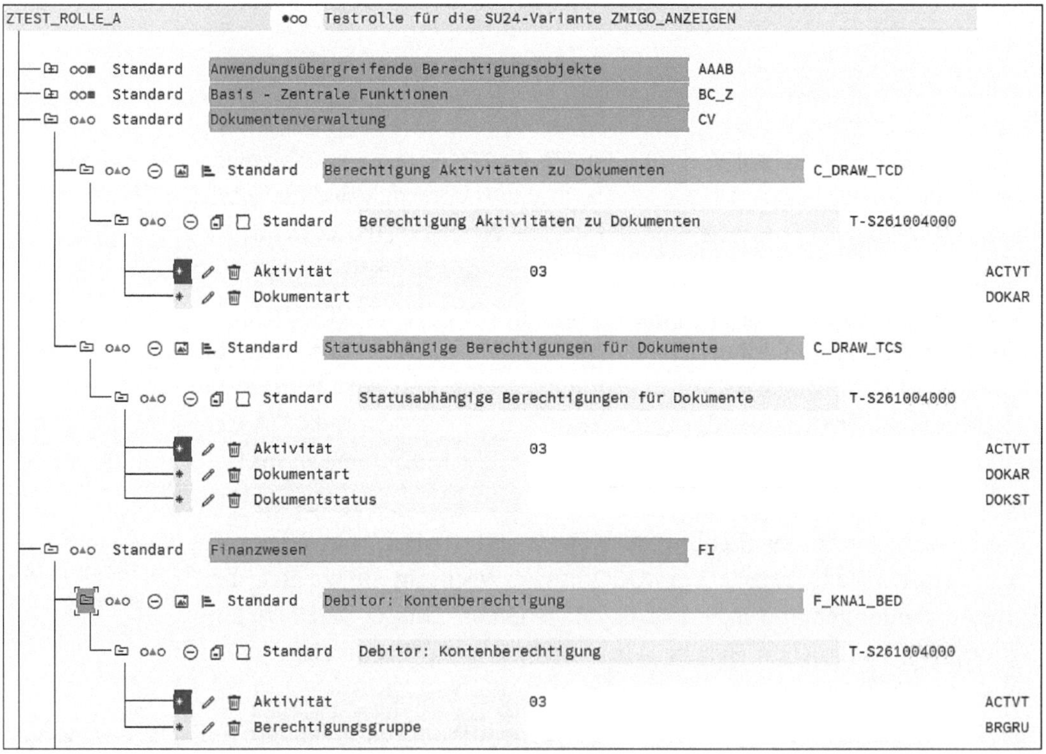

Abbildung 11.38 SU24-Anzeigevariante zur Transaktion MIGO in den Berechtigungsdaten der Testrolle

Legen Sie jetzt die Einzelrolle ZTEST_ROLLE_B an und fügen Sie auch hier im Rollenmenü die Transaktion MIGO hinzu. Sichern Sie Ihre Eingaben.

Setzen Sie auf der Registerkarte **Anwendungen** das Häkchen bei **ZMIGO_ AENDERN** und entfernen Sie die restlichen Häkchen. Sichern Sie die Rolle und klicken Sie auf **Berechtigungsdaten ändern** auf der Registerkarte **Berechtigungen**. Wie in Abbildung 11.39 dargestellt, ist in der Rolle nun der Berechtigungswert **02** (**Ändern**) zu sehen.

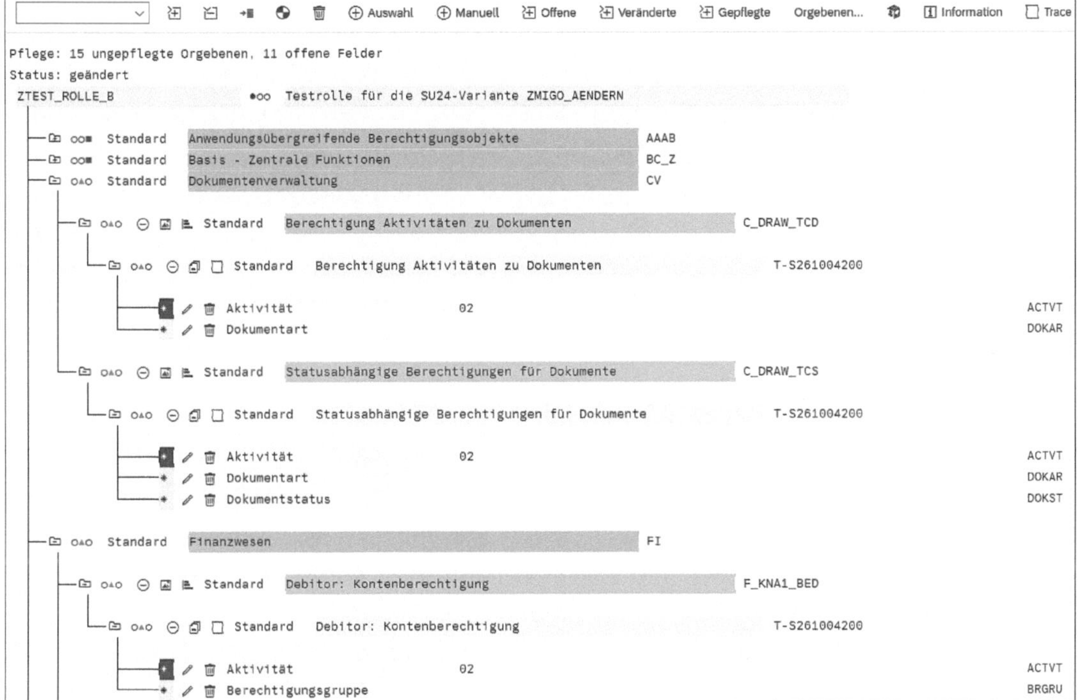

Abbildung 11.39 SU24-Änderungsvariante zu Transaktion MIGO in den Berechtigungsdaten der Testrolle

Sie haben in diesem Abschnitt gelernt, in Transaktion SU24 anwendungsfallspezifisch Varianten anzulegen, um standardkonforme und unterschiedliche Ausprägungen in verschiedenen Rollen zu ermöglichen. SU24-Varianten stellen eine anforderungsgemäße Vorbelegung von Berechtigungsfeldern sicher und minimieren das Risiko einer Fehl- oder Überberechtigung.

11.3 Berechtigungen für die Geschäftspartner-Pflege einrichten

Anforderungen der Pflege des Geschäftspartners

Die Pflege des Geschäftspartners (Business-Partners) nimmt in der Konzeption von Berechtigungen häufig einen zentralen Raum ein. Mögliche Anforderungen können z. B. sein:

- Nicht jeder Benutzer, der über die Transaktion BP in seinen Rollen verfügt, darf alle Geschäftspartner einsehen oder pflegen.
- Nicht jeder Benutzer, der Geschäftspartner pflegen darf, darf alle Felder innerhalb eines Geschäftspartner-Stammsatzes pflegen.

In diesem Abschnitt erhalten Sie eine Schritt-für-Schritt-Anleitung zur Umsetzung dieser Anforderungen.

11.3.1 Praxisübung zur Einrichtung von Berechtigungsgruppen für die Anzeige/Pflege in Transaktion BP

Definition von Berechtigungsgruppen

Nicht jeder Benutzer, der über die Transaktion BP in seinen Rollen verfügt, darf alle Geschäftspartner einsehen oder pflegen. Das heißt, Sie müssen Berechtigungsgruppen für die schützenswerten Geschäftspartner definieren, die sie dann über speziell für die Anzeige/Pflege dieser Geschäftspartner vorgesehene Rollen an die richtigen Benutzer vergeben. In diesem Abschnitt lernen Sie, wie Sie bei der Anlage von Berechtigungsgruppen sowie bei der richtigen Ausprägung der dazugehörigen Berechtigungsobjekte vorgehen.

Navigation zur Definition von Berechtigungsgruppen

Rufen Sie die Transaktion SPRO auf. Klicken Sie auf **IMG** und folgen Sie dem Pfad **Anwendungsübergreifende Komponenten • SAP-Geschäftspartner • Geschäftspartner • Grundeinstellungen • Berechtigungsverwaltung • Berechtigungsgruppen pflegen**.

Klicken Sie auf **Neue Einträge**. Tragen Sie in der Spalte **BerGrp** die Berechtigungsgruppen »Z01« und »Z02« sowie in der Spalte **Bezeichn.** »Bereich A« und »Bereich B« ein und sichern Sie.

Es öffnet sich das Fenster zur Auswahl des Transportauftrags. Wählen Sie dort Ihren Customizing-Transport aus oder legen Sie einen neuen an und bestätigen Sie Ihre Auswahl mit dem grünen Häkchen. Sie erhalten dann die in Abbildung 11.40 dargestellte Ansicht.

Abbildung 11.40 Transaktion SPRO: Eintrag von Berechtigungsgruppen

Erstellung von Testrollen zum Test der Berechtigungsgruppen

Rufen Sie die Transaktion PFCG auf und legen Sie gemäß der Vorgehensweise in Abschnitt 6.2.1, »Einzelrolle anlegen«, folgende drei Einzelrollen an:

- ZDSE_CAO_N_UNIV_BP_DISPLAY_ALL
- ZDSE_CAO_N_UNIV_BP_DISPLAY_Z01
- ZDSE_CAO_N_UNIV_BP_DISPLAY_Z02

Fügen Sie in allen drei Rollen die Transaktion BP hinzu. Sichern Sie die Rollen und klicken Sie dann auf **Berechtigungsdaten ändern** auf der Registerkarte **Berechtigungen**.

Die im Kontext der Transaktion BP gepflegten Berechtigungsobjekte sehen Sie jetzt in der Transaktion SU24 einschließlich ihrer Berechtigungswerte mit dem Status **Standard**.

Ausprägung der Berechtigungsobjekte B_BUPA_RLT und B_BUPA_GRP

Deaktivieren Sie alle Berechtigungsobjekte außer B_BUPA_GRP und B_BUPA_RLT. Prägen Sie in allen drei Rollen im Berechtigungsobjekt das Feld **ACTVT** mit **03** (**Anzeigen**) sowie das Feld **RLTYP** (GP-Rolle) mit **000000** (**GPartner allgemein**) aus. Diese Berechtigung dient der Anzeige von Geschäftspartnern mit der Rolle **Allgemein**.

Prägen Sie im Berechtigungsobjekt B_BUPA_GRP die Felder **ACTVT** und **BEGRU** mit den in Tabelle 11.2 dargestellten Werten aus.

Rollenname	B_BUPA_GRP		Abbildung
	ACTVT	BEGRU	
ZDSE_CAO_E_UNIV_BP_DISPLAY_ALL	03	*	Abbildung 11.41
ZDSE_CAO_E_UNIV_BP_DISPLAY_Z01	03	Z01	Abbildung 11.42
ZDSE_CAO_E_UNIV_BP_DISPLAY_Z02	03	Z02	Abbildung 11.43

Tabelle 11.2 Ausprägung von Berechtigungsobjekt B_BUPA_GRP in den Testrollen

Abbildung 11.41 zeigt die Ausprägung der Berechtigungsobjekte B_BUPA_GRP und B_BUPA_RLT in der Rolle ZDSE_CAO_E_UNIV_BP_DISPLAY_ALL.

Abbildung 11.42 zeigt die Ausprägung der Berechtigungsobjekte B_BUPA_GRP und B_BUPA_RLT in der Rolle ZDSE_CAO_E_UNIV_BP_DISPLAY_Z01.

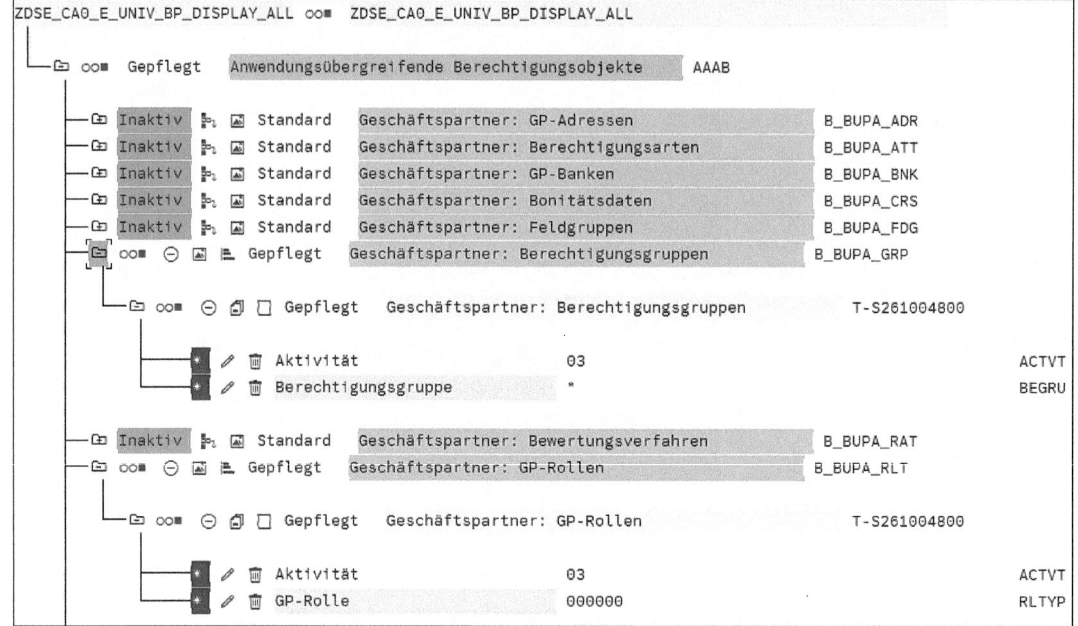

Abbildung 11.41 Berechtigungsobjekt B_BUPA_GRP mit »*« im Feld »BEGRU«

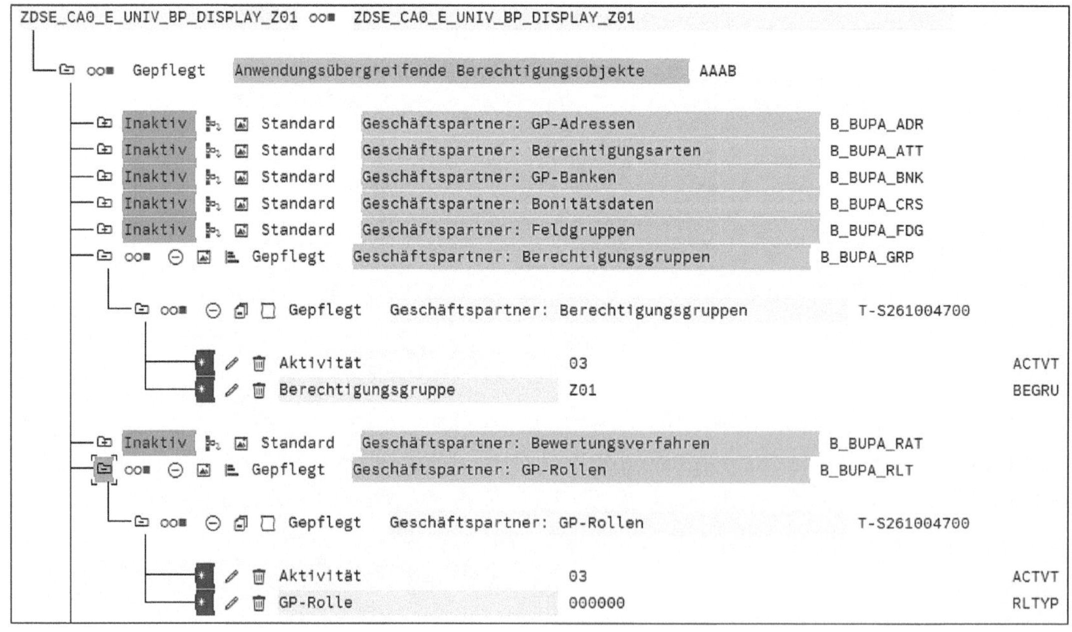

Abbildung 11.42 Berechtigungsobjekt B_BUPA_GRP mit »Z01« im Feld »BEGRU«

Abbildung 11.43 zeigt die Ausprägung der Berechtigungsobjekte B_BUPA_GRP und B_BUPA_RLT in der Rolle ZDSE_CAO_E_UNIV_BP_DISPLAY_Z02.

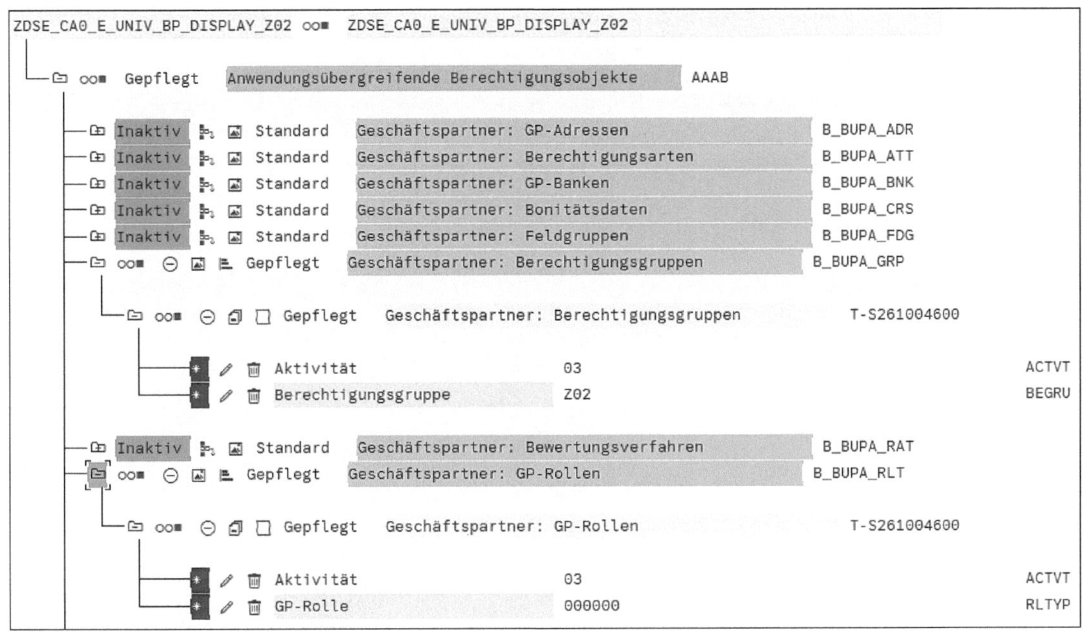

Abbildung 11.43 Berechtigungsobjekt B_BUPA_GRP mit »Z02« im Feld »BEGRU«

Erstellen Sie die in Tabelle 11.3 aufgeführten Testbenutzer und weisen Sie diesen neben der Grundrolle jeweils die in der Spalte **Rollenzuweisung** aufgeführten Rolle zu.

Testbenutzer	Rollenzuweisung
T_BP_DIS_ALL	ZDSE_CA0_E_UNIV_BP_DISPLAY_ALL
T_BP_DIS_Z01	ZDSE_CA0_E_UNIV_BP_DISPLAY_Z01
T_BP_DIS_Z02	ZDSE_CA0_E_UNIV_BP_DISPLAY_Z02

Tabelle 11.3 Rollenzuweisung der Testbenutzer

Rufen Sie die Transaktion BP auf. Klicken Sie auf den Button **Organisation** im Menü, um eine Organisation anzulegen. Tragen Sie im Feld **Name** »Testfirma_1« ein. Wechseln Sie zur Registerkarte **Steuerung** und tragen Sie im Feld **Berechtigungsgruppe** »Z01« ein.

In Tabelle 11.4 sehen Sie den Eintrag Z01 bei Testfirma_1. Mit diesem Schritt haben Sie die Testfirma_1 mit der Berechtigungsgruppe Z01 geschützt. Nur Benutzer mit dem entsprechenden Wert Z01 im Berechtigungsobjekt B_BUPA_GRP in ihren zugewiesenen Rollen können die Daten von Testfirma_1 einsehen. Klicken Sie auf **Sichern**. Legen Sie analog zu dieser Vorgehensweise die Testfirma_2 und Testfirma_3 mit den in Tabelle 11.4 aufgeführten Berechtigungsgruppen an.

BP (Geschäftspartner)	Berechtigungsgruppe
Testfirma_1	Z01
Testfirma_2	Z02
Testfirma_3	Das Feld **Berechtigungsgruppe** bleibt leer.

Tabelle 11.4 Berechtigungsgruppen von Test-Geschäftspartnern

Testausführung zur Anzeige der Geschäftspartner

Melden Sie sich mit dem Testbenutzer T_BP_DIS_Z01 im System an und rufen Sie die Transaktion BP auf. Suchen Sie nach Testfirma 1, 2 und 3 und lassen Sie sich diese anzeigen.

Sie stellen fest, dass Sie Testfirma 1 und 3 finden und anzeigen lassen können. Testfirma 2 finden Sie gar nicht. Testfirma 1 ist mit der Berechtigungsgruppe Z01 geschützt. Da der Testbenutzer T_BP_DIS_Z01 über die Berechtigungsgruppe Z01 in seinen Rollen verfügt, kann er die Testfirma 1 anzeigen. Die Testfirma 2 ist mit der Berechtigungsgruppe Z02 geschützt, über die der Testbenutzer T_BP_DIS_Z01 in seinen Rollen nicht verfügt und die Testfirma 2 deswegen auch nicht finden bzw. anzeigen kann. Da Testfirma 3 mit keiner Berechtigungsgruppe geschützt ist, kann Testbenutzer T_BP_DIS_Z01 auch die Testfirma 3 in der Suche finden und anzeigen. Die Ergebnisse für Testbenutzer T_BP_DIS_Z01 und Testbenutzer T_BP_DIS_ALL sehen Sie in Tabelle 11.5.

Testbenutzer	Szenario 1	Ergebnis 1	Szenario 2	Ergebnis 2	Szenario 3	Ergebnis 3
T_BP_DIS_ALL	Anzeige von Testfirma 1	Erfolgreich	Anzeige von Testfirma 2	Erfolgreich	Anzeige von Testfirma 3	Erfolgreich
T_BP_DIS_Z01	Anzeige von Testfirma 1	Erfolgreich	Anzeige von Testfirma 2	Nicht erfolgreich	Anzeige von Testfirma 3	Erfolgreich
T_BP_DIS_Z02	Anzeige von Testfirma 1	Nicht erfolgreich	Anzeige von Testfirma 2	Erfolgreich	Anzeige von Testfirma 3	Erfolgreich

Tabelle 11.5 Zusammenfassung der Testergebnisse

Dieses Wissen hilft Ihnen bei der Konzeption sowie der Erstellung von Rollen unter Berücksichtigung von schützenswerten Geschäftspartnern. Sie identifizieren und analysieren die schützenswerten Geschäftspartner (gemeinsam mit den Rollenverantwortlichen, Key-Usern usw.). Darauf aufbauend konzipieren Sie Ihre Rollen und definieren Berechtigungsgruppen, die Sie in der oder in den richtigen Rollen entsprechend ausprägen.

11.3.2 Praxisübung zur Einrichtung von Feldgruppen für die Geschäftspartner-Pflege

Sie stehen vor der Anforderung, dass nicht jeder Benutzer, der Geschäftspartner pflegen kann, auch dessen Bankdaten pflegen darf. Es wird innerhalb der Geschäftspartner-Pflege somit differenziert. Ein oder mehrere Felder, wie z. B. die Felder zur Bankverbindung, sind einer Feldgruppe zugeordnet, für die nur gemeinsam Berechtigungen vergeben werden können. Die möglichen Feldgruppen werden von SAP ausgeliefert und sind im Customizing (Transaktion SPRO) zu definieren.

Navigationspfad zur Definition von Feldgruppen

Rufen Sie die Transaktion SPRO auf. Klicken Sie auf **IMG** und folgen Sie dem folgenden Pfad: **Anwendungsübergreifende Komponenten • SAP-Geschäftspartner • Geschäftspartner • Grundeinstellungen • Berechtigungsverwaltung • Berechtigungsrelevante Feldgruppen festlegen**. Klicken Sie dort auf **Neue Einträge**. Pflegen Sie in dem sich öffnenden Fenster die Spalte **Fldgr.** mithilfe der Auswahlhilfe (Taste F4). Wählen Sie **0009 Bankverbindungen** aus und klicken Sie auf **Sichern**. Sie erhalten die in Abbildung 11.44 dargestellte Ansicht.

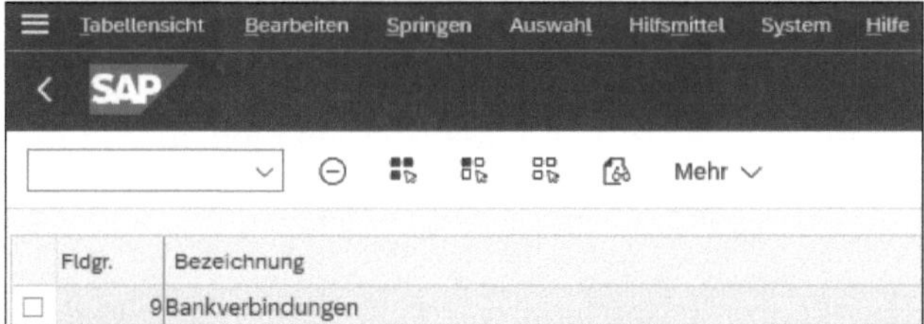

Abbildung 11.44 Definition von Geschäftspartner-Feldgruppen im Customizing

Die Feldgruppe **0009 Bankverbindungen** dürfen nur die Benutzer pflegen bzw. anzeigen, die das Berechtigungsobjekt B_BUPA_FDG mit der Ausprägung **9** im Feld **FLDGR** und **01,02** bzw. **03** im Feld **ACTVT** in ihren Rollen haben. Alle weiteren Feldgruppen, die nicht in der Transaktion SPRO eingetragen werden, dürfen alle Benutzer pflegen/anzeigen.

Anlage von Rollen zur Testdurchführung zu Feldgruppen

Legen Sie die Rollen ZDSE_CAO_E_UNIV_BP_OHNE_BANK und ZDSE_CAO_E_UNIV_BP_INKL_BANK in der Transaktion PFCG an und fügen Sie in beiden Rollen die Transaktion BP hinzu. Prägen Sie das Berechtigungsobjekt B_BUPA_FDG in den beiden Rollen so aus, wie in Tabelle 11.6 dargestellt.

Testbenutzer	Rolle	B_BUPA_FDG	Testszenario	Ergebnis
T_BP_1	ZDSE_CAO_E_UNIV_BP_INKL_BANK	AVTVT:02 FLDGR:9	Pflege von Bankverbindung eines BP	Erfolgreich
T_BP_2	ZDSE_CAO_E_UNIV_BP_OHNE_BANK	Inaktiv	Pflege von Bankverbindung eines BP	Nicht erfolgreich

Tabelle 11.6 Testbenutzer und ihre Rollen zum Test von Feldgruppen

Erstellen Sie die Testbenutzer T_BP_1 und T_BP_2. Weisen Sie ihnen neben der Grundrolle die in Tabelle 11.6 aufgeführte Rolle zu. Melden Sie sich mit Testbenutzer T_BP_1 am System an und rufen Sie die Transaktion BP auf. Suchen Sie nach einem beliebigen ohne Berechtigungsgruppe geschützten Geschäftspartner (siehe vorheriger Abschnitt).

Änderung der Bankdaten durch einen Testbenutzer

Wechseln Sie auf die Registerkarte **Zahlungsverkehr**. Klicken Sie auf (**Umschalten zwischen Anzeigen und Ändern**), um in den Änderungsmodus zu wechseln und Einträge zur Bankverbindung zu ändern. Nach Änderung eines Eintrags klicken Sie auf **Sichern**. Testbenutzer T_BP_1 verfügt nun über die Berechtigung für die Feldgruppe **9** (**Bankverbindungen**). Mit diesem Testbenutzer haben Sie erfolgreich eine Änderung in den Bankdaten vorgenommen.

Melden Sie sich anschließend mit Testbenutzer T_BP_2 an und gehen Sie wie beim ersten Test mit Testbenutzer T_BP_1 vor. Da dem Testbenutzer T_BP_2 die Berechtigung für die Feldgruppe **9** fehlt, stoßen Sie bei diesem Test richtigerweise auf einen Berechtigungsfehler.

11.4 Zusammenfassung

In diesem Kapitel haben Sie die Reihenfolge der zum SU25-Abgleich gehörenden Aktivitäten einschließlich notwendiger Vorarbeiten anhand einer

Schritt-für-Schritt-Anleitung kennengelernt. Sie wissen, wie SU24-Vorschlagswerte angezeigt und wie sie für ein standardkonformes Rollenkonzept verändert bzw. als Varianten angelegt werden. Sie haben außerdem gelernt, wie die Berechtigungen zur Anzeige und Pflege von Geschäftspartnern restriktiv eingerichtet und vergeben werden können.

Kapitel 12
Monitoring von kritischen Berechtigungen

Das Berechtigungskonzept dient der Absicherung der SAP-Systeme vor internen und externen Angreifern. Durch die sorgfältige Vergabe von kritischen Berechtigungen an eine eingeschränkte Anzahl von berechtigten Benutzern wird die SAP-Sicherheit gestärkt.

In diesem Kapitel erfahren Sie, wie Sie einen wichtigen Aspekt der SAP-Sicherheit, die Vergabe von kritischen Berechtigungen, mit SAP-Standardtransaktionen prüfen können. Außerdem erfahren Sie, wie Sie mittels SAP-Security-Audit-Log die kritischen Ereignisse im System überwachen. In Abschnitt 12.1, »Kritische Berechtigungen definieren«, lernen Sie die allgemeingültigen, für SAP-Systeme kritischen Berechtigungen kennen. Diese werden mit Beschreibungen und technischen Definitionen tabellarisch aufgeführt. In Abschnitt 12.2, »Prüfregeln anlegen«, erklären wir, wie Sie die Definitionen der kritischen Berechtigungen über die Transaktion SUIM in das SAP-System einpflegen. In Abschnitt 12.3, »Prüfung ausführen«, erfahren Sie, wie Sie die kritischen Berechtigungen in den Rollen und bei Benutzern identifizieren. Außerdem erfahren Sie, wie Sie das Monitoring der kritischen Berechtigungen mit SAP-Standardtransaktionen aufsetzen können. In Abschnitt 12.4, lernen Sie die Konfiguration des SAP-Security-Audit-Log und die Auswertung der Logdateien kennen.

12.1 Kritische Berechtigungen definieren

Bevor Sie in Ihrem SAP-System kritische Berechtigungen in Rollen und bei Benutzern identifizieren und entfernen, müssen Sie definieren, was Sie unter kritischen Berechtigungen verstehen. Theoretische Grundlagen dazu finden Sie in Abschnitt 3.4, »Kritische Berechtigungen«. In diesem Abschnitt werden die wichtigsten kritischen Berechtigungen inklusive ihrer technischen Definitionen beschrieben.

Debugging

Mit guten SAP-Kenntnissen und der Berechtigung für das Debugging lassen sich fast alle Sicherheitsvorkehrungen in einem SAP-System umgehen. Bis auf den Notfallbenutzer darf im Produktivsystem daher kein Benutzer das Berechtigungsobjekt S_DEVELOP zur Datenänderung beim Debugging haben. Die Debugging-Berechtigung im Änderungsmodus erlaubt das spurenlose Löschen von Daten und ist somit ein Verstoß gegen das sogenannte *Radierverbot*. Tabelle 12.1 zeigt die technische Definition dieser Berechtigung.

Kritische Berechtigung	Berechtigungsobjekt	Beschreibung des Berechtigungsobjekts	Feld	Wert
Debugging	S_DEVELOP	ABAP Workbench	ACTVT	02 (Ändern)
		ABAP Workbench	OBJTYPE	DEBUG

Tabelle 12.1 Technische Definition der kritischen Berechtigung zum Debugging

Änderungsbelege löschen/pflegen

Das Berechtigungsobjekt S_SCDO ermöglicht das Verändern (ACTVT = 12) oder Löschen (ACTVT = 06) von Änderungsbelegobjekten und Änderungsbelegen (siehe Tabelle 12.2). Dieses Berechtigungsobjekt darf in der erwähnten Ausprägung nicht vergeben werden, da ansonsten die Nachvollziehbarkeit des Systems gefährdet ist.

Kritische Berechtigung	Berechtigungsobjekt	Beschreibung des Berechtigungsobjekts	Feld	Wert
Änderungsbelege löschen/pflegen	S_SCDO	Änderungsbelege	ACTVT	06 (Löschen) oder 12 (Änderungsbelege pflegen/generieren)

Tabelle 12.2 Technische Definition der kritischen Berechtigung zum Löschen/Pflegen von Änderungsbelegen

SAP-Passwörter anzeigen

Die Passwörter der Benutzer sind im SAP-System als Hash-Werte abgelegt. Die Qualität der Hash-Werte und damit deren Sicherheit hängt aber von den eingesetzten Hash-Algorithmen ab. Die Berechtigungsobjekte S_TABU_DIS und S_TABU_NAM erlauben den Zugang zu den Tabellen, in denen die Hash-Werte der Passwörter abgelegt sind. Dieser Zugang muss stark eingeschränkt werden. Dies betrifft die Tabellen USR02, USH02, USRPWDHISTORY und VUSR02_PWD. Die technische Definition dieser Berechtigung sehen Sie in Tabelle 12.3.

Kritische Berechtigung	Berechtigungsobjekt	Beschreibung des Berechtigungsobjekts	Feld	Wert
SAP-Passwörter anzeigen	S_TABU_DIS	Tabellenpflege (über Standard-Tools wie z. B. SM30)	DICBERCLS	SPWD
			ACTVT	02 (Ändern) oder 03 (Anzeigen)
	S_TABU_NAM	Tabellenzugriff über generische Standard-Tools	TABLE	USH02 oder USR02 oder USRPWDHISTORY oder VUSR02_PWD
			ACTVT	02 (Ändern) oder 03 (Anzeigen)

Tabelle 12.3 Technische Definition der kritischen Berechtigung zur Anzeige von SAP-Passwörtern

Berechtigungsprüfung beim RFC-Zugriff

Benutzer, die das Berechtigungsobjekt S_RFC mit der *-Berechtigung haben, können potenziell jeden Funktionsbaustein ausführen, der keine zusätzliche Berechtigungsprüfung auf Berechtigungsobjekte für die ausgeführte Businesslogik durchführt. Wenn beispielsweise ein Funktionsbaustein Finanzdaten verarbeitet, könnte er via RFC ausgeführt werden, obwohl die Rolle des Benutzers nicht die notwendigen relevanten Berechtigungsobjekte enthält. Es ist Best-Practice für das Berechtigungsobjekt S_RFC, das Feld RFC_NAME mit den Werten einzuschränken, die die Benutzer tatsächlich für ihre Funktionen im System brauchen. Für die technische Definition der Berechtigung siehe Tabelle 12.4.

Kritische Berechtigung	Berechtigungsobjekt	Beschreibung des Berechtigungsobjekts	Feld	Wert
Berechtigungsprüfung beim RFC-Zugriff	S_RFC	Berechtigungsprüfung für RFC-Zugriff	ACTVT	16 (Ausführen)
			RFC_NAME	#*

Tabelle 12.4 Technische Definition der kritischen Berechtigung zur Berechtigungsprüfung beim RFC-Zugriff

Datenmigration (Transaktion LSMW)

Legacy System Migration Workbench (LSMW) ist ein Tool, das die Datenmigration von Fremdsystemen (Nicht-SAP-Systemen) ins SAP-System unterstützt. Bei einer fehlerhaften Anwendung von LSMW ist die Datenintegrität des Systems gefährdet. Wir empfehlen, diese Berechtigung in einem Produktivsystem an Benutzer zu vergeben, die in einem Projekt die Datenmigration durchführen. Sie sollten diese Berechtigung auch nur für die Dauer dieser Aktivität vergeben. Alternativ kann diese Berechtigung über Notfallbenutzer in einem Produktivsystem beantragt werden. Tabelle 12.5 zeigt die technische Definition dieser Berechtigung.

Kritische Berechtigung	Berechtigungsobjekt	Beschreibung des Berechtigungsobjekts	Feld	Wert
Datenmigration (Transaktion LSMW)	S_TCODE	Transaktionscodeprüfung bei Transaktionsstart	TCD	LSMW
	B_LSMW	LSMW: Transaktion und Aktivität	ACTVT	02 (Ändern) oder 16 (Ausführen) oder 36 (Erweiterte Pflege)

Tabelle 12.5 Technische Definition der kritischen Berechtigung zur Datenmigration (Transaktion LSMW)

Prüfwerte anpassen (Transaktion SU24)

Die Transaktion SU24 ermöglicht die Deaktivierung einer Berechtigungsprüfung für ein Berechtigungsobjekt einer Anwendung. Diese Berechtigung darf im Produktivsystem nur der Notfallbenutzer haben.

Im Entwicklungssystem braucht ausschließlich die Berechtigungsadministration den Zugang zur Transaktion SU24 für die Pflege der Berechtigungsvorschlagswerte. Die vorgenommenen Änderungen werden mit einem Transport ins Test- und Produktivsystem übertragen. Die technische Definition dieser Berechtigung sehen Sie in Tabelle 12.6.

Kritische Berechtigung	Berechtigungsobjekt	Beschreibung des Berechtigungsobjekts	Feld	Wert
Prüfwerte anpassen (Transaktion SU24)	S_TCODE	Transaktionscodeprüfung bei Transaktionsstart	TCD	SU24
	S_DEVELOP	ABAP Workbench	OBJTYPE	SUSK
			ACTVT	02

Tabelle 12.6 Technische Definition der kritischen Berechtigung zur Anpassung von Prüfwerten (Transaktion SU24)

Berechtigungsprüfungen abschalten

Mit der Transaktion AUTH_SWITCH_OBJECTS können Berechtigungsobjekte global ausgeschaltet werden. Die Berechtigung darf im Produktivsystem ausschließlich der Notfallbenutzer haben. In Tabelle 12.7 sehen Sie die technische Definition dieser Berechtigung.

Kritische Berechtigung	Berechtigungsobjekt	Beschreibung des Berechtigungsobjekts	Feld	Wert
Berechtigungsprüfungen abschalten (Transaktion AUTH_SWITCH_OBJECTS)	S_TCODE	Transaktionscodeprüfung bei Transaktionsstart	TCD	AUTH_SWITCH_OBJECTS
	S_USER_OBJ	Berechtigungswesen: Berechtigungsobjekte global ausschalten	ACTVT	02 oder 07 oder 21

Tabelle 12.7 Technische Definition der kritischen Berechtigung, um Berechtigungsprüfungen abzuschalten

Systemadministration

Das Berechtigungsobjekt S_ADMI_FCD (Systemberechtigungen) steuert den Zugriff auf unterschiedliche Transaktionen für die Systemadministration. Die folgenden Werte im Feld S_ADMI_FCD dieses Berechtigungsobjekts sollen ausschließlich an die SAP-Basisadministration vergeben werden:

- DBA – Berechtigung für Datenbankadministration (Transaktionen DB12, DB13, DB14, DB16, DB17, DB20, DB21, DB24, DB26, DB34, DBOSC_CM, DBOSC_DEV, DBOSC_STARTUP, OSCOCKPIT)
- NADM – Netzwerkadministration (Transaktionen SM54, SM55, SM58, SM59, SMT1, SMT2, SMQ1, SMQ2, SMQ3, SMQA, SMQR)
- PADM – Prozessadministration (Transaktionen SM50, SM51, SM04, SMICM)
- RSET – Rücksetzen/Löschen von Daten ohne Archivierung (Transaktionen OKWD, CXDL, GCU9, KKE5, KKPV, ME_WIZARD, MMDE, OKC3, OKC5, OKC6, OKO5)
- SMSS – Microsoft SQL Server Command Window
- SPAD – übergeordnete Berechtigung zur Spool-Administration
- SPAM – Berechtigung zur Verwaltung von Spool-Aufträgen in Fremdmandanten
- SPAR – Spool-Administration mandantenabhängig
- TLCK – Transaktionen sperren/entsperren
- UADM – Verbuchungsadministration (Transaktionen SM14 und SM13)
- UMON – Überwachen und Administration von Verbuchungssätzen (SM13)
- UNIX – UNIX-Kommandos aus dem SAP-System absetzen

In Tabelle 12.8 sehen Sie die technische Definition dieser Berechtigung.

Kritische Berechtigung	Berechtigungsobjekt	Beschreibung des Berechtigungsobjekts	Feld	Wert
Systemadministration	S_ADMI_FCD	Systemberechtigungen	S_ADMI_FCD	DBA oder NADM oder PADM oder RSET oder SMSS oder SPAD oder SPAM oder SPAR oder TLCK oder UADM oder UMON oder UNIX

Tabelle 12.8 Technische Definition der kritischen Berechtigung zur Systemadministration

Mandantenverwaltung

Die Berechtigung für die Mandantenverwaltung darf ausschließlich der SAP-Basisadministration zugewiesen werden. Tabelle 12.9 zeigt die technische Definition dieser Berechtigung.

Kritische Berechtigung	Berechtigungsobjekt	Beschreibung des Berechtigungsobjekts	Feld	Wert
Mandantenverwaltung TABLE T000 ACTVT 02	S_TCODE	Transaktionscodeprüfung bei Transaktionsstart	TCD	SCC3 oder SCC4 oder SCC5
	S_TABU_DIS	Tabellenpflege (über Standard-Tools wie z. B. SM30)	DICBERCLS	SS
			ACTVT	02
			S_TABU_NAM	Tabellenzugriff über generische Standard-Tools

Tabelle 12.9 Technische Definition der kritischen Berechtigung zur Mandantenverwaltung

Profilparameter pflegen

In den Transaktionen RZ10 und RZ11 werden unter anderem die für die Sicherheit des SAP-Systems sehr wichtigen Profilparameter gepflegt. Die Berechtigung darf ausschließlich der SAP-Basisadministration zugewiesen werden. Die technische Definition dieser Berechtigung finden Sie in Tabelle 12.10.

Kritische Berechtigung	Berechtigungsobjekt	Beschreibung des Berechtigungsobjekts	Feld	Wert
Pflege Profilparameter (Transaktionen RZ10 und RZ11)	S_TCODE	Transaktionscodeprüfung bei Transaktionsstart	TCD	RZ10 oder RZ11
	S_RZL_ADM	CCMS: Systemadministration	ACTVT	01 (Hinzufügen oder Erzeugen)

Tabelle 12.10 Technische Definition der kritischen Berechtigung zur Pflege von Profilparametern

Systemänderbarkeit umschalten

Die Berechtigungsobjekte S_CTS_ADMI und S_CTS_SADM ermöglichen das Verändern der Systemänderbarkeit. Die Berechtigung darf ausschließlich der SAP-Basisadministration zugewiesen werden. Für die technische Definition dieser Berechtigung siehe Tabelle 12.11.

Kritische Berechtigung	Berechtigungsobjekt	Beschreibung des Berechtigungsobjekts	Feld	Wert
Systemänderbarkeit umschalten	S_CTS_ADMI	Administrationsfunktionen im Change- und Transportsystem	CTS_ADM-FCT	SYSC
	S_CTS_SADM	Systemspezifische Administrationsberechtigung für NON-ABAP	CTS_ADM-FCT	SYSC

Tabelle 12.11 Technische Definition der kritischen Berechtigung zum Umschalten der Systemänderbarkeit

Konfiguration der RFC-Verbindungen

Die hier dargestellte Berechtigung ermöglicht die Administration von RFC-Verbindungen (Remote Function Call) inklusive des Anlegens von neuen Verbindungen. Die Berechtigung darf ausschließlich der SAP-Basisadministration zugewiesen werden. Tabelle 12.12 zeigt die technische Definition dieser Berechtigung.

Kritische Berechtigung	Berechtigungsobjekt	Beschreibung des Berechtigungsobjekts	Feld	Wert
Konfiguration der RFC-Verbindungen	S_TCODE	Transaktionscodeprüfung bei Transaktionsstart	TCD	SM59
	S_RFC_ADM	Administration für RFC-Destination	ACTVT	01 oder 02 oder 06

Tabelle 12.12 Technische Definition der kritischen Berechtigung zur Konfiguration der RFC-Verbindungen

Services aktivieren, deaktivieren und ändern (Transaktion SICF)

Das Berechtigungsobjekt S_ICF_ADM ermöglicht, Services in der Transaktion SICF zu aktivieren. Die Berechtigung darf ausschließlich der SAP-Basisadministration zugewiesen werden. Wir empfehlen, nur die Services zu aktivieren, die tatsächlich benutzt werden, da die aktivierten Services die Angriffsfläche für Cyberattackenvergrößern. In Tabelle 12.13 sehen Sie die technische Definition dieser Berechtigung.

Kritische Berechtigung	Berechtigungsobjekt	Beschreibung des Berechtigungsobjekts	Feld	Wert
Services aktivieren, deaktivieren und ändern (Transaktion SICF)	S_ICF_ADM	Verwaltung für das Internet Communication Framework	ACTVT	07

Tabelle 12.13 Technische Definition der kritischen Berechtigung zum Aktivieren, Deaktivieren und Ändern der Services (Transaktion SICF)

Konfiguration des SAP-Security-Audit-Log ändern

Die Berechtigungsobjekte S_ADMI_FCD und S_SAL ermöglichen die Änderung der Einstellungen des SAP-Security-Audit-Log in der Transaktion RSAU_CONFIG oder SM19. Die Berechtigung darf ausschließlich der SAP-Basisadministration zugewiesen werden. Die technische Definition dieser Berechtigung sehen Sie in Tabelle 12.14.

Kritische Berechtigung	Berechtigungsobjekt	Beschreibung des Berechtigungsobjekts	Feld	Wert
Konfiguration des SAP-Security-Audit-Log ändern	S_ADMI_FCD	Systemberechtigungen	S_ADMI_FCD	AUDD oder AUDA
	S_SAL	Security Audit Log	SAL_ACTVT	EDIT_PARAM oder EDIT_CONFD oder EDIT_CONFS

Tabelle 12.14 Technische Definition der kritischen Berechtigung zur Änderung der Konfiguration des SAP-Security-Audit-Log

Zugriff auf Dateien des Betriebssystems erlauben

Die Transaktion AL11 und das Berechtigungsobjekt S_ADMI_FCD ermöglichen den Zugriff auf die Dateien des Betriebssystems. Entsprechende Veränderungen können zu einer Systemwiederherstellung führen. Diese Berechtigung darf ausschließlich der SAP-Basisadministration zugewiesen werden. Für die technische Definition dieser Berechtigung siehe Tabelle 12.15.

Kritische Berechtigung	Berechtigungsobjekt	Beschreibung des Berechtigungsobjekts	Feld	Wert
Zugriff auf Dateien des Betriebssystems	S_TCODE	Transaktionscodeprüfung bei Transaktionsstart	TCD	AL11
	S_ADMI_FCD	Systemberechtigungen	S_ADMI_FCD	STOR

Tabelle 12.15 Technische Definition der kritischen Berechtigung zum Zugriff auf Dateien des Betriebssystems

Benutzer pflegen

Die hier dargestellte Berechtigung ermöglicht, Benutzer im SAP-System anzulegen, zu ändern, zu sperren, zu entsperren, Passwörter zurückzusetzen und Rollen und Profile zuzuweisen. Die Berechtigung darf ausschließlich der SAP-Basisadministration und der Benutzeradministration zugewiesen werden. Tabelle 12.16 zeigt die Werte für die technische Definition dieser Berechtigung.

Kritische Berechtigung	Berechtigungsobjekt	Beschreibung des Berechtigungsobjekts	Feld	Wert
Benutzer pflegen	S_TCODE	Transaktionscodeprüfung bei Transaktionsstart	TCD	SU01 oder SU10 oder SU12
	S_USER_GRP	Benutzerstammpflege: Benutzergruppen	ACTVT	01 oder 02 oder 05 oder 06 oder 22 oder 78
	S_USER_AUT	Benutzerstammpflege: Berechtigungen	ACTVT	22

Tabelle 12.16 Technische Definition der kritischen Berechtigung zur Benutzerpflege

Berechtigungsentwicklung (Transaktion PFCG)

Die Transaktion PFCG und das Berechtigungsobjekt S_USER_AGR ermöglichen, Berechtigungsrollen anzulegen, zu ändern und zu generieren. Die Berechtigung darf ausschließlich der Berechtigungsadministration im Entwicklungssystem zugewiesen werden.

Rollen sollen nur im Entwicklungssystem gepflegt und von dort ins Test- und Produktivsystem transportiert werden. Andernfalls entsteht das Risiko, dass Rollen im Produktivsystem unbeabsichtigt geändert werden oder dass Berechtigungsprobleme direkt im Produktivsystem gelöst werden, ohne den Rollenstand im Test- und Produktivsystem abzugleichen. Später wird eine andere Änderung an der Rolle im Entwicklungssystem vorgenommen und die Rolle in das Produktivsystem transportiert. Das Berechtigungsproblem, das schon direkt im Produktivsystem gelöst wurde, entsteht so erneut. Tabelle 12.17 zeigt die technische Definition der Berechtigung.

Kritische Berechtigung	Berechtigungsobjekt	Beschreibung des Berechtigungsobjekts	Feld	Wert
Berechtigungsentwicklung (Transaktion PFCG)	S_TCODE	Transaktionscodeprüfung bei Transaktionsstart	TCD	PFCG
	S_USER_AGR	Berechtigungswesen: Prüfung für Rollen	ACTVT	01 (Hinzufügen oder Erzeugen) oder 02 (Ändern) oder 64 (Generieren)

Tabelle 12.17 Technische Definition der kritischen Berechtigung zur Berechtigungsentwicklung (Transaktion PFCG)

Uneingeschränkte Tabellenpflege

Die Berechtigungsobjekte S_TABU_DIS und S_TABU_NAM mit der Aktivität 02 und den uneingeschränkten Feldern DICBERCLS und TABLE ermöglichen, alle Tabellen im SAP-System zu pflegen. Wir empfehlen, die Berechtigung für die Tabellenpflege nur für die Tabellen zu vergeben, die die Benutzer tatsächlich pflegen müssen. Die technische Definition der Berechtigung sehen Sie in Tabelle 12.18.

Kritische Berechtigung	Berechtigungsobjekt	Beschreibung des Berechtigungsobjekts	Feld	Wert
Uneingeschränkte Tabellenpflege	S_TABU_DIS	Tabellenpflege (über Standard-Tools wie z. B. SM30)	ACTVT	02 (Ändern)
			DICBERCLS	#*
	S_TABU_NAM	Tabellenzugriff über generische Standard-Tools	ACTVT	02 (Ändern)
			TABLE	#*

Tabelle 12.18 Technische Definition der kritischen Berechtigung zur uneingeschränkten Tabellenpflege

Mandantenunabhängige Tabellen pflegen

Das Berechtigungsobjekt S_TABU_CLI ermöglicht, mandantenunabhängige Tabellen zu pflegen. Die Berechtigung darf nur an Benutzer vergeben werden, die tatsächlich mandantenunabhängige Tabellen pflegen müssen. Für die technische Definition der Berechtigung siehe Tabelle 12.19.

Kritische Berechtigung	Berechtigungsobjekt	Beschreibung des Berechtigungsobjekts	Feld	Wert
Mandantenunabhängige Tabellen pflegen	S_TABU_CLI	Tabellenpflege mandantenunabhängiger Tabellen	CLIIDMAINT	X

Tabelle 12.19 Technische Definition der kritischen Berechtigung zur mandantenunabhängigen Tabellenpflege

Programme direkt in SA38/SE38 ausführen

Die hier dargestellte Berechtigung ermöglicht, Programme in den Transaktionen SA38 und SE38 zu starten. Die Berechtigung darf nur an die Systemadministration vergeben werden. Endanwender*innen sollen Programme in den dedizierten Transaktionen ausführen. Tabelle 12.20 zeigt die technische Definition dieser Berechtigung.

Kritische Berechtigung	Berechtigungsobjekt	Beschreibung des Berechtigungsobjekts	Feld	Wert
Programme direkt in SA38/SE38 ausführen	S_TCODE	Transaktionscodeprüfung bei Transaktionsstart	TCD	SA38 oder SE38
	S_PROGRAM	ABAP: Programmablaufprüfungen	P_ACTION	SUBMIT oder BTCSUBMIT

Tabelle 12.20 Technische Definition der kritischen Berechtigung zur Ausführung von Programmen direkt in SA38/SE38

Jobkontrolle

Die Berechtigungsobjekte S_TCODE und S_BTCH_ADM ermöglichen, Hintergrundjobs einzuplanen. Die Berechtigung muss restriktiv an den Support und wenige SAP-Key-User vergeben werden. In Tabelle 12.21 sehen Sie die technische Definition der Berechtigung.

Kritische Berechtigung	Berechtigungsobjekt	Beschreibung des Berechtigungsobjekts	Feld	Wert
Jobkontrolle	S_TCODE	Transaktionscodeprüfung bei Transaktionsstart	TCD	SM36 oder SM37
	S_BTCH_ADM	Batch-Verarbeitung: Batch-Administrator	BTCADMIN	Y

Tabelle 12.21 Technische Definition der kritischen Berechtigung zur Jobkontrolle

Die in diesem Abschnitt aufgeführten kritischen Berechtigungen sind bei Weitem nicht erschöpfend. Sie können für Ihre Organisation, abhängig von Ihren Prozessen und Besonderheiten, zusätzliche kritische Berechtigungen definieren. Falls Sie beispielsweise kontrollieren möchten, wer im Entwicklungssystem Transportaufträge anlegen, diese im Testsystem freigeben und die Transportaufträge in das Produktivsystem importieren darf, können Sie für diese Aktivitäten kritische Berechtigungen definieren und überwachen. Wie Sie das Monitoring der kritischen Berechtigungen mit den SAP-Standardtransaktionen durchführen, wird in den folgenden Abschnitten erklärt.

12.2 Prüfregeln anlegen

Prüfkatalog in einer Excel-Datei

Bevor Sie mit den Aktivitäten im System anfangen, empfehlen wir Ihnen, die Prüfregeln in Form eines Prüfkatalogs in einer Excel-Datei zu spezifizieren (siehe beispielhaft Abbildung 12.1) (Diese Beispiel finden Sie im Download-Material unter *https://www.sap-press.de/5643*).

Kritische Administrative Berechtigungen (KAB)						
ID	**Beschreibung**	**Gruppe**	**Berechtigungs objekt**	**Feld**	**Feldwert**	**AND/OR**
ZKAB01	Debugging	G1	S_DEVELOP	ACTVT	02	AND
ZKAB01	Debugging	G1	S_DEVELOP	OBJTYPE	DEBUG	AND
ZKAB02	Änderungsbelege löschen/ pflegen	G1	S_SCD0	ACTVT	06	OR
ZKAB02	Änderungsbelege löschen/ pflegen	G1	S_SCD0	ACTVT	12	OR

Abbildung 12.1 Beispiel für Prüfregeln in einer Excel-Datei

Bestandteile einer Prüfregel

Die folgenden Spalten sind notwendig:

- ID: Sie können sich eine eigene Namenskonvention für die Prüfregeln ausdenken. Der Buchstabe »Z« an der ersten Stelle kennzeichnet beispielsweise eigene Objekte. An den Stellen 2–4 könnte die Abkürzung »KAB«, für »Kritische administrative Berechtigungen« stehen. An den Stellen 5 und 6, die Nummern 01, 02, 03 usw.
- Beschreibung der Prüfregel beziehungsweise der jeweiligen kritischen Berechtigung: Die Länge ist auf 60 Zeichen beschränkt.
- Gruppe: Eine kritische Berechtigung kann aus mehreren Berechtigungsobjekten mit mehreren unterschiedlichen Feldern und Feldwerten bestehen. Diese werden gruppiert.
- Berechtigungsobjekt: Der eingegebene Wert wird im System geprüft. Nur die im System existierenden Berechtigungsobjekte können eingegeben werden.

- Feld des Berechtigungsobjekts: Das Feld, dessen Werte Sie prüfen möchten.
- Feldwert: Die Werte, die identifiziert werden sollen.
- Operator »AND« (und) oder »OR« (oder).

Prüfkatalog in der Transaktion SUIM anlegen

Wenn die Prüfregeln in der Excel-Datei spezifiziert sind, können Sie sie im System anlegen. Dafür starten Sie die Transaktion SUIM und klicken auf **Benutzer • mit kritischen Berechtigungen** (siehe Abbildung 12.2).

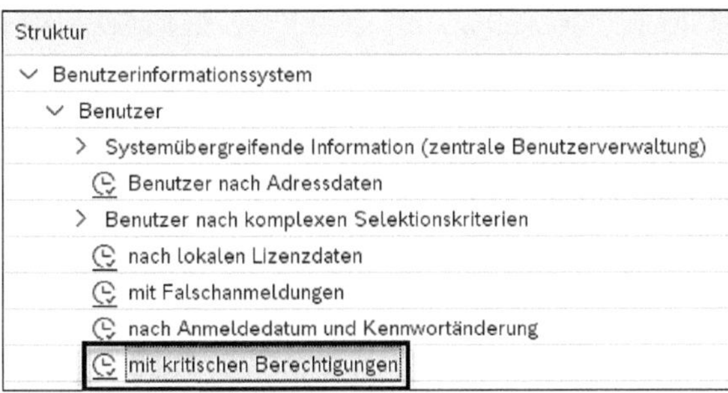

Abbildung 12.2 Transaktion SUIM: Einstieg in die Pflege der Prüfregeln für kritische Berechtigungen

Alternativ können Sie die Transaktion S_BCE_68002111 starten oder den Report RSUSR008_009_NEW in den Transaktionen SA38 oder SE38 ausführen.

Transportauftrag

Die Prüfregeln werden in einen Transportauftrag geschrieben und mit dem Transportauftrag in das Testsystem und Produktivsystem übertragen. Somit können die Prüfregeln nur im Entwicklungssystem gepflegt werden.

Anlegen einer Variante

Wählen Sie **Kritische Berechtigungen** und klicken Sie auf den Button **Neue Einträge**. Geben Sie einen Namen und eine Beschreibung im Feld **Variante zu kritischen Berechtigungen** ein (siehe Abbildung 12.3).

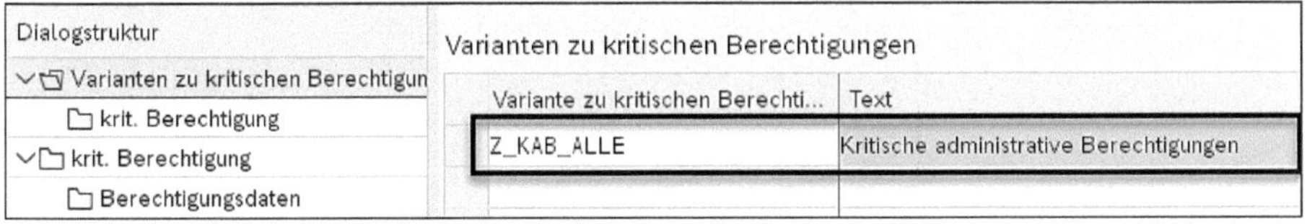

Abbildung 12.3 Transaktion S_BCE_68002111: Anlegen einer neuen Variante zu kritischen Berechtigungen

Liste von kritischen Berechtigungen anlegen

Als Nächstes legen Sie einen Katalog von kritischen Berechtigungen an. Dafür wählen Sie mit einem Doppelklick links in der Dialogstruktur **krit. Berechtigung** (siehe Abbildung 12.4) und wählen **Neue Einträge** aus. Hier können Sie eine Liste der IDs und Beschreibungen der kritischen Berechtigungen hinzufügen (siehe Abbildung 12.4). Zusätzlich können Sie für jede kritische Berechtigung aus sieben Farben eine auswählen. Mit der jeweiligen Farbe wird die kritische Berechtigung in den Ergebnissen der Auswertung gekennzeichnet (siehe Abbildung 12.10). Nachdem Sie alle IDs mit Beschreibungen angelegt haben, sichern Sie Ihre Angaben.

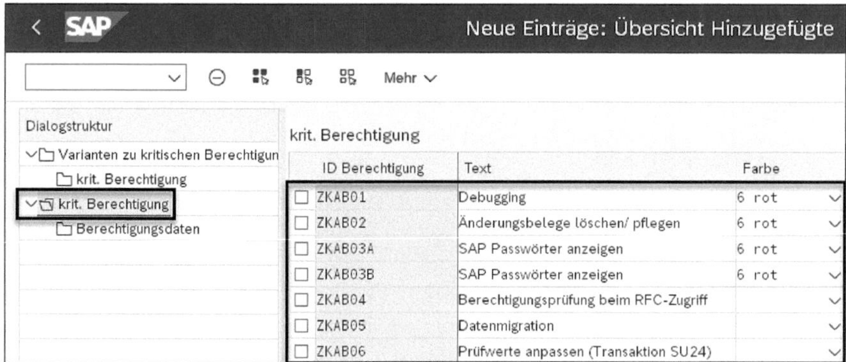

Abbildung 12.4 Transaktion S_BCE_68002111: Anlegen des Katalogs der kritischen Berechtigungen

Berechtigungswerte pflegen

Als Nächstes müssen Sie die Berechtigungsobjekte und deren Felder und Feldwerte für jede kritische Berechtigung spezifizieren. Wählen Sie eine ID der kritischen Berechtigung und klicken Sie links bei **Dialogstruktur** auf **Berechtigungsdaten**. Wählen Sie **Neue Einträge** aus. Hier können Sie die Daten aus Ihrer Excel-Datei hinzufügen (siehe Abbildung 12.5).

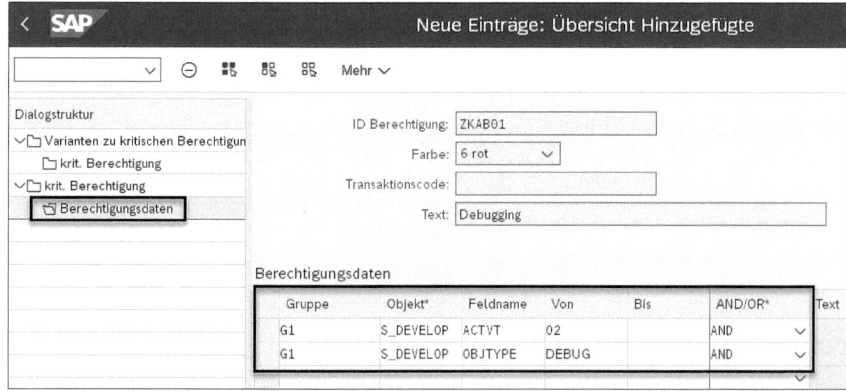

Abbildung 12.5 Transaktion S_BCE_68002111: Hinzufügen der Berechtigungsdaten

Wiederholen Sie diesen Schritt für jede kritische Berechtigung und sichern Sie Ihre Angaben.

Upload von Prüfregeln aus einer Excel-Datei

Die Prüfregeln können in der Transaktion SA38 oder SE38 über den Report RSUSR_UP_AND_DOWNLOAD_FOR_CA in und aus einer Excel-Datei herunter- und hochgeladen werden (siehe SAP-Hinweis 2785076 (SUIM | Neue Funktionalitäten in RSUSR008_009_NEW)).

Kritische Berechtigungen der Variante zuordnen

Kehren Sie zu **Varianten zu kritischen Berechtigungen** zurück. Sie müssen die IDs der kritischen Berechtigungen, die Sie angelegt haben, Ihrer Variante zuordnen. Dafür wählen Sie Ihre Variante, in unserem Beispiel ist es **Z_KAB_ALLE**, und klicken unter **Dialogstruktur** auf **krit. Berechtigung** (siehe Abbildung 12.6).

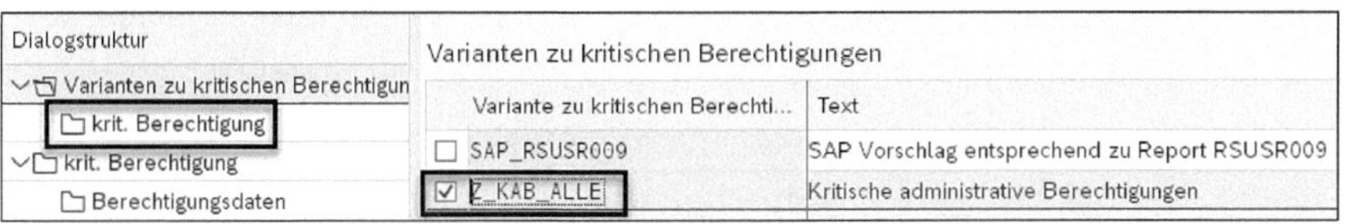

Abbildung 12.6 Transaktion S_BCE_68002111: Zuordnen der kritischen Berechtigungen zur Variante

Wählen Sie **Neue Einträge** aus und fügen Sie eine Liste der IDs der kritischen Berechtigungen, die Sie vorher angelegt haben, hinzu. Sichern Sie Ihre Angaben.

Variante zu kritischen Berechtigungen prüfen

Jetzt ist die Variante für kritische administrative Berechtigungen angelegt, und Sie können diese prüfen. Kehren Sie zum Startbildschirm der Transaktion S_BCE_68002111 zurück. Wählen Sie **für kritische Berechtigungen** und Ihre Variante aus. Klicken Sie auf den Button **Variante prüfen** (siehe Abbildung 12.7). Ist die Variante in Ordnung, sehen Sie eine Systemmeldung ähnlich wie »Die Variante Z_KAB_ALLE ist konsistent«.

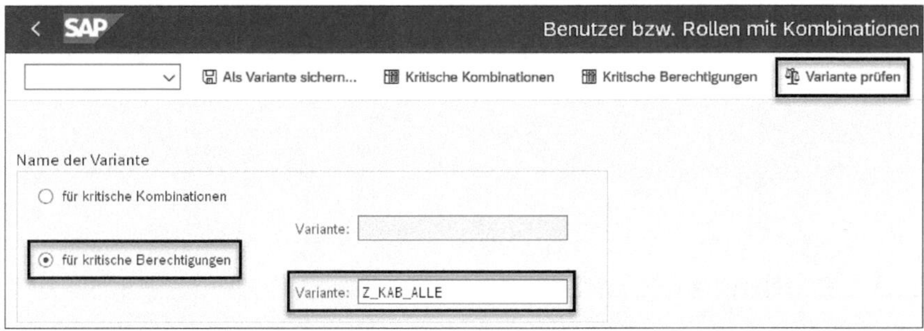

Abbildung 12.7 Transaktion S_BCE_68002111: Prüfen der Variante für kritische Berechtigungen

Eine Variante mit allen Prüfregeln

Eine Variante, deren Prüfregeln komplett zugeordnet sind, ist für die Prüfung der Rollen im Entwicklungssystem am besten geeignet. Haben Sie beispielsweise eine neue Rolle angelegt oder eine bestehende Rolle angepasst, können Sie mit der Variante mit allen Prüfregeln in einem Zug prüfen, ob die Rolle eine oder mehrere kritische Berechtigungen beinhaltet.

Eine Variante für jede Prüfregel

Diese Variante kann für die Prüfung der Benutzer auch mit allen Regeln auf einmal verwendet werden. Für das Monitoring der kritischen Berechtigungen der Benutzer im Produktivsystem wäre es allerdings sinnvoll, für jede kritische Berechtigung eine eigene Variante anzulegen. In der Regel gibt es Benutzer, die kritische Berechtigungen haben dürfen, z. B. Benutzer für den SAP-Support oder Notfallbenutzer. Solche Benutzer müssen aus der Auswertung ausgeschlossen werden. Sie brauchen Varianten für jede Prüfregel, damit für jede Variante entsprechende Ausnahmen gepflegt werden können (siehe ein Beispiel in Abschnitt 12.3, »Prüfung ausführen«).

Prüfen der kritischen Berechtigungskombinationen

Die Prüfregeln für die kritischen Berechtigungskombinationen werden ähnlich wie die Prüfregeln für die kritischen Berechtigungen angelegt. Zuerst legen Sie eine Variante an, dann legen Sie die IDs der kritischen Berechtigungskombinationen an. Die IDs der kritischen Berechtigungskombinationen müssen Sie der Variante zuordnen. Eine kritische Berechtigungskombination wird als eine Kombination aus zwei oder mehr kritischen Berechtigungen, die bereits angelegt wurden, spezifiziert (siehe Abbildung 12.8).

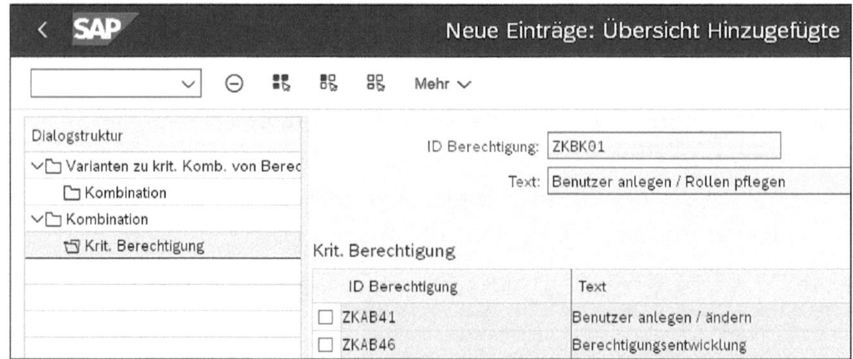

Abbildung 12.8 Transaktion S_BCE_68002111: Spezifikation einer kritischen Berechtigungskombination

12.3 Prüfung ausführen

Identifizieren der kritischen Berechtigungen

Nachdem eine Prüfvariante angelegt wurde, kann diese für die Auswertung der kritischen Berechtigungen für Rollen oder für Benutzer verwendet werden. Um die kritischen Berechtigungen in den Rollen zu identifizieren, wählen Sie **für kritische Berechtigungen**, Ihre Variante und **2 Rolle** aus. Im Feld **Rollenname** können Sie einen oder mehrere Rollennamen eingeben. Sie können auch sogenannte *Wild Cards* verwenden, um die Rollen auszuwählen, wie im Beispiel in Abbildung 12.9. In diesem Beispiel wählen wir die Masterrollen gemäß unserer Namenskonvention aus.

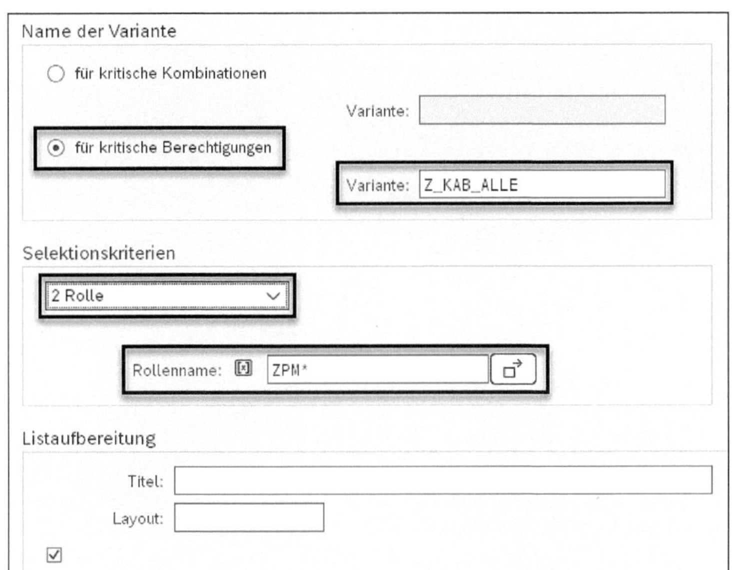

Abbildung 12.9 Transaktion S_BCE_68002111: Auswertung der kritischen Berechtigungen für Rollen: Eingeben der Selektionskriterien

Nachdem Sie die Selektionskriterien eingegeben haben, können Sie diese als Variante speichern, falls Sie diese Kriterien wiederverwenden möchten. Um die Auswertung zu starten, klicken Sie auf den Button **Ausführen**. Sie sehen eine Liste der kritischen Berechtigungen und der Rollen, die diese beinhalten, ähnlich wie in Abbildung 12.10. Sie können diese Liste als Excel-Datei herunterladen.

Für das Monitoring der kritischen Berechtigungen der Benutzer empfehlen wir, die Auswertungen im Hintergrund regelmäßig, beispielsweise monatlich, einzuplanen. Dafür ist es sinnvoll, wie in Abschnitt 12.2, »Prüfregeln anlegen«, erwähnt, für jede Prüfregel eine Variante anzulegen.

Identifizieren der kritischen Berechtigungen von Benutzern

Um Benutzer mit einer kritischen Berechtigung zu identifizieren, wählen Sie **für kritische Berechtigungen** aus, dann die Variante für eine kritische Berechtigung und schließlich **1 Benutzer**. Im Feld **Benutzer** können Sie einen oder mehrere Benutzerkennungen aus der Auswertung ausschließen (siehe Abbildung 12.11).

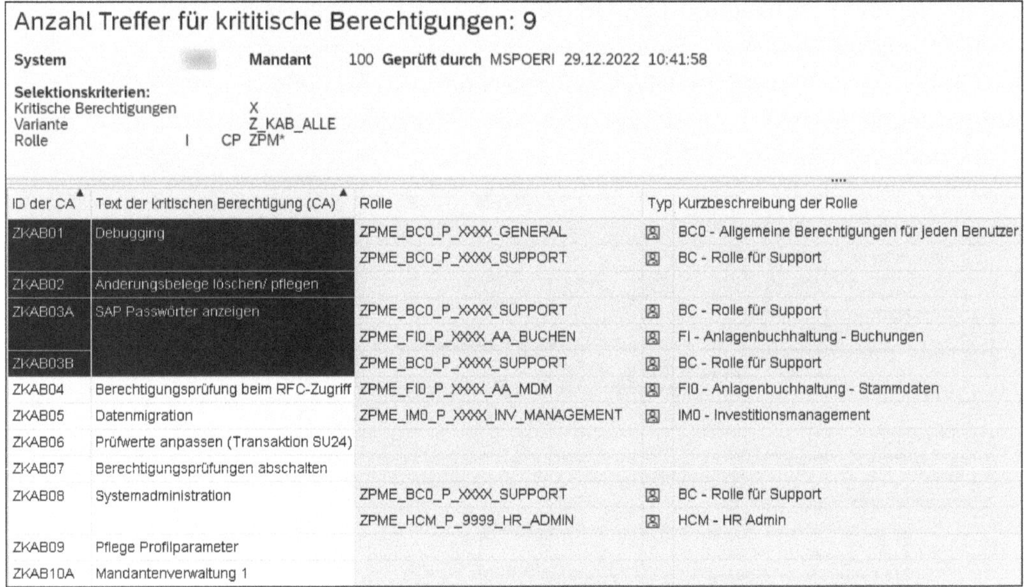

Anzahl Treffer für krititische Berechtigungen: 9

System **Mandant** 100 **Geprüft durch** MSPOERI 29.12.2022 10:41:58

Selektionskriterien:
Kritische Berechtigungen X
Variante Z_KAB_ALLE
Rolle I CP ZPM*

ID der CA	Text der kritischen Berechtigung (CA)	Rolle	Typ	Kurzbeschreibung der Rolle
ZKAB01	Debugging	ZPME_BC0_P_XXXX_GENERAL		BC0 - Allgemeine Berechtigungen für jeden Benutzer
		ZPME_BC0_P_XXXX_SUPPORT		BC - Rolle für Support
ZKAB02	Änderungsbelege löschen/ pflegen			
ZKAB03A	SAP Passwörter anzeigen	ZPME_BC0_P_XXXX_SUPPORT		BC - Rolle für Support
		ZPME_FI0_P_XXXX_AA_BUCHEN		FI - Anlagenbuchhaltung - Buchungen
ZKAB03B		ZPME_BC0_P_XXXX_SUPPORT		BC - Rolle für Support
ZKAB04	Berechtigungsprüfung beim RFC-Zugriff	ZPME_FI0_P_XXXX_AA_MDM		FI0 - Anlagenbuchhaltung - Stammdaten
ZKAB05	Datenmigration	ZPME_IM0_P_XXXX_INV_MANAGEMENT		IM0 - Investitionsmanagement
ZKAB06	Prüfwerte anpassen (Transaktion SU24)			
ZKAB07	Berechtigungsprüfungen abschalten			
ZKAB08	Systemadministration	ZPME_BC0_P_XXXX_SUPPORT		BC - Rolle für Support
		ZPME_HCM_P_9999_HR_ADMIN		HCM - HR Admin
ZKAB09	Pflege Profilparameter			
ZKAB10A	Mandantenverwaltung 1			

Abbildung 12.10 Transaktion S_BCE_68002111: Ergebnis der Auswertung der kritischen Berechtigungen für Rollen

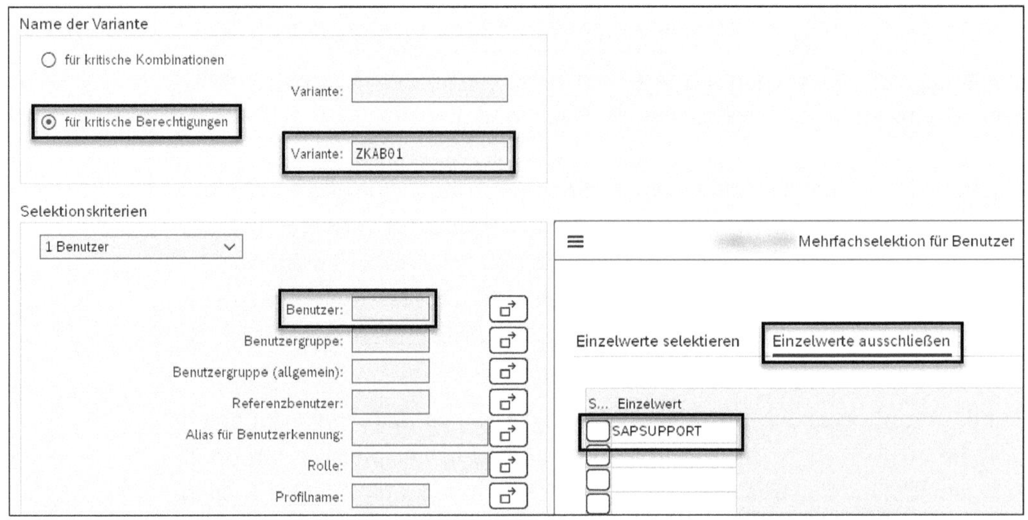

Abbildung 12.11 Transaktion S_BCE_68002111: Auswertung der kritischen Berechtigungen für Benutzer: Eingeben der Selektionskriterien

Monitoring von kritischen Berechtigungen

Mit dem Button **Als Variante sichern...** können Sie eine Variante für die Auswertung anlegen. Sie können diese Auswertung direkt in der Transaktion S_BCE_68002111 oder in der Transaktion SM36 für den Report RSUSR008_009_NEW als regelmäßigen Hintergrundjob einplanen. Sie sollten einen

Job für jede kritische Berechtigung oder Berechtigungskombination einplanen. Im Idealfall sind diese Auswertungen leer, was bedeutet, dass keine unberechtigten Benutzer kritische Berechtigungen oder Berechtigungskombinationen im System zugewiesen haben.

12.4 SAP-Security-Audit-Log konfigurieren

Aktivitäten überwachen

Nachdem Sie sichergestellt haben, dass nur die berechtigten Benutzer in Ihrem SAP-System kritische Berechtigungen haben, sollen Sie die Aktivitäten dieser Benutzer überwachen. Dafür gibt es ein Standardwerkzeug von SAP, das *SAP-Security-Audit-Log* .

Wenn Sie das SAP-Security-Audit-Log aktivieren, zeichnen Sie die Aktionen auf, die Sie für die Sicherheit des Systems als relevant einstufen. Sie können dann in Form eines Audit-Analysereports auf diese Informationen zugreifen und sie auswerten.

[«]

Aktivierung des SAP-Security-Audit-Log ab der Version SAP S/4HANA 2021 »by default«

Bis zur Version SAP S/4HANA 2021 war SAP-Security-Audit-Log im Auslieferungszustand deaktiviert. Mit SAP S/4HANA 2021 werden Standardkonfigurationen für das SAP-Security-Audit-Log ausgeliefert und es ist standardmäßig aktiviert. So möchte SAP die Anforderungen an »Security by default« erfüllen.

Zweck des SAP-Security-Audit-Log

Das Ziel des SAP-Security-Audit-Log ist die Aufzeichnung von:

- sicherheitsbezogenen Änderungen an der SAP-Systemumgebung (z. B. Änderungen an Benutzerstammsätzen)
- Informationen, die mehr Transparenz bieten (z. B. erfolgreiche und erfolglose Anmeldeversuche)
- Informationen, die der Nachvollziehbarkeit einer Reihe von Ereignissen dienen (z. B. erfolgreiche oder erfolglose Transaktionsstarts)

Im Einzelnen können Sie mit dem SAP-Security-Audit-Log folgende Informationen aufzeichnen:

- erfolgreiche und erfolglose Dialoganmeldeversuche
- erfolgreiche und erfolglose RFC-Anmeldeversuche
- RFC-Aufrufe von Funktionsbausteinen
- erfolgreiche und erfolglose Transaktionsstarts
- erfolgreiche und erfolglose Reportstarts
- Änderungen der Benutzerstammsätze

- Änderungen an der Audit-Konfiguration
- Aktivierung/Deaktivierung des HTTP-Sicherheits-Session-Managements oder wenn HTTP-Sicherheitsabschnitte hart beendet wurden
- Herunterladen von Dateien
- Zugriff auf das Dateisystem, mit dem die gültigen logischen Pfadnamen und im System angegebenen Dateinamen übereinstimmen
- Einträge des Internet-Communication-Framework-(ICF-)Recorders oder Änderungen an den Administrationseinstellungen
- die Verwendung von digitalen Signaturen durch das System
- Viren, die von der Virenscan-Schnittstelle gefunden wurden
- Fehler, die in der Virenscan-Schnittstelle auftreten
- erfolglose Kennwortprüfungen für einen bestimmten Benutzer in einem bestimmten Mandanten

Beachten Sie die Datenschutzanforderungen

Das SAP-Security-Audit-Log enthält personenbezogene Daten, die eventuell Datenschutzgesetzen Ihres Landes oder Datenschutzrichtlinien Ihrer Organisation unterliegen. Vergewissern Sie sich, dass Sie diese einhalten, bevor Sie das SAP-Security-Audit-Log einsetzen.

Möglicherweise ist es nötig, dass Sie den Zugriff auf die Log-Dateien auf die notwendige minimale Anzahl von Benutzern einschränken.

Konfigurieren des SAP-Security-Audit-Log

In der Konfiguration des SAP-Security-Audit-Log müssen Sie definieren, welche Ereignisse für welche Benutzerkennungen und in welchen Mandanten aufgezeichnet werden. In SAP-Hinweis 2676384 (Best-Practice-Konfiguration des Security Audit Log) gibt SAP Empfehlungen für die Konfiguration des SAP-Security-Audit-Log mit unterschiedlichen Versionen des SAP NetWeaver. Für SAP S/4 HANA gilt die Version ab 7.5. In Systemen ab der Version 7.5 wird das SAP-Security-Audit-Log in der Transaktion RSAU_CONFIG konfiguriert (früher war es die Transaktion SM19).

Alte und neue Transaktionen für das SAP-Security-Audit-Log

Die alten Transaktionen SM18 (analog zu RSAU_ADMIN), SM19 (analog zu RSAU_CONFIG) und SM20 (analog zu RSAU_READ_LOG) sind weiterhin im System vorhanden.

Für die SAP-Basisversionen 7.5 bis 7.54 gilt:

Sobald Sie in der Transaktion RSAU_CONFIG das erste Mal einen ändernden Zugriff durchgeführt oder die Transaktion RSAU_ADMIN aufgerufen haben, können Sie die Transaktionen SM18 und SM19 nur noch zu Anzeigezwecken nutzen.

Ab der SAP-Basisversion 7.55 stehen die Transaktionen SM19 und SM20 wieder mit der gleichen Funktion wie RSAU_CONFIG und RSAU_READ_LOG als aktuelle Anwendungen zur Verfügung (siehe SAP-Hinweis 2191612 (FAQ | Nutzung des Security Audit Log ab NetWeaver 7.50)).

Aktivieren des SAP-Security-Audit-Log

In der Transaktion RSAU_CONFIG wählen Sie im linken Teil des Bildschirms mit einem Doppelklick **Parameter** aus (siehe Abbildung 12.12).

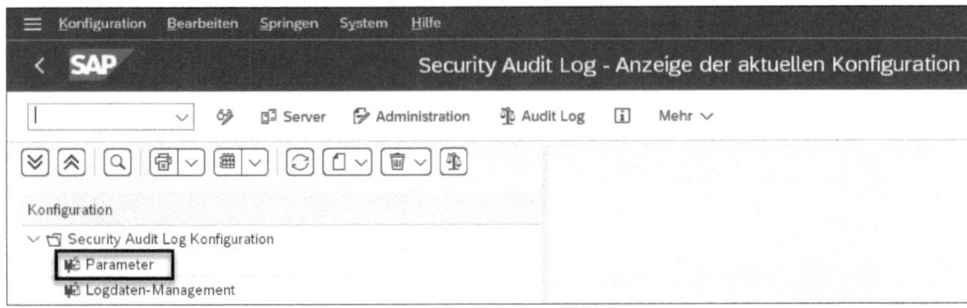

Abbildung 12.12 Transaktion RSAU_CONFIG: Einstieg in die Konfiguration des SAP-Security-Audit-Log

Klicken Sie auf das Icon (**Anzeigen ↔ Ändern**). Setzen Sie die Häkchen neben **Statisches Security Audit aktiv**, **Generische Benutzerselektion** und **Integritätsschutzformat aktiv**. Stellen Sie bei **Anzahl Filter je Profil** die Anzahl auf mindestens 10 (siehe Abbildung 12.13). Sichern Sie Ihre Angaben.

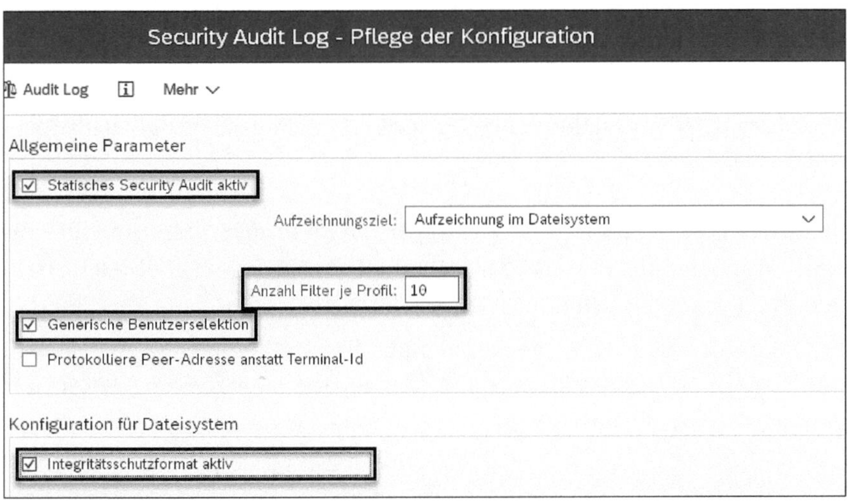

Abbildung 12.13 Transaktion RSAU_CONFIG: Konfigurieren des SAP-Security-Audit-Log

Anlegen der Filter

Im nächsten Schritt müssen Sie die Filter konfigurieren. Dafür gibt es zwei Optionen:

- Upload einer Konfiguration in die Transaktion RSAU_TRANSFER
- manuelle Konfiguration in der Transaktion RSAU_CONFIG

Upload von Filtereinstellungen

Wenn Sie sich für den Upload entscheiden, laden Sie die TXT-Datei mit der SAP-Standardkonfiguration aus dem SAP-Hinweis 2676384 (Best-Practice-Konfiguration des Security Audit Logs) herunter. Starten Sie die Transaktion RSAU_TRANSFER, wählen Sie **Upload** und die Sprache aus und führen Sie die Transaktion aus. Wählen Sie die TXT-Datei, die Sie aus SAP-Hinweis 2676384 heruntergeladen und in Ihrem Verzeichnis gespeichert haben. Nach dem Hochladen der Datei sehen Sie eine ähnliche Meldung wie in Abbildung 12.14.

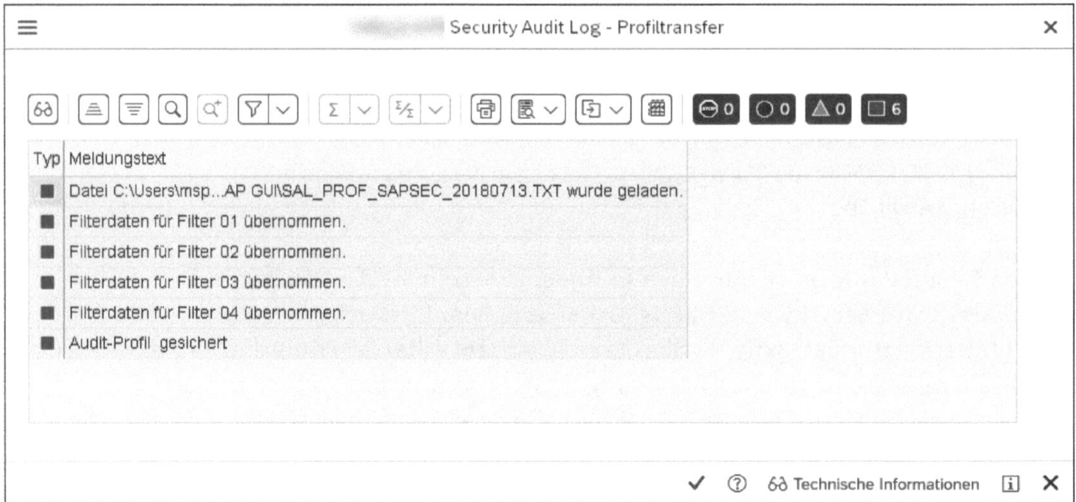

Abbildung 12.14 Transaktion RSAU_TRANSFER: Systemmeldung nach dem Hochladen der TXT-Datei

In der Transaktion RSAU_CONFIG tragen Sie im Profil SAPSEC im Filter für Notfallbenutzer anstatt »EMRGNCY*« die Benutzerkennung Ihres Notfallbenutzers ein (siehe Abbildung 12.15).

Aktivieren des Profils

Prüfen und korrigieren Sie gegebenenfalls die Einstellungen in allen Filtern und sichern Sie diese. Aktivieren Sie das fertiggestellte Profil SAPSEC mit dem Icon (**Profil aktivieren**).

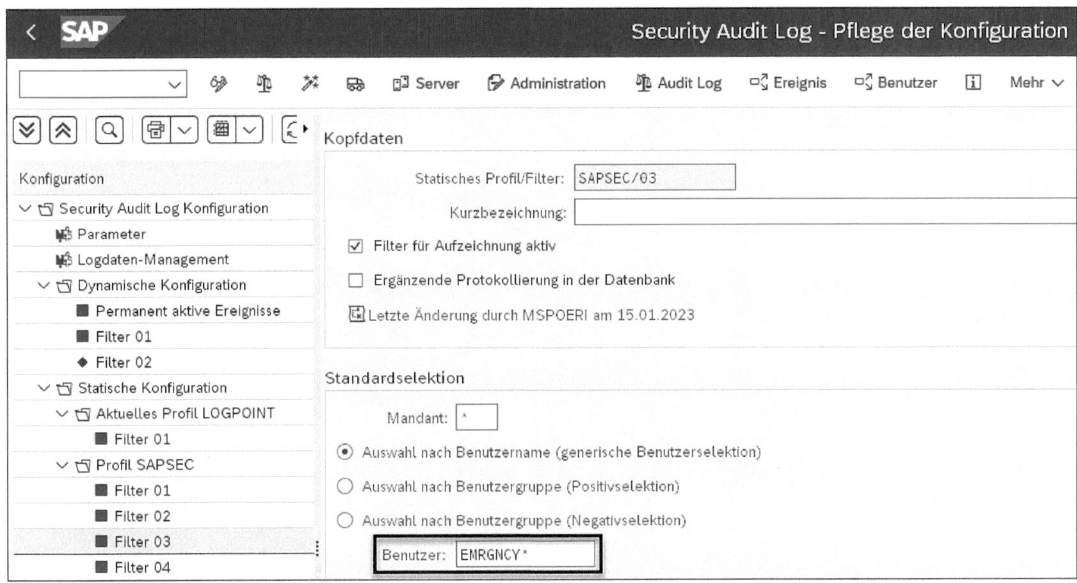

Abbildung 12.15 Transaktion RSAU_CONFIG: Anpassen des Filters für den Notfallbenutzer

Manuelles Anlegen der Filtereinstellungen

Wenn Sie die Filter manuell konfigurieren möchten, starten Sie die Transaktion RSAU_CONFIG. Erstellen Sie ein neues Profil. Erstellen Sie folgende Filter:

1. Alle Mandanten (*), User SAP#*: Aufzeichnung aller Ereignisse. (Das #-Zeichen dient dazu, den * als Nicht-Wildcard zu maskieren.)
2. Alle Mandanten (*), User = Notfallbenutzerkennung: Aufzeichnung aller Ereignisse.
3. Mandant 066, alle User (*): Aufzeichnung aller Ereignisse.
4. Alle Mandanten (*), alle User (*): Aufzeichnung aller Ereignisse bis auf AU5, AUK, AUW, CUV, DUI, DUR, EUE. Einzelne Ereignisse deaktivieren Sie über **Ereignisauswahl detailliert** (siehe Abbildung 12.16).

Aktivieren Sie Ihr Profil mit dem Icon [Icon] (**Profil aktivieren**).

Systemneustart nach Aktivierung des Profils

Nach der Aktivierung des statischen Profils muss das System neu gestartet werden, um die Änderungen am statischen Profil wirksam werden zu lassen. Solange Sie das System nicht neu starten können, überführen Sie das statische Profil in eine dynamische Konfiguration. Das können Sie über das Kontextmenü auf dem Wurzelknoten des aktuellen Profils erledigen, indem Sie den Eintrag **In dyn. Konfiguration übertragen** auswählen.

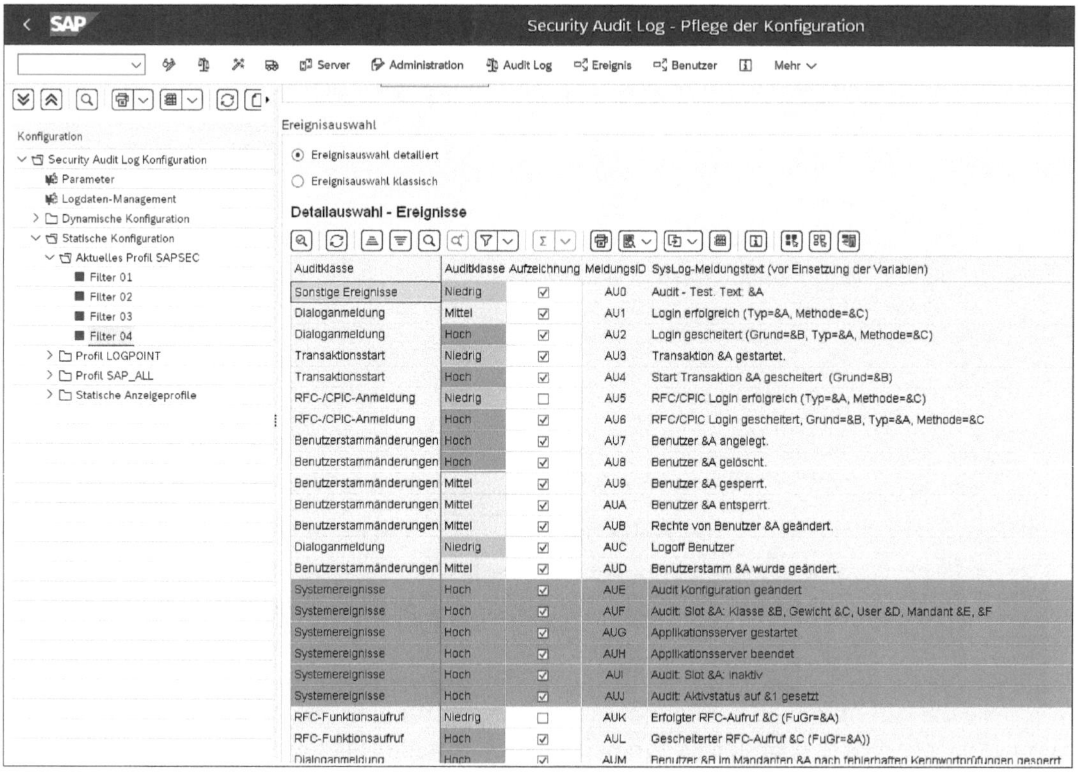

Security Audit Log - Pflege der Konfiguration

Server | Administration | Audit Log | Ereignis | Benutzer | Mehr

Konfiguration
- Security Audit Log Konfiguration
  - Parameter
  - Logdaten-Management
  - Dynamische Konfiguration
  - Statische Konfiguration
    - Aktuelles Profil SAPSEC
      - Filter 01
      - Filter 02
      - Filter 03
      - Filter 04
    - Profil LOGPOINT
    - Profil SAP_ALL
    - Statische Anzeigeprofile

Ereignisauswahl

- (•) Ereignisauswahl detailliert
- ( ) Ereignisauswahl klassisch

Detailauswahl - Ereignisse

Auditklasse	Auditklasse	Aufzeichnung	MeldungsID	SysLog-Meldungstext (vor Einsetzung der Variablen)
Sonstige Ereignisse	Niedrig	☑	AU0	Audit - Test. Text: &A
Dialoganmeldung	Mittel	☑	AU1	Login erfolgreich (Typ=&A, Methode=&C)
Dialoganmeldung	Hoch	☑	AU2	Login gescheitert (Grund=&B, Typ=&A, Methode=&C)
Transaktionsstart	Niedrig	☑	AU3	Transaktion &A gestartet.
Transaktionsstart	Hoch	☑	AU4	Start Transaktion &A gescheitert (Grund=&B)
RFC-/CPIC-Anmeldung	Niedrig	☐	AU5	RFC/CPIC Login erfolgreich (Typ=&A, Methode=&C)
RFC-/CPIC-Anmeldung	Hoch	☑	AU6	RFC/CPIC Login gescheitert, Grund=&B, Typ=&A, Methode=&C
Benutzerstammänderungen	Hoch	☑	AU7	Benutzer &A angelegt.
Benutzerstammänderungen	Hoch	☑	AU8	Benutzer &A gelöscht.
Benutzerstammänderungen	Mittel	☑	AU9	Benutzer &A gesperrt.
Benutzerstammänderungen	Mittel	☑	AUA	Benutzer &A entsperrt.
Benutzerstammänderungen	Mittel	☑	AUB	Rechte von Benutzer &A geändert.
Dialoganmeldung	Niedrig	☑	AUC	Logoff Benutzer
Benutzerstammänderungen	Mittel	☑	AUD	Benutzerstamm &A wurde geändert.
Systemereignisse	Hoch	☑	AUE	Audit Konfiguration geändert
Systemereignisse	Hoch	☑	AUF	Audit: Slot &A: Klasse &B, Gewicht &C, User &D, Mandant &E, &F
Systemereignisse	Hoch	☑	AUG	Applikationsserver gestartet
Systemereignisse	Hoch	☑	AUH	Applikationsserver beendet
Systemereignisse	Hoch	☑	AUI	Audit: Slot &A: Inaktiv
Systemereignisse	Hoch	☑	AUJ	Audit: Aktivstatus auf &1 gesetzt
RFC-Funktionsaufruf	Niedrig	☐	AUK	Erfolgter RFC-Aufruf &C (FuGr=&A)
RFC-Funktionsaufruf	Hoch	☑	AUL	Gescheiterter RFC-Aufruf &C (FuGr=&A))
Dialoganmeldung	Hoch	☑	AUM	Benutzer &B im Mandanten &A nach fehlerhaften Kennwortprüfungen gesperrt

Abbildung 12.16 Transaktion RSAU_CONFIG: Auswahl der Ereignisse

Der Unterschied zwischen statischer und dynamischer Konfiguration

Die statische Konfiguration dient der persistenten Speicherung einer SAP-Security-Audit-Log-Konfiguration in der Datenbank und wird bei jedem Systemstart als aktuelle Konfiguration übernommen. Wenn das SAP-Security-Audit-Log dauernd betrieben werden soll, z. B. auf Anforderung der Revision, dann muss unbedingt eine statische Konfiguration angelegt und als aktive Konfiguration bestimmt werden.

Die dynamische Konfiguration dient dazu, während des laufenden Betriebs die aktuelle Konfiguration zu ändern oder das SAP-Security-Audit-Log zu aktivieren. Mit der dynamischen Konfiguration lassen sich alle Filtereinstellungen verändern, die Anzahl der Filter aber nicht. Eine einmal mit der dynamischen Konfiguration eingestellte SAP-Security-Audit-Log-Konfiguration bleibt bis zum nächsten Systemneustart erhalten (siehe SAP-Hinweis 539404 (FAQ | Antworten auf Fragen zum Security Audit Log) (SAP-Versionen vor 750)).

Anzeigen der Konfiguration des SAP-Security-Audit-Log

In der Regel wird das SAP-Security-Audit-Log von der SAP-Basisadministration konfiguriert. Falls Sie keine Berechtigung für die Transaktion RSAU_CONFIG haben, können Sie die aktuelle Konfiguration des SAP-Security-Audit-Log in der Transaktion RSAU_CONFIG_SHOW (Security-Audit-Log-Konfiguration) anzeigen lassen (siehe Abbildung 12.17).

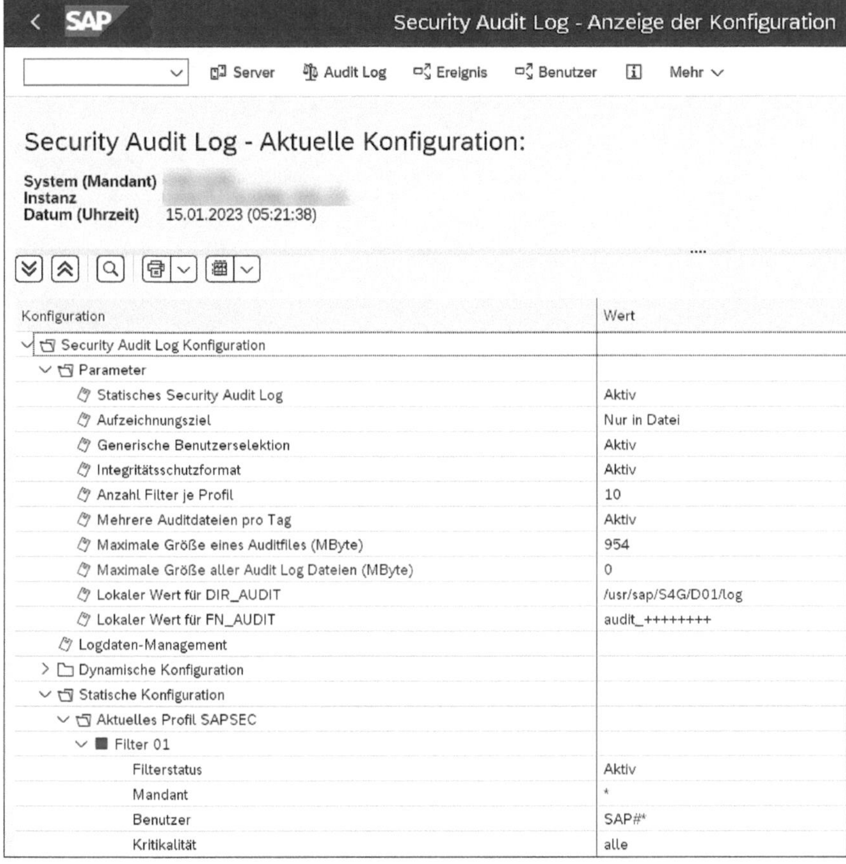

Abbildung 12.17 Transaktion RSAU_CONFIG_SHOW: aktuelle Konfiguration des SAP-Security-Audit-Log im Anzeigemodus

Auswerten der Log-Dateien

Nach einigen Tagen können Sie in der Transaktion RSAU_READ_LOG (Security-Audit-Log auswerten) prüfen, ob die Ereignisse wie gewünscht protokolliert wurden. In Abbildung 12.18 sehen Sie ein Beispiel der Auswertung des SAP-Security-Audit-Log. In der Auswertung sehen Sie den Zeitstempel, den Mandanten, die Benutzer-ID, die ausgeführten Transaktionen und Programme sowie die Beschreibung der ausgeführten Aktionen.

Auswertung des Security Audit Log

Zeitraum angefordert 15.01.2023 00:00:00 - 15.01.2023 23:59:59
Zeitraum selektiert 15.01.2023 03:14:35 - 15.01.2023 06:44:09
Server

Gelesene Ereignisse:
- Kritisch 2
- Schwerwiegend 2

SAP-System	Applikationsserver-Instanz	Datum	Uhrzeit	Mdt	MeldungsID	Benutzer	Terminal	PeerAdr.	Quelltransaktion	Programm	AuditLog-Meldungstext
		15.01.2023	03:14:35	100	AU1	MSPOERI			S000	SAPMSYST	Login erfolgreich (Typ=A, Methode=P)
		15.01.2023	03:14:35	100	AU3	MSPOERI			S000	SAPMSYST	Transaktion SESSION_MANAGER gestartet.
		15.01.2023	03:14:41	100	AU3	MSPOERI			SESSION_MANAGER	SAPLSMTR_NAVIGATION	Transaktion RSAU_CONFIG gestartet.
		15.01.2023	04:05:01	100	AU3	MSPOERI			SESSION_MANAGER	SAPLSMTR_NAVIGATION	Transaktion RSAU_CONFIG gestartet.
		15.01.2023	04:17:55	100	AU3	MSPOERI			SESSION_MANAGER	SAPLSMTR_NAVIGATION	Transaktion RSAU_CONFIG gestartet.
		15.01.2023	04:33:41	100	BU4	MSPOERI			RSAU_CONFIG	RSAU_CONFIG_MAINT	Dynamisches ABAP Coding: Ereignis: - Ereignisart: GI Prüfsumme: -
		15.01.2023	04:37:22	100	AU3	MSPOERI			S000	SAPMSYST	Transaktion SESSION_MANAGER gestartet.
		15.01.2023	04:37:24	100	AU4	MSPOERI			SESSION_MANAGER	SAPLSMTR_NAVIGATION	Start Transaktion RSAU_GET_AUDIT_CONFI gescheitert (Grund=2)
		15.01.2023	04:37:35	100	AU3	MSPOERI			SESSION_MANAGER	SAPLSMTR_NAVIGATION	Transaktion RSAU_CONFIG_SHOW gestartet.
		15.01.2023	04:39:57	100	AU3	MSPOERI			SESSION_MANAGER	SAPLSMTR_NAVIGATION	Transaktion RSAU_TRANSFER gestartet.
		15.01.2023	04:41:04	100	AUY	MSPOERI			RSAU_TRANSFER	RSAU_TRANSFER	Download 1.219 Bytes in Datei C:\Users\mspoeri\Documents\SAP\SAP
		15.01.2023	04:41:04	100	BU4	MSPOERI			RSAU_TRANSFER	RSAU_TRANSFER	Dynamisches ABAP Coding: Ereignis: - Ereignisart: GI Prüfsumme: -
		15.01.2023	04:44:01	100	BU4	MSPOERI			RSAU_TRANSFER	RSAU_TRANSFER	Dynamisches ABAP Coding: Ereignis: - Ereignisart: GI Prüfsumme: -
		15.01.2023	04:44:27	100	BU4	MSPOERI			RSAU_TRANSFER	RSAU_TRANSFER	Dynamisches ABAP Coding: Ereignis: - Ereignisart: GI Prüfsumme: -
		15.01.2023	04:56:04	100	BU4	MSPOERI			RSAU_TRANSFER	RSAU_TRANSFER	Dynamisches ABAP Coding: Ereignis: - Ereignisart: GI Prüfsumme: -

Abbildung 12.18 Transaktion RSAU_READ_LOG: Auswertung des SAP-Security-Audit-Log

Transaktionen für das SAP-Security-Audit-Log

In Tabelle 12.22 finden Sie eine Übersicht der wichtigsten Transaktionen für das SAP-Security-Audit-Log.

Transaktionscode	Transaktionsbeschreibung
RSAU_CONFIG	Konfiguration des SAP-Security-Audit-Log
RSAU_CONFIG_SHOW	Anzeige der Konfiguration des SAP-Security-Audit-Log
RSAU_ADMIN	Administration der Logdateien des SAP-Security-Audit-Log
RSAU_READ_LOG	Auswertung des SAP-Security-Audit-Log

Tabelle 12.22 Die wichtigsten Transaktionen für das SAP-Security-Audit-Log

SAP-Hinweis für das SAP-Security-Audit-Log ab SAP-Basisversion 7.50

Mehr Informationen über das SAP-Security-Audit-Log in SAP S/4 HANA finden Sie in SAP-Hinweis 2191612 (FAQ | Nutzung des Security Audit Log ab NetWeaver 7.50)

12.5 Zusammenfassung

In diesem Kapitel haben Sie anhand eines Beispiels den Prüfkatalog für kritische Berechtigungen kennengelernt. Sie haben erfahren, wie Sie einen Prüfkatalog im System in der Transaktion SUIM anlegen können, um anschließend die kritischen Berechtigungen und Berechtigungskombinationen in den Rollen und von Benutzern zu identifizieren. Außerdem haben Sie gelernt, wie Sie die kritischen Berechtigungen der Benutzer mit SAP-Standardtransaktionen überwachen können. Falls Sie kritische Berechtigungen von Benutzern nicht entfernen können, können Sie die Aktivitäten dieser Benutzer mit dem SAP-Security-Audit-Log protokollieren und auswerten.

Kapitel 13
Methodische Vorgehensweisen im Tages- und Projektbetrieb

Jeder Arbeitstag in der SAP-Benutzer- und Berechtigungsadministration bringt neue Herausforderungen mit sich. Einige davon treten in vielen Organisationen auf. In diesem Kapitel besprechen wir den Umgang mit typischen Anforderungen in Projekten und im täglichen Betrieb.

In diesem Kapitel stellen wir methodische Vorgehensweisen für typische Situationen im Benutzer- und Berechtigungswesen dar.

In Abschnitt 13.1, »Den Betrieb eines SAP-Berechtigungskonzepts übernehmen«, finden Sie eine Checkliste, die bei der Übernahme der Verantwortung für eine SAP-Berechtigungskonzept im laufenden SAP-System abgearbeitet werden sollte. In Abschnitt 13.2, »SAP-Systeme auf die Revision vorbereiten«, klären wir die wichtigsten Punkte, die IT-Revisoren hinsichtlich des Benutzer- und Berechtigungsmanagements in einem SAP-System prüfen. In Abschnitt 13.3, »IAM-Prozesse optimieren«, erfahren Sie, wie Sie die Einführung eines IAM-Tools evaluieren und rechtfertigen können. In Abschnitt 13.4, »Ein neues SoD-Regelwerk einführen und Konflikte eliminieren«, beschreiben wir Herausforderungen und Aktivitäten, die nach der technischen Einführung eines neuen SoD-Regelwerks für SAP-Systeme in den Organisationen entstehen. In Abschnitt 13.5 lernen Sie, wie Sie typische Berechtigungsprobleme von Endanwender*innen analysieren und lösen können. Abschnitt 13.6, »Vergabe der Transaktionen SE16 und SM30 vermeiden« zeigt Ihnen eine konkrete praxistaugliche Alternative zur Vergabe der generischen Transaktionen, wie SE16 und SM30, auf. In Abschnitt 13.7, »ST03N-Daten verwenden«, lernen Sie den Navigationspfad zur Anpassung von ST03N-Profilen kennen sowie die Möglichkeit, die ST03N-Daten zu exportieren.

13.1 Den Betrieb eines SAP-Berechtigungskonzepts übernehmen

Übernahme eines bestehenden SAP-Berechtigungskonzepts

Stellen Sie sich vor, Sie arbeiten in der Administration oder extern in der Beratung für eine Organisation und sollen den Betrieb der Rollen- und Berechtigungsverwaltung in einem oder mehreren SAP-Systemen gemäß dem bestehenden SAP-Berechtigungskonzept übernehmen. Dieser Abschnitt hilft Ihnen auch, wenn Sie in ein Projekt einsteigen, in dem ein Berechtigungskonzept implementiert, aber noch nicht in Betrieb genommen wurde.

In beiden Fällen ist es zielführend, so schnell wie möglich entstehende Berechtigungsprobleme zu analysieren und zu lösen. Außerdem wollen Sie potenzielle Berechtigungsprobleme vermeiden und neue Anforderungen an das Berechtigungskonzept effizient implementieren. Damit Ihnen das gelingt, müssen Sie den Aufbau und die Besonderheiten des Berechtigungskonzepts verstehen, das Verbesserungspotenzial identifizieren und Verbesserungsmaßnahmen umsetzen.

Ein SAP-Berechtigungskonzept verstehen

Wenn Sie gemäß einem bestehenden Berechtigungskonzept weiterarbeiten, sollte in Ihrem Unternehmen bereits ein Dokument vorliegen, das das Berechtigungskonzept beschreibt. Dieses Dokument heißt in den meisten Fällen »SAP-Berechtigungskonzept«.

Stellen Sie Diskrepanzen zwischen dem Dokument und dem Zustand des Berechtigungskonzepts im System fest, erstellen Sie eine neue Version des Dokuments, um das Berechtigungskonzept zu aktualisieren.

Wenn kein Berechtigungskonzept vorliegt, erstellen Sie das Dokument selbst. In Abschnitt 3.2, »Ein SAP-Berechtigungskonzept erstellen«, finden Sie als Vorlage mögliche Kapitel eines Berechtigungskonzepts, die Sie als Grundlage für die Beschaffung der Informationen zur Erstellung des Berechtigungskonzepts nutzen können.

Im Anschluss gilt es, die folgenden Fragen zu klären:

1. Welche Rollen werden im System benutzt (Einzel- und Sammelrollen, Masterrollen und abgeleitete Rollen)?
2. Wie viele Masterrollen werden im System verwendet?
3. Welche und wie viele Ableitungen gibt es für die Rollen im System?
4. Wie viele aktive Benutzer gibt es im System?
5. Wie werden Rollen den Benutzern zugeordnet (direkt im System, über ein *Identity-Management-System* (IdM), über die *zentrale Benutzerverwaltung* (ZBV) usw.)?
6. Wurden Hintergrundjobs für das Berechtigungs- und Benutzermanagement eingeplant?
7. Werden eigene Berechtigungsobjekte angelegt und verwendet?
8. Wurden eigene Organisationsebenen angelegt und verwendet?
9. Welche zusätzlichen Tools werden verwendet (zum Beispiel XAMS)?
10. Werden strukturelle Berechtigungen in HR verwendet?
11. Wie sehen die Namenskonventionen für die Rollen und die Benutzerkennungen aus?

12. Wann wurde der SU25-Abgleich das letzte Mal aktualisiert?
13. Wurden Berechtigungsobjekte in den Rollen aus dem Profilgenerator gezogen oder manuell hinzugefügt?
14. Falls das SAP Fiori Launchpad im Einsatz ist, welche SAP-Fiori-Version ist installiert?
15. Werden Fiori-Kachelgruppen oder Bereiche und Seiten verwendet?
16. Werden Benutzer ausschließlich für Fiori-Apps berechtigt oder auch für die Nutzung der klassischen SAP-GUI-Transaktionen?

Das Dokument »SAP-Berechtigungskonzept« verifizieren

Die Antworten auf diese Fragen können Sie möglicherweise im Dokument »SAP-Berechtigungskonzept« oder im Gespräch mit den verantwortlichen Personen finden. Angenommen, Sie haben diese Möglichkeit nicht oder möchten die gewonnenen Informationen verifizieren, können Sie wie folgt vorgehen, um anhand der Daten im System Antworten auf die aufgeführten Fragen zu bekommen:

1. **Welche Rollen werden im System benutzt (Einzel- und Sammelrollen, Masterrollen und abgeleitete Rollen)?**

   Um Rollenarten auszuwerten, starten Sie die Transaktion SUIM im Produktivsystem und klicken auf **Rollen • Rollen nach komplexen Selektionskriterien**. Sie können erst Einzelrollen und anschließend Sammelrollen auswählen oder andersherum. Wählen Sie **Mit gültiger Zuordnung von** aus. So erhalten Sie eine Liste der Rollen, die im System verwendet werden (siehe Abbildung 13.1).

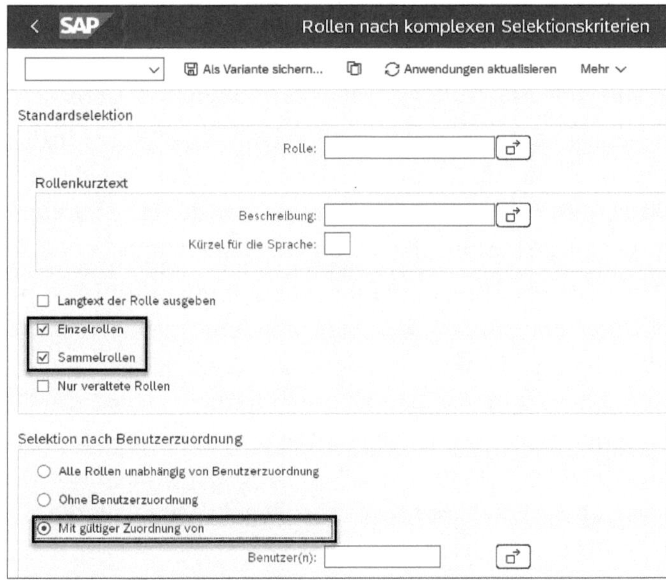

Abbildung 13.1 Transaktion SUIM: Auswerten der im System benutzten Rollen

2. **Wie viele Masterrollen werden im System verwendet?**

   Wie viele Einzelrollen und Sammelrollen im System verwendet werden, haben Sie im vorherigen Schritt erfahren. Als Nächstes prüfen Sie, ob die Einzelrollen abgeleitet werden. Starten Sie die Transaktion SE16 oder SE16N und geben Sie die Tabelle AGR_DEFINE (Definition Rollen) ein. Setzen Sie das Häkchen neben **Ohne Texte**, löschen Sie die Angabe in dem Feld **Maximale Trefferzahl** und fügen Sie im Feld **AGR_NAME** die Liste der Einzelrollen mit den gültigen Zuordnungen hinzu (siehe Abbildung 13.2).

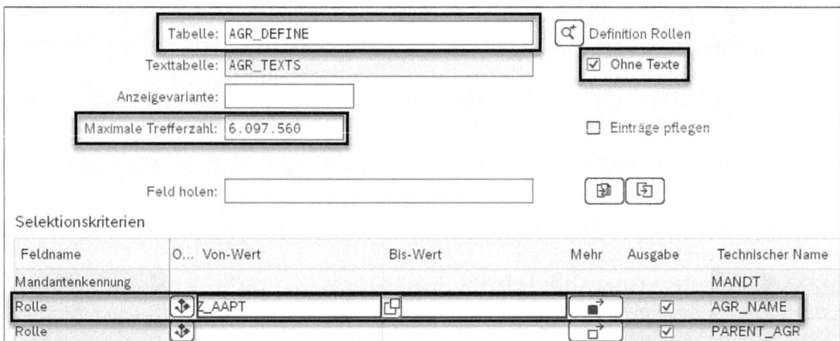

Abbildung 13.2 Transaktion SE16N: Auswerten der abgeleiteten Rollen

   Führen Sie die Auswertung mit dem Icon (**Ausführen**) aus. In der zweiten Spalte mit dem Namen **Rolle** sehen Sie die Masterrollen. Sie können die Liste der Rollen als Excel-Datei herunterladen und mit der Excel-Funktion **Duplikate entfernen** eine Liste der Masterrollen und deren Anzahl erhalten.

3. **Welche und wie viele Ableitungen gibt es für Rollen im System?**

   In der Excel-Datei aus der zweiten Frage fügen Sie eine Spalte hinzu, um die Ableitungen zu zählen. In dieser Spalte zählen Sie mit der Excel-Funktion **ZÄHLENWENN**, wie oft jede Masterrolle in der Liste vorkommt. So erfahren Sie, welche Masterrolle wie oft abgeleitet wurde.

   Wenn die Namenskonvention der Rollen gut dokumentiert ist, können Sie mit ihrer Hilfe herausfinden, welche führenden Orgebenen es in den abgeleiteten Rollen gibt. Wie in Abschnitt 6.2.2, »Rolle ableiten«, erwähnt, empfehlen wir Ihnen, die Ableitungswerte in einer Excel-Datei zu dokumentieren. Falls Sie eine solche Datei bei der Übernahme des Berechtigungskonzepts bekommen haben, ist es sinnvoll, diese Werte mit den Werten im System zu vergleichen und gegebenenfalls die Werte in der Excel-Datei zu aktualisieren.

Existiert eine solche Dokumentation nicht, sollten Sie eine erstellen. Die Dokumentationsdatei ist hilfreich, wenn Sie Berechtigungsprobleme und Anforderungen, die die Ableitungen der Rollen betreffen, lösen müssen. Die Werte finden Sie in der Tabelle AGR_1252 (Orgebenen zu den Berechtigungen).

4. **Wie viele aktive Benutzer gibt es im System?**

   Um aktive Benutzer zu zählen, starten Sie die Transaktion SUIM und klicken auf **Benutzer • Benutzer nach komplexen Selektionskriterien • Benutzer nach komplexen Selektionskriterien**. Auf der Registerkarte **Logondaten** wählen Sie **Benutzertyp** »A« (Dialogbenutzer) und **02 nicht gesetzt** bei **Benutzersperren (Administrator** (siehe Abbildung 13.3)). Führen Sie die Auswertung mit einem Klick auf das Icon (**Ausführen**) aus.

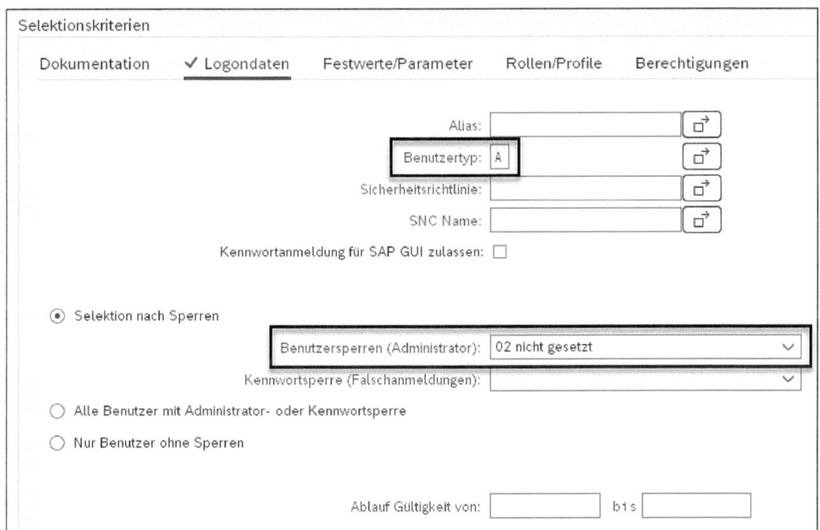

Abbildung 13.3 Transaktion SUIM: Selektieren der aktiven Benutzer

Laden Sie die Ergebnisse in einer Excel-Datei herunter. In Excel können Sie Benutzer mit einem Gültigkeitsdatum, das in der Vergangenheit liegt, ausfiltern und die restlichen Benutzer zählen.

5. **Wie werden Rollen den Benutzern zugeordnet (direkt im System, über das IdM-System, über die ZBV usw.)?**

   Um Änderungsbelege für Benutzer auszuwerten, starten Sie die Transaktion SUIM und folgen dem Navigationspfad **Änderungsbelege • Benutzer • Für Benutzer**. Sie erhalten eine wie in Abbildung 13.4 und Abbildung 13.5 dargestellte Ansicht. Schränken Sie im oberen Bereich der **Standardselektion** die Zeitperiode beispielsweise auf einen Monat ein. Im unteren Bereich **Selektionskriterien** wählen Sie auf der Registerkarte **Benutzerattri-**

bute die Änderungsoptionen **Benutzer angelegt**, **Benutzer gelöscht** und auf der Registerkarte **Rollen/Profile** wählen Sie **Rollen**. Führen Sie die Auswertung mit einem Klick auf den Button (**Ausführen**) aus.

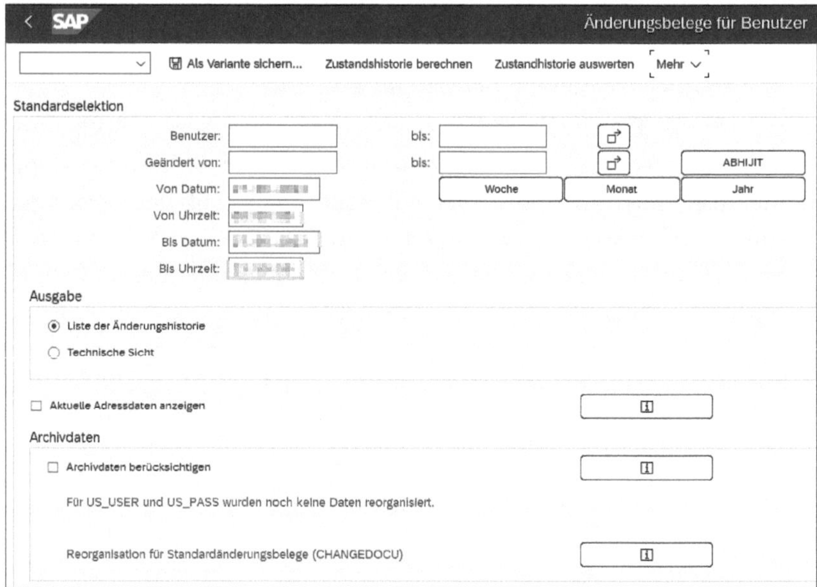

Abbildung 13.4 Transaktion SUIM: Einstiegssicht bei Änderungsbelegen für Benutzer (Teil 1)

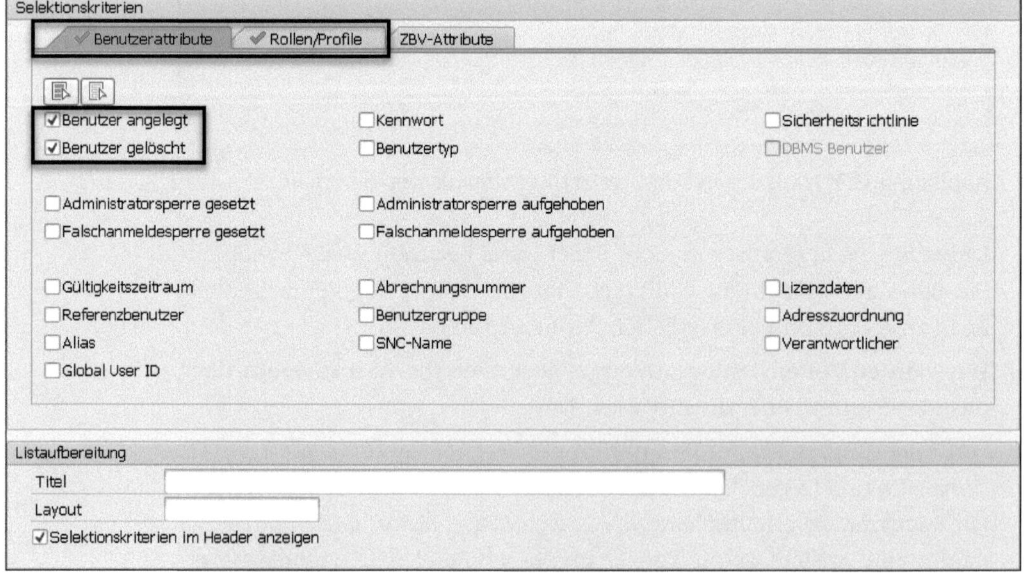

Abbildung 13.5 Transaktion SUIM: Einstiegssicht bei Änderungsbelegen für Benutzer (Teil 2)

In den Ergebnissen sehen Sie in der Spalte **Änderer** die Benutzerkennung des Benutzers, der die Änderung vorgenommen hat. In der Spalte **Tcode** sehen Sie den Code der Transaktion, in der die Änderung vorgenommen wurde (siehe Abbildung 13.6). Falls Änderungen über ein externes System wie die ZBV oder das IdM durchgeführt wurden, stände an der Stelle der Benutzerkennung des Benutzers, der die Änderung vorgenommen hat, die Benutzerkennung eines Schnittstellenbenutzers für das jeweilige System (IdM oder ZBV). Im Zweifelsfall können Sie die Benutzerkennung kopieren und den Benutzerstamm in der Transaktion SU01D anschauen.

Benutzer	Datum	Zeit	Änderer	TCode	Aktion
MMUSTERMANN	04.12.2022	11:41:01	MSPOERI	SU01	Benutzer angelegt
MMUSTERMANN1	11.12.2022	03:52:11		SU01	Rolle hinzugefügt
				SU01	Rolle hinzugefügt
		04:32:11		SU01	Rolle gelöscht
MMUSTERMANN2		03:52:51		SU01	Rolle hinzugefügt

Abbildung 13.6 Transaktion SUIM: Ergebnisse der Auswertung zu Änderungen der Benutzer

6. **Wurden die Hintergrundjobs für Berechtigungs- und Benutzermanagement eingeplant?**

   Die Hintergrundjobs für Rollen beschreiben wir in Abschnitt 6.2.6, »Rollenstatus prüfen und Profile generieren«, die Hintergrundjobs für Benutzer in Abschnitt 10.6, »Hintergrundjobs für das Benutzermanagement«. Um zu prüfen, ob für einen Report ein Job eingeplant ist, starten Sie die Transaktion SM37.

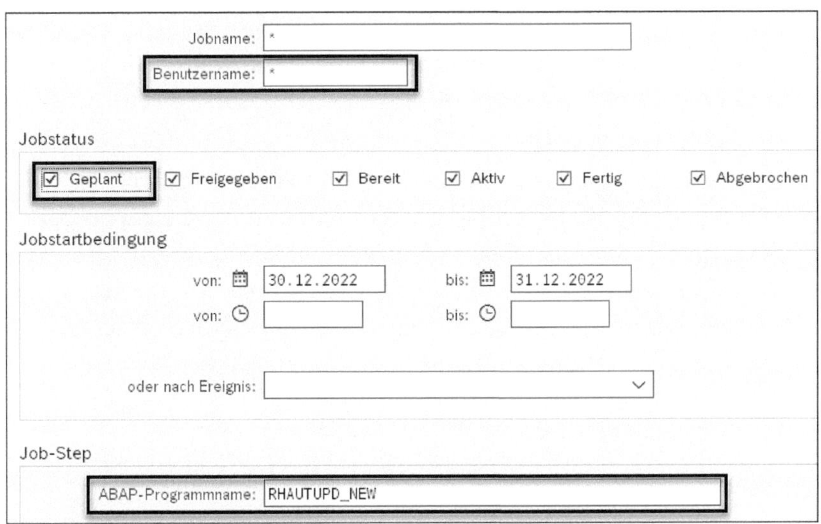

Abbildung 13.7 Transaktion SM37: Suchen nach einem Job für den Report RHAUTUPD_NEW

Im Feld **Benutzername** geben Sie »*« ein und setzten ein Häkchen neben den Status **Geplant**. Die Häkchen bei den restlichen Statusoptionen sind bereits gesetzt. Im Feld **ABAP-Programmname** geben Sie den Namen des Reports ein, z. B. »RHAUTUPD_NEW« (siehe Abbildung 13.7).

Wenn Sie feststellen, dass die Jobs nicht oder nicht alle notwendigen Jobs eingeplant wurden, können Sie die Jobs als Verbesserungsmaßnahme einplanen.

7. **Werden kundeneigene Berechtigungsobjekte angelegt und verwendet?**

Eigene Berechtigungsobjekte werden in der Regel im Kundennamensraum angelegt, ihre Namen fangen beispielsweise mit den Buchstaben Z oder Y an.

Starten Sie die Transaktion SUIM und klicken Sie auf **Berechtigungsobjekte • Berechtigungsobjekte nach komplexen Selektionskriterien**, um eigene Berechtigungsobjekte zu finden. Im Feld **Berechtigungsobjekt** geben Sie den Kundennamensraum und »*« ein (siehe Abbildung 13.8).

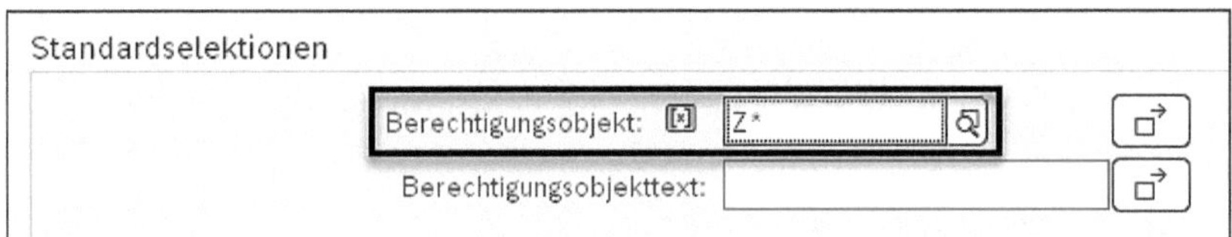

Abbildung 13.8 Transaktion SUIM: Suchen nach eigenen Berechtigungsobjekten

Wenn Sie ein oder mehrere kundeneigene Berechtigungsobjekte gefunden haben, sollten Sie als Nächstes prüfen, ob diese Berechtigungsobjekte in den Rollen verwendet werden. Dafür starten Sie die Transaktion SE16 oder SE16N und rufen die Tabelle AGR_1251 (Berechtigungsdaten zur Aktivitätsgruppe) auf.

Geben Sie die Namen der Rollen aus der ersten oder zweiten Frage im Feld **Rolle** ein und geben Sie die Namen der kundeneigenen Berechtigungsobjekte im Feld **Objekt** ein (siehe Abbildung 13.9). Führen Sie die Auswertung mit einem Klick auf [icon] (**Ausführen**) aus. Sie erhalten eine Liste der Rollen mit den kundeneigenen Berechtigungsobjekten.

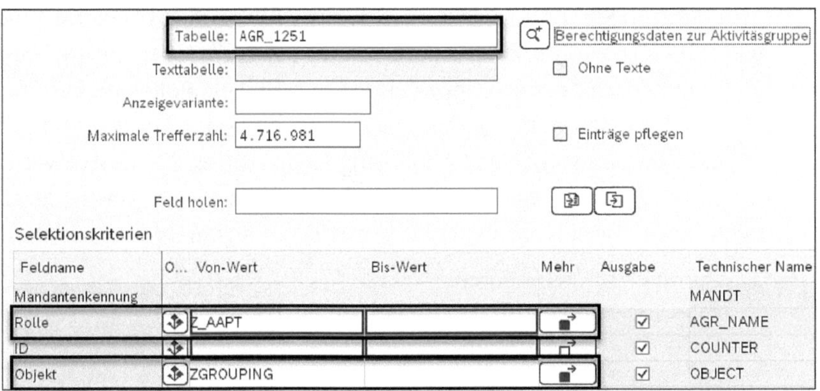

Abbildung 13.9 Transaktion SE16N: Suchen nach kundeneigenen Berechtigungsobjekten in den Rollen

8. **Wurden eigene Organisationsebenen angelegt und verwendet?**

   In der Transaktion SUPO können Sie prüfen, ob eigene Organisationsebenen angelegt wurden. Öffnen Sie die Transaktion und wählen Sie die Spalte **Status für SAP-Standard OrgEbene**, klicken Sie auf das Icon (**Sortieren aufsteigend**). Die Organisationsebenen ohne Häkchen in dieser Spalte sind eigene Organisationsebenen und werden nach oben verschoben (siehe Abbildung 13.10).

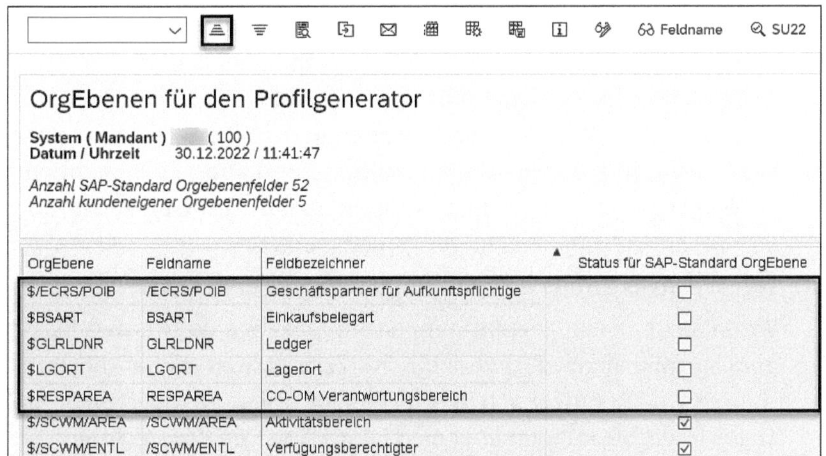

Abbildung 13.10 Transaktion SUPO: eigene Organisationsebenen

Angenommen, Sie haben eine oder mehrere eigene Organisationsebenen gefunden, dann sollten Sie als Nächstes prüfen, ob diese Organisationsebenen in den Rollen verwendet werden.

Dafür starten Sie die Transaktion SE16 oder SE16N und rufen die Tabelle AGR_1252 (Orgebenen zu den Berechtigungen) auf. Geben Sie die Namen der Rollen aus der ersten oder zweiten Frage im Feld **Rolle** ein. Außerdem geben Sie die eigenen Organisationsebenen aus der Transaktion SUPO im Feld **Orgebene** ein (siehe Abbildung 13.11). Führen Sie die Auswertung mit einem Klick auf das Icon (**Ausführen**) aus. Sie erhalten eine Liste der Rollen, in denen eigene Organisationsebenen verwendet werden.

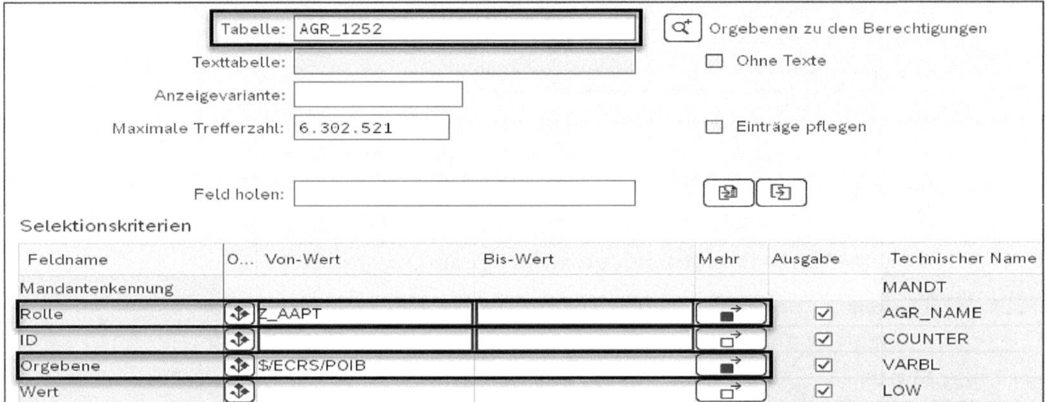

Abbildung 13.11 Transaktion SE16N: Suchen nach eigenen Organisationsebenen in den Rollen

9. **Welche zusätzlichen Tools werden verwendet (z. B. XAMS)?**

   Transaktionen, die zur XAMS gehören, beinhalten das Präfix »/XITING« in ihren Namen. Sie können über den Aufruf der Transaktion /XITING/ALL prüfen, ob XAMS in Ihren Systemen installiert und lizenziert ist. Weiterführende Informationen zu XAMS und anderen Berechtigungsverwaltungswerkzeugen finden Sie in Kapitel 5, »Werkzeuge für das SAP-Benutzer- und Berechtigungsmanagement«.

10. **Werden strukturelle Berechtigungen in HR verwendet?**

    Wenn strukturelle Berechtigungen im Einsatz sind, werden Berechtigungsprofile angelegt und den Benutzern entweder über die Transaktion OOSB (Benutzer (strukturelle Berechtigung)) oder über Rollen zugewiesen. Sie können über die Transaktion OOSP (Berechtigungsprofile) prüfen, ob eigene Berechtigungsprofile angelegt wurden. Über die Transaktion OOSB können Sie prüfen, ob Berechtigungsprofile Benutzern zugewiesen wurden.

    Falls Sie keine Berechtigung für die Transaktionen OOSP und OOSB haben, können Sie die Profile über die Transaktion SE16 oder SE16N mithilfe der Tabelle T77PR (Definition der Berechtigungsprofile) und der Zuordnung der Profile in der Tabelle T77UA (Benutzerberechtigungen) prüfen.

Wenn Sie dynamische Berechtigungsprofile in der Transaktion OOSP oder der Tabelle T77PR finden, sollten Sie prüfen, ob diese Profile in den Rollen verwendet werden. Dafür starten Sie die Transaktion SE16 oder SE16N und rufen die Tabelle AGR_1251 (Berechtigungsdaten zur Aktivitätsgruppe) auf. Im Feld **Rolle** geben Sie die Rollennamen aus der ersten oder zweiten Frage ein, im Feld **Objekt** geben Sie das Objekt »P_ORGINCON« ein, im Feld **Feldname** geben Sie »PROFL« ein (siehe Abbildung 13.12). Führen Sie die Auswertung mit einem Klick auf das Icon (**Ausführen**) aus. Wenn dynamische Profile in den Rollen verwendet werden, erhalten Sie eine Liste dieser Rollen und Profile.

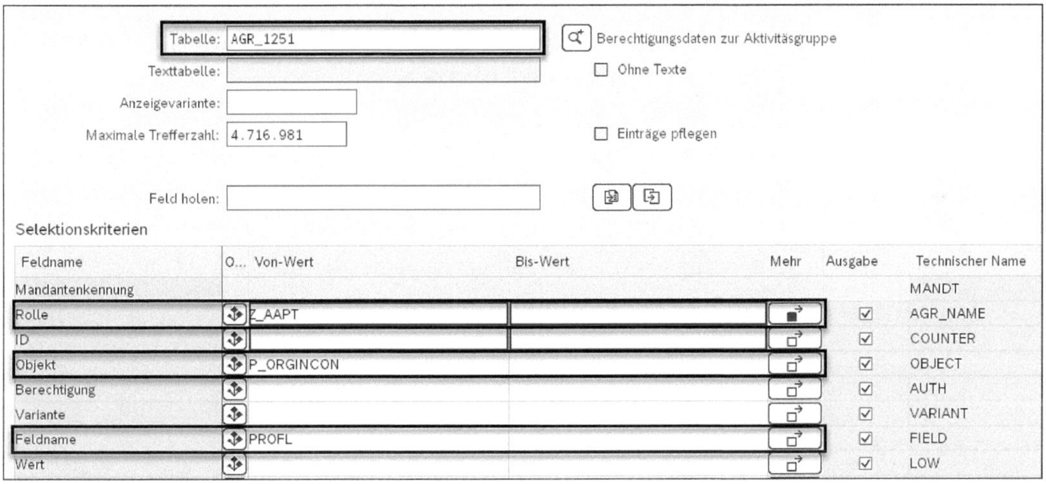

Abbildung 13.12 Transaktion SE16N: Suchen nach dynamischen Profilen in den Rollen

11. **Wie sind die Namenskonventionen für die Rollen und die Benutzerkennungen gestaltet?**

    Falls die Namenskonventionen nicht dokumentiert wurden, bedeutet das nicht, dass keine existieren. Sie können aus den bestehenden Rollen möglicherweise die genutzte Namenskonvention ableiten und diese dokumentieren. Die Dokumentation der Namenskonventionen erleichtert Ihnen das Anlegen neuer Rollen und Benutzerkennungen. Auch für die Auswertung der Rollen und Benutzer ist es hilfreich, die Namenskonventionen zu kennen.

12. **Wann wurde der SU25-Abgleich das letzte Mal ausgeführt?**

    Um herauszufinden, wann der SU25-Abgleich das letzte Mal ausgeführt wurde, starten Sie die Transaktion SU25. Im Schritt **Automatischer Abgleich mit SU22-Daten (2a)** sehen Sie den Zeitstempel der letzten Ausführung (siehe Abbildung 13.13).

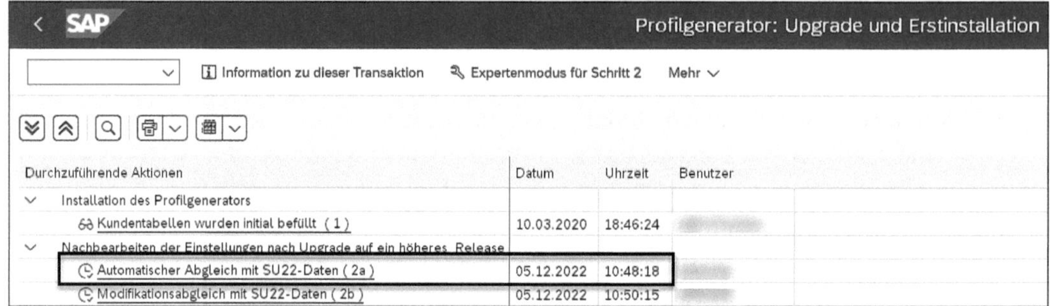

Abbildung 13.13 Transaktion SU25: Datum der letzten Ausführung

13. **Wurden Berechtigungsobjekte in den Rollen aus dem Profilgenerator gezogen oder manuell hinzugefügt?**

    Um den Status der Berechtigungsobjekte der Rollen zu ermitteln, können Sie die Transaktion RSUSRAUTH (Einzelrollen mit Berechtigungsdaten) verwenden. Sie können eine Liste von Rollen eingeben oder Rollen mit gültiger Benutzerzuordnung auswählen. Diese Auswertung enthält sowohl den Pflegestatus der Berechtigungsobjekte in den Rollen als auch den Profilstatus der Rollen (siehe Abbildung 13.14).

    Ein roter Profilstatus deutet darauf hin, dass keine Berechtigungsdaten innerhalb der Rolle existieren. Der gelbe Profilstatus zeigt an, dass kein oder kein aktuelles Profil zu dieser Rolle besteht. Ein generiertes Profil ist am grünen Profilstatus zu erkennen. Diese Informationen werden Ihnen angezeigt, wenn Sie mit der Maus über den Profilstatus fahren.

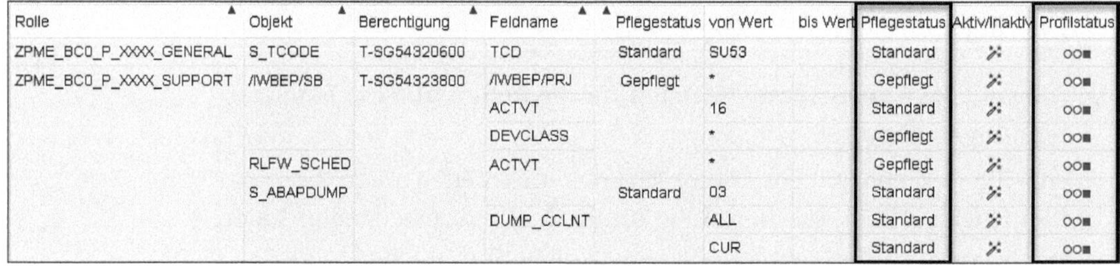

Rolle	Objekt	Berechtigung	Feldname	Pflegestatus	von Wert	bis Wert	Pflegestatus	Aktiv/Inaktiv	Profilstatus
ZPME_BC0_P_XXXX_GENERAL	S_TCODE	T-SG54320600	TCD	Standard	SU53		Standard		
ZPME_BC0_P_XXXX_SUPPORT	/IWBEP/SB	T-SG54323800	/IWBEP/PRJ	Gepflegt	*		Gepflegt		
			ACTVT		16		Standard		
			DEVCLASS		*		Gepflegt		
	RLFW_SCHED		ACTVT		*		Gepflegt		
	S_ABAPDUMP			Standard	03		Standard		
			DUMP_CCLNT		ALL		Standard		
					CUR		Standard		

Abbildung 13.14 Transaktion RSUSRAUTH: Ergebnisse der Auswertung

14. **Falls das SAP Fiori Launchpad im Einsatz ist, welche SAP-Fiori-Version ist installiert?**

    Um die SAP-Fiori-Version Ihres Systems herauszufinden, wählen Sie in der Menüleiste **System • Status**. Im Abschnitt **SAP-Systemdaten** klicken Sie auf das Icon (**Details**) (siehe Abbildung 13.15). Auf der Registerkarte **Installierte Produktversionen** sehen Sie die SAP-Fiori-Version.

Abbildung 13.15 Ermitteln der SAP-Fiori-Version

15. **Werden Fiori-Kachelgruppen oder Bereiche und Seiten verwendet?**

    Ob im SAP-System Fiori-Kachelgruppen oder Bereiche und Seiten verwendet werden, können Sie in den Customizing-Einstellungen des SAP Fiori Launchpad prüfen. Starten Sie die Transaktion /UI2/FLP_SYS_CONF (Launchpad-Systemeinstellungen). Wenn in der Zeile des Parameters **SPACES** »false« steht, bedeutet das, dass die Default-Einstellung im System nicht »Bereiche« ist, sondern »Gruppen« (siehe Abbildung 13.16). Wenn in der Zeile des Parameters **SPACES_ENABLE_USER** »true« steht, wie in Abbildung 13.16 zu sehen, bedeutet das, dass die Endanwender*innen in ihren Einstellungen Bereiche auswählen können.

Parameter	Gruppe	Typ	Wert
SPACES	FLPCL FLP-UI-Client-Einstellungen	BOOLEAN Boolesch (wahr/falsch)	false
SPACES_ENABLE_USER	FLPCL FLP-UI-Client-Einstellungen	BOOLEAN Boolesch (wahr/falsch)	true

Abbildung 13.16 Transaktion /UI2/FLP_SYS_CONF: Einstellungen für Bereiche

16. **Werden Benutzer ausschließlich für Fiori-Apps berechtigt oder auch für die Nutzung von Transaktionen in der klassischen SAP GUI?**

    Sie können in der Transaktion SE16 oder SE16N mithilfe der Tabelle AGR_HIER prüfen, welche Typen von Menüeinträgen Rollen beinhalten. In der Spalte **Typ** steht **TR** für »Transaktion« und **OT** für »OData-Service« (siehe Abbildung 13.17).

Rolle	Objekt ID	Objekt ID	Cust.Menü	Objekt ID	Typ	Erweiterter Name
ZPME_BCO_P_XXXX_GENERAL	5	1		120	OT	SERVICE
ZPME_BCO_P_XXXX_GENERAL	6	1		110	OT	SERVICE
ZPME_BCO_P_XXXX_GENERAL	7	1		100	TR	/UI2/FLP
ZPME_BCO_P_XXXX_GENERAL	8	1		140	OT	SERVICE
ZPME_BCO_P_XXXX_GENERAL	9	1		130	OT	SERVICE

Abbildung 13.17 Transaktion SE16N, Tabelle AGR_HIER: Prüfen des Typs des Menüeintrags in Rollen

13.2 SAP-Systeme auf die Revision vorbereiten

SAP-Sicherheit stärken

Eigentlich müssen SAP-Systeme immer für eine Revision bereit sein. Somit könnte man die Aktivitäten, die wir in diesem Abschnitt besprechen, zu der Liste der Aktivitäten in Abschnitt 13.1, »Den Betrieb eines SAP-Berechtigungskonzepts übernehmen«, hinzufügen. In diesem Abschnitt erfahren Sie, wie Sie die Sicherheit Ihrer SAP-Systeme stärken können. Es gibt ganze Bücher, die ausschließlich dem Thema *SAP-Sicherheit* gewidmet sind. SAP-Sicherheit ist ein sehr umfangreiches Thema, das Personen aus der SAP-Basisadministration und der ABAP-Entwicklung sowie SAP-Sicherheitsfachleute und andere involviert. In diesem Abschnitt fokussieren wir uns auf diejenigen Aspekte der SAP-Sicherheit, die das Benutzer- und Berechtigungsmanagement betreffen.

Aktivitäten in und außerhalb des SAP-Systems

Bevor Sie mit den Analysen im System anfangen, sollten Sie sich erkundigen, ob das interne oder externe Audit bereits Sicherheitslücken in Ihrem SAP-System identifiziert und dokumentiert hat. Falls dem so ist, sollten Sie mit der Beseitigung dieser Sicherheitslücken beginnen.

In den folgenden Abschnitten besprechen wir Aktivitäten, die zur Stärkung der Sicherheit Ihres SAP-Systems beitragen und die in die Verantwortung des Benutzer- und Berechtigungsmanagements fallen.

13.2.1 Standardbenutzer prüfen

SAP-Standardbenutzer

Um die Standardbenutzer zu prüfen, schauen Sie nach, welche der Regeln, die die Standardbenutzer betreffen, im Dokument »SAP-Berechtigungskonzept« definiert sind, und vergleichen diese mit dem Ist-Zustand im System. Dafür führen Sie den Report RSUSR003 aus. Mehr dazu finden Sie in Abschnitt 10.7, »SAP-Standardbenutzer«.

13.2.2 Benutzer mit kritischen Profilen identifizieren

Benutzer mit kritischen Profilen

Zum Identifizieren von Benutzern mit kritischen Profilen starten Sie die Transaktion SUIM und klicken auf **Benutzer • Benutzer nach komplexen Selektionskriterien**. Auf der Registerkarte **Rollen/Profile** geben Sie im Feld **Profilname** »SAP_ALL« ein (siehe Abbildung 13.18). Mit einem Klick auf das Icon (**Mehrfachselektion**) öffnet sich die Mehrfachselektion. Geben Sie dort »SAP_NEW« ein und bestätigen Ihre Angaben mit dem Klick auf das Icon (**Übernehmen**).

Führen Sie die Auswertung mit dem Button **Ausführen** aus. Sie erhalten eine Liste der Benutzer mit den zugewiesenen Profilen SAP_ALL und SAP_NEW. Im Idealfall werden kritische Profile ausschließlich den Benutzern des SAP-Supports und den Notfallbenutzern zugewiesen. Dies ist allerdings oft nicht der Fall. Sie müssen dann die Benutzer mit den für sie vorgesehenen Rollen versorgen und ihnen das Profil SAP_ALL entziehen. Eine mögliche temporäre Lösung wäre das Anlegen einer Rolle aus dem Profil SAP_ALL.

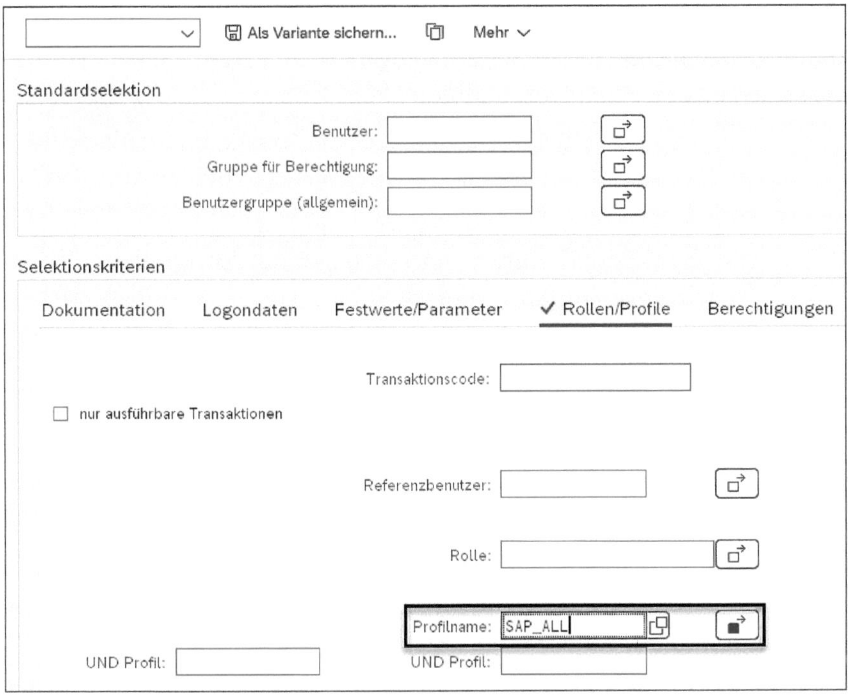

Abbildung 13.18 Transaktion SUIM: Suchen nach Benutzern mit kritischen Profilen

Anlegen einer Rolle aus dem Profil SAP_ALL

Um solche Rollen anzulegen, starten Sie die Transaktion PFCG, geben den Namen und die Kurzbeschreibung der Rolle ein und klicken auf **Einzelrolle**. Folgen Sie dem Navigationspfad **Bearbeiten • Einfügen Berecht. • Aus Profil...** (siehe Abbildung 13.19).

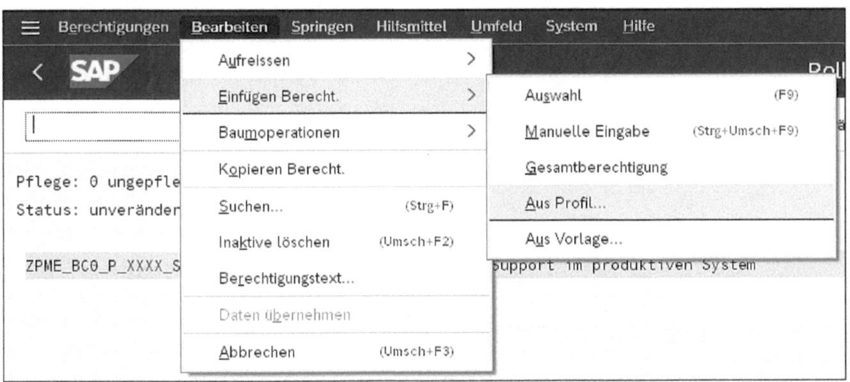

Abbildung 13.19 Transaktion PFCG: Einfügen von Berechtigungen in eine Rolle aus einem Profil

Im nächsten Fenster geben Sie »SAP_ALL« ein und übernehmen alle Berechtigungen in die Rolle. Im nächsten Schritt klicken Sie auf den Button **Orgebenen...** und anschließend auf den Button **Gesamtberechtigung**. Generieren Sie das Profil der Rolle mit einem Klick auf das Icon (**Generieren**).

Die neue Rolle beinhaltet alle Berechtigungen des Profils SAP_ALL. Sie können die kritischen Berechtigungen aus dieser Rolle entfernen (siehe Definitionen der kritischen Berechtigungen in Abschnitt 12.1, »Kritische Berechtigungen definieren«).

13.2.3 Die Anzahl der Benutzer mit kritischen Berechtigungen identifizieren und reduzieren

Benutzer mit kritischen Berechtigungen finden

Wie Sie Benutzer mit kritischen Berechtigungen mit dem Report RSUSR008_009_NEW identifizieren, wurde in Kapitel 12, »Monitoring von kritischen Berechtigungen«, beschrieben. Falls Sie den Report RSUSR008_009_NEW nicht benutzen können, führen Sie die Auswertungen über die Transaktion SUIM aus. In diesem Abschnitt zeigen wir Ihnen, wie Sie Benutzer mit kritischen Berechtigungen, beispielsweise mit der Berechtigung für das Debugging, über die Transaktion SUIM identifizieren können.

In der Transaktion SUIM rufen Sie **Benutzer • Benutzer nach komplexen Selektionskriterien** auf. Auf der Registerkarte **Berechtigungen** im Feld **Berechtigungsobjekt** geben Sie »S_DEVELOP« ein und drücken [↵]. Unter **Objekttyp** geben Sie im Feld **Wert** »DEBUG« ein und unter **Aktivität** geben Sie im Feld **Wert** »01« und im Feld **ODER** »02« ein (siehe Abbildung 13.20).

Wenn Sie die Auswertung ausführen, erhalten Sie eine Liste der Benutzer, die die Berechtigung zum Debugging im System haben. Führen Sie die Auswertungen für die restlichen kritischen Berechtigungen aus.

Benutzer mit kritischen Berechtigungen reduzieren

Stellen Sie fest, dass Benutzer kritische Berechtigungen im System besitzen, diese aber nicht haben dürfen, müssen Sie ihnen die Berechtigungen entziehen. Dafür entziehen Sie entweder den Benutzern die betreffenden Rollen oder entfernen die kritischen Berechtigungen aus den Rollen.

Notfallbenutzerkonzept

Wenn Endanwender*innen angeben, dass sie kritische Berechtigungen, wie beispielsweise Debugging, im Produktivsystem für die Lösung der Support-Incidents brauchen, verweisen Sie auf das Notfallbenutzerkonzept, wenn es vorhanden ist. Falls das Notfallbenutzerkonzept nicht vorhanden ist, führen Sie es ein. Wie das geht, wird in Abschnitt 3.3, »SAP-Notfallbenutzerkonzept«, beschrieben.

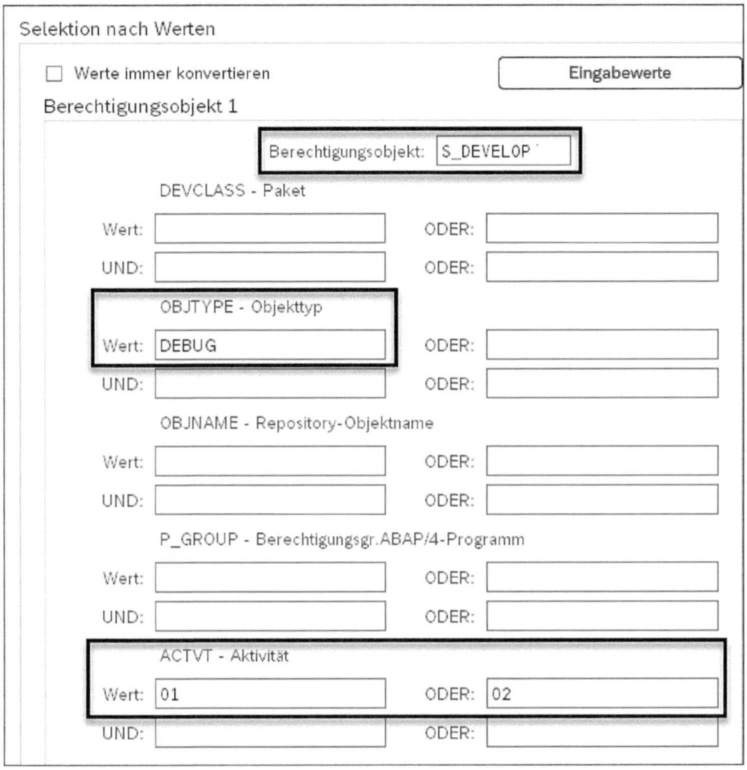

Selektion nach Werten
Werte immer konvertieren
Eingabewerte
Berechtigungsobjekt 1
Berechtigungsobjekt: S_DEVELOP
DEVCLASS - Paket
Wert: ODER:
UND: ODER:
OBJTYPE - Objekttyp
Wert: DEBUG ODER:
UND: ODER:
OBJNAME - Repository-Objektname
Wert: ODER:
UND: ODER:
P_GROUP - Berechtigungsgr.ABAP/4-Programm
Wert: ODER:
UND: ODER:
ACTVT - Aktivität
Wert: 01 ODER: 02
UND: ODER:

Abbildung 13.20 Transaktion SUIM: Suchen nach Benutzern mit Berechtigung für Debugging

13.2.4 Die korrekte Umsetzung der Passwortrichtlinien im System prüfen

Profilparameter für die Passwortsicherheit

Eine weitere wichtige Aufgabe besteht darin, zu prüfen, ob die Passwortrichtlinien im SAP-System eingehalten werden. Zunächst sollten Sie die Passwortrichtlinien Ihrer Organisation finden und prüfen, ob die Richtlinien im SAP-System korrekt umgesetzt sind. Im Anschluss daran sollten Sie die Empfehlungen von SAP im System umsetzen.

In Tabelle 13.1 haben wir die Profilparameter für Passwortsicherheit mit den System-Default-Werten und den von SAP empfohlenen Werten aufgeführt. Die empfohlenen Werte stammen aus SAP-Hinweis 2253549 (The SAP Security Baseline Template).

Profilparameter	Beschreibung	System-Default-Wert	Empfohlener Wert
login/min_password_lng	Minimale Passwortlänge	10	≥ 8
login/password_max_idle_initial	Anzahl der Tage, nach denen ein unbenutzter Account mit Initialpasswort den Status »Kennwort abgelaufen« erhält	0	zwischen 1 und 14
login/password_expiration_time	Gültigkeit des Passworts in Tagen. Nach dieser Anzahl von Tagen muss der Benutzer sein Passwort ändern.	0	≤ 183
login/password_downwards_compatibility	Dieser Profilparameter legt den Grad der Abwärtskompatibilität fest. Bei login/password_downwards_compatibility = 0 sichert das System Kennwörter in einer Form, die Systeme mit älterem Kernel nicht interpretieren können. Stellen Sie daher erst sicher, dass alle beteiligten Systeme die neue Kennwortcodierung unterstützen, bevor Sie den Profilparameter auf den Wert 0 setzen.	0	0
login/password_compliance_to_current_policy	Dieser Profilparameter wird verwendet, um zu überprüfen, dass das Kennwort den aktuellen Sicherheitsrichtlinien entspricht. 0: Keine Prüfung 1: Das System prüft, während der Kennwortanmeldung, ob das aktuelle Kennwort den aktuellen Kennwortregeln entspricht. Ist dies nicht der Fall, erzwingt es eine Kennwortänderung.	0	1

Tabelle 13.1 Profilparameter für Passwortsicherheit

Profilparameter	Beschreibung	System-Default-Wert	Empfohlener Wert
icf/reject_expired_passwd	Beim Wert 0 werden Anmeldungen über das Internet Communication Framework (ICF) von Benutzern mit Initialkennwort bzw. abgelaufenem Kennwort von SAP akzeptiert. Beim Wert 1 wird dies unterbunden.	0	1
rfc/reject_expired_passwd	Beim Wert 0 werden RFC-Anmeldungen von Benutzern mit Initialkennwort bzw. abgelaufenem Kennwort von SAP akzeptiert. Beim Wert 1 wird dies unterbunden.	0	1
login/min_password_digits	Minimale Anzahl von Ziffern	1	>= 1
login/min_password_letters	Minimale Anzahl von Zeichen	1	>= 1
login/min_password_lowercase	Minimale Anzahl von Kleinbuchstaben	1	>= 1
login/min_password_uppercase	Minimale Anzahl von Großbuchstaben	1	>= 1
login/min_password_specials	Minimale Anzahl von Sonderzeichen	0	>= 1
login/min_password_diff	Minimale Anzahl von Zeichen, in denen sich das neue vom alten Passwort unterscheiden muss	3	>= 3
login/disable_password_logon	0: Passwortanmeldung möglich (in Umgebungen ohne Single Sign-on (SSO)) 1: Passwortanmeldung nur für Benutzer möglich, die durch login/password_logon_usergroup spezifiziert sind (in Umgebungen mit Single Sign-on (SSO)) 2: Passwortanmeldung nicht möglich	0	Muss ausgeprägt sein

Tabelle 13.1 Profilparameter für Passwortsicherheit (Forts.)

Profilparameter	Beschreibung	System-Default-Wert	Empfohlener Wert
login/fails_to_user_lock	Anzahl fehlerhafter Passworteingaben, nach denen der Account gesperrt wird	5	<= 5
login/failed_user_auto_unlock	0: keine automatische Entsperrung 1: automatische Entsperrung Steht der Wert auf 1, so werden wegen Falschanmeldungen gesperrte Benutzer jeweils um Mitternacht automatisch entsperrt.	0	0
login/password_max_idle_productive	Anzahl der Tage, nach denen ein unbenutzter, jedoch produktiver Account den Status »Kennwort abgelaufen« erhält	0	>= 1 und <= 180
login/password_change_waittime	Anzahl der Tage, nach denen ein Benutzer nach einem Passwortwechsel sein Passwort erneut wechseln kann	1	Muss ausgeprägt sein
login/password_change_for_SSO	Prüft bei einem Benutzer, der sich via Single Sign-on am System anmeldet, ob dieser sein Passwort ändern muss	1	1
login/password_history_size	Anzahl vergangener Passwörter, die sich das System merkt und die nicht für ein neues Passwort verwendet werden dürfen	9	>= 5
login/password_hash_algorithm	Dieser Profilparameter legt die Komplexität der Kennwortverschlüsselung fest.	encoding = RFC2307, algorithm = iSSHA-1, iterations = 15000, saltsize = 128	encoding = RFC2307, algorithm = iSSHA-512, iterations = 15000, saltsize = 256

Tabelle 13.1 Profilparameter für Passwortsicherheit (Forts.)

Wenn Sie mehr Informationen zu den Profilparametern, einschließlich den erlaubten Werten für jeden Profilparameter brauchen, können Sie die Dokumentation in der Transaktion RZ11 abrufen, indem Sie den Parameternamen eingeben und auf den Button **Doku anzeigen** klicken (siehe Abbildung 13.21).

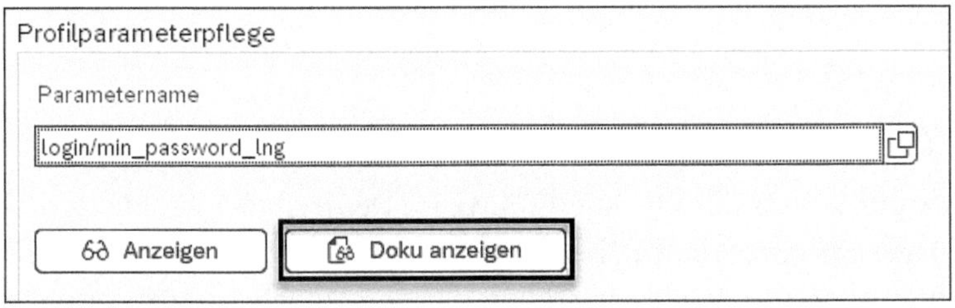

Profilparameterpflege

Parametername

login/min_password_lng

Anzeigen | Doku anzeigen

Abbildung 13.21 Transaktion RZ11: Abrufen der Dokumentation zum Profilparameter

Prüfen Sie die Profilparameter im System in der Transaktion RZ11. In der Regel werden die SAP-Profilparameter von der SAP-Basisadministration in der Transaktion RZ10 gepflegt.

13.2.5 Die Konfiguration des SAP-Security-Audit-Log prüfen

Ab SAP S/4HANA Version 2021 wird das SAP-Security-Audit-Log bei der Auslieferung des Systems mit einer Standardkonfiguration aktiviert. Bis zu dieser Version muss das SAP-Security-Audit-Log im SAP-System explizit aktiviert werden. Viele Auditor*innen orientieren sich am Branchenstandard des DSAG-Prüfleitfadens. Dieser verlangt unter anderem, dass das SAP-Security-Audit-Log aktiviert ist und regelmäßig nach Sicherheitsverstößen ausgewertet wird. Deswegen ist es wichtig, vor allem vor einer Revision sicherzustellen, dass das SAP-Security-Audit-Log in Ihren SAP-Systemen aktiviert ist.

Wie Sie das SAP-Security-Audit-Log aktivieren und konfigurieren und wie Sie die aktuelle Konfiguration überprüfen können, wird in Abschnitt 12.4, »SAP-Security-Audit-Log konfigurieren«, beschrieben.

13.2.6 Die Dokumentation der Prozesse im Benutzer- und Berechtigungsmanagement aktualisieren

Dokumentation aktualisieren

Prüfen Sie, ob das SAP-Berechtigungskonzept aktualisiert und von den verantwortlichen Stellen abgenommen wurde. Darüber hinaus ist zu prüfen, ob die Dokumentation der Prozesse im Benutzer- und Berechtigungsmanagement vollständig ist. Dazu können beispielsweise die folgenden Dokumente gehören:

- Benutzer- und Rollenanträge
- Dokumentation der Nutzung des Notfallbenutzers
- Anträge für Rollenänderungen

13.3 IAM-Prozesse optimieren

Einführen eines IAM-Systems

Das *Identity and Access Management* (IAM), im Deutschen auch *Identitäts- und Zugriffsverwaltung* genannt, beschäftigt sich mit der zentralen Verwaltung von Identitäten und den Zugriffen auf unterschiedliche Systeme und Apps, die in einer Organisation zum Einsatz kommen. Abhängig von der Komplexität, dem Funktionsumfang und der Anzahl der verwalteten Benutzer und Rollen ist die Einführung eines IAM-Systems sinnvoll.

Möglichkeiten eines IAM-Systems

Ein IAM-System kann die folgenden Möglichkeiten bieten:

- Verwaltung aller Benutzerkonten und Zugriffe in der Organisation
- Abbildung des kompletten Benutzerlebenszyklus (Eintritt, Austritt, Wechsel)
- Verwaltung aller Berechtigungen für im Einsatz befindliche Systeme und Apps
- Abbildungen von komplexen Genehmigungsprozessen
- Automatisierung von Antrags- und Genehmigungsprozessen
- Revisionssichere Dokumentation aller Benutzer- und Rollenanträge

Vorteile eines IAM-Systems

Grundsätzlich kann ein IAM-System die Produktivität von Organisationen steigern, da durch den Einsatz des Systems viel Arbeit für IT-Mitarbeitende eingespart und sichergestellt wird, dass Mitarbeitende auf die Daten zugreifen können, die sie für ihre Arbeit benötigen. Außerdem erhöht ein IAM-System auch die Sicherheit, da es die IT-Berechtigungen auf das notwendige Minimum beschränkt, wodurch das Risiko von Cyberangriffen, Datenschutzverletzungen und Datendiebstahl durch Mitarbeitende verringert wird.

Kosten-Nutzen-Analyse eines IAM-Systems

Die Einführung einer solchen Lösung ist häufig zeit- und kostenintensiv. Andererseits können die Optimierung und Automatisierung der Prozesse innerhalb des Benutzermanagements beträchtliche Zeit- und somit Kostenersparnisse bewirken. Daher kann eine Kosten-Nutzen-Analyse für die Entscheidungsfindung hilfreich sein.

Angenommen, eine Organisation hat kein IAM-System für SAP-Systeme: Alle Benutzeranträge werden manuell in MS Word oder MS Excel erstellt und per E-Mail genehmigt. Benutzer werden im SAP-System manuell von der Benutzeradministration gepflegt. Um den Aufwand für das Benutzermanagement einschätzen zu können, müssen Sie die Anzahl der Benutzer- und Rollenanträge und den Aufwand für jeden Antrag kennen.

Anzahl der Benutzer und Rollenanträge herausfinden

Die Anzahl der Anträge können Sie anhand von Änderungslogs für Benutzer im System berechnen. Dafür starten Sie die Transaktion SUIM und klicken auf **Änderungsbelege • Benutzer • Für Benutzer**. Spezifizieren Sie die Zeitperiode für die Auswertung, z. B. ein Jahr. Wählen Sie die folgenden Änderungen: **Benutzer angelegt**, **Benutzer gelöscht**, **Kennwort**, **Administratorsperre gesetzt**, **Administratorsperre aufgehoben**, **Falschanmeldesperre aufgehoben**, **Rollen**.

Nachdem Sie die Liste der Änderungen an den Benutzern erhalten haben, laden Sie diese in Excel herunter. Mit der Excel-Funktion VERKETTEN kombinieren Sie Benutzerkennungen und Daten, an denen Änderungen durchgeführt wurden. Wir nehmen an, dass alle Änderungen an einem Benutzer an einem Tag mit einem Antrag durchgeführt wurden. Wenn Sie Duplikate aus dieser Liste entfernen, bekommen Sie die ungefähre Anzahl der Benutzeranträge in einem Jahr in einem SAP-System. Ermitteln Sie diese Zahl für alle SAP-Systeme.

Aufwand ohne IAM-System schätzen

Erfahrungsgemäß können Sie schätzen, wie lange die Benutzeradministration braucht, um einen Benutzerantrag zu bearbeiten. Multiplizieren Sie diese Zahl mit der Anzahl der Benutzeranträge im Jahr, um den Aufwand der Benutzeradministration zu berechnen, den Sie durch die Einführung eines IAM-Systems ungefähr einsparen können.

IAM-Systeme bewerten

Als Nächstes müssen Sie herausfinden, wie viel die Einführung eines IAM-Systems für Ihre SAP-Systeme kostet. Dafür prüfen Sie, ob in Ihrer Organisation bereits ein IAM-System im Einsatz ist, an das Sie Ihre SAP-Systeme anschließen können, und wie viel dieser Anschluss kostet. Gibt es kein IAM-System oder ist der Anschluss der SAP-Systeme technisch oder organisatorisch nicht möglich, suchen Sie nach einer passenden IAM-Lösung auf dem Markt. Dabei ist es sinnvoll, die Kriterien für die Auswahl der IAM-Lösung aufzulisten und ihre Relevanz in Zahlen zu bewerten.

Um IAM-Lösungen zu bewerten, schlagen wir vor, eine Tabelle zu erstellen. Auf der linken Seite listen Sie alle Funktionen, die für Ihre Zwecke benötigt werden, in der Kopfzeile listen Sie alle IAM-Lösungen, die in Betracht kommen. Sie brauchen noch eine Spalte, um die Relevanz der Funktion für Ihre Organisation zu bewerten, beispielsweise Sehr hoch = 10, Hoch = 8, Mittel = 6,

Niedrig = 4, Sehr niedrig = 2, Keine = 0. Tragen Sie in die Spalte des IAM-Systems »1« ein, wenn das IAM-System über die Funktion verfügt und »0«, wenn das IAM-System nicht über diese Funktion verfügt. Anschließend multiplizieren Sie die Kennzahl für die Relevanz mit 0 oder 1 für die IAM-Systeme und summieren die Ergebnisse für jedes IAM-System (siehe beispielhaft in Abbildung 13.22) (Dieses Beispiel finden Sie im Download-Material unter *https://www.sap-press.de/5643*). Den Preis des IAM-Systems können Sie als ein weiteres Kriterium hinzufügen. Anhand der Punktezahl kann das passende IAM-System ausgewählt werden.

Funktionalität	Wichtigkeit	IAM-System 1	IAM-System 2	IAM-System 3
Elektronische Benutzeranträge mit Workflow	10	1	1	1
Integration mit dem HR-System	8	1	0	0
Integration mit Active Directory	2	0	1	1
Genehmigende Benutzer werden im Workflow vordefiniert.	6	1	1	1
Zusätzliche genehmigende Benutzer können bei Bedarf hinzugefügt werden.	6	0	0	1
Automatisch zugewiesene Rollen	4	1	0	0
Automatische Benutzeranlage und Rollenzuordnung	10	1	1	1
Stellvertretung für genehmigende Benutzer	8	1	0	1
Pflege der Benutzerparameter	8	0	1	1
Self-Service für den Rollenantrag	2	1	1	1
Self-Service für das Zurücksetzen des Kennworts und die Aufhebung der Benutzersperre	2	0	1	1
Geschäftsrollen	6	1	1	1
Benutzerfreundliche Oberfläche	6	1	0	1
Berichterstellung	8	1	1	0
Periodische Zugriffsprüfungen (Rollenzertifizierung)	6	1	0	1
Massengenehmigung (alle Anträge im Inbox auswählen und genehmigen)	4	1	0	1
Massenanlage von Benutzern	4	1	1	0
Massenänderung der Rollenzuordnung	8	1	1	0
On-Premises-Lösung	8	1	1	0
Cloud-Lösung	2	0	0	1
BEWERTUNG		**98**	**74**	**78**

Abbildung 13.22 Bewertung der IAM-Systeme

Kosten für die Einführung eines IAM-Systems schätzen

Bei der Kostenschätzung für die Einführung eines IAM-Systems ziehen Sie die folgenden Bestandteile in Betracht:

- Lizenzgebühren
- Aufwand der externen Consultants
- Aufwand der internen Mitarbeitende
- Aufwand für Endanwender*innen-Schulungen
- Wartung des Systems

Business Case für die Einführung eines IAM-Systems erstellen

Um das Management zu überzeugen, in die Einführung eines IAM-Systems zu investieren, können Sie Ihre Analyse als Business Case darstellen. In Abbildung 13.23 sehen Sie ein Beispiel eines Business Case für die Einführung eines IAM-Systems für ein SAP-System. Gemäß der Aufwands- und Kostenschätzung wird sich die Investition in das IAM-System innerhalb eines Jahrs rentieren.

Business Case
Einführung eines IAM-Systems für SAP-Systeme

Aufwandsschätzung für das Benutzermanagement in SAP-Systemen mit und ohne IAM-System		
Benutzer- und Rollenanträge im Jahr	4000	
	manuell	mit IAM-System
Zeitaufwand pro Benutzer- und Rollenantrag in der IT-Abteilung in Minuten	15	3
Gesamtaufwände für Berechtigungsanträge in Tagen	125	25
Ersparnis im Jahr in Tagen	**100**	
Ersparnis im Jahr in Euro	**100.000,00**	

Kostenschätzung für die Einführung eines IAM-Systems	
Lizenzgebühren in Euro	65.000,00
Aufwand von externen Consultants in Euro	10.000,00
Aufwand von internen Mitarbeitenden in Euro	10.000,00
Aufwand für Schulungen für die Endanwender*innen in Euro	5.000,00
Wartung des Systems in Euro	10.000,00
Gesamtkosten in Euro	**100.000,00**

Abbildung 13.23 Business Case: Einführung eines IAM-Systems für SAP-Systeme

Business Case

Ein Business Case ist ein Szenario zur Beurteilung einer Investition unter strategischen, betriebswirtschaftlichen und weiteren relevanten Gesichtspunkten. Der Business Case eines Projekts beschreibt, wie und in welchem Zeitraum die Investition der auftraggebenden Organisation einen Nutzen bietet.

13.4 Ein neues SoD-Regelwerk einführen und Konflikte eliminieren

Segragation of Duties (SoD) – Funktionstrennung

Unter *Segregation of Duties* (SoD) oder *Funktionstrennung* versteht man in der funktionalen Organisation die organisatorische Trennung zwischen Organisationseinheiten oder Stellen im Geschäftsprozess zur Vermeidung von möglichen Interessenkollisionen. Die Funktionstrennung wird in der Informationstechnik im Kontext der Benutzerrechteverwaltung verwendet: Unterschiedliche Funktionen sind unterschiedlichen Rollen und Benutzern zugeordnet. Dies dient dazu, das Vier-Augen-Prinzip einzuhalten, um kriminelle Handlungen der Mitarbeitenden zu vermeiden. Beispielsweise darf eine Person nicht gleichzeitig in der Lage sein, Bestellungen einzureichen und diese zu genehmigen. Die SoD-Prinzipien schreiben vor, dass solche

Prozesse unter mehreren Personen innerhalb einer Organisation aufgeteilt werden müssen.

SoD-Konflikte in SAP

In der SAP-Welt werden die einzelnen Schritte der kritischen Geschäftsprozesse als Funktionen bezeichnet und mit Berechtigungsobjekten und deren Werten definiert. Man spricht von einem SoD-Konflikt, wenn aus der Kombination von zwei oder mehreren Funktionen eine Berechtigungskombination entsteht, die einen Funktionstrennungskonflikt verursacht, wenn sie einem Benutzer in einem SAP-System zugewiesen ist.

Beispiel eines SoD-Konflikts

Nehmen wir das Beispiel der Funktionen »Lieferantenrechnung buchen« und »Zahllauf starten«. Das Risiko bei dieser Kombination der Berechtigungen entsteht dadurch, dass ein Benutzer eine Zahlung für eine Ware oder eine Leistung, die nie geliefert oder erbracht wurde, einleiten oder eine erhöhte Zahlung buchen kann. Wenn ein geeigneter Zeitpunkt ausgewählt wird, wird das Ausblenden der Manipulation einfacher (z. B. werden Änderungen nur für die Dauer des Zahlungslaufs vorgenommen). Die technische Definition der Funktion »Lieferantenrechnung buchen« können Sie Tabelle 13.2 entnehmen.

Funktion	Berechtigungsobjekt	Beschreibung des Berechtigungsobjekts	Feld	Wert
Lieferantenrechnung buchen	F_BKPF_BUK	Buchhaltungsbeleg: Berechtigung für Buchungskreise	ACTVT	01 oder 02
	F_BKPF_KOA	Buchhaltungsbeleg: Berechtigung für Kontoarten	ACTVT	01 oder 02
			KOART	K (Kreditoren) oder S (Sachkonten)

Tabelle 13.2 Technische Definition der Funktion »Lieferantenrechnung buchen«

Die technische Definition der Funktion **Zahllauf starten** ist der Tabelle 13.3 zu entnehmen.

Funktion	Berechtigungsobjekt	Beschreibung des Berechtigungsobjekts	Feld	Wert
Zahllauf starten	F_REGU_BUK	Automatische Zahlung für Buchungskreise	FBTCH	02 oder 11 oder 12 oder 14 oder 21 oder 24 oder 25 oder 26

Tabelle 13.3 Technische Definition der Funktion »Zahllauf starten«

SoD-Regelwerk

Im Grunde genommen besteht ein SoD-Regelwerk aus Funktionen, ihrer Beschreibungen und technischen Definitionen sowie aus SoD-Risiken, die als Kombinationen aus zwei oder mehreren Funktionen definiert werden. Die SoD-Regeln werden in ein SoD-Tool hochgeladen und für die Identifikation von SoD-Konflikten (Funktionstrennungskonflikten) in SAP-Systemen verwendet.

Einführung eines neuen SoD-Regelwerks

Im Idealfall wird zuerst ein SoD-Regelwerk implementiert, anschließend werden die Berechtigungsrollen angelegt und gegen das SoD-Regelwerk geprüft, sodass die einzelnen Rollen keine Funktionstrennungskonflikte beinhalten. Bei der Zuweisung der neuen Rollen zu den Benutzern wird wiederum geprüft, ob die Rollenzuweisung Funktionstrennungskonflikte verursacht. Allerdings kommt es oft vor, dass ein SoD-Regelwerk erst gegen Ende des Projekts eingeführt wird, wenn die Berechtigungsrollen bereits angelegt und den Benutzern zugewiesen wurden. Es kann auch vorkommen, dass ein Berechtigungskonzept jahrelang in einem laufenden System im Einsatz war und Benutzer viele Rollen, die sie nicht unbedingt brauchen, im Laufe der Jahre gesammelt haben. In solchen Situationen können die Einführung eines neuen SoD-Regelwerks und die Eliminierung der SoD-Konflikte zu einer herausfordernden Aufgabe oder sogar einem kleinen IT-Projekt werden.

Zuständigkeit für die Funktionstrennung in SAP

Die erste Herausforderung dabei ist, die Verantwortung abzuklären. In der Regel sind mehrere Stellen in das Thema »Funktionstrennung in SAP« involviert, beispielsweise die IT-Abteilung, die Fachbereiche, die Applikationsbetreuung, die interne Revision oder die internen Kontrollen. Keine dieser Stellen hat jedoch die volle Zuständigkeit für das Eliminieren der Funktionstrennungskonflikte. Bei großen Organisationen mit mehreren Tausend SAP-Endanwender*innen kommt es oft vor, dass eine Task Force oder ein Projekt aufgesetzt wird, um die Aktivitäten der oben erwähnten Stellen zu koordinieren mit dem Ziel der Eliminierung bzw. Mitigation der Funktionstrennungskonflikte in SAP-Systemen.

In Tabelle 13.4 ist ein Beispiel der Zuständigkeiten verschiedener Stellen und Abteilungen für SoD-Konflikte und deren Abarbeitung dargestellt.

Abteilung/Stelle	Zuständigkeit
CEO/CFO	▪ Übernimmt die Verantwortung für das Thema auf der Ebene des Topmanagements ▪ Setzt Ziele für das Projekt/die Task Force ▪ Wirkt als Projektauftraggeber, inklusive Sicherstellung der Ressourcen für das Projekt

Tabelle 13.4 Beispiel der Verteilung der Zuständigkeiten für die Abarbeitung von SoD-Konflikten auf verschiedene Stellen bzw. Abteilungen einer Organisation

Abteilung/Stelle	Zuständigkeit
Projekt/Task Force	■ Übernimmt Koordination der Aktivitäten der verschiedenen involvierten Stellen und Abteilungen ■ Kommuniziert den Projektstatus ■ Falls bekannt wird, dass die Ziele des Projekts nicht erreicht werden können, leiten sie das Problem an das Management weiter.
Interne Revision/interne Kontrollen	■ Übernimmt die Verantwortung für das SoD-Regelwerk ■ Definiert die mitigierenden Kontrollen für die verbleibenden SoD-Konflikte
IT-Abteilung	■ Stellt das SoD-Tool bereit ■ Erstellt und verteilt SoD-Berichte ■ Führt Schulungen für die Fachbereiche durch ■ Passt Berechtigungsrollen und Rollenzuweisung an
Fachbereiche (z. B. Logistik, Finanzen usw.)	■ Entscheiden, welche Mitarbeitenden welche Berechtigungen im SAP-System brauchen oder nicht brauchen ■ Stellen die Funktionstrennung auf organisatorischer Ebene sicher
Applikationsbetreuung	■ Leisten Support bei der Abarbeitung von SoD-Konflikten

Tabelle 13.4 Beispiel der Verteilung der Zuständigkeiten für die Abarbeitung von SoD-Konflikten auf verschiedene Stellen bzw. Abteilungen einer Organisation (Forts.)

Wenn Sie die Projektleitung oder die Task-Force-Leitung übernehmen, lohnt es sich, die Zuständigkeiten vorab zu klären.

Die Aufklärung zur Funktionstrennung in SAP

Eine weitere Herausforderung ist es, ein gemeinsames Verständnis des Gegenstands zu finden. Das Problem in solchen Vorhaben besteht oft darin, dass die technischen Spezialist*innen das Fachpersonal aus den Fachabteilungen nicht verstehen und umgekehrt. Das SoD-Regelwerk wird oft nicht innerhalb der Organisation ausgearbeitet, sondern von außen, beispielsweise von einem Beratungsunternehmen, aufgesetzt. Wir empfehlen, sicherzustellen, dass das SoD-Regelwerk gut dokumentiert wird. Es sollten nicht nur kurze Beschreibungen und die technischen Definitionen der SoD-Konflikte enthalten sein, sondern auch eine ausführliche Beschreibung der SoD-Konflikte und der daraus entstehenden SoD-Risiken. Es ist auch hilfreich, die beteiligten Akteure, vor allem die Fachabteilungen, über die Funktionstrennung in SAP und über ihre Aufgaben im Rahmen Ihres Vorhabens frühzeitig aufzuklären.

Zeitplan zur Abarbeitung der SoD-Konflikte

Der Zeitdruck ist eine weitere Herausforderung. Das Topmanagement möchte üblicherweise, dass alle SoD-Konflikte so früh wie möglich eliminiert werden. In großen Organisationen mit mehreren Tausend SAP-Nutzer*innen und einer großen Anzahl von eingesetzten SAP-Modulen kann das Eliminieren der SoD-Konflikte in einem SAP-System mehrere Monate dauern. Die Berechtigungen, die SoD-Konflikte verursachen, können Sie den Benutzern nicht einfach entziehen. Sie müssen sicherstellen, dass die richtigen Berechtigungen entzogen werden und die Endanwender*innen ihre Arbeit im System nach dem Entziehen der Berechtigungen noch ausführen können. Dennoch müssen Sie für das Topmanagement und gegebenenfalls für die Revision einen glaubwürdigen Projektplan vorbereiten, der eine Reihenfolge der Aktivitäten für das Eliminieren der SoD-Konflikte im SAP-System und einen Zeitplan für diese Aktivitäten beinhaltet.

Eliminieren der SoD-Konflikte

Angenommen, ein neues SoD-Regelwerk ist eingeführt und der SoD-Bericht weist Tausende SoD-Konflikte auf. Ihre Aufgabe ist es, die Anzahl der SoD-Konflikte so schnell wie möglich zu reduzieren und sicherzustellen, dass die verbleibenden SoD-Konflikte mitigiert sind. Die im Folgenden beschriebenen Aktivitäten haben wir aus den Erfahrungen, die wir in verschiedenen Projekten sammeln konnten, zusammengetragen.

13.4.1 Den SoD-Bericht in verständlicher Form darstellen

SoD-Bericht aus einem SoD-Tool überarbeiten

In der Regel ist ein SoD-Bericht aus einem SoD-Tool eine Tabelle, in der in jeder Zeile ein SoD-Konflikt für eine Benutzerkennung mit einer oder mehreren Rollen, die den SoD-Konflikt verursachen, aufgeführt ist. Die Tabelle kann mehrere Tausend Zeilen beinhalten. Solche Berichte sind schwierig zu lesen und zu bewerten. Wir empfehlen Ihnen daher, die Daten auf der Ebene der SoD-Konflikte zu aggregieren (siehe beispielhaft Tabelle 13.5).

SoD-Konflikt	Anzahl der Benutzer	Risikostufe
Lieferantenrechnung buchen und Zahllauf starten	545	Kritisch
Pflege der Buchhaltungsdaten des Lieferanten und Zahllauf starten	441	Kritisch
Pflege der Buchhaltungsdaten des Kunden und Kundenkonto bebuchen	332	Hoch

Tabelle 13.5 Beispiel des aggregierten SoD-Berichts

13.4.2 Den Zyklus der Bearbeitung der SoD-Konflikte organisieren

Iteratives Verfahren für die Abarbeitung von SoD-Konflikten

Der Prozess der Abarbeitung der SoD-Konflikte ist iterativ. Zuerst wird der Bericht erstellt und analysiert, dann werden Maßnahmen definiert und umgesetzt. Im Anschluss daran wird ein neuer Bericht erstellt. So wird ersichtlich, ob die umgesetzten Maßnahmen den erwarteten Effekt erzielt haben. Der Bericht wird wiederum analysiert, neue Maßnahmen werden definiert usw. Je nach den Gegebenheiten der IT-Systeme und -Prozesse (z. B. der Häufigkeit der Transporte in das Produktivsystem) ergibt sich ein Zyklus der Abarbeitung der SoD-Konflikte, beispielsweise:

- Erstellen des SoD-Berichts – jeden Montag
- Meeting für die Analyse des SoD-Berichts und die Definition der Maßnahmen – jeden Dienstag
- Umsetzen der Maßnahmen – von Dienstag bis Donnerstag
- Transport der Rollenänderungen – jeden Freitag um 12:00 Uhr

13.4.3 Kennzahlen zur Fortschrittsmessung bestimmen

Fortschritt der Abarbeitung von SoD-Konflikten messen und berichten

Bei der Abarbeitung der SoD-Konflikte richten Sie sich nach der Aussage von Peter Drucker: »Was gemessen wird, verbessert sich«. Um den Fortschritt Ihrer Aktivitäten überwachen und berichten zu können, wählen Sie ein bis zwei Kennzahlen, die Sie regelmäßig messen und auf einer Zeitskala darstellen können. Das kann beispielsweise die Gesamtzahl aller SoD-Konflikte im System sein oder die Anzahl der SoD-Konflikte je Risikostufe. In Abbildung 13.24 sehen Sie ein Beispiel eines Diagramms, das den Fortschritt der Abarbeitung der SoD-Konflikte je Risikostufe abbildet.

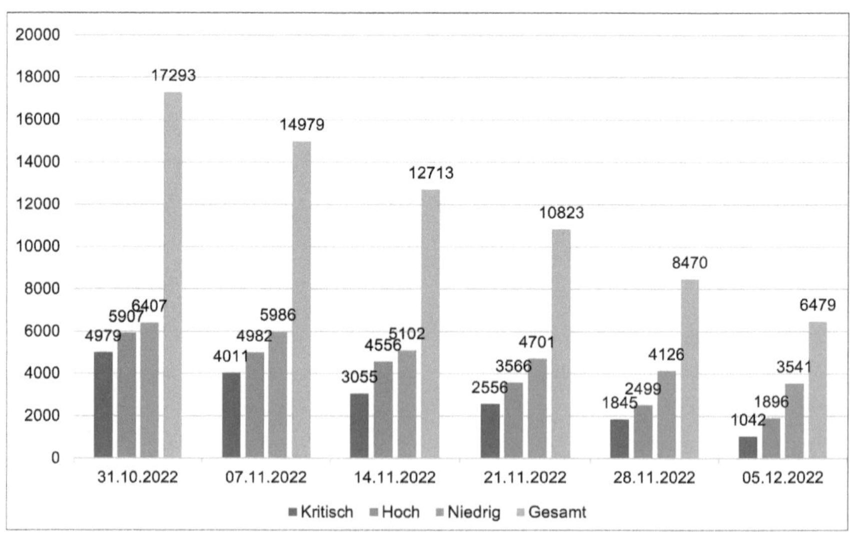

Abbildung 13.24 Beispielhafter Fortschritt der Abarbeitung der SoD-Konflikte im SAP-System in Form eines Diagramms

13.4.4 Sicherstellen, dass die Einzelrollen und Sammelrollen keine SoD-Konflikte beinhalten

Elimieren der SoD-Konflikte in den Rollen

Nachdem Sie den organisatorischen Rahmen definiert und die Ausgangssituation bewertet haben, können Sie dazu übergehen, SoD-Konflikte zu beseitigen. Im ersten Schritt prüfen Sie die Rollen und danach die Rollenzuweisung. Es ist sehr wichtig, sicherzustellen, dass die einzelnen Rollen selbst keine SoD-Konflikte beinhalten.

Die meisten SoD-Tools bieten die Möglichkeit, die Rollen hinsichtlich der SoD-Konflikte zu prüfen. Wenn eine Rolle einen oder mehrere SoD-Konflikte beinhaltet, muss sie in zwei oder mehrere Rollen aufgeteilt werden, die denselben Benutzern wie die ursprüngliche Rolle zugewiesen werden müssen. Denn in dieser Phase des Prozesses werden die Rollenzuweisungen an Benutzer noch nicht geändert.

13.4.5 Prüfen, ob die Rollen, die die meisten SoD-Konflikte verursachen, richtig definiert und gepflegt sind

Ausprägung der Rollen prüfen

In der Regel verursacht eine kleine Anzahl von Rollen die meisten SoD-Konflikte. Sie sollten sich zuerst auf diese Rollen konzentrieren. Mithilfe der Applikationsbetreuung und der SAP-Key-User sollten Sie prüfen, ob diese Rollen richtig definiert und ausgeprägt wurden.

Anzeigerollen prüfen

Wenn Sie in einem SoD-Bericht Rollen finden, deren Namen angeben, dass sie ausschließlich Anzeigeberechtigungen beinhalten, ist zu prüfen, ob es sich tatsächlich um reine Anzeigeberechtigungen handelt. Dafür prüfen Sie die Werte im Feld ACTVT (Aktivität) dieser Rollen in der Tabelle AGR_1251 (Berechtigungsdaten zur Aktivitätsgruppe) in der Transaktion SE16 oder SE16N. Anzeigerollen dürfen z. B. die folgenden Werte nicht beinhalten:

- 01 (Hinzufügen oder Erzeugen)
- 02 (Ändern)
- 06 (Löschen)
- * (alle Aktivitäten)

13.4.6 Die Risikoeinstufung der SoD-Konflikte prüfen

Risikoeinstufung überprüfen

Sie können die Anzahl der kritischen und der hohen Risiken reduzieren, indem Sie die Risikoeinstufung überdenken. Dafür benötigen Sie die interne Revision bzw. die Abteilung, die für interne Kontrollen zuständig ist. Wenn es für im SAP-System abgebildete kritische Geschäftsprozesse Sicherheitsvorkehrungen außerhalb des SAP-Systems gibt, können die zugehörigen Risiken aus SoD-Konflikten möglicherweise niedriger eingestuft werden.

13.4.7 Die SoD-Regeln korrigieren

SoD-Regeln ergänzen

Die Analyse des SoD-Berichts kann ergeben, dass manche SoD-Regeln sogenannte *false positives* (falschpositive Ergebnisse) liefern und deshalb ergänzt oder präzisiert werden müssen.

Dazu ein Beispiel: Ein kritischer Geschäftsprozess kann mit dem Anlegen von Belegen bestimmter Belegarten durchgeführt werden. Sie stellen fest, dass die Berechtigung für diese Belegarten mit Berechtigungsobjekten eingeschränkt werden kann. In diesem Fall sollten Sie auch dieses Berechtigungsobjekt bzw. das Berechtigungsfeld und die Feldwerte (in diesem Fall die kritischen Belegarten) in die SoD-Regel aufnehmen. Die Rollen müssen Sie in diesem Fall ebenfalls ändern: Einige Rollen beinhalten kritische Belegarten und anderen Rollen beinhalten nur unkritische Belegarten. Dadurch können Sie die Anzahl der Benutzer mit SoD-Konflikten reduzieren.

13.4.8 Die Rollenzuweisung an die Benutzer anpassen

SoD-Berichte an die Fachabteilungen verteilen

Erst nachdem Sie sichergestellt haben, dass die Rollen keine SoD-Konflikte beinhalten und der SoD-Bericht plausible Ergebnisse liefert, können Sie die SoD-Berichte an die Fachabteilungen verteilen. Die Fachabteilungen müssen für jede Zuweisung des SoD-Risikos an eine Benutzer-ID entscheiden, welche Berechtigung entzogen werden soll.

Mitigierende Kontrollen definieren

Falls nicht genügend Mitarbeitende in einer Abteilung vorhanden sind, um eine Funktionstrennung sicherzustellen, müssen Sie sogenannte *mitigierende Kontrollen* definieren. In der Regel werden diese Kontrollen im SoD-Tool dokumentiert.

13.4.9 Überwachung der SoD-Konflikte in den Tagesbetrieb überführen

Neue SoD-Konflikte vorbeugen und eliminieren

Nachdem Sie alle SoD-Konflikte entweder eliminiert oder mitigiert haben, müssen Sie das Projektteam oder die Task Force auflösen. Die Aktivitäten zur Vorbeugung und zum Eliminieren der neu entstehenden SoD-Konflikte übergeben Sie an die zuständigen Abteilungen.

In der Regel können neue SoD-Konflikte vermieden werden, indem die potenziellen SoD-Konflikte bei der Anforderung der neuen Rollen für Benutzer im SoD-Tool identifiziert und zur Genehmigung der dafür zuständigen Stelle, z. B. dem Risikomanagement, weitergeleitet werden.

Nichtsdestotrotz empfehlen wir Ihnen, in regelmäßigen Zeitabständen SoD-Berichte zu erstellen, um sicherzustellen, dass keine neuen SoD-Konflikte entstehen.

13.5 Ein Berechtigungsproblem lösen

Unter einem Berechtigungsproblem verstehen wir eine Situation, in der ein oder mehrere Endanwender*innen per E-Mail oder über ein Ticket-System melden, dass sie zu wenige oder zu viele Berechtigungen zur Ausführung einer Transaktion bzw. einer Fiori-App haben.

Benutzer erstellen Fehlerprotokolle

Daher ist es sinnvoll, den Endanwender*innen im Voraus zu erklären, wie sie die Transaktion SU53 (Auswertung der letzten fehlgeschlagenen Berechtigungsprüfung) ausführen. Sie sollten wissen, wie sie einen Auszug aus dieser Transaktion in Form eines Screenshots oder eines Downloads erstellen und an Sie weiterleiten können. Für Fiori-Apps sollen Sie den Endanwender*innen erklären, wie sie das Fehlerprotokoll aus dem Fiori-App-Support-Tool herunterladen können. Diese Funktionen besprechen wir in den folgenden Abschnitten.

13.5.1 Das Fehlerprotokoll aus der Transaktion SU53 herunterladen

Die Transaktion SU53 muss sofort, nachdem der Berechtigungsfehler aufgetreten ist, ausgeführt werden, da nur die letzte fehlgeschlagene Berechtigungsprüfung in dieser Transaktion angezeigt wird. Wenn der Benutzer, nachdem der Berechtigungsfehler aufgetreten ist, eine andere Transaktion erfolgreich ausgeführt hat, werden in der Transaktion SU53 keine Fehler angezeigt.

Transaktion SU53 ausführen

Die Transaktion SU53 kann von Endanwender*innen, die das Berechtigungsproblem haben, ausgeführt werden, indem sie »/NSU53« in das Transaktionsfeld in SAP GUI eingeben, gleich nachdem sie eine Fehlermeldung bekommen haben. Die betroffenen Personen können einen Screenshot des Fehlerprotokolls erstellen und diesen an die Berechtigungsadministration schicken oder im Ticket-System hochladen. Ein Beispiel eines Screenshots zeigt Abbildung 13.25.

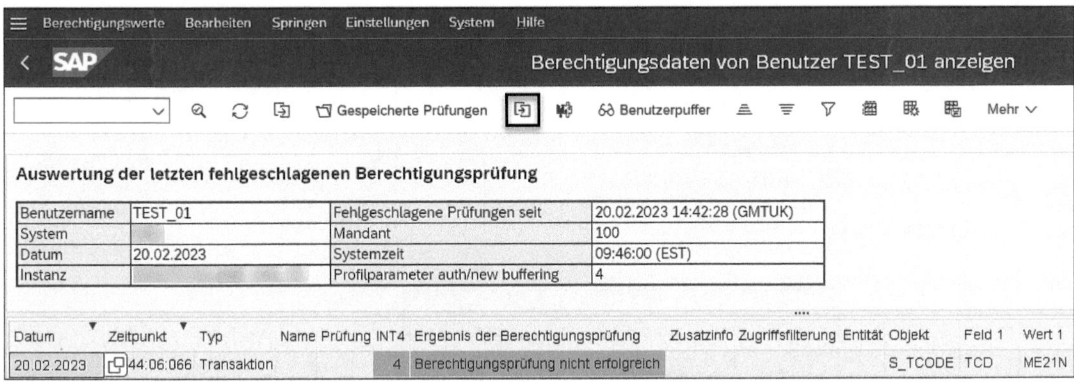

Abbildung 13.25 Beispiel eines Screenshots aus der Transaktion SU53

Download aus der Transaktion SU53

Oft ist es schwierig, alle notwendigen Informationen aus dem Fehlerprotokoll mit einem Screenshot zu erfassen. Sicherer ist es, einen Download aus der Transaktion SU53 zu erzeugen: Klicken Sie auf das Icon [Icon] (**Als Datei sichern**), um eine HTML-Datei im Verzeichnis zu speichern. Sie können sich auch das Fehlerprotokoll anderer Benutzer in der Transaktion SU53 anzeigen lassen. Dafür klicken Sie auf das Icon [Icon] (**Anzeige für anderen Benutzer**), tragen die Benutzer-ID ein und klicken auf das Icon [Icon] (**Ausführen**) oder drücken [Enter] (siehe Abbildung 13.26).

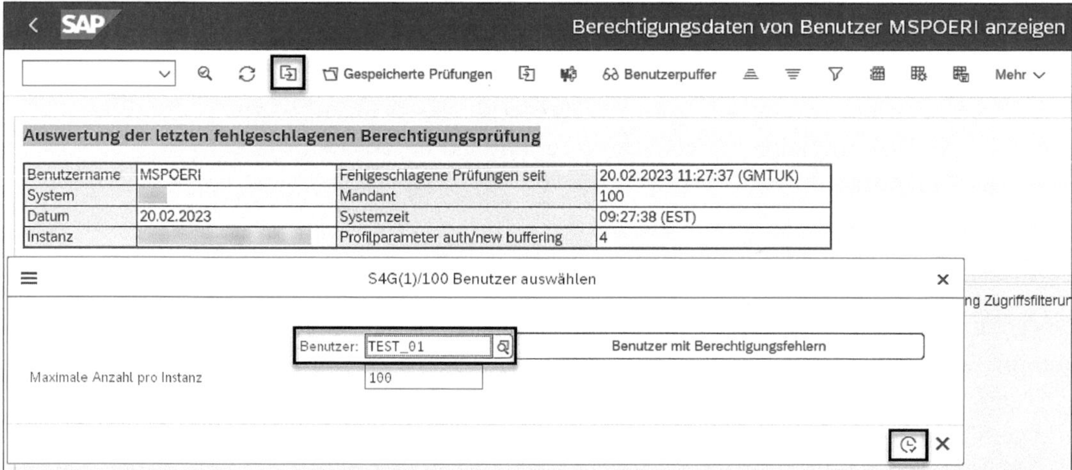

Abbildung 13.26 Transaktion SU53: Fehlerprotokoll für eine andere Benutzer-ID

13.5.2 Das Fehlerprotokoll aus dem Fiori-App-Support-Tool herunterladen

SAP-Fiori-App-Support-Tool starten

Um das Fehlerprotokoll aus dem SAP-Fiori-App-Support-Tool herunterzuladen, starten Sie eine Fiori-App, klicken auf das Icon [Icon] (**Benutzerprofil**) und wählen **App-Support** (siehe Abbildung 13.27).

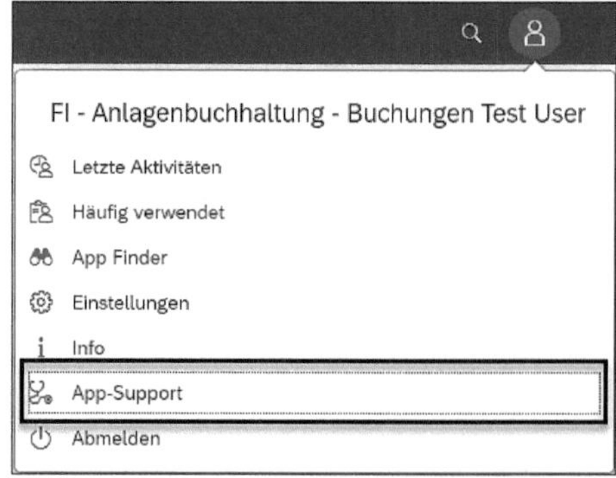

Abbildung 13.27 Aufrufen vom App-Support auf dem SAP Fiori Launchpad

Klicken Sie auf den Button **Protokolle herunterladen** und speichern Sie die Datei in Ihrem Verzeichnis.

Mit der entsprechenden Berechtigung können Benutzer, z. B. die Berechtigungsadministration und SAP-Key-User, Protokolle für andere Benutzer anschauen und herunterladen. Dafür wählen Sie im SAP-Fiori-App-Support **Berechtigungsfehler** aus, tragen die Benutzer-ID im Feld **Benutzer** ein und drücken [↵] (siehe Abbildung 13.28).

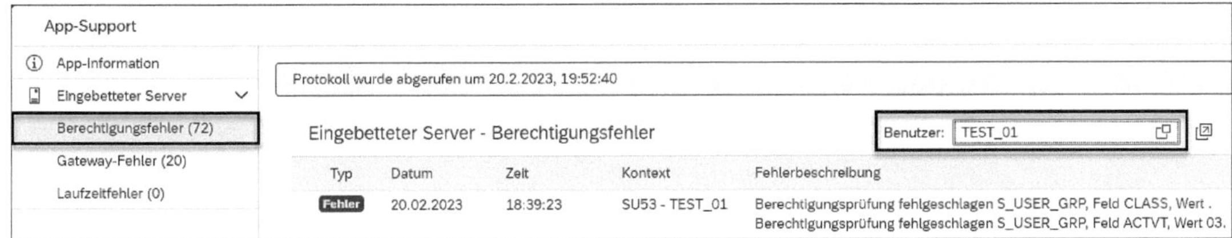

Abbildung 13.28 App-Support: Fehlerprotokoll eines anderen Benutzers

Wie Sie das Add-on für das SAP-Fiori-App-Support-Tool aktivieren können, erfahren Sie in Abschnitt 9.4.1, »SAP-Fiori-App-Support-Tool«.

13.5.3 Den Berechtigungstrace ausführen

Berechtigungstrace ausführen

Wenn Sie nicht genügend Informationen aus der Transaktion SU53 oder dem SAP-Fiori-App-Support-Tool bekommen, können Sie den *Berechtigungstrace* ausführen. Dafür vereinbaren Sie einen Termin mit der betroffenen Person.

Starten Sie die Transaktion STAUTHTRACE (Berechtigungstrace), tragen Sie die Benutzer-ID in das Feld **Trace nur für Benutzer** ein und klicken Sie auf den Button **Trace einschalten** (siehe Abbildung 13.29). Lassen Sie die Transaktion oder die Fiori-App ausführen, in der das Berechtigungsproblem aufgetreten ist.

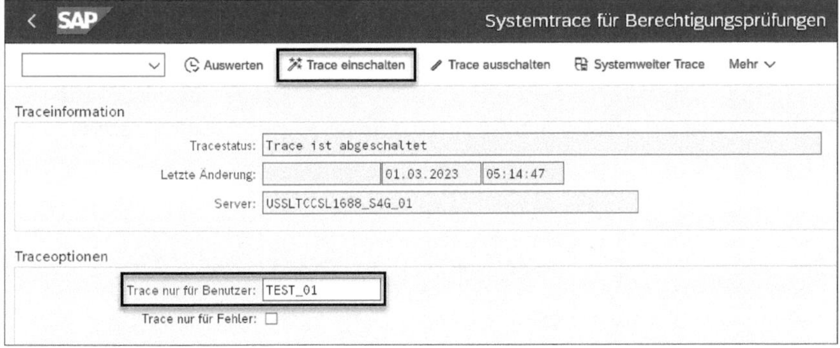

Abbildung 13.29 Transaktion STAUTHTRACE: Berechtigungstrace einschalten

Nachdem der Berechtigungsfehler aufgetreten ist, tragen Sie die Benutzer-ID in das Feld **Benutzer** ein, setzen ein Häkchen neben **Filtern doppelte Einträge** und führen mit dem Button **Auswerten** die Auswertung aus. Achten Sie darauf, dass die Zeitperiode stimmt (siehe Abbildung 13.30).

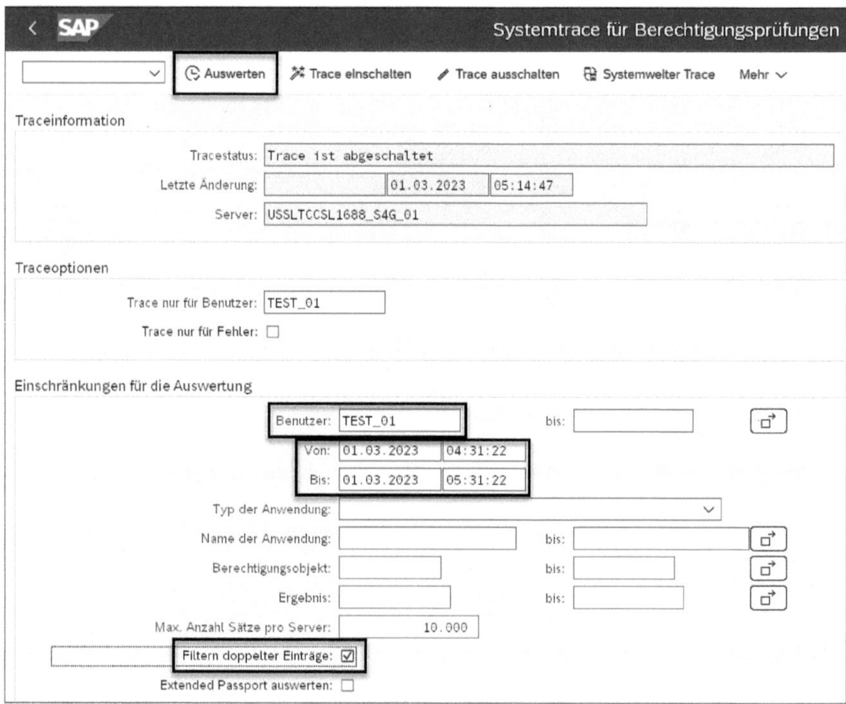

Abbildung 13.30 Transaktion STAUTHTRACE: Berechtigungstrace auswerten

Berechtigungstrace auswerten

Im Berechtigungstrace sehen Sie sowohl erfolgreiche als auch nicht erfolgreiche Berechtigungsprüfungen (siehe beispielhaft Abbildung 13.31). Sie können die Auswertung aus der Transaktion STAUTHTRACE in eine Excel-Datei herunterladen. Nachdem Sie mit dem Berechtigungstrace fertig sind, schalten Sie den Trace ab, indem Sie auf den Button **Trace ausschalten** klicken. Es ist wichtig, den Trace abzuschalten, weil in einem SAP-System zeitgleich nur ein Trace laufen kann.

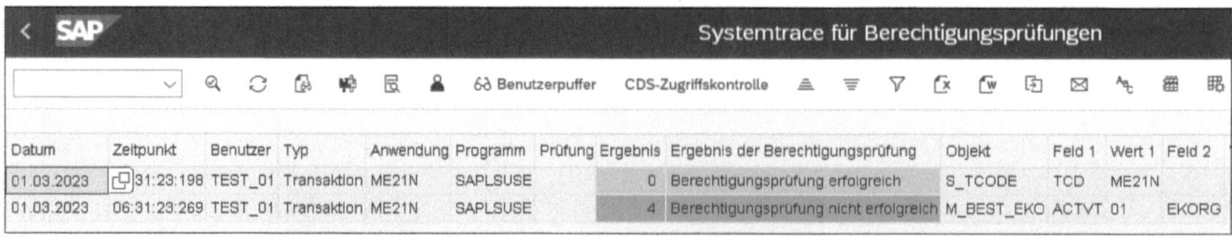

Datum	Zeitpunkt	Benutzer	Typ	Anwendung	Programm	Prüfung	Ergebnis	Ergebnis der Berechtigungsprüfung	Objekt	Feld 1	Wert 1	Feld 2
01.03.2023	31:23:198	TEST_01	Transaktion	ME21N	SAPLSUSE		0	Berechtigungsprüfung erfolgreich	S_TCODE	TCD	ME21N	
01.03.2023	06:31:23:269	TEST_01	Transaktion	ME21N	SAPLSUSE		4	Berechtigungsprüfung nicht erfolgreich	M_BEST_EKO	ACTVT	01	EKORG

Abbildung 13.31 Transaktion STAUTHTRACE: Ergebnisse der Auswertung

Überflüssige Berechtigungen identifizieren

Falls eine Person angibt, zu viele Berechtigungen im System zu haben, sollten Sie den Berechtigungstrace ausführen und die erfolgreiche Berechtigungsprüfung analysieren. Falls Sie keinen Termin mit dieser Person vereinbaren können, sollten Sie den Berechtigungstrace in einem Testsystem mit Ihrer eigenen oder mit einer Testbenutzer-ID ausführen.

13.5.4 Eine fehlende Berechtigung erteilen

Lösungsoptionen für Berechtigungsprobleme

Wenn Sie wissen, welche Berechtigung den Benutzern fehlt, müssen Sie herausfinden, wie Sie den Benutzern diese Berechtigung erteilen können. Dabei haben Sie zwei Möglichkeiten:

- Sie können eine Rolle mit der fehlenden Berechtigung zuweisen oder die fehlende Berechtigung der bereits zugewiesenen Rolle hinzufügen.
- Sofern es sich um eine kritische oder für die tägliche Arbeit nicht erforderliche und somit entbehrliche Berechtigung handelt, können Sie alternativ die betreffende Person davon überzeugen, dass sie die fehlende Berechtigung nicht braucht.

Welche Option die richtige ist, muss die Berechtigungsadministration für jede Situation einzeln, abhängig von den Gegebenheiten im System, dem Berechtigungskonzept und den dazugehörigen Prozessen entscheiden.

Beispiele für Berechtigungsfehler und Lösungen

Wenn ein Benutzer z. B. die Berechtigung für eine Transaktion hat, diese aber wegen eines fehlenden Berechtigungsobjekts nicht ausführen kann, müssen Sie die Rolle ergänzen. Ist einem Benutzer beispielsweise eine Transaktion (wie BP (Geschäftspartner bearbeiten)) über eine Rolle nur mit der Anzeigeberechtigung zugewiesen, muss ihm die für die Bearbeitung von Geschäftspartnern vorgesehene Rolle zugewiesen werden.

Wenn ein Benutzer keine Berechtigung für eine Transaktion hat, muss die Berechtigungsadministration nach einer bestehenden Rolle mit dieser Transaktion suchen. Gibt es eine passende Rolle, kann der Benutzer diese Rolle beantragen. Wenn die fehlende Transaktion in keiner bestehenden Rolle enthalten ist, muss die Berechtigungsadministration den Rollenverantwortlichen (siehe Definition der Rollenverantwortlichen in Abschnitt 4.1, »Die Beteiligten«) für den jeweiligen SAP-Prozess fragen, welcher Rolle die Transaktion hinzugefügt werden soll.

Es kann auch vorkommen, dass die gewünschte Transaktion einer Rolle nicht hinzugefügt werden soll, weil sie im Prozess nicht vorgesehen ist, durch eine Fiori-App ersetzt wurde oder weil die Aufgabe zu einer anderen Abteilung gehört. In solchen Fällen muss die Berechtigungsadministration verdeutlichen, ob und warum die Berechtigung für die Transaktion nicht benötigt wird, oder verweist an die Rollenverantwortlichen. Wie Sie Fehler, die bei der Ausführung der Fiori-Apps auftreten, lösen können, erfahren Sie in Abschnitt 9.4.2, »Typische Fehler in SAP Fiori«.

13.6 Vergabe der Transaktionen SE16 und SM30 vermeiden

Die Vergabe mächtiger Transaktionen wie SE16 und SM30 birgt ein hohes Sicherheitsrisiko und sollte ausschließlich in begründeten Ausnahmefällen erfolgen. Damit der Zugriff auf die Tabellen ohne Sicherheitsbedenken erfolgen kann, werden dedizierte Parametertransaktionen für die benötigten Tabellen angelegt. Mit dem Aufruf der Parametertransaktion gelangen Sie direkt zur gewünschten Zieltabelle, ohne den Umweg über die Transaktionen SE16 bzw. SM30 machen zu müssen. In diesem Abschnitt lernen Sie, wie Sie Parametertransaktionen anlegen.

13.6.1 Eine Parametertransaktion für die Transaktion SE16 anlegen

Transaktion SE93: Parametertransaktion anlegen

Rufen Sie die Transaktion SE93 auf und geben Sie den Transaktionscode »Z16_AGR_USERS« ein. »16_AGR_USERS« ist der Hinweis, dass es sich um eine Parametertransaktion handelt, die auf der Transaktion SE16 basiert und auf die Tabelle AGR_USERS zugreift. Klicken Sie auf **Anlegen** (siehe Abbildung 13.32).

Abbildung 13.32 Transaktion SE93: Eingeben der Namen für die Parametertransaktion

Geben Sie im nächsten Fenster (siehe Abbildung 13.33) einen bezeichnenden Kurztext für die Parametertransaktion ein und setzen Sie den Radiobutton auf **Transaktion mit Parametern (Parametertransaktion)**. Klicken Sie auf das grüne Häkchen.

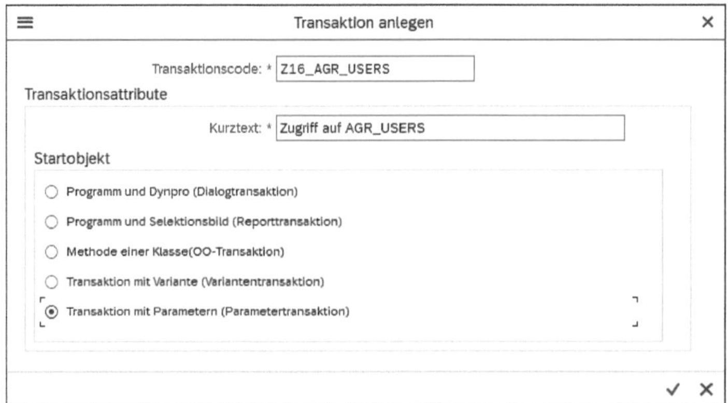

Abbildung 13.33 Transaktion SE93: Anlegen einer Parametertransaktion für SE16

Transaktion und Tabelle für die Parametertransaktion eingeben

Die Ansicht aus Abbildung 13.34 öffnet sich. Geben Sie im Feld **Transaktion** »SE16« ein und setzen Sie das Häkchen bei **Einstiegsbild überspringen** sowie bei **SAP GUI für HTML**, **SAP GUI für Java**, **SAP GUI für Windows**. Geben Sie zudem im unteren Bereich bei **Name des Dynprofeldes** »DATABROWSE-TABLENAME« sowie den Tabellennamen »AGR_USERS« in der Spalte **Wert** ein. Klicken Sie anschließend auf **Sichern**.

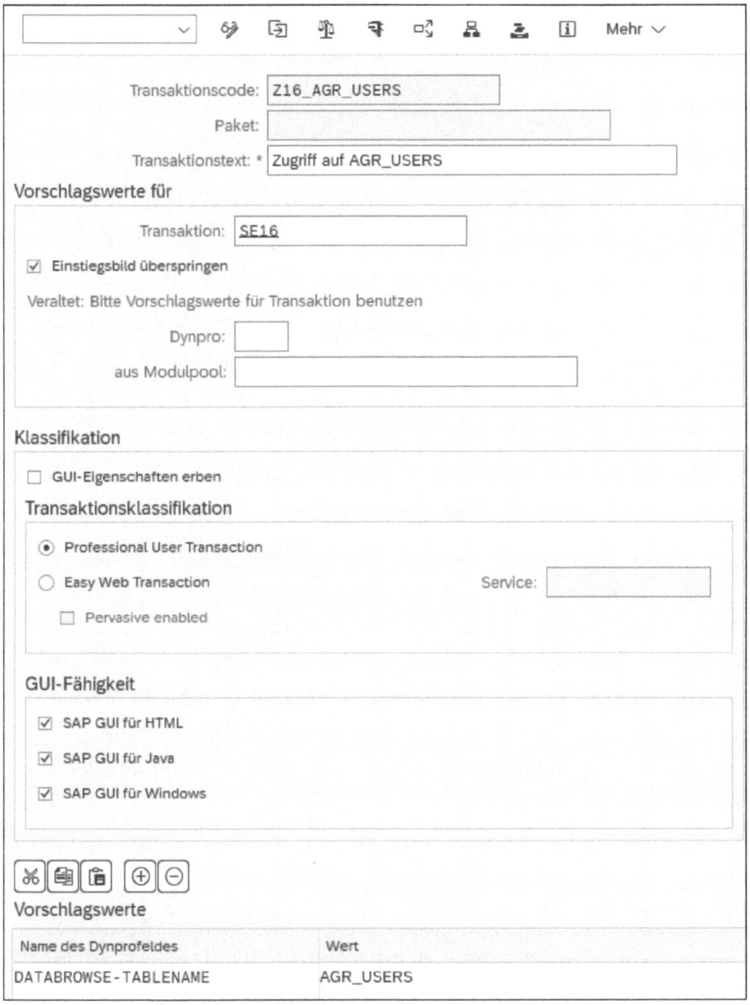

Abbildung 13.34 Transaktion SE93: Spezifizieren der Parametertransaktion für SE16

Es öffnet sich die in Abbildung 13.35 abgebildete Maske. Wählen Sie hier nach Abstimmung mit den zuständigen Kolleg*innen das richtige Paket aus und klicken Sie dann auf (**Speichern**).

Abbildung 13.35 Transaktion SE93: Auswählen des Pakets für die Parametertransaktion Z16_AGR_USERS

Parametertransaktion testen

Die Parametertransaktion Z16_AGR_USERS ist angelegt. Wechseln Sie zur Startseite des Session Managers, indem Sie »/n« im Transaktionsfeld eingeben. Geben Sie in der Startansicht »Z16_AGR_USERS« ins Transaktionsfeld ein. Sie gelangen direkt zur Selektionsmaske der Tabelle AGR_USERS.

SU24-Optimierung für Parametertransaktionen

Pflegen Sie das Berechtigungsobjekt S_TABU_NAM stets im Kontext der erstellten Parametertransaktion in der Transaktion SU24. Die Parametertransaktion wurde erstellt, um eine bestimmte Tabelle aufzurufen. Jede Rolle, in der die erstellte Parametertransaktion aufgenommen wird, benötigt den entsprechenden Tabellennamen im Feld **TABLE** im Berechtigungsobjekt S_TABU_NAM. Durch die Aufnahme des Tabellennamens in der Transaktion SU24 gelangt der Tabellenname als Vorschlagswert in die Rolle.

13.6.2 Eine Parametertransaktion für die Transaktion SM30 anlegen

Transaktion SE93: Parametertransaktion anlegen

Sie legen eine Parametertransaktion an, die auf der Transaktion SM30 basiert und ermöglicht, die Tabelle SSM_CUST zu pflegen. Rufen Sie hierfür die Transaktion SE93 auf. Sie erhalten die in Abbildung 13.36 dargestellte Eingabemaske. Geben Sie den Transaktionsnamen »Z30_SSM_CUST« ein. Klicken Sie auf **Anlegen**.

Abbildung 13.36 Transaktion SE93: Eingeben des Namens für die Parametertransaktion

Sie sehen die in Abbildung 13.37 dargestellte Ansicht. Geben Sie in diesem Fenster einen bezeichnenden Kurztext für die Parametertransaktion ein und setzen Sie den Radiobutton auf **Transaktion mit Parametern (Parametertransaktion)**. Klicken Sie auf das grüne Häkchen.

Transaktion anlegen

Transaktionscode: * Z30_SSM_CUST

Transaktionsattribute

Kurztext: * Pflegender Zugriff auf SSM_CUST

Startobjekt

- ○ Programm und Dynpro (Dialogtransaktion)
- ○ Programm und Selektionsbild (Reporttransaktion)
- ○ Methode einer Klasse(OO-Transaktion)
- ○ Transaktion mit Variante (Variantentransaktion)
- ⦿ Transaktion mit Parametern (Parametertransaktion)

✓ ✕

Abbildung 13.37 Transaktion SE93: Anlegen einer Parametertransaktion für SM30

Transaktion und View-Namen eingeben

Die in Abbildung 13.38 dargestellte Ansicht öffnet sich. Geben Sie im Feld **Transaktion** »SM30« ein und setzen Sie das Häkchen bei **Einstiegsbild überspringen** sowie bei **SAP GUI für HTML**, **SAP GUI für Java** und **SAP GUI für Windows**. Geben Sie zudem im unteren Bereich bei **Name des Dynprofeldes** »VIEWNAME« und »UPDATE« sowie neben **Viewname** den Tabellennamen »SSM_CUST« und den Eintrag »X« zum Update in der Spalte **Wert** ein. Klicken Sie anschließend auf **Sichern**.

Es öffnet sich die in Abbildung 13.39 angezeigte Maske. Wählen Sie in Abstimmung mit den zuständigen Kolleg*innen das richtige Paket aus und klicken Sie dann auf 🖫 (**Speichern**).

Transaktionscode: Z30_SSM_CUST
Paket:
Transaktionstext: * Pflegender Zugriff auf SSM_CUST

Vorschlagswerte für

Transaktion: SM30
☑ Einstiegsbild überspringen
Veraltet: Bitte Vorschlagswerte für Transaktion benutzen
Dynpro:
aus Modulpool:

Klassifikation

☐ GUI-Eigenschaften erben

Transaktionsklassifikation

◉ Professional User Transaction
◯ Easy Web Transaction
Service:
☐ Pervasive enabled

GUI-Fähigkeit

☑ SAP GUI für HTML
☑ SAP GUI für Java
☑ SAP GUI für Windows

Vorschlagswerte

Name des Dynprofeldes	Wert
VIEWNAME	SSM_CUST
UPDATE	X

Abbildung 13.38 Transaktion SE93: Spezifizieren der Parametertransaktion für SM30

Abbildung 13.39 Transaktion SE93: Auswählen des Pakets für die Parametertransaktion Z30_SSM_CUST

Die Parametertransaktion Z30_SSM_CUST ist angelegt. Wechseln Sie zur Startseite des Session Managers, indem Sie »/n« ins Transaktionsfeld eingeben. Geben Sie in der Startansicht »Z30_SSM_CUST« ins Transaktionsfeld ein. Sie gelangen direkt zur Selektionsmaske der Tabelle SSM_CUST.

Parametertransaktion testen

13.7 ST03N-Daten verwenden

Die Transaktion ST03N ist ein leistungsstarkes Werkzeug in SAP, das Sie dabei unterstützt, die Systemperformance und -auslastung effektiv zu überwachen und zu analysieren. Mit der Transaktion ST03N kann die Administration zudem detaillierte Einblicke in die Performance-Daten gewinnen. Diese Daten umfassen beispielsweise Informationen, wie durchschnittliche Antwortzeiten von Transaktionen, Systemauslastung, und die ausgeführten Transaktionen. Dieser Abschnitt legt den Fokus auf die Verwendung der ST03N-Daten in Bezug auf die ausgeführten Transaktionen.

13.7.1 ST03N-Profile prüfen und ändern

Transaktion ST03N: Profile ändern

Die ST03N-Daten werden standardmäßig zwei Monate aufbewahrt. Im Hinblick auf die Einführung von S/4HANA sollte die Aufbewahrungszeit der relevanten Profile nach Abstimmung mit der SAP-Basisadministration höher gesetzt werden, sodass Ihr Scope an ausgeführten Transaktionen auch mögliche Aktionen zu Geschäftsvorfällen abdeckt, die nur quartalsweise oder jährlich ausgeführt werden. In diesem Abschnitt lernen Sie, wo Sie die relevanten Profile finden, um diese im Bedarfsfall zu ändern.

Rufen Sie die Transaktion ST03N auf und folgen Sie diesem Navigationspfad **Kollektor & Perf. Datenbank •Workload Kollektor Datenbank • Reorganization• Steuerung** (siehe Abbildung 13.40).

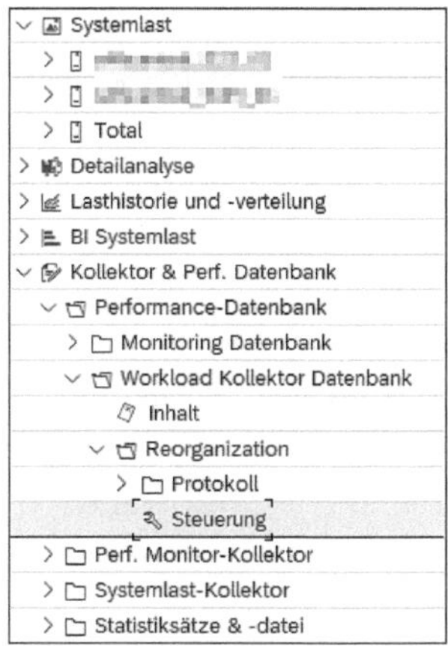

Abbildung 13.40 Transaktion ST03N: Navigationspfad

Nach dem Klick auf **Steuerung** öffnet sich die in Abbildung 13.41 dargestellte Ansicht.

Beschreibung	Gebiet	AZeit Tage	AZeit Woch	AZeit Mona	TOTAL Tage	TOTAL Woch	TOTAL Mona	Kurz (Per)
Anwendungsprofil	AA	7	4	2	7	4	2	0
Anwendungshitliste DB-Zugriffe	AB	7	4	2	7	4	2	0
Anwendungshitliste Antwortzeiten	AC	7	4	2	7	4	2	0
Komponentenhierarchie	EA	7	4	2	7	4	2	0
Orgunit	EB	7	4	2	7	4	2	0
User-Exit Aggregat	EE	0	0	0	0	0	0	0
WEB Client Profil	VA	7	4	2	7	4	2	0
WEB Client Destination Profil	VB	7	4	2	7	4	2	0
WEB Server	VC	7	4	2	7	4	2	0
WEB Server Dest.	VD	7	4	2	7	4	2	0
HTTP Frontendprofil	VF	7	4	2	7	4	2	0
VMC Statistik	VM	7	4	2	7	4	2	0
TREX Statistik	VV	14	6	2	14	6	2	0
Tasktypenprofil	WA	14	6	3	14	6	3	0
Zeitabhängiges Tasktypenprofil	WB	7	4	2	7	4	2	0
Zeit-, Programm-, Tasktyp-profil	WC	7	4	2	7	4	2	0
Datenbankprozeduren-Profil	WD	7	4	2	7	4	2	0
Externe Systeme	WF	7	4	2	7	4	2	0
Funktionscodeprofil	WG	7	4	2	7	4	2	0
Frontendprofil	WH	7	4	2	7	4	2	0
Speicherverbrauchsprofil	WJ	7	4	2	7	4	2	0
Spoolaktivitätsprofil	WK	7	4	2	7	4	2	0
Tabellenprofil	WL	7	4	2	7	4	2	0
Benutzer-, Transaktionsprofil	WM	7	4	2	7	4	2	0
Benutzerprofil	WN	7	4	2	7	4	2	0
RFC Client Profil	WO	7	4	2	7	4	2	0
RFC Client Destination Profil	WP	7	4	2	7	4	2	0
RFC Server Profil	WQ	7	4	2	7	4	2	0
RFC Server Destination Profil	WR	7	4	2	7	4	2	0
Hitliste Datenbank-Zugriffe	WT	7	4	2	7	4	2	0
Hitliste Antwortzeiten	WU	7	4	2	7	4	2	0
Spool Profil	WV	7	4	2	7	4	2	0
Datenbank Verbindung	WY	7	4	2	7	4	2	0

Abbildung 13.41 Transaktion ST03N: Profile

In der Spalte **Beschreibung** finden Sie die einzelnen Profile. Die Aufbewahrungszeit für die Tages-, Wochen- und Monatsaggregate sehen Sie in den Spalten **AZeit Tage**, **AZeit Woch** und **AZeit Mona**, gefolgt von den Aufbewahrungszeiten der totalen Tages-, Wochen- und Monatsaggregate in den Spalten **TOTAL Tage**, **TOTAL Woch** und **TOTAL Mona**. Im Änderungsmodus können Sie (nach Abstimmung mit der SAP-Basisadministration) die Werte in den Spalten **AZeit Mona** und **Total Mona** für die Benutzer- und Transaktionsprofile auf beispielsweise 13 setzen.

13.7.2 ST03N-Daten auswerten

Bei der Einführung von S/4HANA bilden die im Altsystem (ECC) ausgeführten Transaktionen eine wichtige Grundlage für die Konzeption der neuen Rollen. In diesem Abschnitt erfahren Sie, wie Sie Daten aus dem System zu Auswertungszwecken exportieren können.

Transaktion SE37: ST03N-Daten abrufen

Rufen Sie die Transaktion SE37 auf und geben Sie im Feld **Funktionsbaustein** »SWNC_COLLECTOR_GET_AGGREGATES« ein. Klicken Sie auf das Icon (**Testen/Ausführen**). Geben Sie in der sich öffnenden Eingabemaske »TOTAL« bei **COMPONENT** und »M« (M für Monate; W für Wochen; D für Tage) bei **PERIODTYPE** ein. Geben Sie bei **PERIODSTRT** das Datum ein, ab dem die Daten exportiert werden sollen. Eine Beispieleingabe der Daten sehen Sie in Abbildung 13.42.

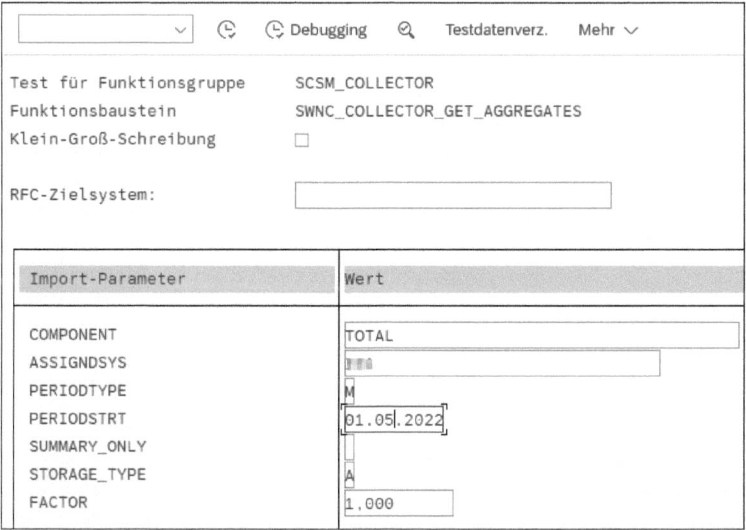

Abbildung 13.42 Eingabemaske SWNC_COLLECTOR_GET_AGGREGATES

Klicken Sie auf das Icon (**Ausführen**) oder drücken Sie F8. Scrollen Sie anschließend runter und wählen Sie die Ergebnisse für **USERTCODE** aus (siehe Abbildung 13.43). Sie erhalten eine Liste mit einem Auszug der Ergebnisse. Um alle Ergebnisse anzuzeigen, klicken Sie im Menü auf **Objekt** und anschließend auf **Gesamtliste ausgeben**.

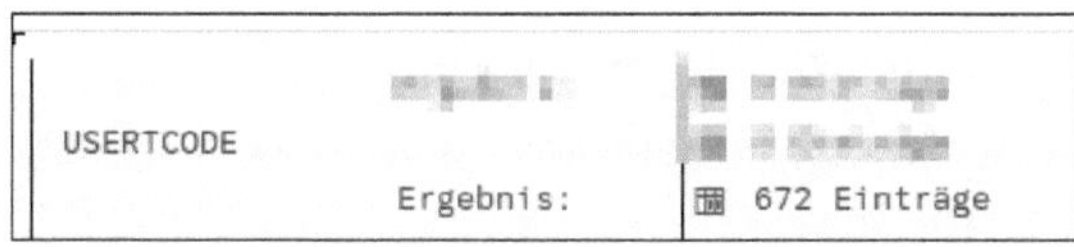

Abbildung 13.43 Ergebnistabelle für USERTCODE

Nutzungsstatistik der Anwendungen exportieren

Sie erhalten die in Abbildung 13.44 dargestellte Ansicht. In der Spalte **ACCOUNT** ist die Benutzer-ID aufgeführt und in der Spalte **ENTRY_ID** die aufgerufene Anwendung, gefolgt von einem **R** (für Report) bzw. **T** (für Transaktion). Die Einträge in der Spalte **DCOUNT** geben Auskunft über die ausgeführten Dialogschritte innerhalb der Anwendung, von der Sie eine entsprechend niedrige bzw. hohe Nutzung der Anwendung ableiten können. Über die Standardmöglichkeiten im SAP-Menü haben Sie die Möglichkeit, diese Liste zu sichern bzw. für Ihre weitere Verarbeitung zu exportieren. Der Navigationspfad zur Sicherung der Daten lautet: **System • Liste • Sichern • Sichern**. Wählen Sie zum Ende des Navigationspfads noch das gewünschte Format unter den angezeigten Optionen aus.

672 Einträge

TA	ACCOUNT	ENTRY_ID	COUNT	DCOUNT
01	[illegible]	Login_Pw R	7	7
01	[illegible]	FBMP T	7	7
01	[illegible]	FI12 T	34	34
01	[illegible]	KEA0 T	47	47
01	[illegible]	KEA6 T	9	9
01	[illegible]	OAOB T	2	2
01	[illegible]	OBWA T	2	2
01	[illegible]	OBWJ T	6	6
01	[illegible]	OMX3 T	79	79
01	[illegible]	OX18 T	32	32
01	[illegible]	SAPMSYST R	4	4
01	[illegible]	SE16 T	27	27
01	[illegible]	SESSION_MANAGER T	39	39
01	[illegible]	SIMG T	528	528
01	[illegible]	SPRO T	14	14

Abbildung 13.44 ST03N USERTCODE

13.8 Zusammenfassung

In diesem Kapitel haben Sie erfahren, wie Sie bei der Übernahme eines SAP-Berechtigungskonzepts den Zustand der Berechtigungen im SAP-System auswerten können. Sie wissen jetzt, welche Punkte für eine IT-Revision in einem SAP-System relevant sind und wie Sie diese überprüfen können.

Sie können nun unterschiedliche auf dem Markt verfügbare IAM-Tools evaluieren und die Investition in die Einführung eines IAM-Tools vor dem Management rechtfertigen. Wie bei der Einführung eines neuen Regelwerks für Funktionstrennungen in SAP-Systemen die entstehenden SoD-

Konflikte abgearbeitet werden, wissen Sie jetzt ebenso. Mithilfe des Fehlerprotokolls aus der Transaktion SU53, dem Fiori-App-Support-Tool und dem Berechtigungstrace können Sie fehlende und überflüssige Berechtigungen ermitteln und eliminieren. Zum Ende dieses Kapitels haben Sie die Anlage von Parametertransaktionen gelernt, um die Vergabe von Transaktionen, wie bspw. SE16 oder SM30 zu vermeiden. Zudem haben Sie die Transaktion ST03N sowie die relevanten Profile kennengelernt und können sie, einschließlich der Möglichkeit, die Identifizierung von ausgeführten Transaktionen vorzunehmen, anwenden.

Glossar

ABAP Advanced Business Application Programming. Eine Programmiersprache, die speziell für die Entwicklung und Anpassung von SAP-Anwendungen verwendet wird.

Änderungsbelege Protokolle, die alle Änderungen an wichtigen Datenobjekten in einem SAP-System aufzeichnen und somit eine detaillierte Nachverfolgbarkeit ermöglichen.

ALE Application Link Enabling. ALE ist eine SAP-Technologie, die den Datenaustausch und die Integration zwischen verschiedenen SAP-Systemen oder externen Systemen ermöglicht, um eine reibungslose und automatisierte Geschäftsprozesskommunikation zu gewährleisten.

API Application Programming Interface. Eine Schnittstelle, die es Anwendungen ermöglicht, miteinander zu kommunizieren und Daten auszutauschen, indem sie definierte Methoden, Funktionen und Protokolle verwendet.

Aufgabe Ein Element zu einem spezifischen Auftrag, der es ermöglicht, Änderungen und Konfigurationen von einer Entwicklungs- oder Testumgebung in eine produktive Umgebung zu übertragen, um die Systemlandschaft zu aktualisieren.

Backend-Server Der Teil der Systemarchitektur, der für die Verarbeitung von Geschäftslogik, Datenbankzugriffen und die Bereitstellung von Funktionen und Diensten verantwortlich ist.

Benutzer Eine individuelle Person oder eine Systementität, die über entsprechende Berechtigungen Zugriff auf das SAP-System erhält und darin verschiedene Aufgaben und Aktivitäten ausführt.

Benutzergruppe Eine Zusammenfassung von verschiedenen Benutzern zu einer Gruppe anhand logischer Merkmale.

Berechtigung Eine Zusammensetzung aus mindestens einem Berechtigungsobjekt einschließlich der Berechtigungswerte, die über eine Einzelrolle einem Benutzer oder einer Benutzergruppe zugewiesen wird.

Berechtigungsgruppen (ABAP) Eine Klassifizierung oder Kategorisierung von Berechtigungen, die ähnliche Funktionen oder Zugriffsrechte bündelt, um eine effiziente Verwaltung und Zuweisung von Berechtigungen an Benutzer oder Benutzergruppen zu ermöglichen.

Berechtigungsobjekt Eine abstrakte Einheit, die spezifische Zugriffsrechte für verschiedene Funktionen, Transaktionen oder Daten definiert und es ermöglicht, Berechtigungen auf granularer Ebene zu steuern und zu vergeben.

Berechtigungstrace Ein Werkzeug, das es ermöglicht, den Berechtigungsfluss und die Berechtigungsnutzung eines Benutzers oder einer Transaktion nachzuverfolgen, um potenzielle Berechtigungsprobleme zu identifizieren und zu analysieren.

CATT Computer Aided Test Tool. Ein Werkzeug, das es ermöglicht, automatisierte Testskripte zu erstellen und auszuführen, um wiederholbare und standardisierte Tests von Geschäftsprozessen und Systemfunktionen durchzuführen.

CDS-Views Core-Data-Services-Views. Datenbankseitige Sichten, die eine semantische Datenmodellierung ermöglichen und eine konsistente Datenrepräsentation für Anwendungen bereitstellen, indem sie Daten aus verschiedenen Datenquellen aggregieren und transformieren.

Datenbank Eine strukturierte und zentralisierte Speicherlösung, die dazu dient, Daten in einem SAP-System effizient zu verwalten und zu organisieren.

DDIC Ein SAP-Standardbenutzer, der für die Verwaltung der Datenbankstruktur und die Durchführung von Entwicklungs- und Wartungsaufgaben in SAP-Systemen verwendet wird.

Debugging Der Prozess des Identifizierens und Behebens von Fehlern oder Problemen in einem ABAP-Programm durch das Überwachen, Analysieren und Verfolgen des Programmablaufs.

Dialogbenutzer Ein Benutzer, der über eine grafische Benutzeroberfläche (GUI) oder das SAP Fiori Launchpad auf das System zugreift, um Geschäftsprozesse auszuführen und Informationen abzurufen.

Dumps Eine Fehlermeldung oder ein Abbruch des Programms aufgrund einer Ausnahme oder eines kritischen Fehlers, die bzw. der detaillierte Informationen über den Fehler und den Programmzustand liefert.

Dynpro Eine dynamische Programmschnittstelle, die die Darstellung von Benutzeroberflächen ermöglicht und es Benutzern ermöglicht, mit dem System zu interagieren und Daten einzugeben oder abzurufen.

EDI Electronic Data Interchange. Der elektronische Austausch strukturierter Geschäftsdaten zwischen verschiedenen Unternehmen oder Systemen, um den automatisierten Datenaustausch und die Integration von Geschäftsprozessen zu ermöglichen.

Einführungsleitfaden Implementation Guide. Ein zentrales Werkzeug, das die Konfiguration und Anpassung des Systems ermöglicht, um die Geschäftsprozesse und -anforderungen eines Unternehmens abzubilden.

Einzelprofil Eine spezifische Zusammenstellung von Berechtigungen, die einem Benutzer zugewiesen werden, um den Zugriff auf Funktionen, Transaktionen und Daten innerhalb des Systems zu steuern.

Entwicklerschlüssel Ein Zugangsberechtigungsschlüssel, der einem Entwickler erweiterte Rechte gewährt, um Änderungen an Programmobjekten, Customizing-Einstellungen und anderen Entwicklungsaktivitäten im System durchzuführen. In SAP S/4HANA ist der Entwicklerschlüssel obsolet.

Entwicklungssystem Ein spezielles System, das für die Entwicklung, Anpassung und Erprobung von Programmen, Konfigurationen und Funktionalitäten verwendet wird, bevor sie in Test- und Produktivsysteme transportiert werden.

Funktionsbausteine Eine vordefinierte, wiederverwendbare Programmkomponente, die spezifische Funktionen und Logik enthält und über Schnittstellen aufgerufen werden kann, um Geschäftsprozesse auszuführen oder Daten zu verarbeiten.

Gateway Eine Komponente, die als Schnittstelle zwischen verschiedenen Systemen fungiert und den Austausch von Daten und Informationen ermöglicht, indem sie verschiedene Protokolle und Kommunikationswege unterstützt.

Hintergrundverarbeitung Die automatisierte Ausführung von Programmen oder Aufgaben, die im Hintergrund ablaufen.

IKS Internes Kontrollsystem. Die Maßnahmen, Verfahren und Kontrollen, die in einem Unternehmen implementiert werden, um die Einhaltung von Richtlinien, Gesetzen und Vorschriften sowie die Sicherheit und Integrität der Geschäftsprozesse und -daten zu gewährleisten.

IMG Siehe Einführungsleitfaden.

Initialkennwort Ein vorläufiges, temporäres Passwort, das einem Benutzer bei der Erstanmeldung zugewiesen wird und beim ersten Zugriff auf das System geändert werden muss, um die Sicherheit und den Schutz der Kontoinformationen zu gewährleisten.

Kachelgruppen Eine Sammlung von Kacheln, die dem Benutzer eine organisierte und benutzerdefinierte Ansicht von relevanten Apps bietet.

Kachelkataloge Eine Sammlung von Kacheln, die in einem SAP Fiori Launchpad angezeigt wird. Der Katalog enthält verschiedene Kacheln, die den Benutzern den Zugriff auf spezifische Apps, Funktionen oder Informationen ermöglichen und nach Bedarf angepasst und organisiert werden können.

Kommunikationsbenutzer Ein spezieller Benutzer, der für die Kommunikation zwischen verschiedenen SAP-Systemen oder mit externen Systemen über Schnittstellen und Protokolle verwendet wird, um den Datenaustausch und die Integration zu ermöglichen.

Mandant Eine separate logische Einheit, die Daten, Konfigurationen und Geschäftsprozesse für eine bestimmte Organisation oder Geschäftseinheit innerhalb des Systems beinhaltet, um eine getrennte Verwaltung und die Trennung von Daten zu ermöglichen.

Mandantenabhängig Eine Einstellung, Konfiguration oder Datenänderung gilt spezifisch für einen bestimmten Mandanten innerhalb eines SAP-Systems und wirkt sich nicht auf andere Mandanten aus.

Mandantenunabhängig Eine Einstellung, Konfiguration oder Datenänderung gilt systemweit und für alle Mandanten innerhalb des SAP-Systems.

Modus Die Session eines Benutzers in einem Fenster.

Notfallbenutzer Ein spezieller Benutzer, der bei Systemausfällen oder kritischen Situationen verwendet wird, um den Zugang zum System in Notfällen zu ermöglichen und die Wiederherstellung oder Fehlerbehebung zu unterstützen.

Open Data Protocol (OData) Ein Standardprotokoll, das es ermöglicht, Daten aus SAP-Systemen über standardisierte Schnittstellen abzurufen, zu bearbeiten und auszutauschen, um eine einfache Integration und Interoperabilität mit anderen Systemen und Anwendungen zu ermöglichen. OData kommt bei der Verwendung von SAP-Fiori-Apps zum Einsatz.

Produktivmandant Der Mandant, der für den laufenden Betrieb und die Durchführung von Geschäftsprozessen in einem SAP-System verwendet wird und der die produktiven Daten und Konfigurationen enthält.

Produktivsystem Ein voll funktionsfähiges und einsatzbereites System, in dem reale Geschäftsprozesse abgewickelt werden, Kundendaten gespeichert sind und auf der aktiven Produktionsebene gearbeitet wird.

Profilgenerator Eine Transaktion, die zur vereinfachten Verwaltung von Rollen und Benutzerberechtigungen verwendet wird, um den Zugriff auf Funktionen, Transaktionen und Daten im SAP-System zu steuern.

Qualitätssicherungssystem Ein speziell konfiguriertes System, das für die Durchführung von Tests, Fehlerbehebung und Überprüfung von Prozessen verwendet wird, um sicherzustellen, dass Anpassungen, Erweiterungen oder Updates keine negativen Auswirkungen auf das produktive System haben.

Referenzbenutzer Ein Benutzertyp, der der Zuweisung weiterer Berechtigungen dient und mit dem man sich nicht anmelden kann.

Report Ein speziell entwickeltes Programm oder eine Funktion, die es ermöglicht, Daten abzufragen, zu analysieren und in strukturierter Form zu präsentieren, um Entscheidungen zu unterstützen oder Geschäftsprozesse zu überwachen.

RFC Remote Function Call. Eine Technologie, die es ermöglicht, Funktionen oder BAPIs (Business Application Programming Interfaces) in einem SAP-System aufzurufen und Daten zwischen verschiedenen Systemen oder Komponenten auszutauschen.

RFC-Verbindungen Eine Netzwerkverbindung, die es ermöglicht, RFCs zwischen verschiedenen SAP-Systemen oder -Komponenten herzustellen, um Daten und Funktionen auszutauschen und zu nutzen.

Rolle Eine Sammlung von Berechtigungen, die einem Benutzer zugewiesen wird, um bestimmte Aufgaben oder Funktionen im System auszuführen und den

Zugriff auf Daten und Funktionen zu steuern.

Sammelprofil Eine Gruppierung von Berechtigungen, die verschiedenen Benutzern zugewiesen werden kann, um einen einheitlichen Satz von Zugriffsrechten auf Funktionen und Daten zu definieren und die Verwaltung von Berechtigungen zu erleichtern.

Sammelrolle Eine zusammengefasste Rolle, die mehrere Einzelrollen enthält und Benutzern zugewiesen werden kann.

SAP Access Control Eine Lösung von SAP, die Unternehmen dabei unterstützt, die Sicherheit und Compliance ihrer Geschäftsprozesse zu verbessern, indem sie Zugriffsrechte und Berechtigungen verwaltet, Risiken analysiert und Auditprozesse automatisiert.

SAP_ALL Ein spezielles Berechtigungsprofil, das einem Benutzer nahezu uneingeschränkte Zugriffsrechte auf alle Funktionen, Transaktionen und Daten im System gewährt.

SAP* Ein vordefinierter Superbenutzer, der für den Notfallzugriff auf das System und die Wiederherstellung von Zugriffen verwendet wird, wenn der reguläre Administratorzugriff verloren geht oder eingeschränkt ist.

SAP Fiori Eine Designphilosophie und webbasierte Benutzeroberfläche von SAP, die moderne, intuitive und benutzerfreundliche Anwendungen als Apps (Kacheln) bietet, um Geschäftsprozesse mobil, einfach und effizient zu gestalten.

SAP-Fiori-App Eine spezifische Anwendung, die im SAP-Fiori-Design (SAPUI5) entwickelt wurde und über eine benutzerfreundliche Oberfläche den Zugriff auf bestimmte Geschäftsfunktionen und -prozesse ermöglicht, um eine optimierte Benutzererfahrung zu bieten.

SAP Fiori Apps Reference Library Eine umfassende Sammlung von Informationen über alle verfügbaren SAP-Fiori-Apps, einschließlich Beschreibungen, Anwendungsbereichen, technischer Details und Bereitstellungsinformationen, um die App-Nutzung und -Auswahl sowie die Implementierung zu unterstützen.

SAP Fiori Frontend Server Eine Komponente in der SAP-Systemarchitektur, die für die Bereitstellung und Ausführung von Fiori-Anwendungen zuständig ist, indem sie die Benutzeroberfläche, das Rendering und die Interaktion mit den Benutzern verwaltet.

SAP Fiori Launchpad Eine zentrale Plattform, die es den Benutzern ermöglicht, auf alle verfügbaren SAP-Fiori-Apps zuzugreifen, diese zu organisieren und zu starten, um ihre individuellen Arbeitsabläufe und Aufgaben effizient zu verwalten.

SAP Fiori Launchpad Designer Ein Tool, das es der Administration ermöglicht, das Erscheinungsbild und die Konfiguration des Fiori Launchpad anzupassen, indem sie Kacheln hinzufügt, entfernt oder anordnet und die Navigation und das Design der Benutzeroberfläche anpasst.

SAP NetWeaver Eine umfassende Technologieplattform von SAP, die als Basis für die Entwicklung, Integration und Ausführung von SAP-Anwendungen und -Lösungen dient, um Geschäftsprozesse zu unterstützen und Systeme effizient zu verwalten.

SAP S/4HANA Die aktuelle ERP-Software von SAP und die Nachfolgelösung von ECC 6.0.

SAPUI5 Ein JavaScript-Framework von SAP, das die Entwicklung von SAP-Fiori-Apps unterstützt.

Schaltbare Berechtigungen Ein Konzept in SAP, bei dem bestimmte Berechtigungen temporär aktiviert oder deaktiviert werden können, um Benutzern zusätzliche Funktionen oder Einschränkungen basierend auf bestimmten Szenarien oder Bedingungen zu gewähren.

SAP-Security-Audit-Log Ein Mechanismus, der sämtliche sicherheitsrelevanten Ereignisse und Aktivitäten im System erfasst, protokolliert und überwacht, um potenzielle Sicherheitsverletzungen zu erkennen und die Systemintegrität zu gewährleisten.

Servicebenutzer Ein Benutzertyp in SAP, der i. d. R. als Sammelbenutzer verwendet wird.

SID System-ID. Eine eindeutige Kennung, die einem SAP-System zugewiesen wird, um es eindeutig zu identifizieren und von anderen SAP-Systemen zu unterscheiden.

Simplification List for SAP S/4HANA Eine umfassende Dokumentation, die die Unterschiede und Vereinfachungen zwischen der vorherigen SAP-Systemlandschaft und der neuesten SAP-S/4HANA-Version aufzeigt, um Kunden bei der Migration und Implementierung zu unterstützen.

SNC Secure Network Communications. Ein Sicherheitsfeature, das eine verschlüsselte Kommunikation zwischen SAP-Systemen und externen Komponenten ermöglicht, um die Vertraulichkeit und Integrität der übertragenen Daten zu gewährleisten.

Spool Eine temporäre Zwischenspeicherung von Druckaufträgen oder Ausgabedaten, die an Drucker oder andere Ausgabegeräte gesendet werden.

ST03N-Daten Statistische Daten, die durch das Performance-Monitoring-Tool ST03N gesammelt werden, um Einblicke in die Systemleistung, Ressourcennutzung, Auslastung und Transaktionsnutzung zu liefern.

Support Package Eine Sammlung von Softwarekorrekturen, Updates, Verbesserungen und gesetzlichen Änderungen, die regelmäßig veröffentlicht wird, um die Stabilität, Sicherheit und Funktionalität des SAP-Systems zu verbessern und auf dem neuesten Stand zu halten.

Systemänderbarkeit Die Fähigkeit, Änderungen an der Systemkonfiguration, den Einstellungen, Programmen oder Benutzerberechtigungen vorzunehmen, um die Anforderungen und Bedürfnisse eines Unternehmens anzupassen und das System flexibel zu gestalten.

Systembenutzer Ein Systembenutzer wird für Hintergrundverarbeitungen und in RFC-Verbindungen verwendet.

Systemlandschaft Die Gesamtheit der miteinander verbundenen SAP-Systeme, die in einer Organisation vorhanden sind und verschiedene Umgebungen wie Entwicklung, Test, Qualitätssicherung und Produktion umfassen kann.

Systemparameter Eine konfigurierbare Einstellung, die bestimmte Verhaltensweisen und Funktionalitäten im SAP-System steuert, um die Systemleistung und Sicherheit oder andere Aspekte anzupassen.

TMS Transport Management System. Ein Programm, das die zentrale Verwaltung, Steuerung und Überwachung von Softwareänderungen und Transporten zwischen verschiedenen Systemen und Systemlandschaften ermöglicht.

TMSADM Ein technischer Benutzer, der für die Verwaltung des Transport Management System (TMS) zuständig ist und Berechtigungen besitzt, um Transportaktivitäten zu steuern, Transportaufträge zu erstellen und den Transport von Anpassungen und Entwicklungen zwischen SAP-Systemen zu ermöglichen.

Transaktionscode Eine eindeutige Kombination aus Buchstaben und/oder Zahlen, die als Abkürzung oder Kennung für eine bestimmte Transaktion innerhalb des SAP-Systems dient, um direkt auf eine bestimmte Funktion, ein Programm oder einen Prozess zugreifen zu können.

Transportauftrag Ein Paket, das Anpassungen, Konfigurationen oder Entwicklungen enthält und es ermöglicht, diese sicher und geordnet zwischen verschiedenen Systemen innerhalb einer Systemlandschaft zu transportieren.

Transportweg Ein definiertes Verfahren oder eine Reihenfolge von Systemen, durch die ein Transportauftrag während des Transports von Anpassungen oder Entwicklungen in einer Systemlandschaft geleitet wird.

Web Dynpro Ein Framework zur Entwicklung webbasierter Benutzeroberflächen, das es ermöglicht, interaktive Anwendungen in SAP-Systemen zu erstellen und zu implementieren.

Zugriffsstatistik Statistische Daten, die durch das Performance-Monitoring-Tool ST03N gesammelt werden, um Einblicke in die Systemleistung, Ressourcennutzung, Auslastung und Transaktionsnutzung zu liefern.

Das Autorenteam

Maria Spöri ist Beraterin für SAP-Berechtigungen und SAP Security bei der Deloitte AG in Zürich. Sie hat 8 Jahre Erfahrung als interne und externe Beraterin im Bereich SAP Security und spezialisiert sich auf die Konzeption und Einführung von Berechtigungskonzepten für SAP S/4HANA, IdM-basierte User-Provisionierung sowie SoD-Themen. Als Managerin führt sie Teams von SAP-Berechtigungsberater*innen in internationalen Projekten. Sie hat insgesamt 14 Jahre SAP-Projekterfahrung. Ihr Einstieg in die SAP-Welt erfolgte mit einem SAP-Einführungsprojekt bei einem großen Technologiekonzern, wo Frau Spöri die SAP-Prozesse im Einkauf verantwortete.

Jamsheed Bahser betreut als selbstständiger Berater internationale Kunden bei Projekten im Bereich SAP-Berechtigungen und SAP Security. Sein Schwerpunkt liegt im Tagesbetrieb sowie bei der Migration von SAP-Berechtigungen nach SAP S/4HANA und der Neukonzeption im Greenfield-Ansatz. Zuvor war Jamsheed Bahser fünf Jahre als SAP Security Consultant bei Beratungsfirmen angestellt und hat im Rahmen dieser Funktion die Konzipierung, die Implementierung, das Testing sowie den Go-live von internationalen Berechtigungsprojekten koordiniert und durchgeführt.

Sascha Dietz ist Geschäftsführer der Steady Shield Security GmbH. Dort arbeitet er daran, die Sicherheit von Unternehmen, durch Pentests, Schulungen, Konzeptentwürfe und einem SOC Managed Service zu erhöhen. Seit sieben Jahren beschäftigt er sich mit der SAP-HANA-Plattform, SUSE Linux Enterprise Server, SAP HANA Cockpit und SAP HANA Streaming Analytics. Seine Kunden finden sich im öffentlichen Dienst, im Bankenwesen, in international agierenden Unternehmen und im deutschen Mittelstand wieder.

Clemens Krüger ist freiberuflicher SAP-Sicherheitsberater. Er unterstützt sowohl (Bundes-)Behörden als auch Privatunternehmen dabei, ihre SAP-Landschaften vor Angriffen zu schützen. Diese Position erlaubt es ihm, sein Fachwissen und seine Erfahrung im Bereich SAP-Sicherheit, speziell mit Fokus auf SAP HANA, stetig auszubauen. Seit Februar 2022 ist er mit seinem Unternehmen Clemens Krüger Consulting selbstständig.

Index

A

ABAP-Befehl AUTHORITY-CHECK 29, 67
ABAP-CDS-View 77
ABAP-Gateway aktivieren 304
Abgeleitete Rolle 87, 118, 215–216, 241
Ableitung 181, 203, 205, 523
Ableitungskonzept 199
Abmischen der Rolle 473
Abnahmetest 128
Abschnitt 100
Abschnittstitel 104
Absichtsanalyse 319
Active Directory 389
Adressdaten 444
agile Projektmethode 135–136, 138–140
akquinet GmbH 160
Aktivitätsgruppe 29
ALV-Modus 193
ALV-Tree 192, 236
Analytics von mesaforte.Suite 154
analytische App 45
analytisches Privileg 341
analytisches Query 388
Änderungsbeleg 490
Änderungsbelegobjekt 490
Änderungshistorie 187, 215
Anforderungsspezifikation 94
Anmeldedatum 443–444
Anmeldeversuch 509
Anwender*innen 117
Anwendungskomponente 240
Anzeigeberechtigung 237, 549
Anzeigerolle 549
API (Application Programming Interface oder Programmierschnittstelle) 47
apm Suite 146
App Finder 102
App-Launcher-Kachel 49
Applikationsprivileg 344
Applikationsverantwortliche 119
App-Support Plug-in 379
Arbeitsplatz 86–87
Audit-Analysereport 509
Audit-Konfiguration 510
Auditor von mesaforte.Suite 156
Aufgabenliste 300
Aufgabenlistenlauf 279
Auswertung 248
Auswertungsweg 417
AUTHORITY-CHECK-Befehl 29, 67
Automatisierung, Prozesse 144

B

Backend-Rolle 274
Backend-Server 261
Backlogs 138
Backup, SU24-Daten 448
Batch-Input-Mappe erzeugen 412
BDC (Batch Data Communication Session) 403
BDC-Sitzung 404
BEGRU (Berechtigungsgruppe) 60
Benutzer
- *Anlage* 107
- *DDIC* 436
- *SAP** 435
- *SAPCPIC* 436
- *SAPDBCTRL* 336
- *TMSADM* 436
- *XSSQLCC* 335

Benutzer, beschränkt 326
Benutzerabgleich 431
Benutzeradministration 88, 118
Benutzeranlage 119–120
Benutzeranmeldedatum 444
Benutzergruppe 62–63, 184, 390, 393, 399
- *erstellen* 331
- *SUPER* 436

Benutzerinformationssystem 248, 438, 440
Benutzerinterface 98
Benutzerlebenszyklus 540
Benutzerlizenztyp 62
Benutzeroberfläche 43
Benutzerparameter 444
Benutzerpflege 325
Benutzerprofil 61
Benutzerstammsatz 53, 62, 429, 509

Benutzertyp ... 62, 64
Benutzertyp in SAP-HANA-Datenbanken ... 326
Benutzerverwaltung ... 62
Benutzerzuordnung ... 254
Berechtigung, fehlende ... 357
Berechtigung (Definition) ... 25
Berechtigungsadministration ... 88, 118
Berechtigungsfehler ... 129, 134
Berechtigungsfeld ACTVT ... 91, 196
Berechtigungsgruppe ... 480
Berechtigungskombination ... 544
Berechtigungskonzept ... 85, 520
CDS-Views ... 79
Migration ... 125
Redesign ... 125, 133
Berechtigungsobjekt ... 59, 191, 195, 502
B_LSMW ... 492
M_MATE_BUK ... 60
M_MATE_MAT ... 60
M_MATE_STA ... 61
S_ADMI_FCD ... 494, 497
S_BTCH_ADM ... 501
S_CTM_SADM ... 496
S_CTS_ADMI ... 496
S_DEVELOP ... 252, 490
S_ICF_ADM ... 497
S_PROGRAM ... 500
S_RFC ... 52, 491
S_RFC_ADM ... 496
S_RFCACL ... 52, 57
S_RZL_ADM ... 495
S_SAL ... 497
S_SCDO ... 490
S_TABU_CLI ... 500
S_TABU_DIS ... 491
S_TABU_NAM ... 491
S_TCODE ... 35, 492
S_USER_AGR ... 499
S_USER_AUT ... 498
S_USER_GRP ... 353, 498
S_USER_OBJ ... 493
Berechtigungsproblem ... 520, 551
Berechtigungsprofil ... 198, 399, 528
Berechtigungsprüfung ... 30
Berechtigungsprüfung unterbinden ... 71
Berechtigungstest ... 195
Berechtigungstrace ... 80, 553
Berechtigungs-User-Story ... 139
Berechtigungsverwaltungswerkzeug ... 144–145
Berechtigungsvorschlagswert ... 68, 212, 493
Berechtigungswert ... 195
Bereich ... 49, 98, 284
aktivieren ... 289
Titel ... 104
Bereiche und Seiten ... 49, 97, 260, 262, 531
Bereichs-ID ... 268
Bereitstellungsoption für Fiori ... 42
Betriebssystem ... 498
Brownfield-Ansatz ... 33–34
Buchungskreis ... 203, 240
BUKRS (Buchungskreis) ... 60
Business-Benutzer-Konzept ... 33, 421
Business-Benutzer-Verwaltung ... 422
Business-Katalog ... 48, 265
Business Role ... 86–87, 272
Business Role Management (BRM) ... 124
BW-Mandant ... 302

C

CDS-View ... 33, 77–78, 371
ABAP ... 77
Berechtigungskonzept ... 79
CDS-Zugriffskontrolle ... 79, 374
Change and Transport Management (CTS) ... 436
Change Request Management (ChaRM) ... 125
CheckAud ... 147
Compliance ... 145
Compliance SOD von mesaforte.Suite ... 153
Configuration Validation ... 159
Core Data Service (CDS) ... 33, 77
Customizing ... 230
Customizing-Einstellung für SAP Fiori Launchpad ... 531
Customizing-Rolle ... 181, 186, 230
Customizing-Tabelle ... 201
Customizing-Transportauftrag 218, 225

D

Daily ... 136
Data Control Language (DCL) ... 33, 79
Data Definition Language (DDL) ... 77
Dateisystem ... 510

Datenbankadministration ... 494
Datenbanktabelle USRBF2 ... 353
Datenintegrität ... 492
Datenkontrollsprache → Data Control Language (DCL)
Datenmigration ... 492
Daten übernehmen ... 205
Debugging ... 490, 534
Debugging-Berechtigung ... 252, 490
Definition of Done (DoD) ... 137, 139
Design-Time-Rolle ... 344
Development-Team ... 136
Dialoganmeldeversuch ... 509
Dialogbenutzer ... 64, 118, 523
digitale Signatur ... 510
Digitalisierung, Prozesse ... 144
Dummy-Wert ... 57, 191
dynamische Konfiguration ... 514
dynamisches Berechtigungsprofil ... 529

E

Easy Content Solution ... 149
eCATT ... 233, 238–239
Effizienzsteigerung ... 144
eigene Organisationsebene ... 527
eigenes Berechtigungsobjekt ... 526
Einführung ... 134
Einlesen des Menüs ... 208
Einstellung für den Mandanten ... 239
Einstellung in der Transaktion PFCG 192
Einzelrolle ... 54, 57, 86, 91–93
Einzel- und Sammelrolle ... 181, 186
Embedded Analytics aktivieren ... 303
Embedded Deployment ... 260
Enterprise Search aktivieren ... 302
Entwickler*in ... 88
Epic ... 137
Expertenmodus ... 190, 211

F

Favorit des Benutzers ... 444
fehlende Berechtigung für OData-Services ... 291
Fehlerprotokoll ... 384, 551
Feld ... 59
ACTVT (Aktivität) ... 195, 236, 238
CO_ACTION ... 238
Feldwert ... 59
Festwerte ... 63
Fiori Launchpad Designer ... 280
FireFighter/Agile Access Management von mesaforte.Suite ... 156
Fit-to-Standard-Analyse ... 34
Frontend-Server ... 261, 296
führende Organisationsebene ... 185
Funktionsbaustein ... 491, 509
Funktionsprüfung ... 128
Funktionstest ... 128
Funktionstrennung ... 114, 543, 546, 550
Funktionstrennungskonflikt ... 545

G

Gateway-Metadaten-Cache bereinigen ... 310
GDPR von mesaforte.Suite ... 156
Gesamtberechtigung ... 191, 198
Geschäftspartner ... 426, 480
Geschäftspartner-Pflege ... 479
Geschäftsrolle ... 86–88, 90–94
GOS-Anhang ... 65
Greenfield-Ansatz ... 33
Grundrolle 91–92, 121, 181, 186, 227, 230
Gruppe CO (Controlling) ... 238
Gruppe der Berechtigungsobjekte ... 197
Gruppen-ID ... 267
Gruppenmailbox ... 124
GUID ... 349
GUI für HTML-Anwendungen ... 44, 47
Gültigkeit der Benutzer ... 394
Gültigkeitszeitraum ... 62

H

HANA-CDS-View ... 77
Hash-Algorithmus ... 491
Hash-Wert ... 491
Hauptprozesse im Benutzer- und Berechtigungsmanagement ... 119
Hintergrundjob PFCG_TIME_DEPENDENCY ... 420
Hochladen der Rollen ... 222–223
HR-Integration ... 422
HR-ORG-Management ... 417
HTTP-Service ... 310
HTTP-Sicherheitsabschnitt ... 510
HTTP-Sicherheits-Session-Management ... 510
Hub-Deployment ... 42, 260–261
hybrider Ansatz ... 34

I

IAM-System ... 389, 540
IBS Schreiber GmbH ... 147
ICF-Knoten ... 305, 380, 385
Identitäts- und Zugriffsverwaltung ... 540
Identity and Access Management (IAM) ... 540
Identity Management von mesaforte.Suite ... 154
IKS-Verantwortliche ... 119
IMG ... 230
IMG-Projekt ... 231
inaktive Berechtigung ... 253
InA-Protokoll ... 47
indirekte Rollenzuweisung ... 55
indirekte Zuordnung ... 398
Integrationstest ... 128
Interessenkollision ... 543
Internal/External Security von mesaforte.Suite ... 154
interne Kontrolle ... 119, 123
Internet Communication Framework (ICF) ... 510
Iteration ... 135

J

Jobprofil ... 86–87

K

Kachelgruppen, Reihenfolge ... 283
Katalog ... 48
Katalog-ID ... 182, 264
Katalogrolle ... 345
Kennwort ... 401
Kennwortprüfung ... 510
Klasse ... 59
Klasse MM_G ... 60
klassisches Projekt ... 135
klassisches Projektmanagement ... 138
Know-how-Abfluss ... 113
Kommunikationsbenutzer ... 65
Konfigurationsvalidierung ... 159
Konzeption ... 133
Konzeptionsphase ... 128
Kosten-Nutzen-Analyse ... 26, 540
Kostenschätzung ... 542
Kostenstelle ... 62
kritische administrative Berechtigung ... 114, 502
kritische Berechtigung ... 113, 489, 502
kritische Berechtigungskombination ... 114, 506
kritische fachliche Berechtigung ... 114
kritischer Geschäftsprozess ... 544, 549
kritisches Profil ... 532
kundeneigenes Berechtigungsobjekt 526
Kundennamensraum ... 526
Kurzbeschreibung des Transportauftrags ... 219
Kurzbeschreibung von Rollen ... 185–186

L

Langtext ... 186–188
Lastenheft ... 138
Launchpad-Berechtigung ... 52
Launchpad-Gruppe ... 58
Launchpad-Katalog ... 58
Launchpad-Konfigurationsparameter ... 312–313
Legacy-App ... 44
License Optimisation von mesaforte.Suite ... 154
Linienführungskräfte ... 118
Lizenzdaten ... 63
Löschen der Rollen ... 226
LSMW (Legacy System Migration Workbench) ... 239, 403, 492
LSMW-Skript ... 403

M

Massenänderung von Feldwerten ... 236
Massenänderung von Rollen ... 181, 233
Massengenerierung ... 186
Massenpflege der Benutzerstammsätze ... 402
Massenpflege der Feldwerte ... 193
Massentransport ... 220
Masterrolle ... 55, 87, 118, 184, 191, 203, 205, 213, 215–216, 253
Menü »Meine Apps« ... 101
Menüanwendung ... 188, 208
Menü der Sammelrolle ... 210
Menüeintrag ... 531
Menüordner ... 227
mesaforte.Suite ... 152
Migration auf SAP S/4HANA ... 130

Migration des Berechtigungskonzepts 33, 129
Minimalprinzip 195
Mitigation 545
mitigierende Kontrolle 550
Mix-and-Match 37
Monitoring von kritischen Berechtigungen 115, 502, 506
Mutterrolle 55

N

Namenskonvention 106, 181–182, 502, 529
- *Benutzer-IDs* 390
- *Fiori-Kachelkataloge* 265
- *Gruppen-IDs* 267
- *IDs von Bereichen und Seiten* 268
- *SAP-Fiori-UI-Entität* 264
- *technische IDs der Fiori-Kachelkataloge* 264

NetWeaver Gateway 310
Netzwerkadministration 494
Neuimplementierung → Greenfield-Ansatz
normaler Benutzer 326
Notfallbenutzer ... 110–113, 490, 492, 532
Notfallrolle 109

O

Objektprivileg 339
Objektseite 45
OData-Service 46, 49, 305, 384
offene Organisationsebene 195
offenes Berechtigungsfeld 195, 205
offenes Feld 212
OM-Modell 417
Organisationsdimension 106
Organisationsebene 97, 191, 204, 212, 452, 527
Organisationseinheit
- *Buchungskreis* 95
- *Einkäufergruppe* 96
- *Einkaufsorganisation* 96
- *Kostenrechnungskreis* 96
- *Kostenstelle* 96
- *Mitarbeitergruppe* 96
- *Mitarbeiterkreis* 96
- *Personalbereich* 96
- *Profitcenter* 96
- *Verkaufsorganisation* 96
- *Werk* 96

Organisationsfeld 191, 212
Organisationsmanagement 418
Organisationsstruktur 415
Organisationswert 246
Originalsprache der Rollen 216

P

Page → Seite
Paketprivileg 343
Parameter 63
Parameter-ID 444
Parametertransaktion 556
Passwortrichtlinie 535
Passwortsicherheit 535
periodische Prüfung der Berechtigungen 119, 122
Personalisierung 63
Personalisierungsobjekt 400
Personalnummer 422
Personalstammdaten 416, 421
PFCG-Einzelrolle 90–92
PFCG-Rolle 49, 86, 98
PFCG-Sammelrolle 91
Pflege der Berechtigungsobjekte 191
Pflege der Orgebenen 204
Pflegestatus der Berechtigungsobjekte 530
Product Backlog 136–137, 139
Product Owner 136–137
Profil 28, 57, 63, 199, 399
- *SAP_ALL* 236, 399, 435–436, 533
- *SAP_NEW* 399
- *SAPSEC* 512

Profil der Rolle 198
Profilgenerator 28, 54, 69, 212, 530
Profilgenerierung 189–190
Profilname 189–190
Profilparameter 495, 535
- *auth/authorization_trace* 363
- *auth/new_buffering* 353

Profilstatus 224
Profilstatus der Rollen 530
Profiltext 189–190
Projektphase 129, 132
Prozessadministration 494
Prozess der periodischen Prüfung 121
Prüfkatalog 502
Prüfkennzeichen 69, 71

Prüfregel 502
Prüfvariante 506
PUBLIC Role 326

Q

Quellstruktur 407
Quernavigationsfunktion von Fiori 36

R

Radierverbot 490
Redesign-Projekt 133, 140
Referenzbenutzer 65
Referenzrolle 55, 87
Reihenfolge der Bereiche 269
Remote Function Call 496
Report
- *PRGN_COMPRESS_TIMES* 433
- *RHAUTUPD_NEW* 420, 431
- *RSUSR_LOCK_USERS* 433
- *RSUSR003* 437
- *RSUSR008_009_NEW* 503
- *SAPPROFC_NEW* 225
- *Z_ROLE_SET_MASTERLANG* 216

Reportstart 509
Repository-Rolle 345, 347
Returncode 356
Revision 532
Rezertifizierung der Berechtigungen 108
RFC-Anmeldeversuch 509
RFC-Aufruf 509
RFC-Verbindung 496
RFC-Zugriff 492
Risikoanalyse 122
Risikoanalyse der Berechtigungen 119
Risikoeinstufung 549
Risikominderung 123, 145
Risikostufe 548
Role-Based Access Control 337
Role Designer and Tuner von mesaforte.Suite 155
Rolle 53, 57, 63, 86
- *abgeleitet* 55
- *Ableitung* 106
- *Administrator* 89
- *Änderung* 107, 186–188
- *Art* 106
- *Entwickler* 89
- *für einen Test* 198
- *Modulbetreuer* 89
- *Zuweisung* 107

Rollenanlage 119–120
Rollenantrag 120
Rollenbereinigung 188
Rollenbeschreibung 185
Rollendaten 248
Rollenentzug 119, 121
Rollenfunktion 185
Rollenimplementierung 131
Rolleninhalt 95
Rollenkategorisierung 185
Rollenkonzept 86, 105
Rollenkurzbeschreibung 185
Rollenlebenszyklus 181
Rollenmenü 58, 212
Rollenmigration 34
Rollenmodifikation 119–120
Rollenname 182, 184, 186
Rollenpflege 181, 198
Rollenredesignprojekt 35
Rollentext 216
Rollentyp 184
Rollenverantwortliche 118
Rollenzuordnung 119, 129, 132, 134
Run-Time-Rolle 344

S

S/4HANA Simplification Items 32
S/4Hana von mesaforte.Suite 156
SaFe 136, 139
Sammelprofil 57
- *SAP_ALL* 57
- *SAP_NEW* 57

Sammelrolle 55, 87, 90–91, 93, 184, 206–208
SAP Access Control 110, 124, 157
SAP-Backend-Server 47
SAP-Basis-Administration 88, 118
SAP-Benutzer-ID 390
SAP-Berechtigungskonzept 26, 85, 105
SAP-Berechtigungsrolle 86
SAP Business Client 158
SAP Cloud Identity Access Governance 158
SAP Data Management and Landscape Transformation (DMLT) 34
SAP-Dokumentation 391
SAP-Einführungsprojekt 126, 135, 140
SAP-Experte*in 118
SAP Fiori 43
- *App* 44, 48, 260

SAP Fiori (Forts.)
Kachel ... 51
Rapid Activation ... 300
schnelle Aktivierung ... 300
SAP-Fiori-App
Launchpad-Bereiche verwalten ... 284
Launchpad-Seiten verwalten ... 263, 284
Maintain Business Roles (F1492) ... 40
Maintain Business Users (F1303) ... 39
Mitarbeiter pflegen (F2288A) ... 430
SAP-Fiori-App für die Grundrolle ... 230
SAP-Fiori-App-ID ... 271
SAP Fiori Apps Reference Library ... 315
SAP-Fiori-App-Support-Tool ... 378
SAP-Fiori-Berechtigung ... 260
SAP-Fiori-Entität ... 57–58
SAP-Fiori-Frontend-Server, eingebettet ... 42
SAP-Fiori-Funktion ... 193
SAP-Fiori-Hub-Deployment ... 47
SAP-Fiori-Kachel für SAP-GUI-Transaktion ... 296
SAP-Fiori-Kachelgruppen ... 260, 280
SAP-Fiori-Kachelkatalog ... 271
SAP Fiori Launchpad ... 27, 32, 46, 48, 94, 97, 230
SAP-Fiori-Oberfläche ... 43
SAP Fiori Search ... 46–47
SAP-Fiori-UI-Entität ... 48, 260, 264, 271
SAP-Frontend-Server ... 46
SAP Gateway ... 46, 51
SAP GUI ... 43
SAP GUI für HTML ... 292
SAP-GUI-Transaktion ... 97, 288, 292
als Fiori-Kachel anlegen ... 292
fiorisieren ... 292
SAP HANA ... 32
SAP HANA Cockpit ... 326, 338
SAP HANA Enterprise Cloud ... 38
SAP HANA XS ... 77
SAP-Hinweis
1373111 ... 358
1539556 ... 446
1603756 ... 358
1627197 ... 451
1663177 ... 394
1671117 ... 353
1723881 ... 221
1731549 ... 390
2073112 ... 326
2117868 ... 460
2191612 ... 511, 516
2253549 ... 159, 535
2293683 ... 29
2303900 ... 304
2510134 ... 302, 308
2570961 ... 422
2625102 ... 451
2626107 ... 303
2667040 ... 358
2676384 ... 510, 512
2686456 ... 302, 308
2712785 ... 302, 308
2740052 ... 302
2785076 ... 505
2813396 ... 302, 308
2871194 ... 379
3012443 ... 269
3085127 ... 300, 307
3111983 ... 353
3269253 ... 358
410993 ... 29, 399
440231 ... 453
539404 ... 514
854311 ... 216
SAP-Key-User ... 118
SAP-Legacy-App ... 47
SAP-Modul ... 184–185
SAP-Modulbezeichnung ... 185
SAP NetWeaver ... 32, 510
SAP-Passwort ... 491
SAP S/4HANA Any-Premise ... 38–39
SAP S/4HANA Cloud ... 38–39, 42
SAP S/4HANA Cloud Extended Edition (EX) ... 38
SAP S/4HANA Cloud Private Edition ... 38
SAP S/4HANA Migration Cockpit ... 36
SAP-S/4HANA-Transformation ... 31
SAP-Security-Audit-Log ... 110–111, 509, 539
SAP-Security-Audit-Log-Konfiguration ... 514
SAP-Sicherheit ... 28, 532
SAP Signature Theme ... 194
SAP Solution Manager ... 125, 159
SAP-Standardbenutzer-Kennungen ... 435
SAP-Standard-Business-Katalog ... 36
SAP-Standard-Businessrolle ... 272
SAP-Standard-Kachelkatalog ... 272
SAP-Standardrolle ... 36
SAP-Standardrolle aktivieren ... 305
SAP-Standardtabelle ... 72
SAP SuccessFactors ... 422

SAP-Tabelle ... 181, 444
SAP-Transportmanagementsystem (TMS) ... 186, 217
SAPUI5 ... 45
SAP-Vorschlagsdaten ... 459
SAP Web Dispatcher ... 46
SAST ... 160
Schnittstellenbenutzer ... 525
Secure Network Communications (SNC) ... 63, 394
Segregation of Duties → Funktionstrennung
Seite ... 49, 98, 100, 284
anlegen ... 286
Titel ... 104
Seitentitel ... 100
selektive Datenübernahme ... 34, 37
sensitive Berechtigung ... 113
Servicebenutzer ... 65
Shell-Konvertierung ... 37
Sicht, Materialstamm ... 61
Single Sign-on (SSO) ... 66, 393
SIVIS Enterprise Security ... 163
Skript ... 243
Skripting ... 239
SNC-Name ... 394
SoD-Bericht ... 547
SoD-Konflikt ... 92–93, 121, 544
SoD-Prinzip ... 543
SoD-Prüfung ... 90–91, 131
SoD-Regel ... 131
SoD-Regelwerk ... 545
SoD-Risiko ... 122, 545
SoD-Tool ... 545, 547
Space ... 284
Space → Bereich
Spaces and Pages → Bereich und Seite
Sperre der inaktiven Benutzer ... 433
Spool-Administration ... 494
Spool-Auftrag ... 494
Sprachenschlüssel ... 391
Sprint ... 135–136, 139
Sprint Planning ... 137
SQL-Anweisung ... 327
Stand-Alone SAP-Fiori-Frontend-Server (FES) ... 42
Standardbenutzer ... 332, 444, 532
Standardbezeichnung der SAP-Module ... 185
Standardgeschäftsrolle ... 40
Standardrolle ... 89
Stand-up-Meeting ... 136
Startberechtigung ... 51
statische Konfiguration ... 514
STATM (Pflegestatus Materialstammsatz) ... 61
Status
Gepflegt ... 196
Manuell ... 197
Standard ... 196
Verändert ... 197
Status der Berechtigungsfelder ... 198
Status der Berechtigungsobjekte ... 196
Statusübersicht ... 223
Strukturbeziehung ... 407
strukturelle Berechtigung ... 528
SU25-Abgleich ... 446
SU53-Buffer ... 352
SUIM Solution Suite ... 165
Support ... 129, 134
Support-Incident ... 534
Supportrolle ... 89
Supportrollenkonzept ... 88–89
Systemänderbarkeit ... 496
System Audit und Security Toolkit ... 160
SYSTEM-Benutzer ... 333
Systembenutzer ... 64
Systemkonvertierung → Brownfield-Ansatz
Systemprivileg ... 340
Systemtrace ... 80, 82
Systemwiederherstellung ... 498

T

Tabelle ... 257
AGR_1251 ... 29, 251, 253, 526
AGR_1252 ... 200, 246, 523
AGR_DEFINE ... 253
AGR_HIER ... 531
AGR_NUM_2 ... 189
AGR_USERS ... 256
mandantenunabhängige ... 500
PRGN_CUST ... 72, 221, 390, 417
SSM_CUST ... 72
TOOO ... 239
T77PR ... 528
T77UA ... 528
TPARA ... 396
USOB_AUTHVALTRC ... 80, 363
USOBT ... 30, 68

Tabelle (Forts.)
USOBT_C ... 30, 68
USOBX ... 30, 68–69
USOBX_C ... 30, 68–69, 71
USR_CUST ... 72
USR05 ... 397
USVAR ... 200
Tabellenpflege ... 499
Tagesbetrieb ... 123, 139
Target Mapping → Zielzuordnung
technische Bezeichnung ... 192
technischen Katalog anlegen ... 294
technische Rolle ... 86
Testbenutzer ... 289
Testkonfiguration ... 243
Testskript ... 240
Textabgleich ... 413
Textvorlage ... 187
Theme ... 193–194
Ticket-System ... 119, 551
Titel von SAP-Fiori-Kachelgruppen ... 268
Transaktion ... 58
/IWFND/ERROR_LOG ... 384
/IWFND/MAINT_SERVICE ... 381, 385
/SIVIS/MAIN ... 165
/UI2/FLC ... 297
/UI2/FLIA ... 321
/UI2/FLP ... 261, 284
/UI2/FLPCM_CUST ... 260, 271
/UI2/SEMOBJ ... 293
/XITING/ALL ... 171
AUTH_SWITCH_OBJECTS ... 71, 493
BP ... 480
CCDB ... 159
FB03 ... 359
LSMW ... 233, 492
ME51N ... 26
MIGO ... 468
MM03 ... 359
OOSB ... 528
PA20 ... 416
PFCG ... 28, 54, 69, 186, 193, 196–197, 199, 206, 210, 215–216, 218, 222–226, 241, 261, 273, 499, 533
PFCGMASSVAL ... 233, 235
PFUD ... 420
PPOMW ... 420
PPOSE ... 415
RSAU_ADMIN ... 510
RSAU_CONFIG ... 497, 510
RSAU_CONFIG_SHOW ... 515
RSAU_READ_LOG ... 510, 515
RSAU_TRANSFER ... 512
RSUSRAUTH ... 254, 530
RZ10 ... 82, 301, 539
RZ11 ... 82, 239, 301, 539
SACM ... 372, 374
SCC4 ... 221, 239
SCUM ... 414
SE10 ... 220, 448
SE11 ... 77
SE16 ... 167, 452, 526, 556
SE16N ... 253, 526
SE16 oder SE16N ... 251, 253
SE37 ... 563
SE38 ... 447, 453, 460
SE63 ... 216
SE93 ... 292, 556
SECATT ... 238, 240, 245
SFW5 ... 302
SGEN ... 301
SICF ... 380, 385, 387, 497
SM18 ... 510
SM19 ... 497, 510
SM20 ... 511
SM30 ... 167, 556
SM37 ... 525
SNOTE ... 380
SPAM ... 301
SPRO ... 232, 480
SPRO_ADMIN ... 231
ST01 ... 81–82
ST03N ... 561
STAUTHTRACE ... 81–82, 291, 357, 371, 373, 553
STC01 ... 260, 277
STC02 ... 307
STUSERTRACE ... 82, 367, 371
STUSOBTRACE ... 80, 82, 362, 364, 371
SU01 ... 62, 65
SU01D ... 62
SU22 ... 67, 80
SU24 ... 67–70, 195–197, 214, 362, 465
SU25 ... 67–69, 529
SU3 ... 359
SU53 ... 351, 356, 371, 373, 378, 384, 551
SU56 ... 354, 361
SUIM ... 246, 248, 253, 256, 362, 438, 503, 523, 532, 534
SUPC ... 224
SUPO ... 200, 451, 527
UI2/FLPCM_CUST ... 285

Transaktions-App ... 45
Transaktionscode ... 58
Transaktionsstart ... 509
Transport ... 223
Transportauftrag ... 218–220
Transport Organizer ... 220

U

Übersetzung ... 216
Übersetzungseditor ... 216
UI5-App ... 287
UI-Cache ... 299
User Story ... 137, 139

V

Valantic GmbH ... 146
Variable ... 242
Verbuchungsadministration ... 494
Vererbung ... 56
Vergleich der Benutzerberechtigungen ... 440
vertraglicher Nutzertyp ... 400
Verwendungsnachweis ... 197
Vier-Augen-Prinzip ... 543
Viren-Scan-Schnittstelle ... 510
visuelles Design ... 193
visuelles Design von SAP GUI ... 194
Vollberechtigung ... 184
Vorlagerolle ... 52
Vorschlagswert ... 195, 214

W

Wasserfall-Modell ... 138
Web-Dispatcher ... 302
Web Dynpro ... 44, 47
Werkzeug, Berechtigungsverwaltung ... 144
Werterolle ... 184
wikima4 AG ... 152

X

Xiting Authorization Management Suite (XAMS) ... 168
Xiting Central Workflows (XCW) ... 171

Z

Zentrale Benutzerverwaltung (ZBV) ... 63, 525
zentrale UI-Komponente ... 46
Zielsystem ... 413
Zielzuordnung ... 49, 295
Zugriffsrisiko ... 113